中宁年鉴

ZHONGNING NIANJIAN

2023

中宁县档案馆　编

黄河出版传媒集团
宁夏人民出版社

图书在版编目（CIP）数据

中宁年鉴. 2023 / 中宁县档案馆编. -- 银川：宁夏人民出版社，2023. 11
ISBN 978-7-227-07883-8

Ⅰ. ①中… Ⅱ. ①中… Ⅲ. ①中宁县 - 2023 - 年鉴
Ⅳ. ① Z524.34

中国国家版本馆 CIP 数据核字（2024）第 016160 号

中宁年鉴 2023 中宁县档案馆 编

责任编辑 陈 浪
责任校对 陈 晶
封面设计 张 宁
责任印制 侯 俊

黄河出版传媒集团
宁夏人民出版社 出版发行

出 版 人 薛文斌
地 址 宁夏银川市北京东路 139 号出版大厦（750001）
网 址 http://www.yrpubm.com
网上书店 http://www.hh-book.com
电子信箱 nxrmcbs@126.com
邮购电话 0951-5052104 5052106
经 销 全国新华书店
印刷装订 宁夏凤鸣彩印广告有限公司
印刷委托书号 （宁）0028288

开本 880 mm × 1230 mm 1/16
印张 23.5
字数 481 千字
版次 2023 年 11 月第 1 版
印次 2023 年 11 月第 1 次印刷
书号 ISBN 978-7-227-07883-8
定价 230.00 元

《中宁年鉴 2023》编务人员

编　　审　　黄建军

统　　稿　　朱宁霞

编辑校对　　朱宁霞　　胡桂兰

编辑说明

一、《中宁年鉴2023》是经中宁县委、政府批准公开出版发行的综合性资料文献。由中宁县人民政府主办，中宁县档案馆编写，宁夏人民出版社出版。

二、《中宁年鉴2023》以马克思列宁主义、毛泽东思想、邓小平理论、“三个代表”重要思想、科学发展观、习近平新时代中国特色社会主义思想为指导，坚持辩证唯物主义和历史唯物主义的立场、观点和方法。存真求实、全面、客观、准确地记载了中宁县2022年度全县政治、经济、文化及社会各项事业的发展状况、重大事件和最新成绩。所载资料均由各乡镇、县直各部门和企事业单位提供，内容丰富，信息量大，可读性强，具有资政、育人、存史的价值，为社会各界了解中宁、研究中宁、建设中宁提供史料性、权威性、全方位的信息咨询服务。

三、本年鉴采用分类编辑法，以类目、分目和条目组成框架结构的主体部分。少数分目中增设子分目层次。条目为最基本的资料表述单位，全书条目标题统一用黑体字加【】表示。

四、本年鉴设专载、大事记、组织机构和领导成员、中宁综览、中共中宁县委员会、中宁县人民代表大会常务委员会、中宁县人民政府、政协中宁县委员会、纪委监委、民主党派、群众团体、法治、经济管理、银行 保险、农业、水务、城乡建设 生态环境保护、工业与园区建设、商业贸易、交通 邮政 通信、科技 卫生、教育 文化、社会事务、乡镇、人物、先进名录、附录等编目。

五、《中宁年鉴2023》条目撰稿人姓名附于每分目板块后，分目板块后未署名者为年鉴编辑办公室根据有关资料编写。先进名录所收录的先进集体和先进个人为获县级以上表彰奖励者，名单由各部门（单位）提供。

六、《中宁年鉴2023》除专载、重要文献等内容保留原文表述方式外，其他篇目采用第三人称记述。

七、《中宁年鉴2023》收录人物为辖区时限范围内获得省部级以上表彰奖励的部分先进模范人物。先进名录所收录的先进集体和先进个人名单依据县委、政府表彰决定录入，获市级以上表彰奖励者的名单由各部门（单位）提供。

八、本年鉴中所称自治区为宁夏回族自治区，市为中卫市，县为中宁县。

九、本年鉴严格实行出版物汉字使用管理规定，法定计量单位、出版物数字用法规定、标点符号用法规定，力求规范化。

十、本年鉴辑录的文字和图片资料全部由中宁县各部门负责提供，并经入编单位审核，其中经济社会发展的主要数据以《中宁县2022年国民经济和社会发展统计公报》为准。截止时间为2022年12月31日，个别内容为反映其发生、发展的全过程做适当的上溯或下延。

《中宁年鉴》编辑部

2023年10月

2022年12月19日，中国共产党中宁县第十五届委员会第四次全体会议召开（中宁网提供）

2022年12月20—22日，中宁县第十八届人民代表大会第二次会议召开（县人大办公室提供）

2022 年 12 月 19—21 日，中国人民政治协商会议中宁县第十三届委员会第二次会议召开（县政协办公室提供）

2022 年 1 月 28 日，中国共产党中宁县第十五届纪律检查委员会第二次全体会议召开（县纪委监委办公室提供）

2022 年 3 月 18 日，中宁县举办第一批重大项目集中开工现场推进会（中宁网提供）

2022 年 5 月 26 日，中宁工业园区人民武装部成立暨举行揭牌仪式（人武部提供）

2022 年 6 月 16 日，第五届枸杞产业博览会枸杞鲜果采摘直销节在玺赞生态枸杞庄园举办（中宁网提供）

2022 年 6 月 18 日，中宁县第二届乡村旅游暨枸杞饮食文化节开幕（中宁网提供）

2022 年 6 月 22 日，第五届枸杞产业博览会在中宁县枸杞交易中心举办（中宁网提供）

2022 年 6 月 22 日，第五届枸杞产业博览会“枸杞与大健康国际高峰论坛”在中宁国际枸杞交易中心举办（中宁网提供）

2022 年 5 月 31 日，中宁县人武部对援建的徐套乡长流水村完全小学开展捐赠活动及“兵叔叔进课堂”国防教育（人武部提供）

太阳梁乡德盛村手工醋加工厂（太阳梁乡提供）

太阳梁乡兴源村编织袋加工帮扶车间（太阳梁乡提供）

中宁县余丁乡时庄村妇女创业帮扶车间（时庄村驻村工作队提供）

脱贫群众喜获托管养牛分红（中宁网提供）

新堡镇刘营村召开“2022年村集体经济收益分红大会”（新堡镇提供）

脱贫群众在太阳梁黄桃就业帮扶基地务工（中宁网提供）

移民群众在玺赞生态枸杞庄园基地务工（中宁网提供）

中宁县红十字会组织“6·14”世界献血者日（中宁网提供）

中宁县建立宁夏首个“六权”改革交易专区（中宁网提供）

县科技局组织科技特派员开展“2022年科技活动周之实用技术培训进乡村活动”（科技局提供）

社区及家庭医生入户为老人测旭阳浓度（中宁网提供）

县残联举办2022年残疾人职业技能培训班（县残联提供）

新堡镇举办反电信诈骗宣传活动（新堡镇提供）

县人民法院巡回法庭（县法院提供）

交通运输局新建农村公路（中宁网提供）

白马乡玉米大豆复合种植播种（白马乡提供）

长山头加油站开展消防安全演练（中宁网提供）

中宁县档案馆举办“5·18”地方志宣传日活动（档案馆提供）

中宁县档案馆举办年鉴编辑培训班（档案馆提供）

和光新材料有限公司硅芯圆棒生产及方硅芯深加工项目（中宁网提供）

华宝枸杞有限公司枸杞冷榨关键技术研究与复合产品开发生产车间（中宁网提供）

今飞轮毂生产车间（工业园区提供）

中国供销惠农·玺赞庄园枸杞有限公司被农业农村部授予2022年度国家级生态农场（中宁网提供）

中宁创建全国绿色食品枸杞原料基地（中宁网提供）

中宁县铭岛铝业企业（中宁网提供）

固海扬水工程首级泵站——泉眼山泵站（固海扬水管理处提供）

鸣沙镇彭家大疙瘩枸杞供水工程实现通水（水务局提供）

喊叫水高岭村村庄建设（中宁网提供）

中宁县乡村面貌变化（中宁网提供）

舟塔乡靳崖村“美丽庭院”（中宁网提供）

3月7日，中宁县举办“喜迎二十大　巾帼展芳华”旗袍大赛（中宁网提供）

5月20日，新堡镇首届乡村振兴田园休闲观光采摘节开幕（中宁网提供）

5月26日，中宁县丰安屯度假区首届文化旅游节开幕（中宁网提供）

全区“‘5·26’我爱路”宣传教育活动在中宁八小启动（中宁网提供）

以大战场农民合唱团为原型的电影《六谷儿》在大战场镇举行开机仪式（中宁网提供）

中宁县举办快闪《领航》赞歌新时代活动（文化旅游广电局提供）

中宁县中医院举办纪念“5·12”国际护士节诗朗诵活动（中宁网提供）

中宁一小南校区学生手工“浆缸子”制作（中宁网提供）

“体总杯”中国城市篮球联赛（宁夏）选拔测试赛在中宁县杞乡黄河体育馆举行（中宁网提供）

2022年5月，白马乡参加“中国体育彩票杯”宁夏中宁县第五届农民篮球争霸赛（白马乡提供）

大战场镇长山湖村举办农民篮球赛（中宁网提供）

中宁县残联残疾人文化进家庭“五个一”活动（县残联提供）

中宁县在中宁六中举办“喜迎十六运，健康新中宁—奔跑吧·少年”第22届中小学生田径运动会（教育体育局提供）

中宁县青少年轮滑训练基地（中宁网提供）

丰安屯旅游区渡假民宿（中宁网提供）

中宁丰安屯旅游度假区游乐园（中宁网提供）

南山公园水系工程（中宁网提供）

新堡镇经济联合社现代产业园（中宁网提供）

黄羊古落黄羊钱鞭非遗文化传承（中宁网提供）

中宁黄羊古村落（中宁网提供）

新堡镇集体经济联合社现代化日光温室草莓大棚（中宁网提供）

新堡镇创业村现代旅游观光农业示范基地种植的葡萄（中宁网提供）

新堡镇南湾村千亩麒麟瓜基地（中宁网提供）

石空镇奶牛养殖示范区（中宁网提供）

恩和镇红梧村集体经济肉羊繁育场（中宁网提供）

太阳梁乡德盛村林下生态散养鸡（中宁网提供）

喊叫水乡金银花种植基地（中宁网提供）

余丁乡时庄村菊花种植基地（中宁网提供）

玺赞枸杞庄园头茬枸杞采摘（中宁网提供）

目　录

专　载

大事记

组织机构和领导成员

中宁综览

中共中宁县委员会

中宁县人民代表大会常务委员会

中宁县人民政府

政协中宁县委员会

纪委监委

民主党派

群众团体

法　治

经济管理

银行 保险

农　业

水　务

城乡建设　生态环境保护

工业与园区建设

商业贸易

交通　邮政　通信

科技　卫生

教育　文化

社会事务管理

乡　镇

人　物

先进名录

附　录

专　　载

第五届枸杞产业博览会

6月22—24日，以“杞福天下　共享健康”为主题的第五届枸杞产业博览会在中宁县举行。本届博览会采用“线上＋线下”“国内＋国际”相结合，以线上为主的办会模式。博览会期间共有7项活动相继登场，包括杞博会开幕式、“1+1”国际高峰论坛、宁夏枸杞产业重大科技成果发布、枸杞企业新品推介会、供销对接会暨直播带货竞技赛、参观考察、杞博会闭幕式等。区内外100余家媒体为枸杞产业高质量发展发声，累计点击量逾3.2亿次，直播带货大赛销售额达5600万元，签约意向合作项目11个，43家采购商采购协议资金达15.6亿元，同比增长24%。“中宁枸杞”区域品牌从全国2277个品牌中脱颖而出，获网络票选第一名。“中宁枸杞”在100个“区域品牌（地理标志）”名单中上榜并攀升至12位，较2021年晋升2个名次，中宁枸杞品牌价值升至191.88亿元，品牌强度达903。

杞乡发展论坛

2022年中宁县举办“杞乡发展论坛”17期。1月18日，举办全县第一期杞乡发展论坛，自治区直属机关工委常务副书记蔡旭东围绕“学习贯彻党的十九届全会精神”精神进行宣讲；邀请市委党校教研部主任卢大同围绕“习近平生态文明思想”做专题辅导。2月8日，举办全县第二期杞乡发展论坛，自治区党校教授霍岩松围绕习近平经济思想主题进行专题辅导。2月13日，举办全县第三期杞乡发展论坛，邀请自治区发展改革委碳减排处处长马骏围绕“‘双碳’背景下学习宁夏绿色低碳”主题进行专题讲解。2月18日，举办全县第四期杞乡发展论坛，邀请自治区农业农村厅副厅长罗全福围绕“三农”做专题辅导。2月28日，举办全县第五期杞乡发展论坛，邀请自治区统计局党组书记、局长徐秀梅围绕“习近平总书记关于统计工作重要论述及统计知识”做专题辅导。3月4日，举办全县第六期杞乡发展论坛，邀请宁夏大学教授鲁晋围绕“注重家庭家教家风夯实社会和谐基石”做专题辅导。3月11日，举办全县第七期杞乡发展论坛，邀请自治区党校教授周晓军围绕“习近平法治思想”做专题辅导。5月20日，举办全县第八期杞乡发展论坛，开展保密知识专题讲座；观看保密警示教育片。5月27日，举办全县第九期杞乡发展论坛，邀请自治区生态环境厅党组成员、总工程师杜鹏围绕“深入学习贯彻习近平新时代中国特色社会主义思想暨习近平总书记视察宁夏重要讲话和重要指示批示精神”做专题辅导。5月31日，举办全县第十期杞乡发展论坛，邀请自治区工程建设政府采购等重点领域专项治理办公室何江、自治区发改委刘扬等分别围绕工程建设领域相关法律法规、政府采购、国有资产管理等方面进行专题辅导。6月30日，举办全县第十一期杞乡发展论坛，市人大常委会副主任、中宁县委书记何建勃围绕全县深入学习贯彻落实自治区第十三次党代会精神进行宣讲。7月8日，举办全县第十二期杞乡发展论坛，邀请自治区党校讲师团团长张虎围绕“深入学习贯彻自治区第十三次党代会精神”主题进行宣讲。7月15日，举办全县第十三期杞乡发展论坛，邀请自治区党校教授、行业领域围绕跨境电商高质量发展进行专题讲座。7月29日，举办全县第十四期杞乡发展论坛，邀请自治区应急管理厅总工程师杨明礼围绕“遵守安全生产法当好第一责任人”主题开展专题讲座。8月26日，举办全县第十五期杞乡发展论坛，县住房和城乡建设局党委书记、局长刘通围绕“凝心聚力，创新突破，推进以县城为重要载体的城镇化建设”主题进行专题讲座。9月8日，举办全县第十六期杞乡发展论坛，邀请宁夏社科院编审薛正昌围绕“宁夏如何在弘扬黄河文化上彰显新作为”做专题辅导。11月17日，举办全县第十七期杞乡发展论坛，市人大常委会副主任、中宁县委书记何建勃围绕全县深入学习贯彻党的二十大精神做专题报告。

大事记

1月

5日　中卫市委副书记、市长马洪海到平塘湖白土岗子石料厂、宁夏兴尔泰化工集团有限公司等地调研督办中宁县第二轮中央生态环境保护督察转办件办理工作。

6日　中卫市纪检监察系统大数据监督工作现场观摩会在中宁县召开。会上，集中观看《中宁县"杞乡清风"智慧监督执纪大数据平台》专题片，汇报"杞乡清风"智慧监督执纪大数据平台工作情况，县民政局、住房和城乡建设局负责人进行交流发言。

△　自治区电子信息产业省级包抓领导、自治区人大常委会副主任杨玉经带队到宁夏中晶半导体材料有限公司调研中宁县电子信息产业发展情况。

△　中卫市委书记、市人大常委会党组书记张利到余丁乡黄羊村调研督办中宁县生态环境保护及文化和旅游产业重点项目建设情况。

△　县长周永根主持召开县十八届人民政府第四次常务会议。

8日　市人大常委会副主任、县委书记何建勃到铜铁沟陶瓷黏土矿、平塘湖白土岗子石料厂调研督办第二轮中央生态环境保护督察转办件办理工作。

10日　市人大常委会副主任、县委书记何建勃主持召开十五届县委2022年第一次常委会会议。

11日　中宁县召开工业经济"十四五"高质量发展规划编制启动会。会议邀请承接此次编制任务的中国社会科学院工业经济研究所对中宁县工业经济"十四五"产业发展规划编制工作进行简要介绍；县直各相关部门（单位）、工业园区管委会及各企业负责人围绕工业经济"十四五"高质量发展规划编制工作提出具体的意见建议。

12日　市人大常委会副主任、县委书记何建勃主持召开中宁县推进枸杞产业发展领导小组2022年第一次会议，传达学习自治区现代枸杞高质量发展第三次推进会会议精神，研究部署推进枸杞产业高质量发展等相关事宜。

13日　市人大常委会副主任、县委书记何建勃主持召开十五届县委2022年第二次常委会会议。

13—14日　县人大常委会组成调查组先后到平塘湖白土岗子石料矿、铜铁沟陶瓷黏土矿、马道梁石料矿等矿山生态修复治理项目现场对全县矿山整治修复情况进行调查。

14日　县长周永根主持召开县十八届人民政府第五次常务会议。

△　中宁县召开党史学习教育总结会议，传达学习习近平总书记关于党史学习教育的重要指示精神和中央、区、市党委党史学习教育总结会议精神。

15日　中国共产党中宁县第十五届委员会第二次全体会议召开。

17日　市人大常委会副主任、县委书记何建勃主持召开2021年度全县党(工)委(党组)书记抓基层党建、意识形态、安全生产述职评议考核暨党委(党组)书记述责述廉述法会议。

20日　召开中宁县老干部情况通报会议，通报2021年全县经济社会发展情况及2022年工作安排，听取老干部们对县委、政府下一步工作意见建议，共商良策，共谋发展。

△　中宁县举办“四权”(水权、排污权、山林权、土地权)改革培训班。

21日　中宁县召开持续巩固提升自治区文明县城成果，争创全国文明城市总结部署会。会议传达学习全国文明城市创建工作培训班精神，通报2021年全县持续巩固提升自治区文明县城成果争创全国文明城市工作情况，各工作组牵头部门(单位)分别就创城工作开展情况进行汇报。会议还安排部署2022年的工作。

△　中宁县召开应对新冠肺炎疫情工作指挥部第五十九次会议，传达学习自治区疫情防控有关会议、文件精神，安排部署疫情防控有关工作。

△　中宁县举办第三期“党员领导干部综合素质提升·智慧大课堂”。学习贯彻习近平经济思想以及中央和自治区党委经济工作会议精神，由农业农村部农村经济研究中心经济体制研究室主任金书秦授课。

25日　中宁县召开2022年媒体记者交流座谈会。会上，工业园区管委会、枸杞产业发展服务中心、教育体育局、文化旅游广电局和发展和改革局分别介绍中宁县2021年重点产业发展、重点项目进展情况及2022年重点工作规划及思路，媒体记者围绕深化媒体融合创新、做好新闻宣传助力地方发展、讲好“中宁故事”等建言献策、互相交流，提出意见和建议。

26日　召开中宁枸杞产业协会第二届会员大会暨2022年枸杞产业发展第一次推进会。会上，选举产生中宁枸杞产业协会新一届理事会，通报全县2021年枸杞产业发展情况，安排部署2022年工作。新当选的理事会会长和鸣沙镇、县枸杞产业发展服务中心、中宁县杞福源商贸有限公司负责人做表态发言。

△　中宁县2022年文化科技卫生“三下

乡”暨“我们的中国梦”——文化进万家集中示范活动在新堡镇吴桥村启动。活动现场，县直部门、企业及驻中宁区属文明单位向新堡镇赠送价值 11.56 万元的物资及项目资金；县委宣传部相关负责人宣读推进移风易俗树立文明乡风倡议书；公安、科技、妇联、司法等部门（单位）开展宣传咨询服务。

27 日　中卫市委书记、市人大常委会党组书记张利，市委副书记、市长马洪海分别带队到中宁县调研节前安全生产、能源保供、疫情防控工作，并看望慰问一线工作人员。

△　市人大常委会副主任、县委书记何建勃主持召开第十五届县委 2022 年第六次常委会会议。

28 日　中国共产党中宁县第十五届纪律检查委员会第二次全体会议召开。市人大常委会副主任、县委书记何建勃出席第一次全体会议并讲话，强调要深入贯彻落实习近平总书记在十九届中央纪委六次全会上的重要讲话精神，全面贯彻落实党中央和区党委、市委各项决策部署。

△　自治区总工会副主席毛鹏飞一行为中宁县工会户外劳动者服务站点进行授牌。

28—29 日　市人大常委会副主任、县委书记何建勃带领相关县领导及部门负责人，到新百超市开元店、天仁酒店医学观察点和县人民医院、北星精工陶瓷技术有限公司、宁创新材料科技有限公司、铭岛铝业有限公司、今飞轮毂有限公司、热电联产供热首站、中宁电厂督导调研节前安全生产、疫情防控、春节保供等工作。

29 日　市人大常委会副主任、县委书记何建勃主持召开县属国有企业座谈会。

△　县委副书记、县应对新冠肺炎疫情工作指挥部指挥长周永根主持召开县应对新冠肺炎疫情工作指挥部第六十次会议，传达学习自治区疫情防控有关会议、文件精神，对做好春节期间疫情防控工作再安排、再部署、再强调。

30 日　市人大常委会副主任、县委书记何建勃带领相关县领导及部门负责人到宁夏水投中宁水务有限公司、中宁供电公司和宁夏广电网络公司中宁分公司，督导调研春运安全、疫情防控、春节保供等工作。

2 月

9 日　市人大常委会副主任、县委书记何建勃参加全县“解放思想谋发展　争先进位开新局”务虚会总结大会，强调要进一步理清工作思路，统一思想，聚焦重点，用心用情用力干事，奋力谱写中宁高质量发展新篇章。

10 日　县委副书记、县长周永根主持召开十五届县委 2022 年第七次常委会会议。

△　中宁县召开 2021 年农村妇女创业担保贷款工作总结暨 2022 年工作安排会，进一步贯彻落实农村妇女创业担保贷款工作。

△　县长周永根主持召开县政府第一次全体（扩大）会议暨招商引资和争取项目资金推进会。会议传达学习中央、区、市经济工作会议精神，区、市“两会”及政府全体（扩大）会议精神，听取招商引资和争取项目资金“两大任务”相关工作情况汇报，对分管领域工作进行具体安排。

11日　县长周永根主持召开县十八届人民政府第六次常务会议。

14日　中卫市委书记、市人大常委会党组书记张利到太阳梁乡调研“四大提升行动”推进情况并主持召开座谈会。

△　自治区乡村振兴局局长徐海宁带领督查组到中宁县推进实施“四大提升行动”有关情况进行督查。

15日　中宁县召开以“春风送温暖 就业促增收”为主题的“春风行动”人力资源招聘会。

△　中宁县召开“凝聚共识，助推枸杞产业发展”政银企座谈会。会议传达学习中央经济工作会议精神、自治区党委经济工作会议精神，介绍全县2022年枸杞产业发展重点工作和项目；会上，各金融机构介绍涉农金融产品和信贷资金安排及要求，各企业结合自身发展的资金需求进行交流对接。

16日　市人大常委会副主任、县委书记何建勃主持召开中宁县应对新冠肺炎工作领导小组第五十九次会议、中宁县2022年总河长第一次会议暨县委统一战线（民族宗教）工作领导小组2022年第一次会议，就进一步抓好全县疫情防控、河湖长制、统战工作进行安排部署。

17日　自治区体育局副局长张梅带领检查组先后到中宁县轮滑场、游泳馆、体育馆等地检查调研自治区第十六届运动会部分比赛场地建设情况。

△　县长周永根主持召开县十八届人民政府第七次常务会议。

18日　县十八届人大常委会召开第二次会议。会议审议通过中宁县人大常委会2022年工作要点（草案）；通过有关人事任免议案。

△　市人大常委会副主任、县委书记何建勃主持召开十五届县委2022年第八次常委会会议。

21日　市人大常委会副主任、县委书记何建勃主持召开县委国家安全委员会2022年度第一次会议、县委人才工作领导小组2022年度第一次会议、县委审计委员会2022年度第一次会议，就做好2022年全县国家安全、人才和审计工作进行安排部署。

△　中宁县举办电商助力特色产业网货开发研讨会暨牛羊肉熟食案例品鉴会。

22日　中卫市委副书记、市长马洪海一行先后到中宁枸杞高新技术示范园区、宁夏全通枸杞供应链管理股份有限公司、宁夏早康枸杞股份有限公司、宁夏杞鑫种业有限公司枸杞育苗基地、玺赞庄园枸杞基地等地调研中宁县枸杞产业发展情况。

22—23日　自治区政协主席崔波一行先后到太阳梁乡枸杞示范基地、宁特集团太阳梁第二牧场、喊叫水乡康湾蓄水池、高标准农田建设项目区、马塘设施农业示范园等地调研中宁县百万移民致富提升行动和枸杞产业发展情况。

△　宁夏首届现代枸杞产业茨农技能大赛在中宁县举办。自治区现代枸杞产业高质量发展包抓工作机制办公室、自治区林业和草原局、宁夏农科院枸杞科学研究所、宁夏枸杞产业发展中心等相关单位负责人，枸杞主产市、县（区）产业主管部门负责人，来自全区的11个区县代表队，16个企业代表队，17个参赛个

人参加本次技能大赛。

△ 全县黄河流域生态保护和高质量发展先行区先行市重点项目建设（重点工作）观摩督导评促会召开。何建勃、巫磊、妥大君等县领导和乡镇、部门（单位）主要负责人先后到鸣沙镇彭家大疙瘩枸杞种植基地、恩和镇高标准农田建设项目、枸杞国家农村产业融合发展示范园、红宝家园老旧小区改造项目、徐套乡撒不拉滩2.63万亩生态修复农田建设项目、喊叫水乡马塘生态移民区5000亩设施农业示范园区建设项目、清水河流域治理项目、全矾液流电池储能装备制造项目、宁夏铭岛铝业有限公司年产6万吨罐盖拉环科电池壳料项目、石空镇枣园东路和通威路延伸段道路工程项目等实地观摩。观摩督导评促中，项目有关负责人汇报进展情况，与会县领导进行现场点评。

24日 十五届中宁县委第一轮巡察工作动员部署会召开，宣布《十五届县委第一轮巡察任务分工及巡察组组长、副组长授权名单》，对本轮巡察工作进行安排部署。

△ 全县教育工作会议召开，传达学习2022年全国、全区教育工作会议精神，全面总结2021年工作，深入分析全县教育发展面临形势，研究部署2022年工作。

△ 中宁县工程建设政府采购等重点领域突出问题专项治理工作领导小组第六次会议暨工作推进会召开，贯彻十九届中央纪委六次全会以及区市县纪委全会精神，传达学习自治区专项治理工作领导小组第三次会议精神，全面总结2021年专项治理工作，安排部署2022年的工作。

3月

1日 自治区副主席刘可为带领相关厅局负责人一行先后到平塘湖沟白土岗子石料厂和铜铁沟陶瓷黏土矿、宁夏兴尔泰化工集团有限公司等地，调研督导中宁县中央生态环保督察反馈典型案例及重点信访转办件整改情况到位。

△ 县长周永根主持召开县十八届人民政府第八次常务会议。

2日 中宁县召开“四权”改革现场推进会。与会人员先后到早康公司枸杞基地、政务服务中心、锦腾碳素有限公司实地调研枸杞基地确权赋能情况、农村产权交易中心、“四权”改革服务专区、胚烧工段脱硫除尘项目。

3日 县委农村工作会议召开，学习贯彻习近平总书记关于“三农”工作重要论述和中央及区党委、市委农村工作会议精神，总结上年“三农”工作，分析当前“三农”形势，安排部署当年“三农”各项工作。

△ 自治区党委宣传部副部长马英俊带领调研组一行先后到大战场镇红宝村、余丁乡黄羊村、石空镇太平村等地调研中宁县文化产业，并召开电影《六谷儿》剧本研讨会。

4日 中宁县召开争做“四个特别”新时代民族工作干部教育活动动员部署会，贯彻落实习近平总书记关于加强和改进民族工作的重要思想，落实党的民族宗教政策，推动新时代全县民族工作高质量发展。

7日 自治区副主席吴秀章带领相关厅局

负责人一行到徐套乡光伏＋现代农业产业园高质量发展建设项目区调研移民致富提升行动。

△ 市人大常委会副主任、县委书记何建勃主持召开县委全面深化改革委员会第十八次会议，传达学习有关会议精神，审议有关工作方案，通报自治区反馈深改问题整改落实情况，听取各改革专项小组对2021年全面深化改革工作督查情况汇报，对下一步工作进行安排部署。

△ 中宁县召开组织、宣传、统战、政法工作会议，学习贯彻中央和区市党委组织、宣传、统战部长会议及政法工作会议精神，系统总结2021年各项工作，并就2022年有关工作进行安排部署。

△ 市人大常委会副主任、县委书记何建勃带领县级领导，先后到舟塔乡新时代文明实践所、县新时代文明实践中心调研新时代文明实践工作。

8日 市人大常委会副主任、县委书记何建勃主持召开十五届县委2022年第九次常委会会议。

9日 县长周永根主持召开县十八届人民政府第九次常务会议。

△ 自治区政协副主席郑震带领自治区党委第五督查调研组，对中宁县贯彻落实中央和自治区党委政协工作会议精神情况进行督查调研。

10日 县长周永根主持召开全县1—2月经济运行调度会，通报全县1—2月经济运行情况，听取工业、农业等行业领域经济运行及城乡居民收入情况汇报，安排部署相关工作。

11日 县长周永根主持召开县应对新冠肺炎疫情工作指挥部第六十一次会议。

15日 中卫市枸杞产业高质量发展座谈会在中宁县召开，就进一步做好枸杞产业发展、品牌建设等方面内容进行交流座谈。

16日 县政协召开十三届二次常委（扩大）会议。

△ 自治区党委副书记陈雍一行先后到徐套乡撒不拉滩片区压砂地退出高标准农田建设项目、宁特集团徐套牧场、喊叫水乡马塘设施农业示范园区、喊叫水徐套片区灌溉供水工程建设项目等地，调研中宁县“百万移民致富提升行动”。

16—17日 自治区党委副书记陈雍一行先后到徐套乡白套村、喊叫水乡马塘村，同心县河西镇上河湾村、旱天岭村等地，调研中宁县“四大提升行动”实施情况。

17日 市人大常委会副主任、县委书记何建勃主持召开十五届县委2022年第十次常委会会议。

△ 县委书记何建勃主持召开县应对新冠肺炎疫情防控工作领导小组第六十次会议。

18日 县长周永根主持召开县十八届人民政府第十次常务会议。

△ 中宁县2022年第一批重大项目集中开工现场推进会在中宁县枸杞国家农村产业融合发展示范园项目现场举行。

22日 市人大常委会副主任、县委书记何建勃带领相关县领导及部门负责人，到县第五中学、宁安镇卫生院、东环加油站、中宁县电商物流仓储中心、小红楼宴会酒店、新百大卖场（中宁开元店）和恒辰世纪大酒店等地督导检查疫情防控工作。

△ 县长周永根主持召开县十八届人民政府第十一次常务会议。

△ 县人大常委会组成调查组，到新堡镇清廉剧社、恩和镇沙滩村廉洁文化广场、县纪委监委“杞乡清风”智慧监督执纪大数据平台指挥调度中心等地，调查廉政教育工作情况。

△ 市人大常委会副主任、县委书记何建勃主持召开天元锰业现场办公会，研究解决天元锰业相关问题。

24 日 自治区政协副主席冯志强带领调研组一行到县中医院等地，调研中宁县医疗卫生专门人才及教育专门人才情况。

25 日 全县领导干部廉政警示教育大会暨新任职领导干部集体廉政谈话会召开。会议传达学习自治区、中卫市领导干部廉政警示教育大会精神及自治区、中卫市领导干部廉政警示教育大会精神。

28 日 市委书记、市人大常委会党组书记张利到中宁县白土岗子、黄河大桥和第一污水处理厂督导调研中央生态环境保护督察反馈问题整改情况。

29 日 市人大常委会主任崔昆带领调研组，对县人大常委会工作情况进行调研。

29 日 市人大常委会副主任、县委书记何建勃带领相关县领导及部门负责人，先后到大战场镇宁原村和杞海村、宁夏隆基硅材料有限公司、审批服务管理局、中宁县第二中学，调研基层党建工作。

30 日 市人大常委会副主任、县委书记何建勃主持召开十五届县委 2022 年第十二次常委会会议。

△ 市人大常委会副主任、县委书记何建勃带领县级领导参观中卫市全面从严治党教育基地，接受廉政警示教育。

31 日 县十八届人大常委会召开第三次会议。

4 月

1 日 县长周永根主持召开县应对新冠肺炎疫情工作指挥部第六十三次会议。

△ 县长周永根主持召开县十八届人民政府第十二次常务会议。

△ 市人大常委会副主任、县委书记何建勃主持召开专题会议，听取党群部门“改作风，谋发展，争先进”专项行动进展情况汇报，对专项行动进行再安排、再强调、再部署。

2 日 市人大常委会副主任、县委书记何建勃带领相关县领导及部门负责人一行先后到长山头交通安全检查点，检查“清明节”前安全生产工作。

△ 中宁县在南河子公园开展缅怀先烈祭奠活动。

△ 县长周永根等县领导分别带队先后到石空消防救援站、轿子山林场、长山头高速收费站、中宁第三敬老院、全钒液流电池装备制造项目现场、卧龙岗陵园等地，对全县疫情防控、森林草原防火、安全生产工作进行督导。

6 日 自治区政协组织调研组先后到中宁县枸杞科技示范园区、南山森林公园、红宝综合批发市场、早康枸杞股份有限公司枸杞基地等地，调研中宁县“深化‘四权’改革，推动生态建设”,重点围绕土地权改革情况开展调研。

△ 市人大常委会副主任、县委书记、县应对新冠肺炎疫情工作领导小组组长何建勃主持召开县应对新冠肺炎疫情防控领导小组第六十一次会议,安排部署应对周边市县突发疫情防控工作。

7日 市人大常委会副主任、县委书记何建勃带领相关县领导及部门负责人一行先后到中宁东站、长山头高速出口卡点、长山湖疫情防控卡点、喊叫水乡五丰台村疫情防控卡点、长鼎宾馆医学观察隔离点、红宝农贸综合批发市场、红苑社区等地,督导检查全县疫情防控工作。

△ 自治区政协调研组到中宁县开展“推进创新素养教育由课堂教学向课后教育延伸,助推基础教育质量提升”专题议政调研。

8日 市人大常委会副主任、县委书记、县应对新冠肺炎疫情工作领导小组组长何建勃主持召开县应对新冠肺炎疫情工作领导小组第六十二次暨指挥部第六十四次会议。

9日 县长周永根主持召开县十八届人民政府第十三次常务会议。

10日 县长周永根主持召开新冠肺炎工作指挥部疫情防控工作调度会。11日,召开疫情防控指挥部第二次视频调度会。

△ 市人大常委会副主任、县委书记何建勃主持召开十五届县委2022年第十四次常委会会议。

12日 市人大常委会副主任、县委书记何建勃带领相关县领导及部门负责人先后到七星渠南侧新堡段、宁夏裕隆冶金制品有限公司、鸣沙镇枸杞种植基地、鸣沙镇李滩村等地督导调研春季农业生产、植绿增绿等工作。

13日 县长周永根主持召开县十八届人民政府第十四次常务会议。

△ 市委副书记、市长马洪海一行到中宁北部山区、亲河湖雁鸣湖水系连通工程现场、宁夏水投中宁水务有限公司第一污水处理厂等地,调研督导中宁县第二轮中央生态环保督察反馈问题整改工作。

15日 市人大常委会副主任、县委书记何建勃带领相关县领导及部门负责人一行先后到宁华科技公司、宁夏天元锰业有限公司金属锰三场、宁夏兴尔泰化工有限公司、昆仑燃气公司中宁分公司等地,督导检查企业安全生产工作。

19—20日 县人大常委会成立督察组先后到黄河大桥南岸、天元锰业、兴尔泰碳化硅厂、中宁县第一污水处理厂等地,对中宁县贯彻落实第二轮中央生态环境保护督察反馈问题整改情况进行督察。

20日 中宁县召开迎接国务院安全生产巡查考核推进会,会议传达学习中卫市关于迎接国务院安全生产巡查考核部署会议精神,听取相关工作准备情况汇报,对迎接国务院安全生产巡查考核工作进行安排部署。

21日 县政协组成调研组,先后到乌玛高速路口、太阳梁乡白马梁村、亲水街南段、恩和镇河滩村、上庄村、宁安镇古城子村等地,围绕黄河流域生态保护和高质量发展先行区建设,对中宁县植绿增绿工作进行协商调研。

22日 县长周永根主持召开县十八届人民政府第十五次常务会议。

24日 市人大常委会副主任、县委书记

何建勃主持召开十五届县委2022年第十五次常委会会议。

△ 市人大常委会副主任、县委书记何建勃带领相关县领导及部门负责人，到白马乡碌碌子塘新植枸杞基地、玺赞枸杞庄园调研枸杞产业发展情况，现场督办解决相关问题。

25日 市人大常委会副主任、县委书记何建勃带领相关县领导先后到宁安镇清真寺、振兴社区、黄滨村、中宁三小等地，调研铸牢中华民族共同体意识示范创建工作。

△ 中宁县召开“四权”改革现场推进会。与会人员先后到中宁工业（物流）园区枸杞科技园、中宁县第一污水处理厂、农村产权交易中心等地，通过实地查看、听取汇报等方式，对中宁县批而未供土地处置情况、排污权核定情况、林长制建设及山林权确权推进情况等进行详细了解。

25—26日 中宁县召开2022年一季度重点项目观摩督导评促暨经济形势分析会，观摩督导评促全县重点项目建设，分析研判一季度经济运行情况，研究部署二季度及下半年经济工作。

27日 中宁县召开2022年度第一次社区治理工作评促会，实地检查评促社区治理工作推进落实情况。

28日 市人大常委会副主任、县委书记何建勃主持召开十五届县委2022年第十七次常委会会议。

△ 自治区人大常委会法工委副主任杨述文带领调研组一行先后到早康枸杞股份有限公司、杞鑫苗木枸杞专业合作社、中宁国际枸杞交易中心等地，调研中宁县对《宁夏回族自治区枸杞产业促进条例〈修订草案〉》进行立法调研。

5月

3日 农业农村部、财政部向社会发布国家现代农业产业园创建公示公告。中宁县成功入选2022年国家现代农业产业园。

5日 县政府廉政工作会议召开，传达学习国务院第五次廉政工作会议，自治区、中卫市廉政工作会议精神，总结回顾2021年政府系统党风廉政建设和反腐败工作，安排部署当年重点工作。

6日 市人大常委会副主任、县委书记何建勃带领相关县级领导及部门（单位）负责人，先后到宁夏宝塔汽油销售有限公司石空东加油加气站、天元锰业金属锰一厂、宁夏兴尔泰化工有限公司、中石油宁夏分公司中宁配送中心督导检查各企业安全生产工作开展情况。

7日 自治区副主席王和山一行到大战场镇禹尧庄园调研中宁县巩固拓展脱贫攻坚成果同乡村振兴有效衔接工作开展情况。

△ 市人大常委会副主任、县委书记何建勃主持召开十五届县委2022年第十八次常委会会议。

8日 中宁县2022年第二批重大项目集中开工现场推进会在宁夏国宁智诚新能源设备制造（一期）建设项目现场举行。

9日 中宁县召开2022年基干民兵分队整组点验大会。会上，宣读民兵干部任职命令，宣布出入队人员名单，组织点名。全体民兵进行宣誓,新入队民兵代表做发言。

10日　中宁县开展“送政策,进民企”优化营商环境座谈会。座谈会上,宁夏伟力得绿色能源有限公司、宁夏华宝枸杞产业有限公司、宁夏爱家商贸有限公司、宁夏巨正餐饮发展有限公司等企业负责人围绕“惠企政策落实,招商引资政策,优化营商服务环境提质增效方面”存在的困难和问题提出意见建议。工信局、自然资源局、财政局等单位负责人现场解答企业相关政策咨询。

△　县长周永根主持召开县十八届人民政府第十八次常务会议。

11日　中宁县举办巩固拓展脱贫攻坚成果同乡村振兴有效衔接培训班,邀请自治区乡村振兴局副局长林栋和卫健委健康综合处二级调研员刘辉,分别对巩固拓展脱贫攻坚成果同乡村振兴有效衔接考核评估政策、卫生健康政策标准进行阐述解读。

12日　县委副书记、县长周永根带领有关县领导及部门负责人一行先后到宁安镇、大战场镇等地,检查自建房等建筑安全隐患排查整治工作开展情况。

△　中宁县召开农村人居环境整治观摩督导评促会。与会人员先后到白马乡三道湖村、恩和镇秦庄村、石空镇童庄村、大战场镇石喇叭村等地,通过实地查看、听取介绍、交流座谈等方式,了解中宁县各乡镇人居环境整治工作开展情况及治理效果,围绕“厕所革命”、“美丽庭院”创建、产业发展等方面进行互观互学。

13日　县委副书记、县长周永根主持召开近期重点工作安排部署视频会。会议传达学习国务院以及自治区安全生产、防汛抗旱、疫情防控等有关工作会议精神,安排部署近期安全生产、防汛抗旱、信访维稳等工作,套开县疫情防控指挥部第六十七次会议。

16日　“5·18”国际博物馆日暨宁夏长城保护宣传日、“5·19”中国旅游日,中宁县在宁夏华宝枸杞产业有限公司开展文物保护系列宣传活动。

△　市人大常委会副主任、县委书记何建勃主持召开十五届县委2022年第十九次常委会会议。

17日　市人大常委会副主任、县委书记何建勃带领相关县领导及部门负责人一行先后到喊叫水乡周沟村、车路新村红葱基地、马塘村现代农业种植示范园区和周段头村起垄覆膜西瓜产业示范基地等地,调研督办巩固拓展脱贫攻坚成果同乡村振兴有效衔接工作。

△　中卫市委书记、市人大常委会党组书记张利一行到中宁县调研督办巩固拓展脱贫攻坚成果同乡村振兴有效衔接工作并召开座谈会。

18日　中卫市人大常委会党组副书记、主任崔昆带领调研组一行先后到石空镇枣一村设施农业、舟塔乡康滩村吉广益蔬菜专业合作社、新堡镇经济联合社、大战场镇宽口井禹尧农产品科技有限公司、喊叫水乡马塘生态移民区现代农业示范园等地,调研中宁县设施农业发展情况。

△　市人大常委会副主任、县委书记何建勃主持召开全县驻村第一书记和工作队座谈会。

19日　县委副书记杨正权主持召开全县防止返贫监测集中排查暨包抓帮扶工作推进会,通报集中排查驻村帮扶工作进展情况,安排部署相关工作。

△ 县人大常委会组成调查组一行先后到黄羊古落景区、丰安屯景区、华宝枸杞健康体验馆、新堡特色产业示范园项目等地，对全县全域旅游示范县创建工作情况进行调查。

20日 新堡镇首届乡村振兴田园休闲观光采摘节开幕。

24日 市人大常委会副主任、县委书记、县委调研考察组组长何建勃到喊叫水乡开展乡党委和村“两委”班子换届“回头看”调研暨乡镇领导班子和领导干部政治素质专项考察。

25日 市人大常委会副主任、县委书记何建勃主持召开全县民主党派工作座谈会。会议传达学习中央和自治区相关会议精神，民革、民盟、民进中宁县委会负责人汇报2022年工作情况，民革中宁县委会党员、民盟中宁县委会盟员、民进中宁县委会会员代表进行座谈发言。

△ 由自治区党委宣传部主办的“感恩奋进新征程 建设美丽新宁夏”为主题的全区农村公益电影主题放映活动在石空镇丰安屯文化广场举行。

△ 中宁县召开创建全国文明城市推促会，对创城工作再动员、再部署，对创城责任再明确、再督促。

26日 中宁县丰安屯度假区首届文化旅游节暨系列活动开幕。

△ 中宁县举行中宁工业园区人民武装部成立揭牌仪式。

27日 中宁县召开2022年第一次政银企座谈会。会议通报全县工业经济运行情况和工业园区经济发展情况及2021年9月14日工业企业发展推进会反馈问题整改落实情况，与会县级领导、部门、企业、金融机构负责人围绕服务企业、金融政策、企业生产经营情况及存在的困难和问题等，进行沟通交流，提出意见建议。

30日 县委副书记、政府、县委调研考察组第四调研组组长周永根到徐套乡开展乡党委和村“两委”班子换届“回头看”调研暨乡镇领导班子和领导干部政治素质专项考察。

31日 中宁县召开学习贯彻习近平总书记在庆祝中国共产主义青年团成立100周年大会上的重要讲话精神座谈会。会议传达学习习近平总书记在庆祝中国共产主义青年团成立100周年大会上的重要讲话精神和区党委、市委相关座谈会精神，耿丹等6名优秀青年代表立足本职，从不同侧面讲述建功立业的收获体会，抒发与祖国同发展、与人民共奋进的理想抱负。

△ 市人大常委会副主任、县委书记何建勃主持召开十五届县委2022年第二十次常委会会议。

6月

1日 市人大常委会副主任、县委书记何建勃带领相关县领导及部门负责人先后到宁夏今飞轮毂有限公司、宁夏北星精工陶瓷技术有限公司、宁夏兴尔泰化工有限公司、宁夏天元锰业有限公司金属锰三厂等地，督导调研节前安全生产工作。

△ 市委书记、市人大常委会党组书记张利到新堡镇创业村、丰安屯旅游区等地调研督办中宁县乡村旅游发展情况。

2日　县委副书记、县安委会主任周永根带领相关县领导及部门负责人先后到瀛海建材有限公司、牛文成木材加工厂、汽车城、百隆商厦等地，调研督导端午节前安全生产、疫情防控等工作。

△　市人大常委会副主任、县委书记何建勃带领相关县级领导和部门、乡镇负责人先后到大战场镇宽口井移民区、马莲梁村、元丰村、康普医院项目建设现场等地调研巩固拓展脱贫攻坚成果同乡村振兴有效衔接工作。

△　中宁县举办机关党建特色品牌案例评选活动。活动分“模范机关创建优秀案例”“机关党建工作创新案例”和“党政机关精品党课”三部分进行评选。

6日　市人大常委会副主任、县委书记何建勃带领相关县级领导和部门负责人先后到宁夏瑞泰煤业有限公司、兴尔泰新型材料有限公司、中宁县第一污水处理厂、贾玲养鸡场、第二生活垃圾填埋场等地，督导调研中央环保督察反馈问题整改及信访转办件办理情况。

△　市人大常委会副主任、县委书记何建勃主持召开十五届县委2022年第二十一次常委会会议，传达学习习近平总书记致中国儿童中心成立40周年、中国宋庆龄基金会成立40周年贺信，自治区第十二届委员会第十五次全会精神，安排部署贯彻落实工作；研究中宁县法治政府建设实施方案、2022年法治政府建设工作要点和科技创新“十四五”规划等。

13日　自治区文化和旅游厅副厅长蔡菊带领验收组先后到丰安屯旅游度假区、新堡特色产业观光园、杞鑫苗木枸杞基地等地，对中宁县申报自治区级全域旅游示范区工作情况进行初审验收。

△　中宁县召开抓党建促乡村振兴现场推进会。与会人员先后到太阳梁乡德盛村、石空镇童庄村、宁安镇黄滨村、舟塔乡潘营村等地，通过实地查看、听取介绍、交流座谈等形式，对各村村级议事协商创新试验试点工作、抓党建促乡村治理、发展产业壮大村集体经济等情况进行详细了解。

14日　中宁县召开2022年枸杞采摘交通安全专项整治暨第三季度道路交通安全会议，贯彻区市县党委、政府关于加强安全生产部署要求，安排部署全县枸杞采摘交通安全专项整治及第三季度道路交通安全工作。

15日　中宁县召开领导干部大会，市人大常委会副主任、县委书记何建勃就学习宣传贯彻自治区党代会精神作解读辅导。

△　市人大常委会副主任、县委书记何建勃主持召开十五届县委2022年第二十二次常委会会议。

16日　中宁县政府和陕西省咸阳市武功县政府举行共建宁夏农产品武功前置仓战略合作签约仪式。签约仪式上，双方介绍各自县情，观看专题片《中宁枸杞红动天下》，签订《共建宁夏农产品武功前置仓战略合作协议书》。

△　中宁县人民政府与宁夏建设职业技术学院举行合作签约仪式。签约仪式上，县教育体育局负责人就中宁县职业教育发展情况做介绍，宁夏建设职业技术学院相关负责人就学院办学情况做介绍，双方代表签订合作框架协议。

△　中宁县十五届县委第二轮巡察动员部署会召开，传达五届市委第二轮巡察动员部

署会精神，对中宁县第二轮巡察工作进行安排部署。根据部署，十五届县委第二轮巡察工作将对余丁乡、太阳梁乡、白马乡开展常规巡察。

△　第五届枸杞产业博览会枸杞鲜果采摘直销节在中宁县启动。

17日　第五届枸杞产业博览会企业家中宁县招商引资推介座谈会召开。会上，通报全县经济社会发展和枸杞产业发展情况，介绍招商引资相关政策，进行招商引资推介。

18—19日　中宁县第二届乡村文化旅游暨枸杞饮食文化节在丰安屯旅游景区开幕。参加活动的领导、嘉宾、媒体记者、游客参观丰安屯旅游景区，并到"枸杞美食长桌宴"和"宁夏枸杞宴"金牌美食评比大赛现场品鉴枸杞美食。

20日　中宁县十八届人大常委会召开第四次会议。

21日　自治区党委常委、副主席买彦州带领调度督导组先后到宁夏宁创新材料科技有限公司、宁夏华宝枸杞产业有限公司、宁夏隆基硅材料有限公司等地，调度督导中宁县稳经济保增长促发展工作。

△　中宁县召开工程建设政府采购等重点领域突出问题专项治理工作领导小组第八次会议暨巡视反馈问题整改推进会，传达学习自治区领导对专项治理近期工作做出的指示批示精神、自治区专项治理工作领导小组办公室第十九次会议精神和中卫市卫生健康领域专项治理工作推进会议精神。会上，县发展改革局、住房和城乡建设局、财政局、自然资源局、卫生健康局等单位负责人汇报巡视反馈问题整改进展和各领域专项治理工作推进情况，移交巡视反馈工程建设政府采购项目问题整改建议书，通报近期巡视整改监督检查情况。

22—24日　以"杞福天下 共享健康"为主题的第五届枸杞产业博览会在中宁国际枸杞交易中心开幕。。

22日　第五届枸杞产业博览会"枸杞与大健康国际高峰论坛"在中宁国际枸杞交易中心举办。论坛中，中国工程院院士、生物学、森林培育学家、北京林业大学教授尹伟伦，中国科学院院士、神经解剖学家苏国辉，国际欧亚科学院院士、教授，中药资源产业化专家段金廒，美国俄克拉荷马州立大学副教授、分子营养学专家 Daninel Lin（林定波），宁夏农林科学院枸杞科学研究所所长、枸杞育种与栽培专家曹有龙分别围绕《宁夏枸杞现代化高质量发展战略思考》《宁夏枸杞在神经科学领域的研究与应用》《"双轮驱动" 牵引宁夏枸杞产业高质量发展》《Goji berries：superior fruits 超级果品——枸杞》《枸杞重要功能基因及功效物质研究》进行交流探讨。

△　第五届枸杞产业博览会现代枸杞产业高质量发展高峰论坛在中宁国际枸杞交易中心举行。论坛中，九三学社原中央常委、宁夏区委会原主委、自治区九届政协副主席、宁夏农林科学院研究员袁汉民就现代枸杞产业高质量发展研究成果进行分享。

△　中国中药协会枸杞专业委员会第二届第三次委员大会在中宁县召开。会议听取枸杞专业委员会年度工作总结，选举县卫生健康局党委书记、局长罗永平为枸杞专业委员会常务副主任委员，并颁发聘书。

23日　第五届枸杞产业博览会举行枸杞

产业重大科技成果发布会。发布会上，中国科学院生物物理研究所、生物大分子与科教融合卓越中心研究员陈畅线上发布枸杞功效物质基础研究项目科研成果；澳门大学特聘教授、中药质量研究国家重点实验室（澳门大学）副主任李绍平从枸杞标准研究现状、枸杞多糖与糖谱构建、枸杞标准提升方案三个方面，线上介绍宁夏枸杞多糖糖谱构建及质量标准研究；中国科学院西北特色植物资源化学重点实验室主任邸多隆发布枸杞高值化产品精准制造技术及应用科研成果；宁夏农科院枸杞功效物质研究团队从枸杞功能成分的分离精制及合成研究、枸杞功能评价及作用机理研究等方面，介绍枸杞功效物质研究品科研成果；中药学博士郭盛发布枸杞子及枸杞叶功能产品开发的研究成果。

△　第五届枸杞产业博览会枸杞企业新品推介会在中宁国际枸杞交易中心举行，13家企业的30余款新产品亮相推介会。

27日　市人大常委会副主任、县委书记何建勃主持召开十五届县委2022年第二十三次常委会会议。

△　中宁县举办巩固脱贫攻坚成果同乡村振兴有效衔接能力素质提升示范培训班。

28日　市人大常委会副主任、县委书记何建勃主持召开县委全面深化改革委员会第十九次会议，传达学习有关会议精神，审议有关工作方案及《关于成立中宁县深化行政审批制度改革领导小组的请示》，听取各专项改革小组工作进展情况汇报，对下一步工作进行安排部署。

△　县政协组成调研组先后到宁夏宁安堡土特产有限公司、宁夏全通枸杞供应链管理股份有限公司、宁夏永寿堂中药饮片有限公司等地，对中宁枸杞营销情况进行专题调研。

29日　2022年中宁县征兵工作领导小组会议召开，通报全县上半年征兵工作情况，安排部署下半年征兵任务。

△　中宁县召开建设铸牢中华民族共同体意识示范县评促座谈会。会上，传达学习习近平总书记关于加强和改进民族工作重要思想、中央民族工作会议精神和自治区第十三次党代会报告有关民族工作的内容及全市建设铸牢中华民族共同体意识示范市第一次推进会会议精神，安排部署建设铸牢中华民族共同体意识示范县工作。

30日　中卫市委副书记、市长马洪海带领调研组先后到石空镇童庄村、丰安屯旅游度假区、宁夏中晶半导体材料有限公司、爱家购物广场金岸明珠店等地，调研督导中宁县“稳经济、保增长、促发展”工作。到石空镇张裕沟等地，调研督导中宁县矿产资源开采排查整治、卫片执法整改、水利工程质量安全排查整治及防汛工作。

7月

4日　太阳梁乡兴源村举行帮扶车间落成揭牌仪式。

5日　湖北省政协副主席张维国一行到中宁县，就加强历史文化名城名镇名村的保护与利用情况进行考察调研。

5—6日　中宁县召开农村人居环境整治

第二次观摩督导评促会。与会人员先后来到石空镇立新村、宁安镇黄滨村、舟塔乡舟塔村、徐套乡下流水村、喊叫水乡麦垛新村等地，通过实地查看、听取介绍、交流座谈等方式，围绕巷道硬化、村庄清洁、农村厕所改造等重点工作交流经验、查找不足，对下一步工作进行再安排再部署。

7 日　市人大常委会副主任、县委书记何建勃主持召开全县重点工作督办会暨“改作风，谋发展，争先进”专项行动推进会，听取相关工作汇报，通报专项行动开展情况，对下半年重点工作再加压、再督促，对专项行动再强调、再动员。

△　市人大常委会副主任、县委书记何建勃主持召开十五届县委 2022 年第二十四次常委会会议。

△　县长周永根主持召开县十八届人民政府第二十五次常务会议。

13 日　市人大常委会副主任、县委书记何建勃主持召开政法机关班子成员集体谈心谈话会。

△　写实性故事类影片《六谷儿》在大战场镇文化站举行开机仪式，参加仪式的领导共同为影片拍摄揭幕。

14 日　在“黄羊古落首届暑假旅游节”开幕之际，中宁县图书馆黄羊古落分馆挂牌开馆。

△　市人大常委会副主任、县委书记何建勃带领相关县领导及部门负责人先后到大战场镇石喇叭村、中宁六中、县民政局、县中医医院、宁夏铭岛铝业有限公司等地，调研基层党建工作。

△　市人大常委会副主任、县委书记何建勃主持召开十五届县委 2022 年第二十五次常委会会议等。

19 日　中宁县召开创建全国文明城市现场评促会，实地了解创城工作进展情况，现场研究解决相关问题。评促会上，参加观摩的县领导及相关乡镇、部门（单位）负责人先后到流浪狗收容所、世芳豪庭、百隆商厦、宁安北街生态停车场、中宁五小、正大路碱沟山小区，实地了解创城工作开展情况。

20 日　中宁县青年发展型县域试点工作领导小组 2022 年第一次会议暨部署推进会召开，传达学习习近平总书记视察宁夏重要讲话精神、习近平总书记在庆祝中国共产主义青年团成立 100 周年大会上的重要讲话精神、自治区第十三次党代会精神以及团中央和自治区团委有关要求，听取当前工作落实情况及存在的问题，对下一步工作进行安排部署，并签订责任书。

22 日　中宁县召开健康中宁建设暨全民健康水平提升行动 2022 年第一次会议，贯彻落实中卫市有关会议精神。

△　市人大常委会副主任、县委书记何建勃主持召开十五届县委 2022 年第二十次常委会会议。

25 日　中宁县召开黄河流域生态保护和高质量发展先行区推进会暨上半年经济形势分析会，观摩督导评促部分重点项目，分析上半年经济工作运行情况和“六大产业”推进情况，安排部署下半年重点工作。

26 日　市人大常委会副主任田风才带领视察组一行先后到早康枸杞股份有限公司、宁夏红枸杞产业有限公司、宁夏全通枸杞供应链管理股份有限公司、宁夏华宝枸杞产业有限公司、中宁国际枸杞交易中心等地，对中宁县枸杞产业提质增效推进情况进行视察。

27 日　安徽省政协副主席牛立文带领考察团，到丰安屯旅游度假区、宁夏华宝枸杞产业有限公司等地对中宁县生物多样性保护工作情况进行考察。

△　中宁县召开乡村振兴、矿山治理、大气污染防治、水利工程质量排查整治工作集体约谈会。会议通报全县矿山治理、大气污染防治工作进展情况和全县乡村振兴、水利工程质量排查整治工作进展情况，对相关负责同志进行集体约谈，并对近期工作开展情况进行研判分析。

△　中宁县召开第三次金融帮扶工作推进会。会上，通报全县小额信贷相关问题情况，有关乡镇和银行围绕小额信贷工作做表态发言。

△　市人大常委会副主任、县委书记何建勃主持召开十五届县委 2022 年第二十八次常委会会议。

28 日　县政协召开十三届三次常委（扩大）会议。

29 日　县长周永根主持召开县十八届人民政府第二十九次常务会议。

30 日　中宁县在太阳梁乡、徐套乡、喊叫水乡举行肉牛托管养殖分红仪式，为 1893 户群众兑现分红 2997.8 万元。

8 月

1 日　全县科级领导干部学习贯彻自治区第十三次党代会精神集中轮训示范班（第三期）开班，组织和带动全县广大党员干部积极投身学习好、宣传好、贯彻好自治区第十三次党代会精神热潮中，为全面建设社会主义现代化美丽新宁夏做出中宁贡献。

△　市人大常委会副主任、县委书记何建勃主持召开全县广泛开展习近平总书记视察宁夏重要讲话和重要指示批示精神“大学习、大讨论、大宣传、大实践”活动部署会和全县违规收送红包礼金和不当收益及违规借转贷或高额放贷专项整治工作推进会。

3 日　中宁县召开 2022 年党管武装工作会议，传达学习相关会议精神，评议上年度党管武装工作，表彰先进，安排工作，推动党管武装工作实现新发展。会议传达市委书记、中卫市军分区党委第一书记张利在全市党管武装工作述职会议上的讲话，系统总结上年度武装工作，表彰 2021 年度民兵工作先进单位和个人，对下半年重点工作进行安排部署。宁安镇、大战场镇、太阳梁乡、白马乡相关负责人分别做工作述职。

5 日　市人大常委会副主任、县委书记何建勃主持召开十五届县委 2022 年第三十次常委会会议。

8 日　县委副书记杨正权主持召开专项改革推进会，传达学习雷东生同志在全区全面深化改革推进会暨党委改革系统专题培训班开班式上的辅导报告，听取部门专项改革工作进展和专项改革中期评估进展情况汇报，对下一步工作进行安排部署。

△ 中宁县十八届人大常委会召开第五次会议。

9日 县长周永根主持召开县十八届人民政府第三十次常务会议。

9—10日 县人大常委会党组书记、主任巫磊等分别带队，深入各乡镇人大主席团、各代表小组，开展上半年联系走访人大代表活动。活动中，走访组向人大代表通报了县人大常委会、县人民政府、县人民法院、县人民检察院2022年以来主要工作开展情况。听取各承办部门、单位对县十八届人大一次会议重点督办代表意见建议办理情况的汇报、各乡镇人大主席团、各代表小组上半年开展活动情况汇报，并进行满意度测评。征求人大代表对县公安局、县卫生健康局工作意见建议、对推进全县经济社会高质量发展、民主法治建设等方面意见建议，并向人大代表赠送履职书籍。

11日 中宁县组织开展巩固拓展脱贫攻坚成果同乡村振兴有效衔接考核评估问题整改观摩督导评促活动。县委书记何建勃一行先后到鸣沙镇鸣沙村、大战场镇宁原村、喊叫水乡车路新村、石泉村、徐套乡田家滩村、李士村，听汇报，进车间，问规划，详细了解劳务公司带动集体增收群众致富、就业帮扶车间建设、压砂地集中退出区覆膜西瓜产业发展等情况，并在徐套乡召开座谈会，就考核评估问题整改、存在问题和建议等方面进行交流。

12日 市人大常委会副主任、县委书记何建勃主持召开十五届县委2022年第三十一次常委会会议。

15日 市委书记、市人大常委会党组书记张利一行先后到宁夏宁创新材料科技有限公司、宁夏今飞轮毂有限公司等地调研督办中宁县自治区第十三次党代会精神贯彻落实及重点项目建设情况，参加太阳梁乡南塘村党支部“学习身边榜样，凝聚奋进力量”主题党日活动，并宣讲自治区第十三次党代会精神。

16日 市人大常委会副主任、县委书记何建勃调研督导平安中宁建设工作。会上，传达学习中央、自治区有关会议精神，通报并安排全县社会稳定大排查大化解大整治和信访工作情况，听取自治区交办案件办理情况汇报。宁安镇、舟塔乡、喊叫水乡分别做表态发言。

△ 县政协主席妥大君带领调研组一行先后到县疾病预防控制中心、县妇幼保健计划生育服务中心、大战场镇中心卫生院、恩和镇卫生院等地，对全县疾病预防控制体系建设情况进行专题调研。

16 17日 县人大常委会调查组先后到泰瑞煤业有限公司、恩和镇詹家大坡建筑石料用砂岩矿、中宁县赛马水泥有限公司黑疙瘩沟灰岩矿、瀛海建筑用灰岩矿等地对全县矿产资源开发利用管控情况进行专项调查。

17日 市人大常委会副主任、县委书记何建勃主持召开全县2022年重点项目推进会暨2023年重点项目谋划工作会，分析研究当前项目建设中存在的难点堵点问题，梳理谋划2023年重点项目。

18日 县政协主席妥大君带领督查组到县医院、中医院、文化馆一楼非物质文化遗产展厅、行政中心广场等地，通过实地查看、听取介绍、汇报交流等形式，对县政协十三届一次会议重点提案办理情况进行集中督查。

△ 县长周永根主持召开县十八届人民政府第三十一次常务会议。

△ 中宁县召开专项治理工作领导小组第九次会议，传达学习自治区专项治理工作领导小组第四次会议精神，通报2022年上半年全县专项治理工作进展情况、全县重点领域专项治理自查自纠工作进展情况和工程建设政府采购等重点领域专项治理问题线索办理情况，听取县卫健局、财政局、自然资源局、医保局专项治理工作进展情况汇报，并对专项治理存在的问题及下一阶段重点工作进行安排部署。

19日 中宁县组织召开非公企业和新业态新就业群体党建工作观摩评促会。与会人员先后到大战场镇石喇叭村网红党支部、宁夏隆基硅材料有限公司党支部、为民城市广场商圈等7个观摩点进行现场观摩学习。

△ 县委副书记、周永根带领相关部门负责人先后到清水河孤疙瘩石料厂、第二垃圾填埋场、宁安镇东华村贾玲养鸡场、第一污水处理厂、兴尔泰新材料有限公司等地，督导调研中央环保督察反馈问题整改及信访转办件办理情况。

25日 县政协调研组一行先后到红宝农贸市场、南河子公园、新市北街周边雨污分流及污水管网改造工程等地，对中宁县城市管理体制机制建设情况进行专题调研。

△ 中宁县举行2022年宁夏扩大有效投资重大项目宁夏农垦中宁5万头养殖区（三期）竣工暨奶牛进场仪式。

29日 国家知识产权局官网发布《关于确定国家知识产权强县建设试点示范县和国家级知识产权强国建设试点示范园区的通知》，中宁工业园区成为宁夏唯一入选的园区。

30日 市人大常委会副主任、县委书记何建勃带领相关县领导及部门负责人先后到宁夏天元锰业有限公司金属锰三厂、锦腾碳素有限公司等地，调研全县企业安全生产、生态环保工作。

△ 中宁县2022年扫黑除恶专项斗争领导小组第四次会议、反诈人民战争第三次推进会、打击整治养老诈骗专项行动第二次推进会召开，传达学习近期中央、区市县有关会议、文件精神，通报工作情况，审议相关文件，安排部署重点工作，进一步统一思想，做好下半年工作。

31日 市委副书记、市长马洪海一行先后到宁创新材料科技有限公司、中宁第四污水处理厂、中垦天宁牧业有限公司、中宁赛马水泥有限公司等地，督导中宁县部分重点企业生态环境风险和安全生产隐患排查整治督查反馈问题整改工作。

△ 县政协主席妥大君带领调研组一行先后来到中宁县新世纪冶炼有限公司、宁夏天元锰业集团公司、宁夏宁创新材料科技有限公司、宁夏铭岛铝业有限公司等地，对中宁县实施能耗“双控”行动，促进工业经济高质量发展情况进行调研。

9月

2日 中宁县召开“六权”改革现场推进会。与会人员先后到宁夏铭岛铝业有限公司、县城裸露地段整治项目标段、新堡特色农业观光园、玺赞枸杞庄园,实地调研清洁生产及排污权交易、植绿增绿、农村建设用地盘活利用、国有山荒地枸杞栽植情况等,并召开现场推进会。

△ 县委副书记、县长周永根主持召开十五届县委2022年第三十三次常委会会议。

△ 县人大常委会组成调研组先后到红宝家园、丰安屯旅游景区、宁夏兴垦牧业有限公司第二牧场、宁创新材料科技有限公司年产30万吨再生铝项目、中宁永寿堂枸杞中医康养文化中心、县第十一幼儿园项目建设基地,对全县2022年重点项目建设情况进行专项调研。

△ 中宁县召开基础教育质量提升行动推进会,听取相关部门(单位)工作进展情况汇报,就下一阶段工作进行安排部署。

3日 中宁县组织开展巩固拓展脱贫攻坚成果同乡村振兴有效衔接考核评估反馈问题整改现场观摩督导评促活动。县长周永根一行先后到太阳梁乡兴源村,恩和镇秦庄村,大战场镇长山湖村,喊叫水乡上庄子村、喊叫水村,徐套乡田家滩村,听取巩固拓展脱贫攻坚成果同乡村振兴有效衔接问题整改情况介绍,详细了解就业帮扶车间、枸杞代餐粉车间、黄花菜产业、村集体设施农业基地建设、压砂地退出起垄覆膜瓜产业等发展情况。

4日 中宁县在富康广场举行"钜惠杞乡 翼杞乐购"政府数字生活消费券投放启动仪式,计划投放1000万元政府数字生活消费券,支持市场主体开展让利促销。

△ "百家闽商塞上行"——漳州市企业代表团先后到宁夏华宝枸杞产业有限公司、宁夏铭岛铝业有限公司、宁夏宁创新材料科技有限公司、丰安屯旅游休闲度假区等地,对中宁县枸杞产业、化工冶金等参观考察。

5日 中宁县召开预防和化解行政争议2022年第一次府院联席会议。

7日 县委副书记、县长周永根主持召开"数字中宁"现场会,听取"数字中宁"建设思路及规划介绍,围绕"数字中宁"建设规划进行交流研讨,安排部署下一步工作。

△ 县委副书记、县长周永根带领相关县级领导及有关部门负责人到明阳智慧(宁夏)风力发电有限公司、宁夏伟力得绿色能源有限公司、中晶半导体公司、宁夏隆基硅有限公司、宁夏和光新材料有限公司等地,督导调研全县工业经济运行及重点项目建设,现场协调解决各企业遇到的问题及困难。

9日 中宁县举办机关党建特色品牌案例评选活动(第二批)。通过筹划部署、培育发展、总结提升、信息通报等步骤,在全县范围内打造"模范机关创建优秀案例"20例、"机关党建工作创新案例"20例、"党政机关精品党课"12篇。

10日 县委副书记、县长周永根带领相关县领导及部门负责人采取不打招呼的方式,先后到丰安屯旅游休闲度假区、宁夏宁创新材料科技有限公司、宁夏铭岛铝业有限公司、乌玛高速石空卡口、天元锰业货场中转站、为民城市广场、西二环龙坑沟桥建设项目现场、滨河南路泉眼山泵站连接线、滨河北路新渠哨至渠口连接线,调研双节期间中宁县疫情防控、安全生产、值班值守情况。

12日 县长周永根主持召开县十八届人

民政府第三十三次常务会议。

13日　县委副书记、县长周永根带领相关部门负责人，到宁夏宁安彩印包装有限公司、大战场镇乡镇和企业调研重点工作开展情况。

13—14日　县人大常委会调研组一行先后到长山头中学、长山头完小、大战场完小、中宁县搭搭乐乐机器人活动中心等地对全县义务教育阶段“双减”工作落实情况进行专项调研。

15日　县委副书记、县长周永根主持召开十五届县委2022年第三十四次常委会会议。

△　中宁县举行“铸牢中华民族共同体意识教育基地”揭牌仪式。

17日　县委农村工作领导小组2022年第二次会议召开。县委副书记、县长周永根出席会议并讲话，县委副书记杨正权主持会议。会议传达学习中央、自治区相关会议精神；听取2022年上半年农业农村工作重点任务进展情况及考核反馈问题整改落实情况和2021年度巩固拓展脱贫攻坚成果同乡村振兴有效衔接考核评估反馈问题整改情况汇报；通报乡村治理和“一村一年一事”工作督查情况；审议《关于深入贯彻落实习近平总书记重要指示精神切实抓好粮食生产安全防止规模性返贫耕地保护的实施方案（送审稿）》等相关文件，并对2022年下一步乡村建设重点工作再安排再部署。

△　中宁县召开创建全国文明城市工作调度会。通报全县创建全国文明城市督查情况，听取各工作组工作情况汇报，安排部署迎接自治区文明办创城工作年度测评相关工作。

18日　县长周永根主持召开县十八届人民政府第三十四次常务会议。

△　县委副书记、县长周永根主持召开全县经济工作调度会，通报1—8月全县经济工作运行情况，听取有关工作情况汇报，安排部署相关工作。

20日　中宁县检出4名宁夏区外输入新冠病毒核酸检测阳性人员，自治区党委和政府第一时间启动应急响应机制，连夜组织开展核酸检测、流调溯源、隔离转运、封控管控等工作。中宁县所有党员干部迅速集结，就地转化为疫情防控志愿者，1265余名机关、企事业单位党员干部，582名乡镇干部，2880余名医护人员、公安干警下沉基层一线和20余支志愿服务队一起参与到疫情防控工作中。11:00起，中宁县全域实施静默管理。静默管理期间，人员车辆不进不出，中小学转线上教学，学校、园区实施封闭管理。中宁县城区重点封控，居民全部居家。

22日　宁夏总工会紧急筹措150万元工会经费，支持中卫市疫情防控50万元，支持重点地区中宁县疫情防控100万元。

△　中卫市委组织部从党费和党内关怀帮扶资金中划拨经费30万元，用于解决防疫物资筹备、困难党员群众基本生活保障等问题，支持中宁县开展疫情防控工作。

24日　8辆满载中卫市援助物资的公交车驶入中宁县杞乡体育中心。此次支援中宁县的爱心蔬菜包由中卫市政府统一安排，沙坡头区四季鲜保供蔬菜市场提供。爱心蔬菜包共计1600份，种类丰富，有土豆、西红柿、圆白菜、青椒、洋葱等，每份售价30元。随后8400份蔬菜包由中卫市送达中宁县。

10 月

2 日　自治区妇联协调宁夏妇女儿童发展基金会、自治区女企业家协会、银川恒发纸业有限公司等各方资源广泛筹集物资，为中宁县投身抗疫一线的广大妇女干部群众捐赠女性卫生用品，总价值约 10 万余元。

3 日　“战疫情保丰收促稳定”自治区“三秋”农机应急作业服务队，调度部分秋粮收获机赴中宁县开展抢收作业，确保中宁县在做好疫情防控的同时，中高风险乡村 6.2 万亩秋粮作物及时收获、颗粒归仓。

3 日　由宁夏四季鲜农产品综合批发市场捐赠的一批抗疫爱心蔬菜抵达中宁县各社区疫情防控卡点，由社区分发给各小区居民，此次捐赠的蔬菜总重量 100 吨左右，有便于贮藏的土豆、萝卜、莲花菜等，还有富含各种维生素的绿叶菜和葱、姜、蒜等。

6 日　新冠肺炎疫情防控宁夏工作组组长、国家卫生健康委副主任李斌带队到中宁县人民医院、国家紧急医学救援（宁夏）队中宁县第六中学驻地和部分集中隔离点检查指导中宁县疫情防控工作。

28 日　市人大常委会副主任、县委书记何建勃主持召开十五届县委 2022 年第三十九次常委会会议。

31 日—11 月 2 日　中宁召开 2022 年秋冬季农田水利基本建设工作检查评促会。各乡镇汇报秋冬季农田水利基本建设推进情况、产业结构落实情况，与会县领导进行现场点评。

11 月

1 日　市人大常委会副主任、县委书记何建勃主持召开黄河流域生态保护和高质量发展先行区建设中宁县推进会暨第三季度经济工作分析会。

2 日　市人大常委会副主任、县委书记何建勃主持召开十五届县委 2022 年第四十一次常委会会议。

4 日　中宁县召开第三季度全县驻村工作会议，进一步贯彻落实区市党委对驻村工作的部署要求，总结驻村工作成效，部署下阶段工作。

7 日　中宁县召开爱国卫生攻坚行动动员会。

8 日　中国共产党中宁县第十五届委员会第三次全体会议召开。

△　市人大常委会副主任、县委书记何建勃主持召开全县统筹疫情防控和经济社会发展工作会议。

9 日　中宁县召开巩固拓展脱贫攻坚成果同乡村振兴有效衔接工作推进会，通报全县巩固拓展脱贫攻坚成果预评估发现问题，安排部署全县巩固拓展脱贫攻坚成果后评估准备工作。

△　中卫市专题调研督导组一行到中宁县第一污水处理厂、市民大厅农村产权交易中心、新堡镇特色农业观光园等地，对中宁县2022 年重点改革任务落实情况、“六权”改革工作情况、整改落实改革任务情况等进行调研督导。

10 日　中宁县文茂草源生态饲料有限公

司获宁夏2022年第一批“国家高新技术企业”称号。

15日　县人大常委会党组书记、主任巫磊带领视察组一行先后到中宁县第十一幼儿园建设项目、西二环路龙坑沟桥改造项目、银川海关技术中心食品安全惠民工程等地，对县十八届人大一次会议议案、2022年民生计划办理落实完成情况进行视察，促进议案和民生计划项目的办理落实工作。

16日　县政协组成视察组，对县政协十三届一次会议重点提案办理情况进行视察。先后对未办结提案《关于打通县城宁丰南路的建议》《关于大战场红宝一条街商户上下水入网的建议》《关于建设城区活禽交易定点屠宰中心的建议》，重点提案《关于加大建筑垃圾资源化利用力度的建议》及提案《关于推进县城南河子水系廊道建设的建议》《关于建设我县数字供销示范县的建议》进行视察，详细了解提案办理情况。

17日　县人大常委会组成执法检查组先后到余丁乡石空村、天元锰业、石空镇卫生院、第三污水处理厂、宽口井污水处理站、天湖等地，对县人民政府《中华人民共和国水污染防治法》《宁夏回族自治区水污染防治条例》贯彻执行情况进行执法检查。

△　市人大常委会副主任、县委书记何建勃主持召开十五届县委2022年第四十五次常委会会议。

18日　中宁县召开学习贯彻党的二十大精神自治区宣讲团报告会，邀请自治区人大常委会党组成员、副主任杨玉经做专题宣讲。

△　市人大常委会副主任、县委书记何建勃主持召开2023年重点项目谋划工作专题会。会上，通报全县2023年重点项目谋划情况，听取县级领导分管领域2023年重点项目谋划情况汇报，安排部署下一步工作。

22日　全国高新技术企业认定管理工作领导小组办公室下发《关于对宁夏回族自治区认定机构2022年认定的第一批高新技术企业进行备案公示的通知》，对134家高新技术企业进行公示，中宁县中国供销惠农·玺赞庄园枸杞有限公司、文茂草源生态饲料有限公司、宁夏天元锰材料研究院、宁夏诚建建设有限公司4家企业榜上有名。

23日　县委副书记杨正权主持召开第十四次专项改革推进会，听取“六权”改革进展和2023年工作思路汇报，对下一步工作进行安排部署。

26日　在2022中国城市产业发展论坛上，中宁县入选2022中国产业创新转型升级典型城市案例。

29日　市人大常委会副主任、县委书记何建勃主持召开十五届县委2022年第四十八次常委会会议。

△　中宁县入围“2022健康中国·康养旅游百强县”。

30日　农业农村部农业生态与资源保护总站发布全国首批《2022年度国家级生态农场拟授予名单》。中国供销惠农·玺赞庄园枸杞有限公司位列其中。

12月

9日　县十八届人大常委会第七次会议召开。

△ 县政协主席妥大君主持召开县政协十三届五次常委会会议。

12日 十五届县委第三轮巡察工作动员部署会议召开，安排部署十五届县委第三轮巡察工作。会议传达学习全区巡视工作会议暨十三届自治区党委第一轮巡视动员部署会议、五届中卫市委第三轮巡察动员部署会议精神，宣布《十五届县委第三轮巡察任务分工及巡察组组长、副组长授权名单》，宣读《十五届县委第三轮巡察工作方案》。

14日 中宁县残联第八次代表大会召开。选举产生中宁县残联第八届主席团主席、副主席、委员；执行理事会理事长、副理事长、理事和出席中卫市残疾人联合会第四次代表大会代表。

19日 中国共产党中宁县第十五届委员会第四次全体会议召开。

20—21日 中国人民政治协商会议中宁县第十三届委员会第二次会议召开。

21—22日 中宁县第十八届人民代表大会第二次会议召开。

23日 市人大常委会副主任、县委书记何建勃主持召开十五届县委2022年第五十二次常委会会议。

27日 中宁县与嘉里物流（中国）投资有限公司举行嘉里宁夏陆港项目签约仪式。

29日 中宁县召开新冠疫情防控领导小组第六十七次会议暨指挥部第七十六次会议，传达学习国务院、区市疫情防控最新工作要求。

30日 市人大常委会副主任、县委书记何建勃主持召开十五届县委2022年第五十三次常委会会议。

30日 市人大常委会副主任、县委书记何建勃带领相关部门负责人先后来到中国石油天然气运输公司宁夏分公司中宁配送中心、天元锰业集团、铭岛铝业公司再生铝项目建设现场等地，对企业安全生产工作进行督导检查。

组织机构和领导成员

（2022年1月1日—12月31日）

中共中宁县委员会

书　记　何建勃

副书记　周永根

杨正权

罗永珍

杨　军

黄宗浩

张志刚（2月离任）

王建虎

吴金玲

彭小沛（1月任职）

贺伟龙（9月离任）

张晓辉（5月任职）

王子湄（9月任职）

中宁县人民代表大会常务委员会

主　任　巫　磊

副主任　张泽军

俞雪峰

刘宁远

张　锐

办公室主任　周素泰

办公室副主任　马伟平

财政经济工作委员会

主　任　王　斌（6月离任）

王艳萍（8月任职）

人事代表选举工作委员会

主　任　王　斌（6月任职）

法制工作委员会

主　任　孔　刚

教科文卫生工作委员会

主　任　范学银

中宁县人民政府

县　长　周永根

副县长　张志刚（2月离任）

彭小沛(2月任职)
贺伟龙(9月离任)
王子湄(9月任职)
蒋昊良
卢俊福(1月离任)
杨宝翟(2月任职)
花　铎
康　玲(9月离任)
伏　刚(12月任职)

政协中宁县委员会

党组书记、主席　妥大君
党组副书记　罗永珍
副主席　王文华(4月离任)
张光旭
黎　萍
赵洪武(12月任职)
办公室主任　王吉明

教科文卫体委员会

主　任　张世瑞
副主任　李冬梅

提案和委员联络委员会

主　任　陈立斌

经济和法制委

主　任　令　薇
副主任　赵永丽

社会治理委

主　任　李铁林

中共中宁县纪委监委

县委常委、纪委书记、监委主任
黄宗浩
县纪委副书记、监委副主任
黄　河
苏军平(8月离任)
魏向明(8月任职)
刘玉婷(挂职)
县纪委常委、县委巡察办主任
韩少军(10月离任)
县纪委常委、监委委员、党风政风监督室主任
杜跃华(1月任职)
县监委委员　杨　梅(8月任职)
县纪委常委、监委委员、案件监督管理室主任
詹　佳
县纪委常委、监委委员、办公室主任
黄学亮

人民武装

中宁县人民武装部

部　长　杨　军
政　委　蔚精卫
副部长　赵　亮

法检两院

中宁县人民法院

党组书记、院长
张广平

党组成员、副院长
高建宁
鲁青峰
张旻鹏
党组成员　兰　毅
党组成员、县纪委监委派驻第六纪检监察组组长
刘月芳

中宁县人民检察院

党组书记、检察长
张月玲
党组成员、副检察长
朱晓鹏
秦　红
党组成员、县纪委监委派驻第七纪检监察组组长
魏强强

中宁县委工作部门

县委办公室

朱　垚(5月任职)
郭吉鹏(5月离任)
副主任、机要局局长、档案局局长
寇学萍(1月任职)
副主任　李文博(1月离任)
副主任、保密局长
张　钧（1月任职)
副主任、督查室主任
李　鹏
副主任　孙　晶（11月任职)
国安办副主任　何海升(4月任职)
档案馆馆长兼党史县志研究室主任
黄建军

县委组织部

部　长　县直机关工委书记
吴金玲(2月任职)
祁　洋(2月离任)
常务副部长、县直机关工委副书记
童宁慧
副部长、老干部局局长、离退休干部党工委书记
王爱玲
副部长、公务员局局长、县非公经济组织和社会组织党工委员、书记
白　斌
副部长　张振桐
离退休干部党工委副书记
马建梅(4月任职)
县非公经济组织和社会组织工委副书记
万浩东(11月任职)
电教中心主任　李　楠

县委宣传部

部　长　张晓辉(5月任职)
吴金玲(5月离任)
副部长、文明办主任、新闻出版局局长
马奋玲
副部长　沈　玲(11月离任)
寇艳萍(11月任职)
孙　帅

县委统战部

部　长　罗永珍
副部长、民族宗教事务局局长
王树华
副部长、县工商联党组书记、主席
李剑华
副部长　孙建国

张建文（5月离任）
苏　伟（5月任职）

县委政法委

县委常委、政法委书记
王建虎
常务副书记　刘凤娟
副书记　李超云
刘　莉

县委政研室

主　任　方华胜
副主任　王宾华
张旭梅

县机构编制委员会办公室

主　任　王天岐
副主任　李文霞
蒋永祥

县委网络安全和信息化办公室

主　任　贾　刚
副主任　张惠萍（5月离任）
麻云兴
张桂珍（11月任职）

县委巡察办

主　任　韩少军（10月离任）
副主任　李晶晶
巡察组副组长　徐万忠
袁进霖（7月任职）

县委及其部门直属事业单位

县委党校

校长、行政学院院长
杨正权
常务副校长、行政学院常务副院长
万文军（7月任职）
副校长、行政学院副院长
祁熙涛
光永霁

县融媒体中心

主任、台长　刘雪峰
副主任　黄元东
副主任、副台长
马　泽

县政府工作部门

政府办公室（挂"政务公开办公室、政府督查室、信访督办局、外事办公室"的牌子）

主　任　张学海（11月离任）
韩少军（11月任职）
副主任　杜庆通（9月离任）
张　磊（2月任职）
督查室主任　苏琪翔（12月离任）

副主任、信访督办局

局　长　王　军
副局长　张　颖

发展和改革局（挂"粮食和物资储备局、经济动员办公室"的牌子）

书记、局长、粮食和物资储备局局长
孟跃军
副局长　吴建斌（12月离任）
副局长、粮食和物资储备局副局长
王秉发
副局长、经动办副主任
黄　越

统计局

局　长　　白江涛

副局长　　焦瑞萍

　　　　　傅月珍

工业和信息化局

局　长　　杨晓冬（12月离任）

副局长　　王月芳

　　　　　祁立宁

　　　　　孙　晶（11月离任）

教育体育局

工委书记、党组书记、局长、教育督导室主任

　　　　　万宝生

县教育工委专职副书记

　　　　　王艳红

党组成员、副局长

　　　　　蒋永刚

　　　　　张兴虎

　　　　　张永福（9月任职）

党组成员、县纪委监委第三纪检监察组组长

　　　　　吴春元

科学技术局

书记、局长、地震局局长

　　　　　张海玲（7月离任）

　　　　　王　峰（7月任职）

副局长　　吴进军

　　　　　杨伯仁（8月离任）

　　　　　吴菊萍（8月任职）

商务和投资促进局

党组书记、局长　王新录

副局长　　赵全德

　　　　　田　斌（4月离任）

　　　　　马　泽（5月任职）

公安局

县委常委、公安局党委书记、局长

　　　　　花　铎

党委委员、政委

　　　　　刘　勇

党委委员、副局长

　　　　　薛　军（2月离任）

　　　　　杨　烨

　　　　　黄建新

　　　　　张新荣

　　　　　李志远（3月任职）

党委委员、县纪委监委派驻第八纪检监察组组长

　　　　　张　明

党委委员、政工监督室主任

　　　　　曹爱国

民政局

书记、局长　王少庸

副局长　　于振凯

　　　　　曹慧宁

　　　　　张建文（5月任职）

退役军人事务局

党组书记、局长

　　　　　王吉军

副局长　　李继光

　　　　　王　海

退役军人服务中心主任

　　　　　莫　骄

司法局

党组书记　叶廷文

局　长　　孙丽琴

副局长　　黄彩霞

　　　　　白建存

白雁玲（2月离任）
姚　静（4月任职）
公证处主任　雍福全

财政局

党组书记、局长　方　强
党组成员、副局长
白　烨
张明海（5月任职）
党组成员、副局长兼金融工作局副局长
张丽娜（7月离任）
金融工作局副局长
左　丽（挂职）
采购中心主任　田金宝
会计核算中心主任
张明海（5月离任）

人力资源和社会保障局

党组书记、局长
崔金儒
党组成员、副局长
朱凤莲（9月离任）
赵　娜（5月任职）
康凤玲（5月任职）
孔福霞（9月任职）
副局长、就创中心和人才中心主任
刘学斌
劳动人事争议仲裁院院长
李丽鸿（7月离任）
张振林（2月任职）
社会保险事业管理中心主任
张　科

自然资源局

党委书记、局长　王照中
党委委员、副局长
魏向东（7月离任）
段　赟
张志涛（2月任职）
马　艳（9月任职）
不动产登记事务中心主任
田　波

市生态环境局中宁分局

局长、生态环境保护综合执法大队队长
吴建斌（12月任职）
贾志荣（12月离任）
副局长　薛宏燕
杨晓红
生态环境监测站站长
朱宁芳
副站长　孟　杰（2月离任）
冯学洋（3月任职）
生态环境综合执法大队
副队长　胡文琴

住房和城乡建设局

党委书记、局长兼人防办主任、县城市管理综合执法局局长
刘　通
局党委委员、副局长
王　波（10月离任）
吴　昊
干　军
赵　谡（12月任职）
县建设工程质量安全监督站站长
陈学军
县房地产管理所所长
王　涛

县市政管理中心主任
裴泽伟
县城市建设监察大队队长
史学军
县村镇建设站站长
蔡丽阳
水暖公司经理
潘自强

交通运输局

党委书记、局长兼综合执法大队大队长
马建辉
党委班子成员、副局长
胡学银(2月任职)
苏建军
王　婧
交通运输综合执法大队副大队长
张富莹

水务局

党委书记、局长
胡　斌
副局长　范学文
马尚亮
雍　华

农业农村局

党委书记、局长　张庆国
党委委员、副局长
靳奇文(5月任职)
蒋永东(2月任职)
郭　洁(9月任职)
党委委员、纪检组组长
谭艳凤
农业技术推广服务中心
主　任　张　丽
畜牧水产技术推广服务中心主任
主　任　张永科
农业机械化技术推广服务中心主任
主　任　胡春涛
农田建设服务中心
主　任　张学军（7月任职）
农业综合执法大队
副队长　袁旭东
动物疾病预防控制中心
主　任　刘向东

乡村振兴服务中心

主　任　田　斌
副主任　徐海燕
汪志勇
高　平(7月任职)

文化旅游广电局

党委书记、局长　严立宁
副局长　曹文杰
胡学银(2月离任)
孙学向
李　琼(2月任职)
文化馆副馆长　王　涛
陶　毅
图书馆馆长　尹春兰
副馆长　陆　燕
张淑芬
文管所所长　黄滨鹏

卫生健康局

党委书记、局长　罗永平
党委委员、副局长
王艳萍(7月离任)

张桂珍(11月离任)
严金海(9月离任)
李秀芳(11月任职)
王　铭(9月任职)
党委委员　刘　科(11月任职)

审计局

党委书记、局长
刘　玉
副局长　冯学忠
张占军
王秀芳

市场监督管理局

党委书记、局长
马文华
党委委员、副局长
张　浩
秦　斌(11月离任)
蒋永东(1月离任)
黄　胜(7月任职)
黄晓勇(11月任职)

应急管理局

党委书记、局长
苏军平(7月任职)
孙　靖(7月离任)
副局长　郭宁江
张建平
赵军斌(4月任职)
应急救援指挥中心
主　任　刘晓辉

消防救援大队

大队长　秦　伟(3月离任)
马强强(3月任职6月离任)
教导员　岳光福(3月离任)
张铁海(3月任职)
副队长　张伟平(4月任职)
侯　亮(3月离任)

医疗保障局

党组书记、局长
刘永华(11月离任)
于竞哲(12月任职)
党组成员、副局长
沈韶华
施　锐
县医疗保障服务中心主任
黄　菊

审批服务管理局

党组书记、局长
何　彤
党组成员、副局长
马玉燕
赵　娜(4月任职)
审批服务中心主任
王玉芬

县政府及其部门直属事业单位

枸杞产业发展服务中心

主　任　闫　伟(7月任职)
李钟灵(7月离任)
副主任　闫永祥
刘　娟
刘茂盛(11月任职)
殷　宁(11月免职)

机关事务服务中心

主　任　严立宁（12月离任）

李钟灵（7月任职）

副主任　范永红

何　忠

政府派出机构

中共宁夏中宁工业园区工作委员会

党工委书记　何健勃

党工委副书记　伏　刚（12月离任）

杨晓冬（12月任职）

党工委副书记、纪工委书记

王佳晶

党工委委员　王　琦（4月离任）

高　欣（11月离任）

宁夏中宁工业园区管理委员会

管委会主任　伏　刚（12月离任）

杨晓冬（12月任职）

管委会副主任　马进龙

王　琦（4月离任）

高　欣（11月离任）

办公室主任　杨　梅（9月离任）

杜庆通（9月任职）

办公室副主任　雅金斌

规划建设局局长

杜　敏

规划建设局副局长

王　智

安全生产和生态环境局局长

龚建平

安全生产和生态环境局副局长

白齐新

经济发展和投资促进局局长

杨伯仁（9月任职）

吴菊萍（9月离任）

经济发展和投资促进局副局长

孙钰翔（5月离任）

余　昆（5月任职）

综合事务管理局局长

郭　利

综合事务管理局副局长

张文华

群众团体

总工会

党组书记、主席　刘宁远

常务副主席　严旭祥（11月免职）

副主席　万　煜

副主席、经审会主任

马金虎

团县委

党组书记、团县委书记

耿　丹

副书记　赫　谨（5月任职）

马　伟（1月离任）

张　俊（兼任副书记）

王　斌（兼任副书记7月任职）

妇　联

党组书记、主席

胡　玥

副主席　张海琴

肖　颖（5月离任）

李丽鸿（7月任职）

工商联

党组书记、主席

李剑华

副主席　张奋才

吴建新

科学技术协会

党组书记、主席

雍天信

副主席　宋海燕

何进喜

文　联

党组书记、主席

万文军（7月离任）

张海玲（7月任职）

党组成员、副主席

曹立鸿

李　杏

残　联

党组书记、理事长

孙　靖（7月任职）

马林成（8月离任）

副理事长　王学文

孙光欣

红十字会

会　长　卢俊福（1月离任）

康　玲（5月任职—9月离任）

常务副会长兼秘书长

万瑷珲

副会长　王　铭（8月离任）

冯春生（8月任职）

乡　镇

宁安镇

党委书记　张　琦

党委副书记、镇长

张　斌

人大主席　史天福

副书记　魏金伟

纪委书记　肖　颖（6月任职）

寇学萍（2月离任）

党委委员、组织委员

杨小花

副镇长　王学胜

马伊敏

武装部部长　刘青督（7月离任）

罗秉权（12月任职）

石空镇

党委书记　徐　晓

党委副书记、镇长

张红香

人大主席　孙国靖

党委副书记　刘旭琴

纪委书记　马　宁

组织委员　张　洁

副镇长　靳奇文（4月离任）

张　磊（1月离任）

黄志云

田　斌（4月任职）

马　伟（1月任职）

人武部部长　张　骞（12离任）

新堡镇

党委书记　尹向奎
党委副书记、镇长
何　文
人大主席　胡学梅
党委副书记　陈　成
纪委书记　岳全福
副镇长　黄殿成
姚　静(5月离任)
白永凤(5月任职)
陆　翔
武装部部长　张根民
组织委员　丁雪梅(12月离任)

恩和镇

党委书记　李　涛
镇　长　潘　馗
人大主席　于竞哲(12月离任)
副书记　马琪宸
纪委书记　刘　明
副镇长　殷延伟
刘　娜(6月离任)
岳　洋
武装部部长　余　洋
党委委员、组织委员
贺小蓉

鸣沙镇

党委书记　叶金星
镇　长　李智全
人大主席　王智丽
党委副书记　张　晶(5月任职)
王彦龙(5月离任)
纪委书记　陆文涛
副镇长　江灵萍
范磊磊
朱福明
武装部部长　张　钧(2月离任)
党委委员、组织委员
张亚楠

大战场镇

党委书记　李　亮
镇　长　赵建国
人大主席　柯占英
副书记　张学廷(5月离任)
靳　佳(5月任职)
纪委书记　张　龙
副镇长　樊　蓉(7月离任)
李广东(5月任职)
马占仁
武装部部长　马　龙
组织委员　赵　敏

白马乡

党委书记　李　鹏
乡　长　刘学萍
人大主席　马　元
党委副书记　温　佳(5月任职)
康凤玲(5月离任)
纪委书记　张惠萍(5月任职)
副乡长　马星坤
袁　博
人武部部长　张　磊
组织委员　凤启敏

余丁乡

党委书记　王同强
党委副书记、乡长
马　媛

人大主席　　白雁玲（2月任职）

党委副书记　　李秀芳（11月离任）

纪委书记　　雍天玲（11月离任）

沈　玲（11月任职）

副乡长　　杜志翔

马小童

武装部部长　　蒋　欣

党委委员、组织委员

姜　乐

舟塔乡

党委书记　　金学忠（6月任职）

朱　垚（6月离任）

乡　长　　东志波（7月任职）

金学忠（6月离任）

人大主席　　光胥桦

党委副书记　　黄　胜（6月离任）

纪委书记　　李晓燕

组织委员　　薛　萌

副乡长　　李文锋

康鹏程

朱　波

武装部部长　　黑　鹏（11月任职）

王　东（11月离任）

喊叫水乡

党委书记　　张　锐

乡　长　　强　凯

人大主席　　尹　磊（2月任职）

党委副书记　　寇艳萍（12月离任）

纪委书记　　马吉海

组织委员　　孙　晨（11月离任）

副镇长　　白　杨

张正航

米少青

武装部部长　　张进文

徐套乡

党委书记　　黄建兵

乡　长　　袁永军

人大主席　　东志波（7月离任）

马文江（9月任职）

党委副书记　　曲　波

纪委书记　　马海成（1月免职）

樊　蓉（7月任职）

副乡长　　马小波（12月离任）

苏　伟（5月离任）

马　珍（5月任职）

马万学

武装部部长　　赵军斌（5月离任）

马和军（5月任职）

组织委员　　万　波

太阳梁乡

党委书记　　贺伟华

乡　长　　张谨轩

人大主席　　陈晓红

党委副书记　　张学廷（4月任职）

纪委书记　　马双成

组织委员　　窦丽夏

副乡长　　范小宁

刘骥睿

陈　静（1月离任）

刘　亨（5月任职）

武装部部长　　金富军

直属国有企业

供销社

总支书记、理事会主任
闫永祥
总支副书记、监事会主任
张建忠
理事会副主任
万海涛

中央、自治区属驻中宁单位

税务局

党委书记、局长　王建新（8 月任职）
裴发智（8 月离任）
党委副书记、副局长
尚志亮（8 月免职）
党委委员、副局长
冯晓春
尹玉安（8 月免职）
陈建斌
马　栋（8 月任职）
韩　瑞（8 月任职）
党委委员、纪检组长
董子诚

中宁邮政分公司

副总经理　王　帅（6 月离任）
卢晓静（6 月任职）
张卫军

国网中宁县供电公司

党委副书记、经理
房耀华（8 月任职）
党委书记、副经理
刘晓忠（9 月任职）
副经理　徐永林
张　波
纪委书记、工会主席
洪跃江

气象局

党组书记、局长
杨　波（1 月任职）
王丽婧（1 月离任）
党组成员、纪检组长
郭建兴
气象台台长　牛旭东

社会经济调查队

队　长　李小平
副队长　张旭文
马国鹏

七星渠管理处

党委书记　张海军
处　长　周　涛
纪委书记　郑　强
副处长　陈晓波
谢生伟
总工程师　王元礼

固海扬水管理处

党委书记、处长　郝瑞甫
党委副书记、副处长
周玉国（12 月离任）
党委副书记　李建国（11 月任职）
纪委书记　尹　奇
副处长　于国兴（11 月离任）

张　印
彭　军
总工程师　邢天锋

红寺堡扬水管理处

党委书记　甄德龙
处　长　张海军(11月任职)
副处长　张玉忠(10月离任)
道　华
郑　柱
总工程师　顾　军
纪委书记　贺加国

中央储备粮中宁直属库

主　任　刘小朋
副主任　戴宇鹏

中卫市住房公积金中宁分中心

主　任　王明强
副主任　胡志海

邮政储蓄中宁县支行

行　长　张新华
副行长　刘　丽

农行中宁支行

行　长　张耀俊(11月任职)
李建刚(11月离任)
纪委书记　马建彬(10月任职)
何　涛(10月离任)
副行长　刘天华
康宏芬

农发行中宁县支行

党支部书记、行长
臧晓彬
党支部委员、副行长
马凤吉
丁和平(6月任职)
党支部委员、三合一专员
张　倩(3月任职)

工行中宁支行

行　长　康　佳
副行长　张　虹
魏　婷
何承成

建行中宁支行

党总支书记、行长
桓凤玉(11月任职)
党总支委员、副行长
白少文
孟建平(11月任职)
党总支委员、派驻纪检组长
沈　泉

农村商业银行

党委书记、董事长
王进勇
党委副书记、行长
马　文
党委委员、监事长
马洪涛
党委委员、纪委书记
张　丛
党委委员、副行长
邱　柏
李甲利
行长助理　刘明睿(5月任职)
温　超(5月任职)

宁夏银行中宁支行

行　长　潘东升

副行长　　　　何　勇

青银村镇银行

董事长　　　　张俭平

党支部书记、行长

　　　　　　　王　锋

党支部副书记、监事长

　　　　　　　宋金福

石嘴山银行中宁县支行

行　长　　　　锁　晋

行长助理　　　杨宏斌

　　　　　　　刘　兴

人寿保险公司中宁县支公司

经　理　　　　颜亚丽（3月任职）

副经理　　　　刘　鹏（3月任职）

　　　　　　　刘建新

人保财险公司中宁分公司

经　理　　　　王玉泽

平安寿险公司中宁分公司

经　理　　　　马　军

中油宁夏中宁销售分公司

党委书记、经理

　　　　　　　关克军

新华书店

经　理　　　　李　军

一七七处

处　长　　　　陈永华

五三六处

党委书记、处长

　　　　　　　白彦军

移动公司

经　理　　　　王福斌

电信公司

支部书记、总经理

　　　　　　　罗　贞

副总经理　　　黄卫东

　　　　　　　郭家瑞

　　　　　　　徐才荣

联通公司

经　理　　　　田利克

　　　　　　　李　强

　　　　　　　陆少辉

宁夏广电网络公司中宁分公司

经　理　　　　季耀斌

宁夏水投中宁水务有限公司

党总书记、总经理

　　　　　　　马立军（12月离任）

　　　　　　　李仲茂（12月任职）

党总支副书记、总经理

　　　　　　　王金山

党总支副书记、工会主席

　　　　　　　沈全周（12月离任）

党总支委员、副总经理

　　　　　　　马国锋

　　　　　　　贺　军

　　　　　　　吴金柱

党总支委员、总工程师

　　　　　　　张　平

中宁综览

中宁概貌

【地理环境】 中宁县位于宁夏回族自治区中部、宁夏平原南端，东部和东北部分别与吴忠市、青铜峡市接壤，南部与同心县相连，西临中卫市，北靠内蒙古阿拉善左旗。隶属地级中卫市管辖。县域地处内蒙古高原和黄土高原的过渡带，县境内四面环山，中部低平，介于东经105° 26′ ~106° 7′、北纬37° 9′ ~37° 50′之间。黄河自西向东横贯县境中部，平均海拔1140 ~ 1600 米。

【气候特点】 2022 年平均气温为 12.0℃，比历年平均气温偏高 2.1℃。年极端最高气温为39.0℃，出现在 8 月 6 日；年极端最低气温为-16.6℃，出现在 12 月 17 日。全年 12 个月中除 12 月平均气温比历年同期平均值偏低0.4℃外，其余各月均偏高。其中 3 月偏高5.1℃，6 月偏高 3.4℃，1 月偏高 3.0℃，2 月、4—5 月、7—11 月偏高在 0.7~2.6℃之间。年总降水量为 110.9 毫米，比历年平均降水量偏少81.4 毫米。其中，1—2 月偏多在 0.7~5.9 毫米之间；8 月偏少 20.7 毫米，3—7 月、9—12 月偏少在 0.4~16.7 毫米之间。年日照时数为 2555.7小时，比历年平均日照时数偏少 443.3 小时。32.7 小时。

【建置沿革】 西汉元狩三年（前 120 年）设眴卷县（今新堡镇新堡村）。东汉永初五年（111年）发生羌族起义，安定郡南迁，眴卷县废。北魏时期设鸣沙县，属灵州普乐郡。北周保定二年（562 年）设会州，州治在鸣沙县，这是中宁境内第一次设置州级行政建制。北周建德六年（577 年）废会州，置鸣沙镇。隋开皇十年（590年）设丰安县，隶于灵武郡。县城在今关帝村。隋开皇十九年（599 年）在鸣沙设环州，辖鸣沙等县。唐武德二年（619 年）置会州，辖鸣沙等县。贞观六年（632）改置环州。贞观九年（635

年)环州废,鸣沙县改属灵州。唐贞观二十一年(647年)设皋兰州安置铁勒浑部于鸣沙,设都督府。唐武德四年(621年)析置丰安县,贞观十三年(639年),以其地并入回乐县。唐咸亨三年(672年)鸣沙县界内设安乐州,治今同心县下马关镇北红城水,安置由青海迁来的吐谷浑部落。万岁通天元年(696年)在丰安县置丰安军,城址在今石空镇。唐开元初,在鸣沙境内的东皋兰州,安置铁勒浑部,属灵州管辖。唐大中三年(849年)改安乐州为威州,鸣沙县属之。唐乾符三年(876年)此前置雄州于丰安县城。本年地震中地陷城废,无力重筑。中和元年(881年)徙治承天堡。北宋咸平五年(1002年)党项族李继迁攻占灵州。此后,中宁地区由党项族统治。元代设鸣沙州,属宁夏府路。在鸣沙州城设水陆两驿。明建文元年(1399年)设宁夏中卫。中宁河北地区的张义堡以西属中卫,以东属广武域。明成化二十二年(1486年),筑宁安堡城, 中宁黄河以南恩和以西划中卫管辖。清雍正二年(1724年)废除卫所制度,宁夏中卫改为中卫县,中宁地区属中卫县。乾隆二十四年(1759年)于宁安堡设渠宁巡检司,代理中卫县衙管理渠口、宁安一带事务。民国二十二年(1933年),宁夏省政府报国民政府批准,从中卫县划出胜金关、山河桥以东地区设置中宁县。民国二十三年(1934年)1月1日,中宁县政府成立,县城设宁安堡。1949年9月14日,中宁解放,正式成立中共中宁县委和中宁县人民政府,中宁县属宁夏省直管。1954年,宁夏省撤销并入甘肃省, 置甘肃省银川专区,中宁县属银川专区。1958年10月25日,宁夏回族自治区成立,中宁县直属自治区。1972年2月23日,设立银南地区,中宁县划归银南地区管辖。1998年5月11日,撤银南地区,设立吴忠市,中宁县归吴忠市管辖。2004年8月,设立中卫市,中宁县划归中卫市管辖。

【行政区划】 1999年,全县共辖城关、鸣沙、石空三镇,宁安、康滩、舟塔、古城子、新堡、东华、恩和、长滩、白马、枣园、余丁、长山头12个乡,长鸣1个乡级地区,大战场、马家梁2个乡级吊庄,渠口和长山头2个国营农场。2000年1月,大战场、马家梁两乡移交中宁县管辖。中宁县下辖三镇十四乡1个乡级地区管委会和2个国营农场。2002年9月,长鸣地区并入长滩乡。2003年7月行政区划调整,中宁县辖五镇四乡2个国营农场1个地区管委会和1个社区管理委员会。即宁安镇、新堡镇、鸣沙镇、石空镇、恩和镇、大战场乡、舟塔乡、白马乡、余丁乡,长山头农场、渠口农场、长山头地区管委会、城镇社区管委会。2004年2月,同心县喊叫水乡整建制划归中宁县管辖。同年,撤销长山头地区管理委员会和城镇社区管委会,分别并入大战场乡、宁安镇。2006年,中宁县辖五镇五乡2个国营农场,即:宁安镇、石空镇、鸣沙镇、新堡镇、恩和镇、舟塔乡、白马乡、余丁乡、大战场乡、喊叫水乡、渠口农场、长山头农场。2008年2月,徐套乡归划中宁县辖区。中宁县辖五镇六乡2个国营农场。2012年4月18日,大战场撤乡改镇。2015年底,撤销红梧地区管委会。2017年,增设太阳梁乡,行政区总面积4165.89平方公里。辖六镇六乡、129个行政村、12个城镇社区,8个农林牧渔场。2018年12月24日,根据自治区人民政府《关于同意青铜峡峡口镇新田村跃进村行政区划调整批复》的文件精神，新田村、跃进村划归中宁县管辖，至2018年底，全县辖六镇六乡、131个行政村、15个城镇社区。2020年，全县辖六镇六乡、154个村级单位、133个行政村、21个城镇社区（2020年新增7个社区）。

【自然资源】 中宁县自然资源丰富，农业资源得天独厚，矿产资源优势明显。据不完全统计，中宁县有种子植物41科415种。其中，天然植物30科223种，栽培植物28科192种。禾本科、豆科、菊科、藜科占全县植物种的一半以上。在415种植物中，除极少数为毒害植物外，大部分植物在农林牧业生产中发挥着重要作用。中宁境内有野生脊椎动物5纲23目59科179种以上。主要经济动物约有80种，其中有鸟类34种，兽类27种，两栖类3种，爬行类8种，鱼类8种。中宁县石灰岩矿十分丰富，黄河南北均有分布。黄河南岸以天景山矿区储量最大，该矿区储量4亿吨，是全自治区最大的矿产地。草帽子墩1180万吨，马鞍山2亿吨，黄羊湾5000吨，牛首山、狐子疙瘩、清水河等共有储量500多万吨。2006年，经宁夏矿产地质调查所对县域内矿产资源进行勘查：境内已有石灰岩矿床7处（其中大型1处、中型2处、小型4处）。设置采矿权区10个，主要有天景山电石用灰岩，草帽子墩水泥用灰岩，年产量20余万吨。此外，还有煤炭、黏土、石膏、芒硝、硫铁矿、重金石等非金属矿产。金属矿产主要有铁矿、铜矿、锰矿、金矿等，大多主要分布在中宁北山。

【旅游资源】 中宁境内有明长城、石空石窟、泉眼山古今水利工程、万亩枸杞观光园、长山头天湖、黄河金岸等10多处人文景观，构成以特色产业、生态观光、历史文化古迹、天然湖泊湿地、古今水利设施、人文传说为基础的旅游资源体系。星渠柳翠、余丁早春、石空灯火、牛首佛光、黄河古渡、芦沟烟雨，历史上就十分有名。石空大佛寺创建于唐朝，随山形而凿石窟，以九间没梁洞而闻名于世，是古丝绸之路——灵州道上的珍贵文物，也是宁夏佛教的知名寺院，不时吸引着国内外专家、学者前来观光考察，成为自治区黄金旅游线的游览胜地之一。培育旅游精品，新增玺赞生态枸杞庄园、华宝枸杞健康体验馆两个国家级3A级旅游景区，余丁乡黄羊村被评为第三批全国乡村旅游重点村，玺赞生态枸杞庄园、功夫驴生态农庄被评为第三批全国休闲农业与乡村旅游四星级园区，余丁乡黄羊村和舟塔乡上桥村被评为自治区特色旅游村，新堡镇特色农业观光产业园、禹尧番茄庄园被评为三星级乡村旅游示范点。“中宁康养度假游”“杞乡文化农耕体验游”两条乡村旅游精品线路被纳入全区精品线路游中，举办第二届乡村旅游暨枸杞饮食文化节、枸杞采摘直销节、“宁夏枸杞宴”金牌美食评比大赛等活动，玺赞枸杞庄园、华宝枸杞健康体验馆“串珠成链”，推出枸杞精品旅游路线2条，打造玺赞，杞鑫等14个观光体验文旅基地，获得国家级3A旅游景区2个。建成黄羊古落等一批旅游景区，打造天湖、华宝等3个3A级景区，舟塔乡上桥村，石空镇倪丁村、太平村，余丁乡黄羊村先后入列“全区特色旅游村”和“全国乡村旅游重点村”。黄羊古落、丰安屯（石空枣林）主要基础设施和景点打造已完成，黄羊古落旅游区一期项目28个小景点已全部建成，于6月19日进行首开区开园仪式；丰安屯景区中宁有礼购物商店、游客服务中心、民俗一条街、生态酒店、枣林小院等旅游业态已完工。景区游乐设施和景区招商工作完成，景区开始营业接待游客。在全县重点景区、星级酒店、高铁站、汽车站等场所布置了全域旅游全景图和导览图。指导黄羊古落、石空枣林、中宁枸杞官方直销中心等建设旅游厕所、景区标识牌、生态停车场等设施。在全县景区景点、乡村旅游点、人员集中场所、重要交通道路设置全域旅游创建标语。

【名优特产】 中宁是世界枸杞的发源地和正宗原产地，1961年被国务院确定为全国唯一的枸杞生产基地县，1995年被国家命名为“中国枸杞之乡”。得黄河穿境而过之利，盛产枸杞、番茄、硒砂瓜、苹果、红枣、牛羊肉、乳品加工、枸杞芽菜等产品，素有“塞上江南，鱼米之乡”的美称，是全国枸杞、商品粮、瘦肉型猪生产基地和经济林建设先进县，中宁圆枣荣获中国原产地证明商标，中宁硒砂瓜荣列中国原产地地理标志。2013年中宁县荣膺“中国最具海外影响力市县”。特色美食清炖土鸡，选用农家散养土鸡，配以面筋、平菇和粉条，在锅中清炖而成。中宁蒿子面，中宁县民间特色风味小吃，已经流传了360多年。蒿子面清爽可口，余味悠长，具有健胃、清热的功效，2014年中宁县获“国家级出口食品农产品质量安全示范区”荣誉称号。2015年，宁夏中宁枸杞种植系统被农业部确定为中国重要农业文化遗产。2017年，中宁枸杞成为唯一入选国家道地中药材标准认证的枸杞品种，上榜宁夏农产品区域公用品牌，进入宁夏特色优质农产品品牌目录，获中国百强农产品区域公用品牌。2018年，全区首个有机枸杞科技示范展示区投入运行，“中宁枸杞”被评为全国首个农产品国家气候标志在马德里成功注册国际商标，宁夏红、杞王、宁安堡、玺赞被认定为首批“宁夏优品”，“中宁枸杞”荣获全国名特优新农产品，入列2019区域公用品牌（地理标志产品）榜单前20位；中国中宁国际枸杞交易中心通过全国农产品（产地）大市场认定。2020年，中宁枸杞获世界地理标志产业博览会银奖。2021年，玺赞枸杞庄园获批宁夏首个有机枸杞示范项目。2022年，实施“中宁枸杞区域公用品牌＋企业品牌”双品牌战略。

（县党史县志研究室）

社会事业

【概况】 2022年，中宁县政区总面积3369.58平方公里，全县辖六镇六乡，154个村级单位，133个行政村，21个城镇社区，7个农林渔场。年末全县户籍总户数10.82万户，户籍总人口34.86万人。年末全县常住人口总户数10.80万户，常住人口33.79万人，比上年末增加0.19万人。其中，城镇常住人口16.99万人，城镇化率（城镇常住人口占全县常住人口的比重）为50.28%，比上年末提高0.28个百分点。回族常住人口9.17万人，占常住人口的比重为27.14%；汉族常住人口24.55万人，占72.65%。全年人口出生率为12.17‰，死亡率为6.23‰，人口自然增长率为5.94‰。全年全县城镇新增就业人员5110人，城镇失业人员再就业2202人，农村劳动力转移就业7.2万人。

全县实现地区生产总值(GDP)212.8亿元,按不变价格计算,比上年增长7.4%。分产业看,第一产业增加值24.2亿元,同比增长3.3%;第二产业增加值119.6亿元,同比增长12.2%;第三产业增加值69.0亿元,同比增长2.9%。三次产业结构比为11.4∶56.2∶32.4。按常住人口计算,人均GDP为63143元/人,比上年增长6.8%。完成社会消费品零售总额43.6亿元,增速与上年持平;实现城镇居民人均可支配收入33578.0元,同比增长4.3%;农村居民人均可支配收入16532.2元,同比增长5.3%;完成地方一般财政公共预算收入7亿元,同比下降19.2%,同口径下降12.6%。

【工业经济】 2022年,推进"四大改造",实施高纯硫酸锰、半导体级单晶硅棒、再生铝等新材料重点产业项目26个,推动节能环保、达产增效技改项目23个,建成工业互联网平台6个,规模以上战略性新兴产业占工业增加值比重达到16%。中电等3个光伏发电项目实现并网发电,引进实施推促全钒液流电池储能制备制造等"光伏+"项目,企业集群扩规增量,产业链条延展壮大。工业园区创建国家级知识产权强国建设试点园区、国家级绿色园区、自治区双创示范基地。

【现代农业】 2022年,实施高标准农田项目13个,发展高效节水农业10.38万亩,建设有机肥替代化肥示范区4600亩。打造马塘移民区5000亩设施农业产业园,建成喊叫水、徐套2个5000头肉牛养殖基地和白马万只肉羊养殖基地,兴垦牧业第二万头奶牛场实现当年建设、当年存栏。全县农林牧渔业总产值51.9亿元,同比增长6%。新植枸杞2万亩,新增绿色、有机、GAP等认证面积1万亩。新植枸杞2万亩,新增绿色、有机、GAP等认证面积1万亩。新增滚泉坡、鸣沙洲2个小产区,全县枸杞主产区达8个。建设有机肥替代化肥示范基地5万亩、富硒枸杞示范基地3万亩,打造绿色丰产示范点8个,面积1.5万亩,其中百亩示范点3个,千亩示范点5个。新增"中宁枸杞"地理标志证明商标企业13家,转化科技成果2项,枸杞深加工转化率达到35%,成功举办第五届枸杞产业博览会,区域品牌价值升至191.88亿元,综合产值突破120亿元。

【第三产业】 2022年,全年全县电子商务交易额达到120亿元,同比增长10%,网络零售额48亿元,同比增长8%,电商带动就业1.23万人。加快全域旅游示范县创建,打造国家3A级旅游景区1个,自治区级旅游度假区、特色旅游村2个,黄羊村入选"中国美丽休闲乡村",丰安屯旅游度假区入列"国家级森林康养试点建设基地",全县接待游客96.4万余人次。

【城乡建设】 2022年,完成棚户区改造610套、老旧小区改造47个,实施雨污分流及污水提质增效项目4个,更新改造道路及管网12条,新增停车位1500个,城市基础设施日趋完善。因地制宜新建(改造)城乡小游园、小广场32处,为8个乡镇26个村(社区)安装健身路径,新建多功能运动场2处。开展农村人居环境整治,新(改)造卫生厕所4700余座,新(改)建农村公路58.6公里,实施大战场等6个乡镇道路生命安全防护工程32公里。开工建设鸣沙等垃圾中转站3座,农村生活垃圾治理率、无害化处理率、分类和资源化覆盖面分别达100%、95%、30%,创建全区农村生活垃圾分类和资源化利用一级示范县。

【生态文明建设】 2022年，完成中央环保督察55件信访转办件整改工作，修复治理历史遗留问题矿山82座。实施车门沟、红柳沟等小流域综合治理项目4个，治理沟道21公里、水土流失面积26.2平方公里。开展国土绿化行动，植树73.2万株，完成绿化面积6.5万亩，县城绿地面积达9300亩，绿地率34.7%，人均公共绿地面积11.81平方米。坚持“四尘”同治、“五水”共治、“六废”联治，实施热电联产市政供热管网延伸(改造)、天元粉煤灰深加工等项目，完成瀛海天祥、天元建材2个水泥窑烟气超低排放改造。25条重点河湖沟渠水质断面稳定保持在Ⅳ类以上，土壤环境质量总体稳定，危险废物安全处置率达100%。

【社会保障】 2022年全县城镇职工基本养老保险参保85594人，失业保险参保35659人，全县12个乡镇城乡居民养老保险参保124196人，机关事业单位养老保险参保10226人，全县工伤保险参保53002人。全县基本医疗保险参保缴费332313人，城乡居民参保缴费284444人，城镇职工参保47869人，完成目标任务的100.06%。城镇新增就业5110人，城镇失业人员再就业2183人，开展技能培训2400余人，农村劳动力转移就业7.2万人，工资性收入达到10.8亿元。全年发放城市低保1406.9万元，农村低保7157.8万元。落实“线上+线下”动态审核监管机制，发放残疾人“两项”补贴资金1383.49万元，惠及残疾人12048人，设置流浪乞讨临时救助点800余个，救助流浪乞讨人员19人。退役军人优抚政策落实到位，发放各类优抚补贴834.79万元。

【教育卫健】 聚焦基础教育短板弱项，建成中宁八幼等3所幼儿园，新建中宁十一幼，新增幼儿学位1890个，全县普惠性幼儿园覆盖率超过86.67%，学前三年毛入园率93.4%；坚持义务教育优质均衡发展，新组建教育集团1个、教育发展共同体3个、教育教学互助联盟4个；高中阶段毛入学率达93.42%。建成中宁一中选课走班教学楼，改善中小学办学条件，新建中宁十二小，重建中宁一小，维修改造19所学校。全县国民体质监测合格率达93.4%。教育体育局被评为“全区群众体育先进集体”。“互联网+县域医共体”进一步完善，医疗健康总院胸痛、卒中等五大中心全面建成投运，打造心病科、骨科、针灸推拿科等国家和自治区级重点专科7个。妥善处置“4·06”“4·24”“8·04”“9·20”突发新冠疫情，排查阳性人员3868人，密切接触者15183人，次密切接触者1867人；开展全域核酸检测52次，重点人群核酸检测16次，重点区域核酸检测13次，累计采集核酸标本1656.3万人次；累计完成流行病学调查6959人次，集中隔离管控9958人，内外环境消杀面积约447万平方米。持续推进新冠疫苗接种，全县3岁以上人群累计完成接种81.2万剂次，60—79岁人群累计接种11.6万剂次，80岁以上人群累计接种8639剂次。全县共组建家庭医生签约服务团队114个，全人群电子签约20.56万人，签约率为62%，重点人群电子签约9.21万人，签约率83%。实现县乡村三级新时代文明实践中心(所、站)全覆盖，集中组织开展志愿服务2000余场次，参与3.3万余人次。

【乡村振兴】 2022年，全县“三类监测对象”

消除风险442户1389人，落实整户低保1530户2316人，安置乡村公益性岗位1002人。肉牛托管养殖分红4704万元，种植枸杞、金银花等经济作物4.32万亩，新建创业示范基地3个，脱贫户、三类监测对象人均收入分别达到1.31万元、1.29万元，增长14.5%、19.5%。发挥金融帮扶撬动作用，发放脱贫人口小额信贷2076户1.03亿元，整合资金2.625亿元，实施衔接项目73个。

【改革创新】 2022年，推进“六权改革”，打造全区首家“六权”改革交易暨农村产权交易专区，完成用水权确权，86家工业用水企业全部颁证，农业水费平均降幅超过30%；盘活利用宅基地1694宗、批而未供土地9宗，实现土地出让收益1.98亿元；核定初始、新增、可交易排污权和政府储备权，开出排污权交易首单；稳妥推进林地确权登记，完成枸杞类不动产颁证49本5000余亩，企业抵押贷款2000万元，全县新增枸杞类质押贷款余额10亿元以上。“帮帮您”政务服务品牌获评全区法治政府建设示范项目，创新优化基层服务试点改革经验在全区推广。解决企业融资需求6.5亿元，争取各类奖补资金9577.4万元，新增减税降费8.98亿元。认定国家高新技术企业6家、自治区农业高新技术企业2家、“小巨人”企业2家，培育自治区“专精特新”中小企业3家、技术创新中心6家。隆基硅智能装料系统开发等8个研发项目入列自治区重点科研项目库，中宁枸杞科研成果荣登国际权威期刊(营养前沿)。申报科技项目130个，争取项目资金3450.44万元，完成上年度全社会R&D经费归集1.08亿元，同比增长11.34%。全县实现进出口总额24亿元，同比增长18.7%。与韩国忠清南道青阳郡建立友好县郡关系，成为全区首个与国外县郡建立友好关系的县级城市。组织企业参加第131届广交会等高水平节会20余场次，出台招商引资系列优惠政策措施，引进大唐、明阳等知名企业优质项目落户园区。

【社会治理】 加快法治中宁建设，常态化开展扫黑除恶专项斗争，完善黑恶案件提前介入等机制9项，起诉恶势力犯罪6人。防范化解重大金融风险，办理非法吸收公众存款案4件、洗钱犯罪1件，督促追赃挽损162万元。组建石空“警+X”、大战场“红袖标”等平安志愿者队伍119支。创新推出综合治理防范电信诈骗6项举措，研发“杞乡反诈”小程序，打造全区首个反诈基地，电诈案件实现“两降两升”，荣获平安宁夏建设优秀县。检察院全年办理各类案件1009件，其中受理审查逮捕案件52件74人，批准逮捕35件50人；受理审查起诉案件206件314人，提起公诉181件274人。法院全年受理各类案件7371件，审(执)结7057件，结案率为95.74%。推行“人民调解+仲裁+信访”治理模式，坚持“两排查一分析”纠纷化解机制，纠纷调解成功率达98.2%。加快创建铸牢中华民族共同体意识示范县，依法管理宗教事务。太平村入围全国村级“文明乡风建设”典型案例、被确认为“全国村级议事协商创新实验试点单位”。

(马　明　朱宁霞)

中共中宁县委员会

综　述

【概况】　2022年，全县地区生产总值212.8亿元，工业增加值112.9亿元，完成固定资产投资61.9亿元，地方一般公共预算收入7.02亿元，社会消费品零售总额43.6亿元，招商引资实际到位资金55.08亿元，城乡居民人均可支配收入33578元和16532元，分别同比增长4.3%和5.3%，经济运行总体稳定。

【党的建设】　开展习近平总书记视察宁夏重要讲话和重要指示批示精神"大学习、大讨论、大宣传、大实践"活动，落实第一议题制度，及时跟进学习习近平总书记重要讲话，提出贯彻落实意见，传达学习、贯彻落实党的二十大精神、习近平总书记重要讲话、指示批示精神和党中央、区、市党委各项决策部署，召开县委十五届二次、三次、四次全会，制定《以铸牢中华民族共同体意识为主线推进新时代党的民族工作高质量发展的意见》《关于学习宣传贯彻党的二十大精神的实施意见》《中共中宁县委员会2023年工作要点》等文件，明确工作举措、细化目标任务、压紧压实责任，确保各项工作方向准、大局稳、落点实。召开县委常委会49次，对全县党的建设、经济社会发展进行研究部署，县委加强总揽全局、协调各方的作用得到发挥。落实新时代好干部标准，精准科学做好班子研判、干部调配，广比选优掌握优秀干部240名，提拔使用79名。开展"校地合作企才融合发展"行动，柔性引进科技创新团队3个，高端专家25人。推进"一抓两整"示范县乡创建行动，创建党建工作示范乡镇10个、示范村116个，全县村集体经济收入达3090万元，余丁乡余丁村"党建+1153民主议事协商"工作法、大战场镇"网红党支部"等经验做法多次被中央相关部委、区市有关部门认可推广。学习宣传贯彻党的二十大、自治区第十三次党代会精神，借助新时代文明实践中心(所、站)理论宣讲阵地，开展集中宣讲950场次，录制发布“喜迎二十大”等主题微课20期，理论宣讲视频59期。牢牢掌握意识形态工作主动权，建立月排查、季研判、年报告工作机制，召开意识形态风险分析研判会5次，妥善处置网络舆情243起。开展民族团结示范创建工作，创建国家级示范单位1个、市级示范单位8个。创建铸牢中华民族共同体意识示范县。持续保持惩治腐败高压态势，深化工程建设政府采购、统计、医疗卫生、国有产权和矿业权交易等重点领域突出问题专项治理，“大数据监督＋专项治理”工作被自治区专治办评为特色亮点工作。紧盯重要节点，深挖细查顶风违纪、隐形变异等问题，高位推进违规收送红包礼金和不当收益及违规借转贷或高额放贷专项整治，查处违反中央八项规定精神问题4起，通报曝光典型问题10起，严防享乐主义、奢靡之风反弹回潮。深入开展“改作风，谋发展，争先进”专项行动，引导广大党员干部念好“严、细、实、廉、快”五字诀，各级干部精神面貌、工作作风明显改观。

【产业发展】 践行新发展理念，紧扣自治区“六新六特六优”产业布局，坚定不移稳经济、保增长、促发展。坚持工业强中宁强，推进“四大改造”，实施高纯硫酸锰、半导体级单晶硅棒、再生铝等重点产业项目26个，推动技改项目23个，建成工业互联网平台6个，引进实施全钒液流电池储能装备制造等“光伏＋”项目，中电等3个光伏发电项目并网发电，规模以上战略性新兴产业占工业增加值比重16%，企业集群扩规增量，产业链条延展壮大，工业园区成功创建国家级知识产权强国建设试点园区、国家级绿色园区、自治区双创示范基地。突出枸杞兴中宁兴，实施“六大工程”，新植枸杞2万亩，加速推进国家现代农业(枸杞)产业园、国家级中宁枸杞大市场建设，成功举办第五届枸杞产业博览会，新增“中宁枸杞”地理标志证明商标企业13家，枸杞深加工转化率达到35%。实施高标准农田项目13个，发展高效节水农业10.38万亩，建成喊叫水、徐套2个5000头肉牛养殖基地和白马万只肉羊养殖基地，兴垦牧业第二万头奶牛场实现当年建设、当年存栏，大战场马莲梁村获评“全国肉牛养殖一村一品示范村”。围绕商贸旺中宁旺，聚力打造服务业集聚区，支持电商产业发展，全县电子商务交易额达到125.7亿元，同比增长15.2%，网络零售额50.5亿元，同比增长13.6%，电商带动就业1.24万人。加快全域旅游示范县创建，培育丰安屯、黄羊古落等多样化旅游景点，精心规划“黄河生态民俗游、枸杞康养度假游、枸杞工业研学游”三条精品旅游线路，新打造国家3A级旅游景区1个，黄羊村入选“中国美丽休闲乡村”，丰安屯旅游度假区入列“国家级森林康养试点建设基地”，全县接待游客96.4万人次，旅游行业总收入2.3亿元。

【改革创新】 坚持以改革增动力，以开放促融入，以创新添活力，不断提升发展质效。推进重点领域改革，打造全区首家“六权”改革交易暨农村产权交易专区，完成用水权确权，86家工业用水企业全部颁证，农业水费平均降幅超过30%；盘活利用宅基地1694宗、批而未供土地9宗，实现土地出让收益1.98亿元；核定初始、新增、可交易排污权和政府储备权，开出排污权交易首单;稳妥推进林地确权登记,完成枸杞类不动产颁证49本5000余亩,企业抵押贷款2000万元,全县新增枸杞类质押贷款余额10亿元以上。实施改革惠民工程,“跨省通办”“一件事一次办”更加方便快捷,创新优化基层服务试点改革经验在全区推广。聚力优化营商环境,搭建全县惠企政策“直通车”,解决企业融资需求6.5亿元,争取各类奖补资金9577万元,新增减税降费8.98亿元。深入实施“创新驱动”战略,发放“宁科贷”2800万元,申报科技项目130个,争取项目资金3450万元,认定国家高新技术企业4家、自治区农业高新技术企业2家、自治区技术创新中心6家,培育自治区“专精特新”中小企业3家、“小巨人”企业1家,隆基硅智能装料系统开发、天元锰业离子膜高纯电解锰等8个研发项目入列自治区科技厅重点科研项目库。坚持高水平“走出去”、高质量引进来,支持企业扩大进出口业务,全县29家进出口企业实现进出口总额24亿元,同比增长18.7%。与韩国忠清南道青阳郡建立友好县郡关系,成为全区首个与国外县郡建立友好关系的县级城市。全面开展招商引资,出台系列优惠政策,积极引进大唐、明阳等知名企业优质项目落户园区,招商引资实际到位资金55.08亿元。

【城乡建设】 突出城乡一体化发展,大力推进以县城为重要载体的城镇化建设,完成棚户区改造610套、老旧小区改造47个,实施雨污分流及污水提质增效项目4个,因地制宜新建(改造)城乡小游园1处、小广场32处,更新改造道路及管网12条,新增停车位1500个,城市基础设施日趋完善。开展农村人居环境整治,新(改)造卫生厕所4700余座,新(改)建农村公路58.6公里,实施大战场等6个乡镇道路生命安全防护工程32公里。建设鸣沙等垃圾中转站3座,农村生活垃圾治理率、无害化处理率、分类和资源化覆盖面分别达到100%、95%、30%,创建全区农村生活垃圾分类和资源化利用一级示范县。

【生态环保】 完成中央环保督察55件信访转办件整改工作,举一反三修复治理历史遗留问题矿山83座。实施车门沟、红柳沟等小流域综合治理项目4个,治理沟道21公里、水土流失面积26.2平方公里。开展国土绿化行动,植树73.2万株,完成绿化面积6.5万亩,县城绿地面积9300亩,绿地率34.7%,人均公共绿地面积11.81平方米。污染防治彰显效力。坚持“四尘”同治、“五水”共治、“六废”联治,实施热电联产市政供热管网延伸(改造)、天元粉煤灰深加工等项目,完成瀛海天祥、天元建材2个水泥窑烟气超低排放改造。25条重点河湖沟渠水质断面稳定保持在Ⅳ类以上,土壤环境质量总体稳定,危险废物安全处置率达100%。

【社会民生】 实施“六大提升行动”。巩固拓展脱贫攻坚成果。坚持“四个不摘”,全县“三类监测对象”消除风险442户1398人,落实整户低保1530户2316人,安置乡村公益性岗位1002人。紧盯“两个高于”目标,以产业促收入提升,种植枸杞、金银花等经济作物4.3万亩,肉牛托管养殖分红4704万元,新建创业示范基地3个,脱贫户劳务输出10531人,人均纯收入13189元,群众“四项收入”稳步增长。发挥金融帮扶撬动作用,发放脱贫人口小额信贷2076户1.03亿元,整合资金2.6亿元,实施衔接项目 73 个，夯实脱贫致富基础。居民收入渠道不断拓宽。搭建“春风行动”等就业供需平台，城镇新增就业 5113 人，失业人员再就业 2095 人，开展技能培训 2400 余人，农村劳动力转移就业 7.2 万人，工资性收入达到 10.8 亿元。发放援企稳岗、失业补助等各类补助资金 1800 余万元，惠企暖民政策全面落地见效。教育综合质量逐步提升。聚焦基础教育短板弱项，新(续)建中小学、幼儿园 5 所，新组建教育集团 1 个、教育发展共同体 3 个、教育教学互助联盟 4 个，打造自治区“互联网 + 教育”标杆校 1 所，培养青年拔尖教师 20 名，优质教育资源覆盖面不断扩大。坚持“五育”并举，统筹推进“双减”等重点改革任务，儿童青少年近视防控 3 项经验做法在全国推广。健康保障能力有效加强。“互联网 + 县域医共体”进一步完善，医疗健康总院胸痛、卒中等五大中心全面建成投运，打造心病科、骨科、针灸推拿科等国家和自治区级重点专科 7 个。发挥公立医院高质量发展示范项目资金作用，强化县级配套支撑，新增配置 128 排 CT、移动彩超等先进设备，救治能力进一步提升。深化“优质服务基层行”活动，组建村(居)公共卫生委员会，基层公共卫生服务保障水平进一步提升。疫情防控有力有效。始终坚持人民至上、生命至上，全面落实“外防输入、内防反弹”总策略，坚决贯彻“动态清零”总方针，处置“9·20”“11·29”突发疫情，保障广大群众的生命安全和身心健康，“挖根行动”“1+N”服务保障机制等得到国务院联防联控机制宁夏工作组充分肯定。精神文明风貌气象更新。推进文明城市创建，县乡村三级新时代文明实践中心(所、站)实现全覆盖，集中组织开展志愿服务 2000 余场次，参与 4.5 万余人次。全面完善村(社区)“婚嫁日记”等机制，评选表彰移风易俗典型 192 户。以大战场农民合唱团为原型的电影《六谷儿》顺利封镜，中宁县文化馆获第九届全国服务农民、服务基层文化建设先进集体。

(孙　晶　丁　翀)

重要会议

【中国共产党中宁县第十五届委员会第二次全体会议】 2022 年 1 月 15 日召开。中国共产党中宁县第十五届委员会委员、候补委员出席。会议做《中共中宁县委员会关于贯彻落实〈中共宁夏回族自治区委员会关于贯彻落实《中共中央 国务院关于以铸牢中华民族共同体意识为主线　推进新时代党的民族工作高质量发展的意见》的实施意见〉的实施方案(审议稿)》、关于递补中共中宁县第十五届县委委员和中宁县推荐出席党的二十大代表候选人推荐人选的说明，讨论《中共中宁县委员会关于贯彻落实〈中共宁夏回族自治区委员会关于贯彻落实《中共中央 国务院关于以铸牢中华民族共同体意识为主线推进新时代党的民族工作高质量发展的意见》的实施意见〉的实施方案(审议稿)》《中共中宁县委员会关于免去部分县委委员职务的决定(草案)》《中共中宁县委员会关于递补县委委员的决定(草案)》《中宁县推荐出席党的二十大代表候选人推荐人选圈选办法(草案)》和《中宁县推荐出席党的二十大代表候选人推荐人选建议名单》《中国共产党中宁县第十五届委员会第二次全体会议决议(审议稿)》,会议通过《中共中宁县委员会关于贯彻落实〈中共宁夏回族自治区委员会关于贯彻落实《中共中央 国务院关于以铸牢中华民族共同体意识为主线推进新时代党的民族工作高质量发展的意见》的实施意见〉的实施方案(审议稿)》《中共中宁县委员会关于免去部分县委委员职务的决定(草案)》《中共中宁县委员会关于递补县委委员的决定(草案)》《中国共产党中宁县第十五届委员会第二次全体会议决议(草案)》。

【中国共产党中宁县第十五届委员会第三次全体会议】 2022年11月8日召开。中国共产党中宁县第十五届委员会委员、候补委员出席。会议深入学习贯彻中国共产党第二十次全国代表大会、中共中央关于认真学习宣传贯彻党的二十大精神的决定、自治区党委十三届二次全会和中卫市委五届五次全会精神,对《中共中宁县委员会关于学习宣传贯彻党的二十大精神的实施意见(讨论稿)》做说明,审议《中共中宁县委员会关于学习宣传贯彻党的二十大精神的实施方案》《中国共产党中宁县第十五届委员会第三次全体会议公报(讨论稿)》,表决通过《中共中宁县委员会关于学习宣传贯彻党的二十大精神的实施意见(草案)》《关于召开中国共产党中宁县第十五次代表大会的决议(草案)》。

【中国共产党中宁县第十五届委员会第四次全体会议】 2022年12月19日召开。中国共产党中宁县第十五届委员会委员、候补委员出席。会议传达学习贯彻中国共产党第二十次全国代表大会精神、自治区党委十三届二次全体会议和市委五届六次全体会议精神,审议《中共中宁县委员会2023年工作要点(讨论稿)》《中国共产党中宁县第十五届委员会第四次全体会议决议(讨论稿)》,表决通过《中共中宁县委员会2023年工作要点(讨论稿)》《中国共产党中宁县第十五届委员会第四次全体会议决议(讨论稿)》。

【县委常委会第一次会议】 2022年1月10日,县委书记何建勃主持召开。会议传达学习习近平总书记关于做好“三农”工作的重要指示和中央农村工作会议精神,习近平总书记在中华人民共和国恢复联合国合法席位50周年纪念会议、中国—东盟建立对话关系30周年纪念峰会上发表的重要讲话,习近平总书记2022年新年贺词,12月30日自治区党委常委会会议精神,习近平总书记在中共中央政治局党史学习教育专题民主生活会上发表的重要讲话精神,1月6日中共中央政治局常务委员会会议精神,《中共中央办公厅 国务院办公厅印发〈关于加强新时代网上信访工作的意见〉的通知》精神,《自治区山林权改革专项领导小组办公室关于印发〈关于引导社会资本进山入林推进以林养林以地换林指导意见〉的通知》精神,安排部署贯彻落实工作。会议原则同意《县人民政府党组关于中央第四生态环境保护督察组通报中宁北部山区非法开采有关问题的整改方案(送审稿)的请示》《县人民政府党组关于中宁县矿山资源开采突出问题排查整治实施方案(送审稿)的请示》《县人民政府党组关于中宁县北部山区非法开采矿山生态修复治理方案相关事宜的请示》《县人民政府党组关于深入推进“四大提升行动”的工作措施

（送审稿）的请示》《县人民政府党组关于中宁县巩固脱贫攻坚成果同乡村振兴有效衔接和压砂地退出区产业扶持政策（送审稿）的请示》《县人民政府党组关于2022年中宁县推进枸杞产业高质量发展扶持政策（试行）的请示》《县人民政府党组关于中宁县春节慰问方案（送审稿）的请示》《县人民政府党组关于中宁县推动能源转型发展建设自治区新能源产业综合示范县实施方案（送审稿）的请示》《县人民政府党组关于实施北河子沟内及入黄口人工湿地运营维护项目的请示》《县人民政府党组关于县中医医院新建临床基因扩增检测（PCR）实验室的请示》《县委政法委关于拟推荐平安宁夏建设先进集体和先进个人评选表彰的请示》《县财政局党组关于拨付解决历史遗留问题资金计划的请示》。研究干部事宜。

【县委常委会第二次会议】 2022年1月13日，县委书记何建勃主持召开。会议原则同意《县人民政府党组关于中宁县人民政府 中国三峡新能源（集团）股份有限公司合作框架协议相关事宜的请示》《县人民政府党组关于改建中宁县公安局执法办案中心的请示》《县人民政府党组关于中宁县银行机构支持地方经济发展考核奖励办法（试行）的请示》《县人民政府党组关于中宁县行政中心机关餐厅接待管理制度（修订稿）的请示》《县委办公室关于召开中国共产党中宁县第十五届委员会第二次全体会议的请示》《县委组织部关于递补中国共产党中宁县第十五届委员会委员的请示》《县委组织部关于中宁县推荐党的二十大代表候选人推荐人选的请示》《县委组织部关于中宁县推选出席自治区第十三次党代表大会代表候选人推荐人选的请示》《县委组织部关于成立县委党的二十大代表和自治区第十三次党代表大会代表推荐工作领导小组及工作机构的请示》《县委组织部关于中宁县推荐党的二十大代表候选人推荐人选圈选办法的请示》。

【县委常委会第六次会议】 2022年1月27日，县委书记何建勃主持召开。会议传达学习习近平总书记在省部级主要领导干部学习贯彻党的十九届六中全会精神专题研讨班开班式上的重要讲话精神，1月16日自治区党委常委会会议精神，习近平总书记关于粮食安全工作的重要讲话精神，自治区党委农村工作会议精神，安排部署贯彻落实工作暨中卫市涉粮问题专项巡察反馈意见整改工作，传达学习自治区“两会”精神，安排部署春节期间疫情防控、市场保供、安全生产、环境保护、信访维稳、值班值守、应急突发事件处置以及廉洁过节等有关事宜，习近平总书记对政法工作的重要指示精神、中央政法工作会议精神，《中共中央办公厅 国务院办公厅印发〈关于加强打击治理电信网络诈骗违法犯罪工作的意见〉的通知》精神，《自治区党委统一战线工作领导小组〈关于印发关于治理学术研究和出版物领域涉民族宗教有关问题的指导意见〉的通知》精神，安排部署贯彻落实工作。套开中宁县党风廉政建设和反腐败工作领导小组2022年第一次会议。会议原则同意《县人大常委会党组关于中宁县人大常委会2022年监督工作计划（草案）的请示》《县人民政府党组关于中宁县2022年巩固脱贫攻坚成果同乡村振兴有效衔接和压砂地退出区产业扶持实施方案（送审稿）的请示》《县人民政府党组关于中宁县2022年推进枸杞产业高质量发展扶持政策(试行)的请示》《县人民政府党组关于2021年技术改造综合奖补项目有关事宜的请示》《县政府党组关于中宁县2021年12月份财政资金拨付计划的请示》《县政府党组关于中宁县2022年1月份财政资金拨付计划的请示》《县委办公室关于中共中宁县委员会2022年工作要点的请示》《县委办公室关于中共中宁县第十五届委员会常务委员会工作规则的请示》。研究干部事宜。

【县委常委会第七次会议】 2022年2月10日,县委书记何建勃主持召开。会议传达学习1月24日中共中央政治局会议精神,习近平总书记在中央政治局第三十六次集体学习、在中国同中亚五国建交30周年视频峰会上、同党外人士共迎新春时和在2022年春节团拜会上的重要讲话精神,在2022年世界经济论坛视频会议上的演讲,致首届全球媒体创新论坛的贺信,在山西省考察调研时的重要指示和在北京2022年冬奥会欢迎宴会上的致辞精神,《中共中央办公厅 国务院办公厅关于印发〈地方党委和政府领导班子及其成员粮食安全责任制规定〉的通知》,全国组织部长会议精神,全国、全区宣传部长会议和全国文明办主任会议精神,安排贯彻落实工作。套开中宁县党的建设领导小组2022年第一次会议。会议原则同意《县委组织部关于县委常委会党史学习教育专题民主生活会问题整改方案的请示》《县委组织部关于中宁县事业单位管理岗位职员等级晋升制度工作实施方案的请示》,听取《关于县委党校迁建项目有关事宜的报告》。

【县委常委会第八次会议】 2022年2月18日,县委书记何建勃主持召开。会议传达学习自治区领导同志批示,听取中央生态环保督察通报中宁县典型案例整改工作进展情况汇报。套开县委全面依法治县委员会2022年第一次会议。会议原则同意《县人民政府党组关于中宁县2022年重点建设项目(第一批)的请示》《县人民政府党组关于中宁县地上附着物和青苗补偿标准成果报告的请示》《县人民政府党组关于加强矿产资源开发管控,切实保护生态环境管理细则的请示》《县人民政府党组关于实施中宁县第一、第二污水处理厂再生水利用系统工程项目的请示》《县人民政府党组关于中宁县人民政府、北京京能清洁能源电力股份有限公司合作框架协议等5个协议的请示》《县人民政府党组关于陕西福寿发农业发展有限公司20万只滩羊繁育养殖项目投资战略合作协议(送审稿)的请示》《县委办关于修订〈中共中宁县委"三重一大"事项集体决策实施细则〉的请示》《县委办关于中宁县开展"改作风,谋发展,争先进"专项行动实施方案的请示》《关于成立县委人才工作领导小组的请示》《关于成立全民国防教育工作领导小组的请示》《县人武部关于推荐评选表扬2021年度民兵工作先进单位和先进个人的请示》《团县委关于审定第26届"中国青年五四奖章""全国'两红两优'""全国向上向善好青年"拟推荐对象的请示》。套开2022年县委财经委员会第一次会议。

【县委常委会第九次会议】 2022年3月8日,县委书记何建勃主持召开。会议传达学习2月25日中共中央政治局会议、习近平总书记在中共中央政治局第三十七次集体学习时和中央党校（国家行政学院）中青年干部培训班开班式上发表的重要讲话精神，习近平总书记在审阅中央政治局委员、中央书记处书记，全国人大常委会、国务院、全国政协党组成员，最高人民法院、最高人民检察院党组书记的述职报告时提出的重要要求，2月8日自治区党委常委会会议、2月22日自治区党委常委会暨推动黄河流域生态保护和高质量发展先行区建设领导小组会议精神，陈润儿、雷东生在自治区新材料产业高质量发展现场会上和陈润儿在全区领导干部学习贯彻党的十九届六中全会精神专题研讨班上的讲话精神，中卫建设黄河流域生态保护和高质量发展先行市2022年第一次推进会会议精神，《自治区党委办公厅 人民政府办公厅关于印发〈自治区“扩大有效投资攻坚年”活动实施方案〉的通知》，自治区工程建设政府采购等重点领域突出问题专项治理工作领导小组第三次会议精神，汇报中宁县2021年工程建设政府采购等重点领域突出问题专项治理工作开展情况，听取2021年“三争”工作情况汇报，会议原则同意《县人民政府党组关于中宁县就业促进“十四五”规划（送审稿）的请示》《县人民政府党组关于中宁县人力资源和社会保障事业发展“十四五”规划（送审稿）的请示》《县人民政府党组关于中宁县村级组织运转经费保障办法（送审稿）的请示》《县人民政府党组关于中宁县农村低收入群体等重点对象住房安全保障工作实施方案（送审稿）的请示》《县人民政府党组关于中宁县恩和镇沙滩村推动组织振兴建设红色美丽村庄实施方案（送审稿）的请示》《县人民政府党组关于开展国有企业清欠专项行动工作的实施方案（送审稿）的请示》《县人民政府党组关于建设明阳（中宁）智慧能源产业园项目（一期）基础配套设施的请示》《县委组织部关于推选第十三届自治区党委委员、候补委员候选人初步人选的请示》《县委巡察办关于中共中宁县十五届委员会巡察工作规划（送审稿）的请示》《关于成立中宁县中央生态环境保护督察整改工作领导小组的请示》。

【县委常委会第十次会议】 2022年3月17日，县委书记何建勃主持召开。会议传达学习全国“两会”精神，自治区党委书记陈润儿在自治区传达贯彻全国“两会”精神会议上的讲话、中卫市传达贯彻全国“两会”精神会议精神，安排部署贯彻落实工作。会议原则同意《县人民政府党组关于做好2022年全面推进乡村振兴重点工作的实施方案（送审稿）的请示》《县人民政府党组关于中宁县2022年“四大提升行动”实施方案（送审稿）的请示》《县人民政府党组关于中宁县2022年巩固拓展脱贫攻坚成果同乡村振兴有效衔接重点项目（第二批）（送审稿）的请示》《县纪委关于2022年“全县领导干部廉政警示教育周”活动方案（送审稿）的请示》《县委组织部关于推荐全区“人民满意公务员”“人民满意公务员集体”的请示》。

【县委常委会第十一次会议】 2022年3月25日，县委书记何建勃主持召开。会议传达学习3月17日中共中央政治局常务委员会会议、全国疫情防控工作电视电话会议精神，陈润儿在自治区党委2022年第九次常委会会议传达学习时的讲话精神，学习中央第四生态环境保护督察组督察宁夏情况反馈会精神，陈润儿在自治区党委2022年第九次党委会会议上研究中央第四环保督察组反馈问题整改工作时的讲话精神，听取中央环保督察反馈问题整改进展情况汇报安排部署贯彻落实工作，《自治区党委办公厅关于印发〈自治区党委党内法规和规范性文件制定规范〉的通知》《自治区微信泄密专项整顿行动工作领导小组办公室 全区微信泄密专项整顿行动推进工作通报》，雷东生在全区党内法规工作会议上的讲话精神，《中共中央办公厅关于印发〈在全党开展党史学习教育总结报告〉的通知》《中共中央办公厅〈关于推动党史学习教育常态化长效化的意见〉》，安排部署贯彻落实工作，听取一季度全县经济运行情况和安全生产工作情况汇报，会议原则同意《县人民政府党组关于中宁县争创整县屋顶分布式光伏开发示范县实施方案（送审稿）的请示》《县人民政府党组关于中宁县2022年22个发展壮大村集体经济项目实施方案（送审稿）的请示》《县人民政府党组关于实施中宁县热电联产市政供热管网延伸（改造）项目的请示》《县委统战部关于补选民进中宁县第五届委员会副主委、委员的请示》《县妇联关于推进全国五好家庭、最美家庭和自治区三八红旗手标兵、三八红旗手、三八红旗集体候选名单的请示》《县人民政府党组关于清算2021年度绩效奖金及规范机关事业单位工作人员工资津贴补贴的请示》。

【县委常委会第十二次会议】 2022年3月30日，县委书记何建勃主持召开。会议传达学习习近平总书记对东航客机坠毁做出的重要指示，自治区党委保密委员会会议暨全区保密工作会议、全区机要密码和电子政务内网工作会议精神，自治区党委常委会会议暨自治区党的建设领导小组2022年第一次会议精神，学习自治区党委统一战线工作领导小组2022年第一次会议精神，安排部署贯彻落实工作。套开2022年平安中宁建设协调小组第一次会议。会议原则同意《县人民政府党组关于中宁县政策性农业保险实施方案的请示》《县人民政府党组关于中宁县环境质量和污染物排放总量考核奖补及处罚资金管理实施细则的请示》《县人民政府党组关于中宁县大气污染和节能减排项目绩效跟踪监控管理实施细则（送审稿）的请示》《县人民政府党组关于实施中宁县新植枸杞供水工程相关事宜的请示》。

【县委常委会第十四次会议】 2022年4月11日，县委书记何建勃主持召开。会议传达学习习近平总书记在北京冬奥会冬残奥会总结表彰大会上、参加首都义务植树活动时的重要讲话精神，李克强总理在经济形势专家和企业家座谈会上的讲话精神，全国巡视工作会议暨十九届中央第九轮巡视动员部署会会议精神，安排部署贯彻落实工作。套开县生态环境保护暨生态立县战略领导小组、县中央生态环境保护督察整改工作领导小组2022年第一次会议。会议原则同意《县人民政府党组关于中宁县2022年第二批重点建设项目的请示》《县人民政府党组关于宁夏回族自治区中宁县国家现代农业产业园创建方案（送审稿）的请示》《县人民政府党组关于第五届枸杞产业博览会中宁县实施方案（送审稿）和第五届枸杞产业博览会中宁县云端杞博会实施方案（送审稿）的请示》《县人民政府党组关于中宁县新能源发电项目竞争性推选方案（送审稿）的请示》《县纪委监委关于2022年中宁县全面从严治党 党风廉政建设和反腐败工作主要任务分工方案（送审稿）的请示》《县委政策研究室关于打造改革开放示范区的实施方案（送审稿）的请示》《团县委关于中宁县全面加强新时代少先队工作的实施方案（送审稿）的请示》《团县委关于拟推荐“第13届宁夏青年五四奖章”“全区‘两红两优’”参评对象的请示》。

【县委常委会第十五次会议】 2022年4月24日，县委书记何建勃主持召开。会议传达学习习近平总书记在海南考察时的重要讲话精神，4月13日、20日自治区党委常委会会议精神，中央全面深化改革委员会第二十五次会议精神，习近平总书记在博鳌亚洲论坛2022年年会开幕式上发表的主旨演讲，《信访工作条例》，安排部署贯彻落实工作。套开中宁县2022年县级林长会议。会议原则同意《县人民政府党组关于中宁县完整准确全面贯彻新发展理念做好碳达峰碳中和工作“十四五”行动方案（送审稿）的请示》《县人民政府党组关于中宁县2022年度重大行政决策事项目录（送审稿）的请示》《县人民政府党组关于同意调整两宗采矿权矿区范围的请示》《县人民政府党组关于中宁县推动现代职业教育高质量发展的实施方案（送审稿）的请示》《县人民政府党组关于财政部宁夏监管局核查反馈问题及自查问题整改事宜的请示》《县委督查检查考核工作领导小组办公室关于2021年度全县效能目标管理考核结果及奖励标准的请示》。

【县委常委会第十七次会议】 2022年4月28日，县委书记何建勃主持召开。会议传达学习习近平总书记2016年、2020年视察宁夏重要讲话精神，在中央财经委员会第十一次会议上的重要讲话精神，致首届全民阅读大会的贺信，给北京科技大学老教授的回信，自治区党委书记梁言顺调研中卫经济社会发展情况和明察暗访安全生产、疫情防控工作时的讲话精神，安排部署五一和开斋节期间疫情防控、安全生产、生态环保、信访维稳、值班值守及廉洁过节等工作，自治区党委网信办《关于印发〈“丰县生育八孩女子”舆情事件应引起我区有关部门重视〉的通知》，通报研判第一季度网络舆情情况及风险防范点，套开县委全面依法治县委员会2022年第二次会议，会议原则同意《县人民政府党组关于中宁县人民政府 远景北方科技有限公司合作框架协议的请示》《县人民政府党组关于中宁县枸杞产业转贷资金运营方案（送审稿）的请示》《县人民政府党组关于中宁县县属国有企业工资总额管理办法（试行）（送审稿）的请示》《县人民政府党组关于实施十六运道路交通问题畅通提升计划的请示》《县人民政府党组关于中宁县道路交通隐患治理暨文明交通提升两年行动计划（2022—2023年）的请示》《县委宣传部关于中宁县2022年创建全国文明城市工作方案的请示》《县纪委关于全国纪检监察系统先进工作者推荐人选的请示》，传达学习自治区党委第二巡视组专项巡视中宁县情况反馈会精神，安排部署整改落实工作，研究干部事宜。

【县委常委会第十八次会议】 2022年5月7日，县委书记何建勃主持召开。会议传达学习习近平总书记在4月29日中共中央政治局会议、十九届中共中央政治局第三十八次集体学习、中国人民大学考察时的重要讲话精神，致首届大国工匠创新交流大会、青蒿素问世50

周年暨助力共建人类卫生健康共同体国际论坛的贺信，给中国航天科技集团空间站建造青年团队的回信，习近平总书记在5月5日中央政治局常委会会议上的重要讲话精神，通报疫情防控工作存在的问题，习近平总书记在中央政治局常委会会议听取2021年度巩固拓展脱贫攻坚成果同乡村振兴有效衔接考核评估情况汇报时的重要讲话精神，全国2021年度巩固拓展脱贫攻坚成果同乡村振兴有效衔接考核评估发现问题整改工作电视电话会议精神，自治区2021年度巩固拓展脱贫攻坚成果同乡村振兴有效衔接工作集体约谈会、2021年度巩固拓展脱贫攻坚成果同乡村振兴有效衔接考核评估发现问题整改工作部署会会议精神，习近平总书记对湖南长沙居民自建房倒塌事故做出的重要指示精神，通报安全生产领域存在的问题，梁言顺在自治区党委书记专题会听取涉粮问题专项巡视情况汇报时的讲话精神，听取市委涉粮问题专项巡察反馈问题整改进展情况的汇报，安排部署贯彻落实工作。套开县委国家安全委员会2022年度第二次会议。会议原则同意《县人民政府党组关于自治区党委第二巡视组专项巡视反馈问题整改方案（送审稿）的请示》《县人民政府党组关于2021年度巩固拓展脱贫攻坚成果同乡村振兴有效衔接考核评估反馈问题整改方案（送审稿）的请示》《县委组织部关于进一步加强基层治理体系和治理能力现代化建设的实施方案（送审稿）的请示》《县委督查检查考核工作领导小组办公室关于中宁县2022年督查检查考核工作计划（送审稿）的请示》《县司法局党组关于推荐“全国民主法治示范村（社区）”的请示》。

【县委常委会第十九次会议】 2022年5月16日，县委书记何建勃主持召开。会议传达学习习近平总书记在庆祝中国共产主义青年团成立100周年大会上的重要讲话精神，5月12日自治区党委常委会会议暨理论学习中心组学习会会议精神，学习习近平总书记关于党校办学治校系列重要指示精神、全市党校工作座谈会会议精神，“坚持中国特色社会主义法治道路”（《习近平法治思想学习纲要》第37—46页），宁夏党委应对新冠肺炎疫情工作领导小组第二十八次会议精神，安排部署贯彻落实工作。套开县委党的建设领导小组2022年度第二次会议。套开中宁县农村工作暨乡村振兴战略工作领导小组2022年度第二次会议。会议原则同意《县人民政府党组关于中宁县生态环境保护“十四五”规划的请示》《县人民政府党组关于中宁县北部山区历史遗留矿山生态修复治理方案的请示》《县人民政府党组关于2022年中宁县历史遗留废弃矿山生态修复项目（二期）相关事宜的请示》《县人民政府党组关于中宁县招商引资优惠政策若干规定（送审稿）的请示》《县人民政府党组关于中宁县枸杞产业转贷资金运营方案（送审稿）的请示》《团县委关于中宁县青年发展型县域试点实施方案的请示》。

【县委常委会第二十次会议】 2022年5月31日，县委书记何建勃主持召开。会议传达学习习近平总书记在5月27日中共中央政治局会议、中共中央政治局第三十九次集体学习时的重要讲话精神，在庆祝中国国际贸易促进委员会建会70周年大会暨全球贸易投资促进峰会上的致辞，给南京大学留学归国青年学者的回信精神；李克强总理关于一季度经济形势和做好下一步经济工作、在全国稳住经济大盘电视电话会上的讲话精神；梁言顺在5月26日自治区党委常委会会议和在中卫调研黄河流域生态保护和高质量发展先行区建设情况时的讲话精神；张雨浦在全区稳经济、保增长、促发展电视电话会议上的讲话精神；自治区党委常委会会议精神。听取中央第二轮生态环境保护督察反馈问题整改工作情况汇报，安排贯彻落实工作；听取自治区党委第二巡视组专项巡视反馈问题整改进展情况汇报；听取2021年度巩固拓展脱贫攻坚成果同乡村振兴有效衔接考核评估反馈问题整改进展情况汇报；听取全县信访维稳工作、自治区第十三次党代会安保维稳工作情况汇报；听取第五届枸杞博览会筹备进展情况汇报。会议原则同意《县人民政府党组关于中宁县国家现代农业产业园中央财政奖补资金使用方案（送审稿）的请示》《县人民政府党组关于采用PPP模式实施中宁县枸杞产业高新技术示范园区建设项目的请示》《县人民政府党组关于清算2021年及发放2022年度机关事业单位在职人员年终考核奖的请示》《县人民政府党组关于继续为中卫沐沙公司提供银行贷款担保的请示》《县人民政府党组关于中宁县地方储备粮管理办法（送审稿）的请示》《县人民政府党组关于殷庄大社区C、D区安置剩余房源资产移交处置相关事宜的请示》《县委组织部关于各乡镇、县直各部门（单位）领导干部、职级公务员、事业单位工作人员、驻村工作队成员2021年度考核结果的请示》。研究干部事宜。

【县委常委会第二十一次会议】 2022年6月6日，县委书记何建勃主持召开。会议传达学习习近平总书记致中国儿童中心成立40周年、中国宋庆龄基金会成立40周年的贺信，自治区第十二届委员会第十五次全会精神，安排贯彻落实工作。套开县委网络安全和信息化委员会第四次会议。会议原则同意《县人民政府党组关于中宁县法治政府建设实施方案（2022—2025年）（送审稿）的请示》《2022年中宁县法治政府建设工作要点（送审稿）》《县人民政府党组关于中宁县科技创新“十四五”规划的请示》《县委办公室关于调整县委常委工作分工的请示》。研究干部事宜。

【县委常委会第二十二次会议】 2022年6月15日，县委书记何建勃主持召开。会议传达学习《习近平法治思想学习纲要》篇目：坚持依宪治国、依宪执政，习近平总书记在四川考察时的重要讲话精神，《中共中央办公厅 国务院办公厅关于更加有效发挥统计监督职能作用的意见》《自治区党委办公厅 人民政府办公厅印发〈关于深化统计管理体制改革提高统计数据真实性的实施意见〉的通知》，全国省市两级巡视巡察办主任培训班暨市级巡察机构在上下联动中更好发挥作用试点工作总结会议精神，区纪委关于杨少清严重违纪违法案件的通报、市纪委关于6起党员干部和公职人员酒驾醉驾典型问题的通报、《中卫市领导干部请托插手干预重大事项记录报备制度（试行）》，并听取十五届县委第一轮巡察情况汇报，安排贯彻落实工作。会议原则同意《县人民政府党组关于中宁县推动黄河流域生态保护和高质量发展2022年工作方案（送审稿）的请示》《县人民政府党组关于宁夏瑞泰煤业有限公司煤矿相关事宜的请示》《县纪委监委关于中宁县基层微小权力“监督一点通”服务平台建设实施方案的请示》。

【县委常委会第二十三次会议】 2022年6月27日，县委书记何建勃主持召开。会议传达学习《中华人民共和国档案法》，习近平总书记在中共中央政治局会议上、中共中央政治局第四十次集体学习时的重要讲话精神，致2022年“六五”环境日国家主场活动、《大公报》创刊120周年的贺信，在金砖国家工商论坛开幕式上的主旨演讲，在第二十五届圣彼得堡国际经济论坛全会上的致辞，6月18日自治区党委常委会会议、自治区建设黄河流域生态保护和高质量发展先行区推进会精神，《自治区党委人民政府印发〈关于深入贯彻落实习近平总书记重要讲话精神推动黄河流域生态保护和高质量发展先行区建设取得新突破的意见〉的通知》精神，自治区党委《关于深入学习宣传贯彻自治区第十三次党代会精神的通知》精神，安排贯彻落实工作。会议原则同意《县人民政府党组关于中宁县委和政府及有关部门生态环境保护责任（送审稿）的请示》《县人民政府党组关于中宁县依法妥善处置草原征占用审核审批历史遗留问题工作方案（送审稿）的请示》《县人民政府党组关于中宁县2009—2019年批而未供土地处置工作方案（送审稿）的请示》《县人民政府党组关于中宁县稳经济保增长促发展35条政策措施（送审稿）的请示》《县人民政府党组关于中宁县发展粮食产业经济实施方案（送审稿）的请示》《县人民政府党组关于嘉里物流大宗商品物流交易中心项目合作协议的请示》《县人民政府党组关于成立嘉里物流大宗商品物流交易中心项目推进工作专班的请示》《县人民政府党组关于宁夏宁创新材料科技有限公司年产30万吨再生铝等项目合作协议的请示》《县人民政府党组关于浙江铭岛铝业有限公司年产100万吨再生铝合金（一期20万吨）项目补充协议的请示》。

【县委常委会第二十四次会议】 2022年7月7日，县委书记何建勃主持召开。会议传达学习《中华人民共和国环境保护法》，习近平总书记在湖北武汉考察时、庆祝香港回归祖国25周年大会暨香港特别行政区第六届政府就职典礼上的重要讲话精神，给种粮大户的回信，梁言顺来卫调研时的讲话精神，自治区纪委《关于印发自治区十二届纪律检查委员会向自治区第十三次党代会工作报告的通知》精神，全区打击整治养老诈骗专项行动第二次推进会议精神，安排贯彻落实工作。听取全县上半年安全生产工作情况汇报，安排部署下一步工作。套开中宁县农村工作暨乡村振兴战略工作领导小组2022年第三次会议。套开县委审计委员会2022年第二次会议。会议原则同意《县委办公室关于贯彻落实自治区第十三次党代会精神工作方案（送审稿）的请示》《县委组织部关于贯彻落实“3331工程”加强政法机关优秀年轻干部培养选拔工作的实施方案的请示》。研究干部事宜。

【县委常委会第二十五次会议】 2022年7月15日，县委书记何建勃主持召开。会议传达学习《中华人民共和国网络安全法》，习近平总书记致世界互联网大会国际组织、“全球发展：共同使命与行动价值”智库媒体高端论坛的贺信，给中国国家博物馆的老专家、参加海峡青年论坛的台湾青年的回信，全区开展违规收送红包礼金和不当收益及违规借转贷或高额放贷专项整治工作动员会会议精神，安排贯彻落实工作。听取县人大常委会、县人民政府、县政协、县人民法院、县人民检察院党组上半年工作情况汇报，听取全县各群团工作情况汇报。套开县生态环境保护暨生态立县战略领导小组2022年第二次会议。会议原则同意《全县开展违规收送红包礼金和不当收益及违规借转贷或高额放贷专项整治工作方案（送审稿）》《县人民政府党组关于中宁县维护国家粮食安全及储粮工作实施方案（送审稿）、中宁县深入推进优质粮食工程实施方案（送审稿）的请示》《县人民政府党组关于打好“就业收入扩增战”的若干措施（送审稿）的请示》《县人民政府党组关于中宁县保困难群众基本生活20条措施（送审稿）、打好基本民生保障战工作方案（送审稿）的请示》《县人民政府党组关于中宁县城市生活垃圾处理费征收管理暂行办法（送审稿）的请示》《县人民政府党组关于中宁县餐厨垃圾管理办法（送审稿）的请示》《县人民政府党组关于签署中宁县与韩国忠清南道青阳郡建立友好关系备忘录的请示》《县委组织部关于中宁县2022年重点村提升行动工作方案的请示》《县委组织部关于中宁县2022年软弱涣散村党组织“一村一案”整顿工作方案的请示》。

【县委常委会第二十六次会议】 2022年7月22日，县委书记何建勃主持召开。会议传达学习《中国共产党章程》《中华人民共和国退役军人保障法》，习近平总书记在新疆考察时的重要讲话精神，致全球重要农业文化遗产大会的贺信，自治区纪委《关于钱克孝违纪违法案件的通报》精神，安排贯彻落实工作。套开县委应对新冠肺炎疫情工作领导小组第六十四次会议。套开县委退役军人事务工作领导小组2022年度第一次会议。套开县委财经委员会2022年第二次会议。会议原则同意《县人民政府党组关于处置教育系统危旧校舍的请示》。研究干部事宜。

【县委常委会第二十八次会议】 2022年7月27日，县委书记何建勃主持召开。会议传达学习习近平总书记关于加强历史文化遗产保护重要论述（节选），安排贯彻落实工作。听取中宁县双龙山石窟保护工作情况汇报，会议原则同意《关于加强双龙山石窟（石空寺）文物保护的实施方案（送审稿）》《县人民政府党组关于中宁县“引客入宁（中宁）”奖励办法（试行）的请示》《县委政法委关于〈中宁县重大决策社会稳定风险评估专家库管理办法（试行）〉〈中宁县重大决策社会稳定风险评估专家库名单〉的请示》。

【县委常委会第二十九次会议】 2022年7月29日，县委书记何建勃主持召开。会议传达学习《宁夏回族自治区中卫市原市委书记、人大常委会主任何健被开除党籍和公职》，会议原则同意《中共中宁县委员会广泛开展习近平总书记视察宁夏重要讲话和重要指示批示精神“大学习、大讨论、大宣传、大实践”活动实施方案（送审稿）》。

【县委常委会第三十次会议】 2022年8月5日，县委书记何建勃主持召开。会议传达学习《中华人民共和国防洪法》，习近平总书记在省部级主要领导干部“学习习近平总书记重要讲话精神,迎接党的二十大"专题研讨班上、中共中央政治局第四十一次集体学习时、中央统战工作会议上的重要讲话精神,致中国共产党与世界马克思主义政党论坛、世界青年发展论坛、第二届中非和平安全论坛的贺信,7月28日中共中央政治局会议、7月25日中共中央党外人士座谈会精神,自治区党政代表团赴广东省、福建省考察学习有关精神,十三届自治区党委2022年第六次常委会会议通报自治区党政代表团赴广东省、福建省考察学习情况时的精神,自治区党委应对新冠肺炎疫情工作领导小组会议精神,梁言顺、张雨浦在中卫市沙坡头区调研督导疫情防控工作时的讲话精神,安排贯彻落实工作,听取中宁县维护社会稳定风险隐患大排查大化解大整治行动工作进展情况汇报,分析研判党的二十大维稳安保风险形势,安排部署下一步工作。会议原则同意《县人民政府党组关于自治区党委第二巡视组专项巡视反馈问题整改落实情况报告(送审稿)的请示》《县人民政府党组关于推进乡村治理中心、农业农村综合服务中心示范点建设的实施方案(送审稿)的请示》《县人民政府党组关于中宁县第三轮草原生态保护补助奖励政策实施方案(送审稿)的请示》《县人民政府党组关于中宁县安全生产"十四五"规划(送审稿)、中宁县综合防灾减灾救灾"十四五"规划(送审稿)、中宁县应急体系建设"十四五"规划(送审稿)的请示》《县人民政府党组关于县城区部分企事业单位老旧权属用房处置意见的请示》《县委政研室关于服务和融入新发展格局的实施方案(送审稿)的请示》。

【县委常委会第三十一次会议】 2022年8月12日,县委书记何建勃主持召开。会议传达学习《中华人民共和国传染病防治法》、《习近平谈治国理政》第四卷第五部分"统筹疫情防控和经济社会发展"内容,梁言顺书记调研加强和改进人民信访工作时、在银川市调研基层党建工作时的讲话精神,中卫市纪委《关于对全市开展违规收送红包礼金和不当收益及违规借转贷或高额放贷专项整治和小微权力"监督一点通"监督检查情况的通报》精神,安排贯彻落实工作。套开县委全面深化改革委员会第二十次会议。套开全县巩固拓展脱贫攻坚成果同乡村振兴有效衔接考核评估反馈问题整改工作推进会。会议原则同意《县人民政府党组关于中宁县现代服务业发展"十四五"规划(送审稿)的请示》《县人民政府党组关于中宁县教育事业发展"十四五"规划的请示》《县委统战部关于中宁县建设铸牢中华民族共同体意识示范县实施方案的请示》《县委统战部关于审定全市民族团结进步先进集体和先进个人建议名单的请示》《县纪委监委关于加强新时代廉洁文化建设的实施方案的请示》。

【县委常委会第三十二次会议】 2022年8月25日,县委书记何建勃主持召开。会议传达学习《中华人民共和国政府采购法》,李克强总理关于二季度上半年经济形势和做好下一步经济工作的讲话精神,安排贯彻落实工作和安全生产工作,传达学习梁言顺张雨浦带队暗访检查生态环保问题时的讲话精神和自治区党委督查室督查工作通报《自治区党委和政府部署开展生态环保问题排查整治工作》精神,听取中央、自治区生态环保督察反馈问题整改工作情况汇报,全区巡视工作会议暨十三届自治区党委第一轮巡视动员部署会、自治区专项治理工作领导小组第四次会议精神，安排贯彻落实工作。听取全县上半年效能目标考核情况汇报，听取近期疫情防控工作情况汇报，听取防汛抗旱工作情况汇报。套开县委统一战线(民族宗教)工作领导小组2022年度第三次会议。会议原则同意《县人民政府党组关于贯彻落实习近平总书记重要讲话精神深入推动黄河流域生态保护和高质量发展取得新突破的实施方案(送审稿)的请示》《县人民政府党组关于中宁县2022年脱贫户、三类监测对象扶持政策项目实施方案(送审稿)的请示》《县人民政府党组关于中宁县工业、规模化养殖业用水权确权成果报告(送审稿)的请示》《县残疾人联合会关于中宁县县乡残联换届工作方案的请示》。

【县委常委会第三十三次会议】 2022年9月2日，受县委书记何建勃委托，县委副书记、县长周永根主持召开。会议传达学习《中华人民共和国教育法》，8月30日中共中央政治局会议精神，习近平总书记在辽宁考察时的重要讲话精神，致世界职业技术教育发展大会、国际民间社会共同落实全球发展倡议交流大会、第五届中非媒体合作论坛的贺信，给“中国好人”李培生、胡晓春、外文出版社的外国专家的回信，给“里斯本丸”号船幸存者家属、马耳他圣玛格丽特中学“中国角”师生的复信，梁言顺、雷东生在自治区党委深化改革委员会第十九次会议上的讲话和通报精神，安排贯彻落实工作，传达学习梁言顺关于生态环保和安全生产督导检查工作的批示精神，听取全县生态环保和安全生产排查整治工作情况汇报，安排贯彻落实工作。套开县委国家安全委员会第三次会议。会议原则同意《县人民政府党组关于中宁县人民调解员“以案定补”管理办法(送审稿)的请示》《县人民政府党组关于中宁县加快工业经济发展新十条措施(试行)(送审稿)的请示》《县人民政府党组关于调整北控城市服务(中宁)有限公司环卫服务费用的请示》《县人民政府党组关于中宁县城乡污水治理一体化及再生水利用项目实施模式的请示》。

【县委常委会第三十四次会议】 2022年9月15日，受县委书记何建勃委托，县委副书记、县长周永根主持召开。会议传达学习《中华人民共和国国家安全法》，《求是》杂志发表的习近平总书记重要讲话《新发展阶段贯彻新发展理念必然要求构建新发展格局》，习近平总书记致2022年中国国际服务贸易交易会、2022全国专精特新中小企业发展大会的贺信，给北京师范大学“优师计划”师范生的回信，中央全面深化改革委员会第二十七次会议精神，自治区领导在全区“六权”改革推进会上的讲话精神，《自治区纪委关于4起违反中央八项规定精神典型问题的通报》《中卫市纪委关于3起违反中央八项规定精神典型问题的通报》精神，十三届自治区党委2022年第十三次常委会、2022年第一次专题会会议精神，安排贯彻落实工作。套开县委“大学习、大讨论、大宣传、大实践”活动推进会。套开2022年县委议军会议。会议原则同意《县委组织部关于中宁县贯彻落实自治区第十三次党代会精神推动新时代组织工作高质量发展实施方案的请示》《县委组织部关于金融系统人员挂职村党组织副书记助力乡村振兴试点工作方案的请示》《县人民政府党组关于中宁县文明素养提升行动实施方案(送审稿)的请示》《县人民政府党组关于中宁县“十四五”国家重点生态功能区县域生态环境质量监测与评价考核工作实施方案(送审稿)的请示》《县人民政府党组关于宁地(G)〔2022〕-22号国有建设用地使用权出让实施方案相关事宜的请示》《县人民武装部关于中宁县人民武装部迁建工程的请示》《县人民政府党组关于改扩建鸣沙镇人民政府办公场所的请示》《县委组织部关于中宁县第一届人才项目大赛决赛实施方案的请示》。

【县委常委会第三十八次会议】 2022年10月14日,县委书记何建勃主持召开。会议原则同意《县人民政府党组关于紧急采购“9·20”疫情防控物资的请示》《县人民政府党组关于紧急采购医疗救治设备的请示》。

【县委常委会第三十九次会议】 2022年10月28日,县委书记何建勃主持召开。会议传达学习中国共产党第二十次全国代表大会、中国共产党第二十届中央委员会第一次全体会议、中国共产党第二十届中央纪律检查委员会第一次全体会议精神,习近平总书记在10月25日中共中央政治局会议上、中共中央政治局第一次集体学习时、瞻仰延安革命纪念地时的重要讲话精神,《中共中央办公厅印发〈十九届中央政治局贯彻执行中央八项规定精神情况报告〉〈关于党的十九大以来整治形式主义为基层减负工作情况的报告〉的通知》精神,安排贯彻落实工作。套开县委应对新冠肺炎疫情工作领导小组第六十五次会议。会议原则同意《县人民政府党组关于中宁县今秋明春植绿增绿实施方案(送审稿)的请示》。

【县委常委会第四十一次会议】 2022年11月2日,县委书记何建勃主持召开。会议传达学习习近平总书记在陕西延安和河南安阳考察、出席军队领导干部会议、会见C919大型客机项目团队代表并参观项目成果展览时的重要讲话精神,向中国国际可持续交通创新和知识中心成立的贺信,给山东省地矿局第六地质大队全体地质工作者的回信精神,自治区第十三届委员会第二次全体会议精神,传达全区农村户厕问题摸排整改“回头看”验收部署工作视频会议精神,安排贯彻落实工作。听取县人民政府党组1—10月份经济运行情况汇报,听取近期疫情防控工作情况汇报,安排部署下一步工作,安排部署下一步工作。套开2022年县级林长第二次会议。会议原则同意《县委督查检查考核领导小组办公室关于2022年度中宁县效能目标管理考核实施方案(送审稿)的请示》《县委宣传部关于中宁县党的二十大精神宣传工作方案(送审稿)的请示》《县人民政府党组关于中宁县交通运输体系“十四五”规划(送审稿)的请示》《县人民政府党组关于中宁县工业和信息化“十四五”规划(送审稿)的请示》。

【县委常委会第四十二次会议】 2022年11月7日,县委书记何建勃主持召开。会议传达学习习近平总书记在第五届中国国际进口博览会开幕式的重要讲话精神,致俄中友协成立65周年、2022年世界城市日全球主场活动暨第二届城市可持续发展全球大会的贺信,中国共产党中卫市第五届委员会第五次全体会议精神,安排贯彻落实工作。会议原则同意《关于召开中国共产党中宁县第十五届委员会第三次全体会议的请示》《中共中宁县委员会关于学习宣传贯彻党的二十大精神的实施意见(讨论稿)》《县人民政府党组关于中宁县黄河流域生态保护和高质量发展规划纲要（送审稿)的请示》《县人民政府党组关于中宁县城市更新三年行动实施方案(2022—2024 年)(送审稿)的请示》《县人民政府党组关于拨付中宁县太阳梁乡生态移民区万头奶牛养殖场项目第六批财政补助资金的请示》《县委宣传部关于中宁县疫情防控志愿服务管理工作实施方案(送审稿)的请示》《县委宣传部关于加强和改进新时代全民国防教育工作的实施方案(送审稿)的请示》。套开 2022 年度县委财经委员会第三次会议。

【县委常委会第四十五次会议】 2022 年 11 月 17 日,县委书记何建勃主持召开。会议传达学习 11 月 10 日中共中央政治局常务委员会会议精神和习近平总书记在《湿地公约》第十四届缔约方大会开幕式上、视察军委联合作战指挥中心时的重要讲话精神,向“杂交水稻援外与世界粮食安全”国际论坛的书面致辞,致 2022 年世界互联网大会乌镇峰会、国际竹藤组织成立二十五周年志庆暨第二届世界竹藤大会的贺信,给中国航空工业集团沈飞“罗阳青年突击队”的队员们回信、《中共中央办公厅关于印发〈党的十九大以来中央巡视工作总结报告〉的通知》精神,安排贯彻落实工作。县委应对新冠肺炎疫情工作领导小组第六十六次会议。会议原则同意《县委宣传部关于全县党的二十大精神宣讲工作方案的请示》《县人民政府党组〈关于中宁县冬季清洁取暖项目实施方案(2022—2024 年)(送审稿)〉的请示》《县人民政府党组关于实施中宁县整县屋顶分布式光伏项目的请示》《县人民政府党组关于回购悦海幼儿园举办为公办幼儿园的请示》。

【县委常委会第四十八次会议】 2022 年 11 月 29 日,县委书记何建勃主持召开。会议传达学习习近平总书记对河南安阳市凯信达商贸有限公司火灾事故作出的重要指示精神,在二十国集团领导人第十七次峰会第一阶段会议、亚太经合组织第二十九次领导人非正式会议上的重要讲话精神,致联合国 / 中国空间探索与创新全球伙伴关系研讨会、发展中国家科学院第 16 届学术大会暨第 30 届院士大会的贺信,自治区党委常委会会议暨应对新冠肺炎疫情工作领导小组第三十七次会议精神,梁言顺批示精神,《自治区党委印发〈自治区党委常委会关于坚定维护以习近平同志为核心的党中央集中统一领导的若干规定〉的通知》《自治区党委印发〈自治区党委常委会关于贯彻落实中央八项规定及其实施细则精神的若干意见〉的通知》精神、《关于何健严重违纪违法案件的通报》《关于韩江龙严重违纪违法案件的通报》,中卫市纪委《关于 5 起群众身边腐败和不正之风典型案例的通报》精神,安排贯彻落实工作。听取县人民政府党组关于全县经济运行情况汇报,分析调度年底前经济工作,听取全县安全生产工作情况汇报,听取 2022 年全县效能目标考核自评情况汇报。会议原则同意《县人民政府党组关于中宁县养老服务体系建设“十四五”规划(送审稿)的请示》《县人民政府党组关于嘉里宁夏陆港项目合作协议的请示》,套开 2022 年度县委财经委员会第四次会议。

【县委常委会第四十九次会议】 2022 年 12 月 2 日,县委书记何建勃主持召开。会议原则同意《关于召开中国共产党中宁县第十五届委员会第四次全体会议的请示》《县委全委会工作报告(送审稿)》《中共中宁县委员会2023年工作要点(送审稿)》《关于召开中宁县第十八届人民代表大会第二次会议的请示》《县人大常委会工作报告（送审稿)》《关于召开中国人民政治协商会议中宁县委员会第十三届二次会议的请示》《县政协常委会工作报告(送审稿)》《县政协2023年协商民主计划(送审稿)》《县人民政府工作报告(送审稿)》《中宁县2022年民生计划执行情况和2023年民生计划(草案)的报告(送审稿)》《县人民法院工作报告(送审稿)》《县人民检察院工作报告(送审稿)》《关于县第十八届人大二次会议和县政协十三届二次会议有关事项的请示》《关于提名政协中宁县第十三届委员会委员、常务委员会委员的请示》《关于提名吴金玲、刘宁远同志为中卫市第五届人代会代表候选人的请示》，套开县委财经委员会2022年第五次会议,研究干部事宜。

【县委常委会第五十次会议】 2022年12月12日,县委书记何建勃主持召开。会议原则同意《县委组织部关于中宁县残疾人联合会第八次代表大会换届人事安排的请示》《县残联党组关于召开中宁县残疾人联合会第八次代表大会的请示》。

【县委常委会第五十二次会议】 2022年12月23日,县委书记何建勃主持召开。会议传达学习中共中央政治局会议、中央经济工作会议、党外人士座谈会精神,习近平总书记在首届中国—阿拉伯国家峰会开幕式、中国—海湾阿拉伯国家合作委员会峰会上的主旨讲话,在《生物多样性公约》第十五次缔约方大会第二阶段高级别会议开幕式上的致辞,致第6届中国—南亚博览会、第四届中俄能源商务论坛的贺信,给沙特中文学习者代表的复信,自治区党委专题会会议精神,梁言顺在自治区党委统战工作会议、全区宗教工作会议上的讲话精神,安排贯彻落实工作。套开2022年县委党的建设领导小组第四次会议。会议原则同意《县人民政府党组关于中宁县创建乡村全面振兴示范县工作方案(2022—2024年)(送审稿)的请示》《县人民政府党组关于中宁县贯彻落实第二轮中央生态环境保护督察反馈问题整改方案(送审稿)的请示》《县委宣传部关于中宁县2023年元旦春节期间广泛开展群众文化活动实施方案的请示》《县人民政府党组关于〈中宁县属国有企业外部董事选聘管理办法(送审稿)〉〈众汇嘉润集团公司企业改制重组方案(送审稿)〉的请示》。

【县委常委会第五十三次会议】 2022年12月30日,县委书记何建勃主持召开。会议传达学习中央农村工作会议精神,习近平总书记对爱国卫生运动做出的重要指示,致第五届“阿拉伯艺术节”的贺信,给中国东方演艺集团的艺术家们的回信,安排部署元旦和春节期间疫情防控、安全生产、生态环保、信访维稳、值班值守及廉洁过节等工作,听取县人大常委会党组、县人民政府党组、县政协党组、县人民法院党组、县人民检察院党组2022年工作汇报,听取2022年全县统一战线工作情况汇报，听取十五届县委第二轮巡察工作情况汇报,听取全县信访工作情况汇报,套开县委全面深化改革委员会第二十一次会议,套开县委退役军人事务工作领导小组第二次会议,会议原则同意

《县人民政府党组〈关于中宁县“十四五”文化发展规划(送审稿)〉的请示》《县人民政府党组〈关于中宁县残疾人保障和发展“十四五”规划(送审稿)〉的请示》《团县委关于中宁县共青团基层组织改革工作方案的请示》《县委组织部关于中宁县组建社区村组小分队开展暖心配送服务工作方案的请示》《县委组织部关于成立中宁县城市基层党建引领基层治理领导小组及专项工作组的请示》,研究干部事宜。

(田进琴)

重大活动

【杞乡发展论坛】 2022年开展“杞乡发展论坛”17期。1月18日,举办全县第一期杞乡发展论坛。2月8日,举办全县第二期杞乡发展论坛,自治区党校教授霍岩松围绕习近平经济思想主题进行专题辅导。2月13日,举办全县第三期杞乡发展论坛。2月18日,举办全县第四期杞乡发展论坛。2月28日,举办全县第五期杞乡发展论坛。3月4日,举办全县第六期杞乡发展论坛。3月11日,举办全县第七期杞乡发展论坛。5月20日,举办全县第八期杞乡发展论坛。5月27日,举办全县第九期杞乡发展论坛。5月31日。6月30日。7月8日,举办全县第十二期杞乡发展论坛。7月15日,举办全县第十三期杞乡发展论坛。7月29日。8月26日,举办全县第十五期杞乡发展论坛。9月8日,举办全县第十六期杞乡发展论坛。11月17日,举办全县第十七期杞乡发展论坛。

【第五届枸杞产业博览会】 6月22—24日,以“杞福天下共享健康”为主题的第五届枸杞产业博览会在中宁县举行。本届博览会采用“线上+线下”“国内+国际”相结合,以线上为主的办会模式。博览会期间共有7项活动相继登场。

【中宁县铸牢中华民族共同体意识教育基地揭牌仪式】 9月15日,中宁县铸牢中华民族共同体意识教育基地揭牌仪式在县委党校举行。市委统战部主要领导,县委、人大、政府、政协主要领导及分管领导,县委统一战线工作领导小组成员单位参加揭牌仪式,参观中宁县铸牢中华民族共同体意识教育基地。

【学习贯彻党的二十大精神自治区宣讲团报告会】 11月18日,召开学习贯彻党的二十大精神自治区宣讲团报告会,邀请自治区人大常委会副主任杨玉经围绕党的二十大精神开展专题辅导,全体县级领导、县直各部门(单位)在职副科级以上领导干部,国有企业党组织负责人,各乡镇在职副科级以上领导干部及派出所、司法所、市场监督管理所所长,村(社区)党组织负责人参加。报告会结束后,与会党员干部纷纷表示,通过全面系统地辅导,贯彻党的二十大精神、推动高质量发展目标更明确、信心更加坚定、底气更充足,进一步激发党员干部群众的凝聚力、向心力、感召力。

(田进琴)

县委办公室工作

【文稿撰写】 全年撰写县委全委会、纪委全会、巩固脱贫攻坚成果同乡村振兴有效衔接、学习宣传贯彻党的二十大精神、基层党建等有关会议领导讲话、交流发言、工作汇报材料等220余篇，整理撰写县委常委会会议纪要53篇、专题会议纪要22篇。围绕改革创新、脱贫攻坚、产业发展等工作，开展各类调研活动，撰写调研报告80余篇，被自治区党委信息处采用6篇，为县委、政府科学决策、工作推动提供参考依据。全年向区、市党委办公厅(室)报送各类综合信息800余条，被自治区党委信息处采用20余条。

【沟通协调】 2022年，执行公文处理规定，完成公文发送、传阅、文档立卷整理工作，全年收发、转办各类公文2500余份。加强与上级党委、县人大办、政府办和政协办沟通联络，按照“开短会、开现场会、开研究解决问题的会”的原则，做好会务统筹工作，组织县委全委会、纪委全会、县委常委会、书记办公会和各类专题会议等，全年组织县委常委会53次、县委专题会议22次。审核县委常委会会议议题，抓好会议决策前各项准备工作，确保会议决策效率和质量。

【督查督办】 2022年，落实县委常委会会议决定事项、领导批示件和重大改革任务、重点项目、民生工程、干部作风、脱贫攻坚等督查任务。采取现场督查、暗访督查为主，电话督查、文件督查为辅的督查方式，加大督查力度，对县委工作推进情况、县级领导安排部署任务、各扶贫帮扶单位工作开展情况、各村脱贫攻坚驻村帮扶工作队到岗情况进行常态化督查。全年开展季度督查与专项调研督查50次，督办落实县委常委会会议决定事项304项，督办落实区、市、县领导批办件281余件，办理市委书记信箱8件，《人民网地方领导留言板》向县委书记反映问题36件，办复率100%，保障县委决策部署的贯彻落实。

【建章立制】 协助县委全面修订完善党内制度建设，先后出台修订《中共中宁县第十五届委员会常务委员会工作规则》《中共中宁县委“三重一大”事项集体决策实施细则》《中宁县党政值班工作制度》《中宁县紧急信息报送制度》等6项，确保每项工作都有规可依、有章可循，形成用制度管人、用制度管事的局面。加强车辆、水电、文印等事务管理，严格审批办公用品及设备更换，大幅缩减人、车、会等费用开支。严格执行《关于深入贯彻中央八项规定精神进一步加强和改进常委会作风建设的实施意见》等各项规定，完成各类行政后勤、会务组织及接待工作。实行节假日领导在岗带班和24小时值班制度，确保信息畅通、协调及时。

【廉政建设】 抓好党员干部党风廉政建设工作。全面落实从严治党责任。组织全体党员干部学习《中国共产党章程》《廉洁自律准则》《纪律处分条例》《关于新形势下党内政治生活的若干准则》等党纪党规。严格落实中央八项规定《实施细则》精神，制定出台基层减负二十九条，从严从紧把好发文数量和发文规格，严格控制会议规格规模，全县制发文件523件，同比减32.17%。全县各部门召开会议97次，同比37.01%。带头落实公务接待制度，严格按照标准范围接待，严格财务支出管理，主动接受监督检查，杜绝违规违纪现象发生。召开党史学习教育民主生活会梳理县委办党支部领导班子意见14条，领导干部意见35条，全部建立问题整改台账。

（田进琴）

组织工作

【干部选拔任用】 开展领导班子和领导干部分析研判，先后对9个部门（单位）、国有企业领导班子和12个乡镇领导班子进行调研考核，对38名表现优秀的干部进行提拔使用。将具备专业特长的240名干部纳入专业干部储备库，为教育、卫生、农业农村、住建等部门领导班子储备专业干部68名。储备政法队伍专业年轻干部库114人、一职两备领导干部77人、具有法律职业资格证年轻干部库87人。注重90后年轻干部培养，推行“导师帮带制”，开展“1+1+N”结对帮带，长期跟踪、动态调整、优进绌退。先后提拔储备库中90后正副科级领导干部39名，提拔、晋升在巩固脱贫攻坚、重大项目开工建设等一线干部115名。

【干部教育管理】 落实《公务员平时考核办法（试行）》，推行“周纪实、月考核、季审定”考核办法，建立部内领导干部“一对一”包抓联系和四维评价机制。2022年，建立新任职干部和重点培养对象政治理论测试制度，开展重点培养对象集中政治体检，按照“五个坚持”“四个必谈”的原则常态化开展谈心谈话和廉政警示教育。推进领导干部能上能下，先后对9名工作表现不佳的干部进行岗位调整或改任为职级公务员，尤其是在“9·20”疫情期间，对工作中不敢担当、作风漂浮、落实不力的5名干部予以免职。发挥职务与职级并行制度的激励作用，为108名公务员、23名事业单位管理岗干部晋升职级等级，为16名公务员解决两地分居问题，8名公务员子女解决就近上学问题。分层分类举办习近平新时代中国特色社会主义思想专题培训班、“自治区第十三次党代会”专业学习研讨班等各类培训20期，开展红色传承教育、实地考察、专题调研7次，培训党员干部3000余人，邀请15名县处级领导和17名专家教授围绕自治区第十三次党代会精神、乡村振兴、创新发展等专题进行讲解，举办经济类、安全生产类等培训班18期，培训各层级干部1700余人次，选派87名干部到乡村振兴岗位历练。

【公务员工作】 加大选调生、公务员等招录力度，2022年上半年，计划招录公务员26名，选调生11名。把表现突出的240余名干部纳入重点培养对象储备库。统筹全县干部资源，结合全县实际，分类建立年轻干部人才库，让专业的干部到专业的岗位。

【老干部工作】 制定印发《2022年中宁县离退休干部工作要点》《2022年中宁县离退休干部党员学习教育方案》等文件。先后为61名离退休干部订购生日蛋糕和鲜花，吊唁去世离退休干部4人并协助家属办理丧葬费、一次性抚恤金，组织43名退休干部进行健康体检，春节、七一等重大节庆集中走访慰问离退休干部84人次，送去慰问金8.4万元。为县内居住的10名离休干部量身定制“爱心联系卡”，排查无固定收入离休干部遗属25名，日常工作中不定期走访慰问、生病看望、电话关心离退休干部100余人次，成立“老兵集结号”“乡村振兴服务队”等24支志愿服务队，开展志愿服务活动180余次。“9·20”中宁突发疫情后，5个离退休干部党支部、30余名离退休干部党员主动参与疫情防控。

【基层组织建设】 打造余丁乡余丁村"党建+议事协商"、太阳梁乡德盛村"党建+移民增收致富"等一批党建示范点，接受区市领导、兄弟市县观摩学习10次。采取"村级自查、乡镇复查、县级抽查"的方式，对命名的8个党建工作示范乡镇、100个村进行复验。推进"五型"模范机关创建工作，举办机关党建特色品牌案例评选活动，首批评选"模范机关创建优秀案例"等15个。将21个社区划分为207个网格，成立网格党小组74个，配备专兼职网格员210名，全覆盖配备"三长"，严密网格化管理体系。建立社区"一站式"服务大厅21个，设立跑腿帮代办点141个、代办站157个，组建"啄木鸟""五色花""老兵集结号"等志愿服务队150支，打造新堡镇安定社区"五个+"议事协商居民自治、宁安镇红苑社区"五心"工作服务法等10个党建引领社区治理品牌，开展新业态新就业群体党建工作"破冰、领航、暖新、融圈"四大行动，在全区率先以"网红经济"为切口，在大战场镇成立"网红党支部"试点，组织开展"移民致富我见证"等特色直播活动。在枸杞交易市场设立党建工作指导站7个，为首批指导站及40余户"共产党员经营户"授牌，全方位建强"小个专"党建矩阵。全力保障村、社区运转，每村每年投入乡村治理专项经费10万元、办公经费6万~7万元，每个社区发放办公经费10万元。为740名村干部购买工伤"安心保"。

【人才队伍建设】 制订印发《关于开展"政府出钱、企业育才"工作的实施方案》《中宁籍优秀人才回乡就业创业实施方案》等人才激励保障政策。组织申报"人才小高地"等建设项目4个，推荐申报国家级技能大师工作室1个，自治区级技能大师工作室3个，自治区级高技能人才培训基地建设项目2个，专家服务基地5个。引导扶持天元锰业、早康、天仁等企业建设科技创新平台，先后培养引进科技领军人才3名，科技创新团队5个，高层次科技人才和高技能人才20名，建立院士工作站2家，自治区工程技术研究中心2家，技术创新中心16家。依托中宁枸杞创新研究院引进高端技术人才30余名，专家库人才达103人。通过"组团式"帮扶与宁医大总院建立帮扶关系，引进5名专家开展长期定点帮扶，助力提升中宁县整体医疗水平。开展新植枸杞经营主体培训班3期，高素质农民培训班2期，技术培训20余次，培训1500余人次。举办第一届人才项目大赛，卫健、教育、枸杞、科技、工信赛区初赛，筹备召开预决赛、决赛，通过搭建平台、项目牵引，为各类人才施展才华、发挥作用提供舞台。

（闫 丽）

宣传工作

【概况】 县委宣传部核定行政编制10名，事业编制5名，县控编1名。设部长1名，由县委领导兼任，副部长3名（其中1名兼文明办主任、新闻出版局局长）。宣传部内设办公室（理论教育）、新闻宣传、精神文明建设（新闻出版和电影管理）、新时代文明实践中心4个科室（事业单位编制）。

【意识形态工作】 2022年，组织开展意识形态专项学习4次，召开意识形态风险分析研判会4次，处置网络舆情243起，督促整改政治类差错和不当表述错误信息35条。审批各乡镇、部门（单位）培训会52期。按照十五届县委第一轮、第二轮巡察工作安排，对石空镇、新堡镇、舟塔乡、白马乡等6个乡镇党委开展意识形态专项检查，累计反馈和督促整改问题58个。开展“扫黄打非”专项检查24次93家，查办案件7起，集中销毁侵权出版物13000余本，营造风清气正的社会文化环境。

【理论武装】 2022年，把学习贯彻习近平新时代中国特色社会主义思想、党的二十大精神和习近平总书记视察宁夏重要讲话指示批示精神作为党委（党组）理论学习中心组学习的第一议题和常设议题。召开县委理论学习中心组学习22次，交流研讨8次160余人次，围绕党的二十大精神、“三农”工作、“习近平法治思想”“移风易俗”等重点内容开展杞乡发展论坛17期，对教育体育局、农业农村局等20个党委（党组）理论学习中心组学习进行巡听旁听、全程指导。发布“喜迎二十大”等主题微课20期，党的二十大精神网络“云宣讲”26期。借助新时代文明实践中心（所、站）理论宣讲阵地，创新运用“微课堂”“板凳会”“炕头会”“庭院课堂”等宣讲形式，组织形成代表巡回讲、领导带头讲、党员示范讲、文艺说唱讲、乡贤广泛讲、群众参与讲等6种宣讲模式，到厂矿企业、社区民居、田间地头开展集中宣讲950余场次。

【国防教育】 2022年，强化国防教育培训学习，将习近平强军思想重要论述，纳入第8次县委理论学习中心组学习会学习。围绕“强国必须强军 军强才能国安”主题，录制发布“杞乡微课堂”节目1期，向广大干部群众讲解国防教育内容。推进国防教育宣传，联合县人武部、退役军人事务局，在县人民广场举办八一建军节专场文艺演出1场；县融媒体中心在黄金时段播放爱国主义影视作品，宣传人民军队的光辉历史、人民群众关心支持军队建设的光荣传统和爱国拥军、献身国防的先进典型，激发广大干部群众的爱国拥军热情。春节、八一建军节前夕，县委、人大、政府、政协领导带队，走访慰问退伍军人和军烈属。元旦、十一等重要时间节点，组织全县广大干部职工在人民广场参加升国旗仪式。

【新闻宣传】 2022年，坚持把握正确舆论导向，全年发布新闻稿件6031篇（条），同比增长13%。发布关于第五届枸杞博览会盛况稿件706篇，累计阅读量逾10.27亿次，相较第四届枸杞产业博览会2.1亿次阅读量，同比增长3.9倍。围绕学习宣传贯彻党的二十大精神等中心工作和重点任务开设专栏10个，发布党的二十大精神视频图文2000余条。央视《走进老区看新貌》栏目专题拍摄大战场镇农民合唱团，央广之声、央视新闻客户端同步播出。央视17频道《“三农”群英汇》栏目拍摄中宁县养牛产业、枸杞产业专题片。宁夏公共频道拍摄《好枸杞的秘密》和《移民村牛事》，进一步提升中华杞乡知名度、美誉度。

【精神文明建设】 贯彻《新时代公民道德建设实施纲要》《新时代爱国主义教育实施纲要》，2022年，指导全县12个乡镇154个村（社区）进一步完善“一约一会”“婚嫁日记”，各乡镇评选表彰“好媳妇”“好婆婆”等各类先进典型192户。以“我们的节日”为契机，组织开展清明祭英烈等各类活动130余次。高标准打造县、乡、村(社区)新时代文明实践中心、所、站,集中组织开展志愿服务2000余场次,参与志愿者45000余人次。中宁县在全区新时代文明实践推进会做经验交流发言。在自治区学雷锋志愿服务“四个十佳”先进典型推选活动中,获评“最美志愿者”1名,“最佳志愿服务组织”1个,“最美志愿服务社区”2个。打造农民合唱团志愿服务项目,以大战场镇农民合唱团为原型协助拍摄电影《六谷儿》,结合贯彻落实党的二十大精神,创作红歌《总书记怎么说我们就怎么做》,用歌声和音乐表达农村群众对党的感恩之情,抒发对新生活的无限热爱。持续深化周五创城志愿服务活动,先后组织开展46次,全县67家单位2万余人次参与。

【电影放映】 2022年,实施文化惠民工程,提升电影公共服务质量水平,发挥农村公益电影面向基层的宣传阵地作用,为党的二十大和自治区第十三次党代会召开营造氛围。开展2022年“礼赞新时代,奋进新征程”全县农村电影放映活动,放映农村电影1838场次。

(方　婷　田维保)

统战、民族宗教工作

【概况】 中国共产党中宁县委员会统一战线工作部为正科级行政单位,挂“县民族宗教事务局”“县委港澳台工作办公室(县政府港澳台事务办公室)”“县政府侨务办公室”的牌子。分县委统一战线工作部设机关办公室、民主党派无党派港澳台及侨务工作办公室、民族工作办公室、宗教工作办公室4个科室。2022年统战部核定行政编制13名,其中部长1名,副部长4名,实有工作人员12名。中宁县委统一战线工作领导小组办公室设在县委统战部。

【民主党派】 引导各民主党派紧紧围绕县委、政府中心工作履职尽责,开展调研,建言献策,党派成员参与各类协商会议8次,参加各类调研视察10次,反映社情民意信息16条,提交提案39件,立案17件。召开民主党派工作座谈会3次,帮助协调解决工作经费、办公场地设施等困难。各民主党派成员发挥界别优势,在法律宣传、送医送药、关爱妇女儿童、扶困助学、疫情防控等方面开展社会服务13次。“9·20”疫情发生以来,各民主党派成员主动投身疫情防控第一线,捐款11.25万元,捐赠物资价值87.67万元。组织开展无党派人士和自由职业人员申报认定工作,已认定无党派人士39名。开展“喜迎二十大·同心跟党走”“凝聚新力量·筑梦新时代”等主题教育活动。建立新的社会阶层人士统战工作协调机制,加强沟通协调,统筹推进新的社会阶层人士统战工作落实。对全县5家港澳台资企业走访调研4次,了解发展情况,协调解决困难,宣传惠企政策。在端午、中秋等中华民族传统节日,到企业、社区对港澳台同胞及眷属进行慰问。配合做好“台青黄河游”等交流活动,引导港澳台企业、同胞及眷属发挥联通内外的优势,在促进全县招商引资、文化交流等方面发挥作用。加强对民营经济人士的教育培训,不断提升民营经济人士的政治把握能力和参政议政能力。到民营企业和商协会开展走访调研,多次召开民营企业工作座谈会、政银企工作协商会，帮助非公企业解决困难和问题，进一步融洽政企关系，促进民营经济“两个健康”发展。

【民族团结创建】 开展“传承党的百年光辉史基因·铸牢中华民族共同体意识”“讲好民族团结故事·唱响中国共产党好”等主题活动，编创拍摄《一把馓子》等民族团结进步故事、微电影、微视频、专题片、宣传片20余个，宣传民族理论政策、民族团结故事，增强广大干部群众对“三个离不开”“五个认同”的理解。开展“民族团结进步月”活动，组织开展“喜迎二十大，奋进新宁夏，同心跟党走”专场文艺演出、主题演讲比赛等“十个一”主题活动。在县融媒体中心开设《“铸牢中华民族共同体意识”书记说》栏目，邀请25名党委（党组）书记做客演播室谈思路、谈想法、谈举措。依托乡村基层文化阵地建设，打造宁安镇振兴社区、新堡镇吴桥村、鸣沙镇薛营村、徐套乡徐套村、太阳梁乡南塘村等30个铸牢中华民族共同体意识示范村（社区）。在县委党校建设铸牢中华民族共同体意识教育基地，申报创建全区民族团结进步示范单位6个，为创建铸牢中华民族共同体意识示范县奠定基础。推行“互联网＋民族团结进步”，拓展“杞乡儿女一家亲，团结拼搏共圆梦”品牌内涵，树立“石榴籽驿站”“金种子工程”“手牵手企业”“一站式服务”四大民族团结进步品牌，讲好民族团结、守望相助、手足情深好故事，促进各民族交往、交流、交融。

【宗教事务管理】 贯彻落实县乡村宗教事务管理责任落实办法，制定宗教活动场所民主管理等7项制度，落实宗教活动场所疫情防控措施，加强宗教活动场所、宗教人士、宗教活动的规范管理。督促指导宗教界人士落实“三定”学习制度，开展学习100余场次。开展“五进”宗教场所活动，引导宗教教职人员围绕社会主义核心价值观做出符合时代进步要求和健康文明的新阐释，承办中卫市伊斯兰教界“听党话跟党走，喜迎二十大”主题演讲比赛。推进宗教界崇俭戒奢活动，引导宗教界人士自觉践行社会主义核心价值观，弘扬中华优秀传统文化，促进宗教健康传承。疫情期间多次向全县常住寺人员发放生活物资，解决他们生活中的困难。开展疫情防控、安全生产及消防安全排查整治、矛盾纠纷排查化解等工作，整改用电、取暖安全隐患3处，建筑物安全隐患32处，调解矛盾纠纷3起。全县宗教领域形势总体平稳有序。先后召开宗教工作联席会议8次，发放相关材料1万余份，增强广大群众对非法宗教的防范意识，做好全县宗教领域防范渗透破坏工作，维护国家政治安全和社会稳定。

（马梅花　刘小雅　杨晓莉　丁志福）

机构编制

【机构设置调整】 设立中宁县电子商务服务中心，隶属于县商务和投资促进局管理的不定级别公益一类事业单位，核定全额预算事业编制3名，配备主任1名。构建县域紧密型医共体，在县人民医院加挂中宁县医疗健康总院牌子，承担医疗健康总院“五统一”管理等职责，在全县22个卫生医疗服务机构，分别加挂“医疗健康分院”的牌子，构建医疗卫生服务新体系。在县委机要局增挂“密码管理局”的牌子，机要局其他机构编制事项维持不变。在司法局增设1个内设机构“行政复议与应诉室”，将司法局内设机构法制室承担的“行政提议和行政诉讼案件办理”职责调整到行政复议与应诉室，司法局其他机构编制事项维持不变。将县委外事工作委员会办公室从政府办公室统一调整设在县委办公室，政府外事办公室和县委外事工作委员会办公室合署办公，实行一套工作机构、两个机关名称，政府办公室不再挂“政府外事办公室”的牌子。调整理顺县园林管理职责，将县自然资源局下属的县园林管理所机构职能和人员整体转隶县住房和城乡建设局（不定级别事业单位），将市政管理中心部分职责划转县园林管理所行使，核定人员编制7名。

【编制资源配置】 深化“县管校聘”改革试点，优化教师资源配置，重新调整核定全县中小学机构编制，给高中调增92名编制，其中从区编办争取30名周转编制、调整小学和初中的62名编制。配强自然资源执法力量，给县自然资源执法监察大队增加事业编制3名。加强文物保护和考古工作力量，对文化旅游广电局内部事业编制进行调剂，给县文物管理所增加2名全额预算事业编制。贯彻退役士兵安置政策，分别在县工业和信息化局、发展改革局各安置1名退役士兵。加强县委党校师资力量建设，给党校增加1名全额预算事业编制，重新核定党校编制结构比例，推进党校实行参照公务员和专业技术人员“双规制”管理。

【深化重点领域改革】 健全完善国家安全体系，调整划转县委国家安全委员会办公室机构设置和职能职责，设专职副主任1名。完善国防动员体制，调整组建县国防动员办公室，核定专职副主任1名。整合优化应急管理行政执法职能和执法资源，组建中宁县应急管理综合行政执法大队，为县应急管理局所属不定级别全额预算事业单位，实行“局队合一”体制，由县应急管理局统一领导，不再保留中宁县安全生产执法监察大队。

【机关事业单位人员招考】 根据空编情况，配合组织、人社部门补充机关事业单位工作人员，审核招考选调生、公务员（参公管理）49名，事业单位工作人员240名。赋予用人单位自主权，核准中宁县医疗健康总院公开自主招聘备案人员39名、县医院赴外招聘高层次人才5名。

【机关事业单位登记管理】 贯彻执行国务院《事业单位登记管理暂行条例》及其实施细则规定，对15个党政群机关统一社会信用代码证书进行变更登记，为3个事业单位进行设立登记，将46个事业单位的51项事项进行变更登记。对全县146个事业单位法人年度报告书进行审核公示。

【部门权力清单调整】 根据法规变化和部门职责调整情况，会同县司法行政部门，指导县发展和改革局（粮食和物资储备局）、民政局、卫生健康局、市场监督管理局、医疗保障局、交通运输局、应急管理局、水务局等8个部门对各自权力清单进行调整公示，确保政府部门权力清单时效性、准确性、权威性。

（马晓娟）

政研工作

【以文辅政】 根据县委、政府的决策部署和工作意向，围绕事关全县发展大局的政策制定方向，牵头、参与和协助有关部门起草对全县工作具有重要指导作用的政策性文件，参与撰写县委主要领导讲话等材料。完成《自治区第十三次党代会报告精神解读》等系列文件；参与起草《自治区第十三次党代会学习贯彻落实方案》《关于广泛开展习近平总书记视察宁夏重要讲话和重要指示批示精神"大学习、大讨论、大宣传、大实践"活动的实施方案》等文稿20余篇，参与起草《枸杞产业博览会宣传片解说词》《中宁县全域旅游外宣片解说词》等文稿10余篇；指导部门制发《中宁县国有土地枸杞不动产登记确权办法》《中宁县关于农村土地经营权流转试点的工作方案》《中宁县农村产权交易实施方案》《中宁县闲置低效用地批而未供土地处置方案》等文件，推动"六权"改革破难题、补短板、开新局；督促相关部门制定《中宁县人民法院关于民事案件审判流程管理办法》《中宁县全面加强和改进新时代学校体育工作实施方案》《2021年度巩固拓展脱贫攻坚成果同乡村振兴有效衔接考核评估反馈问题整改方案》等文件，推动社会治理和民生领域改革，使改革发展成果更多惠及群众。

【调查研究】 贯彻落实习近平总书记关于大兴调查研究之风的重要指示精神，紧密结合习近平总书记视察宁夏重要讲话指示批示精神"大学习、大讨论、大宣传、大实践"活动，围绕产业发展、乡村振兴、县域经济发展、基层社会治理等问题组织全县大调研，指导各乡镇、部门（单位）开展调研，完成专题调研报告68篇，并汇编成册；针对山林权扩权赋能、自然资源确权等工作，联合自治区党委和区直部门开展调研2次；针对山林权改革等工作，联合中卫市开展调研2次；围绕枸杞产业高质量发展、农村集体经济改革、教育体制改革、国有企业改革等重点领域开展自主调研5次，撰写《重塑结构 培育动能 加速新型工业提档升级高质量发展》等调研报告8篇，为县委科学决策提供有益参考。

【深化改革】 贯彻落实中央、区、市党委全面深化改革委员会会议精神，承担全县深化改革领导小组办公室工作，谋划全县深化改革相关事宜。制发《中共中宁县委全面深化改革委员会2022年工作要点》《争创全区"四权"改革先进县工作实施方案》《关于打造改革开放示范区的实施方案》等改革文件，确定重点改革任务115项。召开深改会4次，召开专项改革推进会14次，提请县委常委会研究改革事项10余项。承担国家级改革试点任务3项，自治区级改革试点任务2项，协同商务和投资促进局等部门，推进2021年国家级电子商务进农村示范项目试点、县域紧密型医共体建设试点、培育全国农业社会化服务创新试点组织、体教融合发展示范县建设、工程建设项目审批制度改革试点任务顺利进行。在自治区深改会上就土地权、山林权改革交流发言1次，在全区"六权"改革推进会上交流发言1次，在全国林草碳汇高峰论坛上交流发言1次。建立常态化督察机制，联合县委督查室组成督查组，对全县12项重点改革任务进行专项督查，指导各涉改牵头部门（单位）按照任务书、时间表、路线图推动改革事项落实落地，根据调研督导情况印发《关于2022年度全县重点改革事项进展情况的督查通报》4 期,促进改革向纵深推进。加强改革宣传工作。印发《中宁政研信息》13 期,向区市改革办和各厅局推送改革动态和调研报告 30 余篇,其中《聚智汇力 提效惠民 推动社会民生事业普增福祉》《踔厉奋发 笃行不息 聚力谱写中宁高质量发展壮丽篇章》《以学习贯彻党的二十大精神为动力 在推动中国式现代化建设中展现中宁作为》3 篇文章被《宁夏工作研究》采用刊发,《聚智汇力 倾心服务 构筑民营经济高质量发展新格局》文章被《共产党人》采用刊发,《注重确权 突出赋能 碳汇林建设构筑沿黄绿色发展新屏障》获“党建引领保障黄河重大国家战略创新案例征集活动”优秀奖,《开市啦!中宁县排污权交易市场迎来首单交易》《专家启智引领中宁县全力推进“互联网 + 教育”深度融合应用》等 20 余篇改革信息刊登在《宁夏日报》和宁夏新闻网等媒体,发挥改革信息在宣传推介、服务决策的作用。

【乡村振兴】 落实牵头帮扶责任,支持原牵头帮扶单位兴渠社区整治环境扶持款 5490 余元;组织干部职工到牵头帮扶的恩和镇河滩村、结对帮扶的大战场镇杞海村开展工作,每月走访帮扶群众 2 次以上,做到因类因人施策,及时监测,全程跟踪,全面掌握。协调有关部门帮助河滩村解决破旧主干道提升改造工作。结合春节等重大节假日,为 19 户帮扶群众发放米、面、油等价值 2000 余元的慰问品,提升群众满意度。

(曹乐乐)

党校工作

【概况】 中共中宁县委党校始建于 1958 年,原校址位于中宁县平安东街,2022 年 2 月迁于 109 复线 160 号,校园占地面积 48.95 亩,建筑面积 15750 平方米。实行中共中卫市委党校中宁分校、中共中宁县委党校、中宁县行政学校“一套人马三块牌子”的管理体制。党校配有校委班子成员 5 名,校长由县委副书记兼任,设常务副校长 1 名(正科级),副科级副校长 2 名。县委党校核编人数 10 人,有干部 10 人,其中大学本科学历 9 人,研究生学历 1 人。党校内设办公室、干部教育培训室、教研室、图书信息中心。

【干部教育培训】 按照全县党员干部教育培训计划和要求,聚焦习近平新时代中国特色社会主义思想、党的十九届六中全会、自治区第十三次党代会精神、党的二十大精神等专题,配合县委组织部举办全市村“两委”乡村振兴主题培训暨农村党员冬季轮训示范培训班、全县领导干部经济业务知识专题培训班、优秀年轻骨干力量综合素质提升培训班、科级领导干部学习贯彻自治区第十三次党代会精神集中轮训示范班等 10 期 1375 人次,与县委统战部、县妇联、县公安局等部门、单位联合举办培训班 8 期 1200 余人次。聘请区、市有关专家和县直部门负责人授课,采取讨论交流、现场观摩教学、观看专题片等形式,取得预期成效。

【基层理论宣讲】 组织教师围绕习近平新时代中国特色社会主义思想、十九届六中全会精神、党的二十大精神、铸牢中华民族共同体意识、自治区第十三次党代会、中卫市第五次党代会精神等专题，精心准备讲稿、课件，到乡镇、部门、企业、社区等开展理论宣讲43场次，参学人数达2900余人次。

【师资素质提升】 安排1名年轻干部到自治区党校（行政学院）跟班学习。选派2名干部参加全市党校系统“喜迎二十大，建功新时代”主题微党课比赛，分别获得三等奖和优秀奖。组织6名教师参加中央党校（国家行政学院）举办的线上师资培训班，进一步提升教师能力素质。

【科研咨政服务】 坚持教学科研与提升办学质量水平紧密结合，做好教学科研、基层调研和咨政服务，聚焦县委、政府重大决策部署、社会热点难点问题，围绕“建设黄河流域生态保护和高质量发展先行区”“自治区第十三次党代会精神”“党的二十大精神”等主题，撰写调研报告、理论文章16篇，向县委报送咨政建言4篇，获县委主要领导批示3篇。

【“三争”工作】 与自治区党校（行政学院）对接，争取党校新校区建设项目资金1500万元，完成目标任务的150%。联合县委统战部争取项目资金近60万元，打造中宁县铸牢中华民族共同体意识教育基地并投入使用，争创区级民族团结进步示范单位。

【办学质量评估】 按照全区党校（行政学院）办学质量评估要求，对照县级办学质量评估9个一级指标、27个二级指标、63个评估要点指标体系，全面开展自评自检，做好评估迎检各项准备工作，获得良好等次。针对办学质量评估反馈的问题，坚持举一反三，建立台账整改，全面提升办学质量和水平。完成整改4项，正在整改8项。

【党校项目建设】 县委党校新校区办公、培训、食宿等各功能设施于2022年5月份全面投入试运行，组织专人对工程建设中存在的消防、设施设备等问题全面自查整改。为迎接自治区第十六次运动会，督促项目设计方、施工方加快进度，推进轮滑训练基地建设，如期交付投入使用。

【基层帮扶】 在全县村“两委”乡村振兴主题培训班次分别邀请自治区农业农村厅、自治区乡村振兴服务局专家就最新政策及相关专业知识进行专题辅导，提升党员干部能力水平。筹措资金1万元支持大战场镇东盛村党员活动室建设，选派1名党员干部到喊叫水乡北沿口村驻村帮扶。组织帮扶干部每月入户走访，落实帮扶措施，巩固帮扶成效。

（李惠芳）

档案管理　史志编纂

【概况】 2019年3月机构改革，中宁县档案局（馆）的行政职能划入县委办公室（县委办公室对外加挂“县档案局”的牌子），将原中宁县党史县志办公室和中宁县档案馆的人员和职责整合，组建中宁县档案馆（挂“中宁县党史县志研究室”的牌子），为县委办公室所属副科级事业单位，不再保留中宁县党史县志办公室，核定编制12名，馆长兼任主任（副科级）1名。内设文书、业务监督指导、技术信息、保管利用服务、党史编纂、地方志和年鉴编撰6个工作岗位。

【档案业务指导】 采取集中整理、上门指导、跟踪服务、电话咨询等方式，监督指导全县各立档单位依法依规留存好、整理好、归集好各类档案资料。指导和督促全县党政机关、企事业单位、乡镇等立档单位做好上年度文件资料的收集、整理、归档工作。指导太阳梁乡、县委办、市场监督管理局、工业和信息化局、交通运输局等12个乡镇、部门（单位）完成文书档案整理970盒。指导党史学习教育办公室、工业园区管委会、余丁乡等7个单位完成党史学习教育档案整理334盒。指导县应对新冠疫情防控工作指挥部办公室的新冠疫情防控档案整理67盒。指导并验收宁夏水投中宁水务有限公司的中宁县河北城乡供水水源工程、中宁县工业园区供水二期工程等7个建设项目工程档案888卷。指导人力资源和社会保障局、自然资源局、住房和城乡建设局、审计局、交通运输局、发展和改革局、民政局、水务局、科学技术局、科协等10个立档单位科学制定机关档案分类方案、合理确定文件材料归档范围、准确划分档案保管期限。截至2022年底，完成全县第一批档案三合一制度推行工作。

【档案接收】 监督指导各立档单位做好照片档案、实物档案、业务档案、民生档案、电子档案收集整理和移交进馆工作，加大到期档案验收审核力度，规范完善档案电子目录，严格按照程序移交接收进馆。2022年，完成县委办、政府办、党史学习教育办、宣传部、水务局、民政局6个部门单位档案接收进馆工作，接收档案937盒17633件，其中民政局婚姻档案135盒3759件。接收乡村振兴服务中心、财政局、人社局、医保局、住建局、民政局、教体局、农业农村局、水务局、卫健局、残联10个单位部门和宁安镇、新堡镇、恩和镇、鸣沙镇、石空镇、大战场镇、白马乡、余丁乡、舟塔乡、太阳梁乡、喊叫水乡、徐套乡12个乡镇的精准扶贫档案3221盒。

【档案统计年报】 通过视频培训、电话咨询等方式，学习了解掌握"全国档案事业统计调查信息管理系统"安装使用，严格按照全国档案事业统计调查制度和统计指标以及填报审核注意事项，完成档案局、档案馆和35个基层档案室的2021年度基本情况统计报表的录入、审核、汇总、上报工作。完成上年度档案统计年报工作。

【档案利用服务】 配合县人力资源和社会保障局完善补充，全县各机关部门、乡镇、教育系统、卫生系统、公安系统的事业干部和工勤人员的个人档案。为全县经济建设、工作查考、工龄核实、史志编撰、工作调动等提供档案查阅利用服务。2022年，接待社会各界档案利用者1020人次，查阅利用档案1600卷（盒），提供各类档案复印件1210件15470页，出具婚姻证明490份。

【档案安全管护】 加强档案实体安全管理，按照"十防"（防火、防水、防光、防潮、防尘、防鼠、防盗、防虫、防高温、防污染）要求，定期更换防虫防霉药，及时通风除湿，定期对档案库房进行安全隐患排查，解决问题，消除隐患。确保档案资料处于安全控制状态。强化档案信息安全保密。及时开展档案安全保密检查，控制档案专用计算机及移动存储设备的安全使用，安装正版软件，配备专门的U盘存储档案信息数据，严防档案信息涉密，严禁随意开放涉密档案，杜绝了档案丢失、损坏、泄密事件发生。

【档案法宣传】 在“6·9”国际档案日宣传活动期间，采取摆放宣传展板、张挂横幅、滚动播放电子显示屏、发放宣传册、咨询讲解等形式，开展档案法等相关法律法规知识宣传。用好新闻媒体、手机短信、公众网络微信平台、报纸杂志，采取集中培训和实地指导相结合的方式，对全县档案管理人员和史志编撰人员进行档案管理、史志编撰等业务知识培训。分散培训人员达到300人。集中组织开展“新修订档案法”“全县档案工作及精准扶贫档案整理归档工作”“6·9”国际档案日、档案业务信创应用系统“十四五”全国档案事业发展规划培训学习班，参训人员达到525人。

【档案信息化建设】 档案鉴定划控开放工作。清查核实馆藏档案数量，对民政局、教育体育局、纪委、人大办、政协办、档案局6个全宗馆藏2103卷22859件档案，逐卷逐件逐页翻阅鉴定划控，并著录档案电子目录22859条，鉴定出开放档案9518件。其中，民政局（1953—2002年）620卷，著录电子目录5293条，开放档案1418件；教体局（1951—2004年）490卷，著录档案电子目录7045条，开放档案3084件；纪委（1950—2001年）213卷，著录档案电子目录3194条，开放档案534件；人大办（1980—2002年）461卷，著录档案电子目录4515条，开放档案2902件；政协办（1962—2000年）194卷，著录档案电子目录1765条，开放档案959件；档案局（1959—2002年）125卷，著录档案电子目录1047条，开放档案621件。完成“两类档案”数字化加工工作。集中人力、物力分7批次对乡村振兴服务中心、财政局、人社局、医保局、大战场镇、太阳梁乡等23个单位的形成精准扶贫档案和县应对新冠疫情防控工作指挥部办公室形成的新冠疫情防控档案进行数字化加工。全文扫描数字化档案4586盒38806件（其中，精准扶贫档案4367盒34253件，新冠疫情防控档案219盒4553件）。推动数字档案馆建设工作。根据全区档案信息资源“馆际共享”和档案业务信创业务系统（数字档案室及电子档案接收系统）配置管理和操作使用的要求，结合全县档案信息化建设严重滞后现状，组织人员先后到自治区、银川市、灵武市、中卫市等档案馆，通过实地观摩学习、咨询请教6家有一定实力和资质的负责信息化建设公司，形成《中宁县数字档案馆（局域网）项目建设实施方案》，提请县政府常务会议研究。

【年鉴编修】 完成《中宁年鉴2022》的编修。完成字数60万余字，征集图片300余幅。在封面设计、内文的编排和版式的设计上力求丰富和变化，逐年改进，精益求精。突出年度特色，把2022年中最具特色的新成就、新情况、新发展、新事物记录下来。根据工作需要，不断完善篇目，充实内容。区市年鉴资料完成文字1万字，征选图片50余幅，报送区、市年鉴编委会。

【地方志宣传】 开展“5·18”地方志宣传日系列活动。联合县文化广播电视局在华宝枸杞产业有限公司举办华宝杯“杞乡情·山水行”——“5·18”国际博物日、“5·18”地方志日宣传活动。活动期间中宁县档案馆向华宝枸杞公司、文物管理所、各参加单位捐赠《中宁县志》《中宁史话》《中宁年鉴》等反映中宁县情、地情的志鉴书籍约100册，发放《地方志工作条例》宣传册约200余本。制作宣传横幅4条。

【党史工作】 党史基本著作资料收集。完成《中国共产党中宁历史大事记(2015—2021年)资料整理工作。对每一年度大事记进行整理收集。完成编写《中宁红色印记》党史书籍。启动编写《中宁红色印记》党史书籍,全书由前言、红色历程编、红色故事编、红色回忆编、红色遗址编、红色人物编5编18章及附录、后记组成,约22万字。《中宁红色印记》已出版印刷发放到全县各单位。按照自治区党史研究室关于《宁夏脱贫攻坚口述实录编辑工作实施方案》文件要求,搜集、整理脱贫攻坚资料,做好中宁县脱贫攻坚口述史编写工作。上报自治区党史研究室脱贫攻坚口述史个人资料5人,上报中卫市党史研究室脱贫攻坚口述史资料5人。

【党史宣传】 利用开展党史学习教育,配合县委组织部、县委宣传部、党校在全县党员干部中开展庆祝活动。利用清明节,与县委宣传部、团委等部门联合,组织党员干部及学生,到革命烈士纪念碑及李吉武烈士纪念亭进行扫墓,对党员干部及学生进行爱国主义教育。把党史的宣传教育与基层党员教育、干部培训工作结合起来,利用七一和冬季党员轮训班对党员干部进行党史宣讲。

(殷学贤　胡桂兰)

网络安全与信息化

【概况】 中宁县委网络安全和信息化委员会办公室,为县委工作部门,挂"中宁县互联网信息办公室"的牌子。核定行政编制5名,实有人员5名,其中主任1名(兼互联网信息办公室主任)、副主任2名(1名兼互联网信息办公室副主任)。中宁县委网络安全和信息化委员会办公室下设副科级事业单位——中宁县网络安全和舆情监测中心,核定事业编制9名,实有人员7名,其中副科级主任1名,工作人员6名,空编2人。

【网络宣传】 坚持以党的二十大精神作为贯穿全年网上宣传的主题主线,围绕县域57个政务新媒体平台形成网络传播矩阵,策划开展"宁聚正能量""喜迎二十大""二十大时光"等网络主题宣传活动,开设"二十大时光"专栏,做好权威媒体稿件推送工作,刊发转载党的二十大新闻稿件200余篇。承接中央、区委、市委网信办主题宣传活动,外媒记者、区市新闻媒体记者及网络达人走进中宁,近距离宣传中宁枸杞产业、旅游产业蓬勃发展的良好态势,感受中宁独特的资源禀赋,带动中宁经济发展,通过网络媒体发布关于宣传中宁的新闻稿件100余篇。

【网络安全周宣传】 制定《2022年中宁县网络安全宣传周活动方案》,组织网信委成员单位及主题日责任单位参加2022年中宁县网络安全宣传周启动仪式,开展以"网络安全为人民,网络安全靠人民"为主题的网络安全宣传活动,增强群众的网络安全意识。以校园日、电信日、法制日、金融日、青少年日、个人信息保护日活动为契机,各主责单位开展各具特色的网络安全宣传活动,采取宣讲、授课、培训、知识竞赛等形式,提升全民网络安全意识和防范能力。各单位组织干部职工观看"网络安全专家谈"及网络安全应急处置培训网络直播,提升网络安全风险防范意识和应急处置能力。各社区开展迎中秋网络安全公益服务活动,邀请网警讲解网络安全知识,增强老年人防范网络诈骗意识。

【网络舆情应对处置】 每季度召开意识形态和网络意识形态风险研判会，通报网上需要重点防范的风险。制定印发《中宁县网络舆情应对应急处置预案（试行）》，加强涉中宁网络舆情的监测、引导、处置，上报《舆情专报》16期，完成市委网信办转办舆情15起，交办涉舆乡镇、部门处置网络舆情309起，其中涉疫情网络舆情242起，妥善处置志愿者在微信群谩骂群众、"'领导'送来高配物资"等涉疫网络舆情，避免舆情事件外溢炒作的风险。"9·20"突发疫情，每天梳理民生诉求、物资保供等方面网络舆情信息，向前线指挥中心呈报《舆情专报》21期，提供合理化建议40余条。走好网上群众路线，主动回应网民关切，做好转办、回应等工作，解决人民群众急难愁盼的操心事、烦心事、揪心事30余件，赢得中宁网民点赞好评。

【网络安全监管】 开展网络安全检查2次，督促3个部门、单位整改重要信息系统隐患30余个，修补各类漏洞325个，发放《网络安全限期整改通知书》15份，全程跟踪化解风险、整改隐患、修复漏洞，提升安全等级，提升网络安全防护能力。发出《网络安全风险提示函》8期，各乡镇、部门（单位）开展网络安全风险排查化解工作，防范弱口令、信息安全等风险。指导安装火绒安全软件，处置计算机感染木马且与境外恶意服务器通联事件16起，整改服务平台系统弱口令风险3个。每月开展一次网上信息内容巡查，督促整改表述错误信息35条，清理问题信息22条，整治标题党微信公众号1个，批评教育网络主播6名，处罚违规抖音账号停止内容更新3天，整改涉赌网站1家，关停涉赌网站2家，封禁非法传教账号2个。开展"清朗·打击网络谣言和虚假信息专项行动"，治理"中宁要封城"谣言，指导涉事企业公开发布"吃方便面罚款"事件情况，发动网宣员权威转发辟谣信息，共同营造清朗网络空间。联合公安局核查危害网络生态不良账号20个，清理负面有害信息20条，举报删除不良信息作品40个，报请上级网信部门管控不良信息作品16个。

【电子政务外网建设与服务】 建成建全覆盖县、乡、村三级电子政务外网，双平面互为备份、融合统一的电子政务外网，完善中宁县电子政务外网运维和服务考核方案，建立互联网统一出口，实现互联网规范接入和安全管控，92家机关事业单位、21个社区、136个行政村、172家医疗卫生机构全部接入电子政务外网，接入率100%。重要行业部门及重点场所政务外网使用单位安装网络安全防火墙，合理配置安全策略，加强政务外网局域网边界防护，实现政务外网与互联网及其他信息网络间逻辑隔离，提升中宁县电子政务外网网络安全防护能力。

（李　荣）

巡视巡察

【概况】 中共中宁县委员会巡察工作领导小组办公室成立于2018年2月，为县委巡察工作领导小组日常办事机构，列入中宁县委机构序列，机构规格为正科，设在中宁县纪律检查委员会。核定行政编制9名，其中主任1名（兼县纪委监委常委）、副主任1名、巡察组副组长

2名和工作人员5名。有行政人员8名(领导3名、工作人员5名)。中宁县委巡察办下设不定等级事业单位巡察信息中心,核定事业编制5名,有工作人员2名。

【巡察工作】 2022年,制订十五届县委巡察工作五年规划和年度计划,为全县巡察工作画好“路线图”“施工图”。修订完善巡察与审计监督联动工作办法等4项制度,建立健全巡察“组长库”60人、“人才库”186人。按照市委统一部署,第一轮巡察中宁县交叉至海原巡察,撰写的海原县三河镇巡察报告被区巡视办表扬。先后选派1人参加十三届自治区党委第一轮巡视、2人参加自治区巡视办对石嘴山市巡察工作的指导督导、2人参加中卫市巡察工作指导督导,其中2人分别被区巡视办、市巡察办通报表扬。坚守政治巡察定位,对6个乡镇、6个部门(单位)开展3轮常规巡察,延伸巡察60个村(社区)党组织,同步开展意识形态工作责任制落实情况专项检查,发现问题229个,移交问题线索8件。压实被巡察党组织整改主体责任、纪检监察机关和组织部门日常监督责任。开展涉粮问题专项巡察“回访督查”,推动全面整改4个方面13个问题。十五届县委第一轮、第二轮向6个被巡察党组织反馈问题229个,已完成整改212个,整改率92.6%,促使各单位健全完善制度29项。

(陈婧焱)

中宁县人民代表大会常务委员会

综　述

【视察调研】　对县十八届人大一次会议以来的1件议案、32件重点督办建议、10件民生计划、7件半年联系走访代表收集的意见建议进行视察，立足让代表满意、让群众受益，坚持集中交办和即提即交相结合，完善代表议案建议交办、督办机制，增强议案建议办理实效。对全县重点项目建设、全域旅游示范县创建、压砂地退出种植和生态修复、矿产资源开发利用管控、义务教育阶段“双减”等工作进行调研，组织人大代表、从业人员等到泾源县、西夏区、青铜峡市等地学习考察，借鉴成功经验，听取和审议县人民政府专项工作报告，开展会议询问，进行满意度测评，提出意见建议，制发审议意见，督促和支持县人民政府及相关部门增补工作措施，加大工作力度，推动全县重点工作和人民群众关注的热点难点问题的解决，推动全县经济社会高质量发展。对县人民法院执行工作和县人民检察院刑事诉讼监督工作进行调研，听取专项工作报告，督促司法机关严格依法履职、公正司法，为全县经济社会高质量发展营造良好的司法环境。

【执法检查】　对《中华人民共和国就业促进法》《宁夏回族自治区创业与就业促进条例》贯彻执行情况进行执法检查，收集人大代表和人民群众的意见建议，督促县人民政府进一步用好就业促进政策和扶持政策，引导带动就业，大力稳企业稳就业，促进全县就业形势行稳致远。对《中华人民共和国水污染防治法》《宁夏回族自治区水污染防治条例》进行执法检查，结合听取和审议县人民政府关于2022年度环境状况和环保目标完成情况的报告，督促县人民政府增强水污染防治意识，最大程度降低生产污水排放量，加快实施水生态修复工程，提升执法监管水平，推动全县水环境质量持续改善。配合自治区人大常委会进行《宁夏回族自治区枸杞产业促进条例》立法调研，配合中卫市人大常委会进行行政复议体制改革工作调研等，抓好督促整改和跟踪问效，确保法律法规在本行政区域内的正确贯彻实施。

【重点领域监督】 学习借鉴全国人大和自治区、中卫市人大的做法，首次听取县监察委员会廉政教育工作报告。听取和审议县人民政府关于2022年以来国民经济和社会发展计划执行情况、关于国有资产管理情况报告。听取和审议县人民政府关于2021年度财政决算（草案）和2022年预算执行情况的报告、审计工作报告，审查和批准2021年财政决算和2022年预算调整方案。落实人大预算审查监督重点向支出预算和政策拓宽制度，推进人大预算联网监督系统建设。对县人民政府报备的《中宁县农业水价综合改革精准补贴及节水奖励办法（试行）》等10件规范性文件进行备案审查，坚持"有件必备，有备必审，有错必纠"，维护法治统一。落实县级领导包抓化解信访案件、信访接待日等制度，健全完善信访受理、批转、督办工作机制，全年接待和受理群众来信来访17件（次），交办信访事项7件，促使群众反映的信访问题得到化解。

【重大事项决定】 对标中央环保督察组反馈的中宁北山生态环境破坏问题，在全区首次以县级人大常委会作出《关于加强矿产资源开发管控 切实保护生态环境的决定》，既发挥人大依法决定重大事项的职能作用，又为全县加强矿产资源开发管控和治理修复提供有力支持。《决定》出台后，坚持每季度进行落实情况的督查，助推整改工作的推进落实。

【指导乡镇人大】 邀请乡镇人大主席列席县人大常委会会议，参加视察调研、执法检查活动，开展乡镇人大主席团成员法律法规等知识的学习培训。搭建代表履职平台，将全县四级人大代表混合编组，成立12个代表小组，以小组为单位定期开展代表活动。支持乡镇人大开展视察、检查和评议办（中心）等活动。

【人事任免】 按照县委人事安排，全年依法任免国家机关工作人员76人次，所有被任命人员任命前均进行法律知识考试、供职承诺，任命后颁发任命书并向宪法进行庄严宣誓。

【工作评议】 从6月到年底，组织对县卫生健康局、县公安局进行为期半年的工作评议，创新评议办法，坚持问题导向，优化专题询问、满意度测评、整改落实"回头看"等举措，打好评议组合拳，将结果性评议转化为全过程评议，以点带面，督促政府及其组成部门持续改进工作，不断提升服务水平。

【制度修订】 修订完善常委会会议事规则、评议办法等17项制度，保证人民群众的知情权、参与权、表达权、监督权落实到人大工作各方面各环节全过程。将每季度末月倒数第二周某一天定为代表接待日，组织代表轮流听取和反映人民群众诉求，开展代表向选民述职活动，自觉接受选民监督。

（张　磊）

人民代表大会

【县第十八届人民代表大会第二次会议】 2022年12月20—22日召开，出席会议代表159

人。会议听取和审议县人民政府工作报告；听取和审议县人民政府关于县十八届人大一次会议以来代表议案、建议意见办理情况的报告；审查和批准中宁县2022年国民经济和社会发展计划执行情况与2023年国民经济和社会发展计划（草案）的报告；批准中宁县2023年国民经济和社会发展计划；审查和批准中宁县2022年财政预算执行情况和2023年财政预算（草案）的报告；批准中宁县2023年财政预算；审查和批准中宁县2022年民生计划执行情况和2023年民生计划（草案）的报告；批准中宁县2023年民生计划；听取和审议县人大常委会工作报告；听取和审议县人民法院工作报告；听取和审议县人民检察院工作报告。做出关于政府工作报告的决议，关于县十八届人大一次会议以来代表议案建议和意见办理情况报告的决议，关于中宁县2022年国民经济和社会发展计划执行情况与2023年国民经济和社会发展计划的决议，关于中宁县2022年财政预算执行情况与2023年财政预算的决议，关于2022年民生计划办理情况与2023年民生计划的决议，关于县人大常委会工作报告的决议，关于县人民法院工作报告的决议，关于县人民检察院工作报告的决议。审查确定本次大会代表议案1件，重点督办代表意见建议41件。

（张　磊）

人大常委会会议

【概况】 2022年召开常委会会议6次，并根据常委会会议的需要召开主任会议15次。常委会会议全年听取和审议“一府一委两院”专项工作报告21项，依法做出决议决定30件，形成审议意见11份、评议意见2份。

【县十八届人大常委会第二次会议】 2022年2月18日召开。会议审议通过中宁县人大常委会2022年工作要点（草案）；审议有关人事任免议案，决定免去张志刚的县人民政府副县长职务、卢俊福的县人民政府副县长职务、张志涛的县监察委员会委员职务、田芳的县人民法院石空法庭庭长职务。决定任命彭小沛为县人民政府副县长、杨宝翟为县人民政府副县长、杜跃华为县监察委员会委员、田芳为县人民法院刑事审判庭庭长、王虎刚为县人民法院执行二庭庭长。县人大常委会主任、副主任及委员27人出席会议。

【县十八届人大常委会第三次会议】 2022年3月31日召开。会议传达学习十三届全国人大五次会议精神；听取和审议县监察委员会关于廉政教育工作情况的报告；听取和审议县人民法院关于执行工作情况的报告；审议县人民政府关于审议批准2021年地方政府债务限额的议案。县人大常委会主任、副主任及委员27人出席会议。

【县十八届人大常委会第四次会议】 2022年6月20日召开。会议传达学习习近平总书记视察宁夏重要讲话精神；传达学习自治区第十三次党代会精神；审议通过《中宁县人民代表大会常务委员会工作评议办法（修正草案）》；听取和审议县人民政府关于全县全域旅游示范县创建工作情况的报告；听取和审议县人民政府关于全县开展压砂地退出种植和生态修复工作情况的报告；审议有关人事任免议案，决定接受张龙辞去中卫市第五届人民代表大会代表职务，报中卫市人大常委会备案。决定免去王斌的县人大常委会财政经济工作委员会主任职务。决定任命王斌为县人大常委会人事代表选举工作委员会主任，刘宁远为县第十八届人大常委会代表资格审查委员会主任委员，王斌为县第十八届人大常委会代表资格审查委员会副主任委员，王晓刚、孔刚、东志波、光胥桦、耿丹为县第十八届人大常委会代表资格审查委员会委员，贾利君、田筱越、苗凯凯、刘祥为县人民检察院检察员。县人大常委会主任、副主任及委员26人出席会议。

【县十八届人大常委会第五次会议】 2022年8月8日召开。会议审议通过中宁县人民代表大会常务委员会议事规则(修正草案)；审议通过中宁县人民代表大会常务委员会组成人员守则(修正草案)；听取和审议县人民政府关于2022年以来全县国民经济和社会发展计划执行情况的报告；听取和审议县人民政府关于2022年以来财政预算执行情况的报告；听取和审议县人民政府关于2021年度县本级预算执行和其他财政收支情况的审计工作报告；听取和审议县人民政府关于2021年度财政决算(草案)情况的报告；审查和批准2021年财政决算；听取和审议县人大常委会执法检查组关于检查《中华人民共和国就业促进法》《宁夏回族自治区创业与就业促进条例》贯彻执行情况的报告；听取和审议县人民政府关于县十八届人大一次会议议案和2022年民生计划办理落实进展情况的报告；审议有关人事任免议案，决定接受东志波辞去县第十八届人民代表大会常务委员会委员职务，报县第十八届人民代表大会第二次会议备案。决定免去东志波的县第十八届人大常委会代表资格审查委员会委员职务，孙靖的县应急管理局局长职务，张海玲的县科学技术局局长职务，苏军平的县监察委员会副主任职务，魏向明的县监察委员会委员职务，魏民贤的县人民法院喊叫水法庭庭长、审判员职务，梁文涛的县人民法院执行一庭庭长、审判员职务，董占河的县人民法院审判员职务，沈楠的县人民法院审判员职务。决定任命王艳萍为县人大常委会财政经济工作委员会主任，苏军平为县应急管理局局长，王峰为县科学技术局局长，杨梅为县监察委员会委员，魏小翠为县人民法院执行一庭庭长。县人大常委会主任、副主任及委员24人出席会议。

【县十八届人大常委会第六次会议】 2022年11月25日召开。会议传达学习党的二十大精神；听取和审议县人民政府关于2022年环境状况和环境保护目标完成情况的报告；听取和审议县人民政府关于国有资产管理情况的报告；审议县人民政府关于审议批准中宁县2022年县本级预算调整方案(第一批)的议案；听取和审议县人民政府关于2021年度县本级预算执行和其他财政收支审计查出问题整改情况的报告；听取和审议县人大常委会法制工作委员会关于2022年规范性文件备案审查工作情况的报告；听取和审议县人大常委会执法检查组关于检查《中华人民共和国水污染防治法》《宁夏回族自治区水污染防治条例》贯彻执行情况的报告；听取和审议县人民政府关于县十八届人大一次会议议案和2022年民生计划办理落实完成情况的报告；听取和审议县人民政府关于全县重点项目建设情况的报告;听取和审议县人民政府关于全县义务教育阶段“双减”工作情况的报告;听取和审议县人民政府关于矿产资源开发利用管控工作情况的报告;听取和审议县人民检察院关于刑事诉讼监督工作情况的报告;听取和审议县公安局评议反馈问题整改落实情况的报告并对公安局进行工作评议;听取和审议县卫生健康局评议反馈问题整改落实情况的报告并对卫生健康局进行工作评议。审议有关人事任免议案,决定免去贺伟龙的县人民政府副县长职务、康玲的县人民政府副县长职务、贺森的县人民法院审判委员会委员职务;决定任命王子湄为县人民政府副县长,魏向明为县监察委员会副主任,顾学文为县人民法院审判委员会委员,陈生华为县人民检察院检察员、检查委员会委员、副检察长,冯显耀为县人民检察院检察委员会委员,苗凯凯为县人民检察院检察委员会委员,沈楠为县人民检察院检察员。县人大常委会主任、副主任及委员22人出席会议。

【县十八届人大常委会第七次会议】 2022年12月9日召开。会议审议县人民政府关于审议批准中宁县2022年县本级预算调整方案(第二批)的议案;听取中宁县第十八届人民代表大会常务委员会代表资格审查委员会关于个别代表的代表资格的报告;通过关于表彰2022年度先进代表小组和优秀县人大代表的决定;审议县人大常委会主任会议关于提请召开县第十八届人民代表大会第二次会议的议案;审议县第十八届人民代表大会第二次会议各项建议名单及会议有关文件、办法(草案);审议县人大常委会工作报告(审议稿);审议有关人事任免议案,决定接受万富春辞去中卫市第五届人民代表大会代表职务,报中卫市人大常委会备案。决定免去李玮的县人民法院长山头法庭庭长职务,免去张少红的县人民法院审判员职务。决定任命李玮为县人民法院石空法庭庭长,朱宁为县人民法院长山头法庭庭长。补选于建文、刘宁远、刘淑梅、李伟善、吴金玲为中卫市第五届人民代表大会代表。县人大常委会主任、副主任及委员20人出席会议。

(张　磊)

工作委员会工作

【财政经济工作委员会】 2022年,组织对全县重点项目建设情况、压砂地退出种植和生态修复工作情况、矿产资源开发利用管控工作情况进行调研;组织初审2021年度财政决算(草案)、2022年以来财政预算执行情况的报告、2022年第一批第二批预算调整方案、2021年度县本级财政预算执行和其他财政收支情况的审计工作报告、2022年以来全县国民经济和社会发展计划执行情况的报告、2021年度县本级财政预算执行及其他财政收支审计查出问题整改情况的报告、2022年度环境状况和环保目标完成情况的报告、国有资产管理情况的报告;推进人大预算联网监督系统建设,跟踪监督审计查出问题的整改和常委会有关审议意见的落实。

【法制工作委员会】 2022年,组织对县人民法院执行工作情况、县人民检察院刑事诉讼监督工作情况进行调研;组织对《中华人民共和国水污染防治法》《宁夏回族自治区水污染防治条例》进行执法检查；组织初审县监察委员会廉政教育工作情况报告；组织对县公安局开展工作评议；组织对县人民政府报备的《中宁县农业水价综合改革精准补贴及节水奖励办法（试行）》等10件规范性文件进行备案审查的初审，协调联系常委会其他对口工作委员会进行备案审查工作；接待和受理群众来信来访17件（次），转办7件（次）；对常委会会议上有关报告审议意见、评议意见落实情况进行对口督办。

【教科文卫工作委员会】 2022年，组织对县人民政府关于县十八届人大一次会议议案和2022年民生计划办理情况进行视察；组织对全县义务教育阶段“双减”工作情况、全域旅游示范县创建工作情况进行调研；组织对县卫生健康局开展工作评议；对常委会会议上有关报告审议意见落实情况进行对口督办。

【人事代表选举工作委员会】 2022年，组织对《中华人民共和国就业促进法》《宁夏回族自治区创业与就业促进条例》进行执法检查；组织对县十八届人大一次会议以来的32件重点督办代表建议意见办理情况进行跟踪检查；组织对220名县人大代表进行初任培训；组织开展半年联系走访代表活动，征求和梳理代表对全县经济社会高质量发展和影响群众生产生活突出问题的意见建议；指导各乡镇人大主席团、各代表小组做好县十八届人大二次会议议案，代表意见建议的收集整理工作；组织评选2022年度先进代表小组和优秀县人大代表。

（张　磊）

人大常委会办公室工作

【办文办会】 2022年，办公室为5次人代会（自治区2次、中卫市2次、中宁县1次）、6次常委会会议、15次主任会议提供优质服务保障，从会前筹备，会中服务，到会后总结，做了大量细致工作，确保各类会议进行；起草常委会2022年度工作要点和监督计划，历次会议通知，历次常委会会议纪要，历次会议和活动所需的各类文稿、讲话材料以及日常报送各单位的计划、总结、汇报等各类材料300余份。

【综合协调】 为常委会各工作委员会12次视察调研、执法检查、工作评议活动做联系协调、车辆安排等后勤工作，帮助或协助各工作委员会起草各类履职活动的实施方案、通知、调研报告、审议意见等，保障常委会监督工作落实。接待区、市及外省市、县人大常委会的调研和观摩学习等活动10次，做好对接准备、联系沟通服务等工作。完成公文发送、传阅、归档等工作，全年收发、办理各类文件3000余份，做好各类文件、会议精神的上传下达工作。

【疫情防控】 “9·20”突发疫情期间，安排机关所有家住低风险小区的工作人员投身疫情防控主战场，到包抓的宁安一小小区、国税南北楼小区、农机小区2栋楼、老南街食品小区4个小区开展疫情防控工作，做好值班值守、喷洒消杀、上门服务等工作。号召全县890余名人大代表发挥职业优势、行业优势、资源优势，参与疫情防控，捐款捐物，开展志愿服务。

（张　磊）

中宁县人民政府

综　述

【工业经济】 2022年，中宁县积极引导冶金、建材等传统产业实施“四大改造”，推动天元建材水泥熟料生产线节能和环保技改、锦腾炭素公司达产增效技改项目等20个。重点实施了天元100万吨高纯硫酸锰、中晶半导体年产1000吨半导体级单晶硅棒、宁创30万吨再生铝、铭岛年产6万吨罐盖拉环料电池壳料、今飞年产30万件大巴轮等项目，推动新材料产业上下游进一步延伸。引进实施全钒液流电池储能制备制造等项目，新能源装备制造产业雏形初步形成。伟力得全钒液流电池装备制造项目和瀛海天祥5000吨/天二代水泥熟料生产线技术升级改造配套纯低温余热发电系统项目进展顺利，中晶半导体年产1000吨半导体单晶硅棒技改项目已建成投产。工业园区成功创建国家级知识产权强国建设试点园区、国家级绿色园区、自治区双创示范基地。

【现代农业】 2022年，全县奶牛存栏4.5万头，肉牛、肉羊、生猪、家禽饲养量分别达到12.5万头、76.7万只、17万头、110万只。肉、蛋、奶产量分别达到1.75万吨、0.28万吨和17.5万吨。申报“一村一品”示范村1个，遴选确定2022年新建冷藏保鲜设施17座26个。新规范流转土地1.5万亩，总面积达35.5万亩，通过土地流转获得财产性收入2.1亿元。依托农村生活污水治理项目实施，顺利完成1个国控黑臭水体、2个区控黑臭水体治理工作。建设垃圾填埋场15处、垃圾中转站7座，建成并投入运行37个垃圾分拣点，日均收集清运生活垃圾210吨，农村生活垃圾治理率达100%，处理率达95%，打造人居环境整治示范村12个、提升村27个，获评创建全区农村生活垃圾分类和资源化利用一级示范县。成功举办第五届枸杞产业博览会，区域品牌价值升至191.88亿元，综合产值突破120亿元。

【第三产业】 2022年,开展“云购杞乡·乐享年味”2022中宁网上年货节、“甄选好物 品质生活”双品网购节、第五届杞博会供销对接会暨直播带货大赛、“云上杞乡” 电商直播活动等各类电商节会,销售额共计7632.5万元。依托中宁快递物流分拨中心,整合多家快递企业,逐步实现统仓共配,进一步提速降本增效。全县电子商务交易额120亿元,同比增长10%。网络零售额48亿元,同比增长8%。农产品网络零售额26.62亿元,同比增长29.68%。全县网商总数达3886家,电商带动就业1.23万人。打造国家3A级旅游景区1个,自治区级旅游度假区、特色旅游村2个,黄羊村入选“中国美丽休闲乡村”,丰安屯旅游度假区入列“国家级森林康养试点建设基地”,全县接待游客96.4万余人次。

【城乡建设】 2022年,高标准、高质量完成红苑小区等47个老旧小区改造,惠及居民3013户。实施建设富民创业街小游园等独具特色的口袋公园1处,实施小团结路特色商业街工程项目,已进入基础改造阶段。统筹实施雨污分流及污水提质增效项目4个,更新改造12条道路及管网共计15公里。处理电缆故障268处,维修街道、广场灯具2987盏、路灯配电柜236台次,城市亮灯率达到98%以上。开展农村人居环境整治,排查整治改造115户住房安全保障方面七类109个问题,新(改)造卫生厕所4700余座,新(改)建农村公路58.6公里,实施大战场等6个乡镇道路生命安全防护工程32公里。开工建设鸣沙等垃圾中转站3座,农村生活垃圾治理率、无害化处理率、分类和资源化覆盖面分别达到100%、95%、30%,成功创建全区农村生活垃圾分类和资源化利用一级示范县。

【生态文明建设】 2022年,制定印发《中宁县排污权有偿使用和改革实施方案》,完成了65家企业初始排污权、3家新增排污权、56家政府储备排污权确权工作。及时公开水源地、出厂水、管网水质信息11条,完成《中宁县农业用水权确权成果报告》,完成12个乡镇、3个林场、2个农场、1个良繁场和8家企事业单位农业用水确权。2022年共争取项目资金11235万元,2021年度农村生活污水处理项目已完成建设并组织竣工验收;中宁县第一、二污水处理厂再生水利用系统工程完成项目招投标,施工单位已进场建设,该项目建成后,中宁县农村生活污水治理率可提升至37%;中宁县第一、第三污水处理厂污泥深度脱水项目已完成设备安装并投入运行;工业园区地下水土壤监测项目已完成枯水期样品取样、报告编制,完成前期调查、资料收集。

【民计民生】 2022年,中宁县城镇居民人均可支配收入15055.5元,同比增长2.8%,其中工资性收入10979.2元、财产净收入460.8元、转移净收入2151.8元、经营净收入1463.8元,同比分别增长6%、11.2%、3.9%和下降18.8%。城镇新增就业5113人,失业人员再就业2095人,农村劳动力转移就业72167人,实现工资收入10.8亿元。举办各类重点群体技能培训班34个,培训1695人。举办创业培训班10期330人,培育创业实体945家,创造新就业岗位1098个,带动就业2648人。推荐上报自治区青年拔尖人才8人,申报自治区特聘专家4人、“中卫英才”4人、“西部之光”访问学者1人。推荐申报专家服务基层助推乡村振兴活动项目6个、骨干人才培养培训项目3个、自治区高级技能人才培训基地1个、“人才小高地”4个、国家级技能大师工作室1个、新设博士后科研工作站1个，人才发展载体建设不断丰富。

【乡村振兴】 2022年新增监测对象80户333人，全县累计识别纳入“三类监测对象”637户2158人，“三类监测对象”消除风险442户1389人。全县整户低保对象2316人，纳入监测997人，新增低保764人。控辍保学持续做到动态清零、动态保障，对全县280名困难学生、400名留守儿童进行摸排走访和精准帮扶。学前教育“一免一补”共补助1062人127.44万元，困难学生补助7133人222.1万元、发放国家助学金184.7万元、“雨露计划”补助112.8万元、为924名大学新生发放“燕宝基金”369.3万元。统筹发挥基本医疗保险、大病保险、医疗救助“三重保障”制度作用，“三类”监测对象基本医疗保险参保率和家庭医生签约率均达到100%。2022年整合各类资金共2.625亿元，实施项目67个，产业类项目占比达到57%以上。建成喊叫水乡、徐套乡2个5000头肉牛养殖基地。实施2.8万亩高效节水项目，脱贫地区经济作物种植规模达到17.8万亩，建成蔬菜集约化育苗中心1个、蔬菜绿色标准园2个，农业科技示范核心区2个200亩，硒砂瓜良种繁育基地80亩。

【改革创新】 2022年，“帮帮您”政务服务品牌获评全区法治政府建设示范项目，创新优化基层服务试点改革经验在全区推广。解决企业融资需求6.5亿元，争取各类奖补资金9577.4万元，新增减税降费8.98亿元。扎实推进“六权改革”，打造全区首家“六权”改革交易暨农村产权交易专区，完成用水权确权，86家工业用水企业全部颁证，农业水费平均降幅超过30%；核定初始、新增、可交易排污权和政府储备权，开出排污权交易首单；稳妥推进林地确权登记，完成枸杞类不动产颁证49本5000余亩。认定国家高新技术企业6家、自治区农业高新技术企业2家、小巨人企业2家，培育自治区“专精特新”中小企业3家、技术创新中心6家。隆基硅智能装料系统开发等8个研发项目入列自治区重点科研项目库，中宁枸杞科研成果荣登国际权威期刊(营养前沿)。申报科技项目130个，争取项目资金3450.44万元，完成上年度全社会R&D经费归集1.08亿元，同比增长11.34%。全县实现进出口总额24亿元，同比增长18.7%。与韩国忠清南道青阳郡建立友好县郡关系，成为全区首个与国外县郡建立友好关系的县级城市。

（祝　福）

重要会议

【第四次政府常务会议】 2022年1月6日，县长周永根主持召开会议。会议传达学习《中华人民共和国矿产资源法》、国家主席习近平2022年新年贺词、中央经济工作会议、自治区党委经济工作会议精神、中央农村工作会议精神，陈润儿在奶产业高质量发展现场会上的讲话精神，中共中央办公厅、国务院办公厅印发《关于更加有效发挥统计监督职能作用的意见》，自治区统计局关于深入学习贯彻落实《关于更加有效发挥统计监督职能作用的意见》的通知精神，李克强总理在市场监管总局考察并主持召开发展壮大市场主体工作座谈会时的讲话精神。听取第二轮中央生态环境保护督察转办件办理工作情况汇报，安排部署有关工作。审议《中宁县春节慰问实施方案（送审稿）》《关于中央第四生态环境保护督察组通报中宁北部山区非法开采有关问题的整改方案（送审稿）》《中宁县矿山资源开采突出问题排查整治实施方案（送审稿）》《中宁县平塘湖沟白土岗子石料厂等3个矿区修复治理方案（送审稿）》《关于深入推进“四大提升行动”的工作措施（送审稿）》《中宁县关于推动能源转型发展建设新能源产业综合示范县实施方案（送审稿）》《中宁县人民政府与中国三峡新能源（集团）股份公司宁夏分公司合作框架协议》《2022年中宁县推进枸杞产业高质量发展扶持政策（送审稿）》《中宁县行政中心机关餐厅接待管理制度（修订稿）》《中宁县银行机构支持地方经济发展考核奖励暂行办法》《中宁县巩固脱贫攻坚成果同乡村振兴有效衔接和压砂地退出区产业扶持政策（送审稿）》。研究《关于实施2022年度北河子沟内及入黄口人工湿地运营维护项目的请示》《关于建设中宁县公安局执法办案管理中心的请示》。

【**第五次政府常务会议**】 2022年1月14日，县长周永根主持召开。会议传达学习《地下水管理条例》、中卫市招商引资和争取项目资金“两大任务”部署会议精神，安排部署相关工作。套开县根治拖欠农民工工资工作领导小组2022年第一次会议，听取2021年度根治欠薪冬季专项行动欠薪问题化解进展情况汇报，安排部署有关工作；听取中宁县矿山资源整治修复各工作组进展情况汇报，安排部署下一步工作。研究《关于提请为村干部购买雇主责任保险的请示》《关于推荐上报创建“绿电园区”实施方案有关事宜》《关于2021年技术改造综合奖补资金项目有关事宜的请示》《关于在CCTV·物产中国开展中宁枸杞宣传的请示》，审议《中宁县人民政府工作规则（送审稿）》《中宁县人民政府常务会议工作规则（送审稿）》《中宁县人民政府专题会议工作规则（送审稿）》《中宁县耕地后备资源调查评价工作方案（送审稿）》《中宁县人民政府与中国电力国际发展有限公司项目投资合作协议》。

【**第六次政府常务会议**】 2022年2月11日，县长周永根主持召开。会议传达学习《宁夏回族自治区建设黄河流域生态保护和高质量发展先行区促进条例》、习近平总书记在十九届中央纪委六次全会上的重要讲话精神、自治区十二届纪律检查委员会第六次全体会议精神、中卫市纪委全会精神，安排部署相关工作；传达学习自治区十二届人大五次会议和自治区政协十一届五次会议精神，安排部署相关工作；传达学习《中共中央办公厅　国务院办公厅关于印发〈地方党委和政府领导班子及其成员粮食安全责任制规定〉的通知》，安排部署相关工作；传达《关于认真学习贯彻陈润儿书记在慰问全区应急管理系统值班值守人员时讲话精神的通知》，安排部署相关工作；听取1月份全县经济运行情况汇报，安排部署有关工作。研究《关于加强矿产资源开发管控 切实保护生态环境的管理细则》的请示、《中宁县地上附着物和青苗补偿标准技术报告》的请示、《关于玺赞庄园枸杞有限公司承包经营鸣沙镇薛营村土地》的请示、《关于实施中宁县2022年重点建设项目及重点前期项目》的请示、《关于公开出让〔2022〕—6、7、8号三宗国有建设用地使用权实施方案》的请示、《中宁县人民政府与北京京能、宁创新材料、中国水利水电四局、国能浙能宁东发电有限公司4个合作框架协议》的请示、《关于实施中宁县第一、第二污水处理厂再生水利用系统工程项目》的请示、《陕西福寿发农业发展有限公司20万只滩羊繁育养殖项目及牛羊屠宰深加工冷链物流仓储项目投资战略合作协议》的请示，审议《中宁县原粮储备生产基地建设实施方案（送审稿）》。

【第七次政府常务会议】 2022年2月17日，县长周永根主持召开。会议传达学习《中华人民共和国基本农田保护条例》；传达学习习近平论全面依法治国、中央依法治国办督察宁夏反馈会、自治区党委依法治区办专题研究部署中央依法治国办法治政府建设实地督察反馈意见整改会精神，审议《中宁县贯彻落实中央第八督导组专项督察法治政府建设反馈意见整改方案（送审稿）》；传达学习自治区新材料产业高质量发展现场会精神，安排部署相关工作；传达学习自治区党委人才工作会议精神，安排部署相关工作。审议《中宁县人力资源和社会保障事业发展“十四五”规划（送审稿）》《中宁县就业促进“十四五”规划（送审稿）》《中宁县村级组织运转经费保障办法（送审稿）》《关于开展国有企业清欠专项行动工作的实施方案（送审稿）》《中宁县农村低收入群体等重点对象住房安全保障工作实施方案（送审稿）》。研究《关于建设明阳（中宁）智慧能源产业园项目（一期）基础配套设施的请示》《关于新装、改造中宁工业园区部分路段太阳能路灯相关事宜的请示》《关于鸣沙镇小盐池滩片区建设高标准枸杞种植基地〈土地使用合同〉有关事宜的请示》《关于中宁县人民政府与中国电力国际发展有限公司项目投资合作协议的请示》。

【第八次政府常务会议】 2022年3月1日，县长周永根主持召开。会议学习《最高人民法院关于行政机关负责人出庭应诉若干问题的规定》，传达学习陈润儿在全区领导干部学习贯彻党的十九届六中全会精神专题研讨班上的讲话精神、《中共中央办公厅 国务院办公厅〈关于更加有效发挥统计监督职能作用的意见〉的通知》精神，安排部署贯彻落实工作。审议《中宁县恩和镇沙滩村推动组织振兴建设红色美丽村庄实施方案（送审稿）》《2022年中宁县扩大春小麦种植暨推广玉米大豆带状复合种植实施方案（送审稿）》《中宁县环境质量和污染物排放总量考核奖补及处罚资金管理实施细则（送审稿）》《中宁县2021年生态环境质量和污染物排放总量考核奖补资金使用方案（送审稿）》。研究《关于调整完善中宁县语言文字工作委员会的请示》《关于实施中宁县2022年徐套乡上流水村和大滩川村高标准农田建设项目（提升改造）等五个高标准农田建设项目的请示》《关于实施中宁县国家农村产业融合发展示范园建设项目的请示》。会议还就近期有关重点工作做安排部署。

【第九次政府常务会议】 2022年3月9日，县长周永根主持召开。会议学习《中华人民共和国行政复议法实施条例》，传达学习习近平在2022年春季学期中央党校（国家行政学院）中青年干部培训班开班式上的重要讲话精神，安排部署贯彻落实工作。审议《关于做好2022年全面推进乡村振兴重点工作的实施方案(送审稿)》《中宁县2022年百万移民致富提升行动实施方案(送审稿)》《中宁县2022年城乡居民收入提升行动实施方案(送审稿)》《中宁县2022年教育质量提升行动实施方案(送审稿)》《中宁县2022年全民健康水平提升行动实施方案(送审稿)》《中宁县争创整县屋顶分布式光伏开发示范县实施方案(送审稿)》《中宁县大气污染和节能减排项目绩效跟踪监控管理实施细则(送审稿)》,审议中宁县2022年巩固拓展脱贫攻坚成果同乡村振兴有效衔接重点项目(第二批)。会议还就近期有关重点工作做安排部署。

【第十次政府常务会议】 2022年3月18日,县长周永根主持召开。会议学习《中华人民共和国政府信息公开条例》,传达学习全国"两会"精神、陈润儿在自治区传达贯彻全国"两会"精神会议上的讲话精神、中卫市传达贯彻全国"两会"精神会议,安排部署贯彻落实工作。套开2022年1—2月全县经济运行情况调度会。审议《中宁县政策性农业保险实施方案(送审稿)》《2022年中宁县城市管理五大提升行动实施方案(送审稿)》《中宁县2022年22个扶持壮大村集体经济项目实施方案(送审稿)》《中宁县促进中小企业发展 保障中小企业款项支付工作方案(送审稿)》。研究《关于将白马乡垃圾填埋场污泥转运至县城第二垃圾填埋场处置的请示》《关于中宁县2022年徐套、喊叫水乡压砂地退出高标准农田骨干林网建设项目(撒不拉滩片区、石泉村片区)的请示》《关于实施中宁县热电联产市政供热管网延伸(改造)项目的请示》。会议还就近期有关重点工作做安排部署。

【第十一次政府常务会议】 2022年3月22日,县长周永根主持召开。会议学习《政府督查工作条例》,传达学习李克强关于森林草原防灭火工作的重要批示精神,全国森林草原防灭火工作电视电话会议精神、全区2022年消防工作暨森林草原防灭火工作会议精神,安排部署全县森林草原防灭火、大气污染防治等有关工作;传达学习中央第四生态环境保护督察组督察宁夏情况反馈会精神,听取中宁县贯彻落实第二轮中央生态环境保护督察反馈问题整改情况汇报,安排部署下一步贯彻落实整改工作。审议《中宁县2022年大豆玉米带状复合种植机械购置改造补贴实施方案(送审稿)》。研究《关于实施中宁县西二环龙坑沟桥等5座危桥改造项目的请示》《关于实施中宁县2022年农村公路建设项目的请示》《关于实施中宁县再生资源仓储中心道路建设项目的请示》《关于划拨六宗国有建设用地使用权的请示》《关于收回恩和供销社部分土地使用权、宁地(G)〔2021〕-53号国有建设用地使用权公开出让的请示》《关于鸣沙镇、白马乡、恩和镇退出压砂地种植枸杞灌溉补助有关事宜的请示》《关于编写国家现代农业产业园申报创建材料有关事宜的请示》《关于宁夏中宁枸杞产业集团有限公司投资参股宁夏枸杞交易中心的请示》《关于实施中宁县新植枸杞供水工程相关事宜的请示》。会议还就疫情防控等有关工作做强调要求。

【第十二次政府常务会议】 2022年4月1日,县长周永根主持召开。会议学习《宁夏回族自治区长城保护条例》，传达学习习近平总书记关于防范化解重大风险挑战的重要论述、关于信访工作的重要指示精神，李克强总理关于信访工作的批示精神，第五次市域社会治理现代化试点工作交流会、平安宁夏建设协调小组会议、全区反诈人民战争工作部署会议精神，安排部署贯彻落实工作；传达学习全区、全市领导干部廉政警示教育大会精神，安排部署政府系统党风廉政建设工作。审议《中宁县贯彻落实第二轮中央生态环境保护督察反馈意见整改方案（送审稿）》《中宁县2022年农村“厕所革命”提升行动实施方案（送审稿）》《中宁县“扩大有效投资攻坚年”工作实施方案（送审稿）》《中宁县新能源发电项目竞争性推选办法（试行）（送审稿）》，研究《关于宁地（G）〔2021〕-67号、〔2022〕-1、2号三宗国有建设用地使用权公开出让的请示》《关于中宁农村商业银行恩和支行、原北街办公用地划拨变出让补缴土地出让金的请示》《关于调整2021年衔接推进乡村振兴财政专项补助资金使用计划（第五批）的请示》《关于政府购买社区矫正专职工作服务的请示》，会议还就近期有关重点工作做部署要求。

【第十三次政府常务会议】 2022年4月9日，县长周永根主持召开。会议学习习近平法治思想（选学），传达《关于认真学习贯彻梁言顺书记调研讲话精神的通知》《关于三起安全生产事故情况的通报》，安排部署下阶段安全生产等重点工作；听取第二轮中央生态环境保护督察信访转办件和督察反馈问题整改情况汇报，安排部署下一步工作。研究《关于实施中宁县2022年重点建设项目（第二批）的请示》《关于在湖南卫视“天天向上”线上系列开展宣传的请示》《关于中宁县长鸣（K7+000—K14+630段）测控一体化闸门改造项目相关事宜的请示》《关于中宁县军粮供应站注销有关事宜的请示》《关于调整中宁县社会救助标准相关事宜的请示》《关于2022年信访安全保障工作经费的请示》，审议《宁夏回族自治区中宁县国家现代农业产业园创建方案（送审稿）》《第五届枸杞产业博览会实施方案（送审稿）》《中宁县农业灌溉用水管理制度（试行）（送审稿）》《中宁县2022年主要经济指标和重点工作任务分工（送审稿）》。

【第十四次政府常务会议】 2022年4月13日，县长周永根主持召开。套开中宁县拥军优属拥政爱民工作领导小组2022年度第一次会议，套开疫情防控工作部署会。会议传达学习《信访工作条例》，习近平总书记在海南省考察调研时的重要指示精神，梁言顺调研春季农业生产工作时的有关工作要求，安排部署贯彻落实工作；传达学习李克强总理在主持召开经济形势专家和企业家座谈会时的讲话精神、在主持召开经济形势部分地方政府主要负责人座谈会时的讲话精神，安排部署优化营商环境等工作。审议《中宁县完整准确全面贯彻新发展理念做好碳达峰碳中和工作“十四五”行动方案（送审稿）》《中宁县推动现代职业教育高质量发展实施方案（送审稿）》《中宁县县属国有企业工资总额管理办法（试行）（送审稿）》。研究《关于中宁县黄河过境段干支流及重点入黄排水沟上下游横向生态保护补偿资金分配有关事宜的请示》《关于实施中宁县2022年无集中供热区域煤改电试点项目的请示》《关于建设中宁县公安局数据中心机房的请示》。

【第十五次政府常务会议】 2022年4月22日，县长周永根主持召开。套开全县防汛抗旱、安全生产暨防灾减灾救灾工作推进会。会议学习《重大行政决策程序暂行条例》《中华人民共和国矿产资源法》《宁夏回族自治区重大行政决策规定》《宁夏回族自治区矿产资源管理条例》，审议《中宁县2022年度重大行政决策事项目录(送审稿)》，研究《关于财政部宁夏监管局核查反馈问题及自查问题整改事宜的请示》《关于国有企业调整两宗采矿权矿区范围有关事宜的请示》。

【第十六次政府常务会议】 2022年4月25日，县长周永根主持召开。会议学习《宁夏回族自治区行政规范性文件制定和备案办法》，传达学习梁言顺来中卫调研座谈时的讲话精神，安排部署贯彻落实工作；传达学习全国绿化委员会全体会议、全区国土绿化工作电视电话会议精神，安排部署贯彻落实工作；传达自治区工程建设政府采购等重点领域突出问题专项治理工作领导小组第三次会议精神，通报全县工程建设政府采购等重点领域专项治理自查自纠工作情况，安排部署下一步工作。审议《中宁县招商引资优惠政策若干规定(送审稿)》。研究《关于中宁县人民政府　远景北方科技有限公司合作框架协议有关事宜的请示》《关于在鸣沙镇、白马乡种植枸杞相关事宜的请示》《中宁县枸杞产业转贷资金运营方案(送审稿)》《关于宁夏中宁枸杞产业集团有限公司增加注册资本金300万元的请示》《关于自治区十六运道路交通文明畅通提升计划的请示》《关于中宁县道路交通隐患治理暨文明交通提升两年行动计划(2022—2023年)的请示》《关于调整县内聘用编制人员工资津贴补贴的请示》《关于拨付驻村工作队各项工作经费的请示》《关于加强全县自然资源巡查工作相关事宜的请示》。会议还就五一和开斋节期间疫情防控、安全生产、环境保护、信访维稳、值班值守等工作做相关部署要求。

【第十七次政府常务会议】 2022年5月6日，县长周永根主持召开。会议学习《中华人民共和国环境保护法》，传达习近平总书记关于湖南长沙居民自建房倒塌事故重要指示和李克强总理批示精神，国务院安委会第三督查组来卫考核巡查反馈问题隐患情况，全区五一假期安全防范工作会议精神，安排部署有关工作；听取徐套乡朱家川调蓄水池渗水问题排险处置情况汇报，安排部署相关工作；传达梁言顺在听取全区专项巡视情况汇报时点人点事问题摘录和《自治区党委第二巡视组关于专项巡视中宁县的反馈意见》，审议《中宁县关于自治区党委第二巡视组专项巡视反馈问题整改方案(送审稿)》，安排部署有关工作(套开全县整改落实自治区党委第二巡视组专项巡视反馈问题工作推进会)；传达全国2021年度巩固脱贫攻坚成果同乡村振兴有效衔接考核评估发现问题整改工作电视电话会议、自治区2021年度巩固脱贫攻坚成果同乡村振兴有效衔接考核评估发现问题整改工作部署会精神及《自治区2021年度巩固脱贫攻坚成果同乡村振兴有效衔接考核评估反馈问题》，审议《中宁县2021年度巩固脱贫攻坚成果同乡村振兴有效衔接考核评估问题整改方案(送审稿)》，安排部署有关工作(套开全县巩固脱贫攻坚成果同乡村振兴有效衔接工作推进会）。审议《中宁县农业水价综合改革精准补贴及节水奖励办法（试行）（送审稿）》《中宁县农业用水权确权成果报告（送审稿）》，研究《关于中宁县2022年度耕地变化制定“进出平衡”方案的请示》《关于划拨四宗国有建设用地使用权的请示》《关于中宁县北部山区历史遗留矿山生态修复治理有关事宜的请示》《关于2022年中宁县历史遗留废弃矿山生态修复项目（二期）相关事宜的请示》《关于对鸣沙镇、白马乡新植枸杞进行抗旱补助事宜的请示》《关于接收中宁县粮食和物资储备局办公用房及附属用房有关事宜的请示》。

【第十八次政府常务会议】 2022年5月10日，县长周永根主持召开。会议学习《法治政府建设实施纲要（2021—2025年）》，传达习近平总书记在中共中央政治局会议上的重要讲话精神、中央财经委员会第十一次会议精神，《中共中央办公厅　国务院办公厅印发〈关于推进以县城为重要载体的城镇化建设的意见〉》精神，全区一季度经济形势分析会、全市建设黄河流域生态保护和高质量发展先行市2022年第四次推进会精神，安排部署有关工作；传达中央全面深化改革委员会第二十五次会议精神，自治区推进政府职能转变和“放管服”改革协调小组与自治区“数字政府”建设领导小组2022年第一次会议精神，安排部署有关工作；传达习近平总书记在中共中央政治局常务委员会会议上的重要讲话精神，国务院联防联控机制电视电话会议精神，自治区应对疫情工作领导小组第二十七次会议精神，自治区应对疫情工作指挥部周例会精神，安排部署疫情防控工作（套开中宁县应对新冠肺炎疫情工作指挥部第六十六次会议）；套开全县重点民生实事办理工作推进会。审议《中宁县生态环境保护“十四五”规划（送审稿）》《中宁县2022年巩固拓展脱贫攻坚成果同乡村振兴有效衔接重点项目（第三批）（送审稿）》，研究《关于中宁县全域旅游基础服务设施建设项目的请示》《关于盘活利用白马滚泉坡硒砂瓜交易市场国有资产租赁相关事宜的请示》《关于进一步加强中宁县应急救灾物资储备相关事宜的请示》《关于实施乌玛高速石空出口西北侧树木栽植及新石碱路东侧铭岛铝业段绿化提升工程的请示》，会议还强调部署近期有关重点工作。

【第十九次政府常务会议】 2022年5月17日，县长周永根主持召开。会议学习《信访工作条例》，传达学习习近平总书记在庆祝中国共产主义青年团成立100周年大会上的重要讲话精神，自治区党委常委会会议暨理论学习中心组学习会精神，安排部署贯彻落实工作；传达李克强总理关于稳就业工作的重要批示精神，全国稳就业工作电视电话会议、全区稳就业促就业电视电话会议精神，安排部署有关工作；传达李克强总理在农业农村部考察并主持召开座谈会时的讲话精神，自治区党委农办、自治区乡村振兴局《关于中宁县农民收入情况的通报》，中卫市人民政府督查室《暗访三县（区）巩固拓展脱贫攻坚成果同乡村振兴有效衔接工作情况的通报》精神，安排部署相关工作（套开巩固拓展脱贫攻坚成果同乡村振兴有效衔接暨农民收入提升工作推进会）；通报近期信访重点工作情况，安排部署下一步工作（套开全县维护社会稳定风险隐患大排查大化解大整治工作推进会）。审议《中宁县科技创新“十四五”规划（送审稿）》《中宁县地方储备粮管理办法（送审稿）》，研究《关于实施中宁县石空公租房四标段北门口南横路道路工程的请示》《关于继续为中卫沐沙公司提供银行贷款担保的请示》《关于玺赞庄园枸杞有限公司承包经营鸣沙镇薛营村国有土地的请示》《关于殷庄大社区 C、D 区安置剩余房源资产移交处置相关事宜的请示》《关于增加众汇嘉润投资运营管理集团有限公司注册资本金的请示》，会议还强调部署近期有关重点工作。

【第二十次政府常务会议】 2022 年 5 月 23 日，县长周永根主持召开。会议学习《中华人民共和国招标投标法》《中华人民共和国招标投标法实施条例》，学习习近平法治思想（坚持走中国特色社会主义法治道路，更好地推进中国特色社会主义法治体系建设）。听取第二轮中央生态环境保护督察信访转办件和督察反馈问题整改、矿山修复整治等工作情况汇报，安排部署下一步工作（套开第二轮中央生态环境保护督察信访转办件和督察反馈问题整改工作推进会）。研究《关于调整中宁县未成年人保护工作领导小组成员的请示》《关于妥善解决私自收留抚养儿童户籍问题的请示》，审议《中宁县未成年人保护工作领导小组成员单位职责分工（送审稿）》《中宁县未成年人保护工作领导小组办公室工作规则（送审稿）》《关于加强未成年人保护工作的实施方案（送审稿）》（套开中宁县未成年人保护工作领导小组 2022 年第一次会议）；研究《关于宁夏黄河流域生态保护和高质量发展先行区建设——中部干旱带中宁县喊叫水徐套片区生态修复及灌区供水工程采用 PPP 模式建设相关事宜的请示》《关于清算 2021 年及发放 2022 年度机关事业单位在职人员年终考核奖的请示》《关于增加乡镇环卫清扫保洁服务费用的请示》《关于采用 PPP 模式实施中宁县枸杞产业高新技术示范园区建设项目的请示》《关于中宁县枸杞产业高新技术示范园区企业搬迁补偿相关事宜的请示》《关于第五届枸杞产业博览会资金预算的请示》。审议《中宁县国家现代农业产业园中央财政奖补资金使用方案（送审稿）》。

【第二十一次政府常务会议】 2022 年 6 月 1 日，县长周永根主持召开。会议学习《中华人民共和国政府采购法》《中华人民共和国政府采购法实施条例》，传达《自治区党委办公厅　人民政府办公厅印发〈关于深化统计管理体制改革提高统计数据真实性的实施意见〉的通知》《自治区统计局关于印发〈全区统计领域突出问题专项治理工作实施方案〉的通知》精神，选学《防范和惩治统计造假弄虚作假重要文件汇编》，安排部署有关工作；传达梁言顺在中卫市调研文化旅游产业发展情况时的有关指示精神，安排部署相关工作；传达学习李克强总理关于一季度经济形势和做好下一步经济工作、在全国稳住经济大盘电视电话会议上的讲话精神，梁言顺在自治区党委常委会上的讲话、在中卫调研黄河流域生态保护和高质量发展先行区建设情况时的指示精神，张雨浦、赵永清在全区稳经济保增长促发展电视电话会议上的讲话精神及自治区“六稳”“六保”专题会议精神，安排部署推进“七大战役”等工作（套开全县稳经济保增长促发展工作推进会）；传达张雨浦督导调研疫情防控工作时的讲话精神、《自治区应对疫情工作指挥部专题会议纪要(第 59 期)》,审议《中宁县全域新冠病毒核酸检测工作实施方案(送审稿)》,安排部署近期疫情防控有关重点工作(套开县应对新冠肺炎疫情工作指挥部第 68 次会议);听取异地扶贫搬迁专项审计调查反馈问题整改情况汇报,安排部署下一步工作。审议《中宁县法治政府建设实施方案(2022—2025 年)(送审稿)》《2022 年中宁县法治政府建设工作要点(送审稿)》《中宁县城市生活垃圾处理费征收管理暂行办法(送审稿)》《中宁县餐厨垃圾管理办法(送审稿)》。研究《关于实施 2022 年黄河中宁段应急抢险工程的请示》《关于实施县城新河路、正大路、裕民街道路及路灯改造项目的请示》《关于实施县城破损道路维修及移动式公厕安装项目的请示》《关于合同到期的绿化工程委托众汇嘉润集团有限公司和佰仕兴工集团有限公司运营管理的请示》《关于中宁县 2020 年农村(水路)客运出租车成品油价格补贴有关事宜的请示》,会议还就节假日及近期其他工作做部署强调。

【第二十二次政府常务会议】 2022 年 6 月 7 日,县长周永根主持召开。学习《中华人民共和国就业促进法》,传达中国共产党宁夏回族自治区第十二届委员会第十五次全体会议精神,梁言顺在青铜峡市调研引黄灌区现代化建设情况时的指示精神,张雨浦督导检查保就业保市场主体和减税降费工作时的指示精神,安排部署有关工作。审议《中宁县 2022 年政务公开工作要点(送审稿)》《中宁县推进黄河流域生态保护和高质量发展先行区先行市建设 2022 年工作方案(送审稿)》《中宁县依法妥善处置草原征占用审核审批历史遗留问题工作方案(送审稿)》《中宁县闲置土地清理处置工作方案(送审稿)》《中宁县城镇低效用地再开发工作实施方案(送审稿)》。研究《关于宁地(G)〔2022〕-15 号国有建设用地使用权出让事宜的请示》《关于宁夏瑞泰煤业有限公司煤矿相关事宜的请示》《关于开展"中宁枸杞"品牌运营策划的请示》《关于对行政中心网络机房进行改造升级的请示》《关于招聘执行辅助人员相关事宜的请示》,会议还就疫情防控、安全生产、信访维稳等工作进行强调和要求。

【第二十三次政府常务会议】 2022 年 6 月 19 日,县长周永根主持召开。会议学习《食品生产经营监督检查管理办法》,传达学习自治区第十三次党代会、自治区建设黄河流域生态保护和高质量发展先行区推进会、自治区政府第七次全体(扩大)会议精神,安排部署贯彻落实工作;传达自治区党委农村工作领导小组《关于印发〈关于健全监测帮扶责任考核机制巩固拓展脱贫攻坚成果的实施意见〉的通知》、自治区纪律检查委员会办公厅《关于反馈巩固拓展脱贫攻坚成果同乡村振兴有效衔接专项监督调研发现问题的通知》、自治区百万移民致富提升行动领导小组办公室《关于自治区百万移民致富提升行动 2022 年计划项目实施进展情况的通报》精神,安排部署相关工作;传达《中卫市开展矿山治理专项监督实施方案》《中卫市开展水利工程建设领域突出问题专项监督实施方案》《关于对全市矿山治理和水利工程建设领域突出问题整治专项监督工作情况的通报》,听取全县矿山治理工作进展情况和全县水利工程建设领域突出问题整治工作进展情况汇报，安排部署相关工作（套开全县矿山治理和水利工程建设领域突出问题整治工作推进会）；听取全县植绿增绿和养护管理情况汇报，安排部署有关工作（套开全县夏季林木管护工作会议）。审议《中宁县委和政府及有关部门生态环境保护责任（送审稿）》《中宁县稳经济保增长促发展35条政策措施（送审稿）》《中宁县发展粮食产业经济实施方案（送审稿）》《关于加强养老服务综合监管的实施方案（送审稿）》。研究《中宁县2009—2019年批而未供土地处置工作方案（送审稿）》《关于玺赞庄园枸杞有限公司承包鸣沙镇薛营村国有土地的请示》。

【第二十四次政府常务会议】 2022年6月24日，县长周永根主持召开。会议学习《宁夏回族自治区抗旱防汛条例》。研究《关于嘉里物流大宗商品物流交易中心项目合作框架协议的请示》《关于成立嘉里物流大宗商品物流交易中心项目推进工作专班的请示》《关于宁夏宁创新材料科技有限公司年产30万吨再生铝合金项目合作框架协议的请示》《关于浙江铭岛铝业有限公司年产100万吨再生铝合金（一期20万吨）项目补充协议的请示》。审议《中宁县重点项目节约集约利用土地管理实施方案（送审稿）》，会议还就近期有关工作进行安排强调。

【第二十五次政府常务会议】 2022年7月8日，县长周永根主持召开。会议学习《中华人民共和国家庭教育促进法》，传达学习习近平总书记在四川省、湖北武汉考察、出席庆祝香港回归祖国25周年大会暨香港特别行政区第六届政府就职典礼并对香港进行视察时的重要讲话精神，安排部署贯彻落实工作；传达《新型冠状病毒感染肺炎防控方案（第九版）》《关于印发全区新冠肺炎疫情防控“九不准”自查清理工作方案的紧急通知》精神，安排部署有关工作（套开县疫情防控指挥部第七十次会议）。研究《关于农村生活垃圾填埋场环保问题整改有关事宜的请示》《关于实施中宁县矿山生态环境损害鉴定评估工作的请示》《关于签署〈中华人民共和国宁夏回族自治区中卫市中宁县与韩国忠清南道青阳郡建立友好县郡关系备忘录〉的请示》《关于解决石空消防救援站运行经费的请示》《关于实施徐套乡红柳村蓄水池建设项目的请示》《关于恢复我县民爆物品经营及爆破作业的请示》《关于将中宁县2022年第一批集体农用地转为建设用地拨用给村集体的请示》《关于宁夏中卫市长城国家文化公园沙坡头胜金关段复合廊道项目建设用地事宜的请示》《关于将中宁县2020年农民宅基地集体用地转为建设用地划拨给各乡镇的请示》《关于基础绩效奖金纳入养老保险缴费工资基数核算补缴的请示》《关于第五届枸杞产业博览会资金使用有关事宜的请示》。审议《中宁县维护国家粮食安全及储粮工作实施方案（送审稿）》《中宁县深入推进优质粮食工程实施方案（送审稿）》《中宁县打好“就业增收扩增战”的若干措施（送审稿）》《中宁县打好基本民生保障战工作方案（送审稿）》《中宁县保困难群众基本生活20条措施（送审稿）》，会议还就近期有关工作进行安排强调。

【第二十六次政府常务会议】 2022年7月14日，县长周永根主持召开。会议学习《宁夏回族自治区优化营商环境条例》，套开县安委会

2022年第三次全体(扩大)会议暨全县安全生产“百日专项行动”会议;传达学习自治区政府审计反馈问题整改推进会议精神,通报易地搬迁专项审计调查、黄河流域中卫段生态保护情况专项审计、2018年保障性安居工程跟踪审计查出问题整改进展情况,听取有关工作情况汇报,安排部署下一步工作(套开审计调查反馈问题整改工作推进会)。审议《中宁县现代服务业发展“十四五”规划(送审稿)》《中宁县“招商引资顾问”团队组建工作方案(送审稿)》《中宁县2021年财政决算(草案)报告(送审稿)》《中宁县2022年上半年财政预算执行情况的报告(送审稿)》《中宁县“引客入宁(中宁)”奖励办法(试行)(送审稿)》,研究《关于西气东输三线(中卫—吉安)工程(中宁段)项目管线临时占地补偿有关事宜的请示》《关于划拨省道308线滚泉至白马段公路工程项目用地等六宗国有建设用地使用权的请示》《关于调整宁地(G)〔2017〕-60号土地出让面积的请示》《关于中宁县2022年招商引资工作经费使用计划的请示》《关于兑现宁夏乐家物流发展有限公司建设项目固定资产投资奖励的请示》《关于处置教育系统相关危旧校舍的请示》。

【第二十七次政府常务会议】 2022年7月20日,县长周永根主持召开。会议学习习近平法治思想《坚持以人民为中心——关于全面依法治国的根本立场》(《习近平法治思想学习纲要》节选),传达近期国务院常务会议、自治区党委常委会会议、全区上半年经济形势分析会及自治区政府第一百二十六次常务会议精神,通报上半年全县经济运行情况,听取有关工作情况汇报,安排部署下一步工作(套开上半年全县经济形势运行情况分析会);听取关于全县农村人居环境整治工作情况的汇报,安排部署有关工作(套开农村人居环境整治工作推进会);通报上半年大气污染防治、臭氧污染攻坚与辐射安全管理工作推进情况,安排部署相关工作(套开全县空气质量提升工作推进会)。审议《中宁县妇女发展规划(2021—2030年)(送审稿)》《中宁县儿童发展规划(2021—2030年)(送审稿)》《关于推进乡村治理中心、农业农村综合服务中心示范点建设的实施方案(送审稿)》《中宁县贯彻落实〈自治区知识产权和运用“十四五”规划〉实施方案(送审稿)》《中宁县安全生产“十四五”规划(送审稿)》《中宁县综合防灾减灾救灾“十四五”规划(送审稿)》《中宁县应急体系建设“十四五”规划(送审稿)》,研究《关于划拨四宗国有建设用地使用权的请示》《关于赛马黑疙瘩水泥石灰岩矿等3家矿山企业复工复产的请示》《关于县城区部分企事业单位老旧权属用房处置意见的请示》《关于实施中宁县德达路(置业路—宁丰路)道路工程的请示》《关于实施中宁县团结路(宁安东街—裕民东街)特色街区改造项目的请示》《关于实施中宁县城团结路盛世花园、大庆路小游园项目的请示》《关于实施中宁县南河子公园中心湖提升改造项目的请示》《关于公布中宁县第二批非物质文化遗产代表性名录的请示》。

【第二十八次政府常务会议】 2022年7月26日,县长周永根主持召开。会议学习《中华人民共和国大气污染防治法》,传达学习习近平总书记在新疆考察时的重要讲话和《关于深入学习贯彻习近平总书记在四川考察时的重要指示精神抓实抓细防汛救灾各项工作的通知》精神，安排部署贯彻落实工作。审议《2022年推进农村客运高质量发展实施方案（送审稿）》《中宁县第三轮草原生态保护补助奖励政策实施方案（送审稿）》《关于2022年以来全县国民经济和社会发展计划执行情况的报告（送审稿）》《关于自治区党委第二巡视组专项巡视反馈问题整改落实情况的报告（送审稿）》。研究《关于北控城市服务（中宁）有限公司环卫市场化增量服务有关事宜的请示》，会议还就近期有关工作进行强调部署。

【第二十九次政府常务会议】 2022年7月29日，县长周永根主持召开。会议学习《地方党政领导干部安全生产责任制规定》，学习习近平总书记关于加强历史文化遗产保护重要论述，通报《关于核查处理双龙山石窟保护管理有关问题的督办函》，安排部署有关工作；传达学习习近平总书记在中央政协工作会议暨庆祝中国人民政治协商会议成立70周年大会上的重要讲话、自治区党委政协工作会议精神，安排部署贯彻落实工作；听取徐套、喊叫水地区暴雨冰雹灾害应对处置情况汇报，安排部署有关工作（套开防汛减灾工作推进会）。审议《中宁县困难群众救助补助资金审计发现问题专项治理总体方案（送审稿）》《中宁县教育事业发展“十四五”规划（送审稿）》，研究《关于宁夏中宁枸杞产业集团有限公司与宁夏智慧宫文化传媒有限公司联合出品电影〈六谷儿〉合作合同的请示》《关于增加宁夏中宁枸杞产业集团有限公司注册资本金400万元的请示》《关于宁地（G）〔2022〕-14号国有建设用地使用权出让事宜的请示》《关于中宁县贝尔出租车租赁有限公司办理自有出租车经营权过户的请示》，会议还就“三争”工作进行强调部署。

【第三十次政府常务会议】 2022年8月9日，县长周永根主持召开。会议传达学习习近平总书记2020年视察宁夏重要讲话、习近平总书记在省部级主要领导干部“学习习近平总书记重要讲话精神，迎接党的二十大”专题研讨班上的重要讲话精神，梁言顺在自治区党委常委会传达学习省部级主要领导干部“学习习近平总书记重要讲话精神，迎接党的二十大”专题研讨班精神、在听取关于开展习近平总书记视察宁夏重要讲话和重要指示批示精神“大学习、大讨论、大宣传、大实践”活动安排时的讲话精神，安排部署有关工作；传达学习习近平总书记在中共中央政治局会议、在中共中央党外人士座谈会、在中央统战工作会议上的重要讲话精神，自治区党委常委会会议精神，安排部署贯彻落实工作；传达第九次全国信访工作会议精神、梁言顺调研信访工作并现场接访时的指示精神、张雨浦有关批示精神和自治区、中卫市行政应诉突出问题专项治理部署会会议精神，听取中宁县2022年上半年法治政府建设工作情况汇报，通报各级各类督导检查反馈法治政府建设存在问题整改落实情况、1—7月份信访矛盾问题化解工作情况，研究部署有关工作（套开法治政府建设暨信访矛盾化解工作推进会）。审议《中宁县创建乡村全面振兴示范县工作方案（2022—2024年）（送审稿）》《中宁县2022年脱贫户、三类监测对象扶持政策项目实施方案（送审稿）》《中宁县加快工业经济发展新十条措施（试行）（送审稿）》。研究《关于中宁县集体土地所有权变更调查成果审批和登记发证的请示》《关于保障应急管理执法车辆相关事宜的请示》《关于拆除白马乡跃进完小、新田完小部分废旧教室及围墙的请示》《关于中宁县“城乡社区”基层服务专项计划招募有关事宜的请示》，会前专题学习《中华人民共和国传染病防治法》，安排部署有关工作。

【第三十一次政府常务会议】 2022年8月18日，县长周永根主持召开。会议传达学习习近平总书记关于气象工作的重要指示精神，李克强总理关于安全生产的批示和全国气象高质量发展工作电视电话会议、全国全区安全生产电视电话会议精神，梁言顺、张雨浦等自治区领导有关防汛抗旱等工作的批示和自治区自建房安全专项整治工作领导小组会议精神，听取全县安全生产隐患排查整治暨近期暴雨等极端天气处置应对工作情况、自建房安全隐患排查整治工作情况汇报，安排部署有关工作（套开安全生产工作暨“百日专项”整治行动推进会）；传达自治区工程建设政府采购等重点领域突出问题专项治理工作领导小组第四次会议精神，安排部署有关工作。审议《关于贯彻落实习近平总书记重要讲话精神　深入推动黄河流域生态保护和高质量发展先行区建设取得新突破的实施方案（送审稿）》《中宁县人民调解员“以案定补”管理办法（送审稿）》《中宁县工业、规模化养殖业用水权确权成果报告（送审稿）》，研究《关于建设交通安全宣传教育体验中心的请示》《关于扩建中宁县毒品预防教育基地的请示》《关于中宁县“学前教师”基层服务专项计划招募有关事宜的请示》《关于中宁县“司法协理”基层服务专项计划招募有关事宜的请示》《关于中宁县违规“两高”项目分类处置意见的请示》，会前专题学习《防范和处置非法集资条例》，安排部署有关工作；会议还就疫情防控工作进行强调部署。

【第三十二次政府常务会议】 2022年9月1日，县长周永根主持召开。会议传达学习习近平总书记对做好青海大通县山洪灾害救援处置工作的重要批示精神，自治区领导有关批示精神，安排部署相关工作；套开全县生态环境风险和安全生产隐患大起底大排查大整治工作推进会，传达8月22日自治区党委和政府主要负责人带队暗访检查生态环保问题时的有关指示及自治区党委常委会扩大会议精神，自治区总河长第六次会议、林长第一次会议精神，听取关于全县生态环境风险和安全生产隐患大起底大排查大整治工作推进落实情况的汇报，安排部署有关工作。审议《中宁县文明素养提升行动实施方案（送审稿）》《中宁县“十四五”国家重点生态功能区县域生态环境质量监测与评价考核工作实施方案（送审稿）》，研究《关于公示中宁县城镇2022年度标定地价的请示》《关于宁地（G）〔2022〕-22号国有建设用地出让事宜的请示》《关于开展2021—2022年全县新建蓄水池压实度检测工作的请示》《关于调整中宁县城乡污水治理一体化及再生水利用项目运营模式的请示》《关于中宁县人民武装部迁建工程的请示》《关于在浙江卫视“一桌年夜饭”栏目开展线上宣传的请示》《关于支付中小学红外线设备资金的请示》《关于疫情防控卡点保安人员服务费及工作人员伙食费的请示》《关于储备新冠肺炎疫情防控应急医疗物资的请示》《关于实施中宁县人民医院救治能力提升项目(传染病综合楼)10 kV 高低压配电工程的请示》,会前专题学习《中华人民共和国固体废物污染环境防治法》,安排部署有关工作。

【第三十三次政府常务会议】 2022 年 9 月 12 日,县长周永根主持召开。会议传达学习习近平总书记在辽宁考察时的重要讲话精神,李克强总理在主持召开经济大省政府主要负责人经济形势座谈会、在广东考察时的讲话精神和 8 月 18 日、8 月 24 日、8 月 31 日国务院常务会议精神,梁言顺对学习《习近平的山海情》有关批示及调研促进宗教和顺工作时的有关指示、8 月 19 日自治区党委常委会会议、自治区党委审计委员会第八次会议、全区"六权"改革推进会精神,安排部署相关工作;套开全县根治欠薪工作推进会,听取全县根治拖欠农民工工资工作情况及企业欠缴社保费情况汇报,安排部署有关工作。审议《中宁县黄河流域生态保护和高质量发展规划纲要(送审稿)》《中宁县综合交通运输体系"十四五"规划(送审稿)》《中宁县"十四五"农村客运高质量发展实施方案(送审稿)》《中宁县城市更新三年行动实施方案(2022—2024 年)(送审稿)》《中宁县 2022 年县本级预算调整方案(第一批)(送审稿)》。研究《关于拨付中宁县万亩金银花种植 2022 年产业扶持补贴资金的请示》《关于建设中宁县"数字供销"平台及"三位一体"综合合作试点有关事宜的请示》《关于改扩建鸣沙镇人民政府办公场所的请示》《关于拨付振兴西路拆迁安置费用的请示》。会前专题学习《中华人民共和国乡村振兴促进法》,安排部署有关工作。

【第三十四次政府常务会议】 2022 年 9 月 18 日,县长周永根主持召开。套开全县深化"放管服"改革优化营商环境推进会,传达学习《推动新发展阶段改革取得更大突破、展现更大作为》(《习近平谈治国理政》第四卷第 232–234 页)、习近平总书记在中央全面深化改革委员会第二十五次、二十六次、二十七次会议上的重要讲话精神,第十次全国深化"放管服"改革电视电话会议精神,全区深化"放管服"改革持续优化营商环境电视电话会议精神,听取全县深化"放管服"改革持续优化营商环境相关工作情况汇报,安排部署有关工作。套开中宁县应对新冠肺炎疫情工作指挥部第七十一次会议,通报近期有关工作情况,听取疫苗接种、重点领域疫情防控工作情况汇报,安排部署国庆假期及党的二十大前后全县疫情防控等工作。研究《关于拨付中宁县太阳梁乡生态移民区万头奶牛养殖场项目第六批财政补助资金的请示》《关于移交农村生活污水处理公共基础设施的请示》《关于嘉里宁夏港项目合作事宜的请示》《关于实施中宁县整县屋顶分布式光伏项目的请示》《关于对国家 3A 级旅游景区给予奖补的请示》《关于回购悦海幼儿园举办为公办幼儿园的请示》《关于出资中卫市融资担保体系建设资金的请示》,审议《中宁县工业和信息化"十四五"规划(送审稿)》《中宁县关于打好市场主体纾困战工作方案 (送审稿)》《中宁县预防和化解行政争议府院联席会议制度(送审稿)》《中宁县依法推进行政争议协调化解工作实施方案(送审稿)》,会前专题学习《中华人民共和国反有组织犯罪法》,安排部署有关工作。

【第三十五次政府常务会议】 2022年10月5日，县长周永根主持召开。会议传达学习近期自治区党委应对新冠肺炎疫情工作领导小组会议、自治区党委常委会会议和有关专题会议精神，自治区党委和政府主要领导调研督导各地疫情防控工作时的相关指示精神，通报当前全县疫情防控工作存在的问题和不足，安排部署下一步工作。审议《关于做好新型冠状病毒感染的肺炎疫情防控捐赠款物使用管理办法（试行）》，研究《关于通过“绿色通道”购置市级重点专科、薄弱专科、危重孕产妇及新生儿救治能力提升设备的请示》《关于紧急采购“9·20”新冠肺炎疫情防控物资的请示》《关于紧急采购疫情防控生活物资的请示》《关于提请研究拨付疫情防控工作费用的请示》《关于为全县寄宿制学校滞留学生紧急配置线上教学移动终端和秋衣秋裤的请示》。

【第三十六次政府常务会议】 2022年10月11日，县长周永根主持召开县十八届人民政府第36次常务会议。研究《关于拨付疫情防控有关费用的请示》《关于预付保供餐饮单位疫情防控期间供餐费用的请示》《关于聘请第三方公司开展疫区消毒消杀服务的请示》《关于拨付消毒消杀服务费的请示》《关于通过“绿色通道”购置应对“9·20”疫情紧急救治设备的请示》《关于紧急采购储备疫情防控医疗物资暨实验室检测试剂耗材等事宜的请示》。

【第三十七次政府常务会议】 2022年10月20日，县长周永根主持召开。会议传达学习中国共产党第二十次全国代表大会精神，安排部署学习贯彻落实工作；传达全市统筹疫情防控工作和经济社会发展电视电话会议精神，安排部署有关工作。审议《中宁县今秋明春植绿增绿实施方案（送审稿）》，研究《关于“9·20”新冠肺炎疫情以来全县滞留人员住宿费用的请示》《关于中部干旱带中宁县喊叫水徐套灌区周马庄水库工程相关事宜的请示》。

【第三十八次政府常务会议】 2022年10月29日，县长周永根主持召开。会议研究关于确定疫情期间困难群体一次性临时救助标准相关事宜。

【第三十九次政府常务会议】 2022年11月4日，县长周永根主持召开。传达学习《中共中央关于认真学习宣传贯彻党的二十大精神的决定》、习近平总书记在陕西延安和河南安阳考察时的重要讲话精神，中国共产党宁夏回族自治区第十三届委员会第二次全体会议精神，安排部署相关工作；传达学习习近平总书记关于“三农”工作、关于巩固拓展脱贫攻坚成果同乡村振兴有效衔接重要论述精神，全国加强扶贫项目资产后续管理暨衔接推进乡村振兴补助资金执行进度调度视频会议、全国巩固拓展脱贫攻坚成果同乡村振兴有效衔接重点工作推进视频会、国家乡村振兴重点帮扶县重点工作推进视频会议精神，安排部署有关工作；听取全县重点项目进展情况暨明年项目谋划情况汇报，安排部署有关工作。审议《中宁县社会救助网格化管理实施方案（送审稿）》《中宁县冬季清洁取暖工作实施方案（送审稿）》《中宁县古树名木保护管理办法（送审稿）》《中宁县属国有企业外部董事选聘管理办法（送审稿）》《众汇嘉润集团公司企业改制重组方案（送审稿）》，研究《关于移交县自然资源局依法没收违法建筑物的请示》《关于盘活使用财政存量资金的请示》《关于购置移动式核酸检测车的请示》《关于购置移动式核酸采样亭的请示》《关于解决乡村医生社会保险有关事宜的请示》《关于将大战场镇长山头初级中学资产划拨枸杞集团的请示》，会前专题学习《中华人民共和国黄河保护法》，安排部署有关工作；会议还就近期做好“外防输入”等工作进行强调部署。

【第四十次政府常务会议】 2022年11月19日，县长周永根主持召开。会议传达学习11月10日习近平总书记在中共中央政治局常务委员会上的重要讲话精神，自治区党委常委会会议暨应对新冠肺炎疫情工作领导小组会议精神、自治区新冠肺炎疫情防控工作电视电话会议精神，梁言顺在学习贯彻党的二十大精神中央宣讲团报告会和自治区党委理论学习中心组学习会上的讲话精神，安排部署相关工作。套开第二轮中央生态环境保护督察反馈问题整改暨全县违法占用耕地专项整治工作推进会，传达学习关于开展全区2022年违法占用耕地问题专项整治行动的有关通知要求，听取关于第二轮中央生态环境保护督察反馈问题整改和全县违法占用耕地专项整治工作情况的汇报，安排部署有关工作。审议《中宁县行政许可事项清单（2022年版）（送审稿）》《中宁县养老服务体系建设“十四五”规划（送审稿）》《中宁县工业用水权有偿使用费收缴和使用管理办法（试行）（送审稿）》《中宁县2022年生态环境质量和污染物排放总量考核奖补资金使用方案（送审稿）》《关于2021年度县本级财政预算执行和其他财政收支审计发现问题整改落实情况的报告（送审稿）》《中宁县2022年县本级预算调整方案（第二批）（送审稿）》，研究《关于实施中宁县城乡生活垃圾治理环卫设施提升改造项目的请示》《关于玺赞庄园枸杞有限公司承包鸣沙镇薛营村第四宗国有土地的请示》《关于宁地（G）〔2022〕-12号国有建设用地使用权公开出让的请示》《关于新建标准化村卫生室的请示》《关于实施大战场镇中心卫生院服务能力提升项目的请示》《关于2022年中宁县“悦享消费·乐购中宁”消费季活动的请示》，会议还就近期做好安全生产、信访维稳等工作进行强调部署。

【第四十一次政府常务会议】 2022年11月26日，县长周永根主持召开。套开县安委会2022年第五次全体（扩大）会议暨全县消防工作会议，传达学习习近平总书记对河南安阳市凯信达商贸有限公司火灾事故做出的重要指示精神，梁言顺在自治区党委常委会会议暨应对新冠肺炎疫情工作领导小组会议上的讲话精神，通报全县2022年安全生产情况，听取关于全县城镇燃气及自建房安全、道路交通安全和消防安全等工作情况的汇报，安排部署有关工作（纪要另行）；传达学习自治区2022年度巩固拓展脱贫攻坚成果同乡村振兴有效衔接考核评估工作动员会议精神，安排部署相关工作。审议《中宁县推动公立医院高质量发展实施方案（送审稿）》《中宁县深化公立医院薪酬制度改革实施方案（送审稿）》《中宁县贯彻落实第二轮中央生态环境保护督察反馈问题整改方案（送审稿）》《中宁县巩固和深化“活人墓”等突出问题整治规范工作实施方案（送审稿）》《中宁县“十四五”文化发展规划（送审稿）》《中宁县贯彻落实全区稳经济保民生政策措施分工方案（送审稿）》《关于进一步加强金融服务支持全县经济高质量发展的实施方案（送审稿）》。研究《关于实施一污、三污中水管网连通与热电联产市政供热并网部分管线工程的请示》研究《关于宁地（G）〔2022〕-9号国有建设用地使用权出让的请示》《关于宁地（G）〔2022〕-18号国有建设用地使用权出让的请示》《关于宁地（G）〔2022〕-20号国有建设用地使用权出让的请示》《关于宁地（G）〔2022〕-23号国有建设用地使用权出让的请示》《关于拨付中宁县“乐享夏日·约惠中宁”政府促销活动资金的请示》《关于拨付2022年信访安全保障工作经费的请示》《进一步加强中宁县应急救灾物资储备相关事宜的请示》。

【第四十二次政府常务会议】 2022年12月2日，受县委副书记、县长周永根委托，县委常委、副县长彭小沛主持召开。会议审议通过《政府工作报告（送审稿）》《中宁县2022年国民经济和社会发展计划执行情况与2023年国民经济和社会发展计划（草案）的报告（送审稿）》《中宁县2022年财政预算执行情况和2023年财政预算（草案）报告（送审稿）》《中宁县2022年民生计划执行情况和2023年民生计划（草案）的报告（送审稿）》。

【第四十三次政府常务会议】 2022年12月18日，县长周永根主持召开。会议传达学习习近平总书记在12月6日中共中央政治局会议上的重要讲话精神、在党的十九届七中全会第二次全体会议上的重要讲话精神，《国务院关于进一步优化落实新冠肺炎疫情防控措施的通知》，梁言顺在12月12日自治区党委常委会上的讲话精神，在自治区党委常委会会议暨全面深化改革委员会第二十次会议、自治区实施乡村振兴战略工作领导小组会议、人才工作领导小组会议上的讲话精神，在自治区党委专题会议上的讲话精神，自治区18条进一步优化疫情防控措施，中国共产党中卫市第五届委员会第六次全体会议决议，安排部署相关工作；安排部署岁末年初安全生产工作。审议《中宁县残疾人保障和发展“十四五”规划（送审稿）》《中宁县贯彻落实自治区党委办公厅　政府办公厅〈关于推进新时代残疾人事业高质量发展的意见〉的分工方案（送审稿）》《关于进一步加强严重精神障碍患者服务管理工作的实施方案（送审稿）》《关于加强新时代老龄工作的实施方案（送审稿）》《中宁县安全生产和应急救援专家管理办法（试行）（送审稿）》《中宁县创建国家园林城市工作方案（送审稿）》，研究《关于三和矿产开发股份有限公司米钵山团钵郎电石灰岩矿1家非煤矿山复工建设的请示》《关于将城镇土地定级与基准地价更新成果报中卫市人民政府批准实施的请示》《关于收回长燃华储（宁夏）智能制造有限公司建设用地使用权的请示》《关于收回宁夏宁钢房地产开发有限公司和宁夏江河枸杞产业有限公司三宗国有建设用地使用权的请示》《关于划拨五宗国有建设用地使用权的请示》《关于划拨鸣沙镇彭家大疙瘩枸杞供水工程（一期）项目国有建设用地使用权的请示》《关于中国石油天然气股份有限公司宁夏中卫销售分公司渠口加油站用地补缴土地出让金的请示》《关于中国石油天然气股份有限公司宁夏中卫销售分公司北街加油站用地补缴土地出让金的请示》《关于宁夏美德房地产有限公司补缴土地出让金的请示》《关于2022年技术改造综合奖补资金项目有关事宜的请示》《关于拨付捐赠资金购买救护车的请示》《关于实施中宁县街道和广场照明设施提升改造的请示》，会前专题学习《宁夏回族自治区土地管理条例》，安排部署有关工作；会议还就近期新冠疫苗接种、疫情防控物资采购、医保参保缴费等工作进行强调部署。

（祝　福）

政府办公室工作

【应急管理】 按照应急体系建设“十四五”规划，落实相关工作，完善各类专项预案，落实24小时应急值守制度，加强各单位应急值班管理，做好信息报送、研判、跟进工作，提升应急管理水平和应急处置能力。2022年，处置一般突发事件38起，发布各类预警信息344条。

【政务信息】 围绕政府中心工作及工业转型升级、枸杞提质增效、现代农业发展、民生保障、重点领域改革等重大问题，到乡镇、部门、企业、农村、学校和重点项目现场进行调研，收集整理国家、区、市重要决策部署和外地经济社会发展经验做法，为政府领导决策提供科学依据。2022年，向自治区政府办公厅报送政务信息118篇，其中被自治区政府采用6篇。

【文件办理】 加强公文报送管理，严把政治关、政策关、法律关、格式关，合理使用文种，力求内容丰富、语言朴实、短小精悍。规范政府机关公文行文及下级机关来文处理，对不符合要求的报送件退回重办。2022年，处理上级来文、来电3615件，乡镇、部门来文、来信1583件，起草领导讲话稿270余篇。

【督查工作】 紧盯年初确定的重点项目、民生实事和政府常务会、县长办公会、专题会等议定事项的落实，及时了解掌握进展情况、采取书面督办、电话督办、实地督办、推促通报等多种方式，强化督促检查。2022年，印发督查通报48期，督办通知22期，定期督办人大代表建议39件，人大代表议案1件，民生实事10项26件，政协委员提案54件，县长批示件895件。

【政务公开】 健全政务公开议事协调机构，及时研究处理政务公开重大问题，整合力量，做好各单位信息公开、政策解读、回应关切、公众参与等工作。2022年，主动公开政府信息5066条，回应舆情信息237次。组织全县12个乡镇，28个政府组成部门、直属机构公开政府信息年度报告。

【信访工作】 开展集中治理重复信访、化解信访积案攻坚行动，以解决问题为核心，以案结事了、息诉罢访为最终目的，增强法治思维，完善体制机制，细化工作职能，畅通信访渠道，压实工作责任，加强源头治理，推进“阳光信访”“法治信访”“责任信访”建设。2022年，接待群众来访812批5678人次，办理群众来信88件次、网上直转信访件685件（次）、市长信箱49件（次），受理人民网地方领导留言板信访事项39件（次）。

（祝　福）

政协中宁县委员会

综　述

【政治协商】 2022年，政协常委会发挥专门协商机构作用，聚焦县委、政府中心工作，召开全委会议1次、常委会会议6次、主席会议8次、专题协商调研9次、提案办理协商23次，完整构建多层次、常态化的协商议政格局。

【提案办理】 2022年，收到提案草案251件，经审查立案54件，立案率为21.5%。筛选确定重点提案6件，经主席会议审定后呈送县委、政府主要领导批阅，政协主席、副主席负责领衔督办，所有转交提案已全部办理和答复。

【社情民意】 聚力发挥社情民意"小信息"的"大作业"，鼓励委员通过实地调研、座谈交流等途径，听民意、察民情，聚民智、解民忧。各界委员和政协各参加单位反映社情民意信息23条，经过整理向县委、政府报送《社情民意专送》8期，其中《关于加强对饭馆餐具消毒监管力度的建议》《关于加强务工农民职业技能培训的建议》等7期，转交相关部门办理落实。

【统一战线】 组织委员和各界代表人士观摩县域经济社会发展亮点，举行座谈发言，交流思想感受，共同感受中宁发展的变化。坚持党课联上、意见互提，引导各民主党派开展党的二十大主题教育活动。

【调研视察】 按照《2022年协商计划实施方案》，先后就全县百万移民致富提升行动实施、建设铸牢中华民族共同体意识示范县、推动工业经济高质量发展、中宁枸杞营销、疾病预防控制体系建设、教育集团化办学改革等9项议题开展调研协商，提出意见建议78条；坚持区市县政协一体联动、密切协同，就"加强医疗教育人才队伍建设，为推动宁夏高质量发展提供人力支撑"开展三级联动调研，在自治区协商议政的平台上提出中宁主张、发出中宁声音。

【宣传交流】 先后在《华兴时报》、《中卫日报》、政协履职通APP、“中宁县融媒体中心”公众号等媒体刊登新闻稿件40余篇。政治时政要事、重大调研协商活动，编辑发行《中宁政协》刊物4期。分期刊载党和国家关于政协工作的理论方针和政策部署，反映县政协履职动态和建言成果。联系动员宁夏正丰慈善基金会和县政协委员捐资8万元，资助20名品学兼优的应届贫困大学生。中宁“9·20”疫情发生，发动政协委员、界别人士、委员企业、机关干部捐款捐物，捐献资金90.8万元、防疫物资价值286.5万元，款物总值377.3万元。

【理论学习】 2022年度，先后组织政协党组理论学习中心组学习会议11次、政协机关党组理论学习中心组学习会议11次，党组中心组成员人均撰写交流研讨材料9篇，组织干部职工集中学习80多次，开展交流研讨12次，举办支部主题党日活动11次，开展委员大讲堂活动5次，组织机关支部党员去泾源、盐池县开展红色教育1次。

（白　晶）

重要会议

【县政协十三届第二次(扩大)会议】 2022年3月15日下午召开，县政协主席妥大君主持。会议传达学习政协第十三届全国委员会第五次会议精神、习近平总书记在2022年中青年干部培训班开班式上重要讲话、汪洋在全国政协十三届五次会议闭幕会上的讲话、政协第十三届全国委员会第五次会议政治决议；通报《关于调整县政协领导班子成员工作分工的通知》，审议通过《县政协常委会2022年工作要点》《县政协2022年度主要工作分月实施计划》《县政协2022年度协商民主计划实施方案》《政协中宁县第十三届委员会各专委会委员分组名单》《中宁县政协专委会功能型党支部党员名单》，审议通过《提请县委、政府主要领导和县政协主席、副主席领衔督办重点提案的建议》，会议还审议通过有关人事任免事项。

【县政协十三届第三次(扩大)会议】 2022年7月28日召开，县政协主席妥大君主持。会上，传达学习自治区党委《关于加强和改进新时代市县政协工作的实施意见》《中国共产党政治协商工作条例》、自治区第十三次党代会政治决议。听取县人民政府关于中宁县2022年上半年经济社会发展情况的通报、县财政局关于中宁县2022年以来财政预算执行情况的通报。审议讨论《关于中宁县巩固脱贫攻坚成果，实现共同富裕目标推进情况的协商调研报告》。审议通过有关人事事项。

【县政协十三届第四次会议】 2022年11月28日召开，县政协主席妥大君主持。会议传达学习中共中央《关于认真学习宣传贯彻党的二十大精神的决定》、全国政协常委会《关于学习贯彻二十大精神的决议》、《自治区党委十三届二次全体会议公报》。审议通过《关于我县实施能耗“双控”行动推动工业经济高质量发展的协商报告》《关于围绕文明城市创建提升城市建设管理水平的协商报告》《关于对全县疾病预防控制体系建设情况的协商报告》《关于对我县推进教育集团化改革工作情况的协商报告》,通报县政协委员和机关干部抗击疫情捐赠情况。

【县政协十三届第五次(扩大)会议】 2022年12月9日召开,县政协主席妥大君主持。会议传达学习全国政协常委会《关于学习贯彻二十大精神的决议》《自治区党委十三届二次全体会议公报》,审议通过《关于召开县政协十三届二次全体会议的公告》(审议稿)、《县政协十三届二次全体会议会务文件》(草稿)、《县政协十三届常委会工作报告》(审议稿)、《县政协十三届常委会十三届一次会议以来提案工作报告》(审议稿)、《县政协2023年协商民主计划》(审议稿)。

【县政协十三届第六次(扩大)会议】 2022年12月21日召开,县政协主席妥大君主持。听取各组对各项报告讨论和《选举办法(草案)》情况的汇报,审议通过《选举办法(草案)》,听取各组酝酿讨论政协中宁县第十三届委员会副主席、常务委员候选人情况的汇报,决定正式候选人名单,提交大会选举,提名总监票人、监票人名单,审议通过政协中宁县第十三届委员会第二次会议期间提案审查情况的报告(草案)、县政协2023年协商民主计划(草案)、通过政协中宁县第十三届委员会第二次会议政治决议(草案)和其他各项决议(草案)。

【县政协十三届第七次(扩大)会议】 2022年12月21日召开,县政协主席妥大君主持。会议听取总监票人关于选举结果的报告。通过补选的县政协副主席和政协常委当选人名单。

【县政协十三届二次全委会议】 2022年12月20日召开。这次会议是在全县上下深入学习贯彻二十大精神的关键时刻召开的一次重要会议。全县上下学习贯彻习近平新时代中国特色社会主义思想和党的二十大精神及自治区第十三次、中卫市第五次党代会精神,务实苦干、勇毅前行,开启全面建设社会主义现代化国家新征程、以中国式现代化全面推进中华民族伟大复兴的宏伟蓝图的关键时刻召开的一次重要会议。会议应到委员156人,实到124人。会议由政协副主席黎萍主持,县委书记何建勃出席会议并讲话。会议听取并审议《政协中宁县第十三届委员会常务委员会工作报告(草案)》《政协中宁县第十三届委员会常务委员会关于十三届一次会议以来提案工作情况的报告(草案)》;补选政协中宁县第十三届委员会副主席、常务委员,审议通过《政协中宁县第十三届委员会提案工作委员会关于十三届二次会议期间提案审查情况的报告》《县政协2023年协商民主计划》,审议通过政协中宁县第十三届委员会第二次会议政治决议及其他各项决议。委员们以视频形式列席中宁县第十八届人民代表大会第二次会议。全体委员胸怀大局,情系民生,以饱满的政治热情和高度的政治自觉履参政之职、尽议政之责,彰显心系发展、履职为民的责任担当。

专门委员会工作

【提案和委员联络委员会】 2022年征集提案草案251件,审查立案54件,筛选确定重点提案6件,县委、政府主要领导,政协主席、副主席各领衔督办1件重点提案；起草《县政协十三届一次会议提案办理情况的报告》《关于县政协十三届委员会二次会议提案审查情况的报告》，圆满完成主席会议分配给提案委的全委会筹备工作任务。根据县政协常委会《2022年协商工作计划实施方案》安排，提案委承担“围绕黄河流域生态保护和高质量发展先行区建设对植绿增绿”专题调研协商并形成调研协商报告。组织实施全部提案清单办理、清单答复，开展提案督办和重点提案视察工作，转交提案全部实现清单答复。

【经济委员会】 按照政协常委会《2022年协商民主计划》安排，围绕中宁县实施能耗“双控”行动推动工业经济高质量发展和中宁枸杞营销情况开展调研协商活动；组织开展功能型党支部和委员“大讲堂”、界别委员等活动；做好迎接区内外各省市县（区）政协到中宁县的视察调研、考察学习等工作；完成政协党组和常委会交办的各项工作。

【教科文卫体委员会】 按照《县政协2022年协商工作计划实施方案》实施安排，围绕“六大提升行动”实施，组织政协委员对全县疾病预防控制体系建设、教育集团化办学改革情况2项议题开展专题调研协商，并撰写报送专门协商报告，受到县委主要领导的肯定。完成《中宁政协》4期季刊编发工作，为政协委员学习益智提供读物，为社会各界了解政协工作开设窗口。主动与宁夏正丰慈善基金会和非公界别委员联系，募集善款8万元对20名品学兼优、经济困难的应届大学新生进行资助。中宁“9·20”疫情发生后，专委会负责人受派驻守在县红十字会，通过“政协第十三届委员群”发布消息、电话交谈，发动关系谙熟、友情深厚的委员和爱心人士捐献资金17笔90.73万元，防疫物资15宗价值286.3794万元，款物总值377.1094万元，为打赢疫情防控攻坚战贡政协力量。

【社会治理委员会】 按照政协常委会《2022年协商工作计划》安排，组织对中宁县百万移民致富提升行动实施情况进行调研，配合自治区政协、中卫市政协和县政协，组成三级联动对中宁县建设铸牢中华民族共同体意识示范县情况工作开展调研协商；组织开展社会治理委功能型党支部和委员活动，组织对本委员会委员履职情况进行考核。

（白　晶）

政协办公室工作

【强化理论学习】 组织机关干部职工学习贯彻习近平新时代中国特色社会主义思想，开展习近平总书记视察宁夏重要讲话和重要指示批示精神和党的二十大精神“大学习大讨论大宣传大实践”活动，提高政治站位，领悟“两个确立”的决定性意义，增强“四个意识”，坚定“四个自信”，做到“两个维护”。紧密结合政协工作实际，号召机关干部钻研党的理论、政协理论，提高文稿撰写、公文处理能力和水平。

【提高工作质效】 贯彻习近平总书记关于加强和改进人民政协工作的重要思想和全国政协会议精神，围绕全县中心工作，结合《中宁县政协常委会2022年工作要点》，明确县政协2022年工作的指导思想、重点工作和主要活动。执行文件处理相关规定，严格文件的起草、审核、签发、校对、印制、分发程序，办文水平、办文质量明显提升。坚持提前筹备、明确分工、层层把关，有条不紊地做好全委会、常委会、主席会、党组会、专题座谈会等各类会议的协调组织服务工作，做到会场布置整洁庄严，食宿安排合理合规，会场服务细致有序。严格接待标准，规范接待程序，先后接待多个省市级调研考察团（组）。发挥干部主观能动性，做好为领导服务工作，配合各专委会落实各项调研等任务，确保政协机关各项工作衔接紧密、有序推进。注重加强与县委办、人大办、政府办和其他部门单位之间的协调联系，确保领导及时准确掌握有关情况，参与全县中心工作。强化与自治区政协、中卫市政协以及兄弟县（区）政协的纵向横向联系，及时了解各级、各地政协工作最新动态及相关工作信息。强化宣传工作，坚持常态化向宁夏政协、《华兴时报》、《中卫日报》、县融媒体中心等新闻媒介报送县政协工作动态，提高稿件审核和报送力度。做好委员联络服务工作，举办委员培训班4期，为县政协委员征订《政协委员手册》《华兴时报》《人民政协报》，办理图书借阅卡。做好后勤保障，随时排解机关水、电、网络等问题故障，安排人员做好办公区域卫生保洁，为机关正常运转营造整洁优雅的办公环境。

（白　晶）

纪委监委

【概况】 中宁县纪律检查委员会、监察委员会是县委主管党的反腐败职能部门，为正科级，一套人马，两个名称，共同设立内设机构。机关有行政编制 34 名，设纪委书记兼监委主任 1 名，由县委领导兼任，纪委副书记兼监委副主任 2 名（正科级），纪委常委或监委委员 2 名（副科级），内设机构正职 8 名（副科级）。

【政治责任】 县纪委常委会运用专题辅导、党课宣讲、研讨交流等多种方式，持续巩固拓展党史学习教育成果，开展“大学习，大讨论，大宣传，大实践”活动，先后召开 23 次常委会、18 次理论学习中心组学习会、52 次干部集中学习会，对学习宣传贯彻落实党的二十大精神情况监督检查，督促相关单位立整立改问题 16 个。紧盯生态保护修复、污染综合治理、区域粮食安全等重点工作强化政治监督，向县委上报督查专报 17 期，下发通报 2 期，形成调研报告 2 份，督查发现问题 36 个，责任约谈 6 人次。加强对中央环保督察反馈问题整改情况监督检查、执纪问责，处理处分 12 人，督促整改问题 8 类 19 项，完成生态修复 1.4 万余亩。对 57 名党的二十大、自治区第十三次党代会推荐提名代表资格审核。推进自治区党委第二巡视组专项巡视反馈问题整改工作，制定整改措施 53 项，完成整改 52 项。强化对一把手和领导班子监督，建立“一口清”写实档案 120 份，督促一把手与班子成员及下级党组织一把手谈话 80 余次。落实政治生态分析研判评价办法，指导全县 70 个单位精准分析研判政治生态。做好“9·20”突发疫情专项监督，建立健全平急转换、区市县三级扁平化督查机制，开展督导检查 516 次，印发督查通报 38 期，问责通报 5 期，形成核查报告 12 份、督查整改报告 3 期，督促整改问题 813 个，处理处分 28 人。被市纪委评为“一线战‘疫’先锋”16 名，县纪检监察干部 1 名纳入全县疫情防控“红榜”通报表扬。

【专项治理】 全县各级纪检监察组织受理各

类信访举报303件，处置问题线索262件，立案77件，组织处理147人次，党纪政务处分75人，采取留置措施并移送司法机关1人，收缴违纪违法资金70余万元，严肃查处北山非法采矿、“8·09”建筑事故中失职失责问题和雷某严重违纪违法案。深化工程建设政府采购、统计、医疗卫生、国有产权和矿业权交易等重点领域突出问题专项治理，查处问题线索126件，党纪政务处分19人，组织处理86人。“大数据监督+专项治理”工作被自治区专治办评为特色亮点工作。落实“三会两书两报告”制度，针对严重违纪违法案件，督促自然资源局、教体局等案发单位召开警示教育大会、民主生活会5次，推动以案示警、以案促改、以案正风。发出纪检监察建议书19份，下发典型案例通报9期，督促相关单位整改问题30个、健全完善制度18项。推进廉洁文化建设“五个一”活动，挖掘县域廉洁文化资源，建成廉洁文化广场、走廊及展馆11个，打造廉洁文化示范点141个；持续深化“清廉剧社”品牌效应，演出情景剧、小品等1200余场次；举办廉洁文化展，展出廉洁文化作品20余幅。组织89名领导干部家属赴中卫市全面从严治党教育基地开展“喜迎二十大·清风润万家”家庭助廉警示教育活动；围绕“廉政警示教育周”开展“十个一”系列活动，组织党员领导干部参加党性教育大会、观看警示教育片、参观廉政教育基地、旁听庭审，对54名新任职领导干部开展任前廉政考试、集体廉政谈话，筑牢思想防线。

【正风肃纪】 查处违反中央八项规定精神问题4起，党纪政务处分2人，组织处理2人，通报曝光典型问题10起。利用大数据精准发现领导干部配偶、子女及其配偶违规经商办企业问题2件，组织处理2人，主动向组织报告有关情况3人。对全县“改作风，谋发展，争先进”专项行动开展监督问效，督促党员干部落实“严细实廉快”作风要求，查处在疫情防控中履责不力、服务群众作风不实等形式主义、官僚主义问题12起，处理处分28人。聚焦行政审批梗阻问题和服务窗口办事难等问题开展“体验式”监督，现场提醒65人次，提醒谈话2人次，督促调整退回进驻单位3人。推进违规收送红包礼金和不当收益及违规借转贷或高额放贷专项整治，先后召开动员部署会、工作推进会、政策宣讲会50场次，梳理通报全县查处典型案例5起，受理问题线索8件，给予党纪处分3人，组织处理1人，免予处理1人，全县公职人员主动上交红包礼金及不当收益35.9万元，497人主动说明违规借转贷问题。

【惩治腐败】 推进巩固拓展脱贫攻坚成果同乡村振兴有效衔接专项监督，向县委上报工作专报3期，下发通报3期、督办函95份，约谈主体责任落实不到位、工作推进缓慢的领导干部2人，查处问题线索20件，党纪政务处分4人，组织处理24人。开展矿山开采治理、水利工程质量等专项监督，监督检查40余次，发现问题130余个，形成监督专报13期。常态化开展“打伞破网”监督执纪问责，组织处理6人。围绕教育医疗、自然资源、民生领域等精准监督，加强对惠民惠农补贴资金“一卡通”管理使用监督检查，整治农村“三资”腐败问题，严肃查处群众身边腐败和不正之风问题线索43件，党纪政务处分31人，组织处理37人，中宁县群众身边腐败和不正之风专项整治工作做法在全区推进会上做经验交流。持续深化“村廉通”和“提级监督”机制，强化对小微权力运行监督约束。全面推进小微权力“监督一点通”服务平台建设工作，向154个村（社区）发放平台操作指南、宣传彩页3万余份，平台日均访问量2000余人次，处理举报投诉181件，转办平台业务范围外举报投诉25件。中宁县被确定为全区小微权力“监督一点通”推广应用试点县、全区纪检监察机关业务范围外信访事项登记告知和化解工作试点县。

【县委巡察】 制订十五届县委巡察工作五年规划和年度计划，为全县巡察工作画好“路线图”“施工图”。修订完善巡察与审计监督联动工作办法等4项制度，建立健全巡察“组长库”60人、“人才库”186人，为巡察工作开展提供保障。对6个乡镇、6个部门（单位）开展3轮常规巡察，延伸巡察60个村（社区）党组织，同步开展意识形态工作责任制落实情况专项检查，发现问题229个，移交问题线索8件。推动巡察监督与纪律监督、监察监督、派驻监督统筹衔接，加强与组织、财政、审计监督等协作配合，形成常态长效的监督合力。发挥“互联网+”优势，依托“杞乡清风”智慧监督执纪大数据平台，实现“码上巡察”，通过数据对比为巡察组提供负面清单86项，受理信访举报12件，不断拓宽群众监督渠道。落实巡察整改情况“双反馈、一抄报、三审核、两公开”机制，压实被巡察党组织整改主体责任、纪检监察机关和组织部门日常监督责任。开展涉粮问题专项巡察“回访督查”，推动全面整改4个方面13个问题。督促前两轮6个被巡察党组织整改反馈问题212个，整改率92.6%。

【履行监督职责】 协助县委制发全面从严治党、党风廉政建设和反腐败工作任务分工方案，制发落实全面从严治党“两个责任”工作方案，督促全县各级党组织建立完善全面从严治党“三个清单”57份，组织59名乡镇、部门（单位）一把手向县委述责述廉，压紧压实主体责任和监督责任。健全完善廉政档案信息管理系统，动态管理并运用好全县900余名县管干部和5700余名一般干部廉政档案。运用监督执纪“四种形态”批评教育帮助和处理336人次，第一、第二、第三、第四种形态分别占比77.7%、17.8%、1.2%、3.3%，监督执纪由“惩治极少数”向“管住大多数”拓展。指导各级党组织落实党内“七种谈话”制度，开展谈心谈话125人次、警诫谈话3人次、回访谈话6人次。严把党风廉政意见回复关，审慎回复干部任用、评先选优等党风廉政意见2440人次，提出暂缓或否定性意见8人次。严格落实“三个区分开来”要求，为1名受到失实举报干部澄清正名，对92名受处理处分干部开展回访教育，对在“9·20”疫情防控期间主动作为但存在轻微工作失误的8名干部免予问责，4名受到处分表现优秀的干部在影响期满后及时向县委推荐予以提拔晋升。

【党内监督】 贯彻落实派驻机构工作规则，制定深化派驻机构改革的实施方案，进一步调整优化派驻纪检监察组监督范围，明确监督职责。建立健全“室组地”联动监督、联合办案工作机制，协作区联合查办案件59件，党纪政务处分18人。首次完成向人大常委会报告专项工作。推进“四项监督”统筹衔接，加强与人大、司法、审计等部门联系，建立健全信息互通、线索移交、成果共享等工作机制，推动党内监督贯通协同、形成合力。派驻纪检监察组同向发力，联合对县住建局党委物业服务管理开展专项监督，责令整改问题16个，督促建立健全制度5项。推进检举举报平台应用，高效规范处置信访举报303件。深化运用“杞乡清风”智慧监督执纪大数据平台，精准甄别乡村振兴、养老、医保等12个重要民生领域异常数据8万余条3166人，受理问题线索53件，组织处理53人，追缴各类违规资金72万余元，受理答复群众举报问题线索189条，群众满意率100%。中宁县“大数据+监督”工作获评全区纪检监察机关特色亮点，经验做法被《中国纪检监察报》3次刊登，相关信息被人民网、新华社、宁夏纪检监察网等刊发，浏览、评论量达200余万人次。

【干部队伍建设】 以“改作风，谋发展，争先进”专项行动为契机，开展“高素质专业化队伍建设年”活动，召开“解放思想谋发展，争先进位开新局”推进会，开展执纪执法业务培训6次，干部综合能力素质加强，案件质量巩固提升，办理的吴某严重违纪违法案被评为全区纪检监察系统优质案件。健全选拔、轮岗交流机制，14名纪检监察干部被县委提拔使用或职级晋升，8名干部交流轮岗，1名干部被中央纪委国家监委嘉奖，1名干部被自治区巡视办通报表扬。被《中国纪检监察报》、中央纪委国家监委网站、人民网采用30余篇稿件，信息宣传工作位列全区22个县（区）第二。制定《纪检监察干部重要情况报告报备制度》《中宁县纪检监察干部“十带头十严禁”行为规范》，进一步严明纪律规矩。开展“执纪执法形象”专项整治活动，动态更新纪检监察干部廉政档案，9名班子成员到干部家中“廉政家访”，推进“八小时外”监管落地见效。

（万镇嘉）

民主党派

中国国民党革命委员会中宁县委会

【概况】 民革中宁县委会于1954年成立，民革县委会设有城镇支部、卫生支部、新堡支部、石空支部、老年支部等5个支部，有民革党员85人，平均年龄45岁，主要分布在教育、卫生、法制等领域。

【自身建设】 把学习贯彻习近平新时代中国特色社会主义思想作为首要政治任务，贯穿于日常的理论学习和思想宣传活动中，坚持每月开展一次集中学习会，传达学习二十大精神、中共中央统战工作会议精神、自治区第十三次党代会精神、市第五次党代会精神及民革各类会议精神等。开展"不忘合作初心，继续携手前进"主题教育活动。通过各类平台，及时传播中央的声音，2022年，发送各类稿件29篇，并形成信息简报报送区、市、县民革、县政协、县委统战部，多篇信息在宁夏民革公众号刊发；有5名法律、卫生界别的党员义务开展法律、公共卫生知识等理论知识宣传。

【组织建设】 坚持质量、数量并重的原则，加强对后备干部的培养教育，2022年新发展党员1人（教育行业1人），重点培养对象2人（医疗卫生1人、行政事业单位1人），现有市政协委员6名，县政协委员11名，向组织推荐优秀党员，提拔副科级领导干部1人；加强对新党员的培训锻炼，分8批次选派优秀党员参加区、市、县理论、业务培训、学习，提高履职能力。通过对银川市7个基层支部的观摩和学习，对比自身创建工作存在的不足，梳理出急需提高的短板、弱项和改进措施，推动达标支部、示范支部创建工作，得到区、市民革的肯定，民革中宁县委会党员之家被评为全区优秀民革党员之家。通过上门走访慰问的形式，对全县60岁以上的18名民革老党员进行慰问；争取民革中央支持，为患病老党员争取困难慰问金3万元，给生病的党员送上组织的关心；举办以"迎新春，我健身，我快乐"为主题的趣味运动会；举办"不忘合作初

心　共忆峥嵘岁月”老党员集体生日会；开展“守合作初心　话端午安康”包“粽”送真情活动。

【参政议政】　全体党员围绕民生实事、教育医疗、乡村振兴、人才发展及县委、政府中心工作建言献策，其中《构筑反诈新格局　共建平安新中宁》提案在县政协十三届二次会议上进行交流发言，《强基固本　依法行政　助推中宁法治政府建设再上新台阶》做书面交流发言。

【社会服务】　发挥党派优势服务社会。党员中的法律工作者先后为中宁县各乡镇、机关事业单位近800名干部群众义务进行《民法典》、“防止干预司法三个规定”等相关法律法规的宣讲；党员王晓聪发挥三级心理咨询师的优势，为县人民医院、消防队等单位开展心理健康知识讲座，普及心理健康知识；联合教体局、县医院在各中小学开展“关爱青少年护眼行动”，为700余名学生进行视力检测。党员在工作之余为居民群众宣传国家方针政策、普及反诈小知识，开展春节送温暖活动，党员万瑗珲为患病生活不能自理的帮扶户配送轮椅，解决老人外出困难。各行业党员立足本职工作，投身疫情防控队伍，担当志愿服务者，开展摸排、查访、登记、宣传、疫苗接种、核酸检测、卡点值守等工作。党员任志雄撰写《关于改进中宁县采购一次性核酸采样管的建议》社情民意信息，提高采样效率，确保样品的可溯源性。在“9·20”疫情期间，民革党员自发捐款11550元，捐赠生活物资2727.6元。为14户受疫情影响的困难家庭送去价值5000多元的米、面、油。围绕乡村振兴，开展社会服务活动。党员刘国宁到余丁乡时庄村开展驻村扶贫工作。民革县委会组织医疗小分队到时庄村、金沙村开展义诊活动，为有需求的群众提供诊疗服务，现场发放常用药品2500多元。

（刘小雅）

中国民主同盟中宁县委会

【概况】　民盟中宁县委会于1989年成立，民盟县委会设有县城支部、城北支部、城东支部、中宁中学支部、中宁一中支部、老年支部等6个支部，有民盟盟员86人，平均年龄49岁，主要分布在教育、政府部门、卫生、法律等领域。

【自身建设】　组织盟员学习习近平总书记重要讲话精神和自治区第十三次党代会精神，学习贯彻《中国共产党统一战线工作条例》和习近平在中央统战工作会议精神，组织盟员观看党的二十大开幕会。先后4次召开会议集中学习《关于全盟开展“矢志不渝跟党走，携手奋进新时代”政治交接主题教育的通知》和《宁夏回族自治区第十三次党代会报告》。以“不忘合作初心，继续携手前进”专题教育为主要内容，开展诗歌朗诵比赛，获得中卫市一等奖。

【组织建设】　培训以各支部班子成员、中青年骨干盟员、新盟员为主要对象，以新阶段新形势下的统一战线理论、民主党派自身建设理论、参政议政知识、国情区情市情为内容，通过举办讲座、知识竞赛、研讨交流、外出培训等形式，进行全员化培训，加强盟员队伍建设。先后选派17人次参加区、市党委统战部举办的4次干部学习班，参加民盟区委会组织的骨干盟员新盟员培训班3人，14人先后3次参加盟区委会组织在六盘山干部学院参政议政培训学习。先后2人递交入盟申请书。

【社会服务】 2022年，民盟中宁县委会成员调研中宁县肉牛养殖，了解肉牛养殖户的困难和瓶颈，撰写调研报告，8月民盟政协委员调研移民村居民收入，为撰写政协提案提供信息数据。中宁中学支部组织盟员到丰安屯、黄羊古村落考察乡村旅游，民盟中宁县委员会发起《送温暖献爱心公益活动》，组织盟员捐款3950元。在中秋节来临之际对中宁县部分社会散居孤儿和事实无人抚养儿童走访慰问。民盟中宁县委员会发起《抗击疫情倡议书》号召全体盟员参与防疫，争当志愿者，捐款捐物，捐款5000多元，盟员王新慧、严良义捐赠2万多元的防疫物资，盟员王鑫珠、王平联系社会各界捐赠防疫物资。

（刘小雅）

中国民主促进会中宁县委员会

【概况】 民进中宁县委会于1989年成立，民进县委会设有城镇第一支部、城镇第二支部、中宁一中支部、中宁中学支部、东华支部、鸣沙支部、五中支部等7个支部，有民进会员107人。

【自身建设】 坚持中心组学习制度，通过会前集中学习、“学习强国”自学、微信工作群推荐学等方式，学习贯彻党的十九届历次全会精神，系统学习习近平新时代中国特色社会主义思想和习近平总书记关于加强和改进统一战线工作的重要思想，及时传达学习各级重要会议精神。开展“矢志不渝跟党走，携手奋进新时代”政治交接主题教育。将主题教育与信息化建设主题年活动相结合，与年度重点工作任务相结合，细化任务分工，推动落实。召开全委（扩大）会议3次，集体研究决策重要人事安排、重要会议召开、重大活动举办、大额资金支出、评先评优等会内事务。明确领导班子责任分工，形成工作合力，统筹做好对外协调、上传下达，增强班子团结共事能力。完善制度建设。按照民进中央制度建设的要求，以民进中央和宁夏区委会制度体系为蓝本，全面修订完善县委会制度，按程序和要求向民进市委会报备审查。做好会内监督。按照《各民主党派中央关于加强内部监督工作座谈会纪要》等要求，完善会内监督工作制度和机制，改进工作作风，促进会内监督工作制度化规范化。

【组织建设】 民进中宁县委会坚持把发展会员，提升会员素质作为基层组织建设的重点工作，坚持“界别便利化，会员年轻化”原则，以“政治认同感、综合素质、参政议政能力”三大要素作为组织发展对象主要参考点，坚持发展高素质、高层次、有代表性的同志入会。2022年吸收新会员1名，考察期会员2名。举办以“喜迎十六运，强身健体扬精神”为主题的趣味运动会。

【参政议政】 深化“履职能力建设年”“反映社情民意信息主题年”活动成果，年初制订履职计划，明确目标任务和分工，聚焦县委、政府中心工作、重点任务、重大工程及群众身边“急、难、愁、盼”的突出问题，组织会员调研，提高履职建言能力和水平。反映社情民意信息，向县政协反映社情民意信息8条，其中《关于改善裕民路中宁一中南大门口处红绿灯设置的建议》。

【社会服务】 组织10余名书法家开展“春联万家·推动共同富裕”活动，分别在县市民大厅和大战场镇大战场村为群众写送春联1000余副。

（刘小雅）

群众团体

中宁县总工会

【概况】 县总工会下辖职工文化活动中心和困难职工帮扶中心，内设办公室、业务部和经审办3个部室，有干部职工15人（其中公务员4人，事业编3人，工勤人员1人，职业化工会工作者7人）。2022年全县有基层工会组织526个，职工（农民工）入会41052人。

【凝心聚力工程】 2022年，开展劳模"五个一"活动，为各级劳模发放慰问金6.25万元；宁夏华宝枸杞产业有限公司智能制造生产车间原浆灌装班组被自治区总工会评为自治区级工人先锋号；自治区劳动模范、中宁县大战场镇东盛村妇女主任姬秀花被选为党的二十大代表。开展"中国梦·劳动美"主题教育，开展"翰墨送祝福 欢乐迎新春"送"福"字、送春联活动。举办"喜迎二十大 礼赞新征程"大学生艺术团走基层宣传习近平新时代中国特色社会主义思想巡回演出、第十届"书香三八"读书、全县"喜迎二十大·巾帼展芳华"旗袍秀、"喜迎党代会·献礼二十大"演讲比赛、声音里的经典故事演说大赛等活动。推选优秀节目参加全市"劳动者之歌"合唱比赛、"闪亮最美劳动者·扬帆起航新征程"寻找最美笑脸摄影作品和寄语作品征集活动。

【建功立业工程】 2022年，开展劳动技能竞赛和技术创新活动。联合县枸杞服务中心、住建局、教育体育局、隆基公司联合举办全县枸杞采摘、建筑工人、全县中小学教师"三字一话"基本功大赛、"隆基杯"劳动技能竞赛，组织参加全市"沙坡头杯"导游服务技能竞赛，参加全区电力行业、首届物流行业技能竞赛；组织企业工会参与自治区第十二届技术创新评选活动，征集涵盖产品类、设备类、工艺类、成本类和环保类5个类别的16项创新成果，上报区、市总工会。开展"安康杯"竞赛活动，举办安全生产“金点子”随手拍等活动。推进产业工人队伍改革。深化《中宁县新时代产业工人队伍建设改革试点工作方案》，选取12个部门、8个企业，采用全面试点和项目试点相结合的方式改革创新；在全区推进产业工人队伍建设改革工作会议上作为试点单位做交流发言。巩固脱贫攻坚成果同乡村振兴有效衔接工作。做好大战场红宝村、新堡肖闸村以及喊叫水麦垛新村16户脱贫户、红宝村4户监测户的结对帮扶工作；将结对定点帮扶村工作与县总工会年度工作同安排、同落实，加强与村“两委”班子、驻村工作队联系，进行排查，研讨，坚持每月至少开展一次入户走访，制定“一户一方案，一人一措施”清单，落实各项帮扶措施，提升群众满意度。

【维权帮扶工程】 2022年，联合县就业和人才服务中心开展“春送岗位”行动，线上发布各类信息70期，线下举办招聘会3次，提供岗位550个；“夏送清凉”，为奋斗在全县重点项目、工程建设、“新业态就业群体”、环卫工人、疫情防控工作人员送去价值14.97万元防暑降温慰问品；对符合救助标准6人困难职工子女发放慰问金2.4万元；对313名困难职工发放送温暖慰问资金40.9万元。对全县受疫情影响的低收入群体及防疫一线职工中的低收入群体人员进行排查，对30名低收入职工发放3万元慰问金，并录入全国工会帮扶管理系统。按照自治区总工会《宁夏回族自治区总工会困难职工帮扶管理实施细则》，准确掌握困难职工（农民工）的基本情况，做好困难职工帮扶救助工作，对38户符合救助标准困难职工发放33.02万元救助资金。六一儿童节期间为10名困难职工子女送去慰问金5万元；实施关爱女职工行动计划，举办女职工健康及维权知识培训，邀请宁夏工人疗养院为369名困难女职工进行“两癌”体检；对全县部分新就业形态群体中的货车司机、快递员和网约送餐员280人进行免费健康体检。推行职工医疗互助保障制度。组织全县机关、乡镇、企业参与职工医疗互助活动，全县有174家企事业单位10455人参与互助活动，缴纳职工医疗互金62.73万元，发放医疗互助金4.726342万元。

【和谐劳动关系工程】 2022年，印发《2022年职工队伍稳定风险隐患专项排查化解工作实施方案》，逐级签订《维护职工队伍稳定工作责任书》；对全县125家企业劳动领域风险进行摸排；坚持政府工会联系会议，召开中宁县协调劳动关系三方会议。收集厂务公开提案2件，举办全县工会构建和谐劳动关系培训班1期；推行区域性、行业性职代会制度，推进厂务开制度化、规范化建设，全县非公企业职代会建制率达86%；健全平等协商机制，建立以社会化工会工作者为主体的集体协商指导员队伍，引导基层工会做好工资集体协商要约，培养行业、区域性集体协商“双百”示范点8家，建会企业集体合同和工资集体合同签订率96%以上。开展“两节”期间根治欠薪专项行动、集中接访和12351平台的派单办理及劳动争议调解，累计接到44期，办结率100%；开展“尊法守法 携手筑梦”服务农民工法治宣传，组织开展《民法典》、习近平法治思想进企业、进工地活动8场次。推进基层组织提质增效年活动。加大区域性、行业性工会组建和小微企业建会入会力度，新组建工会组织21

家，发展会员2318人，发展农民工会员685人。指导20家基层工会按期换届选举。建设户外站点，新打造丰安屯工会户外服务站点、丰宁社区户外服务站点2个，其中，丰安屯工会户外服务站点被评为全国“最美工会户外劳动者服务站点”；开展模范职工之家“结对共建”活动，举行模范职工之家“结对共建”签约仪式。

【助力复工复产】 2022年，9月20日全县疫情暴发后，县总工会按照县委要求，下派干部7人，到杞韵社区惠丰苑、金帝小区、城关六队等值守点，做好小区居民管理、核酸采样、物资采购等工作。做好长山头红宝疫情隔离点包抓工作，主要领导及2名干部到隔离点开展工作；抽调2名干部到振兴社区和石空方舱医院参与疫情防控。筹措资金，助力疫情防控。对2020、2021年符合条件163家小微企业，返还工会经费34.5万元；县总工会向自治区总工会申请工会经费100万元，并将资金全额划拨给县人民医院、县疾控中心、县中医医院等21家单位，主要用于慰问疫情防控第一线的医护人员，支持基层工会组织开展疫情防控工作；筹措1.8万元慰问京藏高速中宁卡口、中宁东站卡口、乌玛高速渠口卡口、石空火车站卡口、京藏高速长山头卡口等10个高速卡点（服务区），对在一线的防疫人员进行慰问；筹措资金3.5万元，订购本县部分菜农滞销白菜、莲花菜等蔬菜，帮助菜农解决因受“9·20”疫情影响蔬菜滞销问题。对受疫情影响的货车司机开展慰问活动。

（董　倩）

共青团中宁县委员会

【概况】 2022年，团县委下辖团委31个，团总支3个，团支部553个，团员16379人。团县委机关编制4人，在编干部3名，书记1人，副书记1人，干部1人。另有挂职副书记1人，兼职副书记1人。

【思想政治引领】 开展“学习二十大，永远跟党走，奋进新征程”主题教育实践活动，依托“三五”“五四”等重要时间节点，“清明祭英烈”“传承雷锋精神·共建美丽杞乡”系列主题实践活动8次。依托“三会两制一课”制度机制、“青年大学习”、“红领巾爱学习”主题团（队）课、“青年之家”实体阵地等平台载体，组织全县591个团组织、758个少先队中队开展主题团（队）日活动，实现全县共青团、少先队组织100%覆盖。编排党的青年运动史音诗舞，开展文创作品线上评比、演讲比赛等活动3次。灵活运用“青年讲师团”“板凳会”“线上小聚”等多种形式开展分众化宣讲46场次。邀请县领导与全县各界青年代表共同收看庆祝中国共产主义青年团成立100周年大会直播，召开学习宣传贯彻习近平总书记在庆祝中国共产主义青年团成立100周年大会上的重要讲话精神座谈会1次，组织团代表、青年志愿者、各级团队组织学习500余场。打造“中宁青年”云媒体宣传矩阵，开设“走进百年党史，追寻信仰之光”专栏，开办《杞乡青语》栏目6期。

【青春建功新时代】 深化5项青春建功行动，争取宁夏青少年科技创新基金，成功申报“小平科技创新实验室”项目1个。组织各团队组织开展科普创作展示、“校园科技节”等活动，推动打造科普示范基地、广场4个。完成青年志愿者协会换届选举，筛选培训75名青年志愿者，服务于第五届枸杞产业博览会。累计招募2200余名志愿者投身“9·20”疫情防控，开展“您的孩子我来守护”“邻里互助　余药共享”志愿行动。深化“爱在社区”行动，组织190余名“返家乡”大学生到村（社区）开展亲情陪伴、课业辅导等志愿服务，组织各团（队）组织开展“‘河’我一起　保护母亲河”、环境整治、植绿护绿等志愿服务活动150余场次。大力培育电商青年人才，举办直播电商达人训练营、政策沙龙4期，累计培训120余人次，依托电商助力枸杞产业升级。

【服务青年成长发展】　申报全国青年发展型县域试点，县委、政府制定印发《中宁县青年发展型县域试点实施方案》，成立由县委、政府主要领导担任双组长的试点工作领导小组。深化“我为青少年办实事”实践活动，打造“青年来信”受理反馈机制，建立健全县级我为青少年办实事清单，摸排困难青少年5类431名。深化“希望工程”品牌内涵，筹措款物108.8万元，点亮246名困境儿童“微心愿”，资助困难大学生160人，建设希望小屋4个。举办“共青团与人大代表、政协委员面对面”座谈会，会集对于构建青少年心理健康服务机制的意见建议10余条。联合教体局、康明眼镜公司为17621名中小学生进行免费视力筛查。以预防青少年违法犯罪、维护青少年合法权益、促进青少年健康成长为中心目标，开展“青春自护·有你有我”自护宣传、中高考减压、法治进校园、禁毒防艾，青少年的利益诉求和合法权益得到保障。开展“爱心送考　助力未来”志愿服务活动，组织380辆出租车在高考期间免费接送考生。举办“青春有约　遇见当夏”青年联谊活动，为20多名未婚单身青年搭建相互认识、相互交流的平台。实施“千校万岗”大学生就业服务行动，联合人社等部门开展“春风行动”招聘会4场，发布招聘信息4篇。实施青年就业创业引领行动，招募200余名大学生参与社会实践。

【基层团组织建设】　推进全面从严治团，不断巩固基层基础，新建非公企业团支部20个、社会组织团支部3个。扩大团的工作覆盖，打造青年之家4个，新建团属社会组织2个，新增联系新兴领域青年8名，联系网上青年社群39个，联系覆盖团员青年6893人。整改学校团组织建设中存在的问题，各初高中均以班为单位成立团支部。建立校外少工委16个。选配挂职副书记1名，完成12个乡镇团委换届，吸纳17名西部计划志愿者兼任乡镇、村（社区）团干部。组织召开团组织书记年度述职评议考核会，举办团队干部培训班3期。规范团员发展工作，对2021年新发展团员以及违规使用团内标识问题进行全面排查整改，择优发展团员623名。开展团组织规范化建设“对标定级”，评定四星级团支部103个，三星级团支部210个，二星级（后进）团支部4个，一星级（软弱涣散）团支部1个。做好智慧团建系统更新与管理工作，全县“学社衔接”率99.8%、“升学衔接”率99.3%。推荐选树先进典型，新堡镇团委获“全区五四红旗团委”，宁夏红枸杞产业集团有限公司青年职工董建方获“全区五四青年五四奖章”。贯彻自治区党委《关于全面加强新时代少先队工作的实施意见》，组织开展“喜迎二十大 争做好队员”集中入队仪式，有序推进少先队员分批入队、星级章评定活动，全县先后有7个少先队集体和10名少先队员获四星章，推选获评“全国优秀少先队员”“全国优秀少先队集体”各1个，7个少先队组织、11名少先队员、6名少先队辅导员被自治区通报表扬。运用线上阵地，开展“红领巾爱学习”“争做红领巾讲解员”，实现少先队组织100%全覆盖。

（张斯钰）

中宁县妇女联合会

【综合活动】 在第112个三八国际妇女节之际，中宁县妇女联合会与总工会、文化旅游广电局在丰安屯旅游度假区共同举办“喜迎二十大·巾帼展芳华”旗袍大赛，吸引来自各乡镇、各部门（单位）和社会团体23个代表队参赛，有12支参赛队进入决赛，此次活动线上同步进行直播，观看人次4000余人。开展“百千万巾帼大宣讲”群众性宣传教育活动，开展“巾帼心向党·喜迎二十大”群众性主题宣传教育活动40多场次，参与妇女群众6000多人次。

【乡村振兴巾帼行动】 建成乡村振兴巾帼示范基地9个、申报命名中卫市巾帼创业创新基地3个，举办巾帼直播电商达人训练营，实现女性就业人数增量扩容。2022年发放农村妇女担保贷款17921元，惠及1171人。聚焦农村人居环境整治提升专项行动，开展“美丽庭院”创建活动，召开工作交流推进会1场，实地调研督导4次，表彰市级“美丽庭院”创建示范户300户，发放奖金6万元。开展美丽庭院宣传活动4场次，发放宣传品1500个，引领农村妇女共建共享美丽宜居家园，全面助力农村人居环境改善。

【家庭文明建设】 以“家家幸福安康工程”为抓手，持续推动家庭文明建设发展。常态化寻找全国“最美家庭”“五好家庭”各1户，“健康家庭”26户；推荐区级三八红旗集体2个，三八红旗标兵1人，三八红旗手3人，选树中宁县家庭亲子阅读实践基地2个。开展“树清廉家风·创最美家庭”活动，引导党员干部带头弘扬清廉家风。线上举办家庭教育公益讲座7场次，受益4万余人，线下开展“喜迎二十大·清风润万家”家庭助廉警示教育活动1场次，家庭教育促进法主题培训4场次，受益250余人。深化巾帼志愿服务，做好“兰花芬芳巾帼红”志愿服务，扩大“县妇联家庭教育志愿服务队”影响力。结合“我为妇女群众办实事”实践活动，紧抓重要节日节点，开展“我们的节日”“把爱带回家”“植绿增绿”“创建文明城市”等特色巾帼志愿服务活动20场次。

【关爱行动】 开展“巾帼暖人心”活动，聚焦女性健康，“两节”期间慰问特殊困难妇女儿童230人，发放慰问金23万元，发放价值10.7万元“幸孕套餐”大礼包214个、价值900元“女性关爱包”3个、价值3300元“母亲邮包——家乡同心包”11个；救助“两癌”患病妇女41人，发放救助金41万元；落实关爱女性健康保险11723人117.23万元，为44名妇女理赔154万元；为214名困难孕产妇送去“幸孕套餐”大礼包；为14名困难妇女送去“女性关爱包”或“母亲邮包——家乡同心包”；六一儿童节开展“守护女童·绽放未来”关爱困境女童走访慰问活动，为60名困境女童发放价值1.8万元的“六个一”幸福包；为40名品学兼优的困境女童发放“春蕾计划”项目助学金16万元，开展“亲子共沐书香·强国复兴有我”亲子阅读活动，征集作品600多个，评选出一、二、三等奖60名；开展暑期防溺水宣传、“小树苗·爱的接力”伴你成长行动等。

【权益保障】 以保护权益“护她”行动、防性侵“护花”行动、反家暴“护家”行动为重点，持续开展婚姻家庭矛盾纠纷排查化解，维护“家”和谐。紧扣《宁夏妇女发展规划（2021—2030年）》《宁夏儿童发展规划（2021—2030年）》和《中宁县国民经济和社会发展第十四个五年规划和二〇三五年远景目标纲要》等规划及重要文件对妇女儿童工作的部署，颁布实施《中宁县妇女发展规划（2021—2030年）》《中宁县儿童发展规划（2021—2030年）》。开展《民法典》《和谐婚姻大讲堂》讲座4场次。开展婚姻家庭纠纷“大走访大排查+关爱帮扶”工作，发挥12338维权热线、“妇联在你身边”维权小程序在化解婚姻家庭纠纷、发现家暴、性侵未成年人等侵害妇女儿童合法权益案件线索的作用，召开宣传推进会5次；畅通维权诉求渠道，排查化解婚姻家庭纠纷134件，为妇女提供法律援助8次，把维权服务工作送到妇女儿童身边，助力县域社会治理能力提升。

【抗击疫情】 “9·20”疫情突发，县妇联号召动员各级妇联组织、执委、巾帼志愿者和家庭参与疫情防控工作。招募储备志愿者280多人，协调区、市妇联和社会组织捐赠女性卫生用品、保暖衣裤等价值15万元；协调社区为留守儿童、独居老人、孕产妇、患病妇女解决陪护问题；12338热线接待咨询200余人次，调解妇女维权咨询26起，心理疏导32次；招募“临时妈妈”48名、“临时哥哥”1名，匹配成功2对。推送心理援助、疫情信息等文章。

【基层组织】 举办巾帼领头雁培训班，争取区、市妇联项目资金20万元，在全县20个村（社区）实施“提升基层妇女参政议政能力和妇联组织力”项目，召开专题培训会2次。持续实施“双培双带”项目，培育村妇联主席10名，带动妇联工作和妇女发展。动员全县各级基层妇联执委主动认领为民服务岗位3838个，提高履职能力。

（张　蓉）

中宁县文学艺术界联合会

【概况】 中宁县文联有编制5人，实有7人。下设办公室、组联部、协会工作部、《红枸杞》编辑部及作家协会、音乐家协会、舞蹈家协会、戏剧家协会、书法家协会、美术家协会、民间文艺家协会、摄影家协会、文艺评论家协会、影视家协会10个协会。有县级会员690人，市级会员116人，区级会员52人，国家级会员8人。

【重大文艺活动】 联合自治区文联、宁夏影视家协会、宁夏音乐家协会以及县音乐家协会在大战场镇红宝村开展“喜迎二十大　奋进新征程”文艺服务进乡村活动，举办专场文艺演出；举办“奋进新征程　阅读再出发”读书分享会、

“喜迎二十大·礼赞新时代”红枸杞原创文学诗歌朗诵评析会；联合纪检、宣传、政法、统战等部门，开展以“廉风和畅　勤政为民”的廉洁文化、“民族团结进步月”中华优秀传统文化、“美好生活　宪法相伴”优秀法治文化为主题的文艺作品展览活动。

【文艺创作成果】　编辑出版《红枸杞》期刊4期；刊发《中宁文艺》展览、作品展示24期，在《中宁文艺》编发抗疫专刊9期；完成文史作品《枸杞古今探》《红枸杞文学丛书》《洪漫地》《丰安渡》等；《最美杞乡人》《黄河母亲》等30余件（幅）书法、美术、摄影作品在区市级比赛中获奖。中宁音乐家协会指导组建的红宝农民合唱团，先后获市区举办文艺会演、农民大合唱等多项荣誉奖，以此为题材的真实故事已拍成电影《六谷儿》，县音乐协会主席李震宏被评为全区“最美文艺志愿者”。

【文艺作品展览展演】　完成第五届中宁枸杞产业博览会“中宁枸杞宴”参赛作品审核、枸杞文创作品展区布展等工作，展出书法作品52幅，绘画作品48幅，摄影作品42幅；联合社区、中老年书画协会举办“翰墨丹青·香飘中宁”书画云上摄影展4期；在疫情期间，开展“‘艺’心聚力·抗击疫情”主题文艺作品征集线上展活动，征集展出文创作品87幅（篇），其中书法34幅，绘画20幅，摄影12幅，小品4个，组诗10组，短篇小说7篇。

【文艺惠民活动】　组织文艺志愿服务队开展“六进”活动。开展“书画进社区”“送福送春联”活动18次，赠送春联、福字、书画等作品3000余件，剪纸、书法写作培训3次；开展“送图书进校园”暨文学写作讲座活动，为大战场学校捐赠图书400余本；在新堡镇刘营村建立文艺采风创作基地和“作家之家”，为全县文学创作交流搭建平台；邀请区级专家老师开展声乐培训指导，为大战场红宝村农民合唱团捐赠电子钢琴1台、合唱专业书籍100本。

【文艺队伍建设】　组织班子成员到各文艺家协会对全县“两新”组织及人员进行摸底，建立台账，更新完善全县人才库，对690名协会会员进行登记造册；与青铜峡“作家之家”合作，选派13名年轻文学爱好者参加为期两年的“一对一”指导培训，提升写作水平；注重文艺骨干人才培养，鼓励文艺家协会会员建立工作室3个，为开展文艺创作学习交流提供便利。

（李文选）

中宁县残疾人联合会

【概况】　中宁县残疾人联合会有编制7人，实有7人，其中理事长1名，副理事长2名，干部4名。下设综合办公室、康复科、教育就业科、办证窗口。

【康复服务】　适配辅助器具596人1264件。新建“爱心接力　循环使用”辅具回收维修借用服务站2个，在5个景区设立辅助器具免费借用站点，配发辅助器具138件。适配站立式电动轮椅8人。11名残疾人享受脊髓损伤“能力重建”和“重塑未来”矫治手术治疗。对7981名残疾人进行康复服务，服务率达100%。与19个定点康复机构签订服务协议，转介98名残疾儿童到定点康复机构进行康复训练，结算康复救助资金45.88万元。送康复训练进家庭5名。

【教育救助】 资助9名大专以上残疾学生,发放扶残助学资金3.3万元。配合特教学校对全县69名残疾儿童开展送教上门服务，保障残疾儿童受教育权利。

【就业培训】 开展“2022年残疾人就业宣传年”和“就业援助月”活动,配合县人力资源社会和保障局开展5期招聘活动,通过公益性岗位安置6名残疾人就业。审核按比例安排残疾人就业19家,安置残疾人66人。举办残疾人职业技能培训9期,培训残疾人及其家属413人。对11名应届毕业大学生进行就业意愿征求,一人一册,提供就业服务。扶持15名残疾人个体创业、72名残疾人灵活就业。

【扶贫帮困】 将27户易返贫、致贫残疾人家庭作为防止返贫致贫监测和帮扶重点人群,进行动态帮扶。开展农村残疾人实用技术培训1期,培训人员102人。培育扶贫合作社2个,扶持致富带头人1名。争取资金12万元,鼓励扶持30名残疾人发展特色种植业、养殖业。

【民生保障】 开展惠残政策大调查大排查大宣传活动,将残疾人信息推送医保局和社保局,推动落实残疾人医疗、养老政府代缴政策,实现应享尽享。落实残疾人“两项补贴”政策,配合民政部门做好“两项补贴”审核工作,每月对残疾证过期、死亡及时注销,不符合享受政策的及时停发。对符合条件的及时申请纳入,做到应纳尽纳,应退则退。投入资金30万元,对200名就业年龄段精神、智力及重度肢体残疾人提供居家托养服务;投入资金34.9万元,春节期间慰问342户贫困残疾人家庭和康复机构1家;投入资金29.9万元,对精神病患者进行免费服药和住院救助;投入资金27.5万元,帮助5500名处于就业年龄段、具有一定劳动能力的残疾人每人购买50元意外伤害综合保险,落实就业年龄段残疾人意外伤害综合保险(圆梦护航保)理赔工作,落实保险理赔12人,赔付金额13万元;为36名肢体残疾人发放机动轮椅车燃油补贴0.9万元;对230名精神、智力及重度残疾人发放残疾评定补贴3.45万元;对28名缴纳本年度养老保险的残疾人个体工商户给予养老保险补贴。投入资金55.8万元,实施残疾人家庭无障碍改造155户。落实残疾人证网上办理、“跨省通办”工作。年内办理残疾人证1136人,核查清理注销死亡和人证不符残疾人676人,对残疾鉴定等级核查复议评定4人,开展上门残疾评定服务4次,服务对象69人,评定办证58人,跨省跨县通办29人。

【上门代办服务】 贯彻落实《为特殊困难残疾人上门代办服务若干措施》,全面梳理上门代办服务事项,对接相关部门和社会组织,面向残疾人提供“保姆式”服务。推行上门办、网上办、就近办、一次办等便利化服务,解决困难残疾人“办事难”问题。受理件数3765件,办结3765件,惠及人数2743人。

【换届选举】 召开中宁县残疾人联合会第八次代表大会,聘请第八届主席团名誉主席、名誉副主席,通过等额选举和无记名投票方法选举产生第八届主席团主席、副主席、委员,执行理事会理事长、副理事长、理事,5个专门协会主席、副主席。配备兼职副理事长1名、挂职副理事长1名。

【文化体育】 持续开展残疾人文化周、残疾人健身周、残疾人文化进家庭“五个一”和残疾人文化进社区活动。投入资金4.7万元,组织100

户贫困残疾人家庭开展文化进家庭“五个一”活动,组织2个社区开展残疾人文化进社区活动。

【改作风,谋发展,争先进】 县残联结合职能职责实际深化学习、查摆问题、谋划发展、争先进位。通过党组理论学习中心组、干部理论学习等形式开展集中学习61次,交流发言18人次,专题学习1次,交流发言3人次。围绕“严细实廉快”五个方面,查摆“改作风”问题10个,制定整改措施10条,完成整改10条,整改率达100%;围绕优化服务、民生改善等方面,确定“谋发展”事项15个,制定落实措施15条,完成事项15个,完成率达100%;确立“争先进”标杆对象1个,查找短板1项,制定工作措施4条,补齐短板1项,完成率达100%。建立完善制度2项。

【疫情防控】 抽调11名党员干部下沉一线,包抓2个社区疫情防控工作。自治区残联联合宁夏残疾人福利基金会向县残联紧急拨款6万元,用于帮扶救助疫情受困残疾人。县残联通过红十字会接收社会爱心人士定向捐赠的米、面、油等生活物资14.5吨,价值约13.5万元。制订救助物资分配方案,协调安排保供车辆闭环运送,对580户疫情确诊、无症状感染、密接、次密接及重度困难残疾人家庭进行临时救助。组织残疾人工作者全面摸排封控管控区残疾人底数,建立工作台账并实行动态管理。做好新冠肺炎疫情残疾人防护社会支持服务工作,安排专人,通过电话、微信等形式,悉心解答残疾人因隔离、管控封控遇到的心理问题,提供线上心理干预健康服务。

(万文娟)

中宁县工商业联合会

【组织建设】 根据《自治区党委办公厅转发〈自治区党委统战部关于市、县(区)工商联(民间商会)换届工作的实施意见〉的通知》和《中宁县工商联(商会)换届工作实施方案》文件要求,县委统战部、工商联按照文件规定的人选提名推荐和产生程序,经过相关部门(单位)层层推荐,14个部门综合评价,按照干部管理权限进行考察,分别征求县纪委监委、县委政法委、县发展改革局、县卫生健康局意见,就县工商联班子成员候选人建议人选征求市委统战部意见。把热心群团工作、企业发展好、个人素质高、带动经济发展能力强的非公经济人士,吸纳到工商联的队伍中来。经全体会员代表大会选举产生中宁县工商联十五届执委会执委人选49名,班子成员15名,专职驻会副主席2名,不驻会副主席12名;秘书长1名。

【服务会员】 组织开展“送政策,进民企”活动。协同邀请相关部门单位采取线上线下相结合,政策汇编发放和平台精准推送相结合开展常态化“送政策进民企”活动,引导、帮助民营企业家学政策、懂政策、用政策,享受政策红利。组织15个部门、13家企业围绕企业生产经营、项目建设情况、政策落实情况、营商环境状况等方面存在的问题进行座谈交流,重视民营企业提出的意见建议,发挥主观能动性,主动下沉向民营企业送政策,让企业及时享受国家政策,提振民营企业发展信心。搭建政银企沟通交流平台。工商联发挥联系非公经济代表人士的桥梁纽带作用,举办政银企座谈会,召集18家企业12家银行及相关部门单位分别围绕中小微企业融资难题,推动县域经济稳步发展进行交流座谈,为政府相关部门、银行、企业进一步加强合作建立互信、互利,互助的良好合作关系和机制,助推各项惠企政策落实落地落细,解决企业困难,推动中宁县民营经济高质量发展起到作用。持续落实"百所联百会"机制。与司法机关、律师服务机构的联系,搭建法律援助、法律维权服务平台,结对签订合同7份,开展企业"法治体检"活动,提高企业依法经营管理水平和依法维护自身权益的能力。参与和谐劳动关系三方工作,推动构建和谐劳动关系。抓好招商引资服务对接。发挥工商联"牵线搭桥"的优势,做好宁创30万吨再生铝、红宝新都会、中晶半导体技改等会员企业重点项目服务协调,加快项目推进和杞鑫种业等会员企业招商引资线索对接,完成招商引资1.1亿元。

【疫情防控】 引导非公企业做好疫情防控,引导会员企业和商会做好疫情防控工作。对宁安镇丰宁社区的电信小区、工行小区、传输局小区和广电小区等4个疫情防控责任区开展疫情防控工作。对包抓的中宁宾馆隔离点技术上进行科学防控、信息上及时准确上报、保障隔离人员的人身安全和心理健康,没有出现大面积的传染,完成疫情防控各项工作任务。

【光彩事业】 引导民营企业参与"万企兴万村"行动帮扶贫困村、助力"9·20"疫情防控等社会光彩事业。县内47家企业积极参与"万企兴万村"行动,对接47个贫困村,在乡村建设、扶贫济困,教育帮扶中投入资金、物资等45万元。"9·20"疫情发生后,宁夏华宝有限公司、宁夏杞鑫种业有限公司、邢台商会等企业捐助口罩等物资67万余元。制订《关于开展2021—2025年"万企兴万村"行动实施方案》和《关于开展2022年"万企兴万村"行动实施方案》,指导相关企业开展好"万企兴万村"行动,引导宁夏早康枸杞股份有限公司等47家民营企业结对帮扶太阳梁乡南塘村等47个村,巩固拓展"万企帮万村"成果。做好大战场镇马莲梁村1269户群众和太阳梁北湖村11户脱贫户的监测工作。

【社会稳定】 开展电信网络诈骗防范宣传工作,在本单位包抓住的中宁县工行小区、电信局小区等4个小区进行手机反诈APP的安装。开展商会领域非法集资整治。贯彻落实《防范和处置非法集资条例》,对所属商会涉嫌非法集资风险进行常态化排查,完善《中宁县工商联信访案件包保化解方案》,按照职责分工,实行领导包抓信访案件排查化解,督促集资单位筹集资金,向群众进行兑付款项。围绕"两节"、全国"两会"等重要时间节点,开展矛盾纠纷化解和稳控工作。2022年,商会向群众兑付集资款943.2万元。接待群众来访,到县信访局进行答复,本年未发生越级访、缠访、闹访等非法上访问题,维护社会稳定。

(门仲军)

中宁县科学技术协会

【概况】 2022年,县科协被自治区科学技术协会、自治区教育厅、共青团宁夏回族自治区委员会、自治区妇女联合会授予"第36届宁夏青少年科技创新大赛优秀组织单位”；被中卫市科学技术协会、中卫市教育局、共青团中卫市委员会、中卫市妇女联合会授予“第37届中卫市青少年科技创新大赛优秀组织单位”；被中卫市科学技术协会、中卫市教育局授予“第八届中卫市青少年机器人竞赛优秀组织单位”。

【科普项目建设】 向区、市科协争取实施项目，全年争取到项目6个，资金38万元。其中，全域科普示范县创建项目1个20万元，科技志愿服务“五个一”示范引领活动项目1个6万元，科技专家助力乡村振兴项目1个1万元；黄羊古落科普教育基地项目1个5万元，宁安镇仁和社区科普广场项目1个3万元，石空镇综合文明实践站科普教育基地项目1个3万元。

【科普信息化建设】 对“中宁科普”微信公众平台创新运用和舆情管理，《科普中国·中宁科普在你身边》制作播放30期，在中宁综合频道总计播放342次；“中宁科普”关注人数850人，年度发文量783条，年度总阅读人数15765人次。

【科普知识培训】 发动和组织全县12个乡镇科协举办科技知识培训活动，组织农业科技人员围绕枸杞、种植养殖、设施农业、草畜产业等开展农业科技教育培训活动5场次，开展智能手机应用、合理膳食、食品安全、合理用药、应急处置等知识的普及活动6场次。组织医务科技工作者到农村和社区举办健康大讲堂18场次。组织社区医务工作者和科技志愿者为老年人健康做好志愿服务，为辖区内离休干部提供上门巡诊、康复护理、健康管理、便捷就医、政策咨询等服务，开展防范电信诈骗、养老诈骗专题讲座和宣传活动，提升老年居民的防范意识和辨别能力。

【青少年科技教育活动】 组织全县中小学生参加区、市青少年科技创新大赛、青少年机器人竞赛、中小学校科普剧竞赛、有奖征文比赛等，先后组织参加第36届宁夏青少年科技创新大赛、第37届中卫市青少年科技创新大赛、第八届中卫市青少年机器人竞赛，137组师生获奖。争取的中国流动科技馆区域常态化巡展展品《影子世界》《镜子世界》展览资源巡展项目，能够有计划地组织城乡群众和学生、干部职工参观，普及科学知识，提高城乡群众和学生、干部的科学素质。支持建设“青少年科学工作室”5个、“农村中学科技馆”3个。

【科普主题活动】 联合全民科学素质各成员单位开展全国科普日宣传活动和全国科技工作者日宣传活动，发放科普宣传品1000余份、科学知识小读本2000余本，受益人数2000余人。邀请自治区科普作家协会到宁安镇集中培训、分别进入南苑社区、杞苑社区、仁和社区开展推广运用科普中国APP传播科普知识活动，运用科普中国APP传播阵地提升全县公民科学素质，动员更多公众成为科学知识的倡导者、传播者、践行者，壮大科普宣传员队伍，科普中国APP注册志愿者人数达10995人，转发918035次，注册量位列全区11名。邀请市党校宣讲团教师和老干部分别到中宁县职业技术学校、早康枸杞股份有限公司、中宁一中、杞苑社区、新堡镇政府以及中宁八小、中宁十小进行主题为“弘扬科学家精神，传播科学文化”的大型宣讲活动。

（吴冰婵）

中宁县红十字会

【概况】 2020年9月21日，中宁县红十字会挂牌成立。按照中宁县委员会机构编制委员会《中宁县红十字会职能配置、岗位设置和人员编制规定》文件规定，中宁县红十字会为正科级群团机关，由县委领导分管、政府领导联系，预算事业编制3名。2022年，中宁县红十字会设常务副会长兼秘书长1名，副会长1名，工作人员8名。

【人道救助】 通过“3·5”学雷锋日、“6·14”世界献血者日等节点，发动群众进行无偿献血、造血干细胞入库登记，已参与献血5场次，造血干细胞入库登记150余人份。落实人体器官捐献各项法规要求，累计登记志愿者463人。组织开展“博爱未来·老兵你好”公益项目，募集42000元爱心款项，将为42名退役困难军人送去关怀；开展“一家一个急救包”公益项目，筹集资金20935.53元，计划购买急救包、开展应急救护培训；实施红十字“博爱送万家”活动，发放款物28.81万元，受益群众1555人；定期对帮扶村余丁乡金沙村和宁安镇洼路村和帮扶点大战场镇宁原村9户居民，精准制定帮扶计划，为困难群众送去爱心礼包9个、棉衣10件、牙膏300支。动员企业、群众自愿通过捐赠、志愿服务等方式济困扶弱，推动公益事业发展，促进第三次分配的实现。

【急救培训】 开展应急救护“五进”活动，普及应急救护技能，通过抖音、微信公众号等，定期推送应急救护小知识。以提升全民应急救护知识为目的，制作播发造血干细胞捐赠、心肺复苏、海姆雷克小视频4个，开展应急救护员培训班48期，取得初级救护员证2500余人，普及性讲座人数3100余人；为政务服务中心、丰安屯旅游景区各配备AED 1台，使得AED(除颤仪)安装实现零的突破；以“群众身边的红十字会”为依托，打造4个“红十字救护站(角)”。成立中宁县红十字造血干细胞及无偿献血、“救”是爱应急救援培训、综合救援、遗体和器官捐献四支志愿服务队。以团队工作模式将全县47名师资分为6个小组开展救护员培训工作，盘活救护师资队伍，救援志愿服务队已完成应急救护培训16场次800余人，其中幼儿园基本全部覆盖；通过“家门口的救援队”“毕业就是救护员”“三救三献” 文艺宣传演出等特色活动，激发基层活力，将“安全救人，科学救人”的概念贯穿培训始终；利用暑假学生实践活动，打造“救在身边小地摊”志愿服务活动阵地。

【备灾救灾】 提升服务能力，增强发展动能。建立健全应急工作机制，选派6人参加全区应急救护师资提升、业务能力培训、赈济救援等培训；参与应急、地震、消防等部门开展综合性应急救援演练4次；将心理健康融入志愿服务内容，为各企事业单位、学校开展心理健康讲座3次，获得与会人员的一致好评；争取香港红十字会援助的2个“社区为本防灾减灾项目”和2个“学校心理健康教育项目”落地，预计到位项目资金195万元；推荐宁新社区、中宁十小为全国红十字模范单位。红十字会会员、会费实现零的突破。2022年，中宁县红十字会接收7家企事业单位为红十字会团体会员单位。发展个人会员588人，收取会费3574元，按比例对会费进行上解。

【基层组织建设】 逐步健全基层红十字会职能，助力乡村振兴，宣传党的理论政策方针、健康知识、急救技能等，壮大向善向上社会正能量。按照“一社区（乡镇）、一重点、一特色”理念，指导红十字会基层组织组建红十字志愿服务队和发展志愿者，发展基层组织71个（其中，乡镇12个，学校3个，村/社区49个，医疗机构1个，企事业单位5个），发展团体会员单位4个、个人会员318人，组建基层志愿服务队3支，登记红十字志愿者957人。提出“五步五类”“一会一品”等红十字基层组织建设的理念，制定全区第一本标准化工作规范，涉及六个内容，为基层推进工作提供标准。工作规范已提交自治区红十字会审核批准，按要求为部分乡镇及村（社区）印发，在大厅开设代办窗口，推动红十字会业务向基层延伸。

【疫情防控】 做好观天下小区卡点值守工作。落实点长负责制，做好疫情防控政策宣传、物资保送、思想疏导、特殊人群关爱等。募捐资金和物资的接收和使用。发挥“人道 博爱 奉献”的红十字精神，倡导爱心企业、爱心人士捐资捐物，为中宁县抗疫情贡献力量。中宁县红十字会接收资金858.02万元，物资1248万元，合计2106.02万元，按照相关管理办法对受捐物资及时调拨，定向捐赠物款资金按照捐赠人意愿执行，其他资金按照县委、政府要求全部转入财政局统筹使用。

（张　娜）

法　　治

政法与综合治理

【严打斗争】 2022年，县法院受理各类案件3852件，结案3681件，结案率95.6%。县检察院全年办理各类案件1009件，其中受理审查逮捕案件52件74人，批准逮捕35件50人；受理审查起诉案件206件314人，提起公诉181件274人。公安机关立电信网络诈骗案件342起，同比下降40.5%；破案252起，同比上升1.6%；抓获95人，同比上升21.8%；财产损失1600.1万元，同比下降44.4%，实现“两升两降”。

【维护稳定】 聚焦县委重点工作，在执法司法协同、维护社会稳定等方面持续发力，系统排查近五年因资金未兑付可能影响社会稳定的政府实施项目33个，提请县委研究，拨付1181万元化解风险群体12个。发挥政法专业优势，针对重点涉稳案件、涉法涉诉群体，通过案件会商、专班盯抓，推动宁宇翔非法集资等一批复杂疑难案件办理，消除涉稳风险。全年实施司法救助43案61人123.1376万元，协调银川工务段投资400万元建设包兰线护网双侧16公里，解决因开放式线路造成的行人穿越铁路挡停火车问题。“9·20”突发疫情期间，立足社会管理组职责，加强监测预警、精准施策，排查化解涉疫矛盾风险266件，妥善处置涉疫负面舆情462条，办理涉疫案件27起。坚持把维护国家政治安全摆在首位，发挥政治安全专项组统筹协调职能，推动指导统战、公安等成员单位开展反渗透反颠覆、反恐怖反分裂、反邪教等维护政治安全“八个专项工作”，及时跟进参加“枸杞博览会”，“中国有约，点赞美丽新宁夏”的28名外籍人员、香港红十字会2名工作人员，走访排查社会组织52家，严防各类政治渗透活动。走访调查在册邪教人员145名、教育转化107人，组织政法网军持续组织关注境外敌对媒体明慧网以“宁夏中卫中宁县法轮功学员尤某某被非法起诉”歪曲事实进行报道情况，加大对尤某某关联人员侦察深挖，坚决堵住内外勾连渠道。对来往中宁县的55名新疆关注人员背对背核查，化解2起涉疆矛盾纠纷，对4名基督教重点人员落实教育监管包保责任制，捣毁“门徒会”邪教组织窝点2处，依法严厉打击处理26人。

【扫黑除恶】 以贯彻落实《反有组织犯罪法》为牵引，紧扣常态化扫黑除恶“十件实事”，召开扫黑除恶斗争领导小组4次，压茬推进重点任务落实。聚焦线索案件办理，实行每月线索“零报告”制度，发动群众举报、各成员单位上报问题线索12条，严格落实线索分流转办、会商研判、审核把关，对重点线索进行一对一指导督办，全年受理问题线索22条并全部办结，成功打掉恶势力犯罪团伙1个，判刑9人，责任追究6人。聚焦黑财处置，召开“打财断血”推进会、涉黑涉恶财产处置会商研判会3次，县扫黑办牵头，调动黑财执行专班力量，重点攻坚吴建华涉黑案尚未处置完毕的财产和事项，专门赴银川、中卫、青铜峡等地实地协调，向兴庆区、青铜峡市等发函14份，推动该案黑财处置率从年初的41.2%上升至99.93%。聚焦行业整治，结合中宁实际重点聚焦非法集资、电信网络诈骗和非法采矿等乱点乱象，制发“三书一函”37份并全部整改，非法集资累计兑付22.58亿余元、兑付率60.68%，打击处置非法采矿7案9人，打击整治养老诈骗专项行动摸排办理线索10条、办理案件1起，全县电信网络诈骗发案、财损数较去年分别同比下降27%、46%。

【社会治理】 建成县级综治中心并实体化运行，建立56人组成的综治中心调解专家库和94人组成的重大决策社会稳定风险评估专家库，用活基层综合治理指挥平台，将全县12个乡镇54个部门全部纳入平台并开通账号，为1180个网格员配备账号，全面汇集社情、警情、案情、舆情信息，交办化解重点矛盾30件，下发预警通报4期、平安形势通报6期。开展全县维护社会稳定风险隐患大排查大化解大整治专项行动，全年排查化解矛盾风险隐患3336件。紧盯涉稳重点人群，梳理走访排查在册精神障碍患者、生活失意、心态失衡、行为失常、性格偏执等人员1855人，落实“一人一档、一人一策”精准管控。围绕“可防性命案、公共安全、信访维稳、接处警情、诉讼案件、矛盾纠纷总量”6个影响平安建设重点因素，提出“三零三降”（零命案、零事故、零群体访，接处警情数下降、诉讼案件数下降、矛盾纠纷总量下降）创建目标，部署开展平安细胞创建，全年19个社区、118个村实现“三零”目标，6个乡镇实现“三降”目标。

【队伍建设】 落实党委（党组）议事决策、重大事项请示报告等制度机制，县委书记和政法单位班子成员谈心谈话2次，指派工作人员列席政法各单位党史学习教育、工程建设政府采购领域突出问题整治等专题民主生活会，政法各单位向县委、政法委和上级政法单位请示报告重大事项113项。举办全县政法综治系统政治轮训班、习近平法治思想专题讲座，实行公检法司“四长”上讲台制度，对全体政法干警分层次、全覆盖开展政治大轮训11次。2022年清理微信公众号流毒信息49条。结合脱贫攻坚、乡村振兴、疫情防控等重点工作，全县政法系统700余名干警轮岗轮值投入疫情防控，选派34名干警驻村开展脱贫攻坚、乡村振兴。推动法官、检察官、人民警察、行政执法人员同堂培训，乡镇政法委员、人民调解员、综治干事等政法战线一体培训，针对防范电信网络诈骗、养老诈骗、扫黑除恶等工作，举办各类业务培训班8次，举办法官讲堂1次、警务技能培训班14场次、应急处突演练3次。配合县委组织部建立政法专业年轻干部库、具有法律职业资格年轻干部库、领导干部备选人选储备库。邀请县纪委书记为全县政法综治干部讲廉政党课，举办警示教育课、旁听职务犯罪庭审、参观警示教育基地、观看警示教育片等60余场次，落实新时代政法干警“十个严禁”，印发《关于巩固全县政法队伍教育整顿成果推进全面从严管党治警实施方案》，紧密结合“改作风，谋发展，争先进”专项行动，对全县基层法庭、派出所、司法所纪律作风情况进行全覆盖督查巡查，反馈整改执法办案、纪律作风、人员配备、责任落实4个方面14个问题，常态化开展执法司法顽瘴痼疾排查整治工作，对2名存在司法作风问题的法官予以通报、责令书面检查。加强案件流程监控和质量评查，评出瑕疵案件15件，倒逼干警依法履职。

（郑学香）

公安

【概况】 县公安局设置32个机构，其中内设机构13个：指挥中心、办公室、政工监督室、警务保障室、法制大队、政治安全保卫大队、网络安全保卫大队、刑事侦查大队、交巡警大队、治安管理大队、经济犯罪侦查大队、缉毒大队、出入境管理大队；监管机构2个：中宁县看守所、中宁县拘留所；派出单位16个：城关、新堡、鸣沙、恩和、舟塔、大战场、长山头、喊叫水、石空、余丁、渠口、白马、徐套、森林、太阳梁、工业园区派出所；公益一类单位1个：社区警务管理中心。有警力669人，其中，政法专项编241人，事业编制53人，工勤14人，平均年龄41岁；辅警297人，禁毒专干64人，平均年龄29.8岁。有10个集体，15名个人受到市级以上组织表彰，政治安全保卫大队被公安部评为“全国优秀基层单位”。

【接处警情况】 县公安局接处警总量21563起，占全市接处警总量的37.64%。其中交巡警大队、城关派出所、大战场派出所年接处警数量较多，分别占总警情33.55%、31.36%、22.36%。交通事故和矛盾纠纷类警情相对较多，分别占全县总警情的33.55%和30.11%。接到电信网络诈骗类警情765起，损失金额2994万元，其中城关辖区被骗金额数最大，占总金额的64.51%。

【刑事犯罪侦查】 全县刑事案件立案1345起，不予立案42起，撤销案件31起。提请批捕96人，批准逮捕74人。立故意杀人案3起，破3起，立强奸案9起，破9起，打击处理犯罪嫌疑人9名。串并破获传统“盗抢骗”案件408起，抓获犯罪嫌疑人143人，为群众挽回经济损失140万元。

【扫黑除恶】 全年接受群众举报线索12条，全部落实核查。侦破涉恶案件1起。办理涉赌刑事案件1起，打击处理1人；侦办1起针对老年人群体宣传、销售净水机，夸大产品功效骗取钱财的诈骗案件，抓获流窜作案团伙成员9人。赴甘肃、北京、湖北等地开展调查取证工作，串并全国同类案件40余起，核实涉案资金15万元，案件犯罪嫌疑人分别被判处4年6个月至11个月有期徒刑。

【打击电信网络诈骗】 全年立电诈案件433起，财损2031.7万元，破313起，采取刑事强制措施559人（取保候审375人，拘留174人，监视居住10人）。

【经济犯罪侦查】 县公安局受理各类经济犯罪案件25起，其中洗钱案4起，非法吸收公众存款3起，信用卡诈骗案3起，非法经营案2起、合同诈骗案3起，保险诈骗案1起，虚假诉讼案3起，串通投标案2起，虚开发票案1起，组织领导传销案2起。抓获犯罪嫌疑人299名，追回涉案资金2.6余亿元，45起案件查封、扣押、冻结的涉案资产价值约7.4亿元。为全县重点项目企业提供背景审查2次，抓获各类犯罪嫌疑人29人。通过网上云端系统协助异地查办案件15件，非法吸资案件追缴涉案资金 2.6亿元，查封房产242 套。开展宣传教育18场次，联合市场监管局、烟草专卖局开展市场集中整治5次，查获串码烟390条。

【治安管理】 县公安局受理治安案件1878起，办结811起，行政调解154起，治安案件处罚936人。其中，罚款人数322人，拘留640人。年内录入“一标三实”基础信息实有人口信息37.12万条、实有房屋信息11.78万条、实有单位信息1849条，标准地址14.56万条。办理赌博案件36起，打击处理223人；卖淫嫖娼案件12起，打击处理38人；阻碍执行职务7起，打击处理10人；其他案件3起，打击处理3人。开展“夏夜治安巡查宣防集中统一行动”“百日行动”3次，累计出动警力849人次、警车126辆（次），检查各类场所909家（次），巡察重点部位132个，排查整治各类隐患384个，摸排各类矛盾纠纷1889起，调处1858起，调处率98.3%。联合县应急管理局、商务局等相关单位完成对全县石油石化系统52家加油站防范恐怖袭击重点目标达标建设验收。

【改革和加强派出所工作】 印发《改革和加强派出所工作两年建设规划（2022—2023年）》等系列文件，细化派出所及警务室考核细则。派出所所长、社区民警“进班子”率100%。组建石空“警+X”、大战场石喇叭村“红袖标”等义务巡逻队群防群治队伍119支、统筹基层治理力量1255人。

【警卫工作】 完成党的二十大、全国“两会”、高考、自治区第十三次党代会等安保警卫任务21次，其中一级警卫3次，三级警卫1次。

【交通安全管理】 全县交通事故接出警7100起，受伤244人，死亡29人，经济损失297.42万元。未发生死亡3人及以上道路交通事故，全县道路交通安全形势基本平稳。查获各类违法行为9.9万起，其中酒驾178起，醉驾34起，超员269起，无证驾驶532起，违法载人101起，疲劳驾驶134起，超载1455起（含百吨王161起），扣留机动车979辆，拘留23人。累计协调治理安全隐患60余处，淘汰黄标车821辆，安装减速带20米，在全县中小学幼儿园门口安装28余万元的警示牌、减速带、爆闪灯。在全县72所学校和133个行政村建立交通安全宣传阵地。开展交通安全宣传141场次，发放安全头盔1000顶，宣传资料33.2万份，悬挂宣传条幅125条，张贴海报1030张，编发手机短信15.5万条，电视台随警报道21波（次）。出动武装巡逻警力3560人次，警车512余辆（次），救助因发生交通事故受伤群众13人。开展预约下乡12次，办理驾驶员业务19614笔、机动车业务9397笔，处理非现场交通违法行为25249起，组织9期425名满分驾驶员和1202名审验驾驶员参加县城执勤体验。

【禁毒工作】 全县在册吸毒人员1437人，其中，社区戒毒6人，社区康复15人，社会面有吸毒史27人，药物维持治疗6人，强制隔离戒毒7人，服刑5人，看守所羁押11人，戒断三年未复吸1307人，死亡53人。全县吸毒人员戒断三年巩固率94.4%，社区戒毒社区康复执行巩固率91.3%，社区戒毒康复执行率持续四年保持在100%；新增吸毒人员1人。累计查获吸毒人员5人，完成全年任务的100%；破获刑事案件1起，抓获犯罪嫌疑人2人，缴获毒品海洛因30.3克。查使用易制毒化学品企业77家，责令整改8家，检查麻黄草种植户4次。办理未按规定建立安全管理制度案件2起，完成全年任务的200%，收缴硫酸500毫升、盐酸400毫升。全县未发生涉毒人员肇事肇祸案件，未发生制毒物品漏管失控案件，未发生制毒类案件。开展以“一县区一品牌，一乡镇一特色，一社区一亮点”为主要内容的无毒乡镇、无毒村居（社区）创建活动，全县9个社区戒毒康复中心已全部完成二星级评定。

【规范监督】 受理治安案件1878起、刑事案件1345起，全流程、全要素闭环监督。全区执法质量考核中抽取的10起案件均案扣分3.5分，其中零扣分案件6起，在全区案件考评中排名靠前。审核行政、刑事案件3514案，审核刑事拘留200人次，取保候审374人次，提请批捕78人，移送起诉案件255案369人。撤销案件129案，不予立案51案，行政处罚1294人；纠正执法问题2097条，办理行政复议14件，行政诉讼8件，民事诉讼4件，仲裁1件。

【食药环违法犯罪打击处理】 立刑事案件10起（非法案猎捕野生动物案1起，非法采矿案3起，非法占用农用地案4起，污染环境案1起，非法制造、买卖、处置危险物质案1起），打击处理违法犯罪嫌疑人8人。抓获网上批捕逃犯2人，立非法携带枪支案1起。协助外省公安机关办理涉及生产销售伪劣产品、食品、非法经营案件21起，核查区市公安机关转办食药环案件线索17起。落实自治区公安厅黄河流域高质量发展先行区建设便民利企十五项措施要求，开展野生动物救助绿色通道，参与救助野生动物30只，其中国家一级保护野生动物2只，国家二级保护野生动物15只，“三有”动物13只。

【“放管服”工作】 将出入境证件办理、身份证办理、外省户口准迁证办理等23项高频业务纳入窗口服务范围，全年办件量4.3万件。推进365天×24小时工作制度，推出政务服务“六办一通道”即推出“一窗办、自助办、马上办、紧急办、预约办、延时办”六项举措，针对老年人、残疾人等特殊群体开设“绿色通道”，提供服务130人次，收到群众锦旗7面。通过互联网公安政务服务平台受理群众申请、办件、咨询 684件，即时办结684件，即时办结率100%，群众满意率100%。“宁警通”平台受理咨询1724

件，咨询答复及时率100%。

【疫情防控】 成立由副县长、公安局局长花铎任组长的应对“9·20”突发疫情工作领导小组，建立工作碰头会、实地查访、包保责任、涉疫违法犯罪快侦快办等工作机制。在交通卡口、隔离点、高风险小区封控管控执勤点成立临时党支部，选派32名党员民警担任临时党支部书记，设立党员先锋岗88个。设立疫情防控指挥岗，建立疫情防控联络员工作机制，及时综合研判。在卡口规范设置“一长七岗”，科学规划“车型分道，检测分点，停车分片”三段区域，累计查验车辆30万台（次）、人员48万人次，劝返1.4万车（次）1.8万人次。配合专家组开展“挖根行动”，累计调度警力5216人次、转运大巴车4520台（次）、警车976台（次），评估点位461个，涉及阳性人员842名。累计转运阳性密接人员3.4万人次。累计转回阳性康复出院人员3229人次，接收在外市县隔离期满返回人员9253人次，转送外市县在中宁县隔离期满人员1123人次。抽调116名警力在县城内设置交通封控点43处，调配706名警力在291个小区管控10.8万人，安装电子门磁3.95万套，累计调处矛盾纠纷636起，化解632起。累计办理涉疫案件33起，打击处理22人。

（艾乐乐）

检　察

【概况】 中宁县人民检察院下设办公室、政治部（法警大队）、第一检察部、第二检察部、第三检察部、第四检察部、第五检察部、综合业务部8个内设机构，现有编制54个，其中政法专项编49个、工勤事业编4个、县聘用编制1个，2022年末在职人数61人，其中，政法专项编45人，工勤事业编3人，县聘用编1人，聘用制书记员12名。

【平安中宁建设】 树立总体国家安全观，依法严惩严重暴力、扰乱社会公共秩序、多发性侵财犯罪，批准逮捕43人，提起公诉184人。自觉融入反腐大局，审查起诉职务犯罪案件2件2人，推进受贿、行贿一起查，提升反腐败工作合力。落实《反有组织犯罪法》，起诉恶势力犯罪6人，完善黑恶案件提前介入、联系会商等机制9项。着力防范化解重大金融风险，办理非法吸收公众存款案4件、洗钱犯罪1件，督促追赃挽损162万元。组织干警下沉社区、隔离点、高速公路卡口，开展宣传动员、值班值守、排查登记、核酸检测等各项疫情防控工作。

【优化营商环境】 打击破坏社会主义市场经济秩序犯罪及侵犯民营企业合法权益犯罪，提起公诉7件。常态化开展涉非公经济案件立案监督和羁押必要性审查活动，对民营企业负责人涉嫌犯罪案件，坚持宽严相济刑事政策，变更强制措施1人，提出适用缓刑意见1人，最大限度减少涉案企业负面影响，助力企业“活下来”“发展好”。推进涉案企业合规改革，主动指导、帮助企业堵漏洞、除隐患。开展涉民营企业社区矫正对象外出经营“请假难”专项活动，制发纠正违法通知书2份，畅通涉案民营企业生产经营“绿色通道”。

【推进乡村振兴】 开展司法救助工作，向32名涉案被害人及其家属发放司法救助金30.24万元，坚决防止因案致贫、因案返贫。紧盯影响生态宜居的突出问题，提出检察建议49件，督促清理80余处未规范处置的生产、生活垃圾和农业面源废弃物，推动乡村振兴人居环境整治。落实包抓机制，支持帮扶村产业培育，组织干警到帮扶乡镇，进村入户，宣传扶贫惠农政策，落实帮扶责任。

【刑事检察】 坚持“在办案中监督，在监督中办案”工作理念，监督立案15件，监督撤案42件，纠正漏捕5人、漏诉5人，纠正遗漏罪行4起，纠正侦查活动违法6件，纠正审判活动违法7件，从源头上防范冤假错案发生。落实宽严相济刑事政策和少捕慎诉慎押刑事司法政策，对因婚姻、家庭、邻里或偶发矛盾引发的轻罪案件，依法不批准逮捕23人，不起诉32人，变更强制措施6人。实行同审同补，提前介入引导侦查24件，开展自行补充侦查64件(次)。加强刑罚执行监督，常态化开展“减假暂”“财产刑执行”监督等专项活动，书面纠正刑罚执行违法情形12件，对刑罚变更执行同步监督5件，严防“纸面服刑”。监督行政执法机关移送犯罪线索5件，公安机关立案4件，解决有案不移、以罚代刑问题。

【民事检察】 持续深化审理、裁判、执行“三位一体”民事检察监督格局，对确有错误的裁判提请抗诉1件、提出再审检察建议4件，均被采纳。紧盯民事诉讼活动重点领域和关键环节，针对民事审判和执行活动违法制发检察建议65份，促进规范司法和依法解决“执行难”问题。开展虚假诉讼专项监督，办理虚假诉讼监督案件3件，对“假官司”进行真打击。对办案中发现的倾向性、普遍性违法问题，制发类案监督检察建议5份，做到监督一案、解决一类问题。

【行政检察】 践行行政诉讼“穿透式”监督理念，将行政审判程序违法和行政非诉执行程序违法作为监督重点，向法院制发检察建议12份，对行政机关违法行为提出检察建议10份，既促进法院依法审判执行，又推进行政机关依法履职。办理的1件行政非诉执行监督案被最高人民检察院评为优秀案例。加强与人民法院、相关行政机关的协调配合，常态化开展行政争议实质性化解工作，化解行政争议2件。

【公益诉讼检察】 坚持“双赢多赢共赢”监督理念，履行公益诉讼法定领域职责，先后开展文物文化、水资源、古树名木保护和生产安全隐患排查等10余个公益诉讼专项活动，常态化开展“巡”山水林田湖草和“携手清‘四乱’保护母亲河”专项行动，通过检察听证、磋商提醒、公开宣告检察建议、跟踪监督等方式，督促解决违规抽取地下水问题3个，消除道路桥梁、健身器材、燃气使用、输电线路等安全隐患180余处。督促规范处置废弃沙坑、沟壑、岸坝等区域内随意倾倒的垃圾百余吨，推动治理扬尘污染、秸秆焚烧等环境污染问题13个。办理的1件服务保障黄河流域生态保护和高质量发展公益诉讼案被最高人民检察院评为典型案例，办理的“黄羊湾岩画文物保护公益诉讼案”入选最高人民检察院案例专刊。常态化开展诉前检察建议整改落实“回头看”，促进损害公共利益问题得到整改。

【群众信访申诉】 架起服务群众“连心桥”，打造规范高效的12309检察服务平台，妥善处理群众来信来访、法律咨询76件(次)，做到件件有着落、事事有回音。全面落实公开听证制度，邀请代表、委员、人民监督员74人次对不捕、不诉等案件公开听证27场次，让公平正义“看得见”。构建矛盾纠纷多元化解机制，通过检察长接访、院领导包案、律师参与信访案件化解等方式进行释法说理23人次，让“法结”“心结”一起解。

【民生民利案件办理】 聚焦群众“钱袋子”安全，开展“反诈”人民战争，协同推进“断卡”行动和打击整治养老诈骗专项行动，起诉电信网络诈骗犯罪71人，批准逮捕养老诈骗犯罪8人、帮助信息网络犯罪活动9人，追赃挽损67.68万元。聚焦群众“舌尖上”的安全，开展餐饮服务、桶装饮用水及重大节日食品安全大检查等多个专项行动，督促50余家食品生产、经营主体消除安全隐患19个。聚焦群众“脚底下”“头顶上”安全，推动解决人民群众身边的安全问题，督促消除窨井设施问题600余个、整改楼顶安全隐患21处。聚焦个人信息保护，向行业主管部门制发检察建议3份，有效堵塞个人信息保护漏洞。发挥“根治农民工欠薪工作站”作用，支持农民工起诉案件25件，帮助追讨劳动报酬34万余元。

【未成年人工作】 开展“检爱同行，共护未来”法律监督专项行动，加强对未成年人的全面综合司法保护，“没完没了”抓好“一号检察建议”落实，监督撤案20人，制发督促落实强制报告检察建议3份，支持起诉11件，开展观护帮教25人，心理疏导19次，发出督促监护令5份，救助未成年人13人次，发放救助金9.5万元。开展“法治进校园”宣讲活动81场次。

【社会治理】 做好司法办案“后半篇文章”，针对办案中发现的社会治理漏洞和问题，制发检察建议34份，促进源头治理。运用检调对接机制办理轻微刑事案件，促使案件当事人达成刑事和解7件，最大限度减少对抗、促进和谐。落实“七号检察建议”，邀请寄递企业代表召开专题联席会议，共同研究治理通过寄递途径实施违法犯罪的行为，促进寄递行业健康持续发展。针对安全生产领域存在的问题，向相关部门制发检察建议2份，促进源头防范。当好“普法先锋”，开展各类法治宣传150余场次，增强群众学法、懂法、守法和自我防范意识。

【队伍建设】 开展“改作风，谋发展，争先进”专项活动，培育“党徽耀检 素能检察”品牌，以“善谋事，敢担当，能创新，会办案”为目标，制订“育才工程”实施方案，推行导师结对，开展业务大学习、素质大培训、岗位大练兵活动，促进干警业务技能和综合素质双提升。常态化开展执法司法顽瘴痼疾排查整治，从严落实新时代政法干警“十个严禁”、作风建设“八条禁令”，从实抓好违规收送红包礼金和不当收益及违规转借贷或高额放贷专项整治。强化内部监督，开展案件流程监控73次，评查案件839件，倒逼干警依法依规履职，严格执行防止干预司法“三个规定”，记录报告有关事项21件，从源头防范“关系案、人情案、金钱案”。

（张慧文）

法　院

【概况】 2022年，受理各类案件7371件，审（执）结7057件，结案率为95.74%。继续被确认为全区文明单位，获得“2021年度平安宁夏建设优秀单位”“全市先进基层党组织”等荣誉称号。

【扫黑除恶】 将常态化开展扫黑除恶专项斗争作为净化社会生态的重要政治任务，对相关职能部门移交的涉黑涉恶犯罪及其保护伞、关系网线索核查，依法对黑恶势力出重拳、下重手。按月归纳总结各庭室涉黑涉恶线索及“保护伞”排查情况，开展打财断血工作，依法公开审理并公开宣判严某某等涉恶案件。受理涉恶执行案件1件，涉恶案件财产处置率达100%。推进“行业清源”整治，紧盯案件审理及日常工作中发现的行业乱象和监管缺位等问题，制发司法建议，强化跟踪问效。

【刑事审判】 落实反电信网络诈骗包抓责任，组织干警入户开展反电诈和打击养老诈骗宣传，编排制作打击养老诈骗微视频、快板，增强群众防骗意识，全力守护人民群众钱袋子。发挥审判职能，加大对电信网络诈骗打击力度，2022年审结电信网络诈骗及关联犯罪案件15件，正在审理养老诈骗案件1件。从重从快惩处毒品犯罪以及故意伤害、诈骗、放火、强奸、盗窃等严重侵犯公民人身、财产权利的重大刑事犯罪。立案受理非法集资类刑事案件6案11人次，审结6案，追缴到位涉案款1114.95万元，全部按比例发放集资群众，履行维护社会稳定之责。2022年审结各类刑事案件206件。严惩危害人民群众生命财产安全犯罪，审结故意杀人、抢劫等暴力犯罪案件28件，审结危险驾驶等危害社会公共安全犯罪案件78件。推进禁毒工作，审结贩卖毒品、赌博、组织卖淫等涉“黄赌毒”案件4件。强化妇女儿童权益保障，审结性侵妇女案件5件。保持惩治腐败高压态势，审结孙某某等职务犯罪案件3件。

【民商事审判】 依法审结中宁首例虚假诉讼案。深化家事审判改革，更加关注案件背后的人文关怀和情感需求，帮助180个濒临破裂家庭重归于好。受理各类民商事案件3852件，审结3681件。

【行政审判】 受理各类行政案件68件，审结60件，结案率88.24%。发挥柔性司法作用，调撤案件12件。支持行政机关依法履职，审查行政非诉案件20件。坚持促进依法行政，判决撤销具体行政行为5件，确认行政行为违法5件，判令依法履职2件。行政机关负责人出庭应诉率达96.91%。延伸审判职能，通过组织旁听庭审、发送司法建议等方式，为法治政府建设建言献策。

【执行工作】 持续推动执行机制改革，执结案件2678件，执行到位金额4.9亿元。加强“点对点”“总对总”网络查控，及时对银行存款、车辆、房屋、证券等信息进行查询、冻结。实施网络司法拍卖，累计拍卖460件(次)、成交3800万元，为当事人节省佣金33万元。加大执行力度，集中开展“执行现场——涉金融集中执行行动”“迅雷出击——执行案款集中发放”等专项行动，集中发放执行案款984.57万元。构建综合治理执行难工作格局，与公安、工信、发改部门联动，提高查人找物能力。推进失信被执行人信用监督、警示和惩戒机制建设，发布失信被执行人名单63人次。依法惩治拒执行为，司法拘留57人次，实施搜查60余次，限制高消费1790人次。

【司法为民】 以人民法院在线服务平台、人民法院调解平台、保全平台、鉴定平台、电子送达平台等五大诉讼服务平台升级为牵引，基层法庭同步推行一网通办，完成线上立案、线上调解、线上保全、线上鉴定等诉讼服务事项全程一网入口、一网办理，推广“线上＋线下”“远程+现场”办案模式，构建起立案、送达、调解、庭审、执行全周期在线诉讼闭环，简化司法办事流程，做到立案“不打烊”、办案“零距离”，实现“让数据跑起来，让群众少跑腿，让法官少费力”的新跨越。推行“一站式”在线调解模式，各基层法庭实现平台在线委派调解、特邀调解员在线调解、法庭在线指导、调解协议在线签署、法官在线审查司法确认申请、立即出具司法确认裁定书等“一条龙服务”，通过便利的在线调解，着力为群众提供分层次、多途径、高效率、低成本的纠纷解决方案，真正实现通过线上引流，将矛盾纠纷解决在“云”端。2022 年，通过诉前调解纠纷 2031 件，当庭履行 972 件，实现 34.92%的纠纷在诉前化解。

【基层法庭调解】 人民法庭融入党委领导下的多元解纷格局，以各基层法庭为支点，将司法触角延伸到镇街、村社等社会治理的最末端，把调解指导、纠纷化解、普法宣传、基层治理等服务送到家门口，打造人民法庭参与社会治理的“前哨站”。通过“线上线下”深度融合，推进人民法院调解平台进乡村、进社区、进网格，由基层法庭定期组织法官指导、参与调解，实现止纠纷于未发，解纠纷于萌芽，让群众有纠纷可在就近的村级调委会或社区调委会进行调解，做到就地发现矛盾纠纷、就地化解矛盾纠纷，打通服务群众“最后一公里”。完成 38 个调解组织，48 名调解员入驻调解平台，已成功委派化解矛盾纠纷 181 件，矛盾纠纷前端化解平台已完成搭建并实质化运行。5 个基层法庭在全县设置巡回审判点 14 个、审务工作站 19 个，在 10 个乡村开展“无诉品牌”建设，构建起以人民法庭为中心、巡回审判为纽带、法官服务点为触角的便民诉讼服务体系，实现司法服务“零距离”。

（黄 婷）

司法行政

【概况】 2022 年，中宁县司法行政系统有干部职工 45 名，中共党员 25 名。局机关内设办公室、基层工作指导室、法治宣传教育室、社区矫正管理室、法制室、行政复议与应诉室、公共法律服务室；设有基层司法所 12 个，合伙律师事务所 6 个，个人律师事务所 1 个。全县有执业律师 58 名，公证员 3 名。

【普法宣传】 落实“普法责任制”。制定印发《关于做好 2022 年度普法责任“四清单一办法”修订工作的通知》，对 67 个部门（单位）负责执行或管理、服务依据的法律法规进行梳理修订，进行公示。组织开展“法律八进”活动 70 场次，发放“八五”普法知识读本、习近平法治思想知识读本 2 万余本，组织开展习近平法治思想专题培训 8 次，坚持县委常委会定期学法、政府常务会会前学法、法治专题会必须学法制度，累计学法 50 余次。培育“法律明白人”骨干 616 人次，“法律明白人”1200 人。运用“法治中宁”微信公众号平台发布习近平法治思想、《宪法》、《民法典》等会议精神、政策法规、以案释法、司法行政动态 866 篇；制作《道德与法治》

节目8期、拍摄法治微视频6部。

【人民调解】 坚持“两排查一分析”矛盾纠纷化解长效机制，开展“调解九进 服务万家”活动，2022年全县各级人民调解组织排查纠纷3028次，调处各类纠纷1217起，预防纠纷456件，受理纠纷1217件，调解成功率97.45%，协议涉及金额5596.89万元。加强队伍建设，提升基层调解能力，采取分级培训与集中培训相结合的方式，开展人民调解员培训4场次，招聘司法协理员13名。推进标准化司法所建设，与各乡镇协调沟通，对太阳梁、白马司法所等业务用房全部进行改造完善。建立完善调解工作制度，提高案件调解质量，制定《中宁县以案定补管理办法》，确定以案定补兜底补贴标准及纠纷认定类型，全年订立人民调解案卷532件，发放补贴金额11.31万元。

【公共法律服务】 搭建法律服务平台窗口、智能终端设备、微信公众号、热线电话等为体系的立体化、全领域公共法律网络体系，2022年接待咨询群众3200余人次，引导和帮助群众利用智能终端设备解决法律问题360余人次，智慧调度平台工单录入420件，网络系统办理公证案件364件，接听电话385人次，录制“法律时空”广播剧15期。推进“一村(居)一法律顾问”工作提质增效，全县村(居)法律顾问开展法治讲座154场次，通过微信、电话服务260余次，提供法律意见286次。推动法律援助案件质效进一步提高，开辟绿色通道保障困难弱势群体合法权益，办理法律援助案件820件，其中民事案件560件，刑事案件260件，避免和挽回经济损失1000余万元。

【社区矫正】 规范社区矫正执法，提高监管能力，确保社区矫正对象不脱管、不漏管。重视智慧矫正手段的运用，依托宁夏社区矫正一体化平台暨“电脑终端＋手机客户端”和“视频巡查系统”开展矫正工作，做到底数清、情况明。现有在矫社区矫正对象186人(缓刑185人，暂予监外执行1人)，2022年，接收171人，解除169人，做调查评估156人，收监执行2人，衔接刑满释放人员339人。筹集资金7.7万元，对134名家庭生活困难的“两类”人员开展帮扶救助活动，联合宁夏青少年法治安全教育促进会对20名生活困难社区矫正对象进行走访慰问。

【法治政府建设】 坚持示范创建推动法治建设，组织召开县委全面依法治县委员会各类会议13次，起草《中宁县法治政府建设实施方案(2022—2025年)》等53份文件方案，举办法治政府建设专题培训班2场次。公布《2022年度重大行政决策事项目录》等制度，审查各类行政决策文件397件，参与办理党政机关涉法涉诉事务105项，对全县15件规范性文件进行审查。推进行政执法体制改革，规范公正文明执法。推进行政执法三项制度，对全县96名行政执法人员开展专题培训，组织248名执法人员进行执法资格考试，完成全国执法证件换发619个，全面推广使用宁夏行政执法监督平台。拓宽行政争议化解渠道，全面深化行政复议体制改革，成立行政复议委员会，增设行政复议和应诉机构，受理行政复议案件50件，组织召开预防和化解行政争议府院联席会议，制定工作方案，实行行政应诉报告制度，成立行政争议调解中心。

(马 迪)

人民武装

【概况】　中国人民解放军中宁县人民武装部下设军事科、政治工作科和保障科，现有军官、文职人员和职工13人，中共党员11人。2022年，县人武部被宁夏军区记集体嘉奖1次、表彰为“练兵备战先进单位”。

【政治建军】　坚持举旗铸魂，铸牢听党指挥的思想政治基础。学习贯彻习近平新时代中国特色社会主义思想和习近平强军思想，学习宣传贯彻党的二十大精神作为政治任务，人武部采取党委会、党员大会、政治教育等形式，组织现役干部、文职人员、职工和专武干部围绕大会主题，原原本本、逐字逐句学习党的二十大报告和党章，27次跟进学习习近平总书记重要讲话精神，以“学习贯彻党的二十大精神，奋进强军新征程”为主题，组织所属人员进行研讨交流5次，坚持用党的创新理论武装官兵，研究细化人武部年度党委理论学习中心组学习方案，每月制订学习计划，采取同军分区机关同步学习与人武部自行组织相结合的方式，坚持读原著、学原文、悟原理。结合单位实际，制订聚焦“忠诚维护核心，矢志奋斗强军”深化主题教育实施方案，每周三常态化开展“读书分享会”和“业务学习会”，在民兵队伍中4次开展“铸牢中华民族共同体意识”专题教育活动。对外宣介传承红色基因、民兵工作、退役军人工作力度，宣传中宁县国防动员和后备力量建设情况，全年在省级以上主流媒体刊稿37篇，在强军网刊稿560篇，在军委国防动员部要讯刊稿1篇。

【党管武装】　坚持党管武装制度，发挥地方党委军事部职能作用，凡涉及国防和军队建设的重大问题，及时向县委、政府请示汇报，自觉置于“双重领导”之下，争取对党管武装工作的支持。将武装工作纳入全县经济社会发展总体规划统筹推进，坚持定期研究解决党管武装工作矛盾问题，落实人武部党委第一书记和基层武装部政治教导员党管武装述职制度。8月3日，召开中宁县2022年度党管武装工作会议，讲评各乡镇武装部政治教导员履行党管武装职责情况。9月15日，召开县委议军会，研究解决乡镇基层武装工作专项经费划拨和驻军需要协调解决的重难点问题。重大事项向县委请示汇报，县委书记、县人武部党委第一书记何建勃定期到人武部现场办公，夯实党管武装基础。

【练兵备战】　坚持聚焦主责主业，把工作重心放在备战打仗上。落实党委议战议训制度，理清抓训思路、查找训练短板、把准财力投向、立起鲜明导向，全年研究民兵训练经费100余万元。1月4日，组织人武部首长机关、乡镇专武干部、基干民兵，采取摩托化机动方式，进行野外拉动训练，勘察重点目标4个，训练课目8个，提应急指挥能力。5月，人武部指挥员参加宁夏军区组织指挥能力集训，聚焦动员支前、保障打赢使命要求，解决“五个不会”现实问题，为应急处突和组织指挥奠定基础。6月，新任职专武干部参加宁夏军区集训，恩和镇武装部长余洋取得军事理论第三名的好成绩。7月，组织基干民兵及人武部机关135人，在中卫市民兵训练基地完成西部战区联指中心危机状态下指挥实兵演练，受到各级领导一致好评。7月和8月，分2批组织应急、支援两类参训基干民兵，围绕军事理论、政治教育、共同基础、专业技能4个方面内容，在中卫市民兵训练基地完成集中轮训任务。选拔的民兵教练员刘志学、丁小平、刘文刚参加宁夏军区比武竞赛取得2个单项第一名、1个单项第二名的好成绩。9月初，针对黄河中宁段汛期形势，将战备值班分队民兵应急连一排拉动至白马乡红柳沟地域，进行防汛抢险救灾演练，检验战备值班分队应急处突能力，经验做法被《解放军报》《中国国防报》等媒体宣传报道。

【国防动员】 密切军地协同，结合国防急需、备战急用动员需求，精准摸清国防动员潜力底数，抓紧抓实国防动员准备。组织县国动委成员单位、各乡镇，到全县重点企业进行国防动员潜力调查，摸清全县可动员的实力数据7大类115项3.5万余条。精准掌握支前人才数据，在核查专家人才、专业技术人员、职业技能人才的同时，把退役军人信息统计作为重要内容突出出来，做到退役军人基本情况、服役年限和从事专业、活动去向"四清楚"，为动员支前、应急征召、转服现役提供人才支撑。完善军地融合信息系统互通，将国防动员潜力数据库上升为指挥决策库，进一步提升国防动员拥军支前质效。8月底，先后选派优秀民兵教练员34人为中宁中学、中宁一中、中宁职业教育学校4300名学生开展学生军训工作。贯彻落实自治区党委《关于加强开发区和普通高等学校武装工作的意见》，对中宁工业园区成立人民武装部3次对接和论证，按照规范化建设标准，高起点筹划、高标准建设，5月26日，举行中宁工业园区人民武装部成立揭牌仪式，至此中宁县基层武装部为13个。

【征兵工作】 着眼征兵工作新特点，按照"一年两征，全年准备"的思路，抓好常态化疫情防控下的年度征兵工作，采取走村入户等形式，讲政策、造声势；针对春秋两季大学生报名人数偏低的实际情况，请示县委先后召开征兵工作推进会4次，分析征兵工作形势，制定对策措施，县政府督查室下发督查通报4次，纪委监委人员下沉到征兵报名人数滞后的乡镇，督促检查，压实责任。严抓征兵体检和政治考核环节，把廉洁征兵贯穿始终，防止不正之风。全年为西藏、云南、四川、甘肃、陕西等方向部队输合格兵员，其中大学生占比81%、大学毕业生占比41%，均为历年最高。中宁县连续两年实现零退兵，征兵工作"五率"考评为"优秀"，位列全市第一，走在全区前列。

【双拥共建】 人武部与自然资源局签订军民共建协议，常态化开展"双拥共建"活动。七一建党节，联合县司法局到上流水村开展主题党日和"送法下基层活动"。六一儿童节开展"兵叔叔"进课堂活动，为长流水小学捐赠校服30件(套)，文体用品100余件(套)，电脑、打印机等教学设备5件(套)，上讲台为学生讲述国防教育课。人武部领导为白马乡、徐套乡、中宁县职教中心、长流水小学等10家单位开展时事政策和国防教育授课。八一建军节前夕，军地开展走访慰问活动，举办庆八一文艺晚会。春节前对71名在边防一线服役的中宁籍官兵家属进行节日慰问。开展送立功喜报和悬挂光荣之家活动，向29名现役官兵家属送立功喜报。

【乡村振兴】 按照"1村+1校"帮扶模式，继续帮扶徐套乡上流水村，常态化开展“联学创新理论，联创先进组织，联育优秀党员，联解发展难题”活动。人武部主要领导定期到帮扶的徐套乡上流水村开展宣讲活动，为上流水村全体党员上党课，宣讲党的二十大精神。到上流水村调研该村巩固脱贫攻坚成果同乡村振兴有效衔接工作3次，与村“两委”班子研究制定帮扶计划，制订《2022年中宁县人武部拥政爱民工作实施方案》，提交党委会进行研究，投入资金10万元用于定点帮扶工作，重点从党建、产业、教育、医疗、文化5个方面进行帮扶。利用上流水村道路、路灯杆、村民房屋墙壁绘制拥政拥军和国防教育的宣传画，为上流水村新时代文明实践广场打造国防教育长廊。该村乡村振兴接受国家考核组抽查验收，被评为全县“乡村振兴示范村”。

【基础建设】 贯彻落实宁夏军区“四个秩序”建设现场会精神，对表“四个秩序”规范化建设标准，按照战备物资“三分四定”、各类场所管理正规、设施设备配套完善、法规制度落实规范的建设要求，结合人武部实际，补充完善人武部图书室、影音室和体能训练室等功能室建设。针对人武部营区狭小、与新编制体制不相适应的实际，对人武部新营区建设事宜进行反复推演论证，提交县委、政府会议研究，5月31日，县委书记、人武部党委第一书记何建勃带相关人员为人武部新营区选址，新营区建设用地18亩，预算资金2500万元，建设面积4500平方米，已完成人武部迁建的招标前各类手续审批、图纸设计、证照办理等相关工作，列入2023年全县重点工程项目。对标“三情三实三致”标准（一定要保持热情、激情、豪情的奋斗状态，一定要涵养求实、务实、扎实的底蕴作风，一定要立起细致、精致、极致的卓越标准），细化“书香军营”建设方案，完成中宁县民兵训练基地楼道文化氛围、训练场地设置及沉浸式心理体验室、学习室、战伤自救互救室等功能室建设工作。加强民兵装备配套建设，按照“十四五”时期民兵建设规划，给12个乡镇配发反恐维稳、防汛抗洪、森林（草原）灭火3种任务型装备，12个类别74套363件，为遂行多样化任务提供支撑。

【疫情防控】 针对中宁县“9·20”突发疫情，与中宁县疫情防控指挥部对接，协调防疫物资，累计动用基干民兵1.9万人次，参与核酸检测、卡点值守、环境消杀、物资运送等防疫工作。发动人武部机关全体人员为“9·20”疫情防控捐款，捐款7550元。为百合家园小区2700名居民提供抗疫服务。

（李文鹏）

经济管理

发展和改革

【概况】 2022年,中宁县发展和改革局有干部职工39人,其中在编在岗29人,公益岗4人,“三支一扶”5人,工勤岗1人。内设办公室、综合规划办公室、项目管理办公室、能源发展管理办公室、服务业发展办公室、粮食和物资储备管理办公室、价格管理办公室7个内设机构。

【经济运行】 2022年,全县地区生产总值同比增长7.4%,地方一般公共财政预算收入同比下降12.6%,规模以上工业增加值同比增长22.2%,固定资产投资同比下降13%,社会消费品零售总额同比一致,城乡居民人均可支配收入分别增长4.3%和5.3%。

【重点项目建设】 2022年,通过宁夏回族自治区投资项目在线审批监管平台,在线审批政府投资项目192个,备案企业投资项目86个。谋划2批实施重点项目139个,概算总投资305.23亿元,年度计划投资116.86亿元,开复工项目125个,开工率90%,其中完工项目63个。发展和改革局负责包抓的中电150兆瓦、中车200兆瓦项目、中船重工200兆瓦光伏发电项目均全部完工并实现并网;县人民政府与远景、中国电力、国能浙能3家企业签订合作框架协议。

【规划编制】 牵头制定印发《中宁县黄河流域生态保护和高质量发展规划纲要》《中宁县现代服务业发展“十四五”规划》等规划。制定印发《中宁县稳经济保增长促发展35条政策措施》《中宁县贯彻落实全区稳经济保民生政策措施分工方案》《中宁县建设黄河流域生态保护和高质量发展先行区2022年工作方案》《关于贯彻落实习近平总书记重要讲话精神深入推动先行市建设取得新突破的实施意见》等政策措施,持续抓好“稳保促”工作,促进市场恢复活力。

【现代服务业发展】 发挥项目资金带动作用，宁夏中宁国际枸杞交易中心被自治区成功认定为自治区级服务业集聚区，获批资金250万元。为2021年首次入规上限的14个服务业企业（单位）争取自治区奖励资金140万元。贯彻落实助企纾困、稳经济促消费政策落实，解决市场困难，促进服务业发展。

【项目资金争取】 年内，申报项目16个，争取资金1.9亿元。落实国家农村产业融合发展示范项目中央预算内资金、清水河流域中央预算内资金、保障性安居工程中央预算内资金，2022年市政道路雨污分流管网（东区）改造项目自治区预算内资金等共计16553万元，完成率87.1%。

【价格管理】 强化市场价格监测。重点做好粮、油、肉、禽、蛋、菜等群众生活必需品的价格监测，随时掌握市场主要商品价格变动趋势。做好价格服务工作。全年完成价格认定结论57件，涉案金额119万余元。开展农产品成本调查工作。对小麦、粳稻、玉米、枸杞、中规模生猪、小规模生猪等6个品种47个样本调查点的农产品成本开展全面调查。完成农户种植意向、农户存售粮情况、农户农资购买情况等专项调查及小麦、玉米、水稻等直报调查及常规调查。

【能源保供】 牵头制订《中宁县农村困难群众取暖平价煤配送方案》，组织各乡镇调查核实农村困难群众平价煤实际需求量，并与国家能源集团宁夏煤业公司签订平价煤购销合同，为570户农村困难群众配送到位1530.6吨平价煤。协调、区、市发展改革委为天元锰业协调供暖用煤事宜。

【节能降耗】 开展“两高”项目排查工作，建立台账。做好天元锰业宁夏华夏特钢有限公司利用脱硫石膏废渣建设年产80万吨硫酸项目煤耗替代方案的制定及上报工作；制订印发《中宁县重点领域年度改造淘汰实施方案》《中宁县2022年节能宣传周活动实施方案》《中宁县2022年度能源消费总量和强度双控分工方案》，定期分析能源消费形式，确保完成双控任务。

【粮食安全保障】 完成县级应急成品粮油储备任务。与3家企业签订应急储备代储任务。建立全县粮食应急供应网点17家。落实自治区原粮生产基地建设小麦种植面积32102.8亩，完成自治区下达1.5万亩种植任务的213.3%。宁储粮公司收购小麦6817吨，完成6000吨收购任务的113.5%。宁储粮公司收购水稻4008吨，完成3000吨收购任务的133.6%。完成县级781平方米应急物资储备库建设并交付使用。“9·20”新冠肺炎疫情暴发期间，入库帐篷、棉被褥等应急物资77300余件，为疫情值守人员和医护人员发放各类物资69300余件，全力做好疫情防控后勤保障。做好“9·20”突发疫情粮油保供任务。为5家粮油生产和经营企业办理粮油配送通行证，配送面粉2616吨、大米1653.5吨、食用植物油110吨，确保全县疫情期间粮油价格稳定，粮油市场秩序良好。

【优化营商环境】 制定《中宁县2022年持续优化营商环境工作任务清单》，围绕坚决破除区域分割和地方保护等不合理限制、进一步降低企业生产经营成本、持续提升投资和建设便利度等10个方面，提出66条改革措施，以问题为导向，精准实施改革优化，助力企业开办时限压缩至最快3小时办结，全年新增市场主体近3900家，市场环境持续优化。对接县人民法院，对县域内政府机构纳入失信被执行人情况进行全面梳理排查，厘清案件责任主体、债务关系，以及案件处理进展情况等，摸清底数，形成政府机构失信问题台账，持续整治“新官不理旧账”等问题。

（马　玥）

财　政

【财政收支】　2022年，全县财政总收入60.56亿元，其中一般公共预算收入58.25亿元，政府性基金收入2.31亿元。一般公共预算收入58.25亿元，其中，地方一般公共预算收入7.02亿元，为年度预算的80.9%，同比下降19%；税收收入4.96亿元，同比下降12.9%；非税收入2.06亿元，同比下降31%。全年财政总支出54.36亿元，其中，一般公共预算支出55.65亿元（结转下年2.6亿元），同比下降7.6%；政府性基金支出1.73亿元（结余5799万元），同比下降48.7%。社保基金收入4.86亿元，社保基金支出4.13亿元，本年结余0.73亿元，滚存结余3.93亿元。

【增收渠道拓展】　紧盯重点税源、重点行业及企业，做到应收尽收。2022年清缴企业欠缴耕地占用税0.67亿元。严格落实收支两条线制度，加强非税收入执收监督，做到非税收入应收尽收；争取各类项目资金45亿元；新增地方政府债券资金1.65亿元，全部为一般债券资金。

【重大决策实施】　投入扶贫及乡村振兴资金11.6亿元，将脱贫成果与乡村振兴战略有效衔接，推进一二三产业与乡村产业融合发展。投入3.35亿元，树立和践行绿水青山就是金山银山理念，推进生态湿地保护、入黄河沟治理、硒砂瓜退出补偿、植绿增绿等项目建设，持续打好蓝天、碧水、净土保卫战。足额预算偿债准备金4.74亿元。按照时间节点，做好债券、银行贷款还本付息工作。强化责任意识，严格落实项目预算来源审批制度，开展债务核查，遏制政府债务增量，确保政府债务有序化解。投入资金3016万元，建立科技创新投入稳定增长机制，持续加大科技支持力度，高标准推进创新驱动发展战略。

【民生事业】　投入8.12亿元，促进中小学及高中硬件设施及信息化建设，提升教师待遇，加快职业教育和学前教育基础设施建设，推动教育事业发展。投入3.82亿元，推进紧密型医共体、应急公共卫生设施建设，提高医疗水平和应对突发公共卫生应急能力。投入9.15亿元，持续推进老旧小区改造、农村抗震宜居住房改造、城乡道路建设等项目。着力改善城乡人居环境，提升城乡公共服务能力，统筹推进城乡协调发展。投入5327万元，落实文化场所免费开放补助政策，拓展全域旅游，打造全方位群众文化活动体系。投入7.33亿元，落实困难群众救助、残疾人“两项补贴”等民生政策，加大就业补助，提升城乡居民收入。足额落实现役、退役军人及家属相关优抚政策，推动军民融合发展。

【财政体制改革】　全面实施预算绩效管理改革，严格执行预算管理一体化、非税收缴系统改革，强化财政监督检查。做好政务公开，对预决算及政府债务限额等事项进行公开，接受社会各界监督，助推财政管理水平提升。

【国有企业改革深化】 各企业建立第一议题制度，严格落实应报事项清单和定期提醒通报制度。规范和加强县属国有企业监督管理，结合实际，出台《中宁县属国有企业外部董事选聘管理办法》，规范县属国有企业外部董事选聘工作流程及考核；推进党政机关和事业单位经营性国有资产集中统一监管，将中宁县种子公司划转到宁特集团，泉眼山水电站、中宁液化气公司和中宁县建筑设计院划转到众汇嘉润集团，实行脱钩划转，实现政企分开、事企分开，所有权与经营权分离；加强企业国有产权交易管理。分别下达《关于建立中宁县县属国有企业资产评估项目公示制度有关事项的通知》和《关于规范中宁县县属国有企业资产租赁有关事项的通知》，规范国有企业资产评估公示制度和国有企业资产租赁行为；起草《中宁县县属企业国有资产评估管理暂行办法》，逐步建立监督机制，防止国有资产流失。

【巩固脱贫攻坚成果同乡村振兴有效衔接】 2022年，发放脱贫人口小额贷款2377笔11748.55万元，脱贫人口贷款余额2671户13718.98万元，通过"党组织+国有企业+龙头企业+合作社+贫困户"运行机制，通过建档立卡户利用扶贫小额贷款和5万~10万元扶贫信用商业贷款入股形式，投入贷款9539万元。

【财政监督检查】 全面开展2022年财政法规政策系列宣传活动，邀请云平台技术人员分8场对全县164家预算单位的170余名财务人员进行会计集中核算云平台培训；组织对全县64个乡镇、部门（单位）开展"2021年度会计法规执行情况"行政执法检查工作；对9个单位（行政事业单位3个，国有企业1个，社会团体1个，代理记账机构4个）开展2022年度会计信息质量检查；对65家预算单位开展2021年度地方预决算公开情况专项检查工作；对24家企业开展代理记账行业违法违规行为专项整治工作；开展涉企违规收费自查自纠工作，对6个单位的2020—2022年度涉企违规收费进行重点检查；对全县行政事业单位开展"三公"经费核实工作；对全县64家一级预算单位开展行政事业性国有资产产权交易专项治理工作；对全县31家行政事业单位2021年度集中采购和分散采购限额以上102个项目，开展政府采购领域突出问题专项治理"回头看"督查工作；开展全县政府采购代理机构监督评价工作。加大对违法违规案件调查处理处罚打击力度，对日常监管发现及移交的案件进行核查，督促整改并作出行政处罚事项18项，罚款18.40万元。

【防范化解金融领域风险】 处置非法集资问题，坚持以最大限度挽回群众损失为目标，采取经济、行政、法律手段，对相关集资单位实行一案一策、分类处置。全县60家集资单位2022年兑付现金和实物资产共计7854.21万元。对非法集资、"套路贷""校园贷"等非法金融放贷和各类金融诈骗活动进行常态化排查，防范非法金融活动发生。健全风险监测预警机制，通过现场检查、调阅资料、查看系统等方式对小额贷款公司、典当行等地方金融组织进行排查，确保风险问题早发现、早处置。

（吴　伟）

税　务

【概况】 2022年,国家税务总局中宁县税务局有在职人员140人,其中,公务员114人,事业人员9人,三类人员17人;公务员35岁及以下39名,35—50岁32名,50岁以上43名;全局共设立基层党支部12个,党员99人,其中,在职党员64人,离退休党员35人;内设党委办公室、法制股、税政一股、税政二股、社会保险和非税收入股、收入核算股、纳税服务股、征收管理股、税源管理股、组织人事股、机关党委(党建工作股)、党委纪检组、信息中心等13个机构和第一税务分局(办税服务厅)、第二税务分局、宁安税务分局、石空税务分局、鸣沙税务分局、新堡税务分局6个派出机构,担负全县15874户纳税人的税收征管工作,其中单位纳税人5119户,个体纳税人10755户。

【税费政策落实】 全年共组织各项收入206294万元,同比下降16.65%。其中,税收收入入库62231万元,同比下降53.98%(扣除增值税留抵退税因素,税收收入入库146960万元,同口径增长0.55%,增收801万元);社保费入库104232万元,同比增长5.58%;非税收入入库22086万元,同比增长214.93%;其他收入入库17745万元,同比增长172.04%,累计办理出口退税2361万元。累计办理退税减税降费共计168086.82万元,其中,办理退税97172.17万元,减税68224.52万元,制造业中小微企业缓缴税费3644.21万元,为14户企业缓缴"三项社保费239.80万元;累计办理出口退税和免抵调库2361万元。

【税费规范管理】 提升办税体验,对标精准服务。持续深化"放管服"改革,优化营商环境,落实"非接触式"214项清单内容和"最多跑一次"清单事项,全面深化电子税务局、宁夏税务APP推广应用,自助办税服务范围覆盖实体办税服务厅95%的税费业务,办理效率较实体窗口提高30%以上。简化办税流程,实施精确执法。将"三项制度"规范行政执法行为作为法治政府建设工作的重要抓手,统一执法标准,规范执法流程。全年共公示行政征收信息611条、行政处罚109笔,按要求对2类执法信息制作执法音像记录43条;严格落实"首违不罚"制度,对185户纳税人出现的轻微违法行为不予行政处罚;推进简易处罚事项网上办理,实现违法信息自动提醒、处罚流程全程网上办、处罚结果实时传递。建立工作机制,强化精准监管。推进"信用+风险"税务监控,简化无风险和低风险企业的涉税业务办理流程,提醒预警或直接阻断高风险企业的涉税业务办理。规范农产品加工企业收购发票使用,严防虚开收购发票抵扣进项税款的现象;对1205户次新办户和首次领用发票的纳税人进行纳税辅导和实地核查;对长期发票超定额的个体户进行跟踪监控,全年共调整达点户26户,发票超定额调整305户,补缴税款62.48万元。推进部门联动,深化精诚共治。承接国有土地使用权出让收入和矿产资源专项收入等4项非税收入征收工作,有效降低企业交易成本。加强与县财政、工信等部门的沟通协调,对36户重点税源开展日常涉税信息监控,准确把握重点税源动态变化,提高重点税源企业入库率，全年重点税源入库税收收入 7.89 亿元，占全局税收收入的 126.79%，增收 1674 万元。

【优化营商环境】 开展“我为纳税人缴费人办实事暨便民春风行动”和“春雨润苗”两大行动，细化推进六大类 21 项 127 条“为纳税人办实事”和四大类 13 项“春雨润苗”任务清单。落实首问责任、一次性告知、预约错峰办理、政务服务“好差评”等制度。开展“500 名税干进千家万户”活动，走访纳税人缴费人 2366 户，确保纳税人满意度稳步提升。推广“党建 + 帮办代办”“大企业 VIP 服务”等定制服务，带动区域税收营商环境持续提升。加强纳税服务投诉管理，畅通纳税人投诉渠道和反馈机制，全年共处理各平台转办投诉 12 起，解答个性化异议申诉 144 户、423 人次，保障纳税人缴费人权益。提升办税服务厅规范化建设标准，完善 24 小时自助办税服务厅。打造“杞云 e 税”中宁工作室，推行“税小杞放心办”“税小云贴心答”个性化服务，制定“放心办”事项清单，实现查询、签订三方协议、扣款等涉税业务不见面办理。全年共参与政务服务“好差评”65784 户(次)，“满意率”100%。2022 年纳税人满意度调查取得自治区税务局第 4 名，全国税务系统 172 名。

（韩昕潼）

市场监管

【概况】 中宁县市场监督管理局内设办公室、监察法制室、登记注册室、食品安全监管室、药品与医疗器械监管室、市场规范管理综合业务室、特种设备安全监察室、价格与反不正当竞争监管室 8 个内设机构和宁安市场监督管理所、新堡市场监督管理所、鸣沙市场监督管理所、石空市场监督管理所、大战场市场监督管理所、喊叫水市场监督管理所、太阳梁市场监督管理所 7 个派出机构。管理的副科级行政执法机构 1 个(中宁县市场监管综合执法大队)，隶属事业单位 3 个(中宁县消费者协会、中宁县食品药品检测中心、中宁县质量监督检验与计量测试站)，管理的临时机构 1 个(中宁县枸杞产业综合执法大队)。全局有干部职工 93 人，其中公务员 70 人，工勤事业人员 23 人，承担全县 27559 家市场主体的监督管理工作。

【营商环境优化】 服务企业开办，年内开办各类市场主体 3921 家，实现电子证照发放全覆盖。推进“证照分离”改革，直接取消审批事项办理 96 件，同比增长 9%；审批改为备案事项办理 293 件，同比增长 89%；告知承诺事项办理 352 件，同比增长 11%；服务事项办理 1093 家，证照分离四项改革措施已经全部落实到位。做好信用监管，将 5039 家市场主体列入经营异常名录，帮助 831 家市场主体修复信用。开展价格及反不正当竞争执法。组织开展“诚信经营 放心消费”承诺活动。开展价格监管专项行动 8 次，检查各类市场主体 274 家(次)，责令整改问题 12 条。组织在全县范围内开展利用行政权力排除、限制竞争执法政策措施自查清理工作，审查政策措施文件 6 件，清理文件 15 件。充分发挥申诉举报平台作用，受理办结投诉举报 2157 件，办结率 95%。

【食品安全监管】 推进全域创建“食品药品安全区”，完成中期评估任务，打造“中宁县创建食品药品安全区”主题公园，设置宣传栏 17个，打造示范街1条。在“掌上中宁”APP上开办食品药品安全区专栏，发布信息及视频451条，举办安全知识讲座和培训109场，悬挂宣传横幅1025条，张贴宣传海报6000余份。开展涉及校园及周边、养老机构、网络餐饮、清真食品、肉制品、食用植物油掺杂使假、生产经营含金银箔粉食品等食品安全专项整治行动20次，检查各类市场主体9648户(次)，发现整改问题322个。做好疫情期间食品安全监管工作，检查保供餐厅42家，配合完成冷链食品行业核酸检测抽样5080批次，备案9家餐饮单位86桌“年夜饭”，劝退、打包76桌。年内完成食品抽检650批次，合格率99.2%。

【药品与医疗器械监管】 结合全域创建“食品药品安全区”工作，开展新冠疫苗、特殊管理药品、流通和使用环节药品质量、网络销售药械、经营和使用环节医疗器械质量等药械专项监督检查，检查市场主体1129户(次)，排查安全隐患175条。完成抽检任务65批次，合格率100%。将121家药店纳入“阳光药店”信息系统，平台监管终端使用率100%。开展科普宣传15场次，发放宣传资料1300余份，张贴宣传海报2109张。督促256家药械单位建立主体责任落实清单和质量安全风险防范清单。

【特种设备安全监察】 开展气瓶、城镇燃气、危险化学品、电梯、起重机等领域安全生产专项整治行动9次。重点对高风险特种设备开展隐患排查治理，推动企业落实主体责任，坚决遏制重特大安全事故，检查特种设备使用单位301家次，抽查特种设备403台(套)，下发特种设备安全监察指令书21份，责令停用设备5台(套)，发现并消除安全隐患196处。监督报废各类气瓶515支，立案查处1起，罚款3万元。“9·20”疫情期间组织抢修电梯23台。

【质量标准与计量监督】 加强产品质量安全监管，深入推动质量强县建设，围绕危化品、电线电缆、儿童用品、劳保用品、民用散煤、车用油品、装饰装修材料、农业生产资料等重点工业品和消费品，持续开展专项治理。强化工业产品质量监督抽检，抽检工业产品223批次，合格率88%。持续推进标准化建设工作，指导2家自治区第三批服务业标准化试点项目、1家国家农业标准化示范区项目做好建设、验收。开展强制检定计量器具的免费检定，共检定各类计量器具2974台(件、块)。

【知识产权保护】 开展知识产权执法保护专项行动，持续保持打击侵犯知识产权和制售假冒伪劣商品高压态势，常态化推进扫黑除恶专项斗争和养老诈骗工作，不断巩固民生领域案件查办“铁拳”行动工作成效。组织线下宣传活动7次，发放宣传资料3.4万余份，检查各类市场主体945家，下发责令整改通知书129份，查办各类违法案件111件，收缴假冒伪劣商品3000余袋(瓶、盒)，罚没款169.04万元，通过“3·15”消费者权益保护日对货值20.3万元的假冒伪劣商品进行集中销毁。探索“互联网+市场监管”工作模式，依托宁夏大数据监管服务系统对辖区534家网店、45个网站进行检查，处理违法线索31条，立案1起，责令整改网页宣传内容96条。

【中宁枸杞品牌保护】 持续开展“中宁枸杞”网络市场专项整治行动，检查各枸杞经营主体1483户(次)，办理案件12起，结案9起，查扣问题枸杞3500公斤，收缴违规包装物3.8万余只，收缴罚没款19.5万元。办理投诉举报505件，为消费者挽回经济损失11.3万元，开展枸杞相关检测14993批次，合格率96%，不合格批次均处置完毕。通过项目申请在中宁·国际枸杞交易中心建成宁夏回族自治区商标品牌指导站，为27家企业建立商标档案，完成62件国内外商标业务办理，提供咨询服务30余次，指导玺赞庄园枸杞有限公司成功认定为“优秀地理标志运营试点企业”。建设中宁枸杞质量一站式服务试点，协助66家枸杞企业完成在线注册、认证、知识产权在线托管，为本土企业引进专业技术人才20名，培养本地人才120名，参与制定地方标准4项，团体标准8项。

（田小雪　王怡蘅）

统　计

【统计队伍】 2022年末，中宁县统计局实有行政人员9人，事业人员4人，聘用人员2人，工勤人员1人。全县12个乡镇统计人员中，专职统计人员9人（来自宁安镇、石空镇、鸣沙镇、新堡镇、白马乡、舟塔乡、余丁乡、徐套乡、喊叫水乡），兼职统计人员6人（来自恩和镇、大战场镇、太阳梁乡），部门统计员都是兼职；实行统计联网直报的企业均设有专兼职统计人员。

【统计制度】 2022年，中宁县统计局执行的自治区常规调查统计制度有21种：宁夏（季度）地区生产总值统一核算方法、基本单位统计报表制度、农林牧渔业综合统计报表制度、县域社会经济基本情况统计报表制度、工业统计报表制度、能源统计报表制度、固定资产投资统计报表制度、建筑业统计报表制度、房地产开发统计报表制度、限额以上批发和零售业统计报表制度、限额以上住宿和餐饮业统计报表制度、规模以上服务业统计报表制度、“四下”单位抽样调查统计报表制度、运输邮电互联网软件业统计报表制度、互联网经济统计报表制度、劳动工资统计报表制度、人口变动情况抽样调查制度、企业创新活动统计报表制度、企业（单位）研发活动统计报表制度、妇女儿童状况综合统计报表制度、工业园区统计报表制度。

【统计服务】 2022年，中宁县统计局按月在中宁县人民政府门户网发布全县国民经济、工业、投资等经济运行情况48篇，向县委、政府及时报告全县经济运行分析41期，及时编印《中宁经济发展月报》11期，编印《中宁县2021年国民经济和社会发展统计公报》《中宁县2021年经济要情手册》《中宁经济发展月报合订本2022》《中宁统计年鉴2022》，全面反映全县经济运行情况，为县委、政府科学决策提供参考依据。

【重点工作】 跟进国家制度改革，细致研究各行业发展变化趋势，牢牢把握指标变动部分，推动GDP统一核算。全面深化固定资产投资统计改革工作，及时做好项目核查、对比和数据分析。有序推进服务业统计改革，高质量完成规上服务业企业月度、季度和年度联网直报工作，深化健康、养老等新兴服务业统计。严格按照“企业一套表”统计网络直报“先进库、后报数，要进库、走程序”原则，做好全县“四上”单位及房地产经营企业的入库审核工作。每季度做好“四上”企业增减变动审核和相关审批材料收集上报工作，确保符合条件的企业及时列入联网直报范围。坚持预警预测，高质量完成常规报表上报工作。严格按照国家、自治区统计报表制度，按时完成2021年农业、工业、能源、商贸、房地产、建筑业、服务业、劳动工资、县域社会经济基本情况、企业创新活动、企业研发活动、信息化建设等年报；针对新冠肺炎疫情造成严峻的经济运行形势，贯彻落实各项统计报表制度，完成68家规模以上工业和能源资源、27家建筑业、52家限额以上批发零售住宿餐饮业、15家规模以上服务业和301个固定资产投资项目、36个房地产开发项目的年报和月度定期报表；按季完成GDP核算、农业农村、劳动工资、工业园区、基本单位名录库数据审核以及85家规模以下工业、81家规模以下服务业、23家限额以下批发零售住宿餐饮业抽样调查；完成科技研发、企业创新、妇女儿童监测等统计调查。

【统计法治建设】 坚持依法治统，推进法治建设工作。在县委常委会、政府常务会议上对《关于深化统计管理体制改革提高统计数据真实性的意见》《统计违纪违法责任人处分处理建议办法》《防范和惩治统计造假、弄虚作假督察工作规定》《关于更加有效发挥统计监督职能作用的意见》进行详细学习，对领导干部起到很好的警示教育作用，达到预期效果；持续加强对《宪法》《民法典》《统计法》等法律法规知识学习，依法行政、依法统计理念更加稳固；印发《中宁县2022年统计法治工作要点》，按照《自治区统计局关于开展全面清理纠正违反统计法律法规文件和做法工作的通知》，对局内违反统计法律法规文件和做法进行全面排查，均未发现统计违法行为；根据自治区和中卫市统计局数据质量核查要求，对部分“四上企业”数据进行实地核查，对存在的问题进行即查即改，进一步规范统计行为，确保统计数据真实准确、完整及时。

【统计基层基础建设】 坚持提质提效，加强统计基层基础建设。向全县23家相关部门、乡镇下发《宁夏回族自治区部门统计工作规范》《宁夏回族自治区乡镇（街道）统计工作规范》，同时加大对部门、乡镇统计工作指导，部门、乡镇统计工作逐步规范化；举办专业统计培训班8次，培训人员400多人次。根据工作需要到工业园区和工信局举办专题培训班各1次，培训重点企业统计人员20人次。

（康　洁）

社会经济调查

【概况】 中宁县社会经济调查队是自治区统计局的派出统计调查机构，核定参照公务员法管理事业编制8人。其主要职责是，承担城乡一体化住户调查、农作物播种面积及产量调查、主要畜禽监测调查、劳动力调查、分乡镇农民收入调查及农户固定资产投资等社会经济抽样调查工作；搜集、汇总、整理调查数据，开展统计分析，为各级党委、政府提供统计信息服务；完成自治区统计局、国家统计局宁夏调查总队和自治区社会经济调查队交办的其他工作任务。

【重点工作】 坚持以统计法律法规和统计方法制度为准绳，严格按照国家统计调查制度要求开展统计调查工作，严格按照国家统计标准和统计报表制度规定的统计方法、统计原则、统计范围、指标口径进行数据采集、处理和评估，把数据质量控制融入统计调查工作的每一个环节。结合统计调查工作实际，强化组织领导，部署实施，争取支持，完成2022年全县城乡居民收入、粮食产量、畜禽监测、城镇失业率和生态移民生产生活情况等民生领域的统计调查工作。获宁夏调查总队2022年度业务工作考核先进单位。

【依法统计】 严格遵循“依法统计，依法治统”原则，学习贯彻中央有关精神以及自治区人民政府印发的《关于进一步加强统计工作的意见》和自治区统计局制定的《新时期全区统计基层基础规范化建设工作方案（2020—2023年）》要求。开展“第十三届统计开放日”“12·8”统计法治宣传活动，推进依法统计、依法治统，提升统计公信力，营造统计法治环境。

【统计服务】 围绕地方党委、政府中心工作，加强统计调查数据解读和分析能力，提升统计服务经济社会发展水平，为地方党委、政府准确研判形势、科学决策提供优质的统计服务。2022年，全队撰写上报调查信息217篇、累计采用216篇（次），上报分析报告55篇，累计采用83篇（次）。统计分析报告县委书记批示10篇次，县长批示1篇次，县委副书记调研指导工作1次，分管副县长多次听取工作汇报。

（马国鹏）

审计监督

【概况】 审计局是县政府组成部门，主要职责是对县财政收支的真实、合法和效益性进行审计监督；向县人民政府报告对其他事项的审计和专项审计调查结果，依法向社会公布审计结果；组织实施全县各类专项资金的审计；组织开展政府投资审计；按规定对县政府管理的党政领导干部实施经济责任审计和自然资源资产审计；依法检查审计决定执行情况，纠正和处理审计发现的问题；协助配合有关部门查处相关重大案件。2022年审计局核定行政编制15人，其中领导职数4人，行政人员15人，工勤人员1人。内设办公室、法规审理室、经济责任审计室、综合业务审计室、公共投资审计室5个职能科室。局领导班子有局长1名，副局长3名。2022年按照年初制定的审计计划，运用大数据审计技术对全县61个一级预算单位的预算执行情况进行全覆盖审计，开展5个部门财政预算执行情况审计、3个专项资金审计、3名党政领导干部经济责任审计、1名乡镇领导干部自然资源资产情况审计、政府投资建设项目审计3项，财务收支审计2项。经审计，违规金额2178万元，管理不规范金额46293万元，审计处理处罚2178元，归还原资金渠道71万元，上缴财政资金2107万元。

【审计委员会工作】 履行县委审计委员会办公室职责，协调县委召开审计委员会工作会议3次，传达学习中央和自治区党委审计委员会会议精神及习近平总书记对审计工作的重要批示指示精神，汇报重要审计情况及发现问题整改情况，审议通过审计项目计划和审计工作要点，出台《中宁县党政领导干部经济责任审计结果运用办法》，提升审计监督质效。

【财政预算执行审计】 重点对县本级财政和县教育局、科技局、农业农村局、财政局、住建局等5个部门的预算执行情况和其他财政收支进行审计，把监督的着力点放到促进节省开支、落实过“紧日子”要求上，重点关注一般性支出压减、“三公”经费、存量资金盘活以及遵守中央八项规定精神等情况，推动纠正不合理不合规支出，促进清理盘活沉淀资金，严格预算约束和财经纪律，提高预算管理绩效。针对审计发现的问题提出加强预算管理的审计建议，为进一步规范预算行为，加强预算管理和领导决策提供依据。

【民生和专项资金审计】 配合区厅开展困难群众救助资金、就业补助资金和失业基金、壮大村集体经济项目资金等管理使用情况，进一步推动民生资金落地见效。开展县疾控中心和水暖公司财务收支审计，有效规范各单位资金管理运行和高效使用。

【领导干部经济责任审计】 围绕权力运行和责任落实，对3名党政领导干部任期经济责任开展审计，通过客观评价领导干部经济行为，界定经济责任，促进领导干部依法行政，主动担当作为，规范权力运行。开展石空镇主要负责人自然资源资产任中审计，揭示领导干部在生态保护重大政策落实、重点任务完成、资金项目管理方面的问题并及时督促纠正。

【政府投资项目工程审计】 通过购买社会服务方式，弥补审计力量不足，选择优质中介机构参与政府投资建设项目审计监督。开展县妇幼保健服务中心建设项目、县人民医院妇儿综合大楼建设项目、工业园区燕然路等四条公路建设项目的决算审计，通过揭示项目中存在的问题，提高政府投资绩效，促进项目管理水平，提高政府投资建设项目资金使用效益。

【政策落实跟踪审计】 根据自治区审计厅统一部署按安排，开展基础教育质量提升和黄河流域环境治理相关项目专项资金审计调查，对全县贯彻落实国家重大政策措施情况进行跟踪审计。

【审计质量管理】 围绕“十四五”审计工作发展规划和县委、政府确定的重点工作以及自治区审计工作统一部署，结合全县工作实际，精心谋划，确定6类20个审计项目，沿着资金使用、项目建设、权力运行、资源保护、政策落实等方面开展审计，落实“财政资金运用到哪里，审计就跟进到哪里”的要求。聚焦创新发展领域，持续推进“研究型审计”。围绕审计“一盘棋”要求，坚持把研究型审计贯穿审计工作全过程，加大应用型研究的力度，以审计项目为平台，在研究项目立项、审计发现问题、审计建议、审计方式创新上精准发力，以深入研究推动谋划好项目、控制好质量、提炼好成果，坚持研以致用，研究行业系统的突出问题，科学规划“穿透式”审计项目，做到“审计一个领域，规范一个领域”。加强与纪检监察、巡察等部门协作，监督成果共享，实现审计组织方式、资源配置、成果运用更加有效。探索谋划对接数字化改革应用需求，落实“金审三期”应用，推进“数据分析+现场核查”数字化审计，提高审计信息化水平，提升审计效率。

【审计整改落实】 立足问题“类别库”推进监督关口前移。协调县纪委监委、组织部召开2次审计查出问题整改联席会议，对查出的63个问题，实行“一事一策”，建立问题整改台账，明确整改时限和责任人员，年底完成整改58个，尚未整改到位5个，整改率达92.06%，做好“审计整改”，打通审计监督“最后一公里”。

（许　瑞）

银行　保险

中国工商银行股份有限公司中宁支行

【概况】 中国工商银行股份有限公司中宁支行成立于1984年，内设公司机构金融业务部、个人金融业务部、综合管理部3个部室，下辖中宁支行营业室、平安东街支行2个对外营业网点、3个附行式自助银行、3个离行式自助银行，有从业人员64人。

【业务发展】 截至2022年末，银行全部存款日均余额15.03亿元，较年初增加1.71亿元，增幅12.84%。其中储蓄存款、公司存款、机构存款日均分别增加0.78亿元、0.66亿元、0.05亿元，存款增长稳定。全部存款时点余额15.75亿元，较年初增加2.43亿元，增幅18.24%，其中储蓄存款、公司存款、机构存款分别较年初增加1.82亿元、0.46亿元、0.15亿元，增幅17.22%、35.29%、11.28%。发放各类贷款22.59亿元，其中公司贷款20.87亿元、个人贷款1.72亿元。

【支持地方经济】 截至年末，银保监普惠贷款余额8435万元，较年初增加3431万元，银保监普惠贷款74户，较年初增加18户。民营企业贷款余额204779万元，较年初增长3065万元，完成年度任务800万元的383.13%，任务完成率全行第七。

【支持企业发展】 为宁夏天元锰业集团有限公司、宁夏兴尔泰新型材料有限公司等办理展期、再融资等，帮助企业化解融资风险。对还款存在困难的小微企业客户按市场化原则协商办理延期还本手续。响应减费让利政策活动，对在该行开户的小微企业减免账户管理费、企业证书年费、开户费等多项费用，对新发放小微企业贷款主动降低利率，2022年新增普惠小微贷款较上年贷款利率下降40–60BP，助力小微企业发展。

【“悦享消费·乐购中宁”消费季活动】 联合商务局于2022年11月15日—2023年1月31日

期间，共同开展“悦享消费·乐购中宁”消费季活动，投入资金15万元，用于开展中宁县政府促销活动。活动通过“我的宁夏”APP平台发放2类3档消费券，可在中宁县主要零售、餐饮、药店及手机、电动车等场所消费，通过“我的宁夏”APP、工商银行、各参与商户及融媒体中心等多种方式开展宣传。截至年末，累计核销55100单，发放政府补贴232万元，带动消费1290万元。

（冯　聪）

中国农业银行股份有限公司中宁支行

【概况】 中国农业银行是一家同时在上海证券交易所、香港联合交易所挂牌的国有大型上市银行，资金实力雄厚，服务功能齐全，是世界五百强之一。农行中宁县支行本部内设风险/综合管理部、个人金融部、对公业务部、运营财会部4个部室；下设1个营业室、3个二级支行和6个分理处共计10个营业机构，在大战场镇设立离行式ATM机。全行在职人员121人（不含非业务岗位派遣用工4人），其中机关本部33人、占比27%，营业机构88人，占比73%。全行有党员71人，其中在职党员68人，机关本部党员24人，网点党员44人。

【经营指标及发展】 2022年末，个人存款在去年高位增长的基础上，保持稳定增长态势。个人存款28.48亿元，较年初增加3.03亿元，日均余额27.14亿元，较年初增加2.06亿元。各项贷款余额21.39亿元，较年初减少2.17亿元。其中农户贷款比年初下降1.16亿元。实现营业收入12279万元、同比减少431万元，自主清收3496万元，诉讼不良贷款156笔326万元，执行90笔195万元。呆账核销不良资产合计1.14亿元，信用卡证券化236万元，累计收回已核销不良呆账贷款本息204万元。理财、贵金属、保险、投行等业务收入均超额完成计划。开展“春天行动”“万马奔腾”两大综合营销活动。Ⅱ、Ⅲ类电子账户、基金有效客户、理财活跃客户、缴费场景及微信银行活跃客户等多项指标位均居系统前列。

【数字化转型提质】 运用数字化信贷、场景、渠道、营销、风控“五大抓手”，加快转型步伐。加快“一号工程”突破提升。加强缴费场景建设，重点推进公共事业、教育学校类、智慧场景产业链场景建设。推进决胜掌银。坚持“赢掌银者赢天下”的原则，把智能掌银作为转型工具，发挥网点优势，持续开展“决胜掌银”行动，将掌银作为来行客户“必推”产品。

【乡村振兴】 推进乡村振兴战略。开展整村推进，加快农户信息建档。累计发放农户贷款1.58亿元，农户信息建档覆盖108个行政村，行政村覆盖度达90%，实现有效建档5720户。当年累放精准扶贫贷款3233万元，商业扶贫贷款2445万元，支持1544户建档立卡户脱贫致富。

【综合管理】 严抓内控管理，杜绝严防案件发生。组织全员学习各项规章制度，提高员工的思想道德素质，增强员工依法合规意识、自我保护意识和遵纪守法自觉性。发挥“三线一网格”作用，强化完善“党建线、纪检线”建设，着力推进党风廉政建设党委主体责任和纪检监督责任全面落实，抓好“运营线”管理，分析查找运营工作漏洞，规范业务操作。落实监管部门“巩固治乱象成果，促进合规建设”工作要求，组织开展整治市场乱象工作。结合“三化三铁”创建工作及运营案防重点工作任务，对网点薄弱环节及重点业务，持续加强风险管控。持续开展业务“回头看”检查，加大非现场检查力度与频次，紧盯网点整改成效，对于屡查屡犯问题加大处罚力度，直至问题彻底整改。开展网络安全及灾备演练。

【支持企业发展】 加大农民工集中就业行业信贷支持，坚持精准服务，主动为瀛海集团、中电新能源、美程电力、玺赞枸杞等企业下调贷款利息，累计让利70多万元；为竑元药业、新尔瑞等企业承担评估费2.14万元。进一步降低企业融资成本，全力支持县域实体经济快速发展。对部分企业实行减费让利，纾困解困，全力支持企业发展。通过提高续贷效率、下调贷款利率，帮助企业复工复产、渡过难关。加大新能源项目营销支持。向中宁县中电新能源有限公司余丁乡金沙村150MWp光伏复合项目发放项目贷款1亿元。向天宁牧业发放中期流动资金贷款1.2亿元，现奶产业贷款余额1.2亿元。加大县域特色产业信贷支持。率先采用“四权”抵押担保，融资赋能信贷余额2455万元，助推枸杞产业“四权”赋能加速推进。部分企业偿还到期贷款困难，向分行申请办理还款展期2400万元。

（丁 宗）

中国建设银行股份有限公司中宁支行

【概况】 中国建设银行股份有限公司中宁支行内设综合管理部、区分行纪委驻中宁支行纪检组、财务会计部、公司业务部、个人金融部5个部门组成，全行下辖4个营业网点，分别为支行营业部、金岸支行、广场支行、正大路支行。截至2022年，有在职职工87人，在岗中共党员48人。

【基础业务指标】 截至2022年末，支行全口径存款时点余额38.39亿元，新增5.69亿元。各项贷款余额（含贴现）46.54亿元，较年初新增-1.12亿元。其中公司类贷款余额为36.39亿元；个人类贷款余额为10.15亿元。全年实现中间业务净收入1740万元。不良贷款余额9885.24万元，较年初减少6952.34万元。不良贷款率为2.12%，较年初下降1.41个百分点。各项普惠金融贷款余额26531.31万元，较年初净增16716.62万元；银保监口径普惠金融贷款余额14995万元，较年初净增6296.64万元，均超额完成全年计划任务。

【支持地方经济】 惠金融扩面上量，大力推广“商叶云贷”“商户云贷”“首户快贷”等产品，加大对小微企业客户支持力度。截至年末，支行8项指标普惠金融贷款余额26531.31万元，较年初净增16716.62万元，完成率154%，全区排名第六。银保监口径普惠金融贷款余额14995万元，较年初净增6296.64万元，完成率262%，全区排名第五。“惠懂你”授信客户531户，较年初新增272户，计划完成率453%。深化与县国有担保公司合作，有序扩大“塞上系列”贷款市场影响力和产品竞争力。截至年末，塞上系列贷款余额4195万元，客户312户，分别较年初新增3496万元、257户。开立农村水利服务中心基本结算账户6户并同步上线悦生活缴费平台6个；开展机构类客户平台营销，全年新增党群平台4户、建融慧学平台1户、教育监管平台4户、智慧营区1户、智慧村务平台8户、智慧政务平台有效用户新增1981户。完成企业租赁服务平台、住房租赁监管平台上线工作，全县5300户房源信息已全部上架。对接县商务投资促进局、县农业农村局，开展“惠聚杞乡·嗨购新春”等三次政府消费券发放活动，吸引234家商户入驻“建行生活”平台，投放惠民消费券25万张，拉动当地消费1800多万元，在宁夏建行系统率先掀起宣传推广“建行生活”平台，取得“双子星”平台大批量获客和密切银政合作关系双丰收。“智慧校园”“智慧食堂”“智慧出行”“百隆商贸收银系统”等场景获客成效、综合收益显著，社会反响良好。

【助力乡村振兴】 截至2022年末，建行中宁支行在全县各乡镇设置裕农通服务点111个，乡村有效覆盖率103.9%，裕农通签约农户数4750户，各项指标均居全区建行系统前列。开展“心系‘三农’情，惠民千万家”主题金融活动，截至年末“建业贷”余额达7392万元。组织开展“金融知识进乡村”主题党日活动，了解农户金融需求，全年引荐76户农户办理贷款业务。

【内控合规】 全年组织合规教育专题活动17次、反洗钱宣传活动22次、制度考试14次、行为排查348人次。通过对“新办法”“监管红线”“合规必读”“反洗钱”等内容的学习，在全行形成“不敢违规、不能违规、不想违规”整体氛围，年内未发生严重违规事项，一般违规、轻微违规人次较上年同比分别下降73%、51%，全员合规意识明显提升。

（吕丹洋）

中国农业发展银行中宁县支行

【概况】 中国农业发展银行中宁县支行内设综合部、客户部，在册正式职工20人。2022年，全行累计投放各类贷款36658万元。截至年末，全行贷款余额173201万元，各项存款余额10880万元，实现利润1775万元。全年无经济案件、刑事案件、重大责任事故、严重违规违纪行为，实现“四无”经营目标。

【支持粮食收储】 2022年，全力服务国储粮食收购，累计向中央储备粮中宁直属库有限公司发放中央储备粮油贷款12764万元；支持市场化粮油收购业务，向中宁县丰泽粮油贸易有限公司发放购销企业粮油收购贷款11389万元、发放粮油调销贷款1655万元。

【支持生态文明建设】 支持县域生态文明建设，向中宁县水暖公司发放2750万元生态环境建设与保护贷款。

【支持特色产业】 围绕县域枸杞、奶牛、生猪养殖产业，向宁夏中宁枸杞产业集团有限公司发放3800万元；向宁夏大青山奶牛农牧业发展有限公司发放4300万元，推动中宁县草畜一体化发展战略。

【助力乡村振兴】 2022年，累计发放帮扶贷款16844万元。其中，为宁夏中宁枸杞产业集团有限公司发放3800万元，重点支持企业收购枸杞，带动服务脱贫5人；向中宁县丰泽粮油贸易有限公司发放帮扶贷款13044万元，带动服务脱贫5人，促进贫困户收入增加，帮助解决农民“卖粮难”问题。

（何其蓉）

宁夏中宁农村商业银行股份有限公司

【概况】 宁夏中宁农村商业银行股份有限公司成立于1954年，于2005年10月完成以县联社为单位统一法人改制工作，于2017年10月正式改制为农村商业银行股份有限公司。2022年末，中宁农村商业银行下设营业网点19家，内设职能部室13个，在岗员工222人。

【业务发展】 截至2022年末，银行资产总额721607万元。各项存款585887万元，各项存款存量、增量及占比均居全辖10家金融机构首位。各项贷款余额488633元，较年初增加20915万元，其中涉农贷款余额422113万元，较年初增长21011万元，增长5.24%，占比86.39%，贷款质量结构持续优化，主要核心监管指标持续达标，全年无各类案件和安全责任事故发生。

【支持地方经济】 聚焦主责主业，推进“整村授信”“网格化营销”工作。截至2022年末，完成全县131个行政村“整村授信”工作，通过“整村授信”授信户数20294户，授信金额9.31亿元。支持“六特”产业之一的枸杞特色产业发展，通过对龙头企业、枸杞专业合作社、种植销售、加工贩运等产业链的“全流程营销”和供、产、销等环节“全方位服务”，对县域枸杞种植散户、规模化种植的专业合作社、大中型企业、枸杞贩运小商贩和枸杞深加工龙头企业等客户群体，均给予与其种植、经营规模相匹配的信贷支持。截至2022年末，发放枸杞产业链贷款3911户、贷款余额69868万元，占本行各项贷款余额的14.39%。支持养牛特色产业发展。在扶持养牛特色产业发展上主动予以信贷政策支持和资金倾斜，党委班子、经营层多次实地到养殖大户、养牛基地走访，了解相关产业发展情况，通过采取活体抵押、引入第三方监管等模式，在风险可控的前提下创新合作模式，加大信贷投放，不断扩大对养牛产业支持力度。截至年末，发放养牛产业链贷款76242万元，较年初增长16747万元，增长率达28.15%，占本行各项贷款余额的15.60%。

【金融服务】 累计布放ATM机59台，其中在行式ATM机44台，离行式ATM机15台。安装POS机505台，自助服务终端17台，现金循环机23台，智能柜台2台，发卡机12台。提升金融服务能力，满足不同市场主体支付需求，实现“小额取现不出村，大额转账不离镇”普惠金融目标，提升金融服务满意度。

【回报社会】 落实黄河银行“希望工程·圆梦行动”，以“黄河银行助学基金”为平台，捐款24.8万元，资助全县62名家庭困难大学新生。在“9·20”新冠疫情期间，向县红十字会捐款30万元；支部联合社区，列支23万元党费，为县域内的166个乡镇、村（组）、社区基层党组织捐赠防疫物资，慰问生活困难党员50名。对接本地菜农购买2.3万余元受疫情影响滞销的蔬菜。向中卫市慈善总会捐款10万元，用于“善行宁夏”慈善项目。组织开展一系列金融知识、防范电信诈骗等进校园、进社区、进工厂宣传活动。

（吴苗苗）

宁夏银行股份有限公司中宁支行

【概况】 宁夏银行中宁支行成立于2003年3月，截至 2022年末，有员工36人，内设风险管理科、业务发展科、营业室、办公室等科室，下辖中宁宁安东街支行。资产总额20.23亿元，负债总额20.42亿元；各项存款19.24亿元，各项贷款20.5亿元。

【经营思路】 坚持稳中求进工作总基调，围绕“强基、固本、提质、增效”工作主线，强化资产负债管理，加大市场营销力度，狠抓过程管控，多措并举稳增长、调结构、控风险、促转型，依托区域经济社会环境，结合中宁地区经济特点，围绕枸杞、养殖、粮油、医疗等重点领域加大信贷投放力度，支持自治区六新六特重点产业、百万移民致富提升行动、乡村振兴战略等，以“服务地方经济，服务中小企业，服务城乡居民”为市场定位，持续深入推进“进社区，进市场，进乡村”工作，探索推进零售业务转型，不断加大服务实体经济力度。以“真诚结伴，携手理财”为服务理念，不断强化特色服务，持续提升金融服务的能力和水平，支持县域经济的发展。

【支持地方经济】 以整村授信模式，在贺家口子村、大战场镇给予农户授信184户，授信金额5213万元，支持农户养殖、种植及流通经营发展；针对县域特色枸杞产业，开发专属信贷产品“红火贷”并进行营销与推广，该单项产品授信525户，授信金额10987万元，全力支持枸杞产业全链条发展壮大，给予枸杞产业客户授信总额4.6亿元左右。

【乡村金融服务站建设】 开展乡村金融服务站建站运营工作，将金融服务覆盖到乡村农户，实现大战场镇14个行政村、2个社区金融服务站全覆盖，全辖建立金融服务站19家。

【优质服务】 践行“真诚结伴，携手理财”服务理念，用心服务好每一位客户。以强化营业网点服务水平，建设高效会计运营队伍为目标，立足支行业务发展，利用晨夕会、例会、线上线下结合、以考代训等方式，有针对性地选取培训内容，力促柜员综合素质不断提高；按季评选服务之星，分享经验和体会，提升柜面业务处理效率、服务水平及营销能力，推进厅堂转型，打造优秀网点服务队伍，为支行业务发展打好基础。中宁支行被评为2022年度宁夏银行四星级营业网点。

【社会责任】 中宁县“9·20”突发疫情期间，为中宁县红十字会捐赠20万元，向自治区人民医院援助中宁医疗队、中宁县人民医院、杞苑社区和利民社区捐赠急需防疫物资，以党支部名义发起员工爱心捐赠活动，支行员工主动投身志愿服务、参与疫情防控工作。

（赵　卿）

宁夏中宁青银村镇银行

【概况】 宁夏中宁青银村镇银行是中国银行保险监督管理委员会批准，中宁县委、政府招商引资，由青海银行发起设立的股份制商业银行。2022年，设有管理部门12个、支行11家，营业网点遍布全县主要经济区域，金融服务覆盖全部乡镇和行政村。宁夏中宁青银村镇银行

被自治区地方金融监督管理局、人民银行银川中心支行、宁夏银保监局评为2022年金融支持稳经济保民生促发展贡献突出机构。宁夏中宁青银村镇银行被自治区地方金融监督管理局、人民银行银川中心支行、宁夏银保监局评为2022年金融支持稳经济保民生促发展贡献突出机构。

【经营情况】 2022年，全面落实自治区稳经济保增长50条和金融促发展18条政策，创新产品和服务模式，优化金融供给，多措并举扩大信贷投放，积极支持乡村振兴、民营小微纾困、居民消费等实体经济领域，为服务地方经济社会高质量发展做出贡献。至2022年末，全行资产总额42.8亿元，存款余额35.3亿元，贷款余额31.2亿元。

【存贷款产品】 创新推出“吉祥宝”“财富宝”等存款产品；结合县域经济特点和小微企业及“三农”融资需求，推出“优客贷”“农资贷”“粮易贷”“畜易贷”“车优贷”“活体抵押贷”等品牌化、系列化信贷产品，满足群众信贷服务需求。

【助力乡村振兴】 聚焦自治区“六优”“六特”产业，支持枸杞、肉牛、奶制品、绿色食品等特色产业，完善核心企业供应链信贷服务，支持重点特色产业发展壮大。大力支持粮食安全、种植养殖产业、城乡融合等重点领域，满足乡村振兴多样化融资需求，涉农贷款持续增长。

（古银龙）

石嘴山银行股份有限公司中宁支行

【概况】 石嘴山银行中宁支行成立于2013年12月，有员工14人；本科11人，大专3人。支行下辖2个对外营业网点，分别为支行营业部、中宁西街支行，铺设自助设备5台。截至2022年末，石嘴山银行中宁支行资产总额62429万元，各项存款余额56627万元，各项贷款余额61853万元。累计服务结算客户24000余户，信贷客户1600余户。

【经营特色】 立足中宁县区域经济特点，定位打造枸杞产业链特色支行，重点支持中宁特色枸杞产业，走一行一特色的信贷营销模式。不断创新信贷产品，围绕枸杞种植、加工、销售等涉农客户，探索开发出“枸杞尊信贷”信贷产品。截至2022年末，枸杞特色农业贷款余额15636万元，占全部贷款余额的46%。

【助力乡村振兴】 围绕大战场镇牛羊养殖、玉米青贮种植行业发放普惠信用贷款，实行保本微利定价原则，简化调查和审批流程，做到应贷尽贷，农户凭信用即可获得无担保、无抵押小额信用贷款，入户调查当场放款，给农户提供最便捷放款服务。截至12月末，发放农户贷款408笔2174万元，占全部贷款余额的5.2%，支持农户扩大生产经营，增加收入。

【儿童财商教育】 与县城各公办及民办幼儿园对接，开展财商教育实践活动，全年开展财商课堂进校园6场次，财商社会实践活动5场次，“小小银行家”活动3场次，手把手教幼儿园小朋友点钞、扎把、捆钞，讲解财商趣味小故事，激发幼儿兴趣，丰富幼儿园财商教育课程。

【获得荣誉】 2022年，石嘴山银行中宁支行获县委、政府“推进中宁枸杞产业发展先进单位”称号，获中国金融工会宁夏工作委员会颁发的“宁夏金融先锋号”；获中卫市金融团工委

颁发的第一届中卫金融青年“金点子”创新创效“优秀项目”。

（吴　越）

中国邮政储蓄银行股份有限公司中宁支行

【概况】 中国邮政储蓄银行股份有限公司中宁支行成立于2008年5月7日，辖全功能金融网点1点和代理网点6家。截至2022年底各项存款余额达到2.8亿元，各项贷款余额达到6.46亿元。先后获区、市分行先进集体、先进党支部、巾帼建功先进集体、青年文明号及宁夏银行业文明规范服务示范单位、宁夏金融先锋号、总行小企业特色支行建设管理优秀单位等荣誉称号。

【风险管理】 及时通报，落实整改，对屡查屡犯问题及时予以解决，发挥营业主管风险防控能力，通过违规积分考核，极大减少员工违规办理业务，降低业务差错。及时做好员工的轮岗问题，全年支行到期轮岗人员8人，加大风险排查，排除风险隐患。定期召开邮银联合，齐抓案件防控落到实处。做好自营网点及代理网点安全检查工作，检查工作较以往更全面，更详细，针对理财、保险以及网点硬件设施更是重中之重。适时对支行员工进行消防安全知识培训，确保不存在消防隐患，不发生火灾。

【支持地方】 继续针对枸杞种植、流通、加工等客户群体、农作物种植产业、养殖等产业以及地方民营企业提供融资支持，主动加强与小企业贷款客户联系。截至年末，支行较好完成公司业务开户增长目标。通过小微企业、商超等企业形成沉淀公司存款，并联动小微企业贷款为切入，营销收单、信用卡等；以开放式缴费平台资金，以物业公司、幼儿园、培训机构等为切入点，营销缴费资金，沉淀公司存款；坚持为客户提供“绿色服务”阳光信贷。做好平台合作维系跟进工作，继续保持与妇联、就业局、专业合作社等合作平台稳定合作关系，安排公司客户经理定期上门回访，行领导适时沟通，有效拉近合作关系，稳定目前各类风险保证金。向区分行申请更加适合地方特色且宽松的贷款政策，与政府创业贴息贷款政策接轨，用实际行动支持全民创业就业。探索“协会+商户”“协会+农户”“互助金+农户”“公司+农户”等多种担保模式。

【回报社会】 参与社会公益活动，组织志愿者担任社区疫情防控志愿者。加强金融产品宣传，开展“金融知识万里行”“金融知识进社区”“反洗钱、防诈骗宣传”等活动，面向城乡群众普及金融知识，推广现代金融工具，培育诚信、防控非法集资、防范反洗钱风险等现代金融理念，改善金融服务环境。

（段　丽）

中国人民财产保险股份有限公司中宁支公司

【概况】 中国人民财产保险股份有限公司中宁支公司（简称人保财险中宁支公司）设立于1997年，有职工70人，下设部门13个，其中乡镇设立石空、鸣沙、大战场、徐套、汽车城5个营销服务部，12个农村保险服务站，各级机构基本上覆盖了全县主要乡镇。2022年，人保财

险中宁支公司实现保费收入 1.52 亿元，市场份额 59%，继续保持市场主导地位。全年累计承担各类风险保障近千亿元，受理各类赔案 1.25 万件，赔款支出 1.38 亿元（含未决赔款 0.34 亿元）。累计缴纳各项税收 947.48 万元，其中代收代缴车船税 860.98 万元。

【政策性农业保险】 2022 年，人保财险中宁支公司政策性农业保险保费收入 4449.35 万元，市场份额 83.5%，为全县农业生产承担风险保障 9.4 亿元，受益农户数 30261 户(次)。

【农业理赔】 2022 年，苹果、枸杞、西瓜大灾支付赔款 3660.05 万元，其他种植业支付赔款 268.42 万元。

【农业保险产品创新】 同各级政府及有关部门开展探索创新，连续两年为中宁县宁特公司开办托管肉牛养殖保险。通过采取"农户 + 合作社 + 企业 + 银行 + 保险"的合作模式，对于托管的肉牛从出场地开始直接进行承保，有效保障长途中意外损失。2021—2022 年，宁特公司累计牛养殖保费 2192.07 万元。其中承保肉牛 38730 头，保费 2034.04 万元；犊牛后备肉牛 2303 头，保费 158.03 万元。累计赔款金额 2438.38 万元，简单赔付率 111.88%。

【农业保险科技赋能建设】 不断加大资金和技术投入，先后投入应用卫星遥感"按图承保、按图理赔"、无人机查勘、牛脸识别等技术和养殖险远程理赔系统，不断提升农险科技赋能的服务能力。2022 年，开发使用"耘智保"APP 系统，实现农户自主查勘、理赔功能，很大程度提高查勘理赔效率。

【民生保险】 根据中国人民保险集团提出的六大战略规划，人保财险中宁支公司结合辖区实际，先后在服务乡村振兴、智慧交通、健康养老和社会治理四个方面取得较好业绩。在服务乡村振兴方面：公司为巩固脱贫攻坚成果，积极宣传承保已脱贫户和三类监测对象政策性农业保险共计 417 户，提供风险保障 912.49 万元；为辖区 19 家枸杞种植企业和 17 家种植大户办理雇主责任保险，提供风险保障 33971.1 万元。推广"乡村振兴保"服务乡村治理现代化，承办中宁县政府救助保险，为全县 35 万人提供了政府救助保险保障。承保范围包括：常住人口以及流动人口，累计承担各类风险责任 18000 万元。在服务智慧交通方面：为辖区 3 家规模较大的物流运输企业办理货物运输保险。办理各类货物运输保险 1202 笔，累计提供风险保障 341190.94 万元，其中办理预约货运险 2 笔，提供货物运输保险保障 312400 万元；办理公路货物运输保险 1200 笔，提供货物运输保险保障 28790.94 万元。在服务健康养老方面：推广全县老年人意外险项目，办理中宁县老年人意外伤害综合保险项目，为全县26906 位 60 周岁以上老年人提供 81430.12 万元的风险保障。在服务社会治理方面：公司累计办理建筑工程履约保险 13 笔，提供风险保障526.19 万元；办理农民工工资支付履约保证保险 18 笔，提供风险保障 325.79 万元，有效盘活各类保证金，降低资金占用成本。办理承运人责任险 481 笔，提供风险保障 31252 万元。办理旅游景区责任险 1 笔，提供风险保障 400 万元。配合政府部门拥军工作，连续第三年办理承办退役军人意外险项目，为全县 5060 名退役军人提供意外风险保障，人均保障 15 万元，年度受理理赔案件 32 起，付赔款 66.4 万元，为全

县17003人办理外出务工人员“铁杆庄稼保”，每人保障26万元，年度支付赔款70.2万元；为全县501名公益性岗位和实习见习人员办理意外伤害保险，每人保障55万元；为全县108名驻村干部办理意外伤害保险，每人保障金额145万元；为全县近600名警务人员办理公安民警执法安全责任保险和第三者责任保险，每人保障金额120万。为全县440台农业机械办理农机综合保险，累计承担保险责任2.42亿元。与县公安局合作，在大战场镇和太阳梁乡建成交通安全劝导站2个。

【参与社会公益事业】 履行企业公民义务，参与社会公益事业。联合宁安镇党委、振兴社区党支部、中宁县财政局机关党支部开展一系列主题党日活动，参加公益活动，履行社会公民义务。联合宁安镇振兴社区党支部开展“文明祭祀、绿色清明、缅怀先烈、共寄哀思”主题党日活动，瞻仰革命烈士纪念碑，营造“绿色祭祀，理性寄托哀思”社会新风尚。联合宁安镇党委开展“助力创城，勇当先锋”环境卫生志愿整治主题党日活动，助推创城活动。联合中宁县财政局机关党支部开展“联学共建，助力乡村振兴”主题党日活动，签署联学共建合作协议。主动认领结对帮扶对象鸣沙镇长鸣村17.5吨蔬菜，解决菜农因疫情导致外运不畅，销售困难等问题。参加全县的增绿植绿大会战，春、秋季义务植树和农田水利建设活动。

（郭丽慧　马　涛）

中国人寿保险股份有限公司中宁支公司

【概况】 中国人寿保险股份有限公司成立于1949年10月20日，总公司在北京。中国人寿中宁支公司2022年有在职职工20人，销售人员203人。公司设经理室、综合管理部、营销发展部、收展发展部、机构业务部、客户服务部6个职能部门。下设鸣沙、渠口、大战场3个营销服务部。

【业务发展】 2022年，实现总保费收入1.53亿元，同比增长-7.1%。其中，实现首年期交保费2088万元，实现标准保费679万元，实现十年及以上业务1011万元，实现短期险保费1254万元，完成续期保费1.11亿元。

【社会责任】 “9·20”新冠肺炎疫情期间，公司党员领导干部刘建新主动请缨做志愿者，配合利民社区开展疫情防控工作；联合利民社区开展清明节祭扫等活动，促进“共驻共建”工作开展。响应县政府春、秋两季植绿增绿大会战义务植树活动，高标准完成植树任务，以实际行动为建设绿色美好家园贡献力量。

【乡村振兴】 结对帮扶德胜村，推广乡村振兴健康保，与中国建设银行中宁支行联合开发乡村振兴健康保线上推广项目，接洽落实专属养老保险试点工作，加快发展绿色保险、支持新兴产业发展，更好服务县域经济。

【客户服务】 秉持“简捷、品质、温暖”服务理念，以客户为中心，增强服务意识、提升服务技能、协同发展，落实消费者保护评价工作，推广智能化服务，实现数字化融合落地，提供投保、

保全、理赔全场景智能化服务，不断优化客户体验。2022年个人长险无纸化投保应用率超99.99%，保全服务E化率达88%。“重疾一日赔”案件达到95%，理赔时效为1.84天，快捷温暖的理赔服务深受客户好评和赞扬。

【风险管控】 公司坚持把风险防控贯穿于工作的全过程，合规管理与经营管理深度融合，落实风险防控责任，以“制度合规年”活动为契机，加大合规文化培育，强化制度执行，严守底线。组织开展多层次、多元化、多维度宣传教育，坚持销售人员诚信教育常态化，筑牢思想防线。组织开展反洗钱、防范非法集资等常态化风险排查；落实乱象整治、虚列费用佣金及补扣款、养老领域突出问题、侵害个人信息权益乱象、违规参与“代理退保”、虚列费用问题等12项风险排查治理，立行立改，及时消除风险隐患，堵塞经营管理漏洞。严肃责任追究，以案示警，规范销售行为。

【支农惠民】 服务实体产业，服务县域经济，加快发展绿色保险，对于绿色产业、新兴产业加大支持力度，为企业发展保驾护航。落实国家战略、服务乡村振兴，扩大乡村振兴健康保覆盖人群，除重点监测对象外，对乡村、社区的市民和新市民加大宣传力度，共享普惠保险。打造“简捷、品质、温暖”服务体验，通过互联网、手机等各类终端提升理赔服务效率，提高承保人员满意度。坚持保险姓保，加大金融保险知识宣传力度，扩大保险受益人群，承担中国人寿的社会责任，发挥好保险社会稳定器功能。2022年，为公司承保绿色保险企业职工654人累计承担风险保额 3234 万元。乡村振兴健康保业务赔款支出35.5万元，老龄险意外伤害及医疗赔款支出37.3万元，爱妮保赔款支出153.3万元，百姓保赔款支出69.11万元。

（牛淑英）

农 业

综 述

【概况】 中宁县农业农村局为县人民政府工作部门,为全额拨款行政单位,隶属管理25个下属事业单位,其中,全额预算事业单位23个,定额补助事业单位2个。核定编制266个,其中,行政编制19个,后勤服务编制2个,全额预算事业编制194个,自收自支事业编制2个,定额补助事业编制49个。实有人员242名,其中,行政人员16名,后勤服务人员2名,全额预算事业人员181名(县级144名、乡镇37名),定额补助事业人员41名,自收自支人员2名,有党员143名,领导职数为一正三副。全县完成农业增加值24.24亿元,同比增长3.3%;农民人均可支配收入16532元,同比增长5.3%。

【粮食生产】 全县落实粮食播种面积64.4万亩,粮食总产达3.07亿公斤,其中玉米种植面积44.9万亩,比上年增加1.3万亩,增长3.0%;水稻、小麦种植面积分别为2.75万亩、1.77万亩;杂粮种植面积10.9万亩,农作物良种覆盖率达95%。

【畜牧业】 全县奶牛存栏4.9万头,生猪、肉牛、肉羊、家禽饲养量分别为16.5万头、8.9万头、62.7万只、98.7万只,肉、蛋、奶产量分别为1.84万吨、0.52万吨、18.4万吨。

【水产业】 推广渔业新技术2000亩,全县渔业水域面积稳定在3.2万亩,其中,池塘养殖面积5940亩,湖泊养殖面积18675亩,河沟养殖7380亩,水产品总产量达3718吨。

【蔬菜产业】 实施设施农业效益倍增计划,全面推进新设施、新品种、新技术及新模式集成应用,全县瓜菜种植面积202683亩,其中设施瓜菜种植面积13548亩(日光温室966.5亩,拱棚12581.5亩),露地蔬菜种植面积44589亩(供港蔬菜种植18010亩,露地春夏菜11692

亩，露地秋菜 12696 亩，黄花菜 2191 亩），露地西甜瓜种植面积 144546 亩（露地西甜瓜 31723 亩，压砂西甜瓜 112823 亩）。

【绿色食品产业】 推动传统产业转型升级，加速产业集约集聚，推广枸杞、优质粮食等绿色产业生产模式，创建国家农业绿色发展先行区，成功申报国家现代农业产业园。新培育华宝、黄河乳业等营业收入超 1 亿元企业 5 个、四星级绿色食品加工企业 2 家、三星级绿色食品加工企业 7 家，绿色食品企业总数达 229 家，农产品加工业总产值达 43 亿元，同比增长 11.9%，农产品加工业产值与农业总产值比值达 2∶1。

【农村土地制度改革】 开展农村承包地确权登记颁证“回头看”，化解各类土地矛盾纠纷26 起，完成 12 个乡镇 1504 户土地确权信息变更。确权登记颁证成果数字广泛应用到农村土地流转、黄河生态环境保护、农用地调查、压砂地退出、农业产业化生产等领域服务。完成喊叫水乡康湾新村、红湾新村和麦垛新村8779.64 亩承包地确权登记颁证工作。调查摸清 12 个乡镇闲置宅基地 3031 宗，核实整改农村乱建耕地图斑 36 处。

【农村“三资”监管】 完成 133 个村集体资产清产核资，完成清产核资、债权债务、农经统计年报、成员身份认定和村集体经济运行报表检测系统等“五个系统”数据汇总和各类资金资产资源登记台账填报工作，督促乡镇完成侵占、侵吞、垄断农村集体“三资”问题整改落实。完成 133 个村级集体经济组织的财务审计及财务分设工作。

【农村集体产权制度改革】 实施扶持壮大村级集体经济项目 22 个，按照自主经营、委托经营、合作经营、投资入股等模式，为 3.2 万村民增加务工就业岗位，带动加工、旅游、餐饮等二三产业发展。挖掘闲置房屋、土地等资产资源，采取租赁流转或自主经营方式合理开发利用，增加村集体经济收入。全县村级集体经济收益 3000 万元以上，村均 22.56 万元以上。其中，100 万元以上 8 个村，50 万 ~100 万元 8 个村，10 万 ~50 万元 84 个村。

【农业生产托管服务】 2022 年度中央财政下达中宁县农业生产托管服务任务面积 8.7 万亩，项目资金 714 万元。项目区涉及 12 个乡镇 2 个农场 125 个行政村，主要聚焦水稻、小麦、玉米和枸杞等重要农作物，公开择优遴选 18 家社会化服务组织承担项目，主要涉及村集体经济合作社、农民专业合作社联合社、农民合作社、专业化农机公司。完成作业总面积 13.01 万亩，其中耕 81781.92 亩、种 20956.32 亩、防 3517.8 亩、收 23860.98 亩。服务农户 7726 户，小农户 6963 户，占比 90.12%。

【农村居民可支配收入监测】 2022 年，全年完成 12 个乡镇 133 个行政村农民收入监测。全县农村总户数 82805 户，户籍人口 289616 人，常住户 51053 户，常住人口 165860 人。月人均可支配收入 1740.96 元，较上年增长 35.6%。

【农民培训】 依托高素质农民培育、基层农技推广体系改革与建设项目实施，举办高素质农民培训班 6 期，培训 300 人；开展农业生产经营人才技能提升行动，完成移民村枸杞、林果设施蔬菜、草畜产业培训 1000 人次；培育农业科技示范主体 110 个；建成集示范展示、指导培训、科普教育等多功能一体化的农业科技示范展示基地 3 个。

【农村人居环境整治】 以农村生活污水、“厕所革命”、生活垃圾治理，村容村貌提升等工作为主攻方向，完成2000户农村卫生厕所改造任务，完成鸣沙镇五道渠村、恩和镇曹桥村、石空镇枣一村、余丁乡金沙村、新堡镇吴桥和南湾村污水管网铺设22千米，配套建设排污阀井950座、化粪池站14座（总容积260立方米）、污水池14座（总容积1500立方米），配发266个吸污泵、5辆吸污车，实现农村污水处理率达40%、生活垃圾处理率达95%、卫生厕所普及率达85%。

【农田水利基本建设】 完成秋冬季农田水利建设各项任务，清淤各类渠道3480条2636千米、各类沟道1918条1504千米，整修机耕、生产路1439千米，砌护各类渠道198条161千米，新建高标准农田16.96万亩，新增高效节水灌溉面积13.27万亩，平整土地2.84万亩。

【农业机械化】 全县拥有各类农业机械13480台，其中，拖拉机12014台，联合收割机541台，插秧机164台，其他农机具14520台，农业机械化总动力34.2942万千瓦，农业机械总值达4.82亿元，农作物综合机械化率达91.93%。

【乡村振兴】 2022年，全县有脱贫人口4902户20427人，主要分布在喊叫水、徐套、太阳梁、大战场4个乡镇和恩和镇红梧村。识别纳入三类监测对象700户2383人，其中脱贫不稳定44户205人，边缘易致贫户495户1581人，突发严重困难户161户597人。统筹整合各类财政资金13.7亿元，实施项目120个。脱贫户、监测对象人均纯收入分别达到13114元、12905元，分别增长14.4%、19.5%。

（段　政）

种植业

【粮食生产】 坚持稳政策、稳面积，鼓励规模化种植，强化技术指导，支持新型经营主体向农户提供农机、病虫害统防统治等农业社会化服务，提高粮食生产专业化、组织化水平，建设小麦、水稻原粮储备生产基地2.4万亩，向储备库提供优质粮源0.9万吨；完成粮食播种64.6万亩，同比增加10.69万亩，增加19.80%，粮食产量30.70万吨，同比增加0.11万吨，增加0.37%。

【种子工程】 承接区域试验、绿色通道试验和生产试验50组，参试品种370个，试验面积65亩。建设春小麦“三圃”提纯田35亩，玉米、小麦、大豆展示园区218亩，展示、示范品种65个。按照《农作物种子检验规程》质量标准和方法，对田间拔杂去劣、病虫草害情况逐块进行检验，做到无杂株、异穗（株）、高穗（株）、无危害性杂草、无倒伏、无病虫害，保证市场供种质量。

【新品种新技术试验示范】 在石空镇高山寺村建设玉米绿色高质高效技术推广示范区500亩，引入8个优质玉米品种进行对比试验；在舟塔乡吉广益蔬菜专业合作社建设蔬菜新技术集成示范基地1个面积30亩，在徐套乡撒不拉滩、喊叫水乡石泉村依托实施主体建设硒砂瓜良种繁育基地2个80亩；在余丁乡建立1600亩稻水象甲及稻瘟病专业化统防统治及绿色防控融合示范区；在鸣沙镇二道渠村、徐套乡田家滩村、喊叫水乡五丰台村各创建瓜类检疫性病害防控示范区1000亩。

【农业绿色发展】 全县建设化肥减量增效技术示范区 2 万亩、有机肥替代化肥示范区 0.9 万亩、粮食优新技术示范区 10 万亩，农作物测土配方技术推广覆盖面积达 50.68 万亩。创建农作物病虫害统防统治和绿色防控融合示范区 3.46 万亩，农作物统防统治面积达 55.49 万亩，化肥利用率达 41%，农药利用率达41.56%。引进小型滴灌水肥一体化设备 40 台，选择设施蔬菜种植大户示范推广蚯蚓生物技术 100 亩、秸秆生物反应堆技术 300 亩，在宁安镇宁夏农艺农业发展有限公司建成露地蔬菜绿色标准园 1 个 355 亩。

【植物保护工程】 全县农作物病虫害总发生面积 342.35 万亩(次)，防治面积 417.65 万亩(次)，其中统防统治面积 55.49 万亩(次)，占总面积57.3%。发布《植保情报》16 期 6500 余份，发放各类病虫害防治资料 3.1 万份，开展科普园地电视讲座 6 次，向农技干部发送手机植保信息 50 余次，接受群众技术咨询 2820 人次，拍摄高质量病虫数码照片 100 余张，农作物病虫害中短期预报准确率达到 95%，长期预报准确率达 90%。

【农产品质量安全检测】 完成农残抽样任务 200 个，涵盖叶菜、块茎、葱蒜、菜用豆、茄果类蔬菜 196 个，瓜果类 3 个，枸杞类 1 个，农残抽样合格率达 99%。

（段 政）

畜牧业

【规模养殖场建设】 完成喊叫水乡马塘移民区 5000 头肉牛养殖场项目建设；完成恩和镇双井子 30 万头生猪养殖园项目建设；完成兴垦牧业 2.5 万头奶牛养殖场建设并投入生产，存栏奶牛 1.1 万头。

【家畜品种改良】 推广西门塔尔牛、安格斯牛等品种优质肉牛冻精 3.6 万支，改良基础母牛 1.8 万头；引进滩羊种公羊 500 只，引进中卫山羊种公羊 100 只。

【禽粪污资源化利用】 加快推进畜禽养殖废弃物资源化利用，大力发展绿色生态健康养殖，加快构建现代畜牧产业体系，将畜禽规模养殖场粪污资源化利用作为重点工作之一。按照“谁污染，谁治理”原则，指导规模养殖场开展畜禽粪污综合治理，推行“三改两分三防再利用”，配套利用先进工艺和清洁养殖实用技术，推行精准化管理，严防畜禽养殖污染物排放现象。完成 91 家规模养殖场畜禽粪污处理设施改造。全县规模养殖场畜禽粪污设施装备配套率达 100%，畜禽粪污综合利用率达 92.5%。

【粮改饲项目】 优化补贴机制，完成粮改饲 9.76 万亩，收贮全株玉米青贮 31.84 万吨。开展“春小麦 + 饲用燕麦”一年两茬种植试验示范，种植饲用燕麦 3500 亩；示范推广“青贮玉米 + 小黑麦”一年两茬种植模式，种植小黑麦 3420 亩。

【科技培训】 举办养殖实用技术培训班 1 场次，系统培训养殖户 50 人，发放科技资料 350 余份(册)。

【动物疫病防治】 强制免疫各类畜禽 287.2 万头，免疫密度、标识率达 100%。强化人畜共患病防控，累计免疫、驱虫易感动物 60.3 万头，其中狂犬病免疫家犬 0.6 万只，布病免疫奶牛

4.9万头，羊54万只，吡喹酮家犬驱虫0.8万条。累计免疫其他主要动物疫病184万头只，其中新城疫免疫鸡120万羽，羊痘免疫54万只，牛结节皮肤病免疫10万剂，全年无重大疫情发生。

【动物疫情预测预报】 完成各类动物免疫抗体水平检测7648份，免疫抗体全部合格，部分项目指标超过部颁标准。加强养殖、屠宰、贩养、交易、无害化等关键环节采样，做好非洲猪瘟、牛结节性皮肤病、小反刍兽疫、高致病性禽流感、牛支原体肺炎等重大动物疫病的常规监测，采集血清2922份、拭子3044份，监测外调畜禽免疫抗体奶牛样品2756份、家禽样品320份，检测结果符合免疫抗体水平标准。

（段　政）

水产业

【渔业新技术推广】 落实稻渔综合种养面积1000亩，开展稻渔综合种养模式试验示范，包含稻鱼、稻蟹共生等模式，配套水稻种植技术、水产品健康养殖技术、施肥技术、病虫草害防控技术、水质调控技术、田间工程技术、捕捞技术等，使亩均增加产值1000元以上；落实名优水产品养殖及尾水治理1000亩，推广斑点叉尾鮰、鲈鱼、泥鳅、河蟹等名优品种健康养殖技术，每亩投放鱼种不少于800尾，应用鱼病综合防控技术、水产养殖用药减量、养殖尾水治理技术、池塘底排污技术，实现亩新增经济效益1000元以上。

【渔政执法】 严格落实黄河流域禁渔制度，禁渔期间，张贴休渔通告2000余份，悬挂禁渔横幅80条，发放宣传彩页3200余份；出动执法车辆计102车（次），派出检查执法人员325人次，完成巡渔巡逻85次，受理并查处违法案件3起，劝回垂钓人员60人次。联合森林派出所等执法部门开展黄河禁渔联合执法3次。

（段　政）

农业机械化

【农机免费管理】 贯彻落实农机免费管理政策，办理拖拉机、联合收割机入户挂牌303台，完成率达303%；检验拖拉机、联合收割机2432台，完成率达101.3%；粘贴夜间安全反光标识2648台，审验驾驶人753人，新增驾驶员188人，换发驾驶证60人，补证14本，培训驾驶员农机操作手761人，发放跨区作业证68副。

【农机购置补贴】 受理2021年农机购置补贴超录申请一批，兑付补贴资金42.819万元；受理2022年农机购置补贴申请3批，兑付补贴资金876.481万元，农机报废补贴资金23.6万元，2022年兑付农机补贴资金942.9万元，其中，中央资金923.024万元，自治区资金19.876万元。新增各类农业机械589台（套），其中，拖拉机159台，打捆机械41台，玉米收获机6台，烘干设备10台，日粮机29台，平地机26台，无人机7台，色选机49台，其他各类农具262台（套），受益农户441户。报废农业机械13台，受益农户12户。

【农用残膜回收】 回收农用残膜2125.57吨；宣传农用残膜回收利用政策，发放宣传资料

1500余份，挂拉横幅30条，设置宣传牌4块，讲解农膜回收政策20余次，鼓励群众自行回收。全县农用残膜回收率90%。

【农机安全生产】 承办全区农机事故应急处置演练活动暨农机“安全生产月”启动现场会。组织开展农机安全生产专项整治“三年行动”、春冬季农业机械安全隐患排查、农机安全生产“除隐患，防事故，护民生”集中攻坚行动、“三夏”“三秋”农机安全生产大检查、“农机安全生产百日专项整治行动”等活动，出动监管人员213人次，检查拖拉机、收割机522台（次），纠正违章79起；检查农机作业公司（合作组织）、维修、销售企业25家，排查安全生产隐患26起，整改26起。到广场、乡村、作业公司开展“农机安全下基层服务”“农机普法”“安全生产咨询日”等活动，发放各类宣传资料7种1万余份，悬挂横幅25条，制作宣传展板2副，发送手机农机安全短信、微信25000余条。每月15日定期组织1期驾驶操作人员培训班，普及安全常识、安全操作等知识。

【耕地深松整地】 推广耕地深松整地6万亩，按程序进行公开招标。全县投入大型农业机械设备61台（套），全程监督项目实施进度和作业质量，实际完成耕地深松作业面积7.83万亩，达标面积6.09万亩，完成任务的101.49%。

【大豆玉米带状复合机械化种植】 通过支部示范、党员服务、企业参与方式，以党建引领发展粮食生产，重点抓好大豆玉米带状复合种植新机具改造、引进试验示范推广，与各乡镇签订农机安全生产目标管理责任书，举办大豆玉米带状复合种植现场观摩会2期；制定《中宁县2022年大豆玉米带状复合种植机械购置改造补贴实施方案》，全县补贴新购置大豆玉米带状复合种植专用单粒（精密）播种机145台；补助改造玉米专用播种机（可施肥）100台，大豆收获机具5台，补贴资金36.44万元。

（段　政）

农业行政执法

【农产品质量安全监管】 加强种子、农药、化肥等农业投入品和蔬菜、枸杞、动物产品等农产品质量安全监管，发放农资识假辨假资料2.5万余份、农业法律法规2000份，检查企业和经营网点625家（次），查处违法违规行为并立案25起，受理农民举报投诉12件，挽回经济损失45万元。全县无重大农产品质量安全事故发生。

【动物卫生监督】 全县畜禽备案车辆全部安装GPS定位器，运行轨迹列入全国动物检疫电子出证系统。全年完成生猪、牛、羊屠宰环节瘦肉精自检10751份，养殖环节抽检2132份。产地检疫各类畜禽234345头（只），检疫各类动物产品9852907公斤。严格落实跨省调运种猪、仔猪审批隔离观察和落地报告制度，对从山西、陕西、甘肃等地调运的1200头仔猪及时进行隔离观察和防疫监管，非洲猪瘟检测全部为阴性后入场饲养。出证跨省调出动物780张，检疫动物122367头（只）；出证跨省调出动物产品210张，检疫各类肉品1838370公斤。监督检查规模化养殖场146家（次），完成畜产品抽检36份，办理各类行政许可证9份。严格落实县乡场（户）三级监管机制，实行“风险分级”“量化监督”管理。

【种子质量监督管理】 严厉打击种子经营领域经营证照不全、代销零售手续标签不规范、未审先推、种子包装、假冒伪劣等违法行为，出动执法车辆265车(次)，执法人员425人次，对全县8个集贸市场、207个农资经营户进行拉网式检查，检查企业和经营网点625家(次)，查处种子经销违法案件3起。完成受委托代销备案79个、经营部分装备案456个。

【肥料农药质量监督管理】 对全县4家肥料生产企业、肥料经营企业及其销售网点进行不定期检查，重点对复合肥、有机肥、微生物肥等肥料是否存在有效成分不足、以肥代药、未经登记、一证多用、假冒伪造登记证及产品标识不规范问题进行检查。按照“依法依规，公开公正，有进有出，示范引领，全面覆盖”的原则，指导创建24家农药标准化经营示范门店。

【农产品质量安全专项整治】 持续加强农产品质量安全和食品药品安全宣传。制作农产品质量安全宣传展板6块、横幅8条；发放《推行食用农产品合格证制度告知书》《禁止使用的药品和其他化合物以及停止使用的兽药清单》《食用农产品安全用药指导手册》《实施食用农产品“治违禁，控药残，促提升”三年行动宣传册》3094份；张贴《食用农产品合格证制度》《中宁县农业农村局农产品质量安全问题专项整治投诉举报电话和监督信箱》159张；监督检查农资经营店248家(次)，动物及动物产品经营场所321家(次)，规模化养殖场153家(次)，兽药饲料经营店102家(次)，生鲜乳收购站32家(次)，蔬菜种植基地5家(次)。配合农业农村部农产品质量检测中心、区、市、县农产品质量检测中心开展枸杞、畜产品、蔬菜、鱼等抽检工作，抽检519个样品，农(畜)产品抽检合格率99.4%。

【农产品追溯体系建设】 加快推进中宁县“食品药品安全区”创建工作，推进食用农产品合格证，强化信息化建设，做好农产品产地准出、准入，加强乡镇农产品质量安全网格化，落实企业主体责任，实现农产品质量安全溯源管理。全县农产品质量安全整体水平显著提升，未发生重大农产品质量安全事故。

【行政执法水平提升】 规范建立各项监管制度、抽查工作流程。持续做好“双随机，一公开”监管平台信息录入，编制农业农村局随机抽查事项清单，建立随机抽查对象名录库和执法检查人员名录库，对权力清单、责任清单和权责清单及时进行调整完善。为13名农业执法人员配备了执法服装，购置增添高清摄像机、便携计算机、执法记录仪等执法装备。

(段　政)

农田水利基本建设

【2020年徐套乡田家滩村高标准农田建设项目】 项目完成投资4738.65万元。增施有机肥3万亩。新建加压泵房2座，新建自压过滤房5座，安装管道泵5套，排水泵2套，安装变压器7台，沙石和叠片组合过滤器19套。铺设主干管PVC管道88.69千米，110PVC分干管144.55千米，De75软带147.1千米，滴灌带12000千米。配套管道建筑物1490座。铺设田间沙砾石道路4.45公里，栽植刺槐1840株。

【2021年度白马乡跃进村新植枸杞蓄水池配套工程】 白马乡跃进村枸杞示范基地2.1万立方米蓄水池工程竣工，累计完成投资199万元，新建2.3万立方米蓄水池1座、进出水阀井3座，铺设D50排水渠道0.52千米。

【喊叫水乡748亩压砂地金银花地下管网铺设高效节水灌溉项目】 项目完成投资166.96万元，新建泵站1座，配套离心泵2台，铺设地埋管共计8.1公里，配套管道建筑物31座。

【2021年中央预算内投资高标准农田建设项目】 项目完成砌护渠道83.32千米，配套各种渠道建筑物共2939座，更换水泵1套，铺设PVC输水管4.09千米，安装阀门井5座、排水井10座、阀门保护箱97座。

【2021年恩和镇恩和村高标准农田建设项目】 项目投资2298万元，完成平田整地1513亩，土壤改良1.43万亩，其中，机深耕1.2787万亩，增施有机肥1513亩。衬砌渠道119.95千米，配套渠系建筑物1315座，畦田口4658座；新建蓄水池2座，泵房2座；铺设PVC管25.41千米，PE管20.44千米，滴灌带1623.29千米。整修田间道路24.12千米，其中铺设沙砾石道路14.68千米、新修生产路9.44千米。配套变压器2台，架设高压输电线路1千米、低压输电线路0.1千米。栽植国槐1593株。

【2021年恩和镇华寺村枸杞示范基地1440亩高效节水灌溉项目】 项目完成投资389万元，建成0.5万立方米蓄水池2座，完成1440亩枸杞示范基地 高效节灌设施全覆盖。

【秋冬季农田水利基本建设】 清淤沟道1918条1504公里、渠道3480条2636公里，砌护渠道198条161公里，新建、维修配套建筑物16738座，开挖回填土石方530.95万立方米，使用混凝土4.78万立方米，损毁工程修复率100%。改善灌溉面积35万亩，节水5968万立方米，农田灌溉水利用率54.8&。全县粮食生产稳定度大于0.5。

（段 政）

乡村振兴

【监测预警与帮扶】 综合运用农户自主申报、基层干部排查、部门筛查预警、县级入户复核四种方式，累计识别纳入三类监测对象700户2383人，按照“缺什么补什么”的原则，“一户一策”精准帮扶，帮助协调就业264户，实行产业帮扶178户，落实兜底保障527户。截至2020年末，累计消除风险442户1389人，消除风险比例58.3%。推行“红黄蓝”三色预警。建立压砂地退出种植户“一户一档”5798户2.17万人，实行“红黄蓝”三色预警，其中黄色预警190户（28户脱贫户、4户监测对象）；蓝色预警1708户（341户脱贫户、11户监测对象）；无风险3900户（脱贫户293户，监测对象11户），制定到户帮扶政策，提前干预，精准帮扶，有效降低返贫风险。开展集中排查。动员乡村干部、驻村工作队、帮扶责任人、网格员900余人，针对分散供养特困人员、整户低保、重度残疾户、新致残家庭等风险信息，排查常住农户57476户204478人，核查风险线索2502条，新增识别纳入监测对象65户235人，“一户一策”针对性精准制定帮扶措施，跟踪督办，消除风险33户137人。

【“三重保障”和饮水安全】 突出教育优先，对全县4.3万余名义务教育阶段学生进行全覆盖摸排走访，精准帮扶307名留守儿童及特殊群体学生，为全县69名重度残疾儿童提供“送教上门”服务，全县义务教育阶段适龄儿童零失学辍学。改造维修农村学校19所，建成幼儿园3所，增加学前教育学位1170个。招聘临聘中小学、幼儿园教师491名，优先补充到农村学校任教，开展城乡教师轮岗交流112人次，拓展“互联网＋教育”应用范围，进一步缩小城乡教育差距。突出健康扶贫，全县14个乡镇卫生院、155个村卫生室安装使用基层人工智能辅助诊疗系统，乡镇卫生院、村卫生室药物药品配备数量分别达到300种和120种以上。统筹发挥基本医疗保险、大病保险、医疗救助“三重保障”制度作用，救治农村特困、农村低保、三类监测对象4051人次，报销医疗费用2910万元。突出住房安全，坚持危房即增即改、动态清零，对排查出的123户非抗震房、6户危房，通过加固、改造等方式进行保障。开展全县自建房安全专项整治，排查消除安全隐患329户。突出饮水安全，定期开展水质检测，公开投诉电话，通过实施小型维修改造工程、人饮设施维修、强化巡查检查等措施，解决144处冻管问题。因季节性居住、地理条件限制等原因不具备入户条件的，安装净水器保障饮水安全。

【定点帮扶】 区、市、县各级定点帮扶单位自筹及协调累计投入资金1949.17万元，其中驻村工作队协调争取帮扶资金1699.46万元，主要用于村级产业发展、养殖业发展、基础设施建设、公共服务提升等方面。“万企兴万村”行动投入资金18.76万元，用于环境整治、产业发展等。

【领导干部帮扶】 制定印发县级领导包抓工作方案，25名县级领导包抓全县12个乡镇、25个重点移民村，不定期进村入户、蹲点指导，推动重心下移、资源下投、力量下沉，构建“主要领导统筹抓，分管领导牵头抓，部门乡镇具体抓”工作格局。落实行业部门主体责任，建立健全工作机制，调整帮扶责任人608名。挂牌成立县乡村振兴局，调整县扶贫开发服务中心为县乡村振兴服务中心，为61个村（社区）选派驻村干部183名，安排2350名干部帮扶5500户已脱贫户和监测对象，做到“不脱贫不脱钩、一帮到底”。

【移民致富提升行动】 25个重点移民村全部完成“多规合一”村庄规划编制，累计投资3.254亿元，在移民地区集中实施产业发展、基础设施配套、供水排水、道路硬化、环境综合整治等53个项目，加快补齐短板弱项。强化产业带动和就业创业支持，创建创业示范基地3个，规划高标准农田项目片区13个、高效节水10.38万，移民地区种植枸杞、巨菌草、金银花等经济作物4.32万亩；肉牛、肉羊饲养量分别为3.46万头、17.56万只，肉、蛋、奶产量分别为3230吨、177吨、16.9万吨；新建标准化养殖场3个，移民地区肉牛养殖场累计达8个。移民群众转移就业3.8万人，举办移民创业培训班4期120人，发放创业担保贷款51笔640万元，移民人均收入11462元，同比增长16.96%。创新实施“联合党支部＋国有企业＋村集体经济合作社＋银行＋农户＋保险”[illegible]利益联结机制，2785户群众通过肉牛托管养殖分红2990万元，户均年增收8000元以上。

【产业帮扶】 鼓励县内龙头企业在太阳梁乡打造规模化、标准化枸杞种植基地3000亩。加快喊叫水乡、徐套乡转型升级压砂地退出区后续产业发展，交付使用清砂区域2.8万亩高效节水项目，种植起垄覆膜西瓜7200亩、小杂粮4500亩、巨菌草4100亩、青贮玉米2200亩、保银高辣朝天椒800亩、打瓜5200亩、红小豆300亩。马塘生态移民区5000亩设施农业产业园核心示范区高标准面包棚、节能日光温室、大中拱棚建成并完成收获。建成蔬菜集约化育苗中心1个、蔬菜绿色标准园2个，农业科技示范核心区2个200亩，硒砂瓜良种繁育基地2个80亩，春覆膜技术示范 1.5万亩，有机肥替代化肥技术示范3960亩。发展养殖扩规模。喊叫水乡、徐套乡2个5000头肉牛养殖基地、太阳梁兴垦2.5万头奶牛场全面完工并投产使用。培育建成喊叫水乡贺家口子村、徐套乡李士村2个肉羊示范村，全县肉牛、肉羊饲养量12万头、76.7万只，其中徐套乡、喊叫水乡肉牛、肉羊饲养量2.7万头、32.4万只。

【就业帮扶】 全县农村劳动力转移就业72167人，实现工资收入11亿元，其中脱贫户劳务输出10530人，占农村转移就业劳动力人数的14.5%，实现工资收入1.3亿元。拓宽就业渠道。组织线上线下招聘会17场次、抖音直播等方式，搭建就业供需平台，组织26家重点用工企业到恩和镇红梧村、大战场镇、太阳梁乡、徐套乡和喊叫水乡开展现场招聘，为缺工企业及时解决用工4852人。发挥宁夏正果、禹尧番茄等11个就业帮扶基地作用，提供稳定就业岗位1771个，吸纳脱贫户就业786人，移民815人，监测户14人。新培育劳务经纪人211人，其中太阳梁、喊叫水等贫困乡镇培育劳务经纪人164人，全县劳务经纪人达631人，劳务派遣公司14个。强化技能培训。围绕乡村产业发展、企业用工需求和劳动力就业需求，举办焊工、枸杞修剪等各类培训班34个，培训1695人。其中，开展移民劳动力培训647人，脱贫劳动力培训447人。对有创业意愿的经营户，加大创业能力培训和创业担保贷款支持。截至2022年末，发放创业担保贷款157笔5185万元。

【资金项目管理】 统筹整合各类财政资金近13.7亿元，其中中央、区级衔接资金2.625亿元，行业资金11.1亿元，实施项目120个，其中衔接项目77个，行业部门项目43个，项目整体完工率达到90%。实施产业发展类项目50个，就业帮扶项目14个，基础设施类项目30个，人居环境整治类项目7个，三保障项目18个，项目管理类项目1个。截至年末，中央、自治区衔接资金全部支付（含地方债资金），支付率达100%（不包含质保金），达到预算执行要求。

（马吉华）

自然资源管理

【概况】 2022年，中宁县自然资源局设自然资源局党委，下辖6个党支部，7个全额拨款事业单位和3个定额补助事业单位，设置6个内设机构。局机关有行政编制16人，事业编制72人。局领导班子职数4名，实际配备为一正三副。

【国土绿化】 中宁县2022年国土绿化营造林任务6.03万亩。其中，人工造林乔木林0.31万亩，人工造林灌木林4.3万亩，村庄绿化及庭院经济林0.1万亩，生态经济林0.51万亩，未成林抚育提升及退化林改造0.81万亩。中宁县重点围绕黄河流域生态保护、国省干道生态绿化、园林县城改造提升、美丽乡村庭院经济、矿山生态修复治理及特色经济林产业发展，分春、秋两季开展植绿增绿大会战。实施2022年林业重点生态修复工程、中宁县植被恢复(植树造林)项目、2022年中宁县矿山生态修复工程、中宁县荒山生态修复柠条点播造林4个重点工程，完成乌玛高速两侧绿化一期、县城3处裸露地段绿化、压砂地退出骨干林带和农田林网建设、"蚂蚁森林"、中宁县北部山区非法开采矿山生态修复治理项目、中宁县"六盘山"历史遗留废弃矿山生态修复重大工程项目(二期)6个重点项目建设，全年完成国土绿化营造林面积61712.5亩，其中人工造林53612.5亩(生态林乔木5411.5亩、生态林灌木43000亩、村庄绿化和庭院经济林建设1000亩、生态经济林4201亩)；未成林抚育提升及退化林改造8100亩，超额完成国土绿化任务。

【国土空间规划编制】 编制完成《中宁县国土空间总体规划(2021—2035年)》文本，划定生态保护红线683.5平方公里，城镇开发边界62.59平方公里，永久基本农田558.57平方公里(合83.78万亩)。编制完成70个村的"多规合一"实用性村庄规划，着力营造集约高效的生产空间、宜居适度的生活空间和山清水秀的生态空间。

【黄河流域生态保护】 制定中宁县黄河河道及滩地林木和管理用房问题整治工作方案，按照黄河宁夏段、中卫市河道及滩地2021年林地摸底调查情况，结合春季植绿增绿大会战，对2018年秋季以来余丁乡在河滩地栽植的353亩人工林进行移除。严禁在河道管理范围内规划栽植树木，对于个体或企业在河道内植树的坚决予以制止，确保河道行洪安全。

【耕地保护】 严格按照六级耕地保护责任制要求，认真执行《严格耕地用途管制通知》规定，按照"先补后占，占一补一"制度要求落实耕地"进出平衡"面积2.59万亩，补充耕地后备资源2.81万亩，年末全县耕地保有量118.34万亩，高于"三区三线"控制指标，保障粮食安全。

【林草资源管护】 与各乡镇、农(林)场签订《中宁县2021年保护发展森林资源目标管理责任书》，压实林地保有量、森林保有量、森林覆盖率、森林蓄积量考核指标工作责任。严格落实建设使用林地、湿地联审联签制度，由相关站所层层把关，为发展和改革、农业农村、水务、交通运输、住房和城乡建设等部门实施的各类建设项目使用林地开展林地查询23次，完成建设项目使用林地初审上报3件。开展林地巡查21次，查处破坏占用林地案2起。严格执行林木采伐限额管理制度，办理林木采伐4宗，发放采伐证4份，批准采伐树木1588株，蓄积225.3立方米。

【土地报批出让开发利用】 为全县重点建设项目报批土地1479.5亩，办理划拨用地25宗648.9亩，挂牌出让土地20宗780.1亩，出让价款16282.2万元。

【重大风险防范】 县政府与各乡镇、林场签订

《中宁县2021年林业有害生物与陆生野生动物疫源疫病监测防控目标责任书》，开展野生动物疫源疫病监测，严防人畜共患疫病发生。对天湖、雁鸣湖、亲水湖和黄河沿岸等重点区域进行巡查，开展湿地野生动物疫源疫病监测160次，对发现的野生动物尸体进行无害化处理。与海原县、沙坡头区开展联防联控工作，严防重大疫病疫情通过野生动物传染到人。加强林业有害生物监测，在全县范围内布设松材线虫病、美国白蛾、苹果蠹蛾、红缘天牛、光肩星天牛、鼠兔害等病虫鼠害监测点418个，完成林业有害生物防治面积3.89万亩，无公害防治面积3.89万亩。其中，沟眶象防治面积549亩，悬挂苹果蠹蛾诱捕器300个，红缘天牛防治956亩，食叶害虫酸枣尺蠖防治面积15735亩，枸杞蓟马防治489亩，枸杞木虱防治9841亩，枸杞瘿螨防治11283亩。指导白马乡、大战场镇、舟塔乡对枣树基地尺蠖、红缘天牛进行及时防治，有效控制虫害蔓延。加大苗木检疫执法，办理林业植物检疫证275件，检疫苗木405.2万株。办理产地检疫合格证20件，检疫苗木3819亩。开展检疫执法大检查行动，复检苗木89.5万株，复检涉木企业或个体调入的木材125方、电(光)缆盘87个，严防有害生物入侵传播。与林业三场、各绿化施工企业层层签订森林防火目标责任书，对重点地区、重点部位安排专人值守。对林区周边居民区及其他等重要部位、重点地段安全隐患进行拉网式大排查大整治。坚决制止在重点林区和林地边远100米范围内烧灰积肥、祭坟烧纸、燃放烟花爆竹和放火取暖、吸烟野炊等行为，严格防范森林草原火灾。对天湖国家湿地公园、南山森林公园、封山育林区、林业项目区、马鞍山国家级草原等重点防火区域，重点抓好防火隔离区建设、野外火源管控和监测预警、隐患排查整治，加强防火应急扑火队伍建设演练和防火物资储备，消除火灾隐患。对全县24处地质灾害隐患点进行全面排查，通过除险加固、预警避让等措施，全县地质灾害隐患点防范等级均维持在安全范围。

【节约集约用地】 坚持以“亩均论英雄”为导向，着力提高工业园区节约集约用地水平。中宁工业园区总面积4947.68公顷，共3个区块，其中，区块一由原宁夏中宁工业园区(2006年批准)发展而来，面积511.67公顷，主要发展非金属矿物制品业；区块二由原中宁工业园新材料经济示范区发展而来，面积3818.09公顷，主要发展有色金属冶炼和压延加工；区块三由原中宁物流园区发展而来，面积617.92公顷，主要发展农副产品加工业。在项目用地标准审查中，中宁县严格按照国家和自治区规定的用地标准确定项目用地规模，各类建设项目用地规模不得超出用地定额，对确需突破的，应开展节地评价；对未颁布用地定额的，开展新建、改建、扩建的无定额、超定额用地项目节地评价并组织专家评审，合理确定项目用地规模。经自治区自然资源厅考核，中宁工业园区土地利用集约度分值为68.76%，在全区23个工业园区中排名第十七。土地开发率65.2%，排名全区第十五。土地供应率99.6%，排名全区第二。土地建成率80.6%，排名全区第十八。土地利用效益排名全区第十五。土地开发强度85.47%，排名全区第一。

【土地权山林权改革】 围绕扩权赋能加快山

林权改革，完成12个乡镇2个农场3个林场129个村的26.36万亩山林地外业调查，其中枸杞调查1477户8.73万亩。颁发山林地不动产权证54本，发证面积20066.16亩。推进土地权改革，探索创新供地机制，调整用地结构，推动集体土地入市，建立“以亩论英雄”激励机制，承诺制办理规划用地手续，加快城镇低效用地再开发促增值。采取产业融合、混合供地的方式发展乡村旅游，完成首宗农村经营性建设用地入市交易81.5亩。采取督促开工、收回土地等措施盘活闲置土地2宗81.75亩。采取弹性年期、先租后让、租让结合方式盘活批而未供土地9宗417.05亩，释放土地权改革红利19761万元。

【自然资源执法监察】 落实执法动态巡查制和禁采禁垦禁伐禁牧“四禁”责任制，开展土地矿产动态巡查112次，林地巡查56次，草原禁牧封育巡查155次，湿地动态监测36次，野生动物疫源疫病监测122次，发现并制止违法行为19起，立案查处违法违规案件18宗，移送公安机关3宗，严厉打击和震慑私采、盗挖、乱垦、偷牧等违法行为。联合市场监管、公安等相关部门开展“2022清风行动”，重点对野生动物非法猎捕交易高发点进行突击检查，检查场所787处，收缴非法猎具渔具5个。全县设立林长307名，其中县级林长20名，乡级林长144名，村级林长143名，网格监管员374名，护林员390名，形成“一长两员”林长制责任体系。三级林长开展巡林2160余人次，发现制止破坏森林草原违法行为75余起，开展森林草原防火巡查43次，着力守护绿水青山，巩固绿化成果。

【生态环保督察反馈问题整改】 根据中央第四生态环境保护督察组反馈问题整改要求和区市县党委、政府安排部署，制订《中宁县贯彻落实第二轮中央生态环境保护督察反馈问题整改方案》《中宁县矿山资源整治修复工作方案》和《中宁县矿产资源开采突出问题排查整治实施方案》，组建成立整治修复、依法处置、资产核查、责任追究、社会管控5个工作组，按照立行立改的要求，立即对“中宁县北部山区非法采矿严重破坏生态环境典型案例问题”进行整改。对北部山区的平塘湖白土岗子石料厂、铜铁沟陶瓷黏土矿、余丁乡马道梁石料矿3座矿山进行整治修复，抢墒完成多次播撒草籽，完成矿山生态修复面积2472亩。对全县83座有登记记录矿山进行全面排查，按照“谁开采、谁治理，谁破坏，谁修复”原则，压紧压实矿山企业主体责任，完成整治修复82座。在立案调查、吊销采矿证基础上，根据第三方技术单位实地核查测量、价值评估结果，依法将北部山区矿山非法越界开采、违法占用草原案件移送公安机关立案侦结，对涉嫌非法采矿罪的平塘湖白土岗子石料厂实际负责人许××、厂长王××，铜铁沟陶瓷黏土矿法定代表人牛××3名当事人采取强制措施。中卫市纪委监委对北部山区非法采矿案涉及的20名党员领导干部和公职人员进行问责处理。会同财政局、审计局、公证处，联合对北部山区3座矿山资产进行核查评估，对矿山设备财物进清点登记。公安机关对涉事矿山企业财产进行查扣。市生态环境局中宁县分局对生态环境损害进行评估鉴定，依法追缴生态环境损害赔偿费用。

【矿山生态修复】 按照自治区“一河三山”生态保护修复专项规划，对全县139座历史遗留废弃无主矿山，编制《中宁县黄河流域废弃矿山生态环境恢复治理项目》和《宁夏黄河上游风沙区（中卫）历史遗留废弃矿山生态修复示范工程项目》，争取项目资金约2.4亿元，逐年对历史遗留废弃矿山进行工程治理修复。年末，矿山生态修复一期项目全部完成，二期项目完成86%，三期项目完成95%。

【湿地保护】 根据《宁夏回族自治区湿地名录认定及管理办法（试行）》，会同市生态环境局中宁县分局、水务局、石空镇、宁安镇、鸣沙镇审核确认，认定中宁县亲水湖湿地、中宁县北河子沟生态湿地、中宁县北河子入河口人工湿地3个湿地为中宁县第一批一般湿地，在中宁县政府官网进行公布，向自治区林业和草原局申请备案。加强湿地动态监测工作，在亲水湖、天湖和雁鸣湖湿地设立3个监测点，对黄河湿地、重点河湖的水位进行季度监测，开展湿地动态监测15次，湿地野生动物疫源疫病监测93次，全县湿地保护率56%。

【提案办理及信访矛盾化解】 全年办理人大代表建议和政协委员提案12件，其中中卫市五届人大一次会议代表建议1件，中卫市政协五届一次会议提案2件，县十八届人大一次会议议案1件，县政协十三届一次会议提案8件，全部完成办理答复。全年排查办理矛盾纠纷信访案件114件，其中，自然资源部5件，宁夏信访网站2件，网络舆情1件，自治区党委转办2件，市长信箱1件，县长信箱2件，热线办84件，其他途径7件，年末全部办结。

（李铁军）

枸杞产业

【概况】 中宁县枸杞产业发展服务中心，是中宁县人民政府直属正科级事业单位，内设机构5个，分别是办公室、党建办、生产和规划站、机械和信息化站、企业和商标办。核定编制32人，2022年底，实有干部28人，全部为事业人员，其中副主任3人。

【基地稳杞】 按照“一核两带”战略布局，新增滚泉坡、鸣沙洲2个小产区，全县枸杞主产区达8个。建设有机肥替代化肥示范基地5万亩、富硒枸杞示范基地3万亩，打造绿色丰产示范点8个面积1.5万亩，其中，百亩示范点3个，千亩示范点5个。新增清洁能源制干设施16座，枸杞设施制干率超过85%。结合压砂瓜退出区域生态修复和产业替代，实施鸣沙镇彭家大疙瘩枸杞供水工程，新建加压泵房2座、蓄水池5座，铺设扬水管道钢管12.75千米，配套各类建筑物347座，架设高压配电线7.4千米。争取中国绿化基金会“幸福家园”公益项目543万元，新建经济林4000亩以上。

【龙头强杞】 实施“育龙计划”“小升规”行动，培育自治区“专精特新”企业3家、“小巨人”企业1家。坚持“发展是硬道理，项目是硬支撑，快干是硬要求”工作目标，推动股份公司“鲜枸杞子浆”中药饮片深加工等11个枸杞产业重点项目落地结果，高标准建设枸杞产业高新技术示范园，引入杞福源和上海植酵盛2家公司投资建厂，打造枸杞饮品、酿品及药品生产集聚区。

【科技兴杞】 坚持科技创新引领，推动产业延链补链，深化院地合作，实施早康公司枸杞源靶向食源性肠道炎症功能产品研发及产业化示范项目。转化枸杞果醋饮料、枸杞膏科技成果2项，申报2022年自治区重点研发项目13个，其中早康公司、杞鑫苗木公司获批自治区科技项目资金210万元。中宁枸杞产业创新研究院与兰州大学、宁夏大学等知名院校在枸杞农残检测、枸杞制浆方面达成战略合作。

【质量保杞】 加大良种良法良机推广力度，推行农技人员包村联户服务机制，将农技服务与枸杞产业紧密衔接，促进产业提档升级。编制印发《中宁枸杞实用栽培技术手册》3000余份，深入产业基地和田间地头指导对标生产、规范经营主体达500余次。新增枸杞病虫害监测报样点11个，实现全县枸杞病虫害预测预报全覆盖。加强质量检测，强化种植、加工、销售环节监管，做到批批必检、入市必检，全年检测枸杞1.5万批次。完善质量追溯体系，发放中宁枸杞质量安全追溯标识500万枚，枸杞包装箱溯源管控水平持续提升。坚持标准条件，严格审核把关，全县新增“中宁枸杞”地理标志证明商标企业23家。

【品牌立杞】 成功举办第五届枸杞产业博览会，区内外100余家媒体为枸杞产业高质量发展发声，累计点击量逾3.2亿次，直播带货大赛销售额达5600万元，签约意向合作项目11个，43家采购商采购协议资金达15.6亿元，同比增长24%。“中宁枸杞”区域品牌从全国2277个品牌中脱颖而出，获网络票选第一名。“中宁枸杞”在100个“区域品牌（地理标志）”名单中上榜并攀升至12位，较2021年晋升2个名次，中宁枸杞品牌价值升至191.88亿元，品牌强度达903。

【文化活杞】 围绕“中华杞乡 康养中宁”发展定位，推动农旅融合文旅融合，发布文旅品牌、宣传口号、IP形象、文旅Logo，成功举办第二届乡村旅游暨枸杞饮食文化节、枸杞采摘直销节、“宁夏枸杞宴”金牌美食评比大赛等活动，玺赞枸杞庄园、华宝枸杞健康体验馆“串珠成链”，推出枸杞精品旅游路线2条，打造玺赞，杞鑫等14个观光体验文旅基地，获得国家级AAA旅游景区2个。

【亮点工作】 守牢耕地红线。在鸣沙镇、白马乡、恩和镇等压砂地退出区域新植枸杞2万亩，占自治区枸杞新植面积的90%，解决群众务工就业10万余人次，增加群众务工收入4000余万元。创新运营方式。制定《中宁县枸杞产业转贷资金运营方案》，通过县财政出资2000万、青银村镇银行配资2000万元，筹措4000万元转贷资金池，由中宁枸杞协会成立的中宁枸杞品牌管理运营有限公司进行运营，2022年，为枸杞行业13家企业办理转贷业务19笔，使用转贷资金8018万元。

（冯　丹）

水　务

水务建设

【概况】 2022年,中宁县水务局设置3个内设机构,辖13个事业单位,1个企业。有职工139人其中行政9人,全额88人,自收自支31人,企业11人;专业技术人员76人,其中,高级11人,中级29人,初级25人,技术员11人;3个党支部,101名党员。主要承担着全县农田用水管理、水利工程建设、水政水资源管理、水土保持治理、水库移民扶持、水旱灾害防御、河湖长制工作协调、水利工程安全与质量监督等工作。全年开工建设并完成13个项目的建设任务,争取上级部门资金1.19亿元,完成投资2.39亿元。

【重点水利工程项目建设】 实施5项农业用水(蓄水池)供水工程填补农业灌溉用水需求项目建设。投资1.44亿元,实施太阳梁乡南塘村、徐套乡撒不拉滩生态移民区、喊叫水乡康湾新村、白马乡滚滚子塘、鸣沙镇彭家大疙瘩5项供水工程,新建改建蓄水池12座,总容积94.2万立方米,新建改建泵站4座,修建各类建筑物351座,铺设管道12.75公里,架设用电线路7.4公里,解决5个乡镇3万亩农田的灌溉用水需求及水源不足问题,确保压砂地退出后种植农作物灌溉需求。3项水库移民资金项目助力乡村振兴高效推进。投资3850万元,实施2022年水库移民后期扶持及结余资金项目,建设养殖场1处,移民村级文化活动室2处,建设美丽家园8处,完成巷道、生产路硬化11.8公里,美化亮化巷道1.6公里,砌护渠道22公里,面包砖铺装2万平方米。实施5项山洪沟防洪治理、骨干坝除险加固工程。投资4232.86万元,实施张裕沟(109国道至滨河大道段)治理、清水河中宁长山头段防洪治理、车门沟上游小流域综合治理、红柳沟小流域水土流失综合治理等4个工程,完成小流域治理水土流失面积26.2平方公里。治理沟道21公里，砌护沟道10公里，改建各类配套建筑物4座，新修防汛道路2.45公里，清淤疏浚沟道2.32公里。完成东庄子河水保骨干坝的除险加固，新建溢洪道105.5米，修建上坝道路2公里、排水沟1.6公里，新建交通桥1座。

【示范亮点工作】 用水权确权取得实效。全面完成农业、工业和规模化养殖业用水确权、工业富余水指标收储、用水权确权公示登记发证和配套制度办法制定等工作。核定全县农业确权面积118.22万亩，确权水量4.7242亿立方米；工业用水权确权企业86家，确权水量2214.06万立方米；规模化养殖业确权62家，确权水量682.04万立方米。水价改革成效明显。经水价改革，2022年全县118万亩灌溉耕地平均水费54.4元/亩，其中自流灌区37.3元/亩，扬黄灌区67.1元/亩，全年全县应收水费4865万元，实收水费3966万元，收缴率81.5%，全部进入水费专用账户，实现农业水费“收支两条线”。信息化建设成为标杆。投资928.53万元，在长鸣灌区改造测控一体化建设项目，新建水利信息化平台、水利信息中心、调度中心各1处，建设节制闸10座、斗口32座；在永兴大干沟、罗家沟、史营沟、新寺沟建设流量自动在线监测点和沿黄取水信息监控点各10个，以示范带动补齐水资源信息化监管短板。

【巩固脱贫攻坚成果同乡村振兴有效衔接】 牵头帮扶喊叫水乡高岭村和舟塔乡康滩村2个村，结对帮扶太阳梁乡南塘村。先后投资26余万元，维修花豹湾村渡槽1座；维修田套子村的农渠1260米、闸门20座、生产桥6座；维修白沟沿农户门前路面塌陷11.6米。

【灌溉管理】 结合用水权改革工作，最终核定全县农业灌溉确权面积为118.22万亩。按照总量控制、定额管理的用水原则，将水利厅下达给中宁县的5.876亿立方米农业灌溉用水指标科学合理分配至用水单位，细化到斗口，签订供用水协议52份，保障农业灌溉有序进行。2022年中宁县农业用水指标中夏秋灌5.0904亿立方米，冬灌0.7854亿立方米。其中引黄自流灌区指标3.5596亿立方米（七星渠灌区2.0359亿立方米、跃进渠灌区1.524亿立方米）；扬黄灌区指标水量1.708亿立方米（红寺堡扬水灌区0.277亿立方米、固海扬水灌区1.431亿立方米）；沿黄小型农业用水量指标0.6078亿立方米（以上包括长山头农场2408.4469万立方米和渠口农场4050.00万立方米）。实际农业用水量5.3112亿立方米，农业节水0.5648亿立方米，节水率达到9.6%；亩均水费从2021年的120元/亩降低到2022年的70元/亩。

【水旱灾害防御】 实施黄河险工险段治理。3—4月，由于黄河水位及河道主流变化影响，县境内黄河余丁乡黄羊段、金沙段，石空镇黄庄段、枣园段，宁安镇营盘滩段、北河子入河口段，渠口农场段等出现塌岸、码头冲毁等现象，发生新的险情，严重威胁标准化堤防安全。投资187.90万元，实施2022年黄河中宁段应急抢险工程。治理险工段7处1178米。实施山洪沟道水毁修复。2022年6月20日、7月10日中宁县出现短时强降雨，太阳梁乡大塘沟、流经喊叫水乡和徐套乡的金鸡儿沟下泄山洪，造成部分过水路面、沟道护坡、沙套子骨干坝溢洪道被冲毁，洪水入渠致使马塘支渠下庄子渡槽进口护坡土方冲刷严重，存在较大安全隐患，影响群众生产生活和灌溉。实施2022年中宁县水毁维修工程，对上述几次暴雨引起的山洪沟道等水毁工程进行维修处理。投资372.51万元，进行护坡砌筑维修、抛投四脚体、维修沟道过水路面、渡槽基础加固及土方恢复、新建溢洪道等工程措施。

【农村饮水安全】 针对巩固拓展脱贫攻坚成果同乡村振兴有效衔接考核评估反馈、防止返贫动态监测帮扶集中排查以及平时自查，排查9个乡镇14个村涉及263户1019人的饮水安全144个问题，制定36条整改措施。全面进行人饮工程维修，严格落实农村饮水安全管理“三个责任”和“三项制度”。投资539.94万元实施人饮设施维修工程2个，维修处理159处冻管管道，解决徐套、喊叫水、恩和等乡镇600多户农户水量水压不足问题。定期开展水质检测，执行日检9项、月检42项、年检106项水质检测标准，每月25日进行公示，全力保障农村用户饮水安全。全县自来水入户率、集中供水率、供水保障率分别达到99.4%、99.55%、95.00%，较上年稳步提升。

【河长制工作】 进一步加强河道管理，持续巩固河湖清“四乱”工作成效，对第一次全国水利普查宁夏河湖名录内流经中宁县的41条沟道进行全面排查，同时对水利部河湖管理督查APP系统遥感事件清单中宁县58个问题进行核查，最终认定水利部河湖管理督查APP系统遥感事件清单中1个问题，及3个自查发现问题为中宁县妨碍河道行洪突出问题全部完成整改并已销号备案。编制完成中宁县北河子沟、南河子沟、河北水系、天湖、亲河湖雁鸣湖岸线保护与利用规划。推进河道非法采砂专项整治行动，定期开展巡查工作，坚决打击河道内一切违法行为。

【水政与水资源管理】 加强水行政执法工作。制定《2022年水务局行政执法人员培训制度》，签订《中宁县水务局2022年行政执法责任制目标管理责任书》12份。协调处理举报和巡查发现水事违法行为22起，立案处理4起。对水木兰亭、富康家园自备井非法凿井取用地下水资源违法行为，下发责令改正（停止）违法行为决定书2份，完成6眼自备井违法取用水封填工作。严格水资源管理。围绕“互联网+监管”工作要求，开展用水检查21次，其中双随机检查1次涉及6个检查对象。按照《中宁县水务局关于开展电子证照应用推广工作的通知》要求，对直接取用地表水、地下水且持有纸质取水许可证的用水户变更电子证照，全年新办取水许可证58个，变更取水许可证13个，注销取水许可证7个；办理水土保持方案审批件41个，审查水资源论证报告书（表）105个，办理修建跨河、跨渠（沟）、临河、临渠（沟）工程许可1件。

【水土保持】 按照《水土保持法》相关规定，审查、审批水土保持方案38个，并在中宁县政务网进行公示。督促生产建设单位缴纳水土保持费。全年共计收缴水土保持补偿费23笔641.21万元。对70个生产建设项目进行监督检查，下达监督检查意见17份，责令停止违法行为通知书18份，催缴水土保持补偿费通知单24份。完成水土保持设施验收报备9个，核备水土保持设施验收项目5个。实施中小河流治理项目3个,完成小流域治理水土流失面积26.2平方公里,完成湿地保护修复0.8万亩。

【水库移民】 完成2022年移民人口复核及直补资金发放工作,涉及全县11个乡镇近40个行政村,复核人口6794人,比2021年核减58人,共计发放直补资金407.58万元。实施3项水库移民资金项目助力乡村振兴推进。投资3850万元实施2022年水库移民后期扶持及结余资金项目,为5个水库移民乡村建设养殖场1处,村级文化活动室2处,“美丽家园”8处,硬化巷道11.8公里,改善移民安置区群众的生产、生活条件。

(王　乐)

七星渠管理

【概况】 2022年,宁夏回族自治区七星渠管理处共计收入590.21万元。其中供水收入565.19万元;国有资源有偿使用收入25.02万元(房屋场地收入3.34万元,果园土地收入21.86万元),全额上缴财政;财政核拨资金3673.25万元。全处在职职工122人,其中管理人员17人,专业技术人员63人,技术工人42人;大学专科以上学历94人,中级以上职称41人。

【灌溉管理】 克服黄河来水不稳等不利影响,采取多水源联合调度措施,保障红寺堡、固海扩灌、同心三大扬水和自流灌区245万亩农田供水。核实农业灌溉面积,严格“四水四定”原则,建立引用水指标预警机制,协同推进水权、水价改革。实施深度节水控水行动,强化总量控制和定额管理,统筹优化配置水资源,支持葡萄酒、枸杞、牛奶等“六新六特六优”产业发展,构建全方位供水新格局。向鲁家窑、南坪等86座山区水库补水9889万平方米,支持泉眼山水电站发电436万度。全年行水204天,累计引水9.6亿平方米,供水7.6亿平方米。

【工程建设与管理】 加强七星渠、高干渠险工段治理。强化投资计划执行,规范工程建设管理,完成渠道砌护253米,渠道疏浚9.3千米,维修砼板1800平方米,加固渠堤2.8千米,检修水闸31座,保养斗口386座,更换启闭机10台。量测水设施建设项目通过单位工程验收。水利部水闸“飞检”、工程建设等重点领域专项治理反馈问题全部整改销号。指导水务、交通等部门,实施道路、桥梁、管线项目5个。运用SK聚脲、双重止水等新技术,维修渡槽1座。果断处置沙滩段外坡渗水、龙王庙右岸滑塌险情,确保渠道输水安全。

【防汛抗旱】 加强水旱灾害防御,修订预案24项,通报沟道阻塞问题6个,组建联防队伍21支,落实机械27台、人员670人,开展应急演练13场。

【安全生产】 严格“党政同责,一岗双责,齐抓共管,失职追责”要求,落实全员安全生产责任制。推进“专项治理三年行动”和自建房安全“百日专项整治行动”,开展安全检查192次,整治风险隐患57项,组织培训16期960人次。印发防溺水宣传资料1200份,喷涂警示标语594条,发送提示短信10000条。新建微型消防站5座,配置消防器材66组。送检水样3批,确保灌溉水质安全。

【信息化建设】 加强灌区标准化平台建设,完善水位遥测、视频监控、水闸控制等软件功能，构建具有预报、预警、预演、预案功能的智慧水利体系。筑牢网络安全防线，做好通信网络、视频会议、电子政务运维管理。以“远程操控，计量收费，规范管理，效益发挥”为目标，着力在流量比测、数据应用、维修保养方面下功夫，建成 77 台测控闸门全部实现计量收费，数据应用率达 100%。新建水文监测点 1 处，开展《黄河下河沿断面流量与七星渠引水流量比测研究》等课题。《基于数字孪生技术与“四预”功能的安全七星渠》申报水利部重大科技项目。《七星渠灌区信息化建设及应用研究》获宁夏水利科学技术奖三等奖。

【依法管水】 “八五”普法全面推进，领导干部带头学法用法，举办《宪法》《民法典》《黄河保护法》专题培训 4 期 380 人次，组织 42 名干部到中卫市监狱和县人民法院接受警示教育。委托法律顾问审核制度 37 个，合同 35 份。推进“水行政执法提升年活动”和“防汛保安专项执法行动”。常态化开展扫黑除恶专项斗争，与政法机关开展联动执法，维护水管单位合法权益。组织水政巡查 66 次，发放工程监管告知函 41 份，制止乱挖乱建行为 9 起。

【财务管理】 完成已建工程财务审计和 4 名科级干部离任审计。强化内控管理，注重绩效评价，预算资金支付率在厅属单位名列前茅。规范国有资产管理，公开竞租经营性资产，上缴收益 25 万元。落实经营性国有资产集中监管政策，依法注销工程公司。配合财政厅、水利厅开展国有资产使用情况调研。

（李　晖）

固海扬水管理

【概况】 2022 年，固海扬水管理处有在职工 801 人，其中高级工程师 24 人，工程师 82 人，助理工程师 127 人，高级技师 9 人，技师 213 人。固海扬水灌区春灌自 3 月 25 日开机至冬灌停机，全年系统安全运行 185 天，引水 4.99 亿立方米（较上年多 0.28 亿立方米），计收水费 6122.76 万元，保障灌区 161.79 万亩农田灌溉和 120 万人口、70 万头大家畜安全用水，引水流量、运行时长均创历史新高，实现固海灌区粮食“十九连丰”。

【灌溉管理】 管理处与灌区地方政府建立联动会商研判机制，科学预判旱情发展趋势和灌溉用水形势，采取早灌、延长灌、干部职工精准包村等举措，确保应灌尽灌、应蓄尽蓄。不断优化“三大系统”联合调度方案。泉眼山泵站“6+1”常态化运行，冬灌期间启动跨系统、分阶段联合调度方式，首次采用双系统汇流方式为南坪水库蓄水 329 万立方米。固海三大系统实际引水 4.9859 亿立方米，较上年多引 0.2813 亿立方米，商品水率指标 87%，引水量、配水量均突破历年最高值。

【机电运行】 坚持抓设备检修质量，实现机电设备高效运行，机电设备管理安全运行率 100%，全年完成 22 座泵站 5239 台次设备检修维护任务，大修机泵、变压器及其他电气设备 1086 台套。固海系统能源单耗 4.36 千瓦时 /(千吨·米)，固扩系统能源单耗 4.12 千瓦时 /(千吨·米)，系统用电力率超过供电部门的考核指标，被供电部门减收电费18.7万元。做好固海扩灌泵站更新改造工程二期更新改造工作，协调完成扩灌七至十二级马塘泵站（变电站）更新改造现场管理和技术指导工作，实现一次带电和一次性通水成功目标。持续跟进固海灌区续建配套与现代化改造工程，协调做好李堡泵站机电设备提升改造工程和现场管理工作。编制下发《泵站标准化规范化管理考核标准》，从规章制度、操作规程、日常维护等各个环节规范全过程管理行为，加快推进数字孪生固海建设，推进固海扩灌系统“云泵站”建设，实现对泵站、渠道、水闸工程的远端监视、控制、测流和数据采集分析。

【工程建设】 实施固海续建配套与现代化灌区改造工程、固海扩灌扬水更新改造工程建设，完成9座泵站标准化厨房改造、5座泵站生活区线路增容、改善29座泵站控制室值班条件。渠道维修2.35万平方米，清淤5.9万立方米，渠堤加固3.81公里，完成52处建筑物应急处置以及1441座水利设施日常维护任务。完成渠道砌护27.7公里，改造维修69座渡槽和67座沟涵，实现冬灌安全输水目标。固海扬水工程“6+1”增流改造工程关键技术成果入选水利部年度成熟适用水利科技及成果重点推广清单目录。

【安全生产】 强化重点领域和重点环节安全监管，完成286项危险源辨识评价、171项隐患整改，整改率100%。强化干渠水域安全管理，安装标识牌、警示牌等2500余块，装设防护围网123公里、摄像头29个，向灌区发送防溺水警示短信 6.5 万条、发放宣传资料2600份。结合水利厅房屋安全专项整治工作，投入资金26万元，拆除危房3246平方米、维修房屋7457平方米。参加《水安将军》网络知识竞赛活动，取得全国水利企事业单位第7名、水利厅直属单位第1名，获全国优秀集体奖。参加全国水利安全生产知识网络竞赛获优秀集体奖，33名职工获个人优秀奖，受到水利厅通报表扬。

【水政与法制治理】 学习宣传习近平法治思想，推进“八五”普法，完成年度普法任务，落实领导干部学法制度。“世界水日”“中国水周”活动期间，29个基层泵站组织人员先后深入灌区乡村和农民用水协会以及重点农户家中开展宣传58场次、与15个乡镇开展座谈和送法上门活动15场次，向群众发放宣传资料2000余份、宣传品3600多份。全年协调属地政府对4处沟道排洪不畅、5处渠道“四乱”问题进行治理。开展防范电信网络诈骗宣传，承担大战场镇387户防电信网络诈骗入户包保任务。

【财务管理】 加强对水费、国有资源有偿使用收入等“非税收入”收缴，做到应收尽收、应缴尽缴。强化配置、使用、处置监督管理。全年对4071亩土地、3464平方米营业房出租，收益总额92.2万元，比上年增长17.3%。持续规范财务管理，严格执行内控流程，强化预算执行，2022年为职工补缴公积金、养老统筹和职业年金1426.98万元。聘请中介机构对2021年维修养护资金进行专项审计，对20个基层单位行政负责人进行经济责任审计，提出整改意见43条，并要求基层泵站有针对性对存在的问题制定整改方案及上报整改报告。通过内部审计，及时查找问题，弥补漏洞，确保资金安全、干部安全。

【扬水改革】　探索水管体制改革"新机制"。引导人才要素向重要岗位流动。实现扩灌系统和末级泵站"五班三倒"班组优化整合，缓解劳动强度。探索水权水价改革"新路子"，强化水资源刚性约束，将水权、水价改革中的"变"，转化为管理处各项制度的"变"，制定新的水费收缴流程，对干渠各斗口采取指标预警机制。探索管养分离"新模式"，对73.66公里干渠实现"管养分离"，3座泵站实现"少人值班"，总结干渠管养分离经验，探索泵站管养分离新模式，推动工程维修养护逐步市场化和专业化。

（刘　佳）

红寺堡扬水管理

【概况】　2022年，宁夏红寺堡扬水管理处定额事业编制406人，聘用编制8人。管理处内设办公室、组织人事科、计划财务科、机电管理科、灌溉调度科、防汛工程科、水政科、后勤保障科、监察室9个部门，和检修队、水管所、泵站（14个），以及工会和共青团2个群众组织。全年红寺堡扬水工程安全运行164天，引水3.20亿立方米（比上年多2316万立方米），黄河泵站补水1.52亿立方米（比上年多1400万立方米），蓄水池蓄水8415万立方米，灌溉面积93.64万亩（含节灌34.37万亩）；设备完好率90.39%，用电力率95%，工程完好率92%，能源单耗4.18千瓦时/（千吨·米），水商品率86.36%，计收水费3742万元（比计划多收542万元）。

【工程建设与管理】　分批次研究下达维修养护项目费用计划和方案，按计划时段完成具体项目实施内容，确保工程安全运行。全年完成渠道砼板维修6000多平方米，渠道清淤2000立方米；屋面防水维修835平方米；渡槽伸缩缝涂护228平方米，更换止水橡皮条257米，保养启闭设备70台（套），大闸更换P型止水11米；现浇混凝土24立方米，浆砌石砌筑20立方米，浆砌石（含水泥砂浆抹面）勾缝151平方米，完成干渠2000亩林地管护任务；严格落实渠道巡护巡检和生产交接班制度，加强渠道日常巡检管理工作，强化隐患消缺处理工作，确保渠道工程安全运行；对行水期间出现的红三干渠蛇腰沟渡槽出口、庄一支干细腰沟渡槽槽壳底部漏水以及红三干渠18+100处左堤外坡脚渗水等6处缺陷及时采取有效处理措施，保障工程安全运行和全年灌溉工作顺利进行，实现全年安全生产无事故的目标。修订完善《红寺堡扬水管理处水利工程维修养护项目管理办法》。

【机电运行与管理】　严格执行生产值班制度，落实监督管理责任。强化文明生产、"两票三制"、安全活动开展等问题环节逐项检查力度。推进三网分离、制定网络应急预案，强化信息化网络管理。强化职工业务培训监督执行。在春夏冬灌区行水前、高温时提醒、细化泵站隐患排查、强化消隐查缺闭环，泵站全年处理设备缺陷总计269条。全年机组投运次数557次，机组运行时数194494.5小时，主设备完好率91.77%，辅助设备完好率88.82%，泵站效率65.07%、总装机台数92套，装机容量143410千瓦。投资400余万元进行机电设备维修养护及更新改造。完成大修水泵20台，涂护水泵5

台，大修电动机4台、出水液控蝶阀7台，维修仪器仪表4套，更换进水蝶阀5台，维保泵站信息自动化设施102套，维护机电设备1780余台(套)。

【灌溉管理】 面对高温天气旱、来势猛、持续时间长、供用水矛盾突出的严峻形势，综合运用提前开灌、加大流量、渠库联调等措施，全力供水抗旱，夏灌红一泵站开机流量比去年增加5.76米³/每秒，系统运行天数比上年多3天、满负荷运行提前18天，黄河泵站首次春灌开机补水，夏秋灌首次6台机组加大流量补水；统筹灌区用水需求，调蓄水库与主干渠、泵站联合调度，向干渠补水399万立方米，缓解用水紧张形势；科学制订供用水计划，先后发出指标预警书4份，点对点调整指标61次。动态优化调度方案，针对不同土质、作物、旱情，灵活精准调配水量，优先保障人饮、特色产业用水，支持巴庄子中型灌区、罗山东麓葡萄特色小镇、预旺高效补灌用水，累计向特色产业供水8415万立方米；优先解决下马关、新庄集等灌域最急最难问题；开展“百名干部下灌区、倾情服务保灌溉”活动。群众赠送锦旗30余面。

【安全生产】 贯彻“三个必须”要求，落实水利厅20条硬措施，创新周交班、周通报、月考核、季例会机制，强监管，保安全。以专项整治三年行动、安全风险管控和隐患排查治理等为抓手，开展常态化隐患整治、安全督查，查找问题，修订4项预案，开展防汛、机电及网信安全反事故演练30场次。增设警示牌、发送短信息、上好公开课等方式开展防溺水宣教，持续开展安全文化活动。“水安将军”竞赛6人分别获得三等奖和优胜奖，管理处取得优秀集体奖。参加自治区安委会和应急管理指挥部组织开展的第二届应急管理、安全生产、防灾减灾新媒体评选活动，选送的《落实安全责任 推动安全发展》微视频荣获优秀奖。

【泵站标准化规范化建设】 建成标准化规范化泵站(所)7个，修订规章制度90个，编印泵站标准化目视化方案1部、规程手册4部。完成工程划界确权，安装制度牌、标识牌、警示牌、流程图等近2000块，装设电子屏18个、宣传橱窗和公开栏等55个。深化专责管理，规范专责标识牌、专责记录、专责保养，定期考核奖惩。“二维码”电子化管理由机电设备、水工建筑物推广应用到物资资产、车辆管理等方面，标准化规范化向“全业务”覆盖，初步形成可复制的“红扬经验”和“标准成为习惯、习惯合乎标准”工作模式。

【改革发展】 完成用水权改革、农业水价综合改革，红寺堡区冬灌首次跨县交易水权指标558万立方米。红寺堡区投资300万元安装渠道防护栏1.63万米，支持泵站绿化亮化和垃圾“社会化”处理，常态化开展联合执法，搭建共建共治机制。

【科技与教育】 整合国家级技能大师工作室、自治区高技能人才培训基地等资源，引进VR虚拟技术打造扬水行业创新型、技能人才培训基地。推动数字赋能，完善泵站自动化、测控一体化、计量智能化、调度信息化功能，完成3座泵站自动化提标工程，依托VR实训基地初步探索数字孪生泵站建设，联合中国水科院编制《红寺堡扬水灌区智慧调度规划方案》探索数字孪生灌区建设。坚持科研应用并重，获国家专利1项，完成科研成果2项，引进等离子气保焊技术修复叶轮，渠底暗管排水、前池“消漩”装置制作等“小技改”成效显著。开展“我学我讲新思想”，“喜迎党代会，献礼二十大”演讲等活动71场次。建立人才培养包抓机制和分层“师带徒”模式，开展“奋进新征程，建功新时代”大比武大竞赛24场次；开展志愿服务活动42场次，参加水利厅演讲比赛、自治区农林水财轻工系统职工篮球赛均获佳绩。

【依法管理】 印发管理处《2022年普法依法治理工作实施方案》等6份专项工作文件，征订“八五”普法和《反有组织犯罪法》学习教育读本。建立领导干部学法清单及会前学法“一刻钟”制度，举办讲座等22场次，常态化开展反酒驾醉驾、反电信网络诈骗等宣教活动，深化水法规“六进”活动，推进“八五”普法。配置执法记录仪10套，依法查处水事违法案件3起。

（翟辛睿）

城乡建设　生态环境保护

城乡建设

【概况】 2022年，中宁县住房和城乡建设局下辖事业单位5个，分别为房地产管理所、市政管理中心，城市建设监察大队、村镇建设站、建设工程质量安全监督站，其中，村镇建设站和建设工程质量安全监督站为不定级别事业单位。有职工180人，其中，行政编制10名，事业编制72名，县聘用编制3名，市场服务中心分流人员13人，公益性岗位7人，西部计划志愿者1人，“三支一扶”2人，临聘人员72人。

【老旧小区改造】 高标准、高质量完成红苑小区等47个老旧小区98栋楼体改造，改造面积约27.188万平方米，惠及居民3013户，完成投资2900万元；投资6300万元统筹实施47个老旧小区室外“上改下”“明改暗”“灰改彩”“空改绿”等配套设施改造。

【基础设施建设】 建设富民创业街小游园口袋公园1处，实施南河子中心湖功能提升改造项目和小团结路特色商业街工程项目，投资1.2亿元统筹实施雨污分流及污水提质增效项目4个，更新改造12条道路共计15公里。开展公共供水管网漏损治理工作，获得全国重点城市（县城）提名。

【城市管理】 完善基础设施建设。处理电缆故障268处，维修街道、广场灯具2987盏，路灯配电柜236台（次），城市亮灯率达98%；实施市政排水设施维修维护。清理疏通排水管12公里，维修更换排水检查井253座、更换雨水箅子1713个，修补破损人行道5120平方米。加强市容市貌整治。加强主要道路、示范街等重点区域市容管理，审批户外装修100余起，清理小广告、条幅4690余条，拆除广告牌620余个，清理占道经营4480余起、流动摊贩6300余处，查处烟花爆竹销售点83处，开展流浪犬排查行动8次；加大北控公司环卫工作督导考核，清理背街小巷、城中村等卫生死角3000余处，整治“抛冒撒漏”车辆2884辆(次)，增设分类垃圾箱350个。联合交警部门对重点路段清理整治，清理乱停乱放580余次，挪移非机动车2600余辆，暂扣非机动车80辆。增设生态停车场2个，施划停车位1500个。全力做好信访投诉办理。关注群众反映强烈的噪声、油烟扰民、占道经营等信访投诉问题，深入现场，以开展教育引导为主、处罚为辅的方式，妥善办理信访件463件，办结率100%。

【“美丽乡村”建设】 坚持土地资源高效节约利用和居住区域集中合理布局原则，以“打造重点镇，培育中心村”为目标，统筹规划，分批建设，完成投资71.9亿元建设重点小城镇和美丽宜居村庄，完善乡村道路、休闲广场、环境绿化、垃圾处理等基础设施建设。其中石空镇重点小城镇项目完成年度任务的90.2%，新堡镇南湾村、白马乡白马村美丽宜居村庄项目分别完成年度任务的94.67%和81.3%，加快推进余丁乡黄羊村传统村落保护项目，助力乡村旅游发展。

【人居环境整治】 将城市环卫机制导入农村，以行政村为单位，每年投入资金1500万元开展农村卫生保洁市场化运行，实行“户分类、第三方公司收集转运、县处理”工作模式，坚持因地制宜，不断完善垃圾分类治理新模式，推进农村人居环境整治提升。加快推进农村生活垃圾分类和资源化利用，投入4714.5万元建成畜禽粪污及木质类材料资源化利用综合处理中心1处、综合处理场3处，2022年畜禽粪污利用量达113.7万吨，利用率92.5%，实现农村生活垃圾治理率、无害化处理率、分类和资源化覆盖面分别达到100%、95%、30%，成功创建全区农村生活垃圾分类和资源化利用一级示范县，获得自治区奖补资金400万元。加快推进12个乡镇56896户农房清洁取暖工作，2022年完成投资423.95万元。

【危旧房、抗震宜居农房改造】 2022年，完成低收入群体危房、抗震宜居农房改造129户，兑付资金167万元。持续加大城乡自建房安全专项整治和农村D级危房整治，排查全县自建房78577户，消除安全隐患432户，整改率97.3%。

【房地产管理】 2022年全年办理预售许可9件，预售房屋829套10.4万平方米。其中住宅814套10.02万平方米。新建商品房网签备案1152套14.6万平方米，同比下降21.33%。其中住宅925套11.1万平方米，同比下降30.1%。新建住宅销售均价为4450元/米²，同比增长4.22%，存量房备案1390套14.25万平方米，代收专项维修资金425.5万元(1901套)。配合执法部门及乡镇出具查档单4487份。落实保障性住房准入、退出和年审制度，对提交的公共租赁住房申请资料进行严格审核并办理入住手续，全年办理续租手续2997户、实物配租手续283套、退房手续245户。严格整治公租房转借、转租、空置、长期拖欠租金等违法违规行为，促进公租房规范化管理，下小区检查49次，张贴缴费通知695份，收回公租房157套(县城公租房95套，石空公租房62套)。做好公租房各类设施设备管道维修管理工作，对群众反映公租房各类设施设备管道无法正常使用问题进行登记，针对保障户反映的问题，及时安排专业维修人员进行维修。做好住宅小区管理，全县居住小区241个，建筑面积约550万平方米，有物业公司服务的住宅小区64个，建筑面积约430万平方米，占全县建成住宅小区的81%，业主自治管理和无人管理的小区177个，建筑面积约110万平方米。引导物业服务企业和业主按等级标准服务进行收费，监督各物业公司依法经营、强化服务，维护业主和物业服务企业共同合法权益，促进物业服务行业健康发展。

【建筑市场管理】 促进建筑市场健康发展，加快推动绿色建筑创建行动，支持绿色建筑、装配式建筑等项目建设，全年实施建设9个房地产开发项目，实现新建建筑节能标准执行率100%，城镇新建民用建筑绿色建筑面积占比达70%；对10家商品混凝土企业和1家检测机构监督检查，下发整改通知书6份、停工通知书5份。组织参建单位开展“安全月”“质量月”及建筑技能大赛，提高安全防范意识；对全县56个在建工地进行大排查、大整治，组织执法检查15次，下发建设工程质量安全隐患停工整改通知书38份、建设工程质量安全整改通知书56份；对检查发现的19家参建单位存在违法违规性行为进行行政处罚，共处罚49.81万元；对7家施工企业，5家监理单位进行信用惩戒，扣除企业信用分值850分，对60余名从业人员进行个人记分处罚，共处罚172分。围绕工程建设项目审批制度改革，整合发改、自然资源等10个部门，打造工程建设项目审批服务专区，变“单一窗口”为“综合窗口”，实施“区域评估”成果应用、“辅助审批服务”“一站式审批服务”等改革试点工作，创建全区工程建设项目审批制度改革试点，获自治区工改办奖励资金35万元，全年453件审批事项均在法定时限内办结。

（殷　媛）

生态环境保护

【概况】 中卫市生态环境局中宁县分局为中卫市生态环境局下属正科级派出机构。2022年，有在编在岗干部职工30人。局机关核定行政编制9名，其中，核定局长1名（正科级）、副局长2名（副科级），在编在岗9人。设立中宁县生态环境监测站，核定全额事业编制14名，在编在岗13人，核定站长1名（正科级），副站长2名（副科级）。设立中宁县生态环境综合执法大队，核定全额事业编制6名、聘用编制4人，在编在岗8人。局机关内设党政办公室、行政审批与法制办公室、大气环境监管办公室、水环境监管办公室、土壤环境监管办公室、财务室6个科室。

【环境宣教】 以“六五”环境日、生物多样性宣传为契机，抽调干部职工开展广场宣传教育活动。通过悬挂横幅、发放宣传资料、设置宣传展板、现场解答等方式向群众宣传生态环保知识及保护生态环境的重要意义。发放宣传单1000份，环保知识咨询300余人次，制作宣传横幅7条。

【污染减排】 2022年，自治区下达中宁县大气污染防治项目1个，为瀛海天祥2500吨干法熟料生产线超低改造项目。完成氮氧化物削减任务254吨，完成率100%。

【大气污染防治】 制定完善《中宁县环境质量

和污染排放总量考核奖补资金管理实施细则》《中宁县2022年度主要污染物总量减排指标的通知》《中宁县2022年臭氧污染防治攻坚方案》等重点工作方案，按季度组织召开全县空气质量分析会暨大气污染防治推促会议。推进腾龙保温、宁安彩印、仓满制桶、兴尔泰化工4家企业按照“一企一策”开展挥发性有机物综合治理，督促天元建材、瀛海天祥、新世纪冶炼建成1.5万平方米原辅材料棚，减少无组织粉尘排放。完成30余家清洁煤配送中心及散煤销售点煤质抽检43批次，查处取缔5家违规散煤经营户。督促整改施工工地和城市裸露空地扬尘污染问题45起，对3家机动车排放检验机构开展规范化整治，实施重型车辆绕城行驶，劝导分流大型柴油货车1.5万余辆，淘汰黄标车、老旧车431辆。制定印发《中宁县排污权有偿使用和改革实施方案》，完成65家企业初始排污权、3家新增排污权、56家政府储备排污权确权工作。3月16日完成中宁县首笔排污权交易。2022年，中宁县优良天数比例达78.7%，$PM_{2.5}$平均浓度为34微克/米^3，PM_{10}平均浓度为72微克/米^3（扣除沙尘天气），$PM_{2.5}$平均浓度达到国家二级空气质量标准。

【水污染防治】　持续推进集中式饮用水水源保护，完成农村集中式水源地规范化建设，对7个水源地、出厂水、管网水进行跟踪监测，在政府网站公开水质信息27条。强化入河排污口管理工作，监督5家单位完成排污口规范化整治，建立“一口一档”资料；强化工业废水和生活污水综合治理，实施工业园区宁华公司污水管网配套项目建设，持续推进工业园区污水处理厂及配套管网建设；完成第一、第三污水处理厂污泥脱水设施改造，开展污泥无害化处理处置。加强重点河湖水生态保护，完成天湖水生态环境状况调查评估工作，完成生态补水200万立方米。强化工业节水改造，完成新世纪等企业节水改造，全县规模以上工业企业重复用水率达93.74%。开展农业用水结构调整，完成高效节水项目24个14.68万亩。2022年，黄河金沙湾断面、清水河泉眼山断面水质（扣除氟化物本底值影响）总体呈Ⅱ类，达到国控断面考核目标；红柳沟、北河子沟、南河子沟、中卫一排等4条重点水体5个断面水质均达到自治区考核目标。康滩水源地水质稳定保持在Ⅲ类（扣除本底值）。

【土壤污染防治】　强化日常排查检查，督促宁创科技、天元锰业等重点企业及县城内汽修行业、个体私营业主依法规范储存处置危险废物，督促元泰公司50万吨烟气制酸项目如期建成投运，提升工业固体废物综合利用率；加快农村黑臭水体治理，完成北大沟、公路大横沟、公路大横沟清淤及土方回填工作，完成项目竣工验收；抓好历史遗留地块土壤污染风险防控，对中宁县涉及的4个用途变更为“一住两公”的地块要求相关用地负责人开展土壤污染状况调查；做好疫情期间医疗废物规范转移处置工作，“9·20”疫情期间累计监督清运医疗废物152吨，累计转运处置中高风险区涉疫生活垃圾539.52吨。2022年，全县农用残膜回收率达90%，规模以上畜禽养殖场粪污处理利用设施装备配套率达100%，粪污综合利用率达92.5%，3项指标均完成考核目标任务。

【环境监测】　配合自治区生态环境监测中心对中宁县境内2个国控（黄河金沙湾、清水河泉眼山)和5个区控断面完成采测分离工作,制订印发《中宁县"十四五"国家重点生态功能区县域生态环境质量监测与评价考核工作实施方案》,按季度完成县域生态考核系统填报。监督检查企业开展企业自行监测及环境信息公开,完成175个声环境质量区域噪声监测点位和34个道路交通噪声监测点位监测任务。

【环境监察执法】 落实"谁污染、谁治理,谁破坏、谁恢复"机制,提升"移动执法"使用率,加大随机抽查力度,开展涉重企业、非煤矿山、铁合金行业、畜禽养殖等8个专项执法检查。出动执法人员625人次,检查污染源161家次,下达责令改正违法行为通知书45份、立案查处11起,行政处罚158.41万元,处理化解环境信访矛盾纠纷78件,办结率100%。

【环评审批】 严把项目审批关口,简化行政审批流程,提高审批办理效率。累计完成环境影响评价审批报告书8个,报告表36个,登记表79个;完成排污许可简化管理3家,延续2家,变更信息5家,登记管理31家。

【生态环境保护督察】 2021年第二轮中央生态环保督察转办的55件信访件全部办结。梳理反馈的18项问题,2022年完成整改3项,整改后长期坚持2项,正在整改13项。

【社会定点帮扶】 贯彻落实巩固拓展脱贫攻坚成果同乡村振兴有效衔接相关要求,组织17名帮扶干部分批在大战场镇宁原村开展驻村帮扶工作。协调宁夏全通枸杞产业链股份有限公司向喊叫水乡北沟沿村捐助50升分类垃圾桶100个,宁夏北星精工陶瓷技术有限公司向大战场镇宁原村捐助50升分类垃圾桶50个,助力改善农村人居环境。

(张开元)

城乡供水

【概况】 宁夏水投中宁水务有限公司成立于2012年5月,注册资金7500万元。下设综合部、党群工作部、生产经营调度中心、发展规划部、工程技术部、财务资产部、安全生产监督管理部等7个业务部门,以及工业供水公司、城市供水公司、客户服务中心、污水处理公司、农村人饮公司、检修公司6个生产单位。截至2022年末,共有正式职工146人。2022年公司被评为自治区文明单位。

【主要经济指标】 2022年完成供水3293万吨,完成年度计划2882万吨的114%。其中工业供水1843万吨,收入4552万元;农村人饮供水692万吨,收入2054万元;城市供水758万吨,收入2124万元。实现营业收入10025万元,完成年度计划9200万元的109%,超过目标825万元,公司成为宁夏水投集团第一家跨入超亿元的县级供水企业;实现净利润379万元,完成年度计划326万元的116%,增幅16.25%。全年累计处理污水752万吨,再生水回用231万吨,出水合格率达到100%。污水运营补贴收入1200万元。

【城乡供水】 针对城乡部分区域夏季供水高峰期压力不足、间接性停水等问题,实施二水厂3000立方米调蓄水池项目、二水厂反冲洗水处理回用工程、宁丰路DN400管道联通工程、大战场8000立方米调蓄水池与清水河供水管道联通工程等，提高供水保障能力。投资45万元对农村人饮黄滨、康滩村供水压力低的片区管道设施进行改造，铺设农村人饮管道1.6千米，砌筑阀门井15座，解决黄滨村、康滩村500多户农户吃水问题。针对鸣沙、恩和、石空、大战场等乡镇部分农户夏季高峰期水压不足等问题，开展农村供水专项排查治理活动，解决1100户居民水压不稳定问题。全年开展各类采样分析2972个，保证水质安全。

【污水处理】 在市政道路清洒继续使用再生水基础上，在县城新区铺设再生水管道6千米，增加中央大道等区域生态绿化的再生水用量。通过中宁热电联产项目供水管道（一、二、四污水处理厂），将再生水用于工业园区天元锰业等企业冷却循环用水和园区企业绿化用水，2022年全年较上年相比增加再生水用量70万立方米。将原有丁类仓库改造成污泥脱水机房，通过新增板框压滤机、叠螺浓缩机和相应配套系统，将第一污水处理厂污泥的含水率从原来的80%降低到60%以下。

【设备运行管理】 制定水质检测、管网冲洗、检维修等专项计划，全年更换深井泵20台套，大修机电设备35台（次），保养设备180多台（次），维护巡查供排水主管网450余公里，机电设备完好率98%。在公司范围内所有自用水区域安装计量水表，全年城市、工业、农饮漏损均控制在集团下达目标范围内。组织开展调度中心改造和各厂站自动化系统整合，实现从取水、制水、供水、用水和污水处理、再生水循环利用全过程自动化监控。

【节能降耗】 开展科技创新攻关行动。实施中宁县第二水厂反冲洗水处理回用工程项目，每天可回收清洗废水1200吨，节约运行成本70.08万元。与河海大学合作，开展第二水厂超滤纳滤高浓度盐水降低硬度实验研究，总硬度从2400毫克/升降到800毫克/升，硫酸盐含量由1189毫克/升降到900毫克/升左右，降低污水处理厂相关指标。强化漏损控制。专门设立检漏班组，补充完善《水表抄见、复查、稽查管理制度》及《远传水表管理办法》等；实时监控供水设备和管网运行压力，在管线末端、高点安装自动排气补气阀、减压阀等，保障管网运行安全；在公司范围内所有自用水区域安装计量水表，全年城市、工业、农饮的漏损均控制在宁夏水投集团下达目标范围内。调节加药参数和供水工艺，利用盐酸清洗滤芯，2022年使用大流量滤芯较上年度196支降低34支，节省费用7万元。工业一泵站通过人工在池内加压冲洗池壁，水流推赶淤沙，高压泵排水、排沙等办法，清理蓄水池沙子近1200方，库容增加水量1500方。

【安全生产】 修订《有限空间作业安全管理9项制度》等制度，签订《安全生产目标责任书》151份，全年投用安全生产费用183万元。全年辨识风险点200余项，把“双控体系”建设融入日常安全生产管理。推行施工现场标准化，推进各类工程建设项目管理标准化、规范化。强化安全教育培训。全年组织公司级安全培训12次，各基层单位组织教育培训80余次，受训人员达2500余人次。开展“安全生产月”活动，发放安全宣教用品及各类资料1000余份，开展春季消防安全等各类安全生产教育培训10场次，组织各类应急演练6场次，查找安全风险点200余处。加强安全管理人员履职能力和特种作业人员业务能力培训，组织21名安全生产管理人员参加资格培训。公司持有特种作业资格证书6类，共计136人。落实安全生产三年专项整治行动计划要求，三年组织各类安全检查90次，查出安全事故隐患和问题280余个，下发各类安全生产检查通报30余份，安全风险得到控制。编制应急标准化实施手册、应急预案演练计划，全年开展1次以“水质污染事故”为主题有限空间作业、爆管抢维修专项应急演练。各基层单位开展各类应急演练10余次。

【工程建设与管理】 全年完成6个固定资产投资项目，完成投资2301万元。分别是中宁县第一污水处理厂污泥脱水设备升级改造工程、二水厂新建3000立方米调蓄水池、县城宁丰路供水管道与滨河南路供水管道联通工程、中宁县第二水厂反冲洗水处理回用工程、中宁县第一污水处理厂增加备用MBR膜组项目、水厂超滤纳滤系统浓水安全处置技术装备研发及应用示范项目。开工实施中宁县公共供水管网漏损治理工程——管网探测及分区计量工程。通过实施相关工程项目，解决中宁县城末梢地段用水高峰期水压水量不足、污水处理厂污泥含水率高、高浓度盐水直接进入污水处理厂，增加处理难度等问题，提高水资源利用率。

【管理机制完善】 修订完善公司章程、党总支会议事规则、股东会议事规则、董事会议事规则、监事会议事规则及总经理办公会议事规则等管理制度，进一步厘清党总支、股东会、董事会、监事会和经营层治理主体的权责。制定《中宁水务公司经理层成员任期制与契约化管理办法（试行）》，根据方案落实经理层成员绩效年薪。公司国企改革三年行动26项任务清单全部完成。按照《关于印发〈地方国企改革三年行动重点任务评估指标表（2022年版）〉的通知》以及宁国运、集团公司要求，完善相关资料，完成公司国企改革高质量收官各项工作。修订完善《供水服务标准化管理办法》《科技创新项目管理办法》及《合同管理办法（试行）》等12项管理制度，进一步健全制度体系。落实季度生产经营分析会制度、月度安全例会制度、定期督办制度，季度绩效考核制度等，推动各项工作任务全面落实。加强预算管理，强化风险管控。落实总法律顾问制度，相关合同均通过外聘律师审核；制订公司合规管理体系实施方案，强化合规管理。组织开展全民国家安全教育日、保密法制宣传月、国家宪法日、宪法宣传周等普法教育活动，营造尊法、学法、守法、用法良好氛围。

（来永祥）

工业与园区建设

工业经济管理

【概况】 2022年工业“压舱石”作用发挥，1—12月份，全县69家规模以上工业企业完成总产值357.6亿元，规模以上工业增加值同比增长22.2%，比上年同期回升36.6个百分点，增速位居全区第一。全县规模以上工业企业综合能源消费量319.1万吨标准煤，同比下降12.3%；规模以上单位工业增加值能耗同比下降28.2%。

【争项目争资金争示范】 争项目：伟力得全钒液流电池装备制造项目总投资15亿元，累计完成投资1.7亿元，2022年完成投资8875万元。瀛海天祥5000吨/大二代水泥熟料生产线技术升级改造项目总投资6.8亿元，完成投资4892万元。中晶半导体年产1000吨半导体单晶硅棒技改项目总投资1.8亿元，完成投资9249万元，已完成技改并投产。争资金：为全

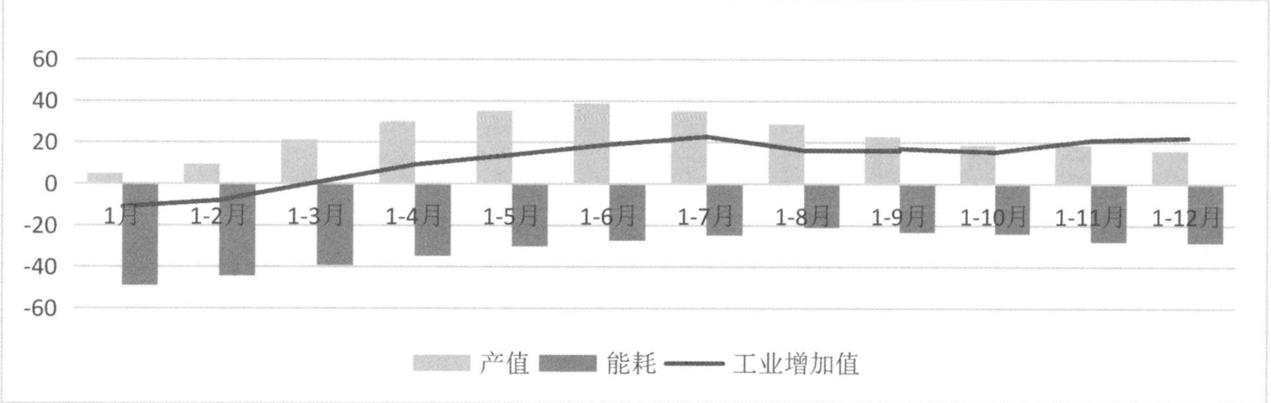

图1　2022年中宁县工业经济指标增速情况

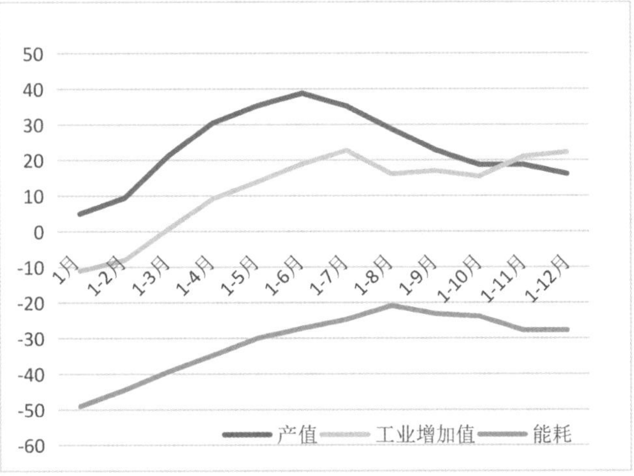

图2 2022年中宁县工业经济运行折线图

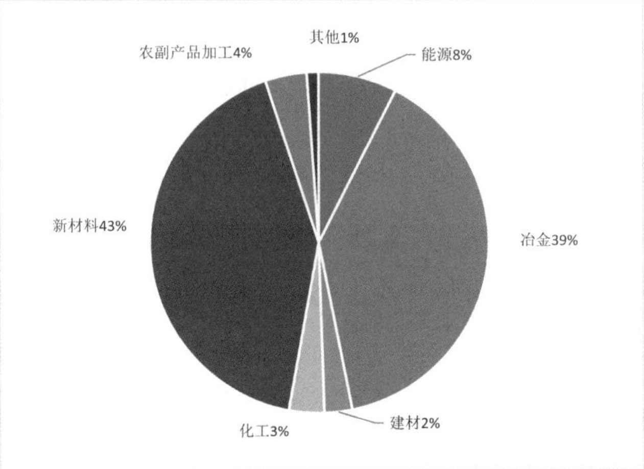

图3 2022年中宁县工业产业结构占比情况

通、华宝、隆基硅等20家企业争取到自治区稳增长、融资租赁、技改奖补等专项资金1604.2万元;为中宁县20家(次)企业申请到位转贷资金1.16亿元。争示范:杞佰味、百事恒兴、中杞生态3家企业被评为自治区“专精特新”中小企业,早康枸杞股份被评为专精特新“小巨人”企业,华宝枸杞被评为自治区服务型制造示范企业,华宝枸杞原浆被评为自治区行业领先示范产品。早康新零售云平台和瀛海天祥能源管控管理平台被认定为自治区工业互联网平台应用试点示范项目。超额完成全年任务。

【优化重点企业产业结构】 引导冶金、建材等传统产业实施“四大改造”,推动天元建材水泥熟料生产线节能和环保技改、锦腾炭素公司达产增效技改项目等23个,推动形成绿色低碳生产方式。引进增链补链项目,重点实施天元100万吨高纯硫酸锰、中晶半导体年产1000吨半导体级单晶硅棒、宁创30万吨再生铝、铭岛年产6万吨罐盖拉环料电池壳料、今飞年产30万件大巴轮等项目,推动新材料产业上下游进一步延伸。发展培育新能源装备制造产业,引进实施全钒液流电池储能装备制造等项目,新能源装备制造产业雏形初步形成。

【发展绿色低碳企业】 指导天元发电、瀛海天祥等11家重点用能企业,每月开展自查,查找能源利用薄弱环节,挖掘节能潜力,提高能源利用效率。指导有关项目编制节能报告,进行节能审查,取得节能审查机关出具的节能审查意见,目前爱特云翔智慧产业园、宁创科技再生铝、铭岛铝业再生铝等7个固定资产投资项目已取得节能审查机关出具的节能审查意见。协调推进重点用能、用水和产生“三废”企业建设工业节能、节水和工业固体废物资源综合利用、循环化改造项目,目前已备案瀛海天祥2号回转窑头“电改袋”收尘技术改造项目、早康生物1500吨冻干枸杞生产线改造升级项目等节能环保技改项目3个。加大固废综合利用率,重点实施宁夏元瑞资源综合利用科技有限公司200万吨建筑砌块固废综合利用项目,促进资源节约集约利用。

【政策驱动】 印发《中宁县工业信息化“十四五”规划》《中宁县加快工业经济发展新十条措施(试行)》。

(王维新)

信息化建设

【概况】 持续深化新一代信息技术与制造业融合发展，推进工业互联网建设，扩大工业互联网平台体系。

【重点任务落实】 2022年，早康新零售云平台和瀛海天祥能源管控管理平台被认定为自治区工业互联网平台应用试点示范项目。天元锰业和全通枸杞2家企业的网络安全问题，指导整改。协调中宁电信公司在党的二十大期间为宁创、今飞、早康、宁夏红等重点企业免费加装网络安全监测和安全防护设备，保障工业企业网络和信息安全。抢抓国家“新基建”机遇，增强数字产业基础支撑力，持续推进5G基站建设，加大城区及主要乡镇5G信号覆盖密度，全县热点区域5G网络覆盖率100%，5G基站建设累计达到361座。

【项目申报】 组织早康枸杞、瀛海天祥、水投水务3家企业申报“互联网+制造业”融合应用项目，早康新零售云平台和瀛海天祥能源管控管理平台被认定为自治区工业互联网平台应用试点示范项目。

【培育优质中小企业】 2022年紧扣“一起益企”行动主题，通过发放宣传资料、热线答疑、入企动员等线上线下相结合的方式，加大政策宣传，抓好政策落实，送政策“上门”，精准指导企业申报各类项目，享受各项政策，2022年新增自治区“专精特新”中小企业3家，专精特新“小巨人”企业1家，服务型制造示范企业1家，制造业行业领先示范企业1家。

【轻工纺织产业调研座谈会】 2022年9月6日，自治区轻工纺织产业高质量发展规划编制调研座谈会(中卫市区域)在中宁县召开，中卫市各县区工信系统单位参加，会上各县区交流各地轻工纺织产业发展情况以及未来发展计划；此次座谈会还邀请8家各县区重点轻工纺织产业企业参加，为企业搭建沟通交流平台，各参会代表发言，为轻工纺织产业未来发展建言献策，反映发展中存在的困难及问题，共同推动轻工纺织产业发展。

【政策驱动】 印发《中宁县关于打好市场主体纾困战工作方案》《中宁县促进中小企业发展保障中小企业款项支付工作方案》。

(王维新)

园区建设

【概况】 2006年8月，经自治区人民政府批准成立中宁县工业(物流)园区。2019年6月，该园区正式更名为宁夏中宁工业园区。园区设置管理委员会，为中宁县人民政府副处级派出机构，负责实施园区发展规划、安全生产、环境保护、招商引资、管理服务等，管委会下设办公室、经济发展和投资促进局、规划建设局、综合事务管理局、安全生产和生态环境局5个正科级机构，有各类编制34名。园区调整后规划建设面积49.47平方公里，已开发利用22.25平方公里，分为南北两区，先后被国家发展改革委和财政部确定为“国家级循环化改造示范试点园区”，被工业和信息化部确定为“国家新型工业化产业示范基地”，被国家发展改革委评为“大宗固体废弃物综合利用基地”，是自治区“十大特色园区”之一。2022年园区规上企业产值270亿元，占全县75.5%，同比增长14.3%。其中12月24.3亿元，占全县当月产值74.8%。固投22.2亿元，同比增长5%。

【项目建设】 园区22个重点建设项目中铭岛年产6万吨罐盖拉环料电池壳料、天元热电联产2×350兆瓦自备热电厂、今飞轮毂年产30万件大巴轮毂3个项目已建成投产，华夏物流铁路专用线、粉煤灰深加工等13个项目推进，项目开工率86.4%。受疫情、资金短缺以及企业对项目市场前景信心不足等因素影响，明阳中宁智慧能源产业园等4个项目进展缓慢，今飞轮毂自动化涂装车间、明阳(中宁)智慧能源产业园项目(一期)基础配套设施2个项目应开未开。

【招商引资】 围绕新材料产业链条引进天元锰业100万吨高纯硫酸锰、30万吨锰锭熔炼、宁创新材料30万吨再生铝、铭岛20万吨再生铝项目，围绕新能源装备制造产业引进明阳智慧能源产业园、大唐储能电站等重点项目和嘉里物流等国内外知名企业的一批重点项目落户园区。

【能耗“双控”】 重点实施铭岛铝业年产6万吨退火产品技改、天元建材水泥熟料生产线节能和环保改造、宁创科技自动化综合技术改造等项目。对列入自治区的4个暂缓建设“两高”项目加强日常监管，严禁擅自开工建设；推广绿色制造，重点实施年产50万吨脱硫烟气制酸、80万吨脱硫石膏制酸、粉煤灰深加工等多个工业固废综合利用项目。申报国家大宗固体废弃物综合利用基地项目，鼓励企业申报国家、自治区级绿色工厂等各类创新平台。推动早康枸杞、中晶半导体、天元锰业等企业向数字化、智能化方向发展。中晶半导体等4家企业获评自治区数字化车间，建成隆基硅直拉单晶智能管理系统示范项目等6个工业互联网平台。协调解决明阳智慧能源产业园、固废填埋场、大唐中宁储能等项目备案、土地报批、临水、临电、临路等方面的问题和五三六仓库专用道路土地置换、补偿等事宜。

【安全环保】 按照国务院和区、市、县安委会的安排部署，园区管委会召开各类安全生产会议23次，全年排查企业371家(次)，发现安全隐患问题657项，复查问题531条，整改604条，复查整改率91.9%。开展安全生产百日专项整治行动，两轮工贸企业专家指导服务29家企业，查出问题隐患237项；组织29家企业安全管理人员在宁夏东青资源、天元化工等企业开展“互观、互查、互学”活动；指导兴尔泰化工、华夏特钢等企业开展突发事故应急演练，指导利新资源开展“消防技能演练”活动。强化项目安全管理，对粉煤灰深加工等23个项目巡查82次，下发整改通知15份，停工通知书46份，检查记录单21份，发现安全隐患441条，已整改388条，整改率88%，全年开展生态环境检查145家(次)，查出环境隐患问题370条，整改343条，整改率90%；督促40余家企业制定2022年生态环境自行监测方案，完成宁华工贸12000平方米密闭式原料大棚建设，督促瀛海天祥、天元建材完成水泥熟料生产线超低排放改造，完成兴尔泰化工余热回收锅炉增加脱硫装置在线监测安装；对8家“散乱污”企业整治情况“回头看”，对1家非法炼油厂进行“二断三清”

整治，并完成处置危险废物；完成中央环保督察第三批6号转办件问题整改销号办结；核定企业初始排污权17家，政府储备权8家，新增排污权企业3家，完成排污权交易1家；实施天元锰业集团和裕隆冶金公司碳汇林树木种植765亩；落实河湖长河湖管理保护主体责任，对石空沟、罗家沟、张峪沟、新寺沟和枣园沟5条沟道进行日常巡查20次，对于巡查发现的张裕沟天元锰业铁路专用线洪水影响评价批复手续、枣园沟与纬二路交叉处未建桥涵影响行洪安全及罗家沟建筑垃圾堆放等7个问题均销号解决。

【科技创新】 打造"专精特新"中小企业集群，加大对"专精特新"企业服务力度。建立健全重点产业链供应链"白名单"，推荐上报永寿堂中药饮片、天元锰业等9家企业为产业链供应链"白名单"企业。组织宁创科技、铭岛铝业等3家企业申报自治区链主企业项目，鼓励企业创新发展，激发内生动力。

【体制机制改革】 实施项目审批全程帮办、代办机制，当好金牌"店小二"，提供"保姆式"服务，为23家企业办理项目备案37个。建设污水管网4.2公里、一体化提升泵站2座，新建输电线路5.6千米、110千伏变电站1座，新建及维修园区道路2.31公里，安装、改造太阳能路灯863盏，建设景观小品及雕塑2处，通过提升道路品质及工程质量，改善园区出行环境。打造综合基础设施完备园区。对园区132家企业开展自建房摸排整治，排查企业132家，排查自建房面积235.636万平方米，下发停止使用通知书8份，拆除3家，正在整改1家，其余4家已停止使用。开展"六权"改革，组织对园区81家企业及项目进行用水权确权，完成11家用水"黑户"企业销号；对28家长期停产企业开展法律尽调，并制订出清方案。对园区内28家企业排污权进行摸排统计确权，指导全通枸杞公司新增年产2万吨枸杞酒排污权并完成排污权首单交易。实施碳汇林种植765亩；完成植树85800株，占总任务比例142%。帮助宁夏天元热电联产2×350兆瓦自备电厂项目1号、2号机组分别于4月、8月正式并网发电，缓解全县城区采暖供需矛盾。

【社会性服务】 化解风险矛盾。2022年化解各类信访转办件253件、摸排化解矛盾纠纷隐患91件，办结率和化解率100%；协调处理企业拖欠农民工工资案件149起，为农民工讨要工资3156.39万元，保证企业正常生产秩序，维护农民工权益。解决职工社保26件计134万元，协调解决职工工伤纠纷6件计894万元。协调解决天元锰业项目请求协调解决问题中涉及园区管委会的7个问题，已办结4个，正在落实3个。"9·20"疫情发生后，园区落实区、市、县疫情防控工作相关要求，实行"三级网格"管理，在工业园区南北区设置11处疫情防控检疫卡口和10处硬隔离点位，负责对进出园区人员、车辆落实"一扫三查"、贴条封车、消毒登记和管控。建立"白名单"制度，协调县疫情指挥部，为企业开通县内生产物资转运"快速通道"，在乌玛高速石空出口建立企业生产物资保供"绿色通道"，为生活必需品、重要生产资料保供企业办理车辆通行证和司机工作证各47张，确保重点项目不因为疫情耽误建设进度。"9·20"疫情发生以来，工业园区北区0确诊，及时转运疫情初期发现的南区7例阳性病例，防止南区疫情扩散蔓延，保障企业职工生命健康安全。

（纪春莲）

电力建设

【概况】 2022年底，国网中宁县供电公司有全民职工84人，党员30人。下辖13个乡镇供电所，有供电服务工188人，党员28人。获宁夏电力有限公司"先进集体"，2022年度自治区优化营商环境测评第二名。辖区内有10千伏配电线路85条，总长1767.97公里（电缆线路112.97公里，架空线路1664.71公里），0.4千伏线路总长1972.47公里。公变1806台，容量439.70兆伏安；专变2094台，容量482.65兆伏安；小区变195台，容量134.05兆伏安。2022年，售电量完成78.72亿千瓦时。

【疫情防控】 "9·20"疫情发生以来，180余名工作人员24小时坚守岗位40多天，保障全县3个定点医院、17处交通道路卡点、490个防疫点、2187顶防疫帐篷、2辆核酸检测车可靠供电。建立供电服务保障团队和24小时沟通协调机制，昼夜不停进行临时隔离点外部供电设施建设，完成12台环网柜、74台配变投运，10025间集中隔离板房按时供电。

【安全生产】 严格落实安全基础管理提升十二项措施，组织223名职工开展"学规程，守规程"线上安全技能培训。组织265人次安规考试，129名"三种人"考试，合格率100%。执行"四不两直"，开展现场安全稽查592次，查处违章17处，发出安全通报7期，违章记分35分。严格落实"两票"在现场的规范执行，开具操作票266份、工作票906份，两票合格率100%。一体推进安全生产专项整治三年行动、安全隐患大排查大整治大检查，整改问题隐患107条。出动357人次、车辆171辆（次），完成国际枸杞博览会、党的二十大等各类重要活动保电、节假日保供电78次。至2022年底，实现长周期安全运行9059天。

【电网建设】 2022年，下达计划64项，总投资8628.58万元，其中基建32项，投资2546.05万元，城网基建1项，投资854.06万元，农网基建31项，投资1691.99万元；业扩及煤改电32项，投资2429.98万元；技改9项，投资284.62万元；专项成本37项，投资3367.93万元。解决徐套4处、大战场19处、渠口2处、鸣沙5处低电压、设备重过载和新堡街及石空工业园区供电网架薄弱问题。

【优质服务】 投入1285万元业扩配套资金，4548户低压用户实现办电"零投资"。提升"一证办电"应用水平，高低压线上办电率分别97.30%和98.83%。开展台区经理大走访，实现95598"零投诉"。全量走访10千伏及以上专变用户并进行安全用电检查，下发隐患整改通知书79份。整治重过载、低电压、三相不平衡台区，配变异常数量同比压降67.90%。查处窃电25起，追补电费及违约金52.96万元，完成目标任务的101.85%。能效账单走访2290户，覆盖率100%。综合能效诊断报告推送614户，完成年度任务的158.25%。石空供电所成功创建国网线损"百强供电所"。1项工程获评宁夏公司2022年度配电网优质示范工程。

（王晓辉）

商业贸易

商贸服务

【概况】 中宁县商务和投资促进局有行政编制7名。其中局长1名，副局长2名，一般干部4名。内设综合办公室、商务办公室、经济合作室和电子商务室。2022年，设立中宁县电子商务服务中心，为县商务和投资促进局不定级别的事业单位、公益一类财政全额预算事业单位，核定全额预算事业编制3名，其中配备主任1名。实有在职在编人员1名。

【招商引资】 全年组织外出开展招商引资活动24批次，对接企业60家，洽谈项目51个。其中县委、政府主要领导带队赴北京、浙江、广东、四川、重庆、福建等地开展招商活动8批次，县委、政府分管领导及各部门（单位）负责人外出开展招商活动16批次。先后邀请中国电力、广州养真元、内蒙古和光等企业负责人到中宁县考察洽谈项目合作事宜。2022年，全县实施招商引资项目46个，总投资365.7亿元，年度计划投资204.67亿元，实际到位资金55.08亿元，其中，实体项目28.05亿元，金融项目27.03亿元。经自治区招商引资项目推进考核办公室考核认定，完成自治区下达中宁县75亿元目标任务的73.44%。

【项目包装宣传】 围绕工业、枸杞产业、草畜产业、绿色食品产业、商贸服务和现代物流产业、文化和旅游产业等绿色生态产业，设计印制《遇见中宁招商引资指南》（项目册），聘请第三方拍摄制作《中宁县招商引资宣传片》。借助政府网站、微信、外省区商会等对外宣传推介项目。组织早康、枸杞股份等公司参加第131届广交会、西洽会、服贸会等活动20余场次。依托《中宁县工业和信息化“十四五”规划》《中宁县“十四五”能源发展规划（2021—2025年）》《2022年中宁县肉牛产业高质量发展实施方案》《2022年中宁县奶产业高质量发展实施方案》《2022年中宁县滩羊产业高质量发展实施方案》《2022年中宁县绿色食品产业高质量发展实施方案》。开展市场化开展产业研究。

【招商引资暨闽浙湘企业家宁夏(中宁)枸杞行活动】 6月15—17日,在第五届枸杞产业博览会举行前夕,举办招商引资暨闽浙湘企业家宁夏(中宁)枸杞行活动,众多闽浙湘企业家齐聚中国枸杞之乡,共商枸杞产业高质量发展合作大计。活动中,来自闽浙湘的20余名企业家,先后来到中宁国际枸杞交易中心、中宁枸杞产业发展股份有限公司、宁夏华宝枸杞产业有限公司、宁夏永寿堂中药饮片有限公司、宁夏杞鑫种业有限公司、中宁枸杞产业创新研究院杞源堂生物科技有限公司、早康枸杞股份有限公司、宁夏全通枸杞供应链管理股份有限公司、中宁枸杞集团宽口井枸杞种植基地等地对中宁县枸杞产业高质量发展情况进行全面观摩和深入考察。第五届枸杞产业博览会企业家中宁行招商引资推介座谈会召开,会上,宁祥和(石狮)供应链管理有限公司与宁夏华宝枸杞有限公司对接并达成意向合作。

【第五届枸杞产业博览会签约项目】 6月24日,第五届枸杞产业博览会期间签约枸杞种植及加工、新能源全产业链、新材料等招商引资合作意向项目11个,投资金额达到82亿元。县人民政府与华宝枸杞产业股份有限公司、宁创科技有限公司签订枸杞小镇、30万吨再生铝项目合作框架协议。

【市场消费】 2022年,开展政府促销活动5次,累计投入资金1515万元,发放消费券和核销进店满减42.5万张(次),实际使用资金957万元,带动消费5178万余元。组织全县商贸企业申报县域商业建设项目10个,争取项目资金1050万元。分别为中宁县爱家商贸有限公司实施石空镇、恩和镇、鸣沙镇、余丁乡、宁安镇、新堡镇、徐套乡7个乡镇商贸服务中心改造提升建设项目;宁夏金森商贸有限公司实施大战场镇金森商贸中心升级改造建设项目;中宁县万策商业管理有限公司实施太阳梁乡商贸中心新建项目及中宁县爱家商贸有限公司实施“中宁县县乡村三级物流配送体系升级改造项目”。对中宁县家政服务机构开展全面摸底调研,委托中宁县启明星职业技能培训学校开展2022年中宁县家政服务培训,采取“订单式培训”,培训75人,其中培训育婴员25名、50名家政服务(老年人照料)人员。2022年,全县实现社会消费品零售总额43.6亿元,与2021年持平,增长率低于全区0.2个百分点,高于中卫市0.3个百分点。其中限额以上单位消费品零售额13.5亿元,同比增长3.9%;限额以下单位消费品零售额30.1亿元,同比下降1.7%。城镇单位实现零售额32.8亿元,同比增长0.9%;乡村单位实现零售额10.8亿元,同比下降2.6%。

【电子商务】 建立完善中宁县域电子商务公共服务中心管理制度,增强公共服务功能,实现培训指导、直播带货、视频摄制、网货设计、商标注册、品牌打造、物流仓储等多层次全方位的服务需求,加大创业孵化力度。举办中宁县电商助力特色产业网货开发研讨会暨牛羊肉熟食案例品鉴,举办中宁县农产品(枸杞)标准化体系认证线上指导服务培训,召开电商助力新堡镇休闲农业发展座谈会。开展“云购杞乡·乐享年味”2022中宁网上年货节、“甄选好

物 品质生活”双品网购节、第五届杞博会供销对接会暨直播带货大赛、“云上杞乡”电商直播活动等各类电商节会，销售额 7632.5 万元。组织企业参加 “2021 全国农商互联暨乡村振兴产销对接大会”、“阅宁夏 鉴优品”飞跃 20·21 全民电商节等各类节会。推行“区域公用品牌 + 企业自主品牌”模式，培育舟塔村自主品牌，设计枸杞系列产品包装 12 款。设计打造中宁牛羊肉熟食类产品，实现分级、加工、包装等环节的合法合规生产。依托第五届枸杞产业博览会枸杞鲜果采摘直销节，开展“云上杞乡”电商直播助力特色农产品销售专场活动，邀请 15 位直播达人，组织早康、杞红堂、果顺等近 20 家企业的优质枸杞产品，累计销售 10389 单，销售额 82.23 万元。对各乡镇电商技能学习及农产品电商销售意向进行摸排，重点面向乡镇及村干部、村集体合作社、农产品生产及加工企业、电商创业者、农村致富带头人等人群开展直播电商达人培训活动，引导个人、涉农企业、合作社等以“直播 + 短视频”的形式增加特色农产品传播度。在新堡镇、太阳梁乡培训孵化 120 余人次。举办“数造杞乡·货通全球”跨境电商高质量发展培训班，培训 147 人次。开展中宁县农产品（枸杞）标准化体系认证线上指导服务培训，来自县域内从事农特产品（枸杞）生产、加工、销售的企业，合作社、个体、电商从业者、村级电商服务站点负责人、创业青年等 78 名学员参与培训。2022 年末，全县电商企业从业人员 2691 人，电商带动就业人数 1.24 万人。网商数量达 3905 家。2022 年，中宁县电子商务交易额实现 125.74 亿元，同比增长 16.62%；网络零售额 50.48 亿元，同比增长 16.11%，在中卫占比 74.27%，较中卫市高出 1.59 个百分点，较宁夏高出 7.59 个百分点；农产品网络零售额 40.46 亿元，同比增长 21.33%，较宁夏高出7.51 个百分点；直播交易额实现 5.02 亿元，直播观看人次累计 4847 万人次。2022 年 1—12 月，中宁县快递上行量达 682.24 万件，下行量达 1287.99 万件，上、下行比例为 1∶1.89，快递业务收入 4802.79 万元。2022 年，位列农产品数字化百强县第 50 名；中宁枸杞连续三年稳居阿里电商平台农产品区域公用品牌开店数量前三名。中宁县云上杞乡电商直播示范基地和华宝杞滋堂枸杞溯源直播基地获评首批全区电商直播示范基地（企业）。

【供销对接会暨直播带货大赛活动】 围绕第五届枸杞产业博览会“杞福天下 共享健康”主题，以“杞动新活力·电商来帮宁”主题，5 月 30 日—6 月 24 日在抖音、快手等线上直播平台、各枸杞企业、中宁·国际枸杞交易中心 A 区大厅开展供销对接会暨直播带货大赛活动。6 月 18 日，第五届枸杞产业博览会直播带货大赛个人海选比赛顺利收官。主播们以直播带货的方式把优质枸杞产品推介出去，完成直播场次达 189 场以上，带有“第五届枸杞产业博览会直播带货大赛”话题的短视频播放量达到 200 万次以上。大赛历时 21 天，114 人报名参加个人大赛，30 家企业报名参加企业团体赛，累计销售总额 56315538.98 元。活动期间，受到社会各界人士的共同关注，全网大赛播放量、转发量近千万次。大赛经过层层选拔，最终评选出个人对决赛冠军张岩岩，亚军史凯、马旺龙，季军郝金、李俊平、田志涛，孙静、石建红、夏静、郭洁获优秀奖。企业团体赛冠军为早康枸杞股份有限公司，亚军为百瑞源枸杞股份有限公司，季军为宁夏宁安堡土特产品有限公司。

【现代物流体系建设】 争取现代物流项目资金50万元，支持宁夏永寿堂中药饮片有限公司实施2022年枸杞冷链物流高标准货架及基础设施建设项目。向自治区商务厅推荐上报全区商贸物流三级配送骨干企业，组织天元物流、瑞鑫茂物流、乐家物流等物流企业参加全区首届物流节，物流节上，宁夏乐家城乡共享智慧冷链配送中心项目获得自治区商务厅授牌。实施中宁县乐家农村寄递物流体系建设项目。依托2021年国家级电子商务进农村综合示范项目，持续对接快递物流企业、网络运营服务商、金融机构等进驻村级电商服务站点，实现代收代发、金融保险、生活缴费等便民服务功能集成，逐步推动村级电商服务站向"一站多业、一站多能"转变。举办中宁县快递下乡项目站点负责人培训30人。实施"快递下乡"工程，建成88个村级服务站点，村级电商服务站覆盖率78.2%。整合顺丰、极兔等多家快递企业，逐步实现统仓共配，进一步降低农村物流成本，提高县、乡、村三级物流配送效率。

【对外贸易】 推进对外贸易创新发展，用足用活国家和自治区外贸政策，为早康、顺元堂、百事恒兴、天元锰业、晶隆石英等20余家外贸进出口企业申报争取自治区商务厅外经贸专项补助资金759万元。组织早康、枸杞股份、华宝等企业参加第131届广交会、西洽会、服贸会等活动20余场次。组织外贸企业参加自治区商务厅举办2022年全区外经贸形势分析及政策解读培训会，帮助外经贸企业全面掌握商务、海关、税务、外汇、出口信保等相关政策措施，促进中宁县外向型经济稳健发展。2022年1—12月，全县31家进出口企业实现进出口总额28.83亿元，占全区进出口总额比重11.2%，占全市进出口总额比重80.8%，同比增长42.59%。其中进口额15.93亿元，出口额12.9亿元。全县有枸杞进出口实绩企业26家，累计出口额2.6亿元，占全县出口额比重20.2%。

（白伟东）

表1　2021—2022年中宁县外贸进出口情况统计表

序号	企业名称	进出口总值		出口总值		进口总值	
		人民币（万元）	人民币同比（%）	人民币（万元）	人民币同比（%）	人民币（万元）	人民币同比（%）
1	宁夏华夏物流有限公司	144194.5686	—	0.0000	—	144194.5686	—
2	宁夏天元锰业集团有限公司	109061.1108	-36.1057	102799.7823	-5.9419	6261.3285	-89.8017
3	宁夏顺元堂汉方生物科技有限公司	10298.0241	-19.3778	10298.0241	-19.3778	0.0000	—
4	宁夏华夏特钢有限公司	4926.4170	—	0.0000	—	4926.4170	—
5	宁夏晶隆石英有限公司	3830.0723	434.1723	0.0000	-100.0000	3830.0723	465.1947
6	宁夏养真元农业发展有限公司	3288.9713	-43.7475	3288.9713	-43.7475	0.0000	—
7	宁夏好康好物贸易有限公司	1843.8377	1592.9750	1843.8377	1592.9750	0.0000	—
8	宁夏优品贸易有限公司	1622.2453	498.3354	1622.2453	498.3354	0.0000	—
9	宁夏弘耕行生物科技有限公司	1485.6934	52.8881	1485.6934	52.8881	0.0000	—
10	宁夏百事恒兴食品科技有限公司	1336.3643	-16.0190	1336.3643	-16.0190	0.0000	—

续表

序号	企业名称	进出口总值		出口总值		进口总值	
		人民币（万元）	人民币同比（%）	人民币（万元）	人民币同比（%）	人民币（万元）	人民币同比（%）
11	宁夏杞先生食品有限公司	1044.7525	47.2421	1044.7525	47.2421	0.0000	—
12	中宁县百杞瑞商贸有限公司	944.9802	−62.1104	944.9802	−62.1104	0.0000	—
13	宁夏红果东方生物食品有限公司	924.2809	−26.3350	924.2809	−26.3350	0.0000	—
14	宁夏杞乡生物食品工程有限公司	694.4880	−26.9021	694.4880	−26.9021	0.0000	—
15	宁夏圣世杞乡生物科技开发有限公司	464.3500	13.8113	464.3500	13.8113	0.0000	—
16	宁夏绿农源枸杞商贸有限公司	431.8022	−54.3808	431.8022	−54.3808	0.0000	—
17	宁夏宏普生物科技有限公司	243.9317	—	243.9317	—	0.0000	—
18	宁夏中晶半导体材料有限公司	235.9571	−24.3423	118.9915	41.5504	116.9656	−48.6568
19	宁夏华宝枸杞产业有限公司	222.3744	−13.8730	222.3744	−13.8730	0.0000	—
20	宁夏中宁县金河枸杞开发有限公司	215.9871	−21.9254	215.9871	−21.9254	0.0000	—
21	宁夏全通枸杞供应链管理股份有限公司	201.4310	16.9260	201.4310	16.9260	0.0000	—
22	宁夏中宁枸杞产业发展股份有限公司	181.6735	−36.7973	181.6735	−36.7973	0.0000	—
23	宁夏早康生物科技有限公司	138.5184	−78.4143	138.5184	−78.4143	0.0000	—
24	宁夏中宁县春杞枸杞科技有限公司	115.6409	−1.6999	115.6409	−1.6999	0.0000	—
25	宁夏红枸杞商贸有限公司	95.8126	−9.3661	95.8126	−9.3661	0.0000	—
26	宁夏中宁县骨杞草枸杞开发有限公司	90.9494	−29.3291	90.9494	−29.3291	0.0000	—
27	宁夏伟仁果品有限公司	52.7788	−78.2492	52.7788	−78.2492	0.0000	—
28	早康枸杞股份有限公司	45.1750	34.5267	45.1750	34.5267	0.0000	—
29	宁夏杞肽科技有限公司	22.1361	−17.8135	22.1361	−17.8135	0.0000	—
30	宁夏盼达生物科技有限公司	20.1527	−56.9997	20.1527	−56.9997	0.0000	—
31	中宁县吉鼎生物科技开发有限公司	20.0589	—	20.0589	—	0.0000	—
合计		288294.5362	42.59	128965.1842	−7.87	159329.352	156.11

粮油储存供销

【概况】 2022年，中宁县粮食和物资储备局有工作人员6名，分管3个党支部128名党员。其职能是：承担粮食行政执法、粮食收购备案管理、粮食流通市场监督检查、粮食宏观调控、粮食应急储备供应体系建设；承担全县粮食收购、储存、运输环节和政策性运粮购销活动中的粮食安全和原粮卫生的监督管理；承担全县原粮储备生产基地建设、应急成品粮油、应急救灾物资储备、原粮储备保障、应急供应网点的检查考核；承担全县粮食产业发展及粮食企业安全生产、粮食价格监测、全县城乡粮食供需平衡调查、粮食经营及加工企业粮油购销统计工作。

【县级应急成品粮油储备】 2022年，县发展和改革局（粮食和物资储备局）同中宁县丰泽粮油贸易有限公司签订4000吨原粮储备合同，同中宁县丰泽粮油贸易有限公司、万海生粮油商贸有限公司、大战场玉斌粮油经销部3家企业签订800吨成品粮和80吨食用植物油应急储备合同。县发展和改革局（粮食和物资储备局）牵头组织相关部门及业务人员对3家粮油代储企业进行定期或不定期监督检查，保证承储数量和质量，确保应急状态下能够保证粮食供给。

【应急粮油供应网点建设】 落实粮食流通监督检查制度，继续推行“双随机、一公开”检查方式，开展专项检查、维护正常粮食流通秩序。按照“整合资源、合理布局，坚持标准、严格监管，服务为本、便民利民”原则，2022年完成全县17家应急供应网点建设任务，逐步形成粮油应急供应保障体系。每周向区、市粮食和物资储备局上报中宁县及周边地区粮油供求及粮油市场价格信息，为政府宏观调控决策提供依据，全年先后上报粮油市场价格信息42次。

【原粮储备生产基地建设】 2022年，完成原粮储备生产基地建设种植任务4.23万亩，其中小麦3.33万亩，优质水稻0.9万亩，按期组织交售小麦、水稻1.05万吨，超额完成自治区下达的目标任务，其中原粮种植4.23万亩，完成2.4万亩任务的176.25%。小麦交售6817吨，完成6000吨任务的113.5%。水稻交售4008.69吨，完成3000吨任务的133.62%。兑付原粮基地小麦补贴资金1213.04万元、水稻补贴资金90万元。

【应急救灾物资储备】 2022年，应急救灾物资储备库储备应急救灾帐篷、折叠床、棉衣、棉被、棉褥、睡袋及防汛救灾物资电机、空气压缩机、移动厕所、照明设备、蜡烛、救生衣、救生圈、电缆等20种1万余件应急救灾物资，并做好应急储备物资的储备、发放、回收、维护维修、翻晒消毒等管理工作。

【粮油应急保供】 2022年，中宁县“9·20”突发新冠肺炎疫情期间，县发展和改革局（粮食和物资储备局）加强县级储备粮的监管工作，为5家粮油生产和经营企业办理粮油配送通行证，确保及时将居民急需的米面油等生活必需品配送到居民手中。配送面粉2616吨、大米1653.5吨、食用植物油110吨，确保全县疫情期间粮油价格稳定，粮油市场秩序良好。

【安全储粮和生产】 2022年，对全县粮食企业安全储粮和安全生产情况进行督导、抽查，督促企业开展自查，排除隐患，全县粮食行业继续保持安全储粮、安全生产零事故的良好态势。

（卢永向）

供销合作

【概况】 2022年，中宁县供销合作系统完成营业总收入（含参股企业、开放办社企业）5.24亿元，实现利润2970万元，资产总额2.93亿元，所有者权益1.89亿元，与上年持平。

【“数字供销”建设】 集中力量开展调查摸底、数据分析、建设平台、拓展业务等工作。成立数字供销领导小组，研究制订《中宁县建设全区“数字供销”示范县实施方案》；谋划“数字供销”平台、县乡村冷链物流配送体系等12个项目，争取到区级项目资金100万元，县级配套资金68.7万；与宁夏普田永惠科技集团联合建设自治区首家数字庄稼医院700平方米；升级改造舟塔、恩和、东华3个农事服务中心。

【“三位一体”试点】 与中宁县青银村镇银行、宁夏银行等各类金融单位持续加深合作，开发“农资贷”“火红贷”等金融产品，探索开展“三位一体”生产+供销+信用合作新模式。争取区级项目资金60万元，县级配套资金13.5万；建成84平方米办公场所，配套建成6000平方米农资仓库；累计为41户农户申请贷款350万元，服务面积超14500亩，为农户贴息30万元。

【“村社共建”探索】 与宁安镇东华村联合开展“村社共建”探索，成立村级供销社，吸纳种植大户、养殖大户等个体，将农户与现代农业有机结合。利用供销合作系统网络、资源、技术等优势开展农资集采、测土配方、机械作业、统防统治等服务，租赁、流转及托管农户土地1000多亩，实现各类收入16.3万元，粮食产值达60.21万元，带动农民117人，实现土地变资本，农民变股东，资金变股金，将更多劳动力转移到二三产业上。探索总结“村社共建”亮点和经验，制定“五个一”标准和5+N模式。

【资源配置优化】 全县恢复建设基层供销社22个，农业社会化服务企业5个，县供销社控股1家，参股1家，基层供销社注册公司1家，面向农户托管土地面积5000亩；全系统年销售化肥38560吨、农药销售23吨、无人机植保面积超40000亩；舟塔供销社成立枸杞修剪技术服务队，统防技术人员超180名，枸杞统防统治面积超24000亩。全系统现有增加大型喷防机械16台套，喷防无人机13台套，旋耕施肥机械9台套，除草机6台套，枝条破碎机4台套，测土配肥机1台套；成立中宁县丰盛达供销社有限公司。

（马　勇）

盐业管理

【概况】 2022年，中盐宁夏盐业有限公司中卫分公司销售各类盐2721吨。其中销售小包装食用2160吨，完成年度计划2700吨的80%，销售工业盐349吨，完成年度计划850吨的41%；销售畜牧盐65吨，完成年度计划200吨的32%；实现营业收入总额约510万元，完成年度预算665万元的76.7%，利润总额 -175万元。

【盐品营销】 加强盐品结构调整，提升主要经营业务效益。开展以低钠盐为主的中高端盐品“百日行动”宣传推广销售活动，将低钠盐、海藻盐等功能性明显、消费者容易接受的中高端盐品作为销售推广重点，抓住重要节日时间节点，进商超、走社区、赶集市开展中高端食盐健康知识宣传活动。组织开展“健康换盐”“吃好盐、选中盐”消费理念宣传普及，促进消费者对低钠盐的了解，拓宽低钠盐等中高端盐品消费群体，提高中高端盐品市场占比；以中高端盐品礼盒销售为突破口，激励和调动全员销售积极性，将盐品礼盒销售任务分解到每个人，建立“人人头上有指标，全员肩上有责任”的中高端盐品营销模式，实行多销多得、奖勤罚懒、奖惩到位考核机制。加大专业化销售渠道拓展。在中宁县域内实行“扫大街”上门推销方式深入到大中小各类零售店、餐饮终端，推销中高端功能性盐品。安排专人加快中高端盐品向BC店及乡镇主要食盐零售店推广，将辖区内具有一定规模、购买力较强的商超和乡镇主要食盐零售店作为BC店定位重点，以低钠盐、海藻盐、古原盐、精优、炖肉盐、精制岩盐作为主推产品。提升售后服务水平，及时收集整理客户反馈问题，科学应对，提高服务质量和客户满意度。实行销售绩效考核办法，将BC店销售模式建立与实际销售绩效考核紧密挂钩，制定不同价位中高端盐品进入BC店等主要食盐零售店具体奖励比例，落实BC店及乡镇主要食盐零售店日常维护人员职责。

【食盐安全管理】 确保食盐质量安全和供应安全，落实盐产品质量管控和储备盐管理要求，提升食盐购进、贮存、运输、销售各个环节质量管控工作。强化《食盐质量安全监督管理办法》学习执行，加强食盐存储防潮、防污染风险管控，将碘盐碘含量检测工作作为食盐质量安全工作重心，由专人负责执行“先检后销”规定，确保食盐质量安全。重视食盐储备库容库貌、内外环境、管理制度、盐品信息标识、库存布局等方面基础管理工作，严格执行规范化、标准化管理。保证政府储备食盐足额储备，发挥央企食盐储备社会责任。确保“9·20”疫情期间食盐保供保畅。

【辅助服务】 发挥食盐辅助服务工作职能，规范市场秩序。分公司各配送站利用食盐行政辅助服务工作有利条件，与市场监管、工业信息化管理、卫生、教育等有关部门协调开展食盐市场集中检查工作，通过辅助监督巡查，有效规范域内食盐市场经营行为，确保合格食盐市场占有率保持在正常水平。

（唐彩玲）

石油供应

【概况】 中国石油天然气股份有限公司宁夏中卫销售分公司（以下简称中卫销售分公司），隶属于中国石油宁夏销售公司，在中卫市两县一区（即沙坡头区、中宁县和海原县）有加油（气）站51座。中卫销售分公司2022年有员工390人，其中领导班子5人，机关人员33人，操作岗位352人，机关设“三部一室”，即：综合办公室、业务经营部、财务部和投资质量安全部。党工团组织健全，设立党委 1 个，党支部 4 个，党小组 13 个，党员示范岗 4 个，党员责任区 8 个，有党员 103 人，其中预备党员 16 人；设立工会委员会 1 个，工会分会 4 个；设立团委 1 个，团支部 4 个，35 岁以下青年占员工总数的 80%，被宁夏销售公司评为“青年文明号”加油站 2 座。

【市场管理】 中卫市有加油站 108 座，其中，中国石油宁夏中卫销售分公司 47 座，中国石化中卫石油分公司 21 座，社会加油站 40座；加气站 25 座，其中，中国石油宁夏中卫销售分公司 8 座，中国石化中卫石油分公司 1 座，广汇能源 2 座，民营加气站 14 座。

【经营效益】 2022 年中卫分公司销售成品油 17.33 万吨，完成年度任务的 93.05%，同比下降 3.54%；实现非油品销售收入 7523.96 万元，完成年度任务的 101.7%，同比增长 12.8%；实现利润 1368 万元。

（齐宁峰）

交通　邮政　通信

交通运输

【概况】 2022年，中宁县交通运输局完成固定资产投资1.1亿元。截至年底，全县公路通车里程2287.732公里。其中国道 329.48公里，省道84.996公里，县道39.433公里，乡道755.104公里，村道994.895公里，专用道路83.824公里。高速公路195.478公里，一级公路52.026公里，二级公路434.73公里，三级公路218.998公里，四级公路1386.5公里。公路密度53.12 公里/百平方公里。全县六乡六镇133个建制村，通硬化路率100%，通客车率100%。

【公路建设】 2022年，新改建公路58.6公里，其中，修建大战场兴业村、红宝村、长山头村、大战场村农村公路12公里，恩和镇红梧村农村公路9.1公里，恩和镇华寺村6.8公里，白马至吴家梁5公里，恩和镇、宁安镇、喊叫水乡、石空镇、太阳梁乡、徐套乡等乡镇建设农村公路25.7公里。形成以包兰、宝中、太中银、银兰客专高铁4条铁路，京藏、福银、定武、乌玛4条高速公路和国道109线、338线，省道308、310为主骨架，县乡村道路为支线，纵横交错、辐射城乡的国、省、县、乡、村道路公路网。

【公路养护】 2022年，全县管养农村公路和专用公路1873.256公里。截至年底，县道优良中等路率达78.03%，MQI值81.67；乡道优良中等路率达76.54%，MQI值78.07；村道优良中等路率达76.53%，MQI值73.53；滨河大道优良中等路率达93.48%，MQI值87.17。全年累计清扫路面、桥面12657.38平方千米，整修路肩3.47万平方米、边坡2.13万平方米，铲除路肩杂草 2.05万米，疏通泄水孔705个，疏通桥涵淤塞91道，清理桥梁伸缩缝795米，维修涵洞26道，更换公里碑127块、百米桩1035根、警示桩1013根，垫水毁冲沟2640米，清理边沟2467米；修补沥青路面沉陷、坑槽37500.05平方米，路面灌缝处置35678延米，修复路基、路面水稳层1267.09平方米，边沟抹面245平方米；修复、更换波形护栏45节，维修更换交通标志版面46块。

【道路运输】 至2022年底，全县建有二级汽车站1个，农村客运招呼站68座，公交中途站85座，乡镇客运站9个，公交场站3处3.8万平方米。拥有客运企业9家，其中，城市公交车、客运企业6家，出租车租赁公司3家。全县开通城市公交线路9条117.806公里，拥有城市公交车68辆；开通农村客运班线9条505公里，拥有农村客运车辆58辆；开通长途客运线路12条2174公里，拥有车辆49辆。2022年新开通延伸公交线路5条，推动7条线路实施客货邮融合发展，建设15个公交站和7个客货邮站点。购置2辆新能源公交车，开通县城至喊叫水乡、徐套乡公交线路2条，购置5辆小型新能源客车，开通喊叫水乡、徐套乡移民片区农村客运5条。建立在运营企业司机使用的移动APP和PC端访问入口的新型组客、农村预约响应式，开通95128约车电话等方便群众出行乘车。

【路政管理】 建立路政站专管、公路站兼管、社会监督举报"三位一体"联动管理模式，遏制违章建筑，保护路产、维护路权。对重点路段路域环境、马路市场等进行巡查，进行路政执法巡查135次，出动执法人员510人次，出动执法车辆135辆（次），巡查里程16460公里，办理公路赔补偿案件8件，收取赔补偿费用50504.5元，清除非公路标牌9块，清理广告横幅28条，清除摆摊设点27处，清除堆积物475处638.01立方米，查处破坏、污染公路及附属设施4处，查处违法建筑物、构筑物3处。联合多家单位开展联合执法11次，检查车辆62辆（次），查处超限超载车辆81辆，查处"百吨王"12辆，出动执法人员215人次，执法车辆57辆（次）。签订治理超限超载安全生产目标责任书、《源头治超承诺书》和《货运车辆驾驶员超限超载个人承诺书》，严格落实"一超四罚"制度。

【交通安全监管】 开展危货运输"清流"行动。对全县15家危险货物运输企业，157辆危险货物运输车辆是否存在挂靠经营行为和55辆常压液体危险货物罐车检测是否在有效期等情况进行全面排查。排查危险货物运输企业302家（次），排查治理安全生产隐患23个，防范控制重大安全风险2个，检查货运车辆468余台、纠正违法行为9起。开展非法营运"清朗"行动和出租车营运"清亮"行动。与公安交警开展联合执法，重点打击群众反映强烈的线上线下非法营运车辆和出租车不打表、乱收费等现象。采取驻点稽查和流动巡查、错时稽查和延时稽查、走访调查和暗访取证相结合的方式，严厉查处扰乱道路客运市场秩序的非法违法经营行为。全年开展联合执法12次，出动执法人员358人次，查扣非法营运车辆16辆（其中4辆证据不足未予处罚），罚款金额4万。查处不按规定使用里程计价器乱收费15辆罚款金额1.5万元，开展驾驶员专项培训教育4次。开展修驾培"清源"行动和水上运输"清畅"行动。排查汽车维修企业89家，纠正不规范经营行为17起，未发现非法改装车辆违法行为。责令未通过检验的1条船舶禁止离港运行，对私自非法设置的2处渡口码头及便道依法予以消除。开展安全生产专项整治三年行动、安全生产巩固提升年行动、“查隐患，抓整改，严管理，保平安”专项整治和安全生产百日专项整治行动等，防控重大安全风险7个，整治安全生产问题隐患38个，已全部整改。

（莫　媛）

邮　政

【概况】　2022年，中国邮政集团公司宁夏回族自治区中宁县分公司有在岗职工78人，其中党员14人，团员13人。公司设立综合部1个，市场营销部1个，寄递业务部1个，金融业务部1个，储蓄营业网点6个，邮政支局所4个，邮政代办点9个。

【普遍服务】　开展普遍服务邮件报刊投递质量提升专项整治，严格落实建制村通邮标准。深化巩固“六项禁止类服务问题”专项治理成果，开展月、季度服务标兵评选活动，全县服务质量指标较2021年明显改善。网点签到、签退率、县以上城市党政机关党报党刊妥投率100%。机要通信连续18年安全运行。

【代理金融业务】　深化代理金融转型发展理念，高效中间业务由趸交向做大期缴规模发展，金融转型取得成效。采用“金融+寄递+邮务”协同发展形式，联动抓农村特色经济揽收，2022年全县邮政储蓄余额净增1.2亿，余额规模达到6.7亿元。

【寄递业务】　克服疫情影响，瞄准发展差距，聚焦政务、商企、生鲜、现费等重点市场，全力抢收追收，全面压降成本，寄递业务发展质效凸显。联动金融、邮务，围绕保单配送、账单、文件等，拓展新的寄递收入增长点。推动“极速鲜”项目，实现收入85万元。

【协同发展】　协同邮储银行，打造信用村建设，补齐农村金融空白点，推动专业、邮银协同见效。2022年，农村会员累计完成5481户，完成年计划109.62%；白名单完成421户，完成年计划161.92%；融资E贷款618.21万元，完成年计划111.19%。

（任　丹）

电　信

【概况】　2022年，中国电信中宁分公司有员工56名，其中党员24名。中宁电信分公司以提高人民满意服务为根本，秉承以客户为中心的主导思想，深化企业转型，在信息化建设、数字经济、社会治理方面取得了较好成绩，实现了客户认可度和满意度双提升。

【网络建设】　实施中宁县FTTH接入工程建设敷设4芯光缆25公里，敷设12芯光缆35.6公里，敷设24芯光缆8公里，新建FTTH端口808个。新建5G基站39个，新增69套5G配套设备，实现5G城区连续覆盖，重点乡镇、重点厂矿企业部分覆盖。落实数字化赋能经济社会发展，适度超前部署以千兆光网和5G为代表的“双千兆”网络，实现“千兆到户，万兆入企，T级园区”能力规模化覆盖，赋能产业发展。2022年，投资达5000余万元，先后为天元锰业、中宁水投、全通枸杞等单位提供大数据、云计算、AI分析、北斗定位等数字化服务，助力各企业节能降耗，提升效益。

【客户服务】　推进“两深入两服务，全员服务在行动”工作，完成爱心翼站站点建设及挂牌，开办“敬老爱心辅导微课堂”活动3期，落实为民服务，建立以“客户服务+安装维护”入户服务队伍；加强厅店服务人员业务培训、服务技能培训，完善厅店“适老化”服务，规范市场竞争秩序，严禁各类不正当竞争情况发生，加强投诉日常管理，加强“三大纪律，五项禁令”宣传。明确安装维护服务标准，保障客户障碍查修及时性，提高网络安全畅通保障工作，优化服务规范、施工技能、施工规范、交付规范的实景培训。与县农业农村局签订战略合作协议，12个乡镇完成数字乡村签约挂牌，“百万农民数字化应用培训会”23场；派驻一名业务骨干到太阳梁乡北湖村落实扶贫工作，其间完成该村FTTH资源建设、完成村部大喇叭及公共区域摄像头安装工作。以人民为中心，解决群众关注服务热点问题，主动接受社会监督，关注社会媒体、新媒体动态，采取座谈、走访、举报电话、意见簿、社会监督员等方式，广泛征求群众意见和建议，提升人民群众的获得感、幸福感、安全感。

【通信保障】　围绕县疫情防控指挥部及区电信公司疫情防控工作部署要求，严格执行疫情防控措施，加强保障通信网络安全畅通，中宁电信用数字化手段提升防控效率。实施一人一码、一户一门磁、一单元N路防疫摄像头、一小区N套防疫喇叭、一网格N张专属号卡联动科技抗疫工具，为抗疫提供技术支撑；在方舱隔离点建设和防疫通信保障上均发挥主力军作用，优化基站86座，新建基站23座，疏忙16个区域，布放光缆75.3千米，开通电路6条，保障视频会议150余场次，安装监控1511路、门磁3.95万套、宽带1000余条、大喇叭19套。2022年，完成全国“两会”、中阿博览会、第五届枸杞产业博览会及各节日重要通信保障工作；完成重要客户电路安全加固；加强护线宣传，联合驻军部队与当地政府协调，完成国防光缆护线宣传与通信网络保障。

【社会责任】　履行央企责任，以数字社区、平安乡村结合村村享平台推动便民服务及乡村振兴。完善乡村振兴的电信业务优化工作，推广信息化应用“看家”业务和“智能致富包”。疫情期间，为多个核酸检测点开通互联网专线电路，为防疫提供应急通信保障工作。落实多项国务院重大决策部署：提速降费、助残优享、适老服务、个人信息保护、“断卡行动3.0”等，配合公安共同打击防诈涉诈、重塑社会良好新风尚。

（黄卫东）

移　动

【概况】　中国移动通信集团宁夏有限公司中宁分公司（简称中宁移动公司）于1999年8月9日成立，内设政企客户班、营业厅、网络支局、小微攻坚班、杞城北网格、杞城南网格、大战场网格7个班组，党、政、工、团组织健全。2022年，有员工47人，其中党员8人，团员7人。

【疫情防控】　聚焦远程办公、疫情防控、智慧医疗和智慧教育防控责任，为集团单位提供千里眼设备、云视讯、和对讲、平板电脑等智能产品，为医护、社区一线工作人员赠送上网流量和语音通话。协调安装维修人员连夜为国家卫健委临时指挥办公场所在新开专线的基础上，为整栋楼布放网线60条，调试电脑75台，保障疫情防控指挥、流调溯源及其他工作顺利开展；配合中宁县公安机关、卫健委针对居家隔离人员紧急开通WiFi+监控摄像头业务，先后完成427台防疫摄像头安装，涉及34个小区、120余个小区单元、20余个自然村；为石空方舱医院紧急建设6个基站进行网络覆盖；为学校采购1300台平板电脑，下载学习软件、安装流量卡，做好防疫期间的教育教学工作；实现全县176户疫情重要卡点“云视讯”软终端接入。对坚守在一线的中宁县城17个社区开展慰问活动。

【网络强国】 践行国家“网络强国”发展理念，科学编制中宁县5G重大建设项目规划。至2022年，公司累计开通4G基站707个，15G基站86个（2.6G宏站107个，700M宏站79个），其中5G网络实现中宁县南环路以北、裕民街以南、育才路以西、丰安街以东等主要街道连续覆盖，县政府、新区卫健局、学校、医院、体育馆等等行政区域全域覆盖；石空镇政府、石空镇卫生院、109国道、喊叫水乡、鸣沙镇等乡镇机关及主干道路重点区域覆盖。4G网络实现县区、乡镇全覆盖，行政村、自然村、高速公路、铁路、国道省道连续覆盖。推进网络光纤建设及改造工程，完成全县数百个小区、商铺、及农村地区的光纤覆盖工作，覆盖中宁县各乡镇自然村共计176个，覆盖中宁县城小区、街道、商铺等聚类地区共计354处，覆盖用户数达到15.06万户，总投资达8100万元。为原有老用户统一免费升级为300M光纤宽带，移动光宽带打造为以300M起步、千兆极速的家庭宽带服务。

【诚信经营】 深化全方位、全过程、全员“三全”服务体系建设，全力打造客户“10”满意消费体验，提升营业厅服务能力和品质，完善关爱老年人服务举措，落实服务质量提升“领先工程”“阳光行动”“削峰行动”，狠抓各项制度规范执行，客户权益“阳光行动”取得实效，推动行风建设和纠风工作开展，提升公司服务水平，维护客户合法权益，树立行业服务形象，促进公司服务能力持续提升，为客户营造放心通信消费环境。

【提速降费】 响应自治区商务厅振兴市场经济总体要求，打造以“宁夏移动5G手机千店特惠季”为主题营销活动，让老百姓“用得起，用得好”。为客户提供1000M、500M、300M等不同带宽的宽带满足客户需求，推出“包月套餐”“畅享套餐”“5G套餐”等产品线。组织业务人员走进千家万户进行“平安乡村”“智慧社区”宣传，推进“宽带+安防”建设，让广大用户尽早享受到国家信息网络宽带补贴优惠。

【“智慧中宁”建设】 电子政务外网工程覆盖所有机关部门、单位、乡镇及部分行政村、学校等，全县政务办公实现一体化、高效化；社会治理无人机项目为全县各部门的信息采集及执法监管提供有效手段；承建县公安局机房升级改造项目，助力城市“安全大脑”建设。

【社会责任】 开展“平安乡村”大数据平台建设，开展“扶贫帮困，助力爱心传递”，“中国移动爱心行动，先心病儿童救助计划资助”，“节能减耗，倡导绿色环保中国”等活动；完成重大活动及重大节日通信保障工作；开展“3·5”雷锋日、五四青年节、“5·17”电信日等系列活动；八一建军节前夕开展拥军慰问活动。

（樊晓锦）

联 通

【概况】 中国联合网络通信有限公司中宁县分公司分设3个化小单元，中宁城区综合网格、中宁乡镇南网格、中宁乡镇北网格。3个网格成立8个小组：3个渠道中心，1个营业厅，1个政企中心，3个公客中心。2022年有员工30人，正式员工20人，外包人员10人，党员7人。

【营销模式创新】 2022年，中宁联通进行营销模式转型，开展多元化、精细化营销，全面落实携号转网政策，加速5G业务发展，快速提升5G用户占比，开展厅内厅外内购会，实现自有渠道转型，提高业务发展量，带动收入发展。

【创新业务】 坚持“走出去，引进来”对外业务拓展政策，为政府、企业等行业客户提供云计算、大数据、物联网等创新领域的信息化服务，加强对人民网、京东、奇虎360、西云数据、北京中联利信、搜狐、百度等客户单位沟通与拜访。加强与区公司联动，充分整合资源，建立县级合作方资源库和良好的业务合作战略联盟关系；发扬敢打敢拼的精神，以战代练，参与项目招投标。创建智慧社区、数字乡村等互联网发展。

【网络建设】 与中卫电信成立5G共建共享小组，建立长期合作机制，共同推进5G共建共享网络规划与建设高质量落地，借助5G共建共享契机，与中卫电信共同推进乡镇低话务4G基站、城市4G室分共建共享，持续加强4G广覆盖和深度覆盖，提升网络质量。超额完成全年降本增效任务。优化客户感知，城市宽带平均交付时长稳定在12个小时以内，农村宽带平均交付时长压缩至24小时以内。

【客户服务】 2022年新增“话家系统”外呼平台，强化服务网点建设。通过设置专属VIP维系经理，开展一对一情感关怀或利用自有流量池，短信、公众号推送满减、终端折扣等权益强化服务，提升感知，成立私域流量池运营项目工作组，组织加推数字化营销工具部署上线。构建线上线下一体化私域流量池运营生态圈。

（杨丽萍）

科技　卫生

科技服务

【概况】 中宁县科学技术局(地震局)为政府职能组成部门,核定行政编制10人,其中核定副局长2人,内设综合办、党政办、工业科技办、农业科技办、地震办5个科室。2020年4月30日设立中宁县科技创新服务中心,隶属中宁县科学技术局,属不定级别的事业单位,核定事业编制6人。2022年末在职人数14人。

【科技服务】 举办线上线下企业家创新精神培训班12期,研发费用(R&D)统计培训班2期,培训人员1200余人次。利用多种形式进园区、入企业宣传科技创新政策110余次,实现科技惠企政策全覆盖。加大R&D经费归集指导服务力度,通过政府购买服务方式聘请科技中介服务机构,采取上门服务、专家指导、一对一培训等方式为企业提供专业指导和服务。

【科技投入】 组织29家规上工业企业归集全社会R&D经费投入1.08亿元,同比增长11.34%,增幅位列全区22个市县区第10名。R&D经费投入强度0.6%,比上年增长0.01个百分点,增幅位列全区22县(区)第9名;规模以上工业企业中有研发活动的企业数从18家增长到23家,占规模以上工业企业数的比例从29.5%增加到34.3%,享受自治区企业研究开发费用财政后补助资金1111.28万元,受益企业38家(其中,受益规上工业企业22家,规下企业16家;隆基硅获批350万元,华宝枸杞获批143.53万元)。

【科技项目】 全年组织企业申报重点研发及科技成果引进示范推广等各类科技项目130个,争取项目资金3690.44万元,同比增长36%,立项前引导重点研发项目2个(早康和杞鑫苗木)、后支持重点研发项目7个(天元锰业、天元锰材料研究院、隆基硅、全通、伟力得、宁华再生科技)、对外科技合作项目2个(全通、天元锰材料研究院）、重大科技成果转化项目1个（宁创新材料）；华宝枸杞公司与江南大学、宁夏大学共同研究膳食枸杞改变肠道菌群可以预防急性酒精摄入引起的肝损伤论文登上营养学领域国际权威期刊。

【主体创新】 把企业作为科技创新的主体，健全完善科技型企业梯次培育体系，聚焦国家和自治区重点支持产业和高新技术领域，在全县范围内遴选有基础、有潜力、有条件的企业进行重点培育和跟踪指导，年内认定国家高新技术企业6家，全县累计13家；自治区农业高新技术企业2家，全县累计达6家；自治区"小巨人"企业2家，全县累计5家；备案自治区科技型中小企业34家，全县总数达到104家；入库国家科技型中小企业140家。拓宽科技金融渠道，为企业争取科技金融贴息补助227.6万元，兑付科技创新券14.084万元，为18家科技型中小企业发放"宁科贷"5600万元，缓解疫情期间科技型企业在科研投入、科技成果转化和产业化发展过程中融资难融资贵问题。

【科研平台建设】 以打造科技创新高地为目标，实施创新力量厚植工程，年内组织宁夏红、全通2家公司申报自治区工程技术研究中心；北星精工陶瓷、仓满制桶、禹尧农产品3家企业备案为自治区技术创新中心；宁夏中宁枸杞产业创新研究院新型研发机构获自治区科技厅备案支持；组织宁夏中宁枸杞产业创新研究院、天元锰业集团、杞鑫苗木专业合作社3家企业申报自治区创新联合体。全面加强科技人才队伍建设，围绕产业链、创新链布局人才链，坚持以企业为主体，注重柔性引才、精准引才。年内引进团队（柔性）5个，创新团队建设1个，创新创业获奖团队1个。

【科技助农】 落实《科技助力"四大提升行动"实施意见》，围绕县域特色产业发展、乡村振兴、生态保护和民生需求，开展科技成果引进示范推广和科技服务。组织禹尧、中杞、文茂等企业实施"乡村振兴科技成果引进示范推广"项目6个，获批项目资金148万元。实施科技特派员项目6个，组织12名乡村振兴科技指导员组成科技指导员服务团队，实施乡村振兴科技指导员项目4个；组织科技特派员和"三区"人才开展送科技下乡活动35次，发放宣传资料710余份，举办培训班23期，培训农户647人次。

（姚　雯）

气象服务

【概况】 中宁县气象局内设办公室，直属事业单位有中宁县气象台。截至2022年，中宁县气象局参照公务员法管理编制2名，国家气象系统事业编制8名；劳务派遣人员6名。

【基本气候概况】 2022年平均气温为12.0℃，比历年平均气温偏高2.1℃。年极端最高气温为39.0℃，出现在8月6日；年极端最低气温为−16.6℃，出现在12月17日。全年12个月中除12月平均气温比历年同期平均值偏低0.4℃外，其余各月均偏高。其中3月偏高5.1℃，6月偏高3.4℃，1月偏高3.0℃，2月、4—5月、7—11月偏高在0.7~2.6℃之间。年总降水量为110.9毫米，比历年平均降水量偏少81.4毫米。其中，1—2月偏多在0.7~5.9毫米之间；8 月偏少 20.7 毫米，3—7 月、9—12 月偏少在 0.4~16.7 毫米之间。年日照时数为 2555.7 小时，比历年平均日照时数偏少 443.3 小时。

【基础业务工作】 2022 年，中宁县主汛期出现 7 次暴雨天气过程，高温日数长达 25 天。中宁县气象局对标“监测精密，预报精准，服务精细”要求，充分发挥气象防灾减灾第一道防线作用，制作气象信息专报 57 期，春播 4 期、林火监测 62 期，农用天气预报 5 期、十六运气象专报 2 期，中宁秋粮丰收气象保障服务专报 7期，中宁县重大活动气象保障专题天气预报 30 期。

【枸杞特色气象服务】 发挥宁夏枸杞气象服务中心业务示范引领作用，编制起草《枸杞“一业一策”气象服务方案》，保障第五届枸杞产业博览会开展。年内针对宁夏枸杞开展全生育期、种产销全产业链气象服务，制作发布宁夏枸杞气象服务专报 15 期，中宁枸杞专题 41期，第五届枸杞产业博览会专题 16 期。

【气象现代化建设先行试点】 2022 年 6 月 16 日，向县委、政府报送《中共中宁县气象局党组关于贯彻落实全国气象高质量发展工作电视电话会议的报告》。8 月 18 日，县政府召开常务会议传达学习习近平总书记关于气象工作重要指示精神和《气象高质量发展纲要（2022—2035 年）》，研究贯彻落实措施。根据上级要求，报送先行试点工作进展汇报，重点展示试点工作取得阶段性进展、亮点，形成的经验、预期成果、下一步打算等。

【社会行政管理职责】 制订《中宁县气象局 2022 年度行政执法工作计划》，与应急管理局联合发文《关于做好 2022 年全县雷电灾害防御工作的通知》，与商务局联合发文《关于开展全市成品油销售企业防雷安全专项检查的通知》，联合教育局对高考点进行防雷安全检查，联合市公安局、市县应急管理局开展人影安全检查。全年开展执法检查 23 次。

（李　渊）

卫生健康

【概况】 2022 年，中宁县卫生健康局机关设有办公室、规划信息与财务审计室、疾病防控与基层卫生办公室（卫生应急办公室）、医政管理与体制改革室（中医药管理室）、法制法规与综合监督室（行政审批办公室）、妇幼老龄与健康促进室 6 个内设机构，核定行政编制 16 名，设置局长 1 名，副局长 3 名。全县共设置各级各类医疗卫生机构 224 个，医院 8 个，其中，公立医院 2 个（中宁县人民医院、中宁县中医医院），民营医院 6 个，专业公共卫生机构 3 个（疾病预防控制中心、卫生监督所、妇幼保健计划生育服务中心），乡镇卫生院 14 个，社区卫生服务站 5 个，村卫生室 155 所，门诊及诊所 39 个。全县共有卫生技术人员 2085 人，实有床位数 1263 张，百万元以上设备 28 台。

【疫情防控】 始终坚持“外防输入，内防反弹”总策略、“动态清零”总方针不动摇，在区市县应对疫情工作指挥部的统一领导下，妥善处置“4·06”“4·24”“8·04”“9·20”突发新冠肺炎疫情，自“9·20”疫情突发以来，共排查阳性人员 3868 人，密切接触者 15183 人，次密切接触者 1867 人；开展全域核酸检测 52 次，重点人群核酸检测16次，重点区域核酸检测13次，累计采集核酸标本1656.3万人次；累计完成流行病学调查6959人次，集中隔离管控9958人，内外环境消杀面积约447万平方米，有效控制疫情扩散蔓延。持续推进新冠疫苗接种，全县3岁以上人群累计完成接种81.2万剂次，60—79岁人群累计接种11.6万剂次，80岁以上人群累计接种8639剂次。严格落实国家《新型冠状病毒肺炎防控方案（第九版）》及新十条优化措施，紧紧围绕“早发现，早处置，最大限度降低新型变异株传播扩散风险”目标，全面夯实“乙类乙管”关键防控措施落地落实，最大程度做到“保健康，防重症”保护人民生命安全和身体健康。

【公共卫生服务】 全面落实国家基本公共卫生服务项目，建立全人群电子档案33.4万人，电子建档率100%；管理高血压患者31086人，规范管理率85.73%；管理糖尿病患者7921人，规范管理率87.67%；管理65岁及以上老年人38921人，健康管理率70.7%；严重精神在册患者1561人，报告患病率4.63‰，规范管理率88.6%；开展艾滋病监测筛查88568人次，确诊HIV抗体阳性者73例，随访管理率为100%。常规免疫规划疫苗共接种7.8万剂次，单苗报告接种率均在99.29%以上。全县共组建家庭医生签约服务团队114个，全人群电子签约20.56万人，签约率为62%，重点人群电子签约9.21万人，签约率83%。免费为城乡准婚青年开展婚前医学检查3726人，检查率96.2%；新生儿免费筛查四种代谢性疾病和听力筛查2271人，筛查率99.7%；农村妇女宫颈癌筛查13800人，乳腺癌筛查13800人；为1768对夫妇落实免费孕前优生健康检查，完成产前筛查2418人，产前筛查率79.99%。

【全民健康水平提升行动】 开展健康素养提升。全年举办健康教育讲座282场次，制作播出《健康中宁》专题栏目10期、《生活在线》广播栏目52期、健康宣教短视频52期420条，发放健康“小三件”4.69万套，入户率达85.74%，健康素养水平提升至24.79%。持续推进健康细胞创建。2022年中宁县通过自治区评选确定自治区健康细胞示范点共计33个，其中健康村（社区）5个，家庭12个，学校8所，机关（事业单位）7个，企业1个。全面开展健康产业培育。2022年卫生健康局初审评估16家医疗机构为老年友善医疗机构，其中1家为A级，5家为B级，10家为C级，辖区创建老年友善医疗机构占比达84.2%。

【公立医院改革】 制订《中宁县县域公立医院综合改革实施方案》，分级分类提出2022—2024年重点工作任务。严格落实“一升两降五控”（“一升”指调升医疗服务项目价格，“两降”指降低检验和检查项目价格，“五控”指控制医疗费用增长、次均费用、药品、耗材、检查检验不合理使用）措施，通过集中议价卫生耗材平均降幅20%。制订下发《中宁县深化公立医院薪酬制度改革实施方案》，合理调配医护人员结构，完善194名村医生活补助稳增机制和社会保险保障机制。成立财务、药械等10个管理中心；设立影像、心电等9个诊断业务中心和医疗、护理等9个质控中心。县人民医院打造自治区级重点专科3个、薄弱专科3个；县中医医院打造国家级、自治区重点专科4个。开展156个村卫生室星级评定工作，达到五星级13个，四星级65个，三星级52个。全面加强重点领域改革创新。进一步完善“打包付费”，采取“总额控制，按季预付，年终结算”方式，科学测算确定打包金额。全县6家医疗机构实现职工门诊刷卡、职工住院、居民住院跨省异地直接结算，县人民医院和中医医院实现门诊大病跨省直接结算。

【“互联网+医疗健康”信息化建设】 持续完善“互联网+县域医共体”平台建设，实现与自治区“互联网+医疗健康”一体化平台、互联网医院监管平台数据传输。基层人工智能辅助诊疗系统实现乡镇卫生院和村卫生室全覆盖，电子病历规范率达到97.25%。全面落实并应用自治区医保信息平台，推进医保电子凭证落地使用，激活率82.01%。远程影像诊断中心诊断2740例，远程心电诊断中心诊断9026例，远程医学教育中心培训8场次，覆盖1000余人次。

【医政监管】 深化“优质服务基层行”活动，石空镇、鸣沙镇中心卫生院达到国家推荐标准；大战场镇中心卫生院、宁安镇、恩和镇卫生院、渠口农场医院达到国家基本标准；乡镇卫生院、村卫生室药物药品配备数量分别达到300种和120种以上，设立慢特病药品专柜，提高慢特病药品覆盖率。促进中医药传承创新发展，形成以县中医医院为龙头的中医药服务网络体系。全县14所乡镇卫生院均建设中医馆，县中医医院被确定为全国现代医院管理制度试点医院，顺利通过全国基层中医药工作先进单位复审。

【人才队伍建设】 通过全区事业单位公开招聘、自主招聘、“三支一扶”和农村订单定向医学生免费培养计划等方式，招录102名高校医学毕业生补充到基层医疗卫生机构，为卫生健康事业发展储备专业技术人才；用好对口帮扶协作、“组团式帮扶”、柔性引才等项目，引进区内外专家24名，开展坐诊、带教、培训等方式，发挥“传帮带”作用，不断提升卫生人才队伍业务能力；在职称评审、聘用晋级工作中，灵活运用“定向评价、定向使用”“退二进一”等政策，推荐37名专业技术人员参加高级职称业务能力考试，23名专业技术人员参加高级职称评审，326名专业技术人员、4名事业单位管理岗位职员晋升岗位等级。

【行风建设】 聚焦医疗行业乱象、工程建设政府采购和药品耗材设备采购等5个方面，制定18项自查自纠任务清单。自查发现问题9272个，整改落实9246个，整改率99.7%。开展卫生健康系统医德医风整治专项行动。通过开展医德医风教育、医德医风问题排查、卫生健康惠民活动等形式，提高全系统医务工作者廉洁从政的本领和能力，持续转变工作作风，树立为人民服务的良好形象，加强卫生健康系统医德医风建设，推进行业作风持续改进，营造文明和谐的医疗卫生服务环境。

（李　楠）

教育　文化

教育体育

【概况】 2022年，中宁县教育体育局内设党政办公室、基础教育办公室、综合规划办公室、人事办公室、体育工作办公室、财务办公室6个内设机构科室和教学研究室、考试中心、体育中心3个下属事业单位。共有中小学66所，其中普通高中2所、职业技术学校1所、初级中学7所、九年制学校7所、完全小学48所、特殊教育学校1所；幼儿园61所，其中，公办幼儿园35所，民办幼儿园26所；在校学生52776名，其中，普通高中8135名，中职2367名，特教179名，初中13563名，小学28532名，在园幼儿11596名（公办6810名，民办4786名）。全县教职工5387人，其中，在编教师3646人，幼儿园临聘教师1741人（公办1029人，民办712人）。

【学前教育】 坚持学前教育普及普惠发展，实施"十四五"学前教育发展提升行动计划，建成中宁八幼等3所幼儿园，新建中宁十一幼，新增幼儿学位1890个，普惠性学前教育资源供给不断扩大。招聘"基层服务专项计划"学前教师31人，做好普惠性民办幼儿园评估认定工作，全县普惠性幼儿园覆盖率86.67%，全县学前三年毛入园率93.4%。

【义务教育】 坚持义务教育优质均衡发展，下发《中宁县深化义务教育均衡发展推行集团化办学（第四批）实施方案》，新组建教育集团1个、教育发展共同体3个、教育教学互助联盟4个。全面推进习近平新时代中国特色社会主义思想"三进"工作，广泛开展"扣好人生第一粒扣子"主题教育实践活动。中宁十小获全国红十字会"模范单位"，中宁一小等3所学校被评为自治区德育示范校。全面落实"双减"政策，查处隐形变异培训16起，形成"3564"作业管理模式，聘用专业教练等115人参与课后服务，课后服务学生参与率达92.8%。

【高中教育】 坚持普通高中多样化特色化发展，建成中宁一中选课走班教学楼，推进新高考综合改革，高中阶段毛入学率达93.42%。定期召开抓基础教育质量双周座谈会，深化与中卫一中、固原二中结对帮扶，发挥高考备考核心研究团队作用，强化备考策略，抓实高考备战研讨，提振高考质量。

【职业教育】 围绕枸杞、锰、铝等特色产业，持续深入推进校企合作、产教融合，推进枸杞贮藏与加工专业群建设，不断加大与宁夏杞源堂等企业的校企合作力度，主动与宁夏建设职业技术学院、宁夏工商学院、宁夏葡萄酒学院、石嘴山工贸学院、宁夏民族学院等高职院校合作，签订"五年一贯制""三二分段制"合作办学协议，实现办学层次有效提升。加强"双师型"教师队伍和实训基地建设，建立校企人员双向交流协作共同体、双向流动相互兼职常态运行机制，着力培养高素质劳动者和技术技能人才。

【师资队伍建设】 坚持师德师风第一标准，开展教师思想政治全员轮训和师德师风专题教育，依法依规设立师德师风监督举报电话和邮箱，严查师德师风失范行为。推进"县管校聘"改革，招聘中小学教师152人，分流超编教师90人。培养青年拔尖教师24名，分层分段分科培训教师、校(园)长4000余名，校(园)长、教师业务素养明显提升。

【基础建设】 建成中宁八幼等3所幼儿园，新建中宁十一幼，新增幼儿学位1890个，普惠性幼儿园覆盖率超过86.67%。建成中宁一中选课走班教学楼，新建中宁十二小，重建中宁一小，对19所学校进行维修改造，中小学办学条件有效改善。

【教育质量提升行动】 实施教育质量提升行动，落实教研员"五包"责任制，分学科打造县校两级教学教研精英团队58个1036人，开展"5+1"系列活动和教师教学理论大测试，提升教师教学能力。成功与西北师范大学、兴庆区教育局签订战略合作协议，12所学校与银川市6所学校开展帮扶合作。推进教育数字化建设，实施"三个课堂"应用质量提升工程，打造自治区"互联网+教育"标杆校1所，形成3种信息化课堂教学新模式，在宁夏教育云上传资源32.2万件。

【文体工作】 持续完善全民健身基础设施建设，建成余丁乡社区多功能运动场和红梧村农民篮球场，为8个乡镇26个村(社区)安装健身路径20套199件。高标准承办"体总杯"中国城市篮球联赛宁夏选拔测试赛，举办全民健身赛事活动21项，参与人次达3.35万人，2022年全县国民体质监测合格率达93.4%。教育体育局被评为"全区群众体育先进集体"。深化"体教融合"，推进自治区体教融合发展示范县建设，强化青少年近视防控工作，中宁县儿童青少年近视防控3项先进经验做法在全国推广，组队参加自治区十六运青少年甲组各项比赛，获得金牌9枚、银牌8枚、铜牌9枚，中宁二中等8所学校被评为自治区体育传统特色学校，体教融合破解"小胖墩""小眼镜"顽疾经验做法被中卫改革动态刊登。开展美育浸润行动，中宁一小、中宁五中、中宁二中分别获全国第七届中小学生艺术展演一、二等奖。

(冯向红)

文化事业

【概况】 中宁县文化旅游广电局为中宁县政府组成部门，辖文化馆、图书馆、文物管理所、文化市场综合执法大队4个全额拨款事业单位。内设局机关办公室、文化事业办公室、文物旅游办公室、广播电视事业办公室4个机构。核定行政编制9名，设局长1名（兼任文物局局长、文化市场综合执法大队队长），副局长3名（其中1名兼任文物局副局长）。

【文化市场执法】 2022年，开展文化旅游行业燃气安全检查工作。对发现存在燃气安全隐患的4起问题建立台账并完成整改。对文化旅游行业领域房屋建筑进行摸排，摸排星级农家乐7家，星级酒店1家，歌舞娱乐场所38家，网吧9家，游艺游乐3家，排查发现1家网吧涉及经营性自建房，对房屋进行现场查看评估，暂未发现有安全隐患。开展校园周边网吧检查，重点检查网吧是否存在接纳未成年人上网和吸烟行为，对经营业主消防安全知识宣传，提高安全意识，合法经营。做好文化旅游活动审批工作。对文化旅游活动审批做到科学精准分析，审慎审批。对主办、承办相关节庆活动的安全工作，严格落实“谁主办，谁负责”原则及时向相关部门履行报备手续；协调多部门对活动场地、应急通道、设施设备等进行联查，确保活动安全有序开展。2022年，出动检查人员496人次；检查文化旅游经营单位678家（次）；其中检查歌舞娱乐场所452家（次），网吧122家（次），星级酒店20家（次），景区16家（次），旅行社36家（次），农家乐15家（次），公共场馆17家（次），责令停业整改1家（次），排查治理一般安全隐患23处。

【乡村旅游】 逐步转变发展思路，从以传统农家乐为主的乡村旅游发展到以旅游与美丽乡村、特色产业、休闲农业融合发展的乡村旅游，建设以枸杞、富硒水稻、菊花、红枣、番茄、供港蔬菜等种植基地；在核心吸引物上，打造以玺赞生态枸杞庄园、华宝枸杞健康体验馆、天湖生态旅游区为主的国家AAA级旅游景区；在新业态上，培育以黄羊古落、丰安屯旅游度假区为主的生态休闲度假景点；在乡村旅游发展上，创建石空镇倪丁村、太平村、余丁乡黄羊村3个全国乡村旅游重点村和余丁乡黄羊村、舟塔乡上桥村、新堡镇创业村3个宁夏特色旅游村；在乡村振兴发展上，建设新堡特色产业观光园、禹尧庄园、太阳梁德胜蟠桃基地等三星级乡村旅游示范点，培养全国乡村旅游能人1名。

【旅游精品线路】 举办一年一届枸杞产业博览会、中宁乡村旅游节暨枸杞饮食文化节、枸杞采摘节等大型特色活动。结合乡村旅游发展特色，推出“黄河生态民俗体验游、枸杞康养休闲度假游、枸杞工业研学旅游”三条精品线路；谋划上报中宁枸杞采摘研学游，入选文化和旅游部、中国关工委联合推出的128条全国乡村旅游精品线路，枸杞旅游影响力不断增强。制定《中宁县“引客入宁（中宁）”奖励办法（试行）》，激发旅游业发展活力。围绕“康养中宁”发展定位，正式发布中宁县文旅品牌（杞程中宁）、文旅品牌宣传口号（中宁文旅，杞止所见）、文旅IP形象（以枸杞形象为主，打造杞程程、杞美美、杞乐乐），统一对外宣传口号和文旅 LOGO，逐步加大杞乡对外影响力。

【旅游商品研发】 在景区景点建设上，打造近10个枸杞种植观光基地，5个工业旅游园区，2个以枸杞产业为主的国家 AAA 级旅游景区。在旅游商品研发上，培育有中宁枸杞、早康、玺赞、杞滋堂等12个宁夏著名商标，研发枸杞养生膏、枸杞颗粒剂、枸杞籽油等20多种健康中药养生产品，深加工开发枸杞面膜、枸杞口红、枸杞饼干、枸杞原浆等特色旅游商品。在康养产业发展上，以中医院专利养生膏为主联合宁夏永寿堂中药饮品公司建设中宁县中医枸杞养生馆，推广枸杞养生膏、枸杞根养生足浴、枸杞养生处方等中医健康体验项目，形成以打造枸杞核心景区为点，生态枸杞基地为线，枸杞康养产品为面的康养旅游产业发展格局。以一年一届枸杞产业博览会为依托，将黄河文化、枸杞文化等多样文化有机结合，举行“宁夏枸杞养生保健国药大师高峰论坛”“枸杞采摘节”“中宁枸杞宴”金牌美食评比大赛系列活动，创新传承枸杞文化，推进枸杞康养旅游发展。

【非物质文化遗产研学旅游】 在黄羊古落设立蒿子面和黄羊钱鞭非遗体验馆，在丰安屯旅游度假区打造黄河非物质文化遗产艺术馆，开展中小学生暑期研学游，逐步提升非遗文化魅力。在黄羊古落和丰安屯旅游度假区分别设立图书馆分馆，以提升景区公共文化服务水平为前提，推进文化旅游融合发展。以大战场镇红宝村农民合唱团为原型，拍摄电影《六谷儿》，展示新时代农民的新气象和新面貌，将大战场文化站打造文艺打卡点，发展乡村研学游。

（张婷婷）

文化馆

【数字文化馆建设】 2022年，数字文化馆免费对外开放，内设中宁县非物质文化遗产展厅、排练厅、书法教学体验室、器乐教学体验室、录音室、远程教学室、戏曲教学体验室、多功能厅、美术创作、培训室等10多个功能室，对外接待团队、机构、企业、单位进行观摩学习交流活动，全年接待5500人次。加强数字资源建设，2022年底文化馆网站资源建设总量11115，总服务数据270544个；全县各乡镇总分馆建设全部完成。

【公共文化服务】 中宁县文化馆借助数字平台，开设寒假、暑假少儿培训班，授课内容包括口才、架子鼓、快板、朗诵、少儿舞蹈、剪纸、美术、书法，开展37期，培训671人次；举办2022年旗袍公益培训班2期，培训106人次；举办戏曲培训班1期，培训20人次。广场文艺线上线下演出25场，2022年“送戏下乡”惠民文艺演出200场次。继续培育大战场镇红宝村农民合唱团，组织文艺骨干开展农民合唱培训20期，培训3500人次。面向全县各乡镇，利用远程教学系统开展线上培训广场舞1期，120人次。

【群众文化活动】 春节期间，线下开展“写春联·送万家”活动，面向全县开展6场，送出对联600副，福字300幅；正月十五开展社火展演，营造浓厚节日氛围。线上开展“我们的新时代”中宁县2022年乡村春晚云上展，拍摄快闪《领航》；线上开展“翰墨丹青　香飘中宁”书画、摄影展3期，“峥嵘岁月·杞乡记忆”老照片展

2 期，“众志成城·抗疫有我”文艺作品展 2 期，展出作品 66 幅；转载“新生活·新风尚·新年画”我们的小康生活主题云上年画展 3 期。“两节”期间，组织开展群众文化活动 25 场次，其中借助中宁县融媒体中心、中宁县文化馆、中宁圈子媒体平台开展线上活动 22 场次，线上参与 726506 人次，线下参与 26500 人次，总参与 753006 人次。

【非物质文化遗产保护传承】 筹备“文化进万家”“非遗过大年—视频直播家乡年”活动 3 期，网络媒介线上展示中宁黄羊钱鞭、中宁蒿子面等非物质文化遗产项目。线下举办“书画缤纷舞动中宁”个人剪纸展览，线下展览展出剪纸传承人李淑英老师剪纸作品 65 件。开展“非遗进军营”。开展中宁县 2022 年“百姓乐翻天”社火展演；开展 2022 年“文化和自然日”活动展出 2 期。开展国家级代表性项目保护补助申报工作、申报第五批市级项目、传承人（项目 7 项、传承人 29 人），申报第六批国家级非物质文化遗代表性传承人；第二批县级项目资料已通过政府公示。组织非物质文化遗产传承人及非物质文化遗产工作者参加全区剪纸、花儿培训班；开展非物质文化遗产传承人进学校、进景区座谈会。

【文艺创作】 排练小戏《红心向党》等文艺节目，参加 2022 年全国群星奖宁夏赛区比赛；组织文艺团队排练文艺作品舞蹈《中宁美》、群口快板《喜迎二十大 工作齐奋发》、小话剧《何谈前夕》、歌舞《领航》、小品《就差一步》，选送优质节目参加“欢乐中卫”专场演出，其中戏曲歌舞《人面桃花》获得表演一等奖，小品《就差一步》、群口快板《喜迎二十大　工作齐奋发》获得创作二等奖，歌伴舞《领航》获得表演三等奖，舞蹈《丰收乐》《中宁美》，音乐快板《喜迎二十大　奋进新征程》获得创作三等奖，优秀奖若干；选送广场舞蹈《中宁美》《丰收乐》《宁夏川的娃》参加 2022 年全市广场舞展演；举办“喜迎二十大，奋进新时代，助力乡村振兴”中宁县美术书法摄影线上展览 3 期。

（张婷婷）

图书馆

【图书馆藏】 截至 2022 年 12 月底，县图书馆馆藏图书 23.2 万册，其中纸质图书 17.4 万册，电子图书 5.8 万册。2022 年图书借阅量达 57851 册(次)，读者流通量达 211399 人次，新发展读者 840 人，新增图书 6255 册，征订期刊 154 种，报纸 11 类。

【全民阅读活动】 利用中宁县图书馆微信公众号推出红色故事绘——“四史”上的今天 252 期，讲述《捐献中宁号战斗机》等中宁故事 6 期；开展“文化惠民·每周一展”“廉慎传家政·流芳合古今”中国廉政文化展等专题展览38 期；推出《中华传统文化百部经典》等主题讲座 3 期；推出“书润你心·清凉一夏”“红色经典·书香汇聚”等主题阅读活动 12 场；上线“绘声绘色·童沐书香”——晓素姐姐讲故事 13 期，新书推荐 26 期，小志愿者说节气 12 期，小志愿者说节日 8 期。在暑假期间开展少儿口才拓展公益课堂 30 场，在杞乡书吧、各分馆、农家书屋、学校、景区等开展讲解员能力提升培训、礼仪培训、读书分享会、经典诗歌朗诵会、亲子诵读、“守护黄河根脉　讲述黄河故事”主题阅读、红枸杞诗会、红枸杞文学原创作品诵读评析会等线下阅读活动16场，在新堡镇文化站白马乡文化站等地开展“沙瓶画”免费体验进乡村活动19场。在武警中卫支队执勤一中队建成流通服务点。为红苑社区赠送图书500余册；在余丁乡“黄羊古落艺文村”旅游区建成黄羊古落分馆，捐赠3000余册新书和10余套阅读室桌椅；在丰安屯旅游度假区建成城市阅读岛，捐赠1000余册新书。

（张婷婷）

文物管理所

【不可移动文物】 中宁辖区有不可移动文物点186处。其中被公布为文物保护单位的有33处，国家级2处（鸣沙洲塔和明长城），区级5处（华严塔、石空寺石窟、洪岗子拱北、黄羊湾岩画、石马湾岩画），市级4处（新寺沟石窟、何营子石窟、新田唐墓群、石峡沟浆磷鱼化石区）、县级22处。其中国家级文物保护单位明长城在中宁县境内的达67.285公里（自胜金关向东延伸，经黄羊湾、石空寺、越老牛湾、棺材山，而后向东北方向折转，再经小石墩、羊头山、卢沟湖、四眼井进入青铜峡境内，沿线有敌台3座，烽火台56座，长城墙体177段）。

【文化遗产调查】 自治区文物局与文物管理所联合开展县域古渡及石窟现状摸排调查工作。经调查中宁县县域有石窟4处：石空寺石窟、何营子石窟、新寺沟石窟、小牛山石窟。古渡历史上有9处：宁安渡口、舟塔康滩渡口、白马渡口、鸣沙渡口、新渠稍渡口、石空太平渡口、张义渡口、彰恩渡口、胜金关渡口。

【项目建设】 双龙山（石空寺）石窟危岩体抢险加固工程项目有序推进，完成工程量的60%以上。鸣沙洲塔完成竣工终验。结合县域文物资源现状，谋划储备文物保护项目14个，其中3个被自治区文物局列入2023年实施计划：明长城胜金关1号烽火台修复项目、华严塔防雷项目、石窟寺石窟安防项目。投资近100万元对兴尔泰、天元锰业、渠口农场人为扰动因素较大的明长城段落进行围网隔离，增设更换文物点警示牌、公示牌20余个。

【文物巡查】 全年核查县域各类工程项目20余个。全年开展文物安全巡视巡察50余次，对文物点进行安全隐患及环境卫生整改6处。

【文物宣传】 “5·18”国际博物馆日、“5·19”中国旅游日、宁夏长城保护宣传日期间开展“学法知法事事讲法·守法用法人人普法”文物普法演出，华宝杯“杞乡情·山水行”文保单位摄影大赛，杞乡文物会“说话”，文物故事讲不完，传承红色基因·讲好文物故事，文物普法进校园等系列文物普法宣传活动，展现中华杞乡历史文化底蕴，营造全社会共同参与历史文化遗产保护氛围。

（张婷婷）

融媒体中心

【新闻宣传】 统筹网上网下、内宣外宣等各类资源，开设《以实干展现新作为 靠实干交出新答卷》《奋进新征程 建功新时代·非凡十年》《喜迎党的二十大》《大学习 大讨论 大宣传 大实践》《稳经济 保增长 促发展》《乡村振兴正当时》《铸牢中华民族共同体意识　推动新时代党的民族工作高质量发展》《改作风　谋发展　争先进》《新特优　看发展》《喜迎第五届枸杞产业博览会》《感恩奋进新征程　建设美丽新宁夏　学习宣传贯彻自治区第十三次党代会精神》等系列专栏，全年播发新闻1460余条，全网发布信息16200余条。

【新媒体平台宣传】　加强与新华网、人民网、央视频、"学习强国"、"黄河云视"等中央媒体及区内重点媒体的互联互通，将《天湖——国家湿地公园》《枸杞姑娘》《"醉美"中宁蓝》等优质可视化融媒体产品进行推送宣传。截至年底，660余条内容被央视频、人民号、新华网推送，651条内容被"学习强国"推送，1200余条内容被"黄河云视"推送。其中短视频《天湖国家湿地公园》被新华网《千城胜景》栏目和新华社官方微博推送宣传后，引起全国各大媒体的转载转发，总浏览量超过1000万人次，《智慧监督执纪　扬起"杞乡清风"》等多篇作品新华网浏览量超过100万人次。《枸杞产业实现自我新突破》《杞乡欢歌映欢颜》等13条信息被"学习强国"总网推送宣传，《"醉美"中宁蓝》短视频在学习平台百灵频道推送后，阅读量超过50万人次，远远高于同期国内同类产品，宣传中宁高质量发展成效。《把"浆缸子"带进小学的老师》获新华社现场云"梦想接力棒　一起向未来（第一季）"大型联播最佳创新奖；在2022年全区"新春走基层"活动中，县融媒体中心获评先进集体，《"浆缸子"进课堂　让传统技艺历久弥新》《小城速滑队新年开训》获评优秀作品，记者穆苗苗获评先进个人；作品《来不及》获评2021年度宁夏电视公益广告三等奖；《中宁枸杞养生天下》被推荐为2022年优秀区域融媒创新发展最具创新传播力短视频TOP10。记者李晓荣在中卫市"好记者讲好故事"演讲比赛中获得一等奖，王斌、穆苗苗获得二等奖。

【广播专题宣传】　策划推出《党代会里听民生》《听原声　看发展》《新宁夏　新征程》《防疫新战线》《新冠肺炎疫情防护小贴士》《人民的小康》《中宁枸杞红动天下》广播专栏，安排播出喜迎二十大专题节目喜迎二十大《非凡宁夏》《伟大的奋斗》，策划推出《"三农"大家谈》《"三农"法律讲堂》《〈民法典〉里看"三农"》广播专栏27期、《听碑文　学党史》61期、《滴滴滴　红绿灯》16期、《丰收中国》14期、《防疫小课堂》9期、《我为疫情防控做贡献》广播剧3期、《疫情防控预防指南》10期。开设《法律时空》32期，通过与群众连线答疑解惑的方式，帮助老百姓解决遇到的法律问题，受群众好评。制作播出《杞福中宁》8期、《健康中宁》8期、《科普中宁》26期、《教育新视听》20期、《杞乡青语》6期、《应急直通车》8期、《老兵新采》14期、《道德与法治》7期。策划制作《魅力中宁》短视频30期、《铸牢中华民族共同体意识书记说》24期。挖掘内部资源，鼓励干部职工出演短视频，拍摄制作预防电信诈骗广播28期、医保诈骗广播剧4期，以及《国共密使张子华》各类短视频120部，制作专题片38部。

【宣传成效】　有序更新替代摄录设备，发挥自身技术优势，组建无人机航拍团队，在新闻、专题栏目、重大活动、现场直播等方面运用航拍技术、8路全能高清直播机。实施完成融媒体平台等级保护2.0建设项目，升级文字校对系统，提高管网用网、校对审核能力和水平。7月28日，国家广电总局到宁夏督导检查迎接党的二十大广播电视安全播出工作，中宁县融媒体中心作为唯一一家县级融媒体中心接受检查获好评。县融媒体中心被国家广播电视总局评为2021年度广播电视公益广告扶持项目优秀传播机构，被中国广播电视融媒创新发展年会组委会推荐为2022年优秀区域融媒创新综合力TOP10，获评自治区健康机关示范点；《中宁县融媒体中心深度融合创新成果》入编全国电视媒体融合典型案例。“9·20”中宁新冠肺炎疫情期间，通过广播、电视、新媒体各平台发布疫情相关图文、音视频2000余条，累计浏览量超过1200万人次。其中制作的抗疫短视频《微光》《有你在 我放心》《负重前行》《献给抗疫中最可爱的人》《温暖的力量》《待到“疫”消云散 同赏秋水长天》等全网浏览量超过300万人次。

【安全播出】 实施完成电视播出监测系统项目，更新广播电视安全播出预警终端接收机，升级融媒体平台信息系统病毒防御特征库。做好地面数字电视发射和“村村响”无线调频广播覆盖发射设备的维护维修，保障党的二十大、全国“两会”、自治区第十三次党代会等重要保障期间广播电视和网络视听安全播出。

（严桂娟）

有线数字电视

【项目建设】 创建自治区广电文化惠民促进乡村振兴示范县。抢抓国家巩固拓展脱贫攻坚成果同乡村振兴有效衔接及脱贫攻坚五年过渡期的政策机遇，通过政府延长服务期限、深化六盘云平台中宁分平台服务功能、节目内容、服务质量、进一步扩大覆盖面等措施，以开展创建自治区广电文化惠民促进乡村振兴示范县活动为载体，促进政府延长购买有线电视服务期限。新中标中宁县应急管理局应急指挥调度系统项目。中标金额37.9万元。中宁县智慧应急管理、智慧环保、智慧食安一体化综合监管平台项目自建成运营以来，发挥安全生产监测预警、监督管理、指挥调度的有效职能，全年处理安全生产事故报警1778起，督促企业整改事项1206项。基础网络建设稳步推进。完成宁安古镇三期、观园隆府、嘉润雅居、温和花园等4个小区的光缆铺设和686户工程安装任务。配合老旧小区改造，完成红宝平安小区、碱沟山、教育小区等28栋楼外线改迁任务。做好国干光缆巡查巡检和抢修工作及安全播出和安全生产工作。

【业务发展】 全面完成5G核心网、传输承载网建设，网间互联互通，700兆频率迁移等重点任务，搭建完善技术支撑体系、市场运营体系、客户服务体系。举办中国广电5G网络服务宁夏启动仪式，全面进入试运营。

【用户服务】 全年受理用户事故报修12350个，处理率达100%，客户回访率98%，客户满意率达96%。“9·20”疫情封控期间，采取电话、微信等网上营销缴续费、故障维修线上指导服务，及时处理急难网络问题。进一步健全完善安全播出相关管理制度，对关键部位、重要环节和传输管网进行经常性检查和隐患整治。确保全国全区“两会”、自治区第十三次党代会、党的二十大等重大安全播出保障期间有线电视节目安全传输和播出，全年无安全播出和安全生产事故发生。

（黄建东）

社会事务管理

人力资源管理

【事业单位人员管理】 深化职称制度改革，实施事业单位管理岗位职员等级晋升制度，公立医院人员总量管理“一体化”、医疗卫生和中小学校等行业“县域统筹”等人事制度改革推进。审核推荐高级职称评审人员216名，中级职称评审人员298名，受理初级职称评审人员183名。完成1678名专业技术人员岗位聘用晋级、55名管理岗职员等级晋升、40名工作人员转岗批复。提升公职人员素养，开展专业技术人员知识更新工程，对全县5819名事业单位工作人员进行网络培训，更新专业技术人员知识储备。做好公开招聘事业人员计划上报、资格初审、复审等工作，2022年招聘事业编制人员240名；聘用急需紧缺高层次人才9名；招聘免费师范生5名，订单定向医学生5名。

【人才工作】 做好人才推荐上报工作，向上级部门推荐“中卫英才”奖候选人4名，自治区青年拔尖人才8名，自治区“基层之星”人才培养计划第十八批研修人员2名，“西部之光”访问学者人选1名，高层次人才认定5名。审批入选2022年自治区“青年拔尖人才”培养工程人员1名、“中卫英才”奖获得者2名。申报国家级技能大师工作室1个，自治区级技能大师工作室3个，自治区级高技能人才培训基地建设项目2个，新设博士后科研工作站1个，骨干人才培养培训项目3个，人才小高地建设项目4个，专家服务基地5个，自治区特聘专家4人，专家服务基层活动项目6个。审批通过国家级技能大师工作室1个、自治区级技能大师工作室1个、专家服务基层活动项目3个。

【工资福利】 推进公立医院薪酬制度改革。对县医院、中医院两家公立医院增量绩效工资进行审核，绩效总量达全县事业人员平均绩效的2.2倍。核定全县171个事业单位（5699人）绩效工资总量1451万元/月（其中奖励性绩效工资329万元）。审核批复2022年乡镇卫生院医生补贴资金337.7万元，批复2022年农村学校教师补贴资金1629.1万元。审核备案2022年2240名乡镇工作人员乡镇工作补贴2510.6万元；审核76名驻村工作人员乡镇补贴86.8万元。

【劳动保障监察】 以《劳动法》《劳动合同法》《保障农民工工资支付条例》为宣传重点，通过专题学习培训、送法上门、现场维权大接访、媒体宣传、执法普法联动、典型案例剖析等多种形式，对劳动保障法律法规、规章制度等内容进行宣传，增强用人单位和农民工的知法、懂法、守法、用法意识，宣传实效显著提高。开展夏季、冬季根治欠薪专项行动和女职工权益保护、新业态行业劳动用工专项行动、清理整顿人力资源市场秩序等专项行动，全县用工环境持续优化，劳动关系和谐稳定。全年开展劳动用工巡查6次，检查用工单位139家，涉及劳动者24000余人，查处各类违法违规问题9条，发放责令整改通知书64份，并盯抓整改落实。全县规模以上企业劳动合同签订率98.5%以上，建筑领域劳动合同签订率97%。全年受理线上线下举报投诉案件926件，为13682名劳动者追回劳动报酬6841.32万元，结案率98%以上。对全县22家用工企业开展诚信等级评价，以激励措施规范企业用工行为。

【劳动人事争议仲裁】 构建以劳动人事争议仲裁调解委员会、司法局、工会、工商联为主体，乡镇、企业劳动人事争议调解组织为补充的调解体系，持续优化调解模式，培育金牌调解组织3家，畅通困难群体劳动争议处理“绿色通道”，健全完善诉调裁一体化机制。全年受理劳动争议案件155件，调解率63.15%，仲裁结案率96.66%，为169名劳动者追索劳动报酬534.75万元。

（刘璐瑶）

就业创业

【全民创业】 2022年，全县城镇新就业5110人。全县培育创业实体945家，创造新就业岗位1098个，带动就业2648人，发放创业小额担保贷款172笔5698万元，均超额完成年度目标任务，发挥创业贷款促进就业作用。举办“创办你的企业”培训班12期，培训人员360人。组织人员参与中国第五届创翼创新大赛和中卫市中式烹饪大赛。

【技能培训】 实施职业技能提升行动，围绕产业发展、企业用工、劳动力特点等“一线”需求，把培训班办到劳动者家门口、企业车间内，提高培训实效性。组织实施电工、焊工、保育师、中式面点、中式烹调师、装载机、家政服务员等技能培训1695人，开展企业职工技能提升培训937人，50人参与企业新型学徒制培训，实现高技能就业。

【劳动力转移】 全县农村劳动力转移就业72167人，实现工资收入11亿元。给2709人发放劳务补贴489.85万元，激发移民外出务工积极性；组织乡镇为17003名农民工购买铁杆庄稼保，为外出务工人员上好“安全锁”。

【政策落实】 派遣215名“三支一扶”大学生及162名实习大学生到基层就业，审核认定青年见习基地44家。及时为符合申领条件的

1408名失业人员发放失业保险金1219.56万元,为938名符合申领失业补助金条件人员发放失业补助金400.68万元。审核发放稳岗补贴421家企业471.29万元,兑现岗位技能提升补贴162人23.3万元。安置公益性岗位395人,切实保障困难人员兜底就业。

【公共服务】 做好“六稳”工作,落实“六保”任务。针对群众“就业难”和企业“招工难”问题,推行线上招聘。对全县中小微企业用工需求进行摸底,在中宁县就业创业和人才服务中心微信公众平台发布用工信息869条。为全县108家企业补充就业4852人,确保稳就业促生产。

(刘璐瑶)

社会保障

【社会保险参保】 2022年全县城镇职工基本养老保险参保85594人,失业保险参保35659人,全县12个乡镇城乡居民养老保险参保124196人,机关事业单位养老保险参保10226人,全县工伤保险参保53002人,全县以项目参保的企业有130家;全县符合被征地农民参保条件的人员累计有6749户17194人。各项社会保险参保人数均达到并超额完成目标任务。

【落实惠民政策】 调整和兑现养老保险待遇,为19031名企业退休人员调整基本养老金,人均月调增122.73元;为3388名机关事业单位退休人员调整基本养老金,人均月调资186.7元;为29356名城乡居民退休人员调整基础养老金至255元/(月·人),各项社保待遇按时足额发放。扩大实施阶段性缓缴政策,缓缴社会保险费企业14家2914人,缓缴养老保险218.9万元,失业保险12.57万元,工伤保险费8.31万元。

【社保基金监管】 强化社保基金监督管理,开展社保基金管理提升年活动,建立人社与公检法司等多部门联动机制,组建核查追缴工作专班,依托中宁县纪委监委杞乡清风大数据平台,对违规领取养老保险待遇问题进行核查和追缴,开展数据对比近20万条,筛查出死亡人员124人,追缴养老金23.9万元,守好老百姓的养老钱、保命钱,维护社保基金安全。

(刘璐瑶)

医疗保障

【概况】 中宁县医疗保障局于2019年1月28日挂牌成立,为县人民政府组成部门,核定行政编制5名(领导职数一正二副),工作人员2名。下设中宁县医疗保障服务中心为副科级事业单位,核定编制19名,设主任1名,为事业单位副科级领导,具体负责辖区内城镇职工、城乡居民基本医疗保险经办等工作。

【参保扩面】 聚焦医保应保尽保目标任务,不断加大医保参保扩面工作力度,2022年度区市下达中宁县基本医疗保险参保任务数为332100人。截至2022年12月31日,全县基本医疗保险参保缴费332313人,城乡居民参保缴费284444人,城镇职工参保47869人,完成目标任务的100.06%(其中脱贫不稳定人员、边缘易致贫人员、突发严重困难人员、已脱贫人员参保率均为100%)。

【待遇保障】 落实居民“基本医保,大病保险,医疗救助”三重保障。2022年,城乡居民门诊统筹待遇保障632548人次,享受医保基金1469.84万元;门诊大病待遇保障59834人次,享受医保基金1528.47万元;普通住院待遇保障32761人次,享受医保基金13633.48万元。医疗门诊救助15405人次,门诊救助资金329.5万元,医疗住院救助5350人次,住院救助资金672.84万元。

【基金收支结余】 2022年,城镇职工基本医疗保险基金收入21386.9万元,基金支出12727.9万元,统筹待遇支出5018万元(普通住院2714万元、门诊统筹471.9万元、门诊大病720.3万元、生育1111.3万元),个人账户支出7709.8万元,大额补充支出671.8万元,公务员医疗补助支出151.5万元;城乡居民基本医疗保险基金收入26553.4万元,其中基本医疗保险费收入8826.4万元,财政补贴收入17727万元。基金支出16631.79万元(其中,门诊统筹支出1469.84万元,普通住院支出13633.48万元,门诊大病支出1528.47万元)。医疗救助支出2036.34万元(其中,住院救助672.84万元,门诊救助329.5万元,资助参保支出1034万元)。

【基金监管】 开展打击欺诈骗保集中宣传月活动,完成全县各定点医药机构2022年医保服务协议签订工作。推进定点医药机构全覆盖检查,检查发现2家民营医疗机构存在挂床住院和提供虚假情况等违规问题,依法进行行政处罚,责其退回违规使用医保基金6393.26元并处罚金72786.52元。对5家民营医疗机构进行约谈。落实卫生健康领域专项治理工作,通过自查自纠发现药品医用耗材招标采购和医保基金监管责任不到位及未追回定点医疗机构违规使用医保基金等问题14个,已整改销号问题14个,医药机构问题116个,已整改销号问题116个。

(李　娟)

民　政

【概况】 中宁县民政局内设婚姻登记、社会救助、养老服务、儿童福利和社会事务、基层政权建设和社区治理、社会组织、区划、地名和殡葬管理、综合办公室8个科室。核定编制人员24人,其中行政编制10人,事业编制14人。

【城乡低保】 城市低保标准提升至512元/月。截至2022年12月31日,发放城市低保金1406.9万元,农村低保金7157.8万元。

【特困供养】 城市、农村特困供养标准提标后分别达到每人每月895元、600元。截至2022年12月31日,发放城市特困救助金18.94万元,农村特困救助金233.2万元。

【社会救助】 设置流浪乞讨临时救助点800余个,救助流浪乞讨人员19人。截至2022年12月31日,发放救急难金76.5万元。

【残疾人补贴】 取消残疾人生活补贴626人和护理补贴497人。落实“线上+线下”动态审核监管机制,发放补贴资金1383.49万元,惠及残疾人12048人。

【养老服务】 2022年发放高龄津贴930.62万元,筹措资金140万元实施4个农村老饭桌建设项目和173户居家适老化改造项目;投入资金61万元支持全县27个农村老饭桌、社区日间照料中心运营;投入资金 20 万元,对养老机构硬件设施升级改造,争取县财政支持和兑现经营性床位补贴 106 万元与自治区医养结合服务资金 8 万元,强化民营养老机构健康养老布局,增强医养结合服务能力。投入资金 74.64 万元,为全县 60 岁以上 29545 名困难老年人投保意外伤害保险 36012 份。开展养老机构安全督导检查 10 次,安全隐患整改率 100%。开展特殊困难老年人居家探访 4000 余人次。评定三星级养老机构 3 所,两星级养老机构 1 所。建立健全养老机构安全生产责任制,实施养老服务领域诈骗问题专项整治,统筹推进养老机构疫情防控工作,全县民政系统实现安全生产事故"零发生"。

【儿童关爱】 社会散居孤儿和事实无人抚养儿童保障标准统一提高到 1000 元,发放资金 421.66 万元,惠及儿童 408 人。49 名严重不履行监护职责的监护人移交检察机关并追究其相关职责。利用"儿童之家"开展服务活动 400 余次,为困难儿童链接学助学资金约 156000 元。

【社区治理】 开展社区治理工作评促会,开展问需于民"大走访"活动。编印 1000 套《中宁县基层组织证明事项办理指南》和《中宁县清理整顿证明事项流程图》。建立完善"小微权力清单"和村规民约奖惩机制,开展村(居)民议事协商活动 1251 次、调处矛盾纠纷和解决实际问题 1772 起。选拔补充社区工作者 33 名,4 名优秀社区干部调整到主要岗位,指导乡镇补选缺额村委会和村监会成员 23 名。指导全县 133 个村和 21 个社区实现公共卫生组织全覆盖。设置便民服务站 439 个、跑腿代办点 157 个,乡村网上办件超 4.4 万余件,办件量居全区前列。

【社会组织管理】 向全县登记注册的 91 家社会组织选派党建指导员 28 名,社会组织党的工作组建率达 73%。建立社会组织联动监管和联合执法机制,做好年度检查、执法监督和抽查审计等常态化监管,限期整改 1 家,依法审计 13 家,注销登记 9 家,"僵尸型"社会组织整治 1 家,刹行业协会商会乱收费"歪风"。探索出独具中宁特色的"1+1+12+N"社工站建设之路,在全区率先实现乡镇社工站建设全覆盖。投入 88 万元实施养老、助残、儿童等社会组织公益创投项目 17 个,列支资金 230 万支持社会组织发展壮大。评定 4A 级、3A 级社会组织各 1 家。全县专业社工人才 109 人,实名注册认证志愿者 49230 人,志愿项目 1546 个,志愿服务队伍 469 个,项目总时长 741802.06 小时。"9·20"疫情防控期间社会组织链接各类物资累计折合人民币 10 余万元。《依托社会组织孵化基地推进县域社会组织高质量发展》成为 2022 年全区唯一入选的全国社会治理创新案例。

【社会事务】 坚持殡葬服务公益性,推行节地生态安葬,指导建立选择性殡葬服务行业规范,联合相关部门对殡葬领域进行"地毯式"排查,完成整改事项 15 个。推行分时分批、网上祭扫、鲜花祭扫等措施。加快推进婚丧礼俗改革。加强婚姻管理规范化建设,持续推进婚姻家庭辅导,办理结婚登记 2154 对,离婚 341 对。加快推进行政区划管理。挖掘梳理优秀传统地名文化,补充完善国家地名数据库词条 5270 条,设置安装二维码门牌 8893 块。协商同心县民政局、海原县民政局开展第四轮县际行政区域界线联检。

（傅思敏）

退役军人服务保障

【概况】 中宁县退役军人事务局内设文秘党政综合岗位、双拥综合岗位、优抚安置岗位，核定行政编制6人。下属事业单位中宁县退役军人服务中心，核定事业编制4人；中宁县民兵武器装备中心，核定事业编制4人。

【政策落实】 为享受国家定期抚恤补助的优抚对象发放各类优抚补贴834.79万元，发放2020年、2021年入伍义务兵、预备消防士家庭优待金701.2万元。办理符合条件60周岁以上农村籍退役士兵老年生活补助86人。以现金+实物的形式，走访慰问7个驻地部队和消防救援单位，困难退役军人、烈属及驻地赴边防执行任务官兵家属等640余人，送去慰问品及慰问金73.31万元，协调为6名部队官兵子女提供优质教育资源。

【思政引领】 组织全县1000余名退役军人开展为期1周的“致敬老兵　红色教育”主题观影培训活动，集中观看红色电影《长津湖之水门桥》，让退役军接受一次党性教育和精神洗礼；搭建志愿服务平台，发挥全县13支退役军人志愿服务队作用，组织退役军人志愿者参与文明城市创建、植树活动、移风易俗、疫情防控等活动。全年组织开展志愿服务活动150余次，300余名退役军人在“9·20”疫情防控中表现突出；做好党员管理工作，开展全县退役军人党员信息数据核查统计工作，核查统计退役军人党员1484人，建立台账，加强退役军人党员日常管理。

【开展社会崇军】 组织商务、市场监督管理局、文广局、交通运输局等部门面向全县商贸商超、金融保险、餐饮娱乐、油料燃气等领域行业招募崇军合作伙伴190家，为现役军人、退役军人和“三属”（烈士遗属、因公牺牲遗属、病故军人遗属）提供优先优待优惠服务措施570条。

【退役军人意外保障】 2022年，在接续为退役军人、军烈属购买人身意外伤害保险的基础上，提档升级，进一步拓宽承保方式，提高保费、增加保额，以政府出资+个人自愿筹资的方式推出每人每年100元、120元、150元3种投保品种，5000余名参保对象达到全覆盖。

【就业创业】 2022年，召开退役军人就业创业工作座谈会，掌握退役军人就业创业需求，按需施教。举办适应性培训班、中式烹饪师及电商+网络创业培训班4期，全县130余名退役军人参加；28名自主就业退役士兵参加汽车驾驶等技能培训，报销费用14.79万元；完成4名安排工作退役士兵选岗工作；组织退役军人参加线上线下岗位推介会4次，发布就业创业信息100余条；发放退役军人创业贴息贷款6笔120万元，金融合作单位为退役军人发放贷款26笔411万元。

【褒扬激励】 为20名立功受奖现役军人军属送喜报奖金；落实125名新兵入伍“四尊崇”活动；收集整理10名荣立二等功的退役军人名录和事迹；开办《老兵风采录》电视访谈栏目，推出优秀“兵支书兵主任”典型事迹11个，在各个网络平台上点击率85万人次；推荐、评选退役军人(双拥)工作先进典型8名、先进单位4个,退役军人孟凡举入围“宁夏最美退役军人”候选人;清明节组织全县干部职工、学生、退役军人、烈属代表和群众在中宁县烈士陵园及南河子公园烈士纪念碑开展线上线下清明祭英烈活动。

【烈士陵园改造】 争取中央烈士纪念设施财政补助资金996万元,县财政配套104万元,总投资1100万元,对烈士陵园进行改造。新建纪念馆、停车场、门牌楼、卫生间,硬化主干道,对原有纪念碑、广场、英铭墙进行改造,提升绿化档次,并对纪念馆场馆进行布展和信息化建设。年底完成总工程量的80%,投资约800万元。

【信访稳定维护】 坚持把维护社会稳定风险隐患“大排查大化解大整治”行动和退役军人网格化管理紧密结合,重点围绕春节、“两会”、自治区第十三次党代会、党的二十大等重要时间节点和重大活动,排查化解退役军人群体存在的突出问题和矛盾。全年接待来访退役军人125批次210人次,依规依法办理转办、交办的15件信访件,化解率100%。

【示范服务站创建】 全力抓好6个退役军人百人以上村(社区)服务站示范创建工作,采取“听、看、查、议”的方式,对标对表创建工作细则55项内容,逐条逐项进行全面督查,年底6个服务站均创建为全国示范型退役军人服务站。

【优待证办理】 通过“周排名、月通报+末位督促整改机制”推进优待证高效办理。截至年底,全县优待证申领信息录入4769条,审核通过4737条,完成率97.27%,建档立卡录入4870条,审核通过4803条,完成率98.62%,全区综合排名均位于第二。

【军地共建】 在春节、八一等重要时间节点,县委、政府主要领导带队走访慰问驻地部队和消防救援大队;组织开展“不忘初心”庆八一专场文艺演出;围绕为部队办实事,到部队走访调研,召开议军会议,解决驻中宁各部队引进自来水、卫生间翻新等10个问题。某部队为对口帮扶村喊叫水乡北沟沿村8户28人投资分红20.17万元,投资30万元改造新时代文明实践站和文化广场。某部队8名军官担任地方国防教育辅导员,先后派出百人次承担地方军训3000余人。县人武部为徐套乡长流水完全小学捐赠体育器材和学习用品。武警中卫支队中宁中队慰问2名困难退役军人、1名困难群众,常态化资助1名贫困学生。某部队与北沟沿村开展军民篮球友谊赛。中宁县消防救援大队出警493次,抢救被困人员60人、财产价值211.25万元,保护财产价值370.4万元。

(苏晓霞)

审批服务管理

【概况】 中宁县审批服务管理局于2019年1月挂牌成立,为县人民政府组成部门。2022年有在编干部14名,党员9名。所辖政务服务中心是集行政审批和公共服务于一体的综合性服务平台,占地7500平方米,进驻单位62家,设置窗口137个,现有干部职工267人,每天接待办事群众1500余人次,年办件80万件以上,是全区进驻事项最全、办事频率最高的县级政务大厅。先后获“全国节约型公共机构示范单位”“自治区文明单位”“全区民族团结进步创建示范机关”等荣誉称号。

【集成服务】 建成县、乡、村(社区)三级政务服务体系,将与企业、群众生产生活密切相关的公安、社保、税务等 61 个部门的 1459 项服务事项全部进驻中宁县市民服务大厅“集成服务”;149 项事项下沉乡镇,13 项事项下放园区,42 项便民事项在村(社区)就近办理。建立“网格 + 帮代办”机制,推行集中办、帮代办、延时办、预约办、上门办、自助办“六办”特色服务模式,提高群众办事便捷度。全面实行“一件事一次办”改革,107 项“一件事一次办”事项办理时限平均压缩 63%,覆盖民生、企业、项目、产业等多个领域,累计办件量达 8200 件。采取“异地代收 + 异地代办 + 全程网办”的服务模式,实现 237 项“跨省通办”、448 项“区内通办”、42 项“乡乡通办”事项实现跨区域办、异地可办,累计办件 2400 余件。依托县、乡、村三级服务平台打造中宁政务服务“帮帮您”服务品牌,形成新堡镇“小新帮办”、喊叫水乡“喊就到”等一乡一品的“帮帮您”子品牌。

【线上服务】 以全区一体化政务服务平台和“我的宁夏”手机 APP 为全县政务服务的统一线上入口,推动更多政务服务事项实现“一网通办”,中宁县网上可办率 86%,事项办理覆盖率 57%。加快统一电子签章应用和电子证照互认共享,累计签章 35 万余次,入库电子证照 84 类 20 万个,推动 75 项事项“零材料办”、72 项事项“一证(照)通办”、营业执照等高频用证“纸质免提交”。推进数据交互共享、网上核验和跨部门联动核查,减轻企业和群众办事负担。2022 年,累计“一证(照)通办”政务服务事项 6.4 万余件,“零材料” 办理政务服务事项 7.8 万余件。打造“我的宁夏——杞乡中宁”服务专区,便民利企的“掌上”服务超市扩能升级,“掌上办”成为企业和群众办事的新常态,实现“数据多跑路,群众少跑腿”的目的。

【便民服务】 构建以县政务服务中心为枢纽,县乡村政务服务场所和县域银行网点一体运作的中宁政务服务体系,推动更多政务服务事项“就近办”“家门口办”。按照统一标准将县政务服务中心、12 个乡镇便民服务中心、154 个村(社区)便民服务站打造成中宁县为民服务的主阵地;在小区内设置 439 个便民服务网点,在 12 个银行网点设置企业服务站,打造为民服务的前沿阵地;在县级大厅内部打造纳税服务、企业开办、不动产登记、金融便民服务等 5 个自助服务专区,打造为民服务的全新阵地。规范设置综合咨询窗口、全科综合受理窗口、帮办代办窗口、“办不成事”反映窗口、“跨区域通办”窗口、“一件事一次办”窗口等 6 类服务窗口,满足企业群众个性化、多样化办事需求。搭建全区首家“六权”改革暨农村产权交易专区,实现确权登记、统一发证、在线交易“一站式”专区办理。

【普法宣传】 落实普法责任制,单独成立政策法规办公室,定期召开党组会议专题研究部署法治建设工作。落实干部学法用法制度,开展例行学法 76 次。通过电子屏、公众号、宣传台、办事窗口等各类阵地,开展多角度、全方位的全民法治宣传教育。打造高效便捷服务环境,做到依法行政、依法审批,推动“放管服”改革提速升级。

【热线服务】 健全完善“12345”便民热线办理工作制度、考核细则，更新完善政策知识库，及时协调对接40多家承办部门，加大催办督办力度。以“群众满意”为出发点和落脚点，按照“受理+转办+催办+回访”的工作机制，全力解决好群众的急难愁盼问题，在“9·20”中宁疫情期间，便民服务热线全面畅通群众反映诉求通道，保障疫情期间群众诉求不打烊，受理涉疫类工单2870件。2022年，中宁县“12345”政务服务热线受理中卫市转派工单10110件，办结率100%，满意率97%。

【大厅管理】 结合开展“改作风，谋发展，争先进”专项行动，通过实地巡查、电子监察、监督员暗访、群众吐槽找茬等方式，抓窗口纪律作风建设。2022年，市民大厅窗口收到群众赠送锦旗12面，感谢信24封。严把中宁县市民大厅出入口关和消杀关，确保守好门、管好人、办好事。压紧压实安全生产责任，做到消防设施配备到位、应急演练培训到位、日常巡查检查到位、重点区域排查到位、问题隐患整改落实到位，市民服务大厅无安全生产责任事故发生。全面实施能耗“双控”行动，推广应用节能降耗、垃圾分类等典型经验，获全国“节约型机关”称号。

（刘　佳）

机关事务服务

【概况】 中宁县机关事务服务中心为政府直属事业单位，内设党政办公室（接待办）、综合保障办公室、节能与办公用房管理办公室、公车服务办公室。有干部职工8人，其中事业编5人，工勤人员2人，县聘编1人。

【公共机构节能】 通过牵头抓促，全县各公共机构完成2021年度公共机构能源消费统计上报工作，全县公共机构人均能耗下降率10.53%、单位建筑面积能耗下降率11.29%、人均用水下降率1.91%，完成区市下达的能耗下降指标任务。利用全国低碳日、中国水周、世界水日等节日开展系列宣传活动，印发倡议书1000余份，推送节能短信近10万条，让节能宣传进机关、进学校、进医院，普及节能知识，公共机构在全社会中的节能示范引领作用。继续推进“节约型机关”创建，2022年底，县党政机关建成节约型机关比例达93%，全面完成节约型机关创建目标任务。

【办公用房管理】 推进党政机关办公用房管理标准化建设，实现办公用房优化配置，最大限度提高办公用房使用效率，中心在全区先行开展办公用房核查摸底工作，聘请第三方对全县办公用房进行全面普查和实地丈量，全面掌握全县办公用房底数，明确全县党政机关办公用房使用面积，向各办公用房使用单位核准下发办公用房使用权证，建立办公用房“活档案”，实现资源合理配置和节约集约使用。

【机关事务标准化建设】 推进中宁县机关事务标准化建设，坚持制度先行，加强对物业管理、餐饮服务、会务保障、公房管理、公车服务等重点领域的调查研究和实践应用，明确日常服务保障工作目标、服务流程和行为规范，将后勤服务向细处延伸，向精处打磨，本着“规范成熟一块，标准建立一块”的原则，引入第三方专业化服务机构，逐步推进本部门标准化建设。

【机关事务信息化建设】 通过实施行政中心消防设施维修改造，智能交互式无纸化会议系统和网络机房及设施设备改造升级等信息化建设项目，推动机关事务信息化平台建设，借助现代信息技术，将信息化手段运用到机关事务服务、管理、保障各项工作。

【疫情防控】 出台《中宁县机关事务服务中心疫情防控工作方案》，推进疫情防控工作规范化、标准化实施，加强组织领导，实施精细化管控。中宁县"9·20"疫情暴发期间，中心全力做好分抓小区值守、行政中心大院疫情防控和后勤保障服务工作，其间保障国家、区、市、县疫情防控工作调度会议90余场次，保供近1200人的日常用餐，为疫情防控工作组和保障疫情防控的公安干警、医务人员、志愿者配送盒餐达123511份，应急安全出车1500余次。其间无安全责任事故发生，所包抓值守小区被评为"无疫小区"，全力以赴做好疫情防控和后勤服务保障工作。

【公务用车管理】 常态化开展对驾驶员的安全警示教育，全年组织开展车辆安全检查10轮、卫生检查10次、消防和应急救援演练3次，集中开展对洗车房、地下车库、车辆发动机、灯光等安全大排查，排查出问题5项，均已整改到位，更新公务用车6辆，已全部投入使用。优化平台化管理模式，实现公车运行全过程监控、费用全流程记录，2022年，安全出车6474次，安全行驶81.7万公里，应急出车1720次。

【后勤保障】 树立"互联网+机关事务"服务理念，加大智能化系统建设，着力提升物业、会议服务水平。按照"全方位无死角，全天候保安全"的原则，统一安装全域监控系统，在县行政中心构筑安全防线；加强会务中心各种设备的维修维护，对行政中心进行消防和网络改造，打造智能交互式无纸化会议室，组织开展对工作人员业务培训和保密宣传教育30余次，保障对各部门、单位的优质高效会务服务。2022年承担各级各类会务服务684场次，实现会务保障零差错。

【公务接待】 严格执行中央八项规定及其实施细则和自治区党委"八条禁令"，公务接待聚焦用餐和住宿关键环节，细化工作流程和安全管理，突出杞乡地方特色。2022年，按照县委、政府安排，完成中卫市经济观摩、第五届枸杞产业博览会、中宁县"9·20"突发新冠疫情，国务院、自治区、中卫市防控组、2022年度巩固拓展脱贫攻坚成果同乡村振兴有效衔接考核评估等大型公务活动接待13次。全年承担各类公务接待193批次3200余人次。

（李甜甜）

应急管理

【概况】 中宁县应急管理局负责安全生产综合监督管理，煤矿、危险化学品和工矿商贸行业安全生产监督管理；负责安全生产类、自然灾害类应对和综合防灾救灾减灾工作；承担安全监管、执法监察、森林草原火灾及地质灾害防治、防汛抗旱等应急管理职能职责。内设5个职能室，分别为办公室、安全生产基础室、危险化学品安全监管室、执法大队、综合协调室。设局长1名，副局长3名，副科级主任1名；核定行政编制13名,事业编制17名。

【事故指标控制】 2022年,全县发生一般安全生产事故5起,同比增加1起;造成死亡5人,同比减少2人;受伤4人,同比减少1人;直接经济损失553万元,同比下降18.7%。死亡人数、经济损失呈现"双下降",全县安全生产形势总体稳定向好。

【安全生产】 全县工矿、危化企业安全形势总体平稳。制订印发《中宁县城镇燃气安全排查整治工作方案》,全面整治重大安全风险隐患。排查整治各类隐患367条,拆除违规占压燃气管线构筑物7座,查处无燃气经营许可证的违法经营行为1例。印发《中宁县危险化学品安全风险集中治理方案》,组建工作专班和专家组,制定下发7个专项工作方案,组织成立检查组对全县危化企业的生产储存、交通运输、废弃处置等环节进行全覆盖检查,查处隐患41条,下达责令整改文书10份,完成整改41条,整改率100%。对各企业安全生产执法检查300余次,发现问题隐患913条,下发责令整改书240份,完成整改问题792条,整改率为96.6%。累计检查生产经营单位4678家(次),督导检查出行业共性问题52个,排查一般安全隐患4057条,完成整改3987条,整改率98.3%;做出行政处罚36次,共计罚款58.84万元,约谈警示436家,责令停产整顿40家,暂扣吊销证照2家,关闭取缔18家非法违法生产经营单位。下发安全生产提醒卡75份,督办通知26份。行政处罚立案6起,累计罚款34万元,没收违法所得3.4万元。

【防灾减灾】 完成3类37小类项的调查,调查数据2611条。其中自然灾害承灾体类281条,综合减灾资源类1624条,历史灾害706条,外业核查总词条数626条。实施贺兰山东麓防洪治理项目宁夏中宁县张裕沟(国道109至滨河大道段)治理工程,东庄子河骨干坝除险加固工程,2022年黄河中宁段应急抢险工程,2022年清水河中宁段防洪治理工程(一期),2022年水毁维修项目,白马乡地质环境恢复治理一、二期项目,渠口农场地质环境恢复治理一期项目,渠口农场地质环境恢复治理二期项目,花豹湾沟地质环境恢复治理等项目,消除存在的地质灾害隐患,有效恢复生态植被。实施中宁县智慧应急管理、智慧环保、智慧食安一体化综合监管平台建设项目和物资储备库建设项目,新建救灾物资储备库1座,面积781平方米,已投入运行。委托咨询公司编制森林草原防火预警监测能力提升项目,利用5G网络基站信息化平台,安装预警监控设备,接入中卫市森林草原防火中心,实现全天候、无死角监测。规划编制利用卫星遥感监测系统、森林防火视频监控系统、智能语音警示系统、林区建设卡口系统、无人机指挥监测系统等现代化监测设备和手段,提高森林草原防火技术水平。

【应急救援】 印发《中宁县安全生产和应急救援专家管理办法》,筹建专家库,修订完善13部专项工作预案;组织防汛、防火、道路抢险、安全生产等应急演练40余场次;打造新堡镇全区基层应急管理能力规范化试点镇。组建消防灭火、防汛抗旱等13支628人专业应急队伍和12支2882人基层应急队伍。财政投入1533万元采购各类应急救援物资和装备8万余件。争取自然灾害救助资金94万元,发放

《中宁县灾害事故专项应急预案口袋书》800余本，为全民防范地质灾害筑牢基石。

【宣传教育】 组织开展安全生产月、“5·12”防灾减灾日、“11·9”消防日等宣传活动，通过现场设摊咨询、免费派发宣传资料、LED播放安全生产宣传教育警示片、事故案例展板、宣传车队等多种形式，悬挂横幅200余条，设立咨询台30余处，宣传展板20余块，发放各类宣传资料30余种2万余份，接受群众咨询600余人次。组织观看《生命重于泰山》电视专题片45场，组织专题研讨、集中宣讲等45场，参与2806人次，开展安全生产“班组会”等学习活动135场，参与12000人次。组织开展全员知识技能培训38场，1300余人次参与。组织召开全县乡镇、部门（单位）、村（社区）应急管理能力规范化建设工作观摩推进会，观摩新堡镇刘庙村、吴桥村“三有”应急管理站及应急物资储备点建设。

【消防救援】 2022年，全县消防出警798次，其中火灾521起，抢险救援198起，涉疫勤务79起，抢救财产价值1436万元，抢救被困人员101人，伤亡8人。全年检查各类单位1559家，督促整改火灾隐患或违法行为1233处，行政处罚16起，责令“三停”5家，临时查封14家，挂牌督办重大火灾隐患1家，罚款13万元，核查举报投诉10起。在全县新建市政消火栓15个，农村地区消防水源12处，累计推动在各乡镇、社区建立志愿消防队、微型消防站25个，推广安装独立式感烟报警器150个，推动29家消防安全重点单位接入“智慧消防”物联网远程监控系统。处置“4·20”长山头农场矿山爆炸事故，“4·28”兴尔泰化工煤尘爆事故和“8·5”黄河水域救援事故。

（何海鹏　王　昭）

乡　　镇

宁安镇

【概况】 宁安镇地处县境中部，东西宽约60里，南北长约45里，行政区域面积25874公顷，下辖13个行政村，112个村民小组，14个社区居委会，总人口130617人。境内交通四通八达，109国道、109复线贯通南北，中鸣、宁舟、宁华公路从宁安镇扩展延伸，交通便利。镇党委下设48个党组织，其中社区党委1个，党总支3个，党支部24个，机关党支部1个，村党支部13个，非公企业和社会组织党支部6个，有党员1623名。内设党政机构和事业单位9个。其中，党政机构5个，分别为综合办公室、党建工作办公室、经济发展办公室、社会事务管理办公室（卫生健康促进办公室、社区管理办公室）、综合执法办公室（应急管理办公室）。事业单位4个，分别为民生服务中心（退役军人服务站）、农业综合服务中心、综治中心、财经服务中心。有在职人员76人，其中，行政编制人员34人，事业编制人员42人。社区干部115人，村干部65人。2022年，全镇农民人均可支配收入18798元，同比增长5%。

【示范创建】 获得国家级荣誉4项，自治区级荣誉3项。其中，古城村创建成为全国民族团结进步示范村，南苑、振兴、丰宁、裕民、宁新、朱营6个社区创建为全国示范型退役军人服务站，振兴社区创建为全国示范性老年友好型社区，辖区宁安清真寺获2022年首届全国宗教界先进集体。杞苑社区全国减灾示范社区创建工作通过自治区验收，宁新、杞苑社区和东华村创建为自治区健康细胞示范社区，红苑、振兴社区志愿服务项目评为自治区学雷锋志愿服务先进。

【产业发展】 超额完成春季粮食种植任务，建设玉米大豆带状复合种植示范片3个，收获小麦2322亩、玉米复种大豆4452亩、籽粒玉米

20200亩、水稻740亩。大力发展绿色蔬菜，巩固发展供港蔬菜5000亩、食叶草244亩，新植麒麟瓜909亩、各类蔬菜1300亩，提升莫嘴村、东华村瓜果蔬菜基地2个。加大畜禽养殖，规划建设白土岗子养殖园区，鼓励大户利用山荒地集中发展养殖，存栏羊41468只、牛22294头、猪14905头、家禽139560只。提升杞鑫苗木基地建设规范化水平，新培育优质枸杞苗750亩。壮大村集体经济，成立联华供销有限公司，建成储备库1栋，购置配套农机，开展一站式服务。全镇13个村全年村集体经济收益突破350万元，同比增长208%。开展耕地保护巡查70余次，整改问题60余处。统筹抓好疫情防控和秋季农田水利建设，加强指挥调度，加快完善田、沟、渠、林、路建设。投入机械380余台次，完成机挖沟220条158公里，清理农沟（农渠）392条184公里，整修生产路328条142公里，机深翻1.2万余亩，秸秆还田8800余亩，平田整地2400亩，涂红刷白3.64万余株。破解产销对接难题，疫情期间和包抓单位组织采摘队及车辆帮助群众联系销售6000余吨，最大限度降低菜农损失。

【社会民生】 拓宽群众就业渠道，组织开展电子商务、SYB、育婴员、农业技能等培训班19期450余人，联合举办线下专场招聘会2次，签订就业协议900余人，协调企业吸纳闲置劳动力1200余人次，实现转移就业5000人。开展防止返贫集中动态监测排查，精准落实"一户一档""一户一策"，着力提升群众收入；整改区市县考核评估反馈问题79个。开展爱国卫生运动，成立村（居）公共卫生委员会27个，开展垃圾清理、消毒消杀、乱象整治攻坚行动8次，宣传卫生健康知识12余次，发放资料4700余份，清理顽瘴痼疾1200余处、垃圾1100余车。新增城乡低保117户159人，发放临时救助70户224150元，"三色暖心包"250人，分批次救助因疫情导致生活困难家庭414户242890元，办理大病救助56人，救助金额259966.18元，办理残疾人"两项补贴"111人，完成乡镇残联、村残协换届选举工作。加强妇联工作，申报妇女创业贷款33户529万元，摸排"两癌"救助14人，收缴爱妮保2685人，安康保202人，上报美丽庭院30户，组织妇女两癌筛查1600余人。排查城乡自建房5232栋，整改隐患住房10栋。持续加大2023年医保催缴力度，医保缴费率达97.11%，排名全县第三。

【城乡建设】 推进人居环境整治，启动实施洼路、东华等7个村人居环境整治项目，打造示范村2个，拆除土坯房13座，新建小游园、小广场5处，改造卫生厕所112户，拆除看护房、圈棚52处、残垣断壁127千米，清理沟渠302千米、"三堆四乱"3627吨。持续打好蓝天、碧水、净土保卫战，开展禁牧封育等巡查60余次；各级河湖长巡河1157次，发现整改问题65个；整改中央和自治区党委环保督察反馈问题13个。推进矿山修复，盯抓瀛海石灰岩矿等7座矿山生态修复和厂房设备拆除，完成整改6座。开展植绿增绿大会战，新植苗木33800棵，完成率达114%，打造生态林和经济林示范点2个，成活率位居全县前列。有序推进重点项目，雅泰东城34号、38号楼房地产建设项目，累计入库2144万元，两栋楼已完成室内外抹灰，地下室分割；小红雀物流建设项目完成框架主体工程。棚户区拆迁改造稳步推进，拆迁安置群众175户，协调办理殷庄大社区、宁安古镇房产证手续805套。加强防灾减灾应对能力建设，争取香港红十字会“城镇为本减灾”项目1个，计划投资40万元。谋划2023年全镇重点建设项目4个；谋划农业产业项目26个，总计划投资约3亿元。

【疫情防控】 加强外来人员摸排管理，抓好常态化防控工作，筛查外省返宁人员7836人、中高风险地区返宁人员1310人、境外返宁人员82人，累计居家健康监测4980人。全力应对“9·20”突发疫情，严格落实县委“分级管控，干部下沉，扁平运行，果断处置”疫情防控工作要求，及时优化《实施方案》，健全完善《应急预案》，全面落实“日报告，日调度”，网格化，联防联控等工作机制，开展“敲门行动”“挖根行动”，组织开展群众全员核酸检测19轮2022280人次，重点人群核酸检测3轮120747人次；实现封控小区88个、9个村调整为低风险；解除集中隔离人员7029人；做好居家健康监测人员物资配送、心理疏导等工作，保障居家健康监测人员基本生活需求，解除居家隔离6740人。配送蔬菜包、药品等生活物资21余万人次。强化服务，加大老年人疫苗接种力度，截至年末，全镇60—79岁全程接种11061人次，完成率达99.61%，完成加强针接种11361人次，完成率104.2%；完成80岁以上第一剂次接种1034人次，完成率93.74%，完成全程疫苗接种843人次，完成率90.74%，完成加强针接种669人次，完成率85.45%。

【重点改革】 稳步推进“六权”改革。用地权改革方面，全面开展集体建设用地摸底调查，依法对符合发证条件的4个村集体建设用地确权登记颁证，发放确权登记证851户，备案登记2500户。集体土地所有权变更已完成地籍调查、公示、签署协议书和成果审核。用水权改革方面，农业灌溉用水确权全部完成，确权水量2090.87万立方米，完成水费收缴393万。山林权改革方面，完成全镇山林权林地一张图确权面积公示和汇总，对2户2宗林地进行申报发证。深化行政审批制度改革，下沉事项全部进驻民生服务中心，实现高频事项“异地收件、协同办理”44项。全年办理“乡乡通办”527件、“一件事一次办”11598件。

【基层治理】 创新治理模式，按照“一社区一品牌”思路，建立“五色网格”“七彩服务”“九久党建联盟”服务机制，打造“红色物业”“爱在邻里”治理品牌。社区治理典型经验被市委组织部推荐至全区城市基层党建会议上交流。排查化解各类矛盾纠纷122件，办结各类信访件182件，党的二十大、自治区第十三次党代会等重要节点未发生进京赴银访。深化反诈人民战争，开展“扫楼”“敲门”“晚霞”行动，引导居民安装反诈APP 4万余人，走访开展防范养老诈骗宣传13600余人，2022年全镇电诈发案数与财损数同比下降34.21%和38.77%。强化法治建设，举办各类法治宣讲8场次，开展执法检查125余次。筑牢安全生产防线，开展各类安全检查530余次，发现安全隐患572处，完成整改514条，整改率达90%。

【文明城市创建】 以新时代文明实践为引领，联合开展线上线下立体化文明行为宣传，联动开展交通劝导等志愿服务活动1000余次，累计清理巷道176余条、垃圾广告等8300余处、僵尸车辆640余辆、“小菜园”329处，清运垃圾87吨，清退侵占公共区域1573处，拆除私搭乱建75处，整治小区私搭乱建、飞线充电等安全隐患2007处。为群众办实事659件、解难题385件。注重典型引领，评选各类模范典型50户（名）。依托新时代文明实践（所）站开展移风易俗宣讲30场次、文艺演出6场，发放倡议书5000册，转发公益广告、短视频1000余次。

（海　瑞）

石空镇

【概况】 石空镇位于中宁县城以北，是中宁县的北大门，东接渠口农场，南临黄河，西靠余丁乡，北与内蒙古接壤，镇域面积347平方公里，东西长26公里，南北宽13.1公里。辖15个行政村104个村民小组1个社区居委会，户籍人口27233人，耕地面积5.4万亩。镇党委下设20个基层党支部，党员868名，内设综合办公室、党的建设工作办公室、综合执法办公室、经济发展办公室、社会事务管理办公室5个副科级行政机构，农业综合服务中心、民生服务中心、综治中心、财经服务中心4个副科级事业单位。在职人员54人，其中，行政编制人员22人，事业编制人员32人，社区干部9人，村干部75人。2022年，全镇工农业总产值40.87亿元，同比增长4%；农民人均可支配收入18651.8元，同比增长5.3%。

【产业发展】 落实国家粮食安全战略，完成小麦原粮种植3028亩，水稻原粮1000亩，玉豆套种10448亩。规划形成“一轴两翼”空间布局瓜菜基地，种植西蓝花、麒麟瓜、精品葡萄等特色产业近1万亩。在关帝、白马湖、枣一村新增流转土地1610亩续建麒麟西瓜基地，全镇麒麟西瓜种植面积达到6150亩；实行“玉米＋黑麦草＋玉米”两年三熟种植模式，推广种植黑麦草复种青贮玉米700亩，麦后复种燕麦草220亩，复种大白菜、萝卜550亩、油葵120亩，全镇沿中大路两侧蔬菜及其他特色产业种植面积9890亩以上，新增苜蓿260亩。与宁夏兴垦牧业渠口牧场、第一奶牛场、第二奶牛场达成2万亩饲草供应协议，计划订单种植青贮、苜蓿。指导全镇15个村成立联合社，探索建立“土地入股，资金入股，合作社种植联营”利益联结机制，引导农民、村集体以土地、资金入股联合社，下设精品葡萄种植销售、麒麟瓜种植销售、青贮销售、劳务用工、农资供应、苜蓿种植销售6个工作专社，开展物资供应、生产托管、技术支持、代储代销等服务。引导群众参与土地入股3528户7433亩、村集体土地入股140亩，引导群众参与资金入股16户63万元。

【村集体经济发展】 结合农村“三资”腐败问题专项治理行动，打好村集体资产“保卫战”，持续深化“村企合作”“村村合作”“强村带弱村”等合作发展模式，建立资源共享、种植互助、利益共担的运行机制。深化“三包一保”联营机制，扩大利益联结覆盖面，指导各村联合社在为全镇闲余劳动力、弱劳动力提供务工岗位的基础上，对“三类人员”等低收入群众每户每年给予1000元收益分红。实施农产品质量效益提升行动，对精品葡萄、蜜桃等绿色有机食品进行了认证，注册“杞乡大地”“杞玉玫瑰”

商标2个，形成种植、初加工、销售闭环链接，实现集体经济增效和农民增收新跨越。2022年太平村集体经济收入将超过100万元，枣一、新渠稍、王营3个村达到45万元，白马湖村达到20万元以上，倪丁、张台、童庄、立新、高山寺村达到15万元以上，其他村达到10万元以上。

【重点项目建设】 2022年投资5157万元，完成招商引资3000万元，固定资产投资入库1700万元。完成石空镇枣园东路和通威路延伸段道路工程建设、石空镇消防救援站建设、乡村数字影院改造、乡村综合治理中心提升改造、农村综合改革项目（第一批）、中宁县火车站站前广场改造等9个重点项目，完成投资4904.36万元。农村综合改革项目张台村、黄庄村巷道工程正在实施。全镇32个重点镇建设项目子项目中，17个项目已完工，15个项目正在实施。全镇15个村完工“一村一年一事”项目15个，实际总投资297.5万元，其中基础设施建设类项目11个，公共服务类项目2个，乡村治理类项目2个。2022年全镇改厕任务200户，其中集中管网式150户，三格式50户，实际完成改厕三格式101户，管网式103户，总计203户。

【人居环境整治】 全力开展人居环境整治，对南大路沿线的黄庄、王营、童庄、立新4个村进行整体规划设计，形成以南大路为线、沿线村为点的人居环境整治示范区。争取库区移民结余资金项目580万元，实施枣一村、高山寺村美丽村庄建设项目，整治巷道12条，安装路灯45盏，砌护花池50余个，建设广场2处，砌护渠道6千米。坚持“治乱”“建新”“改厕”“增绿”统筹开展，拆除非法占地养殖圈棚2处，规范化建设粪污处理设施16处，科学合理、因地制宜有序推进改厕，分批次推进各村生活污水治理，农村人居环境得到有效整治提升。石空镇、童庄村分别在全市第一次人居环境评促中取得乡镇、示范村第一名。

【乡村振兴】 全镇完成“铁杆庄稼保”1428人，实现农村劳动力转移7226人，其中到企业务工的4603人，从事人体经营人员718人，农村公益岗人员10人，劳务经纪人共带动就业人员1400人。技能培训2次，其中劳务经纪人1场次5人，电商培训41人；配合完成2次现场招聘会，有就业意愿547人。按照“四个不摘”要求，常态化开展“四查四补”、防返贫动态监测和帮扶集中排查，全镇19户脱贫户、28户边缘户、10户突发困难户人均纯收入增速稳定达到17%。结合全县2021年度巩固拓展脱贫攻坚成果同乡村振兴有效衔接考核评估反馈问题整改方案，主动认领问题13类50个，制定具体工作措施103条。全年整改完成49个问题，101项工作措施已落实到位，整改完成率98%。结合防止返贫动态监测集中排查，对全镇18户整户低保、14名特困供养人员、502名享受残疾人补贴家庭逐户甄别，新识别纳入监测对象5户。

【社会民生】 民生服务中心受理4804件，办结4433件，办结率达100%；群众满意99.78%，政务服务事项覆盖率达到50%；村（社区）民生服务代办点受理3335件，办结3335件，做到一事一评，满意率达到100%。受理“县内通办”389件，办结389件；受理“一件事一次办”293件，办结293件；全镇参保203110人，参保率

94.64%，家庭患大病报销44人235700.3元。2022年的春节，慰问困难退役军人、优抚对象10人共10000元，春节及端午节实物慰问困难退役军人、优抚对象、现役军人家属11人；为4名退役军人办理60周岁农村籍士兵生活补贴；为2名退役军人办理低保，大病救助6人次5783.96元。有退役军人411人，建档立卡信息采集397人，发放优待证393人。全镇有残疾人1039人，其中新增办理残疾人证63人，完成46名有残疾人辅助器具申报工作，开展0~6岁残疾儿童摸底免费康复工作，为5名残疾儿童进行康复转介工作。

【政务服务】 创新实施"一厅式集中办理"模式，实现乡村治理中心、党群服务中心、民生服务中心、经济发展中心"四中心合一"，制流程图81份、示例样表46份，创新设置15个专业窗口和5个综合窗口，做到"一窗多能，全科服务，全员通办"，最终实现群众"进一扇门，办一揽子事，不跑冤枉路"。整合辖区内视频摄像头、云喇叭、积分二维码等智能设备终端，搭建乡村治理数字化平台，开展智慧党建、政务公开、一键呼叫、表彰奖励等九大日常治理工作，实现群众在掌上、家门口即可"点单"反馈诉求，24小时享受政务、生活服务的同时，实时对山洪沟等重点区域进行巡检、点检，做到风险隐患及时干预，风险化解迅速有力。开展乡村治理积分制管理，对乡风文明进行量化积分，太平村入围全国村级"文明乡风建设"典型案例。

【疫情防控】 开展爱国卫生运动，坚持常态化疫情防控，摸排管控好各类风险人员1566人次，组织开展好全员核酸检测和疫苗接种。精准做好"9·20"和"11·18"突发疫情防控各项工作，硬隔离封堵村（社区）道路出入口159个，按规范设道路卡口21个，快速阻断疫情传播链。严格落实重点人员管控措施，定点转运31例阳性病例，管控集中隔离40人，各类风险人员518人。组织下沉党员干部、志愿者400余人做好全员核酸检测等各项工作，实现"不漏一户，不落一人"的目标。设置村（社区）物资配送点12个，备案配送车24辆，固定配送人员46人，保障辖区居民及滞留人员物资需求。对辖区内333个重点场所实行暂停营业管控措施。全镇接种第一剂次21682支、第二剂次22851支、第三剂次17682支。

【综合执法】 中宁县城市管理综合执法局、枣园交警中队、石空市场监管所等单位开展集中整治占道经营、乱设摊点、乱停乱放专项行动6次，开展疫情防控督查40余次，发放集镇乱象整治告知书100份，规范乱停乱放机动车74辆（次），整治非法摆摊、占道经营、乱堆乱放67处。联合县自然资源局、中宁县公安局、在禁赌、后山车辆非法载运、非法采砂、非法偷牧等执法领域开展6次专项行动，组织夜间联合突击执法8次，出动执法人员32人/次，查处国土资源等重点领域案件12起（立案查处禁牧封育9起，非法开垦荒地1起，移交非法占用草原2起）。开展北山执法巡查58次，累计出动521人次，查处偷牧行为10起（1315只羊、18匹马），罚款金额19130元。针对中宁北山矿山整治工作，投入资金2.8万元、组织机械9台（次）、人工23人次对巡查过程中发现的2处废弃采矿矿点进行修复，投入18.5万元对铜铁沟至铜铁沟铜矿探测路段12处无主矿点进行生态修复。

【综合治理】 推行“人民调解＋信访＋仲裁”工作机制，化解积案3起，通过司法程序引导化解矛盾纠纷1起。接待来访群众124批次，其中政策咨询38批次，信访反映86批次。排查、化解各类信访、矛盾纠纷280余起，其中信访积案3起。召开综治例会8次，前后5次集中宣传反邪教、反间谍、保护国家安全等内容，发放各类宣传彩页（物品）2800余份。成立石空镇安全保障和信访维稳工作领导小组，做好党的二十大及自治区第十三次党代会期间安保维稳工作。制订《石空镇防范电信网络诈骗包保工作方案》，成立石空镇电信网络诈骗包保责任领导小组，开展电信网络诈骗（养老诈骗）防范工作。

【干部执纪】 镇纪委联合党建办、综合办、农业综合服务中心针对人居环境整治、干部纪律作风、疫情防控、巩固拓展脱贫攻坚与乡村振兴有效衔接工作等开展督查15次，下发通报6期，责令检查16人，提醒谈话5人；针对109国道及滨河路两侧环境整治问题印发督办通知，建立问题整改台账、限定整改完成日期。针对“9·20”疫情防控管控措施不力的2名村干部予以免职、1名村党支部书记予以停职。

【环境保护】 全面落实河湖长制、林长制，落实镇村队三级联动和常态化巡查机制，镇村两级河湖长巡河738次。持续开展清“四乱”专项行动，协调县水务局实施黄河黄庄村段、枣二段护岸维修工程，编制枣园山洪沟整治方案，完成张裕沟砌护工程。对辖区北山、中小微企业、各村偷牧放牧、污水排放、秸秆焚烧等污染生态环境现象进行巡察35次，发现整改问题7个。精准打好植绿增绿“大会战”，栽植苗木50231株，其中生态林18806株，经果林20820株，花灌木10605株，打造乡村绿化示范点2个。

（卢耀武）

新堡镇

【概况】 新堡镇位于中宁县城南郊，东邻恩和镇，南靠工业（物流）园区，西与宁安镇接壤。镇域面积209.97平方公里，辖11个行政村93个村民小组2个社区居民委员会。有居民8724户24143人，其中，非农业人口11519人，农业人口12624人。有学校、加油站、医院等区、县属企事业单位38家。G109国道、S101省道、石中高速公路、中太铁路、城际铁路穿境而过，中宁东站、高速路口南北呼应，交通便利。2022年，新堡镇获“全区安全生产工作先进单位”，镇团委获“全区五四红旗团委”，创业村获第二批宁夏旅游示范村镇，安定社区获全国红十字会模范单位称号。

【产业发展】 种养殖业不断扩大。完成原粮小麦660亩、玉米大豆带状复种5250亩种植任务，实施化肥减量增效项目1000亩。全镇生猪、牛、羊、鸡饲养量分别达到5069头、1024头、17822只、23437只。制订产业布局规划，引企下乡，探索“村企合作”“积分制＋分红”等模式，实施村集体经济“倍增计划”，流转土地12000余亩，以“五＋”模式实现土地统一流转、统一管理、统一经营、统一服务，培育小番茄、冷凉蔬菜等劳动密集型产业，带动周边务工

12000余人次。打造三产融合示范园、休闲观光采摘园，举办“新堡镇首届乡村振兴田园休闲观光采摘节”和“新堡镇口味小番茄首发仪式暨采摘大赛”，接待游客2万余人次，新培育家庭农场2家，创建农民合作社示范社2家，创业村被自治区评为“宁夏特色旅游村”。

【人居环境整治】 坚持以“点上示范，串点成线，连线成面”为思路，全年启动机械1500余台（次），拆除废弃圈舍460平方米，栽植经果林15510株、生态林3700株，打造休闲凉亭、文化广场、小游园等“微景观”21个，评选市级“最美庭院”23个，打造刘营村人居环境整治示范村1个，创业村、盖湾村人居环境整治提升村2个。吸引项目建设资金619.8万元，实施道路硬化亮化、渠道砌护等工程类建设项目12个，改造居民旧楼小区2个，完成“一村一年一事”11件，完成抗震宜居房屋加固23户，卫生厕所改造311户。推进秋冬季农田水利基本建设，动用机械238台（次），人工510余人次，清淤各级渠道150条127.7千米，培厚加固渠道85条51.4千米，清淤沟道32条27.77千米，整修各类道路57条，完成秸秆捡拾打捆3600亩，深翻2500亩。

【社会民生】 常态化开展移风易俗“除陋习”“听党话 感党恩 跟党走”“农民合唱团歌颂美丽新生活”、健康知识讲座等活动310次，营造崇德明理、健康文明和谐社会氛围。社会保障不断完善。做深做实三级政务服务工作，年内办理各类政务服务事项5000余件，为居民提供“一网式”政策咨询3025次，服务预约和线下配送267次便民服务，全年平均好评率达99.7%。新增城乡低保47户51人，给予临时救助65人，自然灾害救助584户，发放各类救助救灾资金47.89万元。

【乡村振兴】 严格对照“两不愁三保障”和“八必访”工作要求，开展防返贫动态监测集中排查2轮4次，排查4685户，新增纳入监测户5户，排查11类问题，及时建立问题台账，制定整改措施，逐项核实销号。开展种植、养殖、农机等实用技术培训2次，参训人员200余人，稳定脱贫户、监测对象劳动力40人，累计转移农村剩余劳动力10603人。

【疫情防控】 发挥基层党组织战斗堡垒和党员先锋模范作用，180余名镇、村干部下沉一线充实“一办七组九岗”力量，各卡点组建7支临时专业服务队开展“上门服务”。创建“无疫小区（村）”，及时摸排七类特殊群体，临时救助困难人群196户342人，发放救助金202450元，实物救助296户568人，实物救助价值66300元，发放“爱心蔬菜包”2000余份，为群众开展上门贴心服务。

【综合社会治理】 创新提出“54332”模式，即推进“五项措施”、推行“四调”工作法、达到“三转变”、建立“三个一”工作机制、争创“两无”平安乡镇。下沉综治、司法、派出所等力量打造“小堡安家”治理品牌，建设乡村治理中心。上门宣传反诈知识，安装国家反诈中心APP，疫情防控期间制作安全防范温馨提示卡2万余张，推送相关防范视频500余条，“一对一”精准宣传老年人6000余人，实现发案数、财损数“双降”目标。信访矛盾化解。严格落实领导包抓责任制和领导信访接待制度，聚焦婚恋家庭、邻里纠纷、非法集资、拆迁安置等方面进行定期排查摸底，全年受理信访件125件，办结125件，排查矛盾纠纷137件，化解136件。应急能力规范建设。打造乡镇“六有”即有班子、有机制、有预案、有队伍、有物资、有演练、村级“三有”即有场地设施、有装备物资、有工作制度，建立乡村应急预案一点通，培树农村消防“进‘两会’、建‘三队’、推‘四改’、县乡村三级联动灭火”的“2343”农村消防工作法，建设新堡镇应急指挥中心，整合辖区力量建设群众家门口的应急救援队伍，组织开展防洪应急疏散、防震、灭火等应急综合演练15场次，参与群众1200人次。开展安全生产隐患大起底大排查大整治专项行动，检查生产经营单位240余家(次)，排查安全隐患683条，整改615条。常态化开展秸秆禁烧巡查60余次，巡查土地违规建设20余次，整治违法图斑48个，禁牧巡查执法40余次，清理南山私搭羊圈5座，立案偷牧案件4起，移交部门3起违法图斑立案办理，柔性执法运用超过60%。

（耿佳楠）

鸣沙镇

【概况】 鸣沙镇位于中宁县境东部，距县人民政府21公里，东部与白马乡相连，南部与吴忠市红寺堡相连，西接恩和镇，北连黄河，总面积299平方公里，耕地面积7.2万亩。镇人民政府位于镇区中部鸣沙村集镇鸣沙西街。全镇辖鸣雁社区、黄营、薛营、鸣沙、二道渠、五道渠、长滩、李滩、长鸣9个村(居)委会，人口2.49万，由汉族、回族及极少部分满族等其他民族构成，是集物资流通、商业贸易、加工于一体的商贸型集镇。全镇土地肥沃、物产丰富，是全区优质水稻主产区。2022年，全镇工农业总产值12.6亿元，同比增长6.8%；农民人均可支配收入17526.8 元，同比增长9.6%。

【产业发展】 优化调整种植结构，完成种植小麦4331.6亩，水稻8058亩，籽粒玉米单种30627亩，大豆玉米带状复种15473.97亩，新植枸杞7441.35亩。建立小麦原粮种植基地4092.3亩，水稻原粮基地4000亩。建立富硒水稻基地5000亩。实现肉猪、肉牛、肉羊存栏量0.53万头、1482头、1.38万只。依托育苗基地进行各类瓜菜种苗培育和反季节设施蔬菜种植，丰富农业种植结构，提升农业综合效益。新植枸杞7441.35亩，打造井沟、红柳沟、小盐池滩3个高标准种植示范区。全镇枸杞种植面积达2.2万亩。

【农田水利基本建设】 2022年，投入人工12030人次，动用挖机686台(次)，农用机械276辆，清埋渠道619条463.3公里，清理沟道423条532.6公里，秸秆还田4.2万亩，秋施肥0.4万亩，玉米秸秆打捆8760吨，残膜回收481吨，改善灌溉面积5.53万亩，涂红刷白6.1万株，整修道路457条251公里。全面完成农田水利基本建设工作任务。

【乡村振兴】 鸣沙镇8个行政村现有脱贫户27户48人，监测对象30户80人，其中消除风险的25户64人，未消除风险的监测对象5户16人。通过社会兜底等政策增加脱贫户、监测户收入，其中脱贫户有26户28人享受低保，监测户有26户38人享受低保。通过扶贫小额贷款入股宁特公司发展养殖业获取分红，10户脱贫户、3户监测户落实分红5.2万元。新增

13户贷款发展养殖业。在五道渠村建设10座扶贫大棚种植麒麟瓜、芹菜，解决脱贫户、监测户就业问题，实现脱贫户、监测户务工、分红双收入，24户脱贫户、监测户通过务工、分红共获得收入6万元。通过申请公益性岗位解决部分弱劳力脱贫户、监测户就业问题，2022年新增公益岗位13个，增加13人收入10万余元。

【项目实施】 申报实施2022年农村公益事业财政奖补项目及整村推进项目，对长滩村、长鸣村、薛营村、李滩村主巷道进行美化亮化，申报实施鸣沙镇肉羊“出户入园”养殖场基础设施建设项目，申报实施鸣沙镇集镇周边道路硬化美化项目，对街道范围内存在的裸露土地进行硬化及美化，实施五道渠村老饭桌及村部办公场所建设项目，新建老饭桌113平方米，办公场所100平方米；编制长滩村、李滩村及鸣沙村“多规合一”实用性村庄规划。完成农村厕所改造250户。

【环境综合整治】 严格落实“河湖长制”，镇级河长巡河共206次，村级河长巡河419次，巡河员巡河1856次，每月对各村进行督查通报，累计发放督查通知5期，整改落实5期。安装河长制垃圾警示牌16处，发放宣传单100余份、印刷河长制宣传手册120本、河长制倡议书240份、扫黑除恶宣传单200份，对镇52户群众入户调查。清理沟渠道161条，拆除违章建筑物4处，拆除棚圈1处，清淤沟道建筑垃圾1600多方，清理各沟道动物死尸3处，恢复乱占沟道3处，清理黄河码头2处。开展秸秆禁烧、封牧禁育工作。实施植绿增绿行动，完成生态林、景观花灌木及经果林栽植39920株。开展自然资源动态巡查（土地、矿产）60次，核查各类图斑77处。

【村集体经济壮大】 完成8个村的集体资产清查核资，并录入全国农村集体资产清产核资系统，着力构建“党支部＋合作社＋龙头企业+农户”等共赢机制，聚力发展以农业产业为主导，人力资源开发、入股分红等为补充的“1+N”村集体经济模式。成立中宁县惠鸣劳务服务有限公司，强化人力资源供给端与需求端对接，组织输出劳动力5000余人次，群众增收近45万元。薛营村深挖增收潜力，立足本村资源，继续流转土地，扩大苜蓿、玉米等种植面积，盘活冷鲜库，拓宽冷鲜库出租收益，增加村集体经济收益，2022年村集体经济净收入达40万元。各村2022年村集体经济收入均达15万元以上。

【社会保障】 按照“应保尽保，应退即退”要求，全年新增低保72人，取消低保12人，追回低保违规资金16820元。全年累计救助389人次，发放救助资金47.6万元，发放暖心三色包150份。帮助办理入住敬老院2人，办理高龄津贴65人，退出39人。

【疫情防控】 完善疫情防控网格划分，强化各村疫情防控措施并定期督导检查，及时开展最新疫情防控知识培训。有效处置“9·20”突发疫情。按照“分级管控，干部下沉，扁平运行，果断处置”原则，细化实化应对复杂性局面措施，及时优化实施方案、应急预案，健全完善平急转换机制，无疫村创建率达100%。静默管控期间，设置管控网格85个，交通卡点12个，封堵路段177处。坚持“应检尽检，不漏一人”原则，组织开展全域核酸检测30轮21万人次，摸排密接、次密接人员303人，向群众配送蔬菜包、医药品等生活必需物资1.3万余份，全面保障群众生命健康和基本生活持续做好新冠肺炎疫苗接种宣传动员工作，鸣沙镇常住人口6435人，完成2万多人次接种，其中80岁以上老年人完成全程接种197人，接种任务完成率79.12%，60—79岁老年人完成全程接种2633人，接种任务完成率100.19%。

【综治维稳】 全年排查化解各类矛盾纠纷192起，解决群众实际问题98件，办理答复信访件42件。开展"命案防控"、矛盾纠纷"大排查、大调解"、"婚姻家庭纠纷摸排"等专项行动。常态化开展扫黑除恶专项斗争，开展国家安全、反邪教、禁种铲毒宣传活动5次。完成反诈小程序安装下载7900余人次，常住户安装全覆盖，全镇电信诈骗受害群众数量和涉案金额整体呈现下降趋势。开展民族团结进步宣传教育工作，引导群众牢固树立马克思主义民族观、宗教观，加强宗教教职人员教育管理，规范各项宗教活动，维护宗教领域和谐稳定。强化安全生产管理工作，组织开展安全生产大检查，全镇安全生产形势总体稳定，实现安全生产、食品药品安全事故零的目标。

（张玉辉）

恩和镇

【概况】 恩和镇位于中宁县城东部，西与新堡镇毗邻、东与鸣沙镇接壤，S308线横穿东西，恩红公路纵贯南北，是中宁县到青铜峡市、红寺堡区的重要交通枢纽，是中宁枸杞的核心产区之一。全镇辖10个行政村和双井子地区，国土面积173.7012平方公里，耕地面积9.8万亩，户籍人口7671户23832人，常住人口3463户11207人。全镇有党支部15个，党员699人。红色资源丰富，诞生张子华、孙殿才等革命先辈。恩和镇先后获"全国节约型公共机构示范单位""全国先进人民调解委员会""自治区文明乡镇"等多项荣誉。

【产业发展】 响应国家粮食种植政策，采取"支部带头，党员带动，群众参与"方式鼓励引导各村通过土地流转方式，开展小麦和"玉豆"（玉米、大豆）种植，全镇种植小麦3700亩，"玉豆"带状套种1万亩，打造上庄村千亩"玉豆"种植示范基地。调整农业结构，引进吉林金塔集团和宁夏金葵食品有限公司两家企业，试种辣椒200亩，辣根50亩，推广种植玉米+小黑麦+玉豆套种两年三收1400亩，小麦+蔬菜一年两收2300亩，改变传统"春耕夏耘秋收冬藏"农业模式，把"冬闲地"变"致富田"，群众增收渠道进一步拓宽。持续做好传统农业种植，种植玉米5.1万亩，苜蓿、小黑麦等饲草0.6万亩，种植露地西瓜0.41万亩，苹果0.16万亩，种植各类蔬菜0.41万亩。发展壮大枸杞产业，新植枸杞830亩，新建红梧山枸杞烘干中心，引进枸杞代餐粉加工产业，枸杞产业附加值稳步提升。

【项目建设】 有序推进镇村建设，10个"一村一年一事"项目全部完工，完成秦庄村美丽村庄建设项目，铺装面包砖2320平方米，安装太阳能路灯75盏，安装混凝土道牙3000米，建设文化广场1个。沙滩村"红色美丽村庄"建设项目有序推进。完成红梧日间照料中心建设。

加强基础设施建设，实施道路硬化项目，累计硬化华寺村、恩和村、双井子地区等村道路27公里，交通设施进一步完善。高标准推进农田水利建设，清淤沟渠590公里，加固渠道201公里，整修道路133公里，超额完成全年建设任务；完成双井子地区1.54万亩高标准农田建设、华寺村1440亩高效节水灌溉项目和红梧村300亩辣椒基地配套工程，农业生产基础进一步夯实。全面加强生态环境保护，实施人居环境综合治理，打造示范村1个，提升村2个，改造卫生厕所248户，清理残垣断壁23512米、“三堆”垃圾7251处，人居环境持续改善。开展植绿增绿工作，围绕农村庭院绿化、农村主干道路绿化、田间林网绿化等重点区域，栽植各类苗木3.2万余株，播种柠条265.5亩。

【乡村振兴】 做好防返贫动态监测帮扶工作，严格落实“四个不摘”要求，常态化开展“四查四补”，累计排查问题89个，完成整改88个，完成率98.8%。全面开展防止返贫动态监测帮扶集中排查，“一键预警”55户，未发现返贫致贫风险。从严推进巩固拓展脱贫攻坚成果同乡村振兴有效衔接反馈问题整改，2021年度巩固拓展脱贫攻坚成果同乡村振兴有效衔接考核评估反馈14个方面56个问题，均完成整改，市县督导反馈170个问题，均完成整改。实施“六大提升行动”，围绕解决好产业、就业、社会融入三件大事，推进移民致富提升肉牛托管养殖，为109户群众分红130.8万元，户均增收1.2万元。依托村集体经济肉羊养殖场，探索创新基础母羊配股、“借羊养羊”、基础母羊赊销、肉羊免费配送、“劳务积分兑换肉羊”等5种帮扶新模式，对移民群众开展“兜底”“造血”“扶志”帮扶。聚焦居民收入提升，精准建立、动态更新全镇12021名劳动力就业信息台账，上半年劳务输出6626人，向企业输送1485人，人均增收3500元/月。持续加强义务教育控辍保学动态监测，推进控辍保学从动态清零向常态清零转变，全镇适龄儿童入学率达100%。常态化开展移风易俗，引导群众喜事新办8户，丧事简办19户。

【开展“六权”改革】 按照区、市、县党委实施“六权”改革部署要求，组建工作专班，安排专人负责，全面开展全镇用水、土地、排污、山林、用能、碳排放底数核查，摸清改革“家底”。核定配水面积9.8万亩，配水5826.6932万立方米；基本完成土地确权，确权41856.33亩，农村房地一体确权备案8886宗，符合发证条件5117宗，备案登记不发证3769宗；核准草原面积519户86682亩；排查排污口147个，农田退水口140个，封堵整改入黄排污口7个；确保产权到企、到户、到人，使各类资源最大限度地合法入市，为全面推进“六权”改革奠定坚实基础。

【民生保障】 深化基层整合审批服务执法力量改革成果，推行“上门服务”，组织各村代办员和网格员为辖区群众，特别是行动不便的老人、残疾人提供代办帮办服务，全年受理审批服务事项1.5万件，好评率达95%。严格落实各项惠民政策，2022年新增农村低保59人，城乡养老金、城乡居民最低生活保障金、临时救助、耕地地力保护补贴等惠民资金应发尽发。开展争项目争资金争示范工作，结合“改作风，谋发展，争先进”专项行动，紧盯国家、自治区政策方向、投资导向、资金流向，联系对接相关部门、企业，全身心投入“三争”工作，全年争取项目资金2330万元，招商引资1790万元，创建红梧村自治区民族团结示范村。“9·20”疫情期间，有序组织开展全员核酸采样53轮，重点人群核酸采样30轮，累计52万余人次，阳性确诊人员全部治愈出院，疫情防控逐步有序进入常态化。

【社会治理】 坚持党建引领，突出法治、德治、自治“三治”融合，统筹推进乡村、社区、宗教、学校、企业、社团、网络空间等重点领域治理。深化社会治理效能，整合综治信访、公安司法、民生服务等资源力量，有序推动乡村治理中心建设，加强网格化管理，探索建立网格员绩效管理机制，充分调动网格员职能发挥。开展防范电信网络诈骗和养老诈骗宣传活动，入户宣传11057人次，指导安装反诈APP 9300余人次，全年未发生涉老诈骗案件。推行乡风文明积分制，建成恩和镇乡村治理大数据平台，完成辖区常住户积分制二维码门牌安装，正常开展积分活动。建成新时代文明实践所（站）11个，开展志愿服务活动270余次。践行新时代“枫桥经验”，加强信访矛盾纠纷调处化解，受理各类信访案件218件，结案件215件，摸排化解矛盾纠纷63件。依托新时代文明实践所站，建立镇村两级普法宣传队伍，开展“八五”普法进机关、进校园、进企业、进农村、进宗教场所活动，全年法治宣传和普法教育累计125次；全面推广村代会“55124”模式，完善民主管理各项举措，健全村规民约，落实“四议两公开”工作法，推进党务、村务、财务公开。严格落实“一村一辅警”制度，推进农村“雪亮工程”建设，巩固扫黑除恶专项斗争成果，建设平安恩和。

（马永嘉）

舟塔乡

【概况】 舟塔乡位于中宁县城西郊，东邻宁安镇，南接清水河，西靠泉眼山，北依黄河，行政区划面积53.85平方公里，耕地面积4.29万亩。全乡辖10个行政村，100个村民小组，户籍人口9468户29659人，常住人口3149户7816人。2022年，全乡农村居民人均可支配收入18497.2元，同比增长4.7%。

【农业种植】 严格执行粮食安全党政同责，压实粮食种植责任。2022年，全乡种植籽粒玉米2.7万亩，小麦0.1834万亩，玉豆复种0.7355万亩，复种露地蔬菜4316.69亩。持续落实耕地地力保护补贴政策，全乡7513户涉及耕地地力保护补贴面积43680.71亩，发放补贴资金3319733.96元。

【畜牧业】 做好防疫合作社、规模养殖场监督及重大动物疫病基础免疫工作，落实好动物防疫和畜产品质量安全监管工作，健全动物防疫服务体系，确保防疫工作保质保量。2022年，全乡生猪饲养量2.9万头，羊饲养量1.6万只，肉牛饲养量0.18万头，小家禽饲养量11.58万只。

【枸杞产业】 优化产业布局，振兴枸杞产业，动员种植大户、合作社、农户及时更新变异、死亡枸杞树苗，2022年新植枸杞1000亩，增施枸杞有机肥3028亩，茨枝整形修剪4287亩，统防统治1043亩。

【“美丽乡村”建设】 推进人居环境整治和爱国卫生攻坚行动，建立“以点带面，辐射全村”的环境卫生整治机制，打造人居环境整治示范村1个（靳崖村），提升村2个（舟塔村、铁渠村），打造微游园、娱乐园16处，组建清理队伍10支，启动机械450台（次），动用车辆240辆（次），人工410班（次），拆除废弃圈舍650平方米、清理“三堆”580立方米、清理整治巷道24条9650米，栽植生态林、经济林2万余株，新改建卫生厕所300多座，乡村环境面貌持续得到改善。高标准推进农田综合整治、水利设施和林网建设，清淤、整修培土加固渠道251条112.2公里；整治沟道265条106.3公里，整修机耕路、生产路341条126.6公里，完成机深翻1.18万亩、秋施肥0.4万亩、玉米捡拾打捆4890吨、树木修枝及涂红刷白4.3万株。

【社会民生】 落实落细重点人群、困难群体生活保障工作。审核纳入低保77户81人；大病救助重度残疾人12人，发放救助资金59456.59元；为50人办理残疾证，为36人申请辅助器具；办理临时救助143人，发放救助资金390080元；发放孤儿救助资金26000元。

【疫情防控】 “9·20”疫情期间，及时成立综合协调、医疗保障等6个专项工作组，设置乡村防控点21个，配备工作人员71名，24小时值守，严格执行“足不出户，上门服务”管控措施，紧盯重点人群和关键环节，突发疫情得到有效遏制。精心组织、科学有序推进疫苗接种工作，全乡60—79岁人群全程接种人数2615人、加强免疫接种人数2435人，80岁以上人群第一剂次接种人数269人、全程接种人数268人、加强免疫接种人数224人，接种率位居全县前列。

【社会综合治理】 健全信访矛盾纠纷排查、预警研判、防控化解机制，排查化解矛盾纠纷158件，处理“12345”政务服务热线188件。深入推进反诈工作，召开工作会议11次、开展宣传活动10次，入户指导群众注册“国家反诈中心”APP，开展微信“杞乡反诈”小程序信息录入工作。组织开展安全生产检查28次，出动检查人员240余人次，检查企业150余家次，排查安全隐患47处，全部整改到位。

【基础设施建设】 依托农村公益事业财政奖补项目、水库移民后期扶持及美丽家园项目、“一村一年一事”行动翻建农渠10728米、硬化巷道25988平方米、安装太阳能路灯90盏、安装混凝土道牙2160米，铺设面包砖23040平方米、铺设健步小道3300平方米、修建花池2000平方米、铺设污水管网24.5千米、安装玻璃钢化粪池45座。

【乡村振兴】 坚决守住脱贫攻坚成果，防范化解返贫风险，确保巩固拓展脱贫攻坚成果同乡村振兴有效衔接。落实“四个不摘”政策，围绕“两不愁三保障”，对19户脱贫户、80户监测户定期开展动态监测，对各村劳动力就业意向进行精准摸排，对接单晶硅、天元锰业等企业，精准匹配推送就业信息，加强修剪茨枝等技能培训，多渠道扩大社会就业，提高本乡农民收入。为13户申请贴息贷款65万元，每户每年获得分红3000元。

（辛佳宁）

余丁乡

【概况】 余丁乡位于中宁县城西北部，东邻石空镇，西接中卫市沙坡头区镇罗镇，南临黄河，北接山地，乡域面积306平方公里。余丁乡交通便捷，201省道、滨河大道、太中银、包兰铁路贯穿全境，距京藏高速中宁出口22公里。全乡辖6个行政村62个村民小组5308户15599人，常住人口4093人。2022年农民人均可支配收入达18420.2元，同比增长5.1%，村集体经济纯收入达145.13万元。黄羊村被评为2022年中国美丽休闲乡村、第三批全国乡村旅游重点村；余丁村被评为2022—2024年度区级文明村，第一批议事协商试点典型案例，被命名为自治区健康细胞示范点。

【产业发展】 种植粮食作物21012亩，其中籽粒玉米1.24万亩，大豆玉米复种4908亩，水稻3704亩，春小麦1884亩，完成粮食种植任务；做优做强特色产业，种植优质饲草3702.6亩，富硒菊花145亩，小番茄、水果萝卜等果蔬1118亩。推进农业绿色发展，打造有机肥替代化肥示范区1500亩，病虫害绿色防控示范区1840亩。协助开展双龙山石窟文物修复保护，协调做好黄羊村道路项目前期准备工作，争取200万元实施古村落保护项目，不断改善旅游环境。

【人居环境整治】 强化项目整合，将环境整治与项目争取相结合，统筹资金使用，完成户厕改造99户，实施“一村一年一事”行动6个，农村公益事业财政奖补、整村推进、污水管网改造工程等项目7个，硬化道路7.5公里，安装太阳能路灯345盏，铺设污水管网6894米，砌筑检查井201个、化粪池2座。开展村庄乱堆、乱建、乱放整治，推进石空村老街、时庄村老旧学校改造焕新，完成春季植绿增绿3.3万株，提升村庄硬化亮化美化绿化质量。

【民生事业】 紧盯监测、帮扶、退出等关键环节，纳入监测户3户，消除风险1户，全面完成脱贫攻坚领域13类52个问题整改工作。加强民生政策落实，新增低保20户24人，取消低保34户38人，发放临时救助资金39人105350元，转移农村劳动力4000人。强化“乙类乙管”政策培训解读，开展爱国卫生运动，60岁以上人群疫苗接种实现应接尽接、能接全接，持续开展暖心服务，配送“暖心三色包”100份，急救包及常见药品200余份，全力保障群众身体健康。

【生态治理】 严格落实河长制，完成乡域河湖沟道打点划界，巡查发现并整改问题5处，配合完成中卫市第一排水沟余丁段人工湿地工程项目。制订《余丁乡矿山资源排查整治专项行动工作方案》，处理移交涉嫌违法开采矿产资源、倾倒垃圾等案件6起，重点修复非煤矿山21处、煤矿3处。

【社会治理】 开展安全生产专项行动，紧盯重大节点和重要领域，集中开展安全生产检查100余次，排查整治安全隐患110处。制订《余丁乡大排查大整治大化解六个专项整治实施方案》，排查化解各类风险隐患48条；坚持抓小抓早、源头化解，调处化解各类矛盾纠纷40起。健全完善网格化管理体系，深化“积分制”“五星五花”等机制作用发挥，建成2个数字乡村大数据平台，重点开展村级议事协商工作，建立议事协商点3个，创新“小事简商，急事快商，难事重商”协商模式，“253”协商工作经验列入全区第一批议事协商试点典型案例。

（王海霞）

白马乡

【概况】 白马乡位于中宁县城东北部，东与青铜峡接壤，南与红寺堡毗邻，北靠黄河，西南与鸣沙镇为邻，距离县城 32 公里，全乡南北长约 19 公里，东西宽约 6 公里，面积 44.1 平方公里。境内交通便利，京藏高速公路、308 省道、滨河路三大路网贯穿全乡，东可通往吴忠、银川等地，西可直达县城。行政区划面积 10089 公顷，辖 7 个行政村 54 个村民小组，户籍人口 4070 户 13016 人，常住人口 3871 人，耕地面积 37897 亩。乡党委下辖 8 个基层党支部，382 名党员，其中农村党员 359 名。2022 年，白马乡获“全市民族团结进步先进集体”、白马乡彰恩村获“自治区文明村”等荣誉。

【产业发展】 原粮种植上，采用“支部 + 企业+农户”和“专家带队业务下沉 + 分片包干 + 网格服务”模式，种植小麦 4198.56 亩，建设水稻基地 10458 亩，玉米大豆带状复合种植 9080 亩。枸杞栽种上，采取“党支部 + 企业 + 农户 + 基地”模式，栽植枸杞 9076.63 亩，完成率 130%。草畜产业上，加快发展“多村一品”“连村成片”“跨村成带”“集群成链”，种植饲草苜蓿 1200 亩，建设标准化育肥羊养殖场 3 个、育肥牛养殖园区 1 个。果蔬示范基地上，采取“支部 + 合作社 + 党员 + 大户”的运行模式，利用村集体大棚种植麒麟瓜、甘蓝等果蔬 51 栋。发挥产业联动效应，种植大地西瓜 3300 余亩，各类蔬菜 1800 余亩。壮大村集体经济上，依托壮大村集体经济扶持资金 100 万元，成立三道湖村合作社农机服务队，村集体经济合作社年收益达 20 万元左右，同时降低群众生产投入 30% 以上。探索发展“稻渔空间”上，实行一地多用，一水多产模式，促进“三产”融合，打造“稻渔空间”1000 亩，亩增收 200 余元。

【项目建设】 提速“一年一村一事”落实步伐。白路村二、三队路面硬化项目、新田村生产路建设项目、三道湖村东山坡苹果基地道路硬化项目、跃进村旧学校操场改造休闲娱乐文化广场项目、彰恩村一队至曹家沟桥头道路硬化项目、三队至朱路交接桥头道路硬化项目、朱路村三级扬水路面硬化项目均已完工。推进重点项目达产达效。白路村、跃进村老饭桌项目、跃进村民生服务中心建设项目、朱路村、三道湖村、新田村居民休闲广场项目均已完成。白马村湖羊养殖场二期项目、三道湖村“出户入园”一期项目、新田村养殖场项目、磙磙子塘肉牛养殖园区项目已完工，建设圈棚 24 座，饲料棚 1 座。白路村、三道湖村、跃进村、朱路村实施农村公益事业财政奖补项目 5 个均已完工。争取项目资金。实施完成白马村高质量美丽宜居村庄建设项目、吴家梁养殖场至枸杞基地道路 5000 米硬化项目、日光温棚建设项目，稻鱼综合种养基地项目，白马村湖羊养殖场二期项目供水和用电工程。

【乡村振兴】 开展大排查工作，“乡村振兴健康保”参保率 100%，全乡安全住房 4189 户，2477 户常住户自来水全部入户，入户率达 100%，全乡义务教育阶段无辍学学生，7 个村卫生室均达到基础医疗卫生保障标准。对大排查发现的问题，制定整改措施，逐项销号整改，对反馈的 26 户用水不稳定、1 户房屋有裂缝、27 户 C

级未加固房屋全部整改到位。按照《中宁县关于落实2021年度巩固拓展脱贫攻坚成果同乡村振兴有效衔接考核评估反馈问题整改方案》,对照全县14个方面56个问题,均已完成整改。

【水权、山林改革】 用水权方面,组建中宁县白马农业灌溉服务专业合作社,设理事长1名,监事长1名,成员5名,并根据各村灌溉实际情况确定水管员16名。按照“总量控制,以水定植,以水定需”为原则,对白马乡各斗口水量水指标进行合理分配,配合七星渠管理处、县水务局做好七星渠和长鸣干渠电子计量设施安装。山林权方面,不断完善林业生态管护责任体系,设立林长16名,其中乡级林长9名,村级林长7名,护林员3名,持续做好巡山护林常态化管护工作,配合县自然资源局做好外业调查核实工作,摸清山林地底数。

【人居环境整治】 强化河长制运行机制,每月不定期开展河湖“四乱”巡查,完成乡级河长每月2次巡河、村级河长每月4次巡河任务。实施农村人居环境整治提升五年行动。加大农村“厕所革命”生活污水和垃圾治理、村容村貌整治提升力度。打造农村人居环境整治示范村1个、提升村2个。

【植绿增绿】 坚持“见缝插绿,提质增绿,裸土覆绿”,2022年春季栽植任务31000株,进场43410株苗木,栽植43410株,其中,栽植以国槐、刺槐、沙枣树为主的生态林18700株,苹果、红梅杏、梨树为主的经济林24710株,完成栽植任务的140%,打造白马村吴家梁生态走廊和白路村空闲宅基地经果林示范片区。

【农田水利建设】 全乡投入人工8945人次,动用机械748辆(次),完成渠道清淤150条102.6公里;沟道整修147条42公里;机耕路、生产路整修清理完成24条,共计45.2公里;涂红刷白任务4万株,完成5万株,完成下达任务125%,整修生产路,机耕路任务171条69.36公里,完成201条114公里,完成下达任务164.4%,秸秆还田任务6000亩,完成12000亩,完成任务下达200%,机深翻完成39600亩,秋施肥任务2000亩,完成6000亩,完成下达任务300%,玉米捡拾打捆任务2000亩,完成19000亩,完成下达任务950%,残膜回收任务324吨,完成200吨,完成下达任务62%。

【农业补贴】 休耕轮作补助:2020年第二批休耕轮作资金1233998.28元于2022年4月到账,涉及补贴户数265户面积12290.82亩,全部发放完毕。一次性种粮补助:白马乡2022年实际种粮农民发放一次性补助面积,彰恩村4556.72亩,白马村7452亩,朱路村6340亩,白路村6950元,三道湖村6527.37元,跃进村7450亩,新田村9670亩,每亩补贴标准第一批为10.69元,第二批为4.31元,合计补贴面积48946.09亩,补贴总金额734191.35元全部发放完毕。农机审验:白马乡乡对辖区7个村审验农用机械994辆。

【乡村治理】 开展维护社会稳定风险隐患大排查大化解大整治行动,调处化解矛盾纠纷80件、办结各类信访件11件,处理“12345”政务服务热线50件,接待群众来访32批次370人次。健全完善“一站式接待,一条龙服务,一揽子解决”为民服务工作模式,办理审批事项1702件。全面落实行政执法“三项制度”,开展“两禁”巡查270余次,办理违法偷牧案件9起,发现并移交非法盗采案件10余起，移交处理3起，开展企业安全生产检查130余次，排查安全隐患及存在问题184条。

【民生保障】 做好低保申请和临时救助工作，截至2022年12月，白马乡低保635户690人，其中，城市低保13户16人，农村低保624户676人，特困人员26人，集中供养13人，分散供养13人。2022年受理临时救助申请189户，发放临时救助资金16.8282万元。发放妇女创业贷款536万元，帮扶53户妇女家庭。

【疫情防控】 落实常态化疫情防控工作，“9·20”疫情期间有序组织开展全员核酸采样53轮，重点人群核酸采样30轮，累计224948人次，疫情期间对接确定保供商户1家，为全乡村民生活物资供应提供有力保障，药品由专人对接卫生院，药店等医疗机构进行垫付购买；持续发动群众接种新冠疫苗，特别是60周岁以上，3—11周岁以及18—59周岁人群接种工作，多举措提高辖区群众疫苗接种率，筑牢人民群众身体健康防线。

【彰恩堡乡愁记忆馆打造】 为响应自治区第十三次党代会提出的“三区”建设目标，加快建设铸牢中华民族共同体意识示范乡，利用跃进村废弃小学教室打造彰恩堡乡愁记忆馆，乡愁记忆馆投资建设总额50万元，于2022年8月开工，2022年12月底完成建设。乡愁记忆馆打造记忆馆主体一座，占地面积约80平方米，记忆馆内部内容分为五个部分，分别为：彰恩堡历史上的红色人物，讲好红色故事、传承红色基因；彰恩堡历史至今的文化记忆；讲好彰恩堡发展史中的大事件；展示彰恩堡铸牢中华民族共同体意识的民族团结工作；对比彰恩堡过去与现在的变化，同时馆内计划陈列彰恩堡居民家中见证发展的古物，宣传讲好彰恩堡进展中的优秀先进典型。

（陈　渊）

大战场镇

【概况】 大战场镇地处中宁县城西南，总面积约350平方公里，耕地面积约15.6万亩，总人口18884户79096人，其中汉族人口占36%，回族人口占63%，其他少数民族人口占1%。

【乡村振兴】 全年新增低保254户273人，发放临时救助112户360人51.5万元，办理救急难19户9.65万元，大病医疗救助8人7.24万元。设立突发事件救助“基金”，救助2人1.02万元。加大自建房隐患排查力度，排查出住房安全隐患35户并加固维修，消除隐患19户。监测对象基本医疗保险参保率和家庭医生签约率均达到100%。落实红黄蓝三色预警和“一键预警”监测机制，接到预警信息79条，新识别纳入监测户14户63人，监测对象风险消除回退1户3人。开展防止返贫动态监测帮扶集中排查工作，完成954户脱贫户和123户“三类人员”收入采集、信息核对、风险排查等工作。

【产业发展】 2022年，全镇种植大豆玉米1.9万余亩，单种玉米9万余亩，小麦0.4万余亩，露地西瓜0.43万余亩，新植枸杞1060亩，累计建成百瑞源、早康和中杞等枸杞产业发展基地5个，枸杞面积达3.7万亩。通过金融扶持，办理移民致富提升贷款524户4845万元，分红387.6万元；办理托管养殖贷182户895万元，分红89.5万元。建成规模以上养殖场(户)达75家，牛、羊、生猪饲养量分别为5.5万头、12万只、5万头，支持形成马莲梁、清河、兴业等7个特色养殖示范村，马莲梁村被评为“全国肉牛养殖一村一品示范村”。在长山湖村建设设施蔬菜大棚11座，带动群众发展产业。

【移民就业】 促进富余劳动力就业增收，实现户均务工人员1名。强化龙头企业带动，利用镇域范围内中杞集团、早康等基地和禹尧基地，带动8200余名群众就近务工，人均增收1.2万元。引进宁夏景丰源服饰有限公司在宽口井原面包房建设扶贫车间，提供就业岗位100余个，人均年增收2万元以上。依托109国道、338国道等交通要道，发展运输行业，全镇从事运输行业人员900余人，平均年收入7万元。对接县内用工企业，举办专场招聘会2次，提供就业岗位145个，成功签约35人。根据实际需求开展电焊工、家政服务员等培训160余人。加大劳务输出力度，培育经纪人68名，组织劳务输出3000余人次。针对脱贫户、监测对象家中无法外出务工和弱劳动力人员申报公益性岗位45个，提升低收入群体收入水平。

【经营主体培育】 以宽口井枸杞、番茄基地为依托，打造“特色产业+休闲农业+乡村旅游”三位一体农业综合产业园，年接待游客3000余人。培育专业合作社，全镇有各类专业合作社206家(2022年新培育8家)，其中养殖专业合作社76家，枸杞专业合作社63家，农机专业合作社5家，其他专业合作社62家。

【示范创建】 高标准打造长山头村、东盛村、庆丰社区铸牢中华民族共同体意识示范点，班子成员访村干部入户全覆盖2次，民族团结敲门志愿服务20场次，覆盖人员达3万余人。配合拍摄完成以大战场镇农民合唱团为原型的电影《六谷儿》。

【基层治理】 走访农户30285户，摸排各类群众需求和矛盾纠纷578件，边走访边化解。其中一般性矛盾纠纷和解决群众需求561件，涉民族宗教类纠纷4件，全部处置。累计对大战场镇各加油站、矿山企业等重点行业加强巡查监督管理，例行检查62次，检查出安全生产隐患10处，限期整改完成。对27座蓄水池及三条干渠重点地段进行安全检查，针对排查出隐患的蓄水池破损的防护网进行维修和更换。与交通运输局、长山头交警队联合对109国道道路安全隐患进行清理整顿，维护辖区群众的生命财产安全。

【项目建设】 申报衔接资金、财政奖补、少数民族发展资金、以工代赈等项目16个，总投资概算2666.84万元。完工10个，建成长山头农贸市场和宽口井枸杞基地卫生厕所2座，硬化清河、东盛、宁原和杞海等村巷道及生产道路19公里，建成长山湖村日光温室11座，建成马莲梁村村级组织活动场所及文化活动广场1座。引进永威上和府商住小区项目和中宁县康普医院项目，落实固定资产投资6964万元，永威上和府商住小区项目完成5 栋住宅楼主体工程，康普医院建设项目完成综合楼主体建筑。

【水权改革】 结合用水权改革，成立中宁县灏川农业灌溉服务专业合作社，制定12项灌溉管理制度，不断提高管水用水精细化水平。完成辖区农业灌溉水权确权基础信息和生态及水产养殖用水面积调查，调查农业灌溉用水面积23.4万亩、生态用水3.78万亩，颁发用水权证16册，颁证率100%。

【人居环境整治】 制定大战场镇2022年人居环境整治提升行动工作方案和积分考核办法，累计清理“三堆”约260吨，清理巷道垃圾100余条120.3公里，清理渠道淤泥33条64公里，建设小游园4个，签订房前屋后“三包”责任书1.3万余份。组织开展人居环境卫生整治观摩和“美丽庭院”评比活动，参与群众达6300余人。实施河湖沟道清洁治理行动，清理河道、沟道25公里，清运垃圾85吨。实施户厕改造工程，年内完成200户群众厕所进行改造。围绕宽口井、花豹湾、迎大线以点带面进行植绿增绿，栽植任务37900株，栽植完成46290株，完成率达122%。

【疫情防控】 累计管控 3700余人，扎牢“外防输入，内防反弹”严密防线。宣传疫苗接种工作，发动群众做到应接尽接，全镇疫苗第一剂接种60174人，第二剂接种56369人，第三剂接种28094人。

（李永梅）

喊叫水乡

【概况】 喊叫水乡位于中宁县西南部72公里处，处于宁夏中南部干旱带之上，自然条件恶劣，是自治区确定的“五县一片区”深度贫困地区。全乡区域面积549.2平方公里，下辖19个行政村，均为贫困村，其中深度贫困村5个。2022年，有耕地面积126793亩，其中，水浇地52304亩，旱地74489亩。全乡户籍人口6218户22839人，常住户4274户16241人，其中脱贫户972户3832人，监测对象82户320人。2022年实现农民人均可支配收13560.7元，同比增长10.8%。

【产业发展】 全力推进移民致富提升行动。拓宽增收渠道，采取“党组织＋集体经济联合社+村集体经济合作社＋国营公司＋农户+金融机构”利益联结合作模式，为4个移民村646户农户贷款9690万元，进行肉牛托管养殖，年户均分红1.2万元。持续优化调整产业结构。落实粮食安全保障任务，完成种植小麦9785.82亩、玉米套种大豆6518.93亩。发展瓜菜、枸杞、黄花、红葱、饲草等特色产业，完成种植枸杞8200亩、起垄覆膜西瓜7500亩、玉米21605.57亩、金银花9613亩、黄花1000亩、红葱1000亩。打造马塘生态移民区5000亩现代农业示范园建设。做好压砂地退出种植暨生态修复工作，完成清砂并打造高标准农田1.1万亩，引进6家种植企业，种植陆地覆膜硒砂瓜3780亩、青贮1700亩、红小豆5050亩，实施品种培优、品质提升，取得良好经济效益和生态效益；坚持种养互促，大力发展养殖业，新建马塘移民区5000头肉牛育肥场、北沿口2000头“出户入园”养殖场，打造贺口子村养殖示范村1个，全乡新增肉牛5000头、肉羊5万只，形成金银花种植、枸杞种植、玉米种植、牛羊养殖为主导的产业格局。

【乡村振兴】 全力筑牢防返贫底线。持续巩固提升“三保障”和饮水安全保障，建立健全防止返贫动态监测和帮扶机制，常态化开展“四查四补”，新纳入监测户7户28人，累计监测对象83户321人，为32户137人未消除风险监测对象落实产业、就业、综合保障等帮扶措施152条；做实做细压砂地退出农户防返贫监测预警工作，对黄色预警76户282人全部建立收入台账，按照“缺什么补什么”原则，分类精准落实到户帮扶措施。健全弱势群体帮扶机制。紧盯已脱贫的972户脱贫户和82户监测户人口家庭收入支出、“两不愁三保障”等方面的困难和问题开展常态化检视，做到早发现、早干预、早帮扶。开展防止返贫监测排查2次，完成22户“一户一策”和82户监测户帮扶计划制定。把“美丽乡村”、环保等生态文明建设作为乡村振兴工作的开始，实现“三农”工作重心由脱贫攻坚向乡村振兴的历史性转移。

【乡风民风建设】 围绕铸牢中华民族共同体意识、乡村振兴与脱贫攻坚有效衔接等中心工作，多形式、多渠道做好宣传工作，累计制作大型展板20余块，悬挂横幅250条，发放移风易俗倡议书2万余份，对1000户群众进行入户宣传100余次；推进新时代文明实践所和19个实践站工作开展，采取“讲、帮、乐、树、行”五种实践形式，常态化开展志愿服务活动；落实《中宁县推行乡风文明“积分制”实施方案》，推行“爱心超市”文明实践积分制管理。19个村爱心超市均已挂牌运行，并成功进行积分兑换；加强志愿者注册服务工作，全乡有志愿服务队46支，共计注册志愿者2481人，引导群众参与文明实践工作，开展关爱帮扶、环境保护、健康教育等志愿服务活动200次。

【社会综合治理】 抓好信访维稳工作。开通综治维稳信息矛盾纠纷排查调处系统。截至年末，全乡排查出重大风险隐患9个，成功化解9个。摸排重点信访案件34件，结案34件，办结率100%。摸排信访案件202件，结案190件，受理市长热线、县长热线信访件189件，答复177件，答复率93.65%，满意率96.32%。抓实安全生产。加大安全生产宣传，印发《安全生产手册》宣传单5000余份，发放山洪灾害防御“明白卡”800张，开展灾害隐患排查工作80余次、防灾减灾演练1次，发现校园安全隐患10处，全部完成整改。推进扫黑除恶工作。按照中央和区、市、县要求，建立健全督导考核、舆论宣传等常态化机制，对全乡扫黑除恶专项斗争问题线索进行排查，收到各村上报扫黑除恶线索排查表102份，上报治安乱点排查表45份，将高岭村、周沟村干扰基层政权7人，马塘村破坏换届选举、土地流转及打架斗殴等问题线索上报县扫黑办，进行核查处理。做好反邪教及禁毒工作。集中力量深入辖区清真寺、商店、超市、娱乐场所，对邪教组织和“地下宗教”进行系统排查，未发现邪教和非法宗教活动；组织乡村两级干部在全乡范围内进行禁种铲毒踏查活动，经乡村两级排查，没有发现大麻种植。截至年末，管控在册吸毒人员68人，其中社区戒毒1人，正在执行社区戒毒1人，执行率100%。

【环境污染防治】 动员群众投工投劳，累计拆除土房599平方米、土墙774米，清理村路巷道2640条、长度101万米，清理“三堆”1.69余万吨、清理杂物4745.1吨、建筑垃圾9030.75吨，捡拾残膜57.15吨，打造示范村1个，提升村2个，35户入选全市示范户。推进植绿增绿。累计种植刺槐、国槐、苹果、红梅杏等树种

95000株，持续加强树木管护。全面加强生态保护。开展非煤矿山盗采滥挖巡查、禁牧封育例行巡查180余次，完成修复王家庄石、西山石膏矿治理。严格落实河长制，常态化推进清"四乱"，确保河道沟道畅通。

【社会保障】 设立开通"县内通办"专窗和"一件事一次办"专窗，办结"县内通办件"56件、"一证通办"2074件、"一件事一次办"1175件。加强低保规范化管理，优化临时救助，新增城乡低保58户71人，累计发放临时救助59.8257万元，246名高龄老人享受津贴，74名事实无人抚养儿童享受津贴。组织开展群众文化活动。举办迎新春文体联谊会、"饺动你我，靓丽巾帼""巾帼心向党，唱响新生活"等各类文化活动10余场次，开展关爱帮扶、环境保护、健康教育等志愿服务活动100余次，亲子阅读活动6场，送戏下乡15场。

（马百玉）

徐套乡

【概况】 徐套乡位于中宁县城最南部，地处宁夏中部干旱带上，距中卫市区110公里、中宁县城80公里，东邻中宁县喊叫水乡，南接海原县关桥乡，西靠沙坡头区兴仁镇，北壤沙坡头区香山乡。全乡地域面积682.5平方公里，京藏高速公路和109国道东西贯穿全境。全乡辖13个行政村56个自然社（移民村6个，非移民村7个），户籍人口6088户21093人，常住人口4017户12749人，脱贫户1087户3806人，脱贫不享受政策80户267人，监测对象57户234人，已消除风险29户115人、风险消除率49.15%，享受农村低保1268户1583人，养老金2131人，残疾人644人，大病患者69人，孤儿54人，高龄235人，五保户68户71人，稳定就业2193人，发展运输516人484辆；确权耕地面积33.36万亩（压砂地面积16.54万亩），饲养羊10.4万只，肉牛1.66万头。2022年度全乡农民人均可支配收入为10978元，同比增长10.6%。

【产业发展】 优化种植业结构。2022年全乡种植硒砂瓜95711亩，小麦15615亩，枸杞6868亩，金银花1632亩；做好压砂地种植退出和生态修复工作，在撒不拉滩和上流水清砂片区建设高标准农田1.34万亩，引进经营主体种植起垄覆膜西瓜2800亩、打瓜4300亩、朝天椒800亩、巨菌草4700亩，科技示范种植多品种瓜繁育300亩、旱作节水农业种植200亩、蟠枣300亩；在白套村移民迁出区种植酸枣3000亩，在李士村种植红葱700亩，红柳村种植玉米套种贝贝南瓜960亩。持续发展特色养殖业。全乡饲养羊10.4万只、出栏3.4万只，创建李士村肉羊养殖示范村；饲养肉牛1.66万头，创建新庄子村肉牛养殖示范村，建成肉牛标准化示范场2座。引进国能浙能集团宁夏电力有限公司投资4000万元，实施中宁县徐套乡光伏+现代农业产业园高质量发展建设项目，目前已完成场地平整、通水通电；利用扶持壮大村集体资金和衔接资金共800万元，实施徐套乡田家滩村"出户入园"项目，目前已完成"三通一平"基础设施建设及16栋养殖圈棚主体工程、正在组装搭建钢结构。加快发展第三产业。招引宁夏和心悦商贸有限公司投资1000万元，实施徐套乡移民致富创业就业基地建设项目；引进个体投资800万元，实施徐套乡汽修物流园项目。精准扶贫创业园吸引经营主体投资入驻，银行商业网点2处、商务宾馆1家，各类餐饮、商超、汽修等30余家，衍生就业岗位500个；鼓励发展汽车运输产业，全乡从事汽车运输有516人484辆。

【乡村振兴】 持续巩固“一收入两不愁三保障”成果。做好防止返贫动态监测帮扶。常态化开展“四查四补”、防止返贫大排查，共查找整改问题83个，完成34户自建房安全隐患整治，纳入监测对象22户105人，因人因户精准制定帮扶措施，切实守住不发生规模性返贫底线。全力提高群众收入。2022年，全乡新增低保82人，提档111人，向困难人群发放低保金725.8万元，发放养老金654.6万元、残疾人两项补贴113.2万元、孤儿补贴64.8万元、特困人群补助56.6万元、高龄补贴6.97万元、临时救助30.64万元；向群众兑付压砂地退出奖励补助4589万元、高标准农田土地流转费663.74万元，发放休耕轮作补助710.4万元、退耕还林补助516.4万元、草原生态保护补助378.8万元、地力保护补贴374.5万元、粮食一次性补贴161.2万元、春小麦和玉米大豆带状复合种植补贴393.9万元；有效消除“7·24”冰雹灾害不利影响，发放灾害救助资金1416户141.6万元，协调保险公司完成1534户2338万元损失赔偿，落实脱贫户、三类监测对象到户扶持政策补助744户149.2万元；460户脱贫户参与“四联机制托管养殖”分红230万元，500户群众参与“百万移民托管养殖”分红400.4万元；落实政府贴息扶贫贷598户2938.57万元，发放妇女创业贷款306户4490万元。推进群众稳岗就业增收。更新完善全乡10644人劳动力信息台账，精准掌握劳动力务工状况，全年开展装机、挖机、电焊工等技能培训7期350人次、乡村务工知识大讲堂6次，农时季节优先雇佣本乡劳动力1.8万人次，兑付劳动力奖补494户62万元。做好巩固脱贫反馈问题整改。主动认领2021年度国家巩固拓展脱贫攻坚成果同乡村振兴有效衔接考核评估反馈的14个方面56个问题，制定整改措施108条，整改销号率100%。各村认领13类52个问题以上，均已完成整改。自治区后评估反馈3类11个问题，全部已整改；审计监督检查反馈问题2个，全部已整改。市委第一季度督查反馈20个问题，完成整改20个；市委“四大提升行动”专项督查反馈58个问题，完成整改58个。

【人居环境整治】 加强基础设施建设。硬化道路4.4公里，完成水冲式厕所改造388户，在红柳、李士村铺设污水管网3.3公里，配套建设化粪池4座。推进农村人居环境整治。常态化发动公益岗、护林员3500人次，整治清理村庄巷道、房前屋后垃圾120吨，维持村庄环境整洁；在上流水、下流水、红柳李士村打造特色小游园3处，建设廊亭、步道等，为群众提供休闲健身场所。打好植绿增绿大会战。坚持适地适树、科学植树原则，在乡中央大道及环村道路栽植刺槐、白蜡、白皮松等耐旱树种8.76万株。

【社会维稳】 巩固民族团结成果。推进铸牢中华民族共同体意识教育，在撒不拉滩移民区打造乡级综合性铸牢中华民族共同体意识群众教育基地1个、村级2个，竖立民族团结宣传教育牌72个，徐套村创建为市级民族团结进步示范村。落实安全生产责任制。安排部署安全生产工作6次，签订安全生产目标责任书16份，开展安全生产和消防安全培训2次、参训200余人次，防汛应急演练1次，排查整改安全隐患72条，有效应急处置朱家川100万立方米调蓄水池渗漏、撒不拉滩0号蓄水池泄漏事故。维护社会和谐稳定。全年摸排信访案件60件、结案56件，受理12345市长热线、县长热线信访件192件，开展维护社会稳定风险隐患大排查大化解大整治行动，排查风险隐患12个，化解8个，正在化解4个；持续加强防范打击电信网络诈骗，群众国家反诈APP应装尽装，处理电信网络诈骗案件8起；压实工作责任，制订《徐套乡重点信访人员案件包保化解稳控五定方案》，党的二十大、自治区党代会期间未发生越级上访事件。提高乡村治理水平。健全完善村规民约，有效纠治高额彩礼、大操大办等陈规陋习；累计注册志愿者1530人，开展理论宣讲、环境整治、疫情防控、法治宣传、老人慰问等志愿服务活动157次，运用积分制网络评选"最美庭院"38户、"好婆婆"16名、"好媳妇"12名，强化道德模范引领作用。全年开展法治教育7次、法治宣传7次，发放宣传彩页1万份，常态化抓好禁牧封育，开展执法检查218次，警告159次，行政处罚14起，村级法律顾问做到全覆盖。打赢疫情防控阻击战。成功应对"4·06"同心县突发疫情和"9·20"中宁县城突发疫情，创建"无疫乡镇"，保障全乡人民群众生命健康安全。

【村集体经济壮大】 全乡村集体经济年度收入达491.1万元，2022年红柳、李士、徐套村统筹发展壮大村集体资金500万元撬动银行贷款5000万元用于托管养殖，年获得分红250万元；下流水村通过流转村集体土地、发展汽车运输，年村集体经济收入达100万元；白圈子村、新庄子村、大滩川村等8个村利用扶持壮大村集体经济100万元，以投资分红的方式入股企业，每村年获得分红6万元。

（张治成）

太阳梁乡

【概况】 太阳梁乡位于中宁县和青铜峡市南北分界线之间，属卫宁平原扬黄灌溉区，处于跃进渠下游，东靠渠口农场，南邻石空镇，西至内蒙古边界，北接青铜峡广武，距离中宁县城40公里。全乡总面积51.3平方公里，耕地面积3.6万亩，辖白马梁、南塘、新海、隆原、德盛、兴源、北湖7个行政村和兴渠社区，总人口8862户33529人，其中户籍人口7266户26332人，自主迁徙移民1596户7197人。2022年，全乡农业总产值89498万元，同比增长9%；农民人均可支配收入9755.2元，同比增长13.4%。太阳梁乡获自治区、中卫市"民族团结进步示范乡"荣誉称号。

【特色产业优化】 聚焦自治区"六特"产业，坚持因地制宜，全力推进枸杞、牛奶、肉牛、设施农业高质量发展，加快构建"两区一园两带"产业发展新格局。完成德盛村1600亩盐碱地改造和南塘村1300亩土地综合整理，落实玉米大豆带状复种5010亩、小麦种植603亩，推广水肥一体化种植5000亩。建成规模养殖场6家，存栏肉牛7991头、奶牛37800头，采取“党支部+村集体经济+金融机构+农户”利益联结模式，带动群众托管养殖3240户。新植枸杞2000亩，建成标准化枸杞基地4300亩。盘活闲置土地资源，种植大地西瓜540亩；引进经营主体，盘活新海村温拱棚，种植葡萄123棚、“康乐瓜”323棚。拓宽产业发展渠道，以德盛村醋厂为载体，发展手工醋加工制造业。着力打造移民就业创业孵化园，建成南塘村枸杞加工车间、新海村服装加工车间，打造种养结合、农业和加工业融合发展的新路径。

【基础设施建设】 聚焦产业发展基础、公共基础设施、人居环境整治等重点，争取项目资金4113万元，实施项目17个。完成特色经果林及庭院经济培育项目，为全乡6311亩特色经果林配套节水滴灌；完成南塘村“出户入园”养殖场基础设施建设项目，成立合作联营公司，为村集体产业发展夯实基础；完成太阳梁乡劳动就业服务站建设，搭建全方位就业服务平台；完成太阳梁乡就业创业帮扶车间基础设施建设项目，建成300亩加工制造业园区；建成兴源村编织袋加工帮扶车间；新建隆原村现代化日光温棚15栋；完成南塘村、兴渠社区村庄基础设施建设项目，德盛、兴源、北湖小游园建设项目，兴渠社区中心广场改造提升项目，乡村基础设施不断完善。

【劳务输出】 发挥太阳梁乡劳务产业服务中心作用，组织开展就业技能和实用技术培训617人，召开现场招聘会、推促会5次，发布用工信息130余条，推促移民劳动力转移就业12228人（占劳动力人口总数84.6%），稳定就业6383人，工资性收入占农村居民人均可支配收入75%以上。依托4200亩精品桃基地和4300亩枸杞基地，带动就业2300余人，增加工资性收入2000余万元。依托乡域内6座奶牛肉牛养殖场和兴垦牧业新建的2.5头奶牛养殖场，带动群众托管养殖增加收入2640万元，吸纳群众进企业稳定务工500余人，增加工资收入1500余万元。依托兴源村帮扶车间、德盛村醋厂，带动稳定就业50余人，增加工资性收入120万元。

【疫情防控】 发动全乡党员干部和群众志愿者535人，织密织牢疫情防控“责任网”“管控网”“安全网”“保障网”。组织上门全域核酸检测72轮，转运密接人员1401人，设立家庭病床隔离管控394人，落实“五包一”居家健康监测2906人。建立疫情防控物资供应链，累计帮助患病群众代购药品送货上门1930人次，协调外出就医68人次，为58户“三类监测对象”联系购买平价燃煤160吨，为因疫情家庭出现困难群众发放临时救助207户33.85万元，对381户困难人员进行米面油实物救助。组织无疫村群众参与秋收抢收，有序释放1万余人次抢收枸杞、葡萄、苹果、玉豆、蔬菜等，为企业挽回3000余万元的经济损失，为群众增加200余万元务工收入，秋收工作获中宁县考核第四名。辖区划定的8个高风险区均实现5天快封快解。

（张袁银）

人　物

刘娟　女，汉族，1972年生，中宁县人。中共党员，大学学历，硕士学位，农业技术推广研究员。历任中宁县农业技术推广中心副主任，2014年至2022年任中宁县枸杞产业发展服务中心副主任，自治区第十三次党代会代表，自治区第十三届人大代表，中卫市第五届人大代表、政协委员等。

1996年7月于宁夏农学院农学系植保专业毕业后被分配到中宁县鸣沙镇农技站工作。1997年12月加入中国共产党。2000年7月到中宁县农业技术推广中心工作。2009年1月取得宁夏大学在职研究生硕士学位。2014年5月到中宁县枸杞产业发展服务中心从事枸杞技术推广服务工作。2016年12月取得农业技术推广研究员。

1996年大学毕业后，刘娟被分配到中宁县鸣沙镇农技站工作，通过摸索试验，她设计出中宁县第二代日光温室建造图纸，并在全县推广。她热爱农技推广工作，潜心于新技术的研究，将黄瓜、茄子嫁接换根技术无偿传授给农户，带领鸣沙镇群众种植日光温室。针对育苗基质太贵、经费不足问题，她多次对比试验，成功探索出“腐熟猪粪+粉碎二铵+腐殖质”配比成育苗基质，为菜农降低苗木成本30%。2008—2010年，每年为移民培育优质瓜菜种苗100万株，在瓜菜产业品种更新、新技术推广中，积极引进新品种达20余种，推广高效综合配套技术7项以上。2014年，刘娟被调整到中宁县枸杞产业发展服务中心，主抓枸杞生产技术示范推广。她提出“在品种选育上建立枸杞种质资源圃，品种培育从原原种、原种到一级种为优质种苗，其他严禁作为种苗”的培育原则，进一步规范了枸杞新品种培育技术。针对枸杞病虫害防治，她强调“预防为主，综合防治”的植保方针，提出建立自治区、县、基地三级病虫害监测防控体系。

以刘娟为领军人物，中宁县创建枸杞技能人才创新工作室，依托宁夏农科院植保所，在中宁县枸杞种植面积相对集中的10个乡镇，布局枸杞病虫害监测点253个，每周定点进行病虫害预测预报。通过植保所统计分析，联合提出防治意见，指导茨农和企业及时预防，发布枸杞植保数据为茨农减少病虫害损失达1000万元，每年培训1000人以上。在枸杞新技术示范推广中，她主导推广了测土配方施肥、高效节水滴灌、“五步法”绿色防控等高效配套技术10项。在产业扶贫上，通过申报生态扶贫项目资金1200多万元，在喊叫水乡、徐套乡等地种植枸杞2.3万亩，带动建档立卡贫困户4751人从事枸杞产业，为贫困乡镇产业脱贫夯实了基础。

2012年，刘娟被评为“全国城乡妇女岗位建功个人”“第三届全区优秀科技工作者”。2014年被评为“建设中卫突出贡献奖先进个人”。2015年入选宁夏回族自治区“313人才工程”。2016年获自治区科技进步奖一等奖、第十五届宁夏青年科技奖。2017年获中卫市政府特殊津贴。2018年被评为“中卫市第一届最美科技工作者”。2020年获得自治区政府特殊津贴。2021年获“全区优秀共产党员”称号。2022年获中卫市人民政府第二批“中卫英才”奖，被自治区林草局评为“最美林草科技推广员”。

张丽　女，汉族，1986年生，宁夏平罗人。中共党员，中宁县农业技术推广服务中心主任，农艺师，自治区五一劳动奖章获得者。

1998年8月，在平罗县下庙中学读初中。2001年8月，在平罗二中读高中。2004年8月，在宁夏大学农学院农业资源与环境读本科。2008年8月，在宁夏大学农学院植物营养学读研究生。2011年8月起，在中宁县农业技术推广服务中心工作。

自参加工作以来，在农技推广上刻苦钻研业务，每年指导完成粮食种植面积50万余亩任务；主持参与中央、自治区产业化项目20项次以上；指导建设各类示范区10万亩以上，推广优新技术10项，积极开展新品种、新技术试验、示范，良种覆盖率达96%；推广测土配方施肥、农药减量控害技术45万亩以上，全县农药、化肥利用率达41%；推广“玉米大豆带状复合种植技术”“作物病虫害统防统治及绿色防控技术”“农药减量增效技术”“增施有机肥技术”“蚯蚓生物技术”“秸秆生物反应堆技术”等优新技术12项；培训技术人员、农户2000人次，发放各类技术宣传资料5万份以上；带领做好农作物病虫害及土壤墒情监测工作，全县建立病虫草害监测点105个，建立自动墒情监测点3个，人工监测点5个；组织开展全国外来入侵生物普查及第三次全国土壤普查工作，建立各类监测观测点116个，组织对农业外来入侵物种进行踏查；做好农产品质量安全检测及耕地质量等级评价工作，年均完成产地蔬菜农残检测样品200个，检测有机磷、有机氯1000项（次）；全县建立91个耕地质量监测点，年均采集土壤样品200以上，化验1000项次等。

2015—2017年，连续三年被评为“中宁县优秀工作者”。2017年，被自治区党委组织部、自治区人力资源和社会保障厅评选为“优秀青年后备骨干”。2018年，获宁夏科技进步奖二等奖。2018年，获宁夏科技进步奖三等奖。2019年，被评为“中宁县优秀工作者”。2020年，被评为“中宁县优秀工作者”。2022年，主持的项目宁夏主要粮食作物病虫草害农药减量增效技术集成与示范推广获农业农村部牧渔业丰收奖三等奖。

马正　男，汉族，1971年生，白马乡新田村人。中共党员。1992年7月毕业于宁夏农业学校。

在从事档案工作十几年中。他热爱档案工作，坚持“为党管党，为国守史，为民服务”的初心和使命，在档案战线辛勤耕耘，默默奉献。

2010年调到档案局工作，任档案馆业务监督指导中心主任。始终以一个小学生的态度，认真学习档案知识，研读了归档文件整理规则、建设项目档案管理规范、机关档案管理规定等材料，他还积极参加区档案局举办的各种培训班，逐步系统掌握各种文件材料的整理方法，从一个门外汉变为行家里手，变为一个具有真才实学的“兰台人”。2011—2022年，他积极主动地与各立档单位联系，到基层一线去，沉下身子，整理各类文件材料。他整天泡在办公室里，有时为了赶工作进度，他牺牲晚上、双休日，加班加点地埋头工作。先后指导整理了农村集体林权制度改革、农村土地承包经营权确权登记、新冠疫情、精准扶贫等档案；指导整理县委办、政府办、组织部等62个单位的文书档案；指导整理政府投资核算、壮大农村集体经济等专业档案；指导整理宁夏锦宁巨科有限公司，宁夏兴尔泰化工公司、早康股份有限公司等企业档案，累计达到5万盒。同时，他对各立档单位兼职档案工作人员进行现场指导，从文件材料的收集、装订、分类、排列、编号、编目、排架等环节进行传授，对不明白的地方，他常常不厌其烦地讲解，指导对方明白为止，大家称他为“马老师”“马师傅”。多年来，培训了近千人次。2016年倡导设立档案业务集中监督指导中心，先后联系民政局、交通运输局、财政局等50个单位派人将到期的文书档案运至中心，指导其逐卷逐件核查，输入电子目录，撰写全宗介绍，并通过验收，顺利接收进馆。这项工作参加人员达到150人，累计移交接收到期档案1472卷7475盒。他的这一创举，提高了案卷质量，提高了工作效率，促进了档案工作高质量发展。

2014—2016年，马正被评为“县级优秀公务员”；2023年，被国家档案局评为“全国档案工匠型人才”。

孟春梅 女,1975 年生。1992 年 10 月参加工作,1997 年 10月在中宁县人民检察院工作,2010 年 9 月任本院副主任科员,2014 年参加警员套改,2019 年 4 月套转为二级警长。

孟春梅自 1997 年调入中宁县人民检察院,分配到办公室从事出纳及打字员工作,2004 年接手档案管理工作

她善于结合检察实际工作学习。随着司法体制改革、国家监察体制改革和公益诉讼检察改革、检察机关内设机构改革的深入推进,检察机关形成“四大检察”“十大业务”新格局,为进一步加强人民检察院诉讼档案管理工作,服务新时代法律监督工作创新发展,通过参加最高人民检察院相关培训、自学、向上级院请教等方式,结合新旧《人民检察院诉讼档案管理办法》及《人民检察院诉讼文书材料立卷归档细则》,不断学深、学透,提高档案管理水平。

档案工作是一项枯燥乏味且很多人不愿意从事的工作,而她一干就是近 20 年。原档案室只是一间乱七八糟堆放各类文件及案卷的地方,几乎处于瘫痪状况,直到 2007 年新办公楼投入使用,有了专门的档案室,但设施落后,还是没法分类存放,为了解决档案无处存放,致使档案不能按时归档的问题。在 2008 年初,她带领 2 名临时聘用人员,放弃节假日休息时间,加班加点,对 1952 年以来的文书档案重新分类、立卷的诉讼档案进行重新整理装订、录入电脑、归档编号。对检察院办案流程和案卷装订一概不懂的她一切都要从零开始,工作量如此之大超出她的想象,她退缩过,回家偷偷哭过。但开弓没有回头箭,必须服从组织安排,为此她边干边学,不懂就问。连续 6 个多月加班加点工作,严格按照《宁夏回族自治区机关档案工作规范化管理评估办法》的要求,根据不同门类和管理期限,分别整理形成诉讼档案、文书档案、会计档案、基建档案、声像档案、实物档案 6 种档案,并根据要求全部进行计算机录入和扫描,实现档案数字化要求。于 2008 年 9 月 28 日考核验收通过,并成为宁夏及全区检察系统首家档案规范化达标单位。

20 多年来,在平凡的工作岗位上以强烈的事业感、高度的责任感和满腔的热情感在检察战线上勤奋进取,廉洁奉公,先后曾多次被评为优秀公务员、先进个人。2022 年 7 月,被最高检察院评为“从事档案管理工作满 15 年优秀”荣誉称号。

先进名录

2022年度机关事业单位优秀等次（档次）人员

（1228人）

一、领导干部120人

（一）部门（单位）85人

朱　垚　童宁慧　王树华　刘凤娟　万瑷珲　孟跃军　方　强　刘　通　马建辉　张庆国
苏军平　王佳晶　魏向明　李晶晶　徐万忠　谭艳凤　杜跃华　张智明　孙　晶　王爱玲
孙　帅　王宾华　蒋永祥　万　谨　马金虎　赫　谨　张海琴　张奋才　孙光欣　王　斌
马伟平　陈立斌　李铁林　张　磊　张　颖　张永福　吴进军　王月芳　李志远　王　毅
朱海燕　郝永新　安　君　巫尚武　孙振华　徐文波　汪　晨　杨贵军　董明祥　王　浩
黄宝军　芮吉银　殷玉鑫　张茂之　张　明　杜国安　徐　浩　马　超　范　霞　姚　静
黄彩霞　曹　莉　路彬彬　张　科　段　赟　董　婷　王　军　雍　华　张学军　高　平
马　泽　曹文杰　王　铭　冯学忠　王永凯　于娟娟　莫　骄　马玉燕　傅月珍　光云霁
黄元东　闫永祥　范永红　马进龙　郭　利

（二）乡镇33人

尹向奎　潘　馗　徐　晓　刘学萍　赵建国　贺伟华　魏金伟　王学胜　陆　翔　江　帆
贺小蓉　刘　明　张亚楠　江灵萍　王发福　刘旭琴　马　宁　孙　瑞　薛　萌　李文锋
张　磊　李秀芳　蒋　欣　王　伟　靳　佳　马　龙　白　杨　张进文　万　波　杨　凡
郭凤轩　范小宁　海　兰

(三)法院、检察院2人

张旻鹏　秦　红

二、职级公务员(参公人员)160人

(一)部门(单位)111人

田　荣　王佳琳　姚对强　万镇嘉　王　萌　张学军　刘倩倩　马　敏　张　凯　田进琴
朱柏楠　王伏银　孔天意　马慧萍　王　旭　黎曜玮　方　婷　郭　瑾　刘小雅　郝丹辉
崔　浩　方华胜　孔　钰　张斯钰　王淑芳　朱秀兰　焦　颖　李瑞霞　李　娜　苟芸芸
何　方　王世伟　田　宇　田小花　马　明　杨　朔　曹　萍　孟思玉　吴爱军　吴秀琴
田庆子　田　龙　张　祥　李　瑶　朱明川　海　风　张佳鑫　石天雨　万金涛　李江旭
巫小宁　马玉怀　杨嘉乐　葛学宁　董建勇　高　平　王传勇　李大海　贾宝臻　王　钰
肖　斌　任泽坤　陈　佳　张　超　徐居斌　王子微　文　兰　马　迪　余文丽　王菊梅
李春梅　罗　昕　尹晨辉　夏长玥　张雅欣　范学芳　郝振平　刘璐瑶　田　琳　严文玉
罗芳军　魏向东　殷　媛　王建林　李学良　黄　睿　沈伟国　杨惠田　马　玲　高　蓉
杨　敏　王国生　陈艳波　胡　悦　田军仓　张海波　蒋继峰　刘　军　周来强　刘晓霞
平　玲　魏　丽　崔　霞　张金凤　董延安　马　微　兰　田　马学琴　张学萍　徐　杉
张　娜

(二)乡镇25人

孙　鹏　海　瑞　赵　鹏　王红玉　金　森　黄彩花　魏世明　何启俭　汪　琼　马志龙
戴　磊　马亚辰　李蒙蒙　张玉辉　康启迪　何　梅　杨东昌　郭　强　徐文强　高　鑫
孔　微　张汉东　马尚贵　张治成　赵婷婷

(三)法院、检察院24人

马卫谦　马学文　周小军　安佳琪　蒲剑锋　孟怡馨　马晓瑜　李　娟　朱　宁　王虎刚
陈霞旻　贺　丹　于　龙　汪春香　王晓燕　张　科　冯显耀　王俊艳　刘　祥　杨存明
苗凯凯　谭艳玲　时金涛　勉　林

三、事业人员优秀档次948人

(一)部门单位119人

周文彪　胡　悦　王　丹　黄　明　杜继兵　王　岗　张盼成　郝晓丽　李　荣　刘志坚
田彦军　杨　明　李晓荣　赵　波　周　波　董进越　刘颖超　张本仁　吴育轩　白彦萍
马　旭　存　玲　赵子艳　饶　琦　赵淑梅　刘丽莉　刘海滨　汤　凤　李晓春　路　瑾
刘　娟　李　勇　李　斌　张旭东　王　珊　陈学军　马　鸿　李进兰　胡志宏　张文霞
周兰昕　马　荣　李嘉钰　谢季宏　肖　华　石倩倩　陆　燕　黄立仙　王　涛　何玉玺
刘　洁　王　宁　吴　岳　刘晓娟　宋晓晶　蒋进平　郭小军　董帅男　冯　鹏　陈　萍

赵圆周 李　勇 李慧敏 马晓军 孙占成 曾建森 刘　俊 张淑兰 马宗成 李鹏忠
平　艳 田海宗 张　帅 马俊祥 张菊霞 丁　莉 莫　瑞 张树旗 吴飞云 郭佳乐
伏娟丽 何　莉 郝宝斌 冯　楠 冯　伟 马玉仁 陈海峰 海小亮 李向东 麻文安
高　毓 毛　波 马吉华 魏　佳 田　帅 买廷俊 刘彦红 刘志云 叶光涛 杨　杰
刘维忠 包雪雪 宋嘉军 刘振文 刘建宁 陈清平 杨　莹 李昊昱 王维莹 马新文
范巧红 李金栋 祁　喆 陈　飞 张学丽 李　靖 王金成 万　华 宋学云

(二)乡镇61人

陈富清 杜丽君 朱文钰 谭嘉靖 马　燕 张　丽 马　玲 任　海 李兴元 张淑华
任金龙 杜　鹏 牛引强 刘　娜 聂　军 孔智贤 王伏华 吴晨欣 黄　海 耿佳楠
徐浩龙 马　迪 马小波 刘希斌 王文娟 杨金平 王旭升 马　庆 马俊志 张振义
马　忠 李皓媛 马美丽 余　洁 孙伟刚 张学虎 马斯鸿 曹　玲 马俊生 买志武
陈智炳 杨　艳 杨　财 雍芝灵 周　艳 马建华 张　艳 马　清 马月娟 贺小云
马百玉 丁　楠 马丽萍 黄佐卿 马　科 王耀忠 张金耀 陈国栋 郑子凡 刘承秀
王　礼

(三)教育系统496人

郑　惠 赵学文 张亚芬 张学萍 张兴志 张文涛 张少萍 袁　侠 叶　惠 杨艳宁
杨　楠 杨　红 杨春慧 徐学强 席志鹏 王　瑛 王　霞 万小东 万　军 孙洋洋
邵晓莉 任艳霞 门燕群 买　燕 马秀丽 刘　恒 李新月 康志平 康　倩 蒋潇瑞
姬惠梅 胡文斌 古翠红 高学成 冯文平 董嘉楠 陈志娟 陈　晋 陈　虹 卜　媛
卜　娟 白　叶 郭占红 党　静 滕海蓉 马　越 徐少君 孙春玲 张治平 黄　力
李彦海 何文娟 陈晓波 吴永彦 马玉红 郭　瑜 马　蕾 王佳蕾 张晓豹 马　莉
朱小明 马爱华 王艳玲 相利琴 张　原 张　宏 宋小玲 崔国梁 周丽娟 王　婷
王学茹 周方方 贺吉梅 康琦锋 刘嘉琼 田文静 王　勇 赵丽霞 张安玲 徐作仁
周伯男 朱　静 朱晓辉 李嘉新 黄旭东 李巧琴 田　超 陈　辉 张　超 苟学斌
张　瑶 夏　虎 杨　婷 郭　娜 杜宏亮 任书林 冶伟科 朱振伟 宋永会 周　亮
权晓童 周佳芸 张　丽 李彦武 马　烨 冯利军 万小霞 党秀锋 房　瑾 马丽媛
白红丽 冯晓娟 尤　柯 石艳萍 刘　静 吴　娟 郭　琴 樊洪杰 马永刚 方丽君
蒋梅红 潘　睿 吴永梅 张淑霞 吴　赛 雍　仪 赵　颖 杨万琴 朱海瑾 朱鸿斌
王　莉 汪殿忠 马国钰 秦　婷 董　文 王慧玲 朱国良 夏　茹 杨　健 伏勇峰
黎　媛 李银学 祝永祥 周　芳 张向建 张国欣 张　芬 张　丹 王建超 王海波
陆建国 刘永霞 李忠敏 季东芳 黄立萍 黄冬梅 康　全 冯瑞芳 范彦君 樊自新
陈艳清 白海娟 陈少云 孙云吉 王　萍 王晓龙 孙文静 孔艳丽 马宗凯 孙新宁

许淑琴	曹伟涛	焦建兵	陆秀玲	马建琴	王月霞	李　霞	蒽天春	杨　萍	龚　娟
郭晶萍	康小维	李丹凤	田　莹	余维军	张艳青	哈　鹏	王　丽	李俊靓	高建梅
苏　倩	赵永生	李少斌	余桂香	韩冬梅	何玉山	马　龙	贾　富	李金莉	张静毅
史　莉	祁毕锋	李艳艳	汪　锋	王燕燕	崔瑞峰	宋丽娟	田进玉	粟婷婷	靳小圆
祁　斐	李建平	靳欣悦	龚　涛	熊赛飞	陈国兰	龙玉珍	朱宏霞	丁志远	武　凯
金　梦	杨　燕	张吉金	王鹏程	王麦兰	赵　寅	刘　燕	康　静	杨　瑞	张建玲
樊兴龙	崔　英	卜　蔚	代进凯	冯玲娟	李小萍	郭彦波	何　欢	李赵欣	潘平艳
万　宝	张小琴	张　奎	张　荣	张艳萍	贺　婧	张丙旺	马志清	杨　勇	张生辉
侯学莲	李　嘉	马自玉	陈　磊	李海燕	张宗国	周笑蕾	马自儒	金玉海	王健康
黑晓军	马　颖	张玉萍	马　珩	吕丽婷	王凤霞	王清芳	陆文妹	张　艳	李　丽
高　娟	张　萍	樊　伟	尹晓璐	唐莹萍	郭　彦	黄　凤	王　瑞	禹正花	王　坤
韩　春	房海东	张甫平	房　桐	董存梅	梁　娜	张惠琴	张春香	吴　萍	张海娟
张立玲	贺玉玲	冯秀彩	郭彦红	张　慧	雍小娟	康晓艳	张玉琴	高　名	冯　欢
陈　瑞	杨玉玲	黄学璟	余　静	何　萍	王莉娟	王　华	梁桂香	孙丹阳	徐文萍
马　玉	李　莉	俞亚楠	祝文君	吴　彪	吴　杰	祝月霞	王　璐	王　瑞	马　华
武宁南	张海宇	石盼龙	余　莉	黄　乐	李淑琴	耿学娟	杨文娟	李倩倩	陈　莉
解志英	戴伟蓉	胡　芸	李艳红	杨春燕	尤丽萍	王春芳	许晓娟	彭玺宁	刘娥娥
郭红艳	田若彬	胡　娟	马　静	齐会军	任凤霞	张彩娥	刘向英	刘　红	董华莉
杨　旸	万丽红	詹文惠	孔　凯	田　静	康学宁	黄　莹	雍　媛	张晓玲	孔　颖
范绍伟	吴　茜	李　丹	李学霞	殷　燕	左　莉	杜晓蕊	袁建财	韩　静	王大云
王冬梅	万立帆	王春波	石芳洲	刘兰芬	杨立喜	杨继娟	祁希华	李维美	冯大鑫
严玉玲	初金凤	马凤玲	邱艳娟	马小宁	张庆敏	张玉垠	刘慧芳	海　梅	张宏梅
张　睿	吴嘉薇	冯博爱	段金凤	贾　栋	王　涛	徐晓梅	尤俊丽	王　娟	王　瑛
温汝钰	罗　婷	张　燕	宋　杰	谢　勇	余文贵	杨喜琴	王　浩	程　伟	朱慧茹
陈　娜	魏建东	马小迪	张亚茹	邓晓娟	谢亚妮	赵栋梅	陆艳红	张兆富	柳丽娟
曹　东	谢文佳	高　珊	王　翠	白彩云	张　媛	文佳凤	路　敏	张至洋	花晓玲
刘国娜	孙毅兰	任红丽	吴淑红	何　静	丁永峰	糜春燕	剡亚亚	张利平	袁卫兴
刘如侠	沈红丹	解　昭	吴汇玲	邵俊鑫	麦晓静	万福俏	余　兰	孙　兵	赫秀娟
怡明明	王富贵	祁玉钏	毛安军	张佳丽	郑　楠	杨彦平	王永宽	安晓升	严　婕
胡　楠	马学文	李秀佳	杨佳伟	魏　娟	王晓燕	马金艳	马耀东	金　燕	何文虎
周金泉	马玉芳	马学龙	周俊文	金文平	勉淑芳	杨　娟	马海燕	布春霞	陈　霞
肖　荣	伍艺帆	贺永会	张　磊	邱静萍	王　珊	王　佳	黄　娇	马俊祥	王麒淞

王福喜　李学琴　陈宋平　范永跃　郝建民　王　鹏

（四）卫生系统272人

柳建茹　丁宁辉　张　瑞　叶志红　秦亚茹　金　莉　马建新　赵寿桃　张　蓓　马　丽
耿钰青　曹丽娟　李　杰　李建宏　张素珍　冯　辉　刘海宁　张　波　梁丽萍　田应秀
杜　鑫　虎翠玲　李建平　朱红艳　陶　明　毕　晟　王旭光　党万辉　金　宏　李艳霞
田存艳　白齐韦　石云涛　马　赛　刘大志　曹秋香　谭丽玮　郭丁义　郭　玲　张　宇
齐立言　孙立兰　张雅娜　李春祥　李思楠　马　军　姚小霞　谢　莉　樊　娜　童升云
陆学军　万　静　王　英　刘　波　杨　伟　曹学海　麦晓彤　王　娟　潘　菲　张蕊芳
胡明慧　巫玉琴　王雪雪　徐莎莎　李　月　张　颖　裴　莉　温佐强　谢有明　康波平
高　薇　徐佳丽　张转军　李　静　王玉莹　李　辉　万　青　毛　波　冯小龙　马巧玲
马守强　孙丽文　王立新　丁立军　张亮亮　金　珊　苏海丛　韩杰明　马明星　田　璐
王雨卉　王丽艳　周　燕　高　冰　高　鑫　宋　娟　李嘉靖　王　娟　王少红　蒋屹山
邢进刚　邵　梅　马静宁　王淑霞　张　芳　郭吉涛　田占国　马维玲　郝惠琴　张　燕
牛全军　王艳辉　赵　婷　梁志军　丁永生　殷建军　陈剑君　叶艳春　田　芳　杨建华
王静茹　张雪松　康霁超　季艳霞　万晓霖　张　艳　马志华　魏艳琼　康燕萍　李　静
郭文杰　温艳芬　李　锁　张海霞　李振华　张　翔　薛栓宁　杨庆利　马国玲　夏秀兰
孙　倩　李　斌　赵子莉　张　涛　巫金瑾　张　瑞　王晓亮　王晓燕　芮　杨　刘　梅
海云霞　张银强　沈怀宝　王　佳　王　静　张　芳　张俊明　万晓曼　杨　娥　陈磊磊
郭　丽　王竹丽　曹　焕　李慧颖　张璐丹　惠　芳　刘骐华　陈　瑨　张万来　洪　霞
赵小莹　胡　娜　王　欢　武学周　申　亮　温　丽　尉存龙　陈　艳　苟阳阳　徐　娟
张　迪　沈兴龙　李玉柱　张　源　赫丽娜　陈晓伟　吴　姗　杨亚楠　龚　慧　杨占山
刘　佳　韩媛媛　樊　馨　耿　彬　陈　静　张宏莉　张　鹏　黄海英　万文静　魏莺莺
李玉林　马双双　殷　沛　马　勇　杨小勇　朱小军　张小喜　李　荣　王文斌　刘　娣
张艳萍　王　军　高　慧　李国武　郭菊珍　朱永红　叶　婧　曹永福　魏　齐　吴爱芳
吴秀平　马立霞　肖清燕　徐金国　何　波　刘　华　王秀梅　刘丽娟　严爱芳　孙　明
陈志文　陈文静　姚　斌　石春敏　王　莹　陈　斌　张　娟　白　雪　田　燕　陈启亮
陈　惠　杨小贤　丁金涛　朱文娟　田冬梅　马启忠　郭　瑞　王海菊　刘艳茹　刘少波
龚巾军　郑成才　刘　叶　李　婷　马阳龙　刘桂芳　唐大玲　邢学涛　张文娟　康玉娟
高玉珍　王　兴　任永和　黄　青　潘　娜　吴永辉　陈新春　徐红玲　韩生福　李嘉兴
李　娟　牛吉祥

2022年度受国家级、省部级、厅局级表彰奖励的先进集体

一、国家级表彰奖励的先进集体

获奖单位	荣誉名称	授奖单位
检察院第四检察部	“督促整治黄河干流违规取水行政公益诉讼案”获评最高检检察机关服务保障黄河流域生态保护和高质量发展典型案例	最高人民检察院
	全国检察机关“土地执法查处领域行政非诉执行监督”专项活动优秀案件	最高人民检察院

二、省部级表彰奖励的先进集体

获奖单位	荣誉名称	授奖单位
中宁县	2021年度平安宁夏建设优秀县	平安宁夏建设协调小组
	2021年度实施乡村振兴战略先进二等奖	自治区党委农村工作领导小组
	2021年度实施乡村振兴战略进位奖	自治区党委农村工作领导小组
	2021年度全区住房保障工作目标保障一等奖	自治区推进新型城镇化工作领导小组
组织部	“党建引领保障黄河重大国家战略创新案例征集活动”优秀奖	中央国家机关工委旗舰杂志社
县扫黑除恶领导小组	全区优秀县(区)扫黑除恶领导小组	宁夏扫黑除恶斗争领导小组
武装部	集体嘉奖	宁夏军区
	练兵备战先进单位	宁夏军区
公安局	政保大队获全国优秀公安基层单位	公安部
	交巡警大队获全国公安机关党的二十大安保维稳先进集体	公安部新闻宣传局
法院	2021年度平安宁夏建设优秀部门	平安宁夏建设协调小组
	2021年度平安宁夏建设 优秀单位	平安宁夏建设协调小组
	平安宁夏建设先进集体(2019—2020)	自治区党委 自治区政府
	鸣沙法庭获“塞上枫桥”人民法庭	自治区高级人民法院
	长山头法庭获“塞上枫桥”人民法庭	自治区高级人民法院
	长山头法庭获2022年度全区法院先进集体	自治区高级人民法院
	立案庭(诉讼服务中心)被评为2021年度全区法院先进集体	自治区高级人民法院
检察院	2021年度平安宁夏建设优秀部门	平安宁夏建设协调小组
	白银等人恶势力案件办案组获集体三等功	自治区人民检察院
司法局	普法微电影《出路》获评第六届平安中国“三微”大赛“优秀微电影”三等奖	中央政法委办公厅
	节约型机关	国家机关事务管理局、中央直属机关事务管理局、国家发展和改革委、财政部
县委政研室	节约型机关	国家机关事务管理局、中央直属机关事务管理局、国家发展和改革委、财政部
县总工会	节约型机关	国家机关事务管理局、中央直属机关事务管理局、国家发展和改革委、财政部

续表

获奖单位	荣誉名称	授奖单位
县妇联	节约型机关	国家机关事务管理局、中央直属机关事务管理局、国家发展和改革委、财政部
团县委	节约型机关	国家机关事务管理局、中央直属机关事务管理局、国家发展和改革委、财政部
工商联	节约型机关	国家机关事务管理局、中央直属机关事务管理局、国家发展和改革委、财政部
社会经济调查队	2022 年度业务工作考核先进单位	国家统计局 宁夏调查总队
供销社	县域流通服务网络强县	中华全国供销总社办公厅
民政局	《依托社会组织孵化基地推进县域社会组织高质量发展》获全国社会治理创新案例	中国社会治理研究会浙江大学社会治理研究院
农业农村局	科学技术进步奖二等奖	农业农村部
	农业技术推广服务中心《宁夏化肥减量增效技术集成与示范推广》项目获全国农业技术推广成果二等奖	农业农村部
	农业技术推广服务中心《宁夏主要粮食作物病虫草害农药减量增效技术集成与示范推广》项目获全国农业技术推广成果三等奖	自治区政府
	自治区水利基本建设“黄河杯”竞赛获奖单位	宁夏农田水利基本建设指挥部
国土资源局	丰安屯森林康养基地获 2022 年国家级森林康养试点建设基地	中国林业产业联合会
教育体育局	2018—2021 年度全区群众体育先进单位	自治区全民健身领导小组
	十小获全国红十字示范学校校	中国红十字会总会 全国红十字模范单位表彰评审工作小组
	十小获自治区民族团结进步示范学校	自治区党委统一战线工作领导小组
	十小获自治区文明校园	自治区精神文明建设指导委员会
交通运输局	节约型机关	国家机关事务管理局、中央直属机关事务管理局、国家发展和改革委、财政部
商务和投资促进局	节约型机关	国家机关事务管理局、中央直属机关事务管理局、国家发展和改革委、财政部
卫生健康局	全国基层中医药工作先进单位	国家中医药管理局办公室
国家税务总局中宁县分局	石空税务分局获一星级全国青年文明号	国家创建青年文明号活动组委
退役军人事务局	节约型机关	国家机关事务管理局、中央直属机关事务管理局、国家发展和改革委、财政部
审批服务管理局	节约型机关	国家机关事务管理局、中央直属机关事务管理局、国家发展和改革委、财政部
医疗保障局	节约型机关	国家机关事务管理局、中央直属机关事务管理局、国家发展和改革委、财政部
工业园区管委会	国家级知识产权强国建设试点园区	国家知识产权局
融媒体中心	2021 年度广播电视公益广告扶持项目优秀传播机构	国家广播电视总局
	《把“浆缸子”带进小学的老师》获“梦想接力棒 一起向未来（第一季）”大型联播最佳创新奖	新华社新媒体中心
	媒体融合创新被推荐为 2022 年优秀区域融媒创新综合力 TOP10	全国广播电视融媒创新发展年会组委会
	《中宁枸杞养生天下》被推荐为 2022 年优秀区域融媒创新发展最具创新传播力短视频 TOP10	全国广播电视融媒创新发展年会组委会

续表

获奖单位	荣誉名称	授奖单位
宁安镇	振兴社区获2022年全国示范性老年友好型社区	国家卫健委 国家老龄办
	宁安清真寺获2022年首届全国宗教界先进集体	国家民委
	振兴社区命名为2022年全国示范性老年友好型社区	国家卫生健康委 全国老龄办
恩和镇	节约型机关	国家机关事务管理局、中央直属机关事务管理局、国家发展和改革委、财政部
新堡镇	安定社区获全国红十字会模范单位	中国红十字会总会 全国红十字模范单位表彰评审工作小组
白马乡	彰恩村获自治区文明村	自治区精神文明指导委员会
余丁乡	黄羊村获2022年中国美丽休闲乡村	农业农村部乡村产业发展司
太阳梁乡	全区民族团结进步示范乡	自治区党委统一战线工作领导小组

三、厅局级表彰奖励的先进集体

获奖单位	荣誉名称	授奖单位
中宁县	农村生活垃圾分类治理和资源化利用一级示范县	宁夏财政厅
	全区“数字供销”先行先试示范县	宁夏建设全国“数字供销”示范区领导小组办公室
	2021年“一村一事一议”一等奖	自治区党委农村工作领导小组办公室
	健康中国建设暨健康水平提升行动先进县二等奖	中卫市健康中卫建设领导小组
公安局	城关派出所、刑侦大队、枸杞交易中心检疫封控点集体三等功	自治区公安厅
	交巡警大队特警中队、徐套派出所、高铁火车东站检疫站点、政工监督室、流调工作专班、警务保障室、指挥中心、网安大队集体嘉奖	自治区公安厅
法院	执行局获全市法院先进集体	中卫市中级人民法院
	刑事审判庭获全市法院先进集体	中卫市中级人民法院
检察院	拍摄的《黄羊湾的春天》获评宁夏检察机关第一季“新时代检察故事汇——检察官讲述办案故事”五佳检察办案故事	自治区人民检察院政治部
组织部	2021年度信息工作先进单位	自治区党委组织部 宁夏党建研究会
	“喜迎二十大　建功新时代”主题征文比赛三等奖、优秀组织奖	自治区党委老干部局 区党委离退休干部工委
	2021年度宁夏党建研究会调研课题三等奖	宁夏党建研究会
	全区离退休干部优秀志愿服务项目	自治区党委老干部局 区党委离退休干部工委
政法委	自治区健康机关	自治区健康水平提升行动领导小组办公室 自治区爱卫办
统战部	全市民族团结进步创建先进集体	中卫市委 市政府
妇联	2022年全区实施妇女儿童发展规划先进集体	宁夏妇女儿童工作委员会
团县委	中宁县青年志愿者协会“情暖杞乡”志愿服务项目获第六届宁夏志愿服务项目大赛优秀奖项目	自治区团委 区文明办 区民政厅 区司法厅 区生态环境厅 区水利厅 区文化和旅游厅 区卫生健康委 区残联 区禁毒办
	宁夏华宝枸杞产业有限公司智能制造生产车间原浆灌装班组获自治区工人先锋号	自治区总工会

续表

获奖单位	荣誉名称	授奖单位
总工会	喜迎二十大·建功新时代全市“劳动者之歌”文艺会演优秀组织	中卫市委宣传部 市旅游和文化体育广电局 市总工会
	中卫市“沙坡头杯”导游服务技能竞赛优秀组织单位	中卫市总工会 市人力资源和社会保障局 市旅游和文化体育广电局
	“声音里的经典——感恩奋进新征程”获2022年全市职工诵读演说大赛优秀组织奖	中卫市委宣传部 市总工会 共青团中卫市委员会 市妇女联合会
	“喜迎党代会·献礼二十大”全市工会经审干部演讲比赛优秀组织奖	中卫市总工会
融媒体中心	2021年度广播电视公益广告扶持项目优秀传播机构	宁夏广播电视局
	自治区健康机关	自治区爱卫办
	2022年“新春走基层”活动先进集体	自治区党委宣传部
	广告《来不及》获评2021年度宁夏电视公益广告三等奖	自治区广播电视局
	2022年全区“新春走基层”活动获评先进集体;《“浆缸子”进课堂让传统技艺历久弥新》《小城速滑队新年开训》获评优秀作品	自治区党委宣传部 宁夏新闻工作者协会
科协	第36届宁夏青少年科技创新大赛优秀组织单位	自治区科学技术协会 自治区教育厅 共青团宁夏回族自治区委会 自治区妇女联合会
	第37届中卫市青少年科技创新大赛优秀组织单位	中卫市科学技术协会 中卫市教育局 共青团中卫市委会 中卫市妇女联合会
	第八届中卫市青少年机器人竞赛优秀组织单位	中卫市科学技术协会 中卫市教育局
人力资源和社会保障局	全区人力资源和社会保障工作先进集体	自治区人力资源和社会保障厅
	劳动保障监察执法大队获全区人力资源和社会保障工作先进集体	自治区人力资源和社会保障厅
	就业创业和人才服务中心获2021年度全区就业创业先进工作先进集体	自治区就业工作领导小组
	就业创业和人才服务中心获第五届“中国创翼”创业创新大赛中卫市选拔赛优秀组织奖	中卫市人力资源和社会保障局
	自治区健康机关	自治区健康水平提升行动领导小组办公室、自治区爱卫办
交通局	全区交通运输工作先进集体	自治区交通运输厅
市场监管局	新堡监督管理所获自治区三八红旗集体	自治区妇女联合会
	自治区健康机关	自治区健康水平提升行动领导小组办公室 区爱卫办
机关事务服务中心	先进集体	自治区机关事务管理局
农业农村局	农业技术推广中心获自治区科学技术进步奖二等奖	自治区科学技术厅
	农业综合执法大队《宝鸡阜丰生物科技有限公司销售擅自修改标签内容肥料案》被授予行政处罚优秀案卷	自治区农业农村厅
	农业综合执法大队《王才销售应当审定未经审定的玉米种子案》被授予全区行政处罚优秀案卷	自治区农业农村厅
	农业机械化推广服务中心获得全区农业农村先进集体	自治区农业农村厅
民政局	社会组织孵化基地运行与管理标准化试点	自治区民政厅 自治区市场监督管理厅
	弘扬社工服务中心案例获自治区第二届社会工作优秀服务案例	自治区民政厅
	杞爱社会工作中心获4A级社会组织	自治区民政厅
	弘扬社工服务中心获3A级社会组织	自治区民政厅
	自治区文明单位	自治区精神文明建设指导委员会

续表

获奖单位	荣誉名称	授奖单位
卫生健康局	县人民医院儿科获自治区三八红旗集体	自治区三八红旗手(集体)评选表彰工作领导小组
	县卫生监督所案例获2021年度全区卫生行政执法优秀典型案例	自治区卫生健康综合服务中心
审批服务局	自治区文明单位	自治区精神文明建设指导委员会
	自治区健康机关	自治区健康水平提升行动领导小组办公室 区爱卫办
	全市民族团结先进集体	中卫市委 市政府
	“帮帮您”政务服务品牌架起民生服务连心桥获自治区法治政府建设示范项目	自治区党委全面依法治区委员会办公室
	全区2021年度深化“放管服”改革以奖代补考核二等奖	自治区推进政府职能转变和“放管服”改革协调小组 宁夏财政厅
科技(地震)局	自治区“大美科技特派员评选活动优秀组织单位”	自治区科学技术厅
	2022年防震减灾科普大赛优秀组织奖	自治区科学技术厅
工业园区管委会	第一批自治区级金牌调解组织	自治区人力资源和社会保障厅 区总工会 区工商业联合会 宁夏企业和企业家联合会
工业和信息化局	2022年度全区稳增长突出贡献单位	自治区工业和信息化厅
	2022年度全区降能耗突出贡献单位	自治区工业和信息化厅
国家税务总局中宁县税务局	自治区健康机关	自治区卫生健康委员会 区精神文明建设指导委员会 区爱国卫生运动委员会
	“杞云e税为您办”工作室获创新工作室	宁夏农林水财轻工工会
宁安镇	振兴社区工会爱心托管班获自治区级工会爱心托管班	自治区总工会
	杞苑社区、宁新社区、东华村被命名为2022年第一批自治区健康社区示范点	自治区健康水平提升行动领导小组办公室 自治区爱卫办
	红苑社区、振兴社区被评为2021年度自治区学雷锋志愿服务先进典型	自治区党委宣传部 自治区文明办
	南苑社区、振兴社区、丰宁社区、裕民社区、宁新社区、朱营社区通过全国示范性退役军人服务站验收	自治区委员会退役军人事务工作领导小组办公室
新堡镇	安全生产工作成绩突出集体	自治区安全生产委员会
	全区五四红旗团委	共青团自治区委员会
	全区优秀消防志愿服务项目	自治区消防救援总队
	创业村被评为第二批宁夏旅游示范村镇	自治区文化和旅游厅
	“指尖跃动新时代,点赞美丽新宁夏”视频征集活动二等奖	自治区党委网信办
白马乡	全市民族团结进步先进集体	中卫市委 市政府
余丁乡	余丁村被命名为自治区健康村示范点	自治区健康水平提升行动领导小组办公室 自治区爱卫办
	余丁村获2022—2024年度区级文明村	自治区精神文明建设指导委员会
大战场镇	石喇叭村被命名为自治区健康村示范点	自治区健康水平提升行动领导小组办公室 区爱卫办
	人民政府武装部获2021年度民兵工作先进单位	中卫市委 市政府 中卫军分区
徐套乡	全市民族团结进步先进集体	中卫市委 市政府
太阳梁乡	全市民族团结进步先进集体	中卫市委 市政府

续表

获奖单位	荣誉名称	授奖单位
教育体育局	中宁中学、四中、大战场镇宽口井九年制学校、渠口九年制学校、二小、五小获自治区健康学校示范点	自治区健康水平提升行动领导小组办公室
	二中、六小、十小获自治区中小学劳动教育示范校	自治区教育厅
	一小获自治区家庭教育优秀家长学校	自治区教育厅
	六中、大战场完小获2022年第二批自治区家庭教育指导服务示范校(园)	自治区教育厅
	中宁中学、二中、大战场中学、十小、三小、九小、大战场完小、大战场北滩完小获自治区级体育传统特色学校	自治区体育局 自治区教育厅
	二中、一小、九小获自治区中小学德育示范校	自治区教育厅
	一中获2022年自治区青少年沙滩排球锦标赛第六名,道德风尚奖	宁夏回族自治区体育局
	中宁中学获2022年全区中学生田径锦标赛团体总分女子甲组第八名,男子4×100米第四名,女子4×100米第四名(区级)	自治区教育厅 体育局
	二中获中国青少年足球联赛宁夏预选赛女子U13第四名	中国青少年足球联赛宁夏赛事办公室
	四中获全区第七届中小学生艺术展演器乐类三等奖	自治区教育厅
	四中获全区七届中小学生艺术展诵读乐类三等奖	自治区教育厅
	大战场中学获2021—2022中国初中篮球联赛(宁夏赛区)女子组 第四名	宁夏学生体育艺术协会
	喊叫水九年制学校获农村科技馆经营优秀单位(自治区级)	中国科技馆发展基金会
	一小获第八届全区中小学校科普剧竞赛活动二等奖	自治区科协 自治区文明办 自治区教育厅
	一小四(2)中队、二小六(1)中队、十小少先队大队、十小六(4)中队、三小少先队大队、三小六(3)中队获2022年度宁夏少先队组织"红领巾奖章"集体四星章	共青团宁夏回族自治区委员会 宁夏回族自治区教育厅

2022年度受国家级、省部级、厅局级表彰奖励的先进个人

一、国家级表彰奖励的先进个人

姓　名	荣誉称号	所在单位	授奖单位
孟春梅	对从事档案工作满15年的检察人员通报表扬	检察院	国家最高人民检察院

二、省部级表彰奖励的先进个人

姓　名	荣誉称号	所在单位	授奖单位
秦　红	入选公益诉讼全面实施五周年“五好”宣传素材“好人物”	检察院	国家最高人民检察院第八检察厅
勉　林	2022年度全国检察宣传先进个人	检察院	国家检察日报社
朱晓鹏	个人三等功	检察院	自治区人民检察院
谭艳玲	个人嘉奖	检察院	自治区人民检察院
王俊艳	个人嘉奖	检察院	自治区人民检察院
马卫谦	2021年度全区法院先进个人	法院	自治区高级人民法院
刘　鹏	2022年度全区法院先进个人	法院	自治区高级人民法院
顾学文	2022年度全区法院先进个人	法院	自治区高级人民法院
常吉武	全国公安机关“昆仑2021”专项行动成绩突出个人	公安局	公安部
买正发	全国公安机关“猎狐2021”专项行动成绩突出个人	公安局	公安部
张　丽	被评为全国农牧渔业丰收奖三等奖	农业技术推广服务中心	农业农村部
张宏霞	自治区人民满意公务员	残联	自治区党委
门仲军	全国工商联2022年调查点工作先进个人	工商联	中华全国工商业联合会
刘学斌	全国人力资源社会保障系统先进工作者	人力资源和社会保障局	人力资源和社会保障部评选表彰工作领导小组办公室
王爱玲	全国农产品成本调查工作先进个人	发展和改革局	国家发展和改革委员会
哈　莉	2022年全国县域农业农村信息化发展水平评价工作先进个人	农业农村局	农业农村部
黄丽娟	第三次全国国土调查先进工作者	自然资源局	国务院第三次全国国土调查领导小组办公室
张　慧	全国优秀城乡社区工作者	宁安镇南苑社区	民政部
胡学梅	2019—2020年平安宁夏建设先进个人	新堡镇	自治区党委、政府

三、厅局级表彰奖励的先进个人

姓　名	荣誉称号	所在单位	授奖单位
苏彦彬	唐某生国家司法救助案获2020至2021年度国家司法救助精品案例	检察院	自治区人民检察院区院第八检察部
李双慧	唐某生国家司法救助案获2020至2021年度国家司法救助精品案例	检察院	自治区人民检察院区院第八检察部

续表

姓　名	荣誉称号	所在单位	授奖单位
谭艳玲	刘某瑜国家司法救助案获2020至2021年度国家司法救助优秀案例	检察院	自治区人民检察院区院第八检察部
马　骅	刘某瑜国家司法救助案获2020至2021年度国家司法救助优秀案例	检察院	自治区人民检察院区院第八检察部
巫　磊	2021年度中卫市优秀公务员	人大办	中卫市委组织部
莫　骄	2021年度全区优秀退役军人服务中心主任	退役军人事务局	自治区退役军人事务厅
朱凤莲	全区人力资源和社会保障工作先进个人	人力资源和社会保障局	自治区人力资源和社会保障厅
魏向红	基层人武部建设优秀个人	武装部	中卫军分区
孟　炜	个人三等功	公安局	自治区公安厅
董帅男	个人三等功	公安局	自治区公安厅
贺奋兵	个人三等功	公安局	自治区公安厅
杨贵军	个人三等功	公安局	自治区公安厅
肖建东	个人三等功	公安局	自治区公安厅
李大海	个人三等功	公安局	自治区公安厅
梁智杰	嘉奖	公安局	自治区公安厅
杜国安	嘉奖	公安局	自治区公安厅
黄宝军	嘉奖	公安局	自治区公安厅
马家忠	嘉奖	公安局	自治区公安厅
吴　锐	嘉奖	公安局	自治区公安厅
薛建英	嘉奖	公安局	自治区公安厅
袁兴军	嘉奖	公安局	自治区公安厅
李　冰	嘉奖	公安局	自治区公安厅
张文歧	嘉奖	公安局	自治区公安厅
芮吉银	嘉奖	公安局	自治区公安厅
罗　荣	嘉奖	公安局	自治区公安厅
田润青	嘉奖	公安局	自治区公安厅
李　宝	嘉奖	公安局	自治区公安厅
康　力	嘉奖	公安局	自治区公安厅
马君义	嘉奖	公安局	自治区公安厅
俞自学	表扬通报	公安局	自治区公安厅
马　正	全国档案工匠人才	档案馆	国家档案局
刘　娟	自治区最美林草科技推广员	枸杞产业发展服务中心	自治区林业和草原局
	第二批“中卫英才”奖	枸杞产业发展服务中心	中卫市政府
张富莹	全区交通运输工作先进个人	交通运输局	自治区交通运输厅
马　元	最美乡镇政法委员	白马乡	自治区党委政法委
张　玉	2021年情暖夕阳健康行活动表现突出个人	宁安镇宁华社区	自治区老龄办
黄殿成	优秀消防志愿者	新堡镇	宁夏消防救援总队
杜晓薇	全区人力资源和社会保障工作先进个人	新堡镇	自治区人力资源和社会保障厅
马小梅	全市民族团结先进个人	新堡镇	中卫市委 市政府
于娟娟	全市民族团结进步先进个人	市场监督管理局	中卫市委 市政府
苗　刚	2022年黄河流域生态保护和高质量发展中卫市先进工作者	水务局	中卫市委 市政府

续表

姓　名	荣誉称号	所在单位	授奖单位
孔治伟	自治区2022年疫情防控先进个人	水务局	中卫市委 市政府
魏　玮	退税减税降费专项工作三等功	国家税务总局中宁县税务局	国家税务总局宁夏回族自治区税务局
王　媛	退税减税降费专项工作三等功	国家税务总局中宁县税务局	国家税务总局宁夏回族自治区税务局
李彩虹	全区人力资源和社会保障先进个人	财政局	自治区人力资源和社会保障厅
张彦茹	自治区科学技术成果奖	农业农村局	自治区科学技术厅
邱　婧	自治区三八红旗手标兵称号	农业农村局	自治区妇女联合会
吴学娟	全区农业综合行政执法大比武个人风采奖	农业农村局	自治区农业农村厅
袁旭东	全区农业农村工作先进个人奖	农业农村局	自治区农业农村厅
张　帅	全区农业农村工作先进个人奖	农业农村局	自治区农业农村厅
焦　莉	全区大课间啦啦操优秀教练员	中宁十小	自治区教育厅
刘志娟	全区中小学《习近平新时代中国特色社会主义思想读本》教学设计优秀奖	中宁九小教育集团(南校区)	自治区教育厅
尹红军	自治区第一届基础教育教学成果优秀奖	中宁九小教育集团(南校区)	自治区教育厅
王清芳	全区第八届中小学科普剧竞赛优秀奖	中宁一小教育集团	自治区科协
康　倩	“四课”学科教师优质课	中宁中学	自治区教育厅
买　燕	“四课”学科教师优质课	中宁中学	自治区教育厅
孔　秀	“四课”学科教师优质课	中宁中学	自治区教育厅
赵瑞雪	“四课”学科教师优质课	中宁中学	自治区教育厅
张少萍	“四课”学科教师优质课	中宁中学	自治区教育厅
康丽娟	“四课”学科教师优质课	中宁中学	自治区教育厅
张红阳	“四课”学科教师优质课	中宁中学	自治区教育厅
韩　笑	“四课”学科教师优质课	中宁中学	自治区教育厅
冯小龙	“四课”学科教师优质课	中宁中学	自治区教育厅
马梅花	“四课”骨干教师示范课	中宁中学	自治区教育厅
卜　娟	“四课”骨干教师示范课	中宁中学	自治区教育厅
薛　娟	“四课”骨干教师示范课	中宁中学	自治区教育厅
张　慧	“四课”骨干教师示范课	中宁中学	自治区教育厅
毕泗景	“四课”教学名师精品课	中宁中学	自治区教育厅
杜琼辉	“四课”教学名师精品课	中宁中学	自治区教育厅
赵瑞雪	2022全区中小学实验教学说课大赛优秀奖	中宁中学	自治区教育厅
万志文	2022全区中小学实验教学说课大赛优秀奖	中宁中学	自治区教育厅
苏晓芳	2022年自治区精品课	中宁中学	自治区教育厅
张　燕	自治区三八红旗手	中宁县人民医院	自治区三八红旗手(集体)评选表彰工作领导小组
李　静	宁夏医学会呼吸病学分会优秀病例大赛优秀奖	中宁县人民医院	宁夏医学会
	宁夏护理学会“优秀护理工作者”	中宁县人民医院	宁夏护理学会
孟凡举	最美退役军人	大战场镇中心卫生院	自治区党委宣传部 自治区退役军人事务厅 宁夏军区政治工作局
	2021年度民兵工作先进个人	大战场镇中心卫生院	中卫市委　市政府　中卫军分区

2022年度厅局级以上获奖文艺作品

所属协会(单位)	姓　名	获奖作品	授奖单位
作家协会	骆少卿	文学作品《所有的人生都有期待》获"喜迎党代会奋进新时代"主题读书征文大赛二等奖	宁夏作家协会
	曾　锴	诗歌《青铜峡黄河边璀璨的明珠》获第一届"黄河楼杯"征文作品大奖赛诗歌类三等奖	青铜峡市委宣传部 青铜峡市文学艺术界联合会
书法家协会	李文选	魏碑作品《古诗三首》入展宁夏第十四届书法篆刻临帖展(网络展)	宁夏书法家协会
	王绪才	书法作品《古诗》入展宁夏第十四届书法篆刻临帖展(网络展)	宁夏书法家协会
	童　昊	书法作品获宁夏第十四届书法篆刻临摹展(网络展)优秀奖	宁夏书法家协会
	陈继卫	隶书作品入展宁夏第十四届书法篆刻临摹展(网络展)	宁夏书法家协会
		书法作品《习近平论党风廉政建设和反腐败斗争金句》获中卫市廉洁文化书画展书法类二等奖	中卫市纪检委 市文联
	李雁炜	书法作品《爱莲说》获中卫市廉洁文化书画展书法类三等奖	中卫市纪检委 市文联
	施立祥	美术作品《盛世芳华》入围时代含章——2022深圳国际水墨双年展	中国美协艺术委员会
	熊阿琳	国画作品《山脚下》入展喜迎党的二十大和自治区第十三次党代会"2022宁夏女画家作品网络展"	宁夏美术家协会 宁夏大象传媒
	杜宁旭	美术作品《墨竹》获中卫市廉洁文化书画展美术类优秀奖	中卫市纪检委 市文联
	高怀鹏	美术作品《荷塘清韵》获中卫市廉洁文化书画展美术类三等奖	中卫市纪检委 市文联
	宋保鸿	美术作品《回望》获中卫市廉洁文化书画展美术类三等奖	中卫市纪检委 市文联
摄影家协会	莫淑兰	《最美杞乡人》(组照)入展"中国梦——巾帼情"宁夏第八届妇女摄影作品展	宁夏文联 宁夏摄影家协会
民间文艺家协会	刘耀宏	泥塑作品《冬奥会吉祥物——冰墩墩、雪容融》入展宁夏民间工艺美术主题作品专辑展	宁夏民间文艺家协会
	李淑英	剪纸《六月杞园红》在第五届枸杞产业博览会美术、书法、摄影、剪纸、短视频大赛中获剪纸类三等奖	宁夏回族自治区林业和草原局 宁夏文学艺术界联合会
	刘万花	剪纸《黄河母亲》在第五届枸杞产业博览会美术、书法、摄影、剪纸、短视频大赛中获剪纸类三等奖	
	王佩娜	剪纸《美丽杞乡》在第五届枸杞产业博览会美术、书法、摄影、剪纸、短视频大赛中获剪纸类三等奖	
	张晓红	剪纸《枸杞之乡》在第五届枸杞产业博览会美术、书法、摄影、剪纸、短视频大赛中获剪纸类优秀奖	
	李秀英	剪纸《虎娃送杞》在第五届枸杞产业博览会美术、书法、摄影、剪纸、短视频大赛中获剪纸类优秀奖	

2022 年度在市级以上刊物发表的文学作品

所属协会(单位)	作者姓名	发表作品	发表刊物和日期
作家协会	吕振宏	小说《丰安渡》	《沙坡头》2022 年第 5 期
	秦中全	散文《家乡的春天》	青海《湟水》2022 年第 2 期
		散文《家乡的情结》	《兴义日报》2022 年 7 月 16 日第 4 版
	朱　敏	中篇小说《七月的拼图》	《朔方》2022 年第 5 期
		短篇小说《新家》	《朔方》2022 年第 12 期
		短篇小说《暗处的女儿》	《沙坡头》2022 年第 2 期
		短篇小说《五五》	《沙坡头》2022 年第 5 期
	王菊梅	散文《六盘山上高峰》	《六盘人家》2022 年第 1 期
	骆少卿	小说《牛庄记事》	《沙坡头》2022 年第 3 期
	张建萍	散文随笔《母亲》	《沙坡头》2022 年第 3 期
	姚　庆	诗歌《中宁诗史》	《沙坡头》2022 年第 1 期
		诗歌《时光协奏曲》	《沙坡头》2022 年第 4 期
	王学琴	散文《巴西龟》	《神州文艺》散文选刊 2022 年 4 月 25 日
	马　勇	小说《追光》	《渤海风》2022 年第一期
	郭　荣	古体诗《迎冬奥(外一首)》	《家乡》2022 年 4 月 12 日
	熊　轲	现代诗《惊蛰时节》	《中国建设报》2022 年 3 月 3 日第 8 版
		现代诗《春树的希望》	《湛江晚报》2022 年 3 月 7 日第 24 版
		现代诗《春风摸过我的脸庞》	《武陵都市报》2022 年第 11 版
		现代诗《春意静好(外二首)》	《绥化晚报》2022 年 4 月 8 日
	金　东	现代诗《月亮高悬的夜里(组诗)》	《沙坡头》第 3 期
		现代诗《宁夏的风(组诗)》	《豳风》第 1 期
	李文选	现代诗《穿透的魅力(外一首)》	《沙坡头》第 2 期
	李富成	散文《流失的童年时光》	《沙坡头》第 2 期
	田　静	散文《黑金子黄米散饭》	《黄河文学》第 3 期

附　　录

团结奋斗　勇毅前行
全力谱写中国式现代化发展中宁篇章

——在中共中宁县第十五届委员会四次全会上的报告

（2022 年 12 月 19）

何建勃

同志们：

现在，受县委常委会委托，我向全委会做报告，请予审议。

2022 年工作回顾

即将过去的 2022 年，是极不平凡、极为不易的一年。在区、市党委的坚强领导下，我们坚持以习近平新时代中国特色社会主义思想为指导，认真学习宣传贯彻党的二十大和习近平总书记视察宁夏重要讲话指示批示精神，全面落实区、市、县党代会部署要求，坚持稳中求进工作总基调，完整、准确、全面贯彻新发展理念，主动融入和服务新发展格局，克服新冠疫情冲击和经济下行压力，团结带领广大党员干部群众锐意进取、真抓实干，竭尽全力稳经济、防疫情、保安全、惠民生，经济社会保持稳中有进的发展态势，较好地完成了年度目标任务。

——经济运行平稳向好。坚持把发展作为解决一切问题的基础和关键，统筹疫情防控和经济社会发展，用足用活“稳保促”一揽子政策，抓产业稳经济，抓投资保增长，扩内需促消费，补短板挖潜力，实现了经济发展质的有效提升和量的合理增长。预计全年实现地区生产总值210亿元，同比增长7%；规模以上工业增加值同比增长15%；地方一般公共预算收入7.25亿元；社会消费品零售总额44.6亿元，同比增长2.3%；城乡居民人均可支配收入分别达到33880元和17110元。

——产业结构更趋优化。聚焦“六新”产业，深入推进新型工业强县计划，中晶单晶硅棒、今飞大巴轮毂等重点项目建成投产，中电、中车、中船光伏项目并网发电，产业链条延展壮大，企业集群扩规增量。围绕“六特”产业，扎实推进特色农业提质计划，新植枸杞2万亩，实施精深加工项目11个、投产达效6个，加速创建国家现代农业（枸杞）产业园和农村融合发展示范园，第五届枸杞产业博览会签约金额创历史新高，成功入选中国产业创新转型升级典型城市案例。打造喊叫水、徐套片区压砂地生态修复示范区2.6万亩，兴垦牧业第二奶牛场建成投运，粮食生产喜获丰收，全县农林牧渔业总产值达到51.9亿元。着眼“六优”产业，大力推进现代服务业扩容计划，打造丰安屯、黄羊古落、新堡采摘园等旅游景点，成功晋级“健康中国·康养旅游百强县”。大力发展电子商务，预计全年电商交易额突破120亿元，同比增长10%，带动就业1.2万余人。

——创新发展成果丰硕。全面深化重点领域改革，打造全区首家“六权”改革交易暨农村产权交易专区，完成排污权交易全市第一单，山林权确权赋能案例在全国（福建）林草碳汇高峰论坛上交流经验，用水权、土地权、排污权改革走在全区前列，集体土地所有权变更调查等国家和区市改革试点稳步推进，基层政务服务改革取得新突破，电子商务进农村等改革经验在全区推广。扎实推进创新驱动发展战略，实施隆基智能装料系统开发等科技项目130余个，玺赞庄园等4家企业成功获批国家高新技术企业，新培育科技创新平台6家，新增各类高新技术、“小巨人”、“专精特新”企业10家。加快招才引智，培养引进各类科技人才23名、科技创新团队5个，中宁枸杞科研成果荣登国际权威期刊。

——协调发展纵深推进。巩固拓展脱贫攻坚成果同乡村振兴有效衔接，持续深化防返贫动态监测和帮扶机制，大力发展乡村特色产业，培育新型经营主体，完善联农带农富农机制，脱贫户、三类监测对象人均收入分别达到1.31万元、1.29万元，增长14.5%、19.5%，稳步实现“两个高于”目标。实施城市更新、乡村建设“两大行动”，加快棚户区、老旧小区改造，打造城乡小游园，扩建休闲绿地，更新改造道路管网，城市基础设施日臻完善；因地制宜推进农村“厕所革命”，修缮改造农村公路58.6公里，成功创建全区农村生活垃圾分类和资源化利用一级示范县。

——绿色发展彰显效力。深入践行习近平生态文明思想，坚持“四尘”同治、“五水”共治、“六废”联治，实施热电联产供热管网延伸（改造）、天元粉煤灰深加工等项目，完成瀛海天祥、天元建材2个水泥窑超低排放改造，全县重点河湖水质达到自治区考核标准，土壤环境质量总体稳定，危险废物安全处置率达到100%。突出治荒植绿，完成国土绿化面积6.5万亩，超额完成自治区下达任务。全面推进矿山修复治理、小流域综合治理，生态系统多样性、稳定性、持续性明显提升。

——开放发展步伐加快。坚持高水平走出去、高质量引进来，支持企业扩大进出口业务，为早康、顺元堂等企业争取外贸发展专项资金860余万元，预计全年进出口总额达24亿元，增长18.7%。与韩国忠清南道青阳郡建立友好县郡关系，成为全区首个与国外县郡建立友好关系的县级城市。组织企业参加第131届广交会等高水平节会20余场次，出台招商引资系列优惠政策措施，一批知名企业优质项目落户。积极推进"政银合作"试点，打造惠企政策"直通车"，定期会商研判，增进沟通对接，助企纾困解难，全县营商环境进一步优化。

——共享发展成色更足。坚持发展为了人民、发展依靠人民、发展成果由人民共享。深入实施"六大提升行动"，民生投入占年度公共财政支出比重达78.8%，解决了一大批群众急难愁盼问题。城乡居民新增、转移就业7.8万余人，就业增收渠道不断拓宽，工资性收入稳步提高。建设中小学、幼儿园7所，组建各类教育互助共同体6个，集团化办学、体教融合深入推进，优质教育资源覆盖面不断扩大。文明城市创建工作加速推进，新时代文明实践中心(站、所)实现全覆盖，以大战场农民合唱团为原型的电影《六谷儿》顺利封镜，县文化馆荣获第九届全国服务农民、服务基层文化建设先进集体。"互联网+医疗"体系更加完善，医疗健康总院胸痛、卒中等五大中心投入使用，新建成1个国家级重点医疗专科，基础医疗水平稳步提高，健康保障能力不断增强。

——疫情防控科学精准。坚定不移坚持人民至上、生命至上，认真落实第九版防控方案、二十条优化措施和"新十条"要求，健全完善平急转换运行机制，合理调配力量，分片驻点包抓，强化服务保障，努力斩断疫情传播链条，夺取了"9·20"疫情决定性胜利，顶住了"11·29"新一轮疫情冲击，有力保障了广大群众的生命安全和身心健康。"挖根行动""1+N"服务保障机制等得到国务院联防联控机制宁夏工作组充分肯定，并在区内全面推广。

——社会治理成效显著。全面贯彻落实总体国家安全观，以政治安全为根本，经济、社会、网络等各领域安全得到有效保障。推行全过程人民民主，生动活泼、安定团结的政治局面进一步巩固。"八五"普法系列活动纵深推进，全社会尊法学法守法用法意识日益增强。积极创建铸牢中华民族共同体意识示范县，依法管理民族宗教事务，民族宗教和顺和睦。实施"平安细胞"创建工程，常态化推进扫黑除恶专项斗争，深入开展风险隐患大排查大化解大整治、反诈人民战争、打击整治养老诈骗等专项行动，荣获平安宁夏建设优秀县，基层治理创新模式入选全国典型案例。

——党的领导持续加强。始终把政治建设摆在首位，始终在思想上、政治上、行动上同以习近平同志为核心的党中央保持高度一致，不折不扣贯彻落实党中央和区市党委各项决策部署。坚决贯彻执行党的全面领导制度，定期对全县党的建设、经济社会发展进行研究部署，县委总揽全局、协调各方的作用得到充分发挥。自觉接受中央和自治区各类巡视巡察、督导督查，中央第四环保督察组、自治区第二巡视组等反馈问题得到有效整改。全面落实新时代党的建设总要求，强化基层党组织和干部队伍建设，扎实开展“改作风，谋发展，争先进”专项行动，一体推进不敢腐、不能腐、不想腐，各级党组织凝聚力、战斗力、执行力不断提升，为全县经济社会高质量发展提供了坚强保障。

各位委员、同志们！党的二十大胜利召开，清晰擘画了新阶段新征程的崭新蓝图，为我们指明了方向，鼓足了士气，提振了信心。自治区第十三次党代会做出“12345”重大部署，明确了全面建设社会主义现代化美丽新宁夏的奋斗目标。市委五届四次全会制定建设“五个示范市”路径方案，激励着我们顺应发展大势，把握历史机遇，找准发展定位，奋力谱写中国式现代化发展的中宁篇章。一年来，最振奋人心的是，各级组织一心向党，掀起了学习宣传贯彻党的二十大精神热潮。深入开展党的二十大和习近平总书记视察宁夏重要讲话指示批示精神“大学习、大讨论、大宣传、大实践”活动，专题召开县委十五届三次全会进行部署，全方位细化贯彻举措、多维度开展理论宣讲、分层次组织学习培训，让党的二十大精神及时传达到基层一线，深入党员群众心坎。最令人感动的是，广大干群众志成城，筑起抗击疫情的坚固防线。面对复杂多变的新冠疫情，广大医护人员、公安干警、社区工作者、志愿服务者、党员干部职工舍小家、顾大家，闻令而动、一线冲锋，与人民群众团结一心，共同谱写了与疫情作战、同病毒抗争的生命赞歌，绘就了团结才能胜利、奋斗才会成功的时代画卷，伟大的抗疫精神在杞乡大地得到生动实践。最难能可贵的是，全县上下奋力拼搏，开启了“三争”工作新的局面。在重大机遇挑战和政策红利面前，各级领导干部拿出了与时间赛跑、与强者较量、与自己较劲的精气神，以闯的胆识、抢的意识、拼的劲头，深入开展“争项目、争资金、争示范”和招商引资活动，向上争取各类资金超过45亿元，引进各类项目64个、预计到位资金88亿元，在新冠疫情不断冲击、宏观经济持续下行、民间投资增势趋缓的不利条件下，取得这样的成绩实属不易。

各位委员、同志们！艰难方显勇毅，磨砺始得玉成。我们共同走过了一段终生难忘的、激情燃烧的奋斗历程。这一年，经济形势复杂严峻、下行压力加大的外部环境前所未有；多变的新冠病毒带来的负面影响前所未有；对干部能力水平的严峻考验前所未有；我们受到的关注和期待也前所未有。在诸多压力交织叠加、多重困难挑战并存的形势下，大家保持定力强担当，着眼长远谋发展，立足当前抓推进，创新思路解难题，每一分收获和喜悦都浸透着汗水、凝聚着心血。这些成绩的取得，最重要、最根本在于习近平总书记掌舵领航，在于习近平新时代中国特色社会主义思想科学指引，是区、市党委坚强领导的结果，是全县各级党组织和广大党员干部忠诚尽职、开拓进取的结果，更是全县各族群众团结拼搏、奋力攻坚的结果。在此，我代表县委常委会，向各位委员、社会各界和广大人民群众，致以崇高的敬意和衷心的感谢！

行之愈笃，则知之益明。回顾风雨兼程的

一年，我们深刻体会到，推动中宁经济社会高质量发展，必须维护核心、听令核心，把党的全面领导贯穿于经济社会发展全过程，坚定捍卫“两个确立”，坚决做到“两个维护”，始终沿着正确的政治方向奋勇前进，让“总书记怎么说，我们就怎么做”成为中宁最鲜明的政治底色。必须依靠人民、眷念民生，坚决扛起“促一方发展，惠一方民生，保一方平安”的政治责任，始终和人民站在一起、想在一起、干在一起，全力解决群众“柴米油盐”的烦恼、“衣食住行”的需求、“酸甜苦辣”的倾诉，切实让群众获得感成色更足、幸福感更可持续、安全感更有保障。必须善作善成、争先进位，放眼中国式现代化发展全局，立足县域实际，敢想敢干、埋头苦干，对标先进、争创一流，争做自治区“三区”建设、中卫市“五个示范市”创建的排头兵，增创中宁发展新优势、干出中宁发展新业绩。必须团结奋斗、勇毅前行，牢牢把握团结奋斗的时代要求，进一步激发“不到长城非好汉”的革命精神、“走好新时代长征路”的奋斗精神、“社会主义是干出来的”的实干精神，心无旁骛干事业、一心一意谋发展，用我们的“辛苦指数”换取发展的“上升指数”、群众的“幸福指数”。必须保持清醒、自我革命，时刻保持全面从严治党永远在路上、党的自我革命永远在路上的清醒和坚定，弘扬伟大建党精神，坚定不移深入推进新时代党的建设新的伟大工程，确保党永远不变质、不变色、不变味，推动党的各项事业由胜利走向胜利。

安不忘危，稳不忘忧。在肯定成绩的同时，我们也清醒认识到，县域发展不足是最大实际。经济基础薄弱、总体实力不强、财政自给率低的基本县情没有根本性转变，民生保障和公共服务均等化水平不高，面临刚性支出增加和可用财力不足的双重压力。质量效益偏低是最大困境。产业发展层次较低，锰基、铝基新材料链条较短，新能源等新兴产业尚未形成有力支撑，农产品加工转化率不高，产业结构性矛盾依然突出。开放创新较弱是最大瓶颈。县内企业大多重生产、轻研发，全社会 R&D 投入资金不足，资源要素汇集引力不强，新产品研发滞后；招商引资信息渠道单一，投资拉动效力减弱，经济发展后劲不足。同时，一些干部思想观念、工作能力、工作作风与高质量发展的要求还不相适应，效率不高、服务不优等问题依然存在，优化发展环境任务还很艰巨。面对这些困难和问题，我们必须高度重视，认真研究分析，在今后工作中切实加以解决。

2023 年主要目标和重点任务

2023 年是全面贯彻落实党的二十大精神的开局之年，是开启中国式现代化建设新征程、推动县域经济社会高质量发展的关键之年。做好来年各项工作，意义重大，影响深远。总的指导思想是：坚持以习近平新时代中国特色社会主义思想为指导，全面贯彻落实党的二十大精神，深入学习贯彻习近平总书记视察宁夏重要讲话和重要指示批示精神，认真贯彻中央经济工作会议精神，按照区、市党委部署，坚持稳中求进工作总基调，完整、准确、全面贯彻新发展理念，加快构建新发展格局，着力推动高质量发展，更好地统筹疫情防控和经济社会发展，更好地统筹发展和安全，全面深化改革开放，大力提振市场信心，加快落实自治区"三区建设"、中卫市"五个示范市"目标任务，全力打造"六个示范县"，突出做好稳增长、稳就业、稳物价工作，有效防范化解重大风险，推动经济运行整体好转，实现质的有效提升和量的合理增长，全力谱写中国式现代化发展中宁篇章。

主要预期目标是：地区生产总值增长7%左右，固定资产投资增长15%，地方一般公共预算收入增长5%，规模以上工业增加值增长10%以上，社会消费品零售总额增长5%，城乡居民人均可支配收入分别增长7%和10%左右。城镇调查失业率控制在5.5%以内。粮食产量保持稳定。节能减排和环境质量改善完成区市下达任务。这些预期目标基于对当前形势的科学研判，对标对表区市党委工作目标任务，既坚持稳中求进工作总基调，又充分考虑发展需求等因素，既突出高质量发展要求，又兼顾可及性与能动性。

实现上述目标，我们必须以争先进位的勇气和精神，以超常规的措施和力度，弘扬先干不争论、先试不议论、先做不评论，在干中积累经验、在干中完善政策的实干精神，抢抓机遇，务实奋进，重点抓好以下六方面工作。

一、持续做强产业支撑，增添高质量发展动能

产业是高质量发展的重要支撑。必须紧跟产业变革趋势，培优做强"六新六特六优"产业，推动产业向高端化、绿色化、智能化、融合化方向发展。

工业转型升级再提速。深入实施"四大改造"，引进运用新技术、新工艺、新设备，加快新旧动能转换。紧扣新材料产业，实施结构改造，全力推进天元高纯硫酸锰、铭岛再生铝、中晶高端单晶硅棒等重点项目建设，延伸产业链、提升附加值。突出传统企业，实施绿色改造，加快瀛海天祥水泥熟料、兴尔泰碳化硅技改等项目建设，实现绿色低碳生产。围绕"双碳"目标，实施技术改造，重点推进和光生产线技改、北星精工高温陶瓷等项目，提升生产技术、工艺装备、能效环保水平。紧盯产业智能化和数字化转型，实施智能改造，支持仓满自动化生产线等项目建设，实现"设备换芯""机器换人""生产换线"。着眼新能源产业集群发展，引进培育新能源发电、电器装备、储能设备生产等企业，推促伟力得全钒液流电池等项目建成投产，着力打造新能源百亿产业集群。

农业提质增效再加力。坚持区域化布局、规模化经营、标准化生产、品牌化营销，以工业化理念推进农业现代化，打造全产业链体系。深入实施枸杞产业"六大工程"，新植改造枸杞1.9万亩，加快建设国家级中宁枸杞交易市场、枸杞产业高新技术示范园区，支持新品研发，实施无菌冷灌饮料等精深加工项目，推动枸杞文旅康养小镇、玺赞庄园产业融合、枸杞中医康养文化中心建设，不断夯实产业发展硬支撑。强化品牌保护，进一步整顿规范市场经营秩序，巩固全国枸杞产业领军地位，力争枸杞产业综合产值突破140亿元。坚持草畜一体化发展，力争全县奶牛存栏和肉牛、滩羊饲养量分别达到6万头、14万头、71万只。坚决扛起粮食安全政治责任，落实粮食播种面积53万亩以上，确保丰产增收。紧扣一二三产业融合发展，扶持壮大蔬菜、瓜果等设施农业产业，鼓励发展休闲采摘、观光旅游，培育引进绿色食品加工、农业产业化龙头企业，打造“从田头到餐桌”的全链条发展模式。加快现代农业产业园建设，健全完善产业、生产、经营体系，打造现代化全产业链功能农业发展新样板。

服务业扩容增量再突破。适应消费升级需求，做优结构、做大规模、做高层次，推动生产性服务业增容扩量、生活性服务业提质升级、新兴服务业发展壮大。完善城乡物流体系，实施嘉里宁夏陆港、华夏特钢铁路专用线等项目，推动中宁物流园与公路、铁路无缝衔接，打造全区综合性物流中心、西部地区重要交通枢纽、全国重要物流节点。积极引进社会资本参与县城中心商业区扩能升级，深化社区商业生活服务圈建设，盘活闲置商业楼宇，打造特色商贸街区，培育区域特色品牌。突出电子商务赋能提升，加快实施国家电子商务进农村综合示范项目，推动实体销售、传统电商、跨境电商一体发展，力争电商交易额突破130亿元。实施文旅产业三年倍增计划，加快建设全通“枸杞酒庄+枸杞养生体验馆”、明长城观光栈道等项目，打造精品旅游线路，拓展重点客源市场，打响“中华杞乡·康养中宁”旅游品牌，争创国家级全域旅游示范县。

二、持续深化改革创新，激发高质量发展活力

改革开放、创新驱动、有效投资是高质量发展的不竭动力。必须解放思想、勇于攻坚、敢于突破，不断探新路、解难题、增活力。

深层次推动改革。深入开展“改革攻坚年”活动，全面深化农业农村、国资国企、财税金融、社会事业等各领域改革，系统推进，重点突破，打造国家和区市试点样板。深化农村综合改革，落实集体所有权，稳定农户承包权，放活土地经营权，支持农业生产资料质押贷款，增强乡村振兴内生动力。深化国企改革，优化产权结构、治理结构、组织结构，不断拓展业务、提升业绩，实现保值增值。深化财税改革，构建全方位、全过程、全覆盖的预算绩效管理体系，坚决做到花钱必问效、无效必问责。完善金融监管，发挥政府性融资担保基金作用，引导更多金融资源支持中小微企业、实体经济发展。扎实推进“六权”改革，加快确权赋能入市步伐，围绕节水增效、盘活增值、植绿增绿、降污增益、控能增产、减碳增汇目标，加快“互联网+城乡供水”建设，盘活处置存量土地，鼓励发展碳汇林，加大排污权交易，启动用能权、碳排放权改革，为经济社会发展注入新动能。

高水平对外开放。加快培育开放型企业主体，指导外贸企业精准开拓国际市场，力争外贸进出口总额达到25亿元。坚持全员、全域、全年招商，健全完善招商引资线索项目跟踪落实机制，紧盯行业领军企业产业布局，有序承接产业转移，在招大引强、延链补链上下功夫，推动晶源科技三角焊带、宁波水星纳米环保材料等项目落地投产，力争招商引资到位资金突破100亿元。针对市场主体面临的痛点、难点和堵点，持续深化“放管服”改革，全面梳理优化营商环境“负面清单”，加快工程建设项目审批制度、商事制度“一业一证”等重点改革，推行集成办、免证办、就近办，不断提升“一网通办”“全程网办”水平，打造更具特色的智慧政务服务品牌。

大力度推进创新。深入实施创新驱动发展战略，加强创新主体培育，强化政策支持和服务指导，新增一批国家级创新型示范企业、高新技术、科技“小巨人”企业和自治区科技型企业，形成旗舰企业支撑引领、中小企业众星拱月的科技创新集群。加快创新平台建设，支持重点企业牵头组建创新联合体，实现国家高新技术企业创新平台全覆盖。加大科技研发，完善产学研合作推进机制，实施一批重大科技研发、成果转化类项目，确保R&D投入经费增长20%以上。坚持引才、育才两手抓，加快培育创新型科技人才、领军型企业人才、技能型产业人才、战略型党政人才，落实科研服务、薪酬待遇、职称评定、安家落户等各项优抚政策，打造人才聚集洼地。

务实举措扩投资。牢固树立抓项目就是抓发展的意识，深入开展“扩大有效投资巩固提升年”活动，围绕储备一批、开工一批、建设一批、竣工一批，实行领导包抓、协同联动、跟踪服务、督导考核机制，落实月评促、季排名举措，力促项目早日落地、顺利实施。扎实开展“争项目、争资金、争示范”活动，紧盯政策导向、投资趋向，围绕乡村振兴、生态环保、城市更新、教育医疗等重点领域，谋划储备实施一批基础性、战略性、全局性项目，动态更新充实项目库，力争向上争取资金突破50亿元。不断优化投资环境，全面推行工程建设项目“分类定制审批”和低风险项目“清单制＋承诺制”极简审批，持续提升投资吸引力和发展竞争力。

三、持续改善生态环境，厚植高质量发展底色

绿色发展是高质量发展的必由之路。必须坚定不移践行习近平生态文明思想，优化拓展生产、生活、生态“三大空间”，推动绿色资源向“真金白银”有机转化。

构建生态保护格局。坚持山水林田湖草沙一体保护、系统治理，严守生态保护红线、永久基本农田、城镇开发边界“三条控制线”，实行最严格的源头保护、损害赔偿、责任追究制度。完善林长制责任体系，深入开展国土绿化行动，实施草原补播改良、矿山修复治理、退化林修复等工程，加强栽植树木管护，完成植绿增绿3.9万亩，森林覆盖率达到9.5%。全面落实河（湖）长制，实施清水河、宽口井沟道防洪治理和红柳沟小流域综合治理等项目，改善水生态环境，打造全国水系连通及水美乡村建设县。

狠抓环境污染治理。持续打好蓝天、碧水、净土保卫战，完善网格管理体系，强化部门执法联动，切实提升生态环境监管能力。坚持“四尘”同治，实施供热管网更新改造工程，推进农村清洁取暖改造，加强建筑扬尘、餐饮油烟等污染治理，确保空气质量稳定达标。坚持“五水”共治，加快污水提标处理、再生利用，确保重点水质持续达标。坚持“六废”联治，健全土壤监测体系，推广垃圾分类试点和餐厨垃圾资源化利用，加大固废处置力度，突出农业面源污染防治，切实保障土壤安全。

促进绿色低碳发展。突出工业降碳增效，实施能耗“双控”行动，强化新上项目节能审查，坚决遏制“两高”项目。深入开展以“亩均效益”为核心的企业绩效考评，提高土地集约化效益。抢抓自治区打造新能源产业综合示范区和“宁电入湘”战略机遇，支持光伏、风电开发，实施整县屋顶分布式光伏等项目，推动源网荷储一体化，加快“绿电园区”创建步伐。推进生活方式低碳化，培育绿色消费，鼓励绿色出行，创建绿色城市，让共建绿色家园成为全县人民的自觉行动。

四、持续推进城乡融合，拓展高质量发展空间

协调发展、共同富裕是高质量发展的本质要求。必须立足自然禀赋、产业发展、功能定位，加快缩小城乡发展差距，推动山川共济、区域协调、城乡融合发展。

巩固拓展脱贫成果。严格落实"四个不摘"要求，彻底整改国家、自治区脱贫攻坚后评估反馈问题，深入实施移民致富提升行动，确保目标衔接不断档、政策衔接不留白、力量衔接不削弱、责任衔接不缺失。常态化开展防返贫动态监测，精准识别"三类重点监测对象"，提前干预、精准帮扶，守牢不发生规模性返贫底线。补齐移民地区产业就业短板，推进喊叫水、徐套肉牛园区补栏出栏，鼓励帮扶车间、龙头企业吸纳移民就地就近就业，创新"党组织+龙头企业+合作社+农户"等产业发展模式，增强移民村公共服务功能，争创全区易地搬迁移民致富提升示范乡村。

扎实推动乡村振兴。坚持农业农村优先发展，推进乡村产业、人才、文化、生态、组织全面振兴，努力实现农业高质高效、农村宜居宜业、农民富裕富足。实施高标准农田建设、喊叫水徐套片区生态修复及灌区供水工程，加快"出户入园"项目建设，不断夯实乡村产业基础。深入开展新型农业经营主体提升行动，培育发展合作社、家庭农场、联合社等各类新型农业经营主体，建立覆盖面更广、带动力更强的利益联结机制，争创全国农业生产托管服务示范县。直面农村空心化问题，支持农民就地置业、大学生返乡创业、各类人才扶农兴业。实施村集体经济发展提档升级行动，强化"两个带头人"培育，力争全县村集体经济收入突破50万元的达到15个以上、10万元以上的实现全覆盖。

着力改善城乡面貌。加快推进以县城为重要载体的城镇化建设，深入实施城乡面貌提升行动，加快改造棚户区、老旧小区，实施县城主要街道绿化、亮化、美化和公园广场环境提升、市政道路雨污分流改造，规划利用县城"边角地"变身小游园，不断提高城市承载能力和精细化管理水平，争创全国文明城市提名城市。加快实施石空至恩和高速公路等项目，构筑便捷高效的交通网络。大力整治农村人居环境，健全农村生活垃圾收集、运输和处置机制，持续开展危房和农村房屋节能改造，建设"四好农村路"，打造自治区农村人居环境整治提升示范县。

五、持续增进民生福祉，共享高质量发展成果

提高人民生活品质是高质量发展的根本目的。必须认真践行以人民为中心的发展思想，深入实施"六大提升行动"，努力实现学有优教、劳有厚得、病有良医、老有颐养、住有宜居、弱有众扶，书写更有温度、更有质感的民生"答卷"。

强化基础民生保障。实施居民收入提升行动，紧盯"四项收入"，坚持就业优先，健全公共就业服务、劳动关系协调、职业技能培训机制，加大创业服务指导、重点群体就业引导力度，全面落实援企稳岗、就业援助、公益安置等政策，实现城镇新增就业5000人以上，农村劳动

力转移就业5万人以上。扩大社会保险覆盖面，完善基本养老、基本医疗、社会救助体系，实施特困人员供养服务设施和服务质量提升工程，扎实做好特殊群体基本生活帮扶、社会关怀工作，加强社保基金安全监管，全力保障群众合法权益。

提高教育教学质量。深入实施"科教兴国"战略，落实立德树人根本任务，加快推进中小幼德育一体化发展，办好杞乡人民满意的教育。实施教育质量提升行动，续建中宁一小、十二小，新(扩)建中宁五中、六小、十小，规划新建第七中学，不断优化城乡教育资源配置。坚持"五育"并举，打造一批体教融合、劳动教育示范校、标杆校。深入推进"县管校聘"改革，推行集团化办学、跨校际任教，加强继续教育，强化师德师风，培养名师、名校长、拔尖青年教师，着力锻造高素质教师队伍。

推进健康中宁建设。实施健康水平提升行动，加强重症医疗、血液透析等专科建设，推进三乙医院创建。推动医疗、医保、医药"三医联动"，健全完善医疗健康总院和"互联网+县域医共体"运行机制，提高防病治病和健康管理能力。落实"三孩"政策，完善生育、养育、教育等政策配套，促进人口长期均衡发展。健全完善县乡村三级突发公共卫生事件应急管理体系，增强立体防御能力，织牢公共卫生防护网。深入开展爱国卫生运动，加快创建"食品药品安全区"，引导全社会形成健康文明的生活方式，不断提升全民健康水平。坚持人民至上、生命至上，进一步优化传染病防治措施，提高疫苗接种率，着力保健康、防重症，提升疫情防控精准水平。

提升全民文化素养。坚持举旗帜、聚民心、育新人、兴文化、展形象，严格落实意识形态工作责任制，严把正确舆论导向，加强新时代文明实践中心等各类阵地管理使用，坚决维护意识形态领域安全。实施思想政治引领、文明风尚提升、公共文化服务行动，开展全民阅读、送戏下乡等文艺活动，积极培育和践行社会主义核心价值观，加强家庭家教家风建设，推进移风易俗，提高全社会文明程度。坚持保护与传承相统一，做好枸杞栽植、黄羊钱鞭、剪纸刺绣、蒿子面等非物质文化遗产保护传承，加强明长城遗址、双龙山石窟等珍贵文物修缮保护，讲好中宁故事，推动文化事业繁荣发展。

六、持续优化社会环境，筑牢高质量发展基础

安全稳定的社会环境是高质量发展的基石。必须坚持"两点论"和"重点论"相统一，增强忧患意识，筑牢底线思维，以新安全格局保障新发展格局。

有效防范化解重大风险。落实总体国家安全观，坚决捍卫国家政治安全，常态化开展重大风险隐患排查整治，做到防范在先、发现在早、处置在小。切实化解存量债务，确保政府债务总量不增、风险可控。严厉打击非法金融活动，坚决防范金融领域潜在风险。支持刚性和改善性住房需求，保持房地产市场平稳健康发展。严格安全生产责任制，落实落细国务院十五条硬措施，推行一竿子插到底的随机暗访抽查，深入开展重点领域专项整治，完善应急管理体系，提高防灾减灾救灾能力，坚决遏制重特大事故发生。

全面推进民主法治建设。推行全过程人民

民主，支持人大依法监督、政协参政议政。加强党管武装、双拥共建。坚持大团结大联合，加强同民主党派和无党派人士的团结合作，加强党外知识分子、新的社会阶层人士工作，支持群团组织工作，巩固和发展最广泛的爱国统一战线，强化共同奋斗的政治引领。践行青年优先发展理念，加快推进青年发展型县域建设。推进法治中宁建设，进一步深化司法体制改革，加强依法行政，完善公共法律服务体系，深化“八五”普法活动，以高水平法治护航高质量发展。

不断加强改进社会治理。强化全周期社会治理，统筹网上网下、县内县外、城市农村，完善事前事中事后全程治理机制，推进社会治理体系和治理能力现代化。坚持和发展新时代“枫桥经验”，完善县乡村三级网格化管理，畅通和规范群众诉求表达、利益协调、权益保障通道，实现小事不出村、大事不出镇、矛盾不上交。深化“平安细胞”创建工程，完善立体化社会治安防控体系，常态化开展扫黑除恶专项斗争，严厉打击各类违法犯罪活动，构建共建共治共享的社会治理共同体。全面贯彻落实党的民族政策，实施“5585”创建计划，促进各民族交往交流交融，加快创建铸牢中华民族共同体意识示范县。坚持宗教中国化方向，深入推进“五进”宗教场所活动，依法处理和解决宗教领域矛盾问题，促进宗教和睦和顺。

全面加强党的建设

推进中国式现代化发展，全面建设社会主义现代化国家，关键在党。必须坚持和加强党的全面领导，以高质量党建引领高质量发展。

必须旗帜鲜明讲政治。始终坚持把党的政治建设摆在首位，认真履行县委把方向、管大局、做决策、保落实的政治责任，把对党忠诚作为政治生命线，领导全县各级党组织和广大党员干部深刻领悟“两个确立”的决定性意义，增强“四个意识”，坚定“四个自信”，做到“两个维护”，不断提高政治判断力、政治领悟力、政治执行力，确保在政治立场、政治方向、政治原则、政治道路上同党中央保持高度一致。

必须深学细悟强思想。深入开展党的二十大和习近平总书记视察宁夏重要讲话指示批示精神“大学习、大讨论、大宣传、大实践”活动，坚持不懈用习近平新时代中国特色社会主义思想统一思想、统一意志、统一行动，常态化开展党史学习教育，强化党委（党组）理论学习中心组学习，丰富学习内容和载体，办好杞乡发展论坛，教育引导广大党员干部群众坚定理想信念，厚植思想根基。

必须完善制度守规矩。坚持制度治党、依规治党，以党章为根本，以民主集中制为核心，增强党内法规权威性和执行力。健全党统一领导、全面覆盖、权威高效的监督体系，坚决落实全面从严治党政治责任，完善权力监督制约机制，加强对一把手、领导班子和重点领域、重要岗位、关键环节的监督，深化固化“三察（查）一体”监督机制，发挥巡察、审计利剑作用，把权力关进制度的笼子。

必须严管厚爱带队伍。落实新时代好干部标准，实施干部队伍建设“增信赋能”工程，树立正确选人用人导向，选优配强各级领导班子，加强干部“选、育、管、用”全链条、常态化监督，努力锻造一支想干事、能干事、能干成事、不出事的高素质干部队伍。坚持“三个区分开来”，落实容错纠错机制，为担当者撑腰、为实干者鼓劲，形成心齐气顺、干事创业的良好氛围。

必须固本强基筑堡垒。牢固树立大抓基层的鲜明导向，大力实施基层党组织建设提质增效工程，推进农村基层党组织强能增力行动，深化“一抓两整”示范县乡建设，争创农村党建工作示范县。加快“五型”模范机关创建，深入实施城市基层党建引领基层治理赋能增效行动，推动非公有制企业和社会组织党组织夯基扩面，探索推进新业态新就业群体“破冰、领航、暖新、融圈”行动，推动各领域基层党组织全面进步、全面过硬。

必须驰而不息转作风。持续开展“改作风，谋发展，争先进”专项行动，念好“严、细、实、廉、快”五字诀，持之以恒纠治“四风”，保持永不懈怠的精神状态和一往无前的奋斗姿态，增强“争”的意识，坚定“争”的决心，鼓足“争”的劲头，扑下身子干实事、出实招、求实效，形成人人都在重实干、人人都是实干家的良好氛围，以优良作风凝聚奋进新征程的磅礴力量。

必须从严从紧抓廉政。严格落实中央八项规定及其实施细则和自治区“八条禁令”，以零容忍态度正风肃纪反腐，努力营造干部清正、政府清廉、政治清明、社会清朗的政治生态。充分发挥“杞乡清风”智慧监督执纪大数据平台作用，用好监督执纪“四种形态”，加强新时代廉洁文化建设，引导党员干部增强廉洁干事、廉洁用权、廉洁修身、廉洁齐家的思想自觉和行动自觉，以构建“三不腐”一体机制夺取反腐败斗争新胜利。

各位委员、同志们，蓝图绘就千般景，扬帆破浪正当时。让我们更加紧密地团结在以习近平同志为核心的党中央周围，高举中国特色社会主义伟大旗帜，认真学习贯彻党的二十大精神，深入贯彻落实习近平总书记视察宁夏重要讲话和重要指示批示精神，牢记使命，担当作为，埋头苦干，奋勇前进，为全力谱写中国式现代化发展中宁篇章而团结奋斗！

名词解释

1.“六新六特六优”产业：“六新”指新型材料、清洁能源、装备制造、数字信息、现代化工、轻工纺织，“六特”指葡萄酒、枸杞、牛奶、肉牛、滩羊、冷凉蔬菜，“六优”指文化旅游、现代物流、现代金融、健康养老、电子商务、会展博览。

2.“六权”改革：用水权、土地权、排污权、山林权、用能权、碳排放权改革。

3.“两个高于”：脱贫人口收入增速高于当地农民收入增速，脱贫地区农民收入增速高于全国、全区农民收入增速。

4.“专精特新”：专业化、精细化、特色化、新颖化。

5.“四尘”同治、“五水”共治、“六废”联治：“四尘”指煤尘、烟尘、汽尘、扬尘，“五水”指饮用水源、黑臭水体、工业废水、城乡污水、农业退水，“六废”指建筑垃圾、生活垃圾、危险废物、畜禽粪污、工业固废、电子废弃物。

6.“六大提升行动”：居民收入提升行动、移民致富提升行动、教育质量提升行动、健康水平提升行动、文明素养提升行动、城乡面貌提升行动。

7.“平安细胞工程”：包括平安村、平安社区、平安物业管理小区（大厦）、平安工地、平安企业、平安市（商）场、平安校园、平安医院、平安银行、平安机关、平安旅游单位、平安文化娱乐场所、平安车站、平安大道（铁路）、平安家庭 15 个方面。

8.“12345”重大部署：“1”指“一个指导”，即坚持以习近平新时代中国特色社会主义思想为指导；“2”指“两件大事”，即统筹发展和安全；“3”指“三区建设”，即建设黄河流域生态保护和高质量发展先行区、乡村全面振兴样板区、铸牢中华民族共同体意识示范区建设；“4”指“四新任务”，即开创经济繁荣新局面、续写民族团结新篇章、绘就环境优美新画卷、创造人民富裕新生活；“5”指“五大战略”，即创新驱动战略、产业振兴战略、生态优先战略、依法治区战略、共同富裕战略。

9.“五个示范市”：大数据产业中心市和产业升级示范市、铸牢中华民族共同体意识示范市、生态环境保护示范市、宜居宜业宜游示范市、乡村全面振兴示范市。

10.“三区建设”：黄河流域生态保护和高质量发展先行区建设、乡村全面振兴样板区建设、铸牢中华民族共同体意识示范区建设。

11.“六个示范县”：产业转型升级示范县、民生幸福示范县、乡村全面振兴示范县、改革开放示范县、生态宜居示范县、铸牢中华民族共同体意识示范县。

12.“四大改造”：结构改造、智能改造、技术改造、绿色改造。

13.“双碳”目标：2030年“碳达峰”与2060年“碳中和”目标。

14.“六大工程”：基地稳杞工程、龙头强杞工程、科技兴杞工程、质量保杞工程、品牌立杞工程、文化活杞工程。

15.能耗“双控”：能源消耗总量和强度“双控”。

16.“两高”项目：高耗能、高排放项目。

17.“四个不摘”：摘帽不摘责任、摘帽不摘政策、摘帽不摘帮扶、摘帽不摘监管。

18.“两个带头人”：村党组织带头人、脱贫致富带头人。

19.“四好农村路”：把农村公路建好、管好、护好、运营好。

20.“四项收入”：工资性收入、财产性收入、经营性收入、转移性收入。

21.“五育”并举：德育、智育、体育、美育、劳动教育并举。

22.“5585”创建计划：“5”即聚焦中华民族共同体意识显著增强、推进现代化建设取得显著成效、各民族交往交流交融显著拓展、治理能力和治理水平显著提升、示范创建质量和水平显著提高“五大目标”；“5”即实施党员干部培元固本、青少年学生夯基育苗、各族群众凝心聚魂、社科理论正本清源、中华民族共有精神家园建设“五大工程”；“8”即开展各民族交往交流交融促进、创建工作提质增效、建设先行区促进共同富裕、公共服务保障能力和水平提升、法治保障同权、民族事务依法治理、民族领域风险隐患防范化解、民族工作夯基培才“八大行动”；“5”即健全组织领导、考核评价、督促检查、协调联动、激励促进“五项机制”。

23.“五进”宗教活动场所：习近平新时代中国特色社会主义思想、国旗、宪法和法律法规、社会主义核心价值观、中华优秀传统文化进宗教场所。

24.“三察（查）一体”：政治监察、政治督查、政治巡察三位一体监督联动机制。

25.“三个区分开来”：把干部在推进改革中因缺乏经验、先行先试出现的失误和错误，同明知故犯的违纪违法行为区分开来；把上级尚无明确限制的探索性试验中的失误和错误，同上级明令禁止后依然我行我素的违纪违法行为区分开来；把为推动发展的无意过失，同为谋取私利的违纪违法行为区分开来。

26.“一抓两整”：抓乡促村、整乡推进、整县提升。

27.“五型”模范机关：政治型、服务型、实干型、文明型、廉洁型机关。

28.“四种形态”：第一种，党内关系要正常化，批评和自我批评要经常开展，让咬耳扯袖、红脸出汗成为常态；第二种，党纪轻处分和组织处理要成为大多数；第三种，对严重违纪的重处分、作出重大职务调整应当是少数；第四种，严重违纪涉嫌违法立案审查的只能是极少数。

29.“三不腐”：不敢腐、不能腐、不想腐。

中宁县人大常委会工作报告

——在县第十八届人民代表大会第二次会议上

（2022 年 12 月 21 日）

巫　磊

各位代表：

我受县第十八届人民代表大会常务委员会的委托，向大会报告工作，请予审议，并请政协委员和其他列席人员提出意见。

2022 年工作回顾

2022 年，是党的二十大召开之年，也是新一届人大及其常委会依法履职的开局之年。一年来，在县委的坚强领导下，县人大常委会全面学习贯彻党的二十大、自治区第十三次党代会、中卫市第五次党代会、县第十五次党代会精神，深入贯彻落实中央人大工作会议精神和习近平总书记视察宁夏重要讲话指示批示精神，始终以习近平新时代中国特色社会主义思想为指导，坚持党的领导、人民当家作主、依法治国有机统一，紧跟经济社会高质量发展依法履行职责，紧贴人民群众对美好生活的期盼发展全过程人民民主，紧扣推进县域社会治理能力现代化需求积极作为，共召开常委会会议 7 次、主任会议 17 次，听取和审议“一府一委两院”专项工作报告 21 项，开展视察调研、执法检查活动 17 次，做出决议决定 30 件，形成审议意见 11 份，评议意见 2 份，依法任免国家机关工作人员 76 人次，圆满完成了县十八届人大一次会议确定的目标任务，实现了新一届人大常委会工作的良好开局。

一、我们坚持党的全面领导不动摇，政治机关建设得到新加强

常委会始终把政治建设放在首位，突出政治性、立足人民性、体现时代性、增强创新性，不断提高政治判断力、政治领悟力、政治执行力，确保人大工作始终沿着总书记指引的方向前进。

坚定不移用党的创新理论凝心铸魂。坚持政治学习“第一议题”制度，健全常委会党组集体学、组成人员专题学、人大代表履职学、机关干部经常学的常态化学习机制，扎实开展党的二十大和习近平总书记视察宁夏重要讲话指示批示精神“大学习、大讨论、大宣传、大实践”活动，立足人大实际，周密部署、精心组织，高标准高质量开展专题学习、专题研讨、主题党

日等系列活动,组织31次党组集体学习、13次研讨交流,把学习成果转化为工作实践,切实做到总书记怎么说,人大就怎么做。全面学习贯彻落实党的二十大、十九届六中全会精神,深刻领悟“两个确立”的决定性意义,不断增强“四个意识”,坚定“四个自信”,做到“两个维护”,在学思践悟中彰显忠诚核心、拥护核心、跟随核心、捍卫核心的鲜明政治底色。

坚定不移与县委决策部署同向同行。坚持重大事项提前向县委请示、重点工作主动向县委汇报、重要活动及时报请县委支持,自觉把党的全面领导贯穿于人大工作各方面全过程,努力做到县委工作重心在哪里,人大工作就跟进到哪里,力量就汇聚到哪里,作用就发挥到哪里。按照县委安排部署,认真落实县级领导包抓重点工作责任制,对商贸物流、重大项目、基础教育质量提升等工作深入谋划、盯促落实,全力推动县委各项决策部署落实落细。围绕巩固拓展脱贫攻坚成果同乡村振兴有效衔接考核评估问题整改,常委会3名副主任担当作为,进行两轮专项督查,确保反馈问题及时整改销号,为自治区和国务院检查考核奠定了良好基础。常委会机关选派优秀干部驻村工作,全体机关干部开展结对帮扶,做到了精准帮扶“点对点”,与人民群众“心连心”。

坚定不移在大战大考中同心战“疫”。面对突如其来的“9·20”新冠肺炎疫情,常委会坚持人民至上、生命至上,弘扬伟大抗疫精神,班子成员按照县委决策部署,临危受命,担当作为,与病毒赛跑、向时间挑战,有效推动枸杞交易中心、乡镇社区隔离转运、核酸检测、物资保供、集中隔离医学观察、挖根清零、社会面管控等防疫各项措施精准落实。一名副主任吃住在工地,仅用10天时间就完成了宁安隔离点5000多间隔离板房建设任务,并连续值守45天,保证了隔离区的正常运行;一名副主任在做好疫情防控督查的同时,充分发挥中国作家协会会员的文笔优势,坚持发表抗疫日记,用诗歌散文激励干部群众奋勇前行;一名副主任转战黄河南北,坚守隔离点60多天,做好县内、银川、宁东、海原、固原等地万余人集中医学隔离观察管理服务工作,实现了工作人员零感染、隔离人员零感染;一名副主任坐镇指挥、严防死守,确保了喊叫水地区无一例阳性病例出现,成为一方抗疫“净土”。人大常委会机关干部在关键时刻站得出来、冲得上去,不分昼夜值守卡点,为筑牢抗疫“安全线”、守护群众“生命线”奠定了坚实基础,圆满完成县委交给的重大政治任务。全县各级人大代表主动亮明身份,积极投身疫情防控、物资保供、捐款捐物等工作,如人大代表冯亮,一人捐赠抗疫物资就达20余万元,赢得了广泛赞誉。全县各级人大代表在疫情防控中展现了人大速度、人大力量、人大担当。

坚定不移在自身建设上塑形壮骨。常委会认真履行全面从严治党主体责任,严格落实党建和意识形态工作责任制,以党建引领机关建设、驻村帮扶、乡村振兴、文明创建等中心工作,使党支部战斗堡垒作用更加彰显、党员先锋模范作用更好发挥。深入开展“改作风,谋发展,争先进”专项行动,大力弘扬“严细实廉快”的工作作风,坚决破除一切与发展不相适应的思想观念，常委会机关干事担当的氛围愈加浓厚。坚持不懈落实中央八项规定精神、自治区“八条禁令”，扎实开展违规收送红包礼金和不当收益及违规借转贷或高额放贷专项整治，深化形式主义、官僚主义整治，全力支持派驻纪检监察组工作，党风廉政建设进一步加强，机关上下风清气正、团结一心。

二、我们践行全过程人民民主不停步，国家权力机关建设取得新成效

常委会充分发挥人民代表大会作为实现全过程人民民主的主渠道作用，健全民主制度、丰富民主形式，确保决策、执行、监督落实各环节工作都能听到来自人民的声音。

依法保障人民当家作主权利。我们坚持人民至上，主动适应人大制度和人大工作发展的新形势、新任务、新要求，按照发展全过程人民民主的理念，强化常委会制度建设，完善审议意见办理、专题询问等措施，修订完善了常委会议事规则、评议办法等17项制度，有效保证人民群众的知情权、参与权、表达权、监督权落实到人大工作各方面各环节全过程。丰富人民监督形式，发展群众家门口的民主政治，将每季度末月倒数第二周某一天定为代表接待日，组织代表轮流听取和反映人民群众诉求，开展代表向选民述职活动，自觉接受选民监督。

不断扩大人民有序政治参与。把吸纳民意、汇集民智作为践行全过程人民民主的重要抓手。健全落实“双联”工作制度，制订工作方案，明确“双联”的时间、次数、人数等要求，并纳入对代表的履职考核之中，通过调研、走访、座谈、电话交流等方式，联系代表170余人次，提升了“双联”工作的制度化、规范化、科学化水平。坚持各项工作充分尊重民意，监督计划制定、监督议题收集、专项工作评议等工作，在采取召开座谈会、实地调研、问卷调查等方式的基础上，积极借助新媒体平台广泛征求全县人民的意见建议。持续丰富民意表达渠道，坚持基层人大代表列席常委会会议等制度，先后邀请22名人大代表列席常委会会议，110名人大代表参加视察调研，68名人大代表参加工作评议和执法检查，确保人民当家作主更加具体地融入全县政治生活和社会生活之中。

有力推动民计民生持续改善。坚持人民群众的关切在哪里、人大工作的触角就延伸到哪里。今年以来，紧紧围绕居民收入、教育质量、健康水平、城乡面貌提升行动等人民群众关心关注的热点精准发力，对“双减”工作开展监督，有力推动义务教育回归立德树人初心，促进学生健康成长、全面发展；开展就业促进“一法一条例”执法检查，督促政府落实好高校毕业生、就业困难人员等群体的扶持政策，确保全县就业形势稳中向好；组织对卫生健康局、公安局进行为期半年的工作评议，创新评议办法，坚持问题导向，优化专题询问、满意度测评、整改落实“回头看”等举措，打好评议组合拳，将结果性评议转化为全过程评议，督促政府部门持续改进工作，不断提升服务水平；对人代会决定的10项26件民生计划项目，常委会组成视察组，邀请部分人大代表，连续两轮定向跟踪监督计划落实情况，以人大的“辛苦指数”换取了群众的“幸福指数”。

三、我们助推高质量发展不懈怠，工作机关建设实现新提升

常委会聚焦区市县党委重大决策部署、聚焦人民群众所思所盼所愿，坚持正确监督、有效监督、依法监督，不断推动经济社会发展、民主法治建设、社会事业进步。

持续推动经济平稳运行。围绕经济社会高质量发展，听取审议国民经济和社会发展计划执行情况报告，实地调研重点项目建设、压砂地退出种植和生态修复工作。围绕产业转型升级，对全域旅游示范县创建工作进行调研，组织人大代表、文旅部门、从业人员等到泾源县、西夏区、青铜峡市等国家级示范县学习考察，形成调研成果转交政府办理，有力推动了我县全域旅游发展。围绕加强对支出预算和政策实施全口径审查、全过程监督，听取审议预算执行和决算报告、审计报告，批准了财政决算、地方政府债务限额、预算调整方案，在严格落实预算法的基础上，支持政府充分落实好国家财政政策，提升财政资金使用效率，有效防范化解重大金融风险。围绕加强国有资产管理监督，听取审议国有资产管理情况报告，督促管好用好国有资本，实现保值增值。

持续推动生态环境保护。深入贯彻习近平生态文明思想、习近平总书记视察宁夏重要讲话精神，对标中央环保督察组反馈的中宁北山生态环境破坏问题，在全区首次以县级人大常委会作出《关于加强矿产资源开发管控 切实保护生态环境的决定》，既发挥了人大依法决定重大事项的职能作用，又为全县加强矿产资源开发管控和治理修复提供了有力支持。坚持推动绿色发展，驰而不息抓生态文明建设，听取审议环境状况和环保目标完成情况报告，开展水污染防治“一法一条例”执法检查，调研矿产资源开发利用管控、环保督察反馈问题整改落实情况，推进生态保护和环境治理，用法治的力量守护好蓝天、碧水、净土。

持续推动司法工作监督。认真落实中央全面依法治国重大决策部署，做出“八五”普法决议，组织6次宪法宣誓仪式，对4部法律实施情况开展执法检查，有力地维护了宪法和法律权威。学习借鉴全国人大和自治区、中卫市人大的做法，首次听取了县监察委员会廉政教育工作报告。依法听取审议了县人民法院执行工作、县人民检察院刑事诉讼监督工作报告，常委会组成人员对县人民法院诉前调解、组织专门力量上门执行经济纠纷以及县人民检察院公益诉讼等方面的优良做法予以充分肯定，社会反响较好，我县司法公信力得到进一步提升。建立备案审查工作报告制度，依法对县人民政府报送的10件规范性文件进行备案审查，维护了法制统一。坚持把信访工作作为密切联系群众的重要途径，受理来信来访17次，交办信访事项7件，促进人民群众合理合法诉求有效解决。

四、我们发挥代表主体作用不松劲，代表机关建设展现新作为

常委会充分尊重代表主体地位，密切与代表的联系，全力支持和保障代表依法履职，确保人大代表忠实代表人民意志，把为人民用权、为人民履职、为人民服务落到实处。

依法保障激励代表履职。高度重视代表履职学习，制订代表培训五年规划，举办代表初任培训班，为代表订阅《履职手册》《宁夏人大》，向代表宣讲党的二十大精神、十九届六中全会精神、习近平总书记视察宁夏重要讲话指示批示精神，全方位提升代表履职能力。依法保障代表活动经费，完善代表履职考评激励机制，评选表彰了3个先进代表小组、18名优秀人大代表，充分调动代表履职的积极性。注重发挥代表联系群众优势，按照1名组成人员联系3~8名代表、1名代表每年联系50名以上群众的要求，确定联系对象，通过走访、座谈等多种形式，常态化开展走访联系代表活动。今年以来，开展代表联系服务群众和选民活动3次，转交代表意见建议7件。

认真督办代表议案建议。立足让代表满意、让群众受益，坚持集中交办和即提即交相结合，不断完善代表议案建议交办、督办机制，增强议案建议办理实效。对确定的议案和重点督办代表建议，实行半年年底两次视察督办，邀请代表参加，采取实地查看、座谈交流、满意度测评等方式跟踪问效，切实提高办理质量。县十八届人大一次会议以来的1件议案、32件重点督办建议、7件走访代表收集的建议得到有效落实。

精心指导乡镇人大工作。认真贯彻《乡镇人大工作条例》，坚持邀请乡镇人大主席列席常委会会议、参与监督活动、参加学习培训，提高乡镇人大主席团履职能力。充分发挥“人大代表之家”等履职平台作用，采取上下联动、全面推进、形成制度的办法，将区市县乡四级人大代表混编至各村（社区）代表小组，定期组织代表接待选民、联系群众，倾听民声、收集民意，帮助群众解决实际问题，实现了代表履职有平台，服务群众有舞台。支持乡镇人大广泛开展视察调研、评议站所等活动，相互观摩交流，宣传推广经验，促进了乡镇人大制度化、规范化建设。

各位代表！过去的一年，在县委的坚强领导下，在全县各级人大代表的共同努力下，我们主动作为、奋发有为、担当善为，常委会组成人员、人大代表、人大工作者勤勉尽职，“一府一委两院”通力配合，乡镇人大紧密协作，全县人民大力支持，新一届人大常委会各项工作取得了新进展、新成效。在此，我代表县人大常委会表示衷心感谢！

面对新时代新征程新任务，对标党中央、区市县党委决策部署，对照人民群众的新期待，常委会工作还有一些差距和不足：在创新监督方式、增强监督实效上还需改进；在强化代表培训、发挥代表作用上还需深化；在加强自身建设、提高履职能力上还需加强；等等。对这些问题，我们将认真研究，持续改进。

2023年主要任务

2023年是全面建设社会主义现代化国家的关键之年。县人大常委会将坚持以习近平新时代中国特色社会主义思想为指导，全面学习宣传贯彻党的二十大和习近平总书记视察宁夏重要讲话指示批示精神、中央人大工作会议精神、自治区党委人大工作会议精神，沿着总书记指引的方向，在县委的坚强领导下，坚持党的领导、人民当家作主、依法治国有机统一，把发展全过程人民民主作为主题主线，锚定县委十五届四次全会目标任务，自信自强、守正创新，踔厉奋发、勇毅前行，努力打造让党中央放心、人民群众满意的政治机关、国家权力机关、工作机关和代表机关，向全县人民和全体人大代表交出一份满意答卷。

——我们将全面学习把握落实党的二十大精神，弘扬伟大建党精神，深刻领会“两个确立”的决定性意义，增强“四个意识”，坚定“四个自信”，做到“两个维护”，积极响应团结奋斗的时代号召，切实担负起新时代新征程赋予人大的职责使命。

——我们将全面贯彻落实中央人大工作会议和自治区党委人大工作会议精神，深入学习领会习近平总书记重要讲话的核心要义和实践要求，准确把握“六个必须坚持”、六个方面任务要求，坚持学思用贯通、知信行统一，用实际行动检验贯彻成效。

——我们将认真贯彻区、市、县党代会精神，落实县委各项决策部署，围绕全县工作重心，找准人大履职的切入口、着力点，更好地助力中宁经济社会高质量发展，加速推进县域治理体系和治理能力现代化。

——我们将把发展全过程人民民主贯穿于人大履职行权的始终，深入推进监督质效提升、重大事项决定、代表作用发挥、能力素质增强等工作，坚持问题导向、结果导向，在守正创新中实现新的突破。

我们将从以下几个方面做好工作：

一是强化理论武装，在坚持党的全面领导上体现更高站位。深学细悟党的二十大精神，深刻领悟其中蕴含的真理力量、思想力量、实践力量，切实增强工作中前瞻性思考、全局性谋划、整体性推进的本领。举办县人大代表专题培训班，向代表广泛宣讲党的二十大精神，不断增强拥护“两个确立”、做到“两个维护”的思想自觉和政治定力。深入贯彻中央人大工作会议精神和自治区党委人大工作会议精神，按照党中央、区市党委《关于新时代坚持和完善人民代表大会制度 加强和改进人大工作的实施意见》，积极协助县委筹备召开县委人大工作会议、出台相关文件，加强和改进新时代中宁人大工作。严格落实请示报告制度，把县委决策部署作为开展工作的首要依据，确保党的全面领导贯穿于人大工作各方面全过程。

二是突出监督实效，在助推高质量发展上做出更多贡献。围绕推动高质量发展，听取和审议全县重点项目建设、乡村全面振兴、用水权改革、科技型企业培育发展壮大等报告，就工作开展情况进行专题调研。围绕落实积极的财政政策，开展预决算审查，推动预算联网监督；强化对政府债务监督，有效防范化解债务风险；听取审计工作报告，督促审计查出问题整改。围绕民计民生改善，听取县人民政府关于议案、代表意见建议、民生计划办理情况的报告，开展环保方面的执法检查，调研义务教育优质均衡发展、城乡大病统筹和综合医疗改革、养老事业发展、社会救助工作情况，听取相关工作报告。围绕法治中宁建设，听取县监察委员会专项工作报告，听取县人民法院基层法庭参与基层治理、县人民检察院民事诉讼监督工作报告，开展法律法规贯彻执行情况的执法检查，做好规范性文件备案审查，切实维护国家法制统一。围绕健全视察调研、交办督办、听取报告、跟踪落实的全过程评议机制，完善对政府组成部门工作评议的方法措施，形成监督效果的叠加效应，取得更多实效性监督成果。

三是坚持人民至上，在发展全过程人民民主上迈出更大步伐。牢固树立服务代表意识，组织代表进行各类履职专题学习，赴外参加培训，切实提高履职能力，发挥好联系服务群众、推进基层治理等方面的作用。抓好“双联”制度的落实，常态化组织代表开展接待选民等活动，畅通社情民意反映渠道，真正发挥“代表之家”“代表工作室”“代表履职网络平台”作用，充分体现人民意志、保障人民权益、激发人民创造活力。组织代表常态化参与监督活动，及时向代表通报重大事项、重要活动，保证代表的知情权、参与权、表达权、监督权。完善代表议案建议办理机制，对本次会议议案建议进行督办，对十八届人大一次会议议案、建议意见办理情况进行“回头看”，对承诺未落实的建议，打包重新交办；对满意度不高的建议，视情况推动再办，切实做到办不好不放过、人民不满意不放过。

四是坚持守正创新，在加强自身建设上树立更佳形象。以贯彻党的二十大精神为统领，持续加强政治建设，严明政治纪律和政治规矩，修改完善常委会各项制度，增强工作创新性、科学性、规范性，支持派驻纪检监察组的工作。持续加强思想政治、纪律作风、能力素质建设，准确把握“四个机关”定位，努力打造一支政治坚定、服务人民、尊崇法治、发扬民主、勤勉尽责的人大工作队伍。持续做优宣传工作，讲好民主故事、人大故事，展现代表风采，体现中国特色社会主义政治制度优势，推动人民代表大会制度这一根本政治制度深入人心。持续密切同其他县（区）人大的联系，借鉴好的经验做法，加强对乡镇人大工作的指导，深化县域人大工作协同机制，增强全县人大工作整体合力。

各位代表！潮平岸阔催人进，奋楫扬帆正当时。让我们更加紧密地团结在以习近平同志为核心的党中央周围，高举中国特色社会主义伟大旗帜，在县委的坚强领导下，坚定信心、同心同德，埋头苦干、奋勇前进，为全力谱写中国式现代化发展中宁篇章而团结奋斗！

政府工作报告

——2022 年 12 月 21 日在中宁县第十八届人民代表大会第二次会议上

周永根

各位代表：

现在，我代表县人民政府，向大会报告工作，请予审议，并请各位政协委员和列席会议的同志提出意见。

2022 年工作回顾

即将过去的一年，是党和国家历史上极为重要的一年。举世瞩目的党的二十大隆重召开，系统擘画了以中国式现代化全面推进中华民族伟大复兴的宏伟蓝图，发出了高举旗帜、凝聚力量、团结奋斗、踔厉奋发的总号召。自治区第十三次党代会胜利闭幕，动员全区上下牢记领袖嘱托，切实担当起先行区建设使命任务，全面建设社会主义现代化美丽新宁夏。

这一年，也是中宁发展进程中极不寻常、极具考验、极富挑战的一年。面对疫情跌宕反复和需求收缩、供给冲击、预期转弱的多重困境，我们坚持以习近平新时代中国特色社会主义思想为指导，认真学习宣传贯彻党的二十大精神，全面落实"疫情要防住，经济要稳住，发展要安全"重要要求，聚焦自治区第十三次党代会部署和区市党委、政府及县委工作安排，砥砺奋进，攻坚克难，各项工作迈出了坚实步伐。预计全年实现地区生产总值 210 亿元，同比增长 7%；规模以上工业增加值增长 15%，居沿黄六县（市）前列；地方一般公共预算收入 7.25 亿元；社会消费品零售总额 44.6 亿元，增长 2.3%；城乡居民人均可支配收入分别达到 33880 元、17110 元。

一年来，我们坚持稳中有进、保促结合，经济运行质量双升。深入践行新发展理念，紧扣自治区"六新六特六优"产业布局，坚定不移稳经济、保增长、促发展。工业结构持续转型。深入推进"四大改造"，实施高纯硫酸锰、半导体级单晶硅棒、再生铝等新材料重点产业项目 26 个，推动节能环保、达产增效技改项目 23 个，建成工业互联网平台 6 个，规模以上战略性新兴产业占工业增加值比重达到 16%。中电等 3 个光伏发电项目实现并网发电，引进实施推促全钒液流电池储能制备制造等"光伏 +"项目，企业集群扩规增量，产业链条延展壮大。工业园区成功创建国家知识产权强国建设试点园区、国家级绿色园区、自治区双创示范基地。特色农业高效发展。实施高标准农田项目 13 个，发展高效节水农业 10.38 万亩，建设有机肥替代化肥示范区 4600 亩。打造马塘移民区 5000 亩设施农业产业园，建成喊叫水、徐套 2 个 5000 头肉牛养殖基地和白马万只肉羊养殖基地，兴垦牧业第二万头奶牛场实现当年建设、当年存栏。全县农林牧渔业总产值 51.9 亿元，同比增长 6%。大战场马莲梁村获评“全国肉牛养殖一村一品示范村”。深入实施“六大工程”，新植枸杞 2 万亩，占全区新建基地 90%以上，加速推进国家现代农业（枸杞）产业园、国家级中宁枸杞大市场建设，玺赞庄园入列“国家级生态农场”。新增“中宁枸杞”地理标志证明商标企业 13 家，转化科技成果 2 项，枸杞深加工转化率达到 35%，区域品牌价值升至 191.88 亿元，综合产值突破 120 亿元。成功举办第五届枸杞产业博览会，“中宁枸杞” 区域品牌从全国 2277 个品牌中脱颖而出，荣登网络票选榜首，特色产业发展竞争力、影响力不断增强。第三产业活力迸发。聚力打造服务业集聚区，大力推进电子商务，预计全年全县电子商务交易额达到 120 亿元，同比增长 10%，网络零售额 48 亿元，同比增长 8%，电商带动就业 1.23 万人。成功创建宁夏中宁国际枸杞交易中心服务业集聚区、入选“县域流通服务网络强县”培育榜单。加快全域旅游示范县创建，聚力培育丰安屯、黄羊古落、华宝枸杞健康体验馆等多样化旅游景点，精心规划“黄河生态民俗游、枸杞康养度假游、枸杞工业研学游”三条精品旅游线路，打造国家 3A 级旅游景区 1 个，自治区级旅游度假区、特色旅游村 2 个，黄羊村入选“中国美丽休闲乡村”，丰安屯旅游度假区入列“国家级森林康养试点建设基地”，全县接待游客 96.4 万余人次，预计旅游行业总收入超过 2.3 亿元。

一年来，我们坚持改革开放、创新驱动，发展活力不断增强。坚持以改革增动力，以开放促融入，以创新添活力，不断提升发展质效。重点领域改革成效显著。扎实推进“六权”改革，打造全区首家“六权”改革交易暨农村产权交易专区，完成用水权确权，86 家工业用水企业全部颁证，农业水费平均降幅超过 30%；盘活利用宅基地 1694 宗、批而未供土地 9 宗，实现土地出让收益 1.98 亿元；核定初始、新增、可交易排污权和政府储备权，开出排污权交易首单；稳妥推进林地确权登记，完成枸杞类不动产颁证 49 本 5000 余亩，企业抵押贷款 2000 万元，全县新增枸杞类质押贷款余额 10 亿元以上。实施改革惠民工程，“跨省通办”“一件事一次办”更加方便快捷，“帮帮您”政务服务品牌获评全区法治政府建设示范项目，创新优化基层服务试点改革经验在全区推广。聚力优化营商环境，搭建全县惠企政策“直通车”，解决企业融资需求 6.5 亿元，争取各类奖补资金 9577.4 万元，新增减税降费 8.98 亿元。创新支撑能力持续增强。深入实施创新驱动发展战略，支持企业柔性引进人才团队 5 个、创新创业团队 2 个，高技能人才队伍不断壮大。认定国家高新技术企业 6 家，自治区农业高新技术企业 2 家，“小巨人”企业2 家，培育自治区“专精特新”中小企业 3 家、技术创新中心6家。隆基硅智能装料系统开发等8个研发项目入列自治区重点科研项目库，中宁枸杞科研成果荣登国际权威期刊《营养前沿》。加大政策扶持，发放“宁科贷”5600万元，申报科技项目130个，争取项目资金3450.44万元，完成上年度全社会R&D经费归集1.08亿元，同比增长11.34%。开放发展水平不断提升。坚持高水平走出去、高质量引进来，支持企业扩大进出口业务，全县29家进出口企业实现进出口总额24亿元，同比增长18.7%。为早康、顺元堂等企业争取外经贸发展专项资金863.3万元。与韩国忠清南道青阳郡建立友好县郡关系，成为全区首个与国外县郡建立友好关系的县级城市。组织企业参加第131届广交会等高水平节会20余场次，出台招商引资系列优惠政策措施，积极引进大唐、明阳等知名企业优质项目落户园区，推促形成招商引资“强磁场”。

一年来，我们坚持铁腕整治、精细管理，发展环境持续改善。深入践行习近平生态文明思想，纵深推进生态保护和环境治理，促进人与自然和谐共生。生态治理有效推进。高质量完成中央环保督察55件信访转办件整改工作，举一反三修复治理历史遗留问题矿山82座。实施车门沟、红柳沟等小流域综合治理项目4个，治理沟道21公里、水土流失面积26.2平方公里。深入开展国土绿化行动，植树73.2万株，完成绿化面积6.5万亩，县城绿地面积达9300亩，绿地率34.7%，人均公共绿地面积11.81平方米。污染防治彰显效力。坚持“四尘”同治、“五水”共治、“六废”联治，实施热电联产市政供热管网延伸（改造）、天元粉煤灰深加工等项目，完成瀛海天祥、天元建材2个水泥窑烟气超低排放改造。25条重点河湖沟渠水质断面稳定保持在Ⅳ类以上，土壤环境质量总体稳定，危险废物安全处置率达到100%。城乡面貌显著改观。大力实施城市更新行动，完成棚户区改造610套、老旧小区改造47个，实施雨污分流及污水提质增效项目4个，更新改造道路及管网12条，新增停车位1500个，城市基础设施日趋完善。因地制宜新建（改造）城乡小游园、小广场32处，为8个乡镇26个村（社区）安装健身路径，新建多功能运动场2处。扎实开展农村人居环境整治，新（改）造卫生厕所4700余座，新（改）建农村公路58.6公里，实施大战场等6个乡镇道路生命安全防护工程32公里。巩固提升城乡垃圾填埋场、分拣点处置效率，开工建设鸣沙等垃圾中转站3座，农村生活垃圾治理率、无害化处理率、分类和资源化覆盖面分别达到100%、95%、30%，成功创建全区农村生活垃圾分类和资源化利用一级示范县。

一年来，我们坚持以人为本、综合施策，民生福祉更加殷实。坚持把民之所望作为施政所向，让群众生活更有品质、幸福更有质感。脱贫攻坚成果巩固拓展。坚决做到“四个不摘”，全县“三类监测对象”消除风险442户1389人，落实整户低保1530户2316人，安置乡村公益性岗位1002人。紧盯“两个高于”目标，坚持以产业促增收，肉牛托管养殖分红4704万元，种植枸杞、金银花等经济作物4.3万余亩，新建创业示范基地3个，脱贫户、三类监测对象人均收入分别达到1.31万元、1.29

万元，增长14.5%、19.5%。发挥金融帮扶撬动作用，发放脱贫人口小额信贷2076户1.03亿元，整合资金2.625亿元，实施衔接项目73个，群众脱贫致富基础进一步夯实。居民收入渠道不断拓宽。搭建"春风行动"等就业供需平台，城镇新增就业5113人，失业人员再就业2095人，开展技能培训2400余人，农村劳动力转移就业7.2万人，工资性收入达到10.8亿元。发放援企稳岗等各类补助资金1800余万元，惠企暖民政策全面落地见效。教育综合质量逐步提升。聚焦基础教育短板弱项，新（续）建八幼等中小学（幼儿园）5所，新组建教育集团1个、教育发展共同体3个、教育教学互助联盟4个，优质教育资源覆盖面不断扩大。坚持"五育并举"，统筹推进"双减"等重点改革任务，儿童青少年近视防控3项经验做法在全国推广。深化教育合作，打造自治区"互联网+教育"标杆校1所，培养青年拔尖教师20名，人民满意教育稳步发展。健康保障能力有效加强。"互联网+县域医共体"进一步完善，医疗健康总院胸痛、卒中等五大中心全面建成投运，打造心病科、骨科、针灸推拿科等国家和自治区级重点专科7个。充分发挥公立医院高质量发展示范项目资金作用，强化县级配套支撑，新增配置128排CT、移动彩超等先进设备，救治能力进一步提升。深化"优质服务基层行"活动，组建村（居）公共卫生委员会，基层公共卫生服务保障水平进一步提升。精神文明风貌气象更新。大力推进文明城市创建，实现县乡村三级新时代文明实践中心（所、站）全覆盖，集中组织开展志愿服务2000余场次，参与3.3万余人次。全面完善村（社区）"婚嫁日记"等机制，评选表彰移风易俗典型192户。以大战场农民合唱团为原型的电影《六谷儿》完美封镜，中宁县文化馆荣获第九届全国服务农民、服务基层文化建设先进集体。

一年来，我们坚持强化保障、筑牢防线，社会大局和谐稳定。统筹发展和安全，以大安全保大发展，以大发展促大安全，实现高质量发展和高水平安全良性互动。疫情防控有力有效。坚持总策略总方针不动摇，调整优化组织架构，健全完善平急转换运行机制，推促形成权责明晰、高效联动、上下贯通的指挥链条，宽判密接、挖根断源，成功控制了"9·20"疫情，顶住了"11·29"新一轮疫情冲击。系统性整体性疫情防控能力有效提升，"挖根行动""1+N"服务保障机制等得到国务院联防联控机制宁夏工作组充分肯定，并在全区全面推广。安全生产平稳有序。认真落实国务院安全生产十五条硬措施，建立安全生产领域专家库，压紧压实"三管三必须"责任，紧盯重点行业领域、突出重要节点，深入排查、整治安全风险隐患903条，持续加强"三品一特"监管，穷尽一切风险隐患，有效遏制安全事故发生。"四个最严"要求得到有效落实，"食品药品安全区"创建成效明显。大力推进交通事故"减量控大"行动，接处警数、死亡人数、受伤人数、经济损失"四项指数"同比下降14.5%、25.8%、23.5%和28.7%。基层治理扎实推进。牢固树立大抓基层、大抓基础导向，加快法治中宁建设，常态化开展扫黑除恶专项斗争，组建石空"警+X"、大战场"红袖标"等平安志愿者队伍119支，太平村入围全国村级"文明乡风建设"典型案例、被确认为全国村级议事协商创新实验试点单位。推行“人民调解 + 仲裁 + 信访”治理模式，坚持“两排查一分析”纠纷化解机制，纠纷调解成功率达 98.2%。创新推出综合治理防范电信诈骗六项举措，研发“杞乡反诈”小程序，打造全区首个反诈基地，电诈案件实现“两降两升”，荣获平安宁夏建设优秀县。加快创建铸牢中华民族共同体意识示范县，依法管理宗教事务，民族宗教和顺和睦。

一年来，我们坚持政治立身、务实担当，行政效能有力提升。面对新形势、新要求、新挑战，始终把党的领导作为最可靠的主心骨和定盘星，一以贯之狠抓政府自身建设，聚力打造诚信高效的服务型政府。政治建设全面加强。坚决落实全面从严治党要求，巩固深化党史学习教育成果，扎实推进“改作风，谋发展，争先进”专项行动，着力提升抓落实的魄力和能力。全力抓好“争项目，争资金，争示范”活动，向上争取各类资金超过 45 亿元，引进各类项目 64 个。深入开展“大学习、大讨论、大宣传、大实践”活动，大力发扬“严细实廉快”工作作风，查摆整改关乎全县经济社会和民生事业高质量发展的各类问题 850 个。行政质效明显提升。深入践行习近平法治思想，大力推进法治政府建设，认真落实行政机关负责人出庭应诉等制度。健全完善重大行政决策机制，研究确定年度重大行政决策事项目录，165 件“三重一大”事项及时提请县委研究。着力提升政务公开水平，主动接受人大法律监督、政协民主监督和社会各界广泛监督，全力以赴推进 1 件人大议案、10 件民生实事、34 件人大代表建议和 54 件政协委员提案办理。作风建设有效改进。严格执行中央八项规定及其实施细则精神，持续开展工程建设政府采购等重点领域突出问题专项治理，累计查摆整治历年来遗留的各类问题线索 1.06 万余件。严格审计、财政监督，强化重点工作督查督办，全力支持纪检监察机关履行职责，扎实抓好各类审计、巡察反馈问题整改，政府执行力、公信力进一步提升。

同时，扎实做好国防动员、民兵预备役、退役军人和人民防空等工作，统筹抓好外事、侨务、统计、审计、供销等工作，大力支持工会、共青团、妇联、工商联、科协、残联、文联、红十字会等人民团体工作，绘就共谋中宁发展的最大同心圆，凝聚促进杞乡繁荣进步的强大向心力，力求以一域之光为全局添彩！成功创建全国示范性老年友好型社区、减灾示范社区、红十字“模范单位”等先进示范 4 个。我县被确定为全国青年发展型县域试点，光荣上榜“健康中国·康养旅游百强县”、入选“中国产业创新转型升级典型城市”，跻身“2023—2024 年水系连通及水美乡村建设县”，全国县级文明城市创建工作蹄疾步稳！

各位代表，同志们！回望 2022 年，形势跌宕起伏，工作砥砺奋进。所有成绩的取得，是习近平新时代中国特色社会主义思想科学指引的结果，是区市党委、政府和县委科学决策、坚强领导的结果，是县人大、政协精诚献策、鼎力支持的结果，也是社会各界关心、关怀和帮助的结果，更是全县各族人民团结一心、接续奋斗的结果。我们不会忘记，“9·20”疫情突发后，全县广大干部群众闻令而动、心不失神，区市党委、政府和县委坚强领导，国务院联防联控机制宁夏工作组精心指导，兄弟县区各方力量无私支援，同心抗疫，共克时艰，践行了伟大抗疫精神。医务人员白衣执甲、逆行出征，奋战在抗疫一线，用行动彰显了医者仁心；公安干警丹心为矛、藏蓝为盾，用坚毅身躯撑起了安全屏障；下沉干部、社区工作者和志愿者忙碌奔波、昼夜不息，红马褂、电瓶车穿梭于居民楼栋、村组巷道，为封控群众送粮送油、送菜送药，厚植了服务奉献的文明底色；人民教师仁心大爱、精备网课，为下一代求知成长呕心沥血、耕耘不辍；各界商户识大体、顾大局，牺牲个人利益，关门闭户、暂停营业，为阻断疫情传播不懈努力；爱心企业和慈善人士慷慨解囊、捐钱捐物，用热心和善举为全县战“疫”注入了磅礴力量。我们始终铭记，人民群众是我们战胜一切困难和挑战的力量源泉，特殊时期、危难时刻，每一位杞乡儿女都奋不顾身、勇往直前，都尽其所能、闪光发亮，值得我们尊重点赞！在此，我谨代表县人民政府，向辛勤工作在各条战线的广大干部群众，向关心、支持和参与中宁建设发展的人大代表、政协委员、企业家、老领导、老同志，向驻中宁人民解放军、武警官兵，向中央、自治区驻中宁单位，向各民主党派、社会团体，向关心支持中宁发展的各界人士、各位朋友，致以崇高的敬意和衷心的感谢！

当前，中宁的发展正处在滚石上山、爬坡过坎、不进则退的关键时期。越是形势向好、发展提速，我们越要清醒认识经济社会发展中存在的问题和不足：一是发展后劲乏力的现状亟待扭转。经济总量仍然偏小、结构不优，有效投资增速减缓，产业链供应链稳定性不强，新能源等新兴产业尚未形成有力支撑；创新驱动能力较弱，对外开放水平不高，招商引资成果不丰，经济结构调整、产业转型发展还需加力。二是部分领域短板弱项仍待补齐。基层治理效能还需提升，城乡建设、民生保障等领域历史遗留问题解决难度较大、进展缓慢，安全生产、环境保护任务艰巨，极大分散抓发展的精力。三是干部干事创业的精气神还需提振。个别行业部门还存在部门本位主义和官僚作风，“中梗阻”现象仍有发生，干部职工思想观念、工作能力、工作作风与高质量发展的要求不相适应，谋的意识、争的劲头、干的成效亟待提升。对此，我们必须勇于直面，不遮掩、不回避、不懈怠，着力补短板、固底板、增后劲，牢记全县人民的期望和重托，尽心竭力把中宁各项事业不断推向前进。

2023年主要工作

2023年是全面贯彻党的二十大精神、全面建设社会主义现代化国家的开局之年，也是落实自治区第十三次党代会部署、实施“十四五”规划承上启下的关键一年。做好今年各项工作意义重大、影响深远。

政府工作的总体要求是：坚持以习近平新时代中国特色社会主义思想为指导，全面贯彻落实党的二十大精神，深入学习贯彻习近平总书记视察宁夏重要讲话和重要指示批示精神，认真贯彻中央经济工作会议精神，按照区市党委、政府和县委部署，坚持稳中求进工作总基调，完整、准确、全面贯彻新发展理念，加快构建新发展格局，着力推动高质量发展，更好统筹疫情防控和经济社会发展,更好地统筹发展和安全,全面深化改革开放,大力提振市场信心,加快落实自治区“三区建设”、中卫市“五个示范市”目标任务,全力打造“六个示范县”,突出做好稳增长、稳就业、稳物价工作,有效防范化解重大风险,推动经济运行整体好转,实现质的有效提升和量的合理增长,倾力谱写中国式现代化发展中宁篇章。

主要预期目标是:地区生产总值增长7%左右,规模以上工业增加值增长10%以上,固定资产投资增长15%,地方一般公共预算收入增长5%,社会消费品零售总额增长5%,城乡居民人均可支配收入分别增长7%和10%左右,城镇调查失业率控制在5.5%以内,节能减排和环境质量改善完成区、市下达目标任务。

各位代表,这一系列指标,既贯彻了中央和区、市工作要求,又契合我县实际情况,虽然实现上述目标难度很大,但我们充分考虑了速度与质量,兼顾了需求和可能。面对多重困难挑战叠加、不稳定不确定性因素增多的形势,我们要加压奋进、团结实干,跑出速度、跑出风采、跑出成绩,朝着更高目标努力,在推动高质量发展上闯出新路子、交出好答卷。必须坚持把稳字当头、稳中求进的要求贯穿始终。完整准确全面贯彻新发展理念,最大限度调动积极因素,适当靠前推出有利于经济稳定增长的政策措施,在“稳”与“进”的有机统一中实现经济质的稳步提升和量的合理增长。必须坚持把解放思想、改革创新的要求贯穿始终。冲破思想观念障碍、突破利益固化藩篱、打破条条框框束缚,优化创新环境,培育创新生态,强化创新驱动,加快产业结构调整,培育“百花齐放”的工业形态,搭建起新发展格局的“四梁八柱”,

助推质量变革、效率变革、动力变革,实现市场活力、社会创造力和政府导控力的协同增效。必须坚持把尊重规律、实事求是的要求贯穿始终。在尊重市场规律的基础上,发挥好有效市场和有为政府的作用,用政策引导市场预期,用规划明确投资方向,用法治规范市场行为,着力营造公平竞争、公开透明的营商环境,推动经济行稳致远。必须坚持把统筹兼顾、底线思维的要求贯穿始终。统筹发展和安全,科学高效稳增长、调结构、促改革、惠民生,有效防范化解各类风险,坚决维护各领域安全,实现高质量发展和高水平安全的良性互动,交出两手抓、两手硬、两手赢的合格答卷。重点做好以下工作:

一、凝心聚力推动经济稳促迈上高质量发展新台阶

千方百计扩投资。抢抓先行区建设战略机遇,加快形成内需主导、项目支撑的经济增长模式。坚持大抓项目、抓大项目、促高质量发展,持续深入开展“扩大有效投资年”活动,谋划推进152个重点建设项目,全力实施好杞乡750千伏开关站扩建、“互联网+城乡供水”工程等50个基础设施项目,加快推进大唐(中宁)共享储能、和光新能源、国家现代农业产业园等57个产业项目,全面落实好新堡社区卫生服务中心、喊叫水乡全民健身中心建设等14个社会民生项目。落实领导包抓重点项目机制,力促万宁100万吨高纯硫酸锰(一期30万吨)、铭岛年产100万吨再生铝(一期20万吨）等项目建成投产。提升项目管理和服务水平，提前做好宁电入湘换流站、蒙能能源LNG生产加工、S35石空至恩和工程等一批项目规划、选址、土地、环评等各项手续办理，力促早日落地、顺利实施。

千方百计优环境。全面梳理优化营商环境的“负面清单”，持续深化“放管服”改革，加强重点领域信用体系建设。坚持全员、全域、全年招商，在招大引强、延链、补链、壮链上下功夫，健全完善招商引资线索项目跟踪落实机制，紧盯世界500强、国内500强行业领军企业产业布局和发达地区产业转移动向，力促晶源科技三角焊带、宁波水星20万吨纳米环保新型材料等项目落地见效，力争全年招商引资到位资金达到100亿元。进一步完善民营经济发展政策体系，大力支持民营企业发展，尊重企业家地位，发挥企业家作用，畅通政企沟通渠道，构建亲清政商关系，为各类企业发展壮大提供更多机会、更好环境。

千方百计保企业。切实把企业作为经济发展的强大支撑，坚持大企业、小企业两手抓，扶强培优助弱并重。完善企业发展支持政策，综合运用税费支持、融资担保、租金减免、用工服务等措施，着力培育壮大宁创新材料、铭岛铝业、隆基硅、天元锰业等骨干企业18家。加强中小微企业、个体工商户经营状况动态监测，帮助各类市场主体渡难关、提效益、保发展，力争市场主体总量超过2.75万家，实现“个转企”50家。

千方百计促消费。着力恢复和提振消费信心，分批分类发放政府消费券，激发市场活力，促进消费回补和潜力释放。充分利用春节、中秋、国庆等节假日，举办网上年货节、全民电商节、云上杞乡电商直播周，开展家电下乡、房车节等惠民促销活动。因地制宜规划发展夜市经济、集贸经济，加快团结路特色街区、恒辰商业步行街等改造建设，活跃居民消费，增强城乡烟火气、生活味。着力完善城乡商贸体系，培育发展消费新业态，推动吃住行游购娱线上线下融合消费双向提速，拉动经济增长，力争全年社会消费品总额达到46.6亿元、网络零售总额达到50亿元。

二、凝心聚力推动转型升级开创高质量发展新局面

实施新型工业强县计划。围绕“六新”产业，深入实施“四大改造”，加快新旧动能转换。聚焦新材料产业，实施结构改造，全力推进宁创科技5万吨电子铜箔、中晶年产200吨高端半导体单晶硅棒等重点项目建设，延伸产业链条。突出传统产业，实施绿色改造，推进瀛海天祥日产5000吨水泥熟料生产线、兴尔泰碳化硅生产装置技改等项目建设，形成绿色低碳生产方式，坚决遏制“两高”项目盲目发展，加速淘汰落后产业。围绕“双碳”目标，实施技术改造，重点推进和光新材料方硅芯生产线技改、北星精工2万吨高温结构陶瓷和净化剂等项目，推动产业转方式、优结构、换动能。紧盯产业智能化和数字化转型，实施智能改造，推动今飞轮毂涂装车间自动化、天元电解锰电解工段生产智能化技改等项目，实现“设备换芯”“机器换人”，培育经济高质量发展新动能。着眼新能源产业集群发展，引进培育新能源发电、电气装备、储能设备生产等企业，推促伟力得全钒液流电池制造、中电绿电交通、晶科能源单晶生产等项目落地见效，着力打造新能源百亿产业集群。

实施特色农业提质计划。聚焦“六特”产业，大力发展特色农业，聚力打造全产业链体系，推进农业现代化。深入实施枸杞产业“六大工程”，新植、改造枸杞1.9万亩，推进枸杞基地建设提质增效，加快国家级中宁枸杞交易市场、枸杞产业高新技术示范园区建设，全面推进“中宁枸杞电子交易所”运营，健全“中宁枸杞”区域营销体系，力争枸杞产业综合产值突破140亿元。加强基础设施配套，在大战场等乡镇实施现代高效节水及高标准农田建设项目8个，新增高效节水面积9.2万亩。坚持草畜一体化发展，加快构建“六大体系”，力争全县奶牛存栏和肉牛、滩羊饲养量分别达到6万头、14万头、71万只，草畜产业综合产值达到70亿元，全力打造全国黄金奶源基地和高端肉牛生产基地。加快现代农业产业园建设，培育星级绿色食品加工企业9家，各类蔬菜种植面积稳定在3万亩以上，着力打造现代化全产业链功能农业发展新样板。

实施现代服务业扩容计划。突出“六优”产业，推动生产性服务业增容扩量、生活性服务业提质升级、新兴服务业发展壮大。加快实施国家农村（枸杞）产业融合示范园、玺赞庄园产业融合等项目，提升产业融合发展层次。推动中宁物流园与公路、铁路无缝衔接，打造全区综合性物流中心、西部地区重要交通枢纽、全国重要物流节点。大力推进现代物流、电子商务产业发展，通过资金支持、政策引导、内引外联等方式，发展壮大一批商贸流通领域的龙头企业。实施大战场、太阳梁等9个乡镇商贸服务中心和1个县乡村三级物流配送中心改造提升项目，构建高效便民的城乡商贸服务体系。抢抓“互联网+”发展机遇，继续实施国家级电子商务进农村综合示范项目，实现村级电商全覆盖，孵化一批本土直播达人，不断丰富电商营销模式。加快实施全通“枸杞酒庄+枸杞养生体验馆”、永寿堂中宁枸杞中医康养文化中心等重点项目，大力推进禹尧庄园等乡村旅游发展，力争新增国家3A级旅游景区1个，自治区级特色旅游村1个，商品旅游研发基地1个，争创全域旅游示范县。

三、凝心聚力推动改革创新实现高质量发展新突破

深化改革激活力。深入开展“改革攻坚年”活动，打造国家级和区市试点样板。深化农村综合改革，落实集体所有权，稳定农户承包权，放活土地经营权，支持农业生产资料抵押贷款，增强乡村振兴内生动力。深化国企改革，优化产权结构、治理结构、组织结构，全方位拓展业务、保值增值。扎实推进“六权”改革，加快确权赋能入市步伐，围绕节水增效、盘活增值、降污增益等目标，实施用水信息化提升工程，鼓励发展碳汇林，加大排污权交易力度，启动用能权、碳排放权改革，为经济社会发展注入不竭动力。

创新驱动增优势。深入实施创新驱动发展战略，大力推进创新力量厚植、创新主体培育、创新协同联动、创新生态涵养工程。开展科技支撑产业专项行动，优化企业梯度培育计划，培育国家高新技术企业3家以上，新增创新型中小企业和“专精特新”中小企业4家，建成自治区工程技术研究中心、创新中心、众创空间等各类科技创新平台20个以上，实施关键核心技术攻关、成果转化等项目150个以上。加快绿电园区、智慧园区建设，优化电力生产和输送通道布局，提升新能源消纳和储存能力，争创自治区级以上示范5个，走出一条科技引领产业高质量发展的创新驱动新路径。

开放发展扩能级。立足县域实际，主动服务和融入“双循环”格局，努力在自治区内陆开放型经济试验区建设中展现作为。加大“走出去”“引进来”力度，不断拓展对外开放发展新空间，积极参与广交会、中阿博览会等重要节会，高水平承办第六届枸杞产业博览会，着力扩充县域开放合作发展能级。加快引育外资外贸等开放型企业主体，聚力打造外贸转型升级基地开放载体，指导龙头企业精准开拓国际市场，力争全年实现外贸出口25亿元。

数字赋能添动力。全面提升“互联网+政务服务”水平，建设“我的宁夏——杞乡中宁”服务专区，提档升级全县12个乡镇政务服务标准化层次，力争全县网上可办率超过90%。整合优化各部门政务数据资源，建设标准统一、互联互通、高效运转、安全可靠的“一站式”指挥中心。扎实推进全区“数字供销”先行先试示范县建设，完善双随机监管机制，全面推行“互联网+监管”模式，构建监管数据可共享、结果可追溯、人员更专业的智慧监管体系，依法保护各类市场主体合法权益。大力推进教育数字化，建设全县教育专网和“互联网+教育”智能研修中心，打造智慧校园示范校2所。持续推进“互联网+医疗健康”建设，形成“基层检查+上级诊断+区域互认”模式，全方位推广电子健康码在全生命周期健康服务场景应用。

人才引领强后劲。坚持引才、育才两手抓，加快建设县域人才集聚高地。丰富人才发展载体，推荐申报专家和骨干人才培养培训项目5个，打造高级技能人才培训基地和工作室（站）3个，推荐上报自治区青年拔尖人才6人，申报区市特聘专家学者5人。建强基础人才队伍，公开招聘公费师范生5人、订单定向医学生5人，培养本土化科技特派员10人、专业化技术人才5300人，培育高素质农民300人、农业生产经营人才1000人。加快建设青年发展型县域，搭建青春建功平台，努力让青年在中宁的广阔天地更有作为。

四、凝心聚力推动城乡协调迈出高质量发展新步伐

巩固拓展脱贫成果。严格落实“四个不摘”要求，常态化开展防返贫动态监测，对未消除风险监测户收入“量体裁衣”，精准消除风险。对易发生规模性返贫地区执行“红黄蓝”预警机制，采取多种措施提前干预，确保共同富裕的道路上不落一人。谋划建设喊叫水、太阳梁等乡镇2023年特色产业培育等基础设施项目41个，将衔接资金继续向产业基础薄弱的移民地区产业倾斜，确保全年用于产业项目投入资金占比不少于65%。

扎实推动乡村振兴。坚持农业农村优先发展，聚力打造塞上乡村乐园。做强乡村富民产业，建成“出户入园”项目8个，创建喊叫水乡马塘生态移民区、大战场镇宽口井生态移民区等5个高标准设施农业园区，有序推动太阳梁乡、大战场镇创建全区易地搬迁移民致富提升示范乡镇，徐套村等7个自然村创建全区易地搬迁移民致富提升示范村。深入开展新型农业经营主体提升行动，培育发展县级以上示范合作社20家、家庭农场15家、联合社2家，积极推进农业生产托管服务示范创建，加快创建国家乡村振兴示范县。

持续改善城乡面貌。抢抓以县城为重要载体的城镇化建设重大机遇，分类推进县城扩容提质，优化路网结构，实施平安西街道路雨污分流、南河子公园及周边广场提升改造等一批市政道路管网、公用设施项目，提升县城承载能力。规划改造老旧小区41个、棚户区400套，统筹推进市政管网维护更新、管线入地，提升基础设施建设水平。持续破解“停车难”“充电难”等城市病，新增停车位500个、充电桩350个。继续谋划实施一批小微公园及街心绿地改造项目，深入广泛开展爱国卫生运动，深化“马路办公”，落实“门前三包”，全面推进生活垃圾分类，开展店招店牌、建筑立面等专项整治，提升城市精细化管理水平，全力推进全国县级文明城市创建取得新突破。新(改)建农村公路40公里，因地制宜改造农村卫生厕所1000座，建立健全农村生活垃圾收集、运输和处置体系稳定运行长效机制，加快美丽乡村创建，打造示范乡(镇)、示范村7个以上，争创区级农村人居环境整治示范县。

五、凝心聚力推动生态环境高质量发展焕发新面貌

打好生态保护“整体战”。强化国土空间管理，严格生态保护红线、永久基本农田、城镇开发边界“三线”管控，科学布局生产、生活、生态“三个空间”，实现全县行政村“多规合一”实用性村庄规划“应编尽编”。实施草原补播改良、矿山修复治理、退耕还林还草等生态修复工程，修复治理废弃矿山125处1.2万亩，恢复耕地810亩，新增林草地8025亩，筑牢生态安全屏障。

打好污染防治“攻坚战”。以改善生态环境质量为核心，以解决人民群众反映强烈的突出生态环境问题为重点，强化部门联动执法，切实提升生态环境监管执法能力。完成中宁县城乡生活垃圾治理环卫设施提升改造项目，新建5座大型垃圾压缩站，配备5套压缩设备。充分发挥绿色建材产业优势，提升循环综合利用能力，力争固废利用率达到40%。推进土壤环境质量监测网络全覆盖，确保危险废物100%安全处置，农作物秸秆综合利用率、农用残膜回收利用率、畜禽粪污资源化利用率分别达到88%、90%、93%。

打好治水兴水“主动战”。聚焦先行区建设，坚持保护优先、治理为要、修复为重，实施清水河(二期)、宽口井沟防洪治理等项目，提升水土保持能力。全面落实“河长+警长+检察长”工作机制，严厉打击河道非法采砂行为，确保行洪和生态安全。实施喊叫水徐套片区生态修复及灌区供水工程、北滩长鸣中型灌区续建配套与节水改造等项目，保障生态修复和产业发展用水安全，促进水资源高效利用。积极争取自治区项目支持，全力推进水系连通及水美乡村试点县建设，实施农村污水处理、康滩水源地规范化建设改造等重点项目，打造河畅、水清、岸绿、景美的水美乡村。

打好植绿增绿“持久战”。全面推行林长制，建立政府主导、市场运作、全面参与的植绿增绿机制，坚持以水定绿、因地制宜，持续推进大规模国土绿化行动，实施县城裸露空地生态修复、县城绿化改造提升、重点工程林木管护等6个项目，栽植树木20.4万株，完成营造林面积3.93万亩。加强林木管护，确保“栽一片、活一片、成一片”，森林覆盖率达到9.5%，县城建成区绿地率达到35%，人均公园绿地面积达到12平方米，全力创建国家园林城市。

六、凝心聚力推动社会事业高质量发展取得新进步

实施就业收入双增工程。健全就业公共服务体系、劳动关系协调机制、职业技能培训制度，统筹解决“就业难”和“用工难”并存问题，持续做好高校毕业生、退役军人、农民工等重点群体就业，实现城镇新增就业5000人以上，农村劳动力转移就业5万人以上。推动乡镇（村、社区）劳务工作站建设，加大劳务经纪人培育力度，实施定向职业技能培训，做大做强“枸杞修剪”等劳务品牌，开展职业技能培训2500人以上。支持电商从业者、快递小哥、外卖骑手等新就业形态发展，加强灵活就业人员劳动权益保障，积极拓宽群众工资性、经营性、财产性、转移性收入路径，让人民群众享有更殷实的生活基础。

实施教育质量提升工程。全面落实立德树人根本任务，严格落实“双减”政策，加强“一校一特”德育品牌创建和“一校多品”体育特色项目建设，促进学生德智体美劳全面发展。优化教育资源配置，新建、续（改）建中宁五中、中宁十二小等中小学5所，持续改善办学条件。完善幼小衔接机制，提高学前教育普及普惠水平，推进科学保育保教。巩固提升集团化办学成果，促进义务教育优质均衡发展。稳步推进普通高中育人方式和考试评价制度改革，深化职业教育产教融合。深入实施“县管校聘”改革，全面推行校长职级制和教师交流轮岗，加快打造一支业务精湛、治校有方的校长队伍和“四有”好老师队伍。严格落实“双减”等政策，全面提升育人质量。

实施医疗健康惠民工程。健全完善县乡村三级突发公共卫生事件应急体系，织牢公共卫生防护网。根据国家、自治区政策和疫情形势，持续调整优化相关防控措施，科学精准抓好疫情防控，全力做好疫苗接种、学校防控、涉疫安全、群众就医用药和基本生活保障，最大程度保护好人民群众生命安全和身体健康，最大限度减少疫情对经济社会发展的影响。全面深化医药卫生体制改革，加快重症医学科、血液透析科等建设力度。围绕医防协同、中西医并举，深入实施医疗卫生机构达标工程，健全完善医疗健康总院和“互联网+县域医共体”运行机制，带动提升基层医疗服务能力水平。巩固全国健康促进县创建成果，加快补齐乡镇（社区）全民健身中心服务短板，完成19个行政村体育设施提档升级，丰富拓展体育公园、黄河体育中心服务承载功能，积极承办好国际国内各类重大赛事，举办线上线下全民健身活动，助推体育事业、体育产业、全民健身和全民健康深度融合，争创全民健康水平提升行动示范县。

实施住房安居宜居工程。坚持“房住不炒”,合理支持刚性和改善性住房需求,承接实施好公积金贷款“一人买房全家帮”等惠民政策,保持房地产市场平稳健康发展。规划建设人才公寓,满足高层次人才专家安居需求。租购并举扩大保障性住房覆盖面,切实解决好新市民、青年人等重点群体住房困难问题。持续推进自建房专项整治,切实保障城乡住房安全。全面开展回迁难、办证难专项行动,回应群众关切、提振市场信心、实现良性循环。拓展社区共商共建共享格局,健全乡镇、部门对口支援联系社区常态机制,进一步增强社区服务保障能力。加强无物业老旧小区业主委员会建设,建立健全业主和物业服务企业双向选择机制,推进物业服务标准化建设,力争物业标准化管理的小区达到70%。

实施社会保障提质工程。健全多层次社会保障体系,织密兜牢基本民生保障网,巩固拓展全民参保计划成果,落实好社保转移接续、异地就医结算制度。完善特困人员托底供养机制,加大城乡相对贫困群体救助,稳步提升低保和残疾人“两项补贴”标准,实施困难重度残疾人家庭无障碍改造150户。多渠道增加养老、托育服务供给,发展社区养老、医养结合服务,65岁以上老年人健康管理率达到71%;扩充社区婴幼儿活动场所和服务设施,每千人托位数达到4.5个,切实解决“养”的难题、“育”的困扰。支持社会福利、公益慈善等事业,做好退役军人等各类优抚对象优待工作,加强妇女儿童、未成年人关心关爱和权益保护,实现乡镇、村(社区)未成年人保护工作站全覆盖,让民生保障底色更加幸福温暖。

实施精神文明铸魂工程。健全完善现代公共文化服务体系,实施思想政治引领、文明风尚提升、公共文化服务惠农“三大行动”,改造提升公共文化服务设施,持续开展全民阅读、送戏下乡等文化惠民活动。推进移风易俗,积极培育和践行社会主义核心价值观,深化新时代文明实践和志愿服务活动。深入挖掘县域特色文化,做好枸杞传统栽植、黄羊钱鞭、蒿子面等文化遗产保护传承,建设好石空李天才、恩和张子华红色文化纪念馆,打造中宁红枸杞文化一条街、“中宁枸杞·非遗馆”,讲好中宁故事。持续抓好黄羊湾岩画、明长城遗址、双龙山石窟(石空寺)等珍贵文物保护修缮。全面贯彻党的民族宗教政策,实施“5585”创建计划,坚决守好促进民族团结的生命线,争创铸牢中华民族共同体意识示范县。

七、凝心聚力推动社会治理高质量发展展现新作为

强化风险防范治理。落实总体国家安全观,深入开展行业领域重大风险隐患排查,做到防范在先、发现在早、处置在小。切实化解存量债务,完善现代金融监管体系,严厉打击非法金融活动,守住不发生区域性、系统性风险底线。统筹推进乡村、社区、宗教、学校、企业、社团、网络空间等重点领域治理,丰富完善乡村治理中心和农业农村综合服务中心功能,提升基层管理和综合服务能力。织牢织密基层网格,完善矛盾纠纷源头发现、多元化解机制,强化“杞乡红警”“小新帮办”等基层志愿服务品牌创建，坚决防范和打击电信网络诈骗、“黄赌毒”“盗抢骗”“食药环”等违法犯罪活动，努力建设更高水平“平安中宁”。压紧压实食品安全属地管理和企业主体“两个责任”，巩固“食品药品安全区”创建成果，让群众吃得更放心、用药更安心。

坚决保障粮食安全。坚持“藏粮于地，藏粮于技”，全方位夯实粮食安全根基，落实粮食作物种植面积53万亩以上，做好自然灾害和病虫害防范应对。坚持以“零容忍”的态度、以“长牙齿”的硬措施保护耕地，坚决遏制耕地“非农化”、防止“非粮化”。强化粮食和应急物资保障，紧盯全县4000吨原粮、800吨应急成品粮储备任务，加强应急物资储备管理，抓好17个应急供应网点督导检查，确保全县粮食应急保障体系有序运行、规范管理。

筑牢安全生产防线。坚持“安全第一，预防为主”，统筹好发展和安全两件大事，全面提升防灾减灾救灾本领，严格落实安全生产责任制，落实落细“十五条硬措施”和区市县系列“硬举措”，开展全县安全生产行政执法规范年活动，完善预案、优化机制、建强队伍、抓好储备，加强非煤矿山、城镇燃气、道路交通、建筑水利工程、特种设备等重点行业、重点领域安全监管，发挥专家团队作用，让专业的人干专业的事，全面起底问题，穷尽安全隐患，坚决遏制重特大事故发生。

加强政府自身建设

各位代表，同志们！身处国力日盛、社会和谐、百姓安宁的美好新时代，我们始终心怀感恩、无比珍惜。展望未来，以中国式现代化全面推进中华民族伟大复兴的号角已经吹响，我们要谨记“三个务必”，始终牢记习近平总书记“长征永远在路上”的重要嘱托，知责于心，担责于身，履责于行，自觉践行“社会主义是干出来的”的伟大号召，大力弘扬“不到长城非好汉”的革命精神，切实增强“打铁必须自身硬”的行动自觉，汲取“9·20”突发疫情等经验教训，“致广大而尽精微”，严防“细节中的魔鬼”损害大局，着力推进政府治理体系和治理能力现代化，奋力答好新赶考路上的时代答卷。

坚定不移强化政治铸魂。弘扬伟大建党精神，永葆对党绝对忠诚的政治品格，旗帜鲜明把政治建设摆在首位，贯穿政府工作全过程。严守政治纪律和政治规矩，从严落实重大事项请示报告制度，健全完善政府党组工作规则、常务会议规则，模范执行民主集中制，营造风清气正的良好政治生态，确保政府各项工作始终沿着正确方向不断前进。坚持不懈用习近平新时代中国特色社会主义思想凝心铸魂，持续深入开展“大学习、大讨论、大宣传、大实践”活动，确保党的二十大和自治区第十三次党代会精神在政府系统落地生根、开花结果。

坚定不移推进依法行政。深入学习贯彻习近平法治思想，依法履行政府职能，倾力打造法治政府。坚持政府常务会议例行学法制度，健全完善法律顾问、合法性审查等制度和重大行政决策公众参与、专家论证、风险评估等程序，确保政府工作始终在法治轨道上运行。从严落实政府权责清单，加强和改进政府规范性文件制定，严格规范公正文明执法，认真落实行政应诉制度，强化行政复议、公益诉讼等工作，不断提升依法行政水平。持续推进政务公开标准化、规范化建设，加强政策宣传解读，主动回应社会关切，让权力在阳光下高效运行。依法接受人大及其常委会监督，自觉接受人民政协民主监督，主动接受社会和舆论监督，广泛听取各民主党派、工商联、无党派人士和人民团体意见建议，画出最大同心圆，汇聚最强正能量。

坚定不移务求担当实干。始终把人民利益、人民需要、人民满意作为一切工作的出发点和落脚点，真心实意为群众谋发展、办实事、解难题。大力提升推动高质量发展、服务群众、防范化解风险“三种本领”，切实增强机遇捕捉、项目谋划、政策把握、市场谈判、攻关制胜、工作落实“六个能力”，鼓足“比学赶超、争先进位”的精气神，以“等不起”的紧迫感、“慢不得”的危机感、“坐不住”的责任感，大抓发展、抓大发展、抓高质量发展。认真做好人大代表建议和政协委员提案等办理，推行集中办公、现场办公、部门联动等一线工作法，进一步改进文风会风，少开会、开短会，切实为基层创造抓落实的条件，鼓励支持广大干部职工大胆试、大胆干、大胆闯，切实凝聚起一心一意促发展的浓厚氛围。

坚定不移打造清廉政府。坚决落实全面从严治党要求，认真履行“一岗双责”，持续深入纠治“四风”，严格落实中央八项规定及其实施细则精神。强化财源培育、预算执行和绩效管理，确保有限的资金投在促进全县发展的关键处、花在为民办事的急需处、用在增进福祉的紧要处。巩固深化工程建设政府采购等重点领域突出问题专项治理成果，加强财政、审计、统计监督，严格政府投资项目、国有资产、关键岗位监管。加强政府系统干部职工家庭家教家风建设，教育引导广大干部职工带头做到明大德、守公德、严私德，自觉遵守廉洁从政各项规定，大力营造干部清正、政府清廉、政风清朗的良好政治生态。

各位代表，同志们！任重道远自须扬鞭奋蹄，时不我待更要只争朝夕。让我们更加紧密地团结在以习近平同志为核心的党中央周围，在区市党委、政府和县委的坚强领导下，大力发扬斗争精神，攻坚克难，开拓创新，务实苦干，笃行不怠，倾力谱写中国式现代化发展中宁篇章！

名词解释

1.三类监测对象：农村人口中的脱贫不稳定户、边缘易致贫户、突发严重困难户。

2.“双减”：有效减轻义务教育阶段学生过重作业负担和校外培训负担。

3.1+N：1是县委应对新冠肺炎疫情工作领导小组和疫情防控指挥部合二为一一体运行；N是12个乡镇、65个部门（单位）一体联动，形成权责明晰、高效联动、上下贯通的指挥链条，实现统一指挥、系统联动、协同作战。

4.“三管三必须”：管行业必须管安全、管业务必须管安全、管生产经营必须管安全。

5.“三品一特”：食品、药品、工业产品、特种设备。

6.“四个最严”：最严谨的标准、最严格的监管、最严厉的处罚、最严肃的问责。

7.“三重一大”：重大事项决策、重要干部任免、重大项目投资决策、大额资金使用。

8.“六大体系”：现代农业产业体系、巩固拓展脱贫攻坚成果工作体系、现代农业农村基础设施体系、现代农业市场经营主体培育体系、现代农业改革创新体系、现代农业农村综合保障体系。

9.“一带一路”：丝绸之路经济带、21世纪海上丝绸之路。

10.门前“三包”：包卫生保洁、包绿化、包秩序。

11.十大工程：健康素养提升工程、健康细胞创建工程、人均预期寿命提升工程、医疗卫生机构达标工程、医疗服务能力提升工程、中医药服务能力提升工程、医疗卫生人才培养工程、智慧医疗健康升级工程、重点领域改革创新工程、健康产业培育工程。

12.“四有”好老师：有理想信念、有道德情操、有扎实学识、有仁爱之心的好老师。

13.“三个务必”：务必不忘初心、牢记使命，务必谦虚谨慎、艰苦奋斗，务必敢于斗争、善于斗争。

中国人民政治协商会议
中宁县第十三届委员会常务委员会工作报告

——在政协中宁县第十三届委员会第二次会议上

（2022年12月20日）

妥大君

各位委员：

我代表政协中宁县第十三届委员会常务委员会，向大会报告十三届一次会议以来的工作，请予审议，并请列席会议的同志提出意见。

2022年工作回顾

2022年是党和国家历史上具有里程碑意义的一年，中共二十大胜利召开，开辟了马克思主义中国化时代化的新境界，擘画了全面建设社会主义现代化国家的宏伟蓝图，凝聚起推动中华民族伟大复兴号巨轮乘风破浪、扬帆起航的磅礴力量，自治区第十三次党代会做出了“12345”的重大部署，市委吹响了建设“五个示范市”的前进号角，明确了全面建设社会主义现代化美丽新宁夏新中卫的奋斗目标。县委全面贯彻落实党的二十大精神及自治区第十三次、中卫市第五次党代会精神，团结带领全县各族人民务实苦干、勇毅前行，高效统筹疫情防控和经济社会发展，全县综合实力稳步提升，生态环境持续向好，群众福祉不断改善，县域治理全面加强，高质量发展动能势能持续增强。

一年来，在县委的坚强领导下，县政协常委会坚持以习近平新时代中国特色社会主义思想为指导，坚决落实中央及区市县党委决策部署，坚持团结和民主两大主题，充分发挥专门协商机构作用，紧扣中心献良策，强化监督促落实，凝聚共识增合力，展现了十三届政协开局之年新气象新作为，为全县经济社会高质量发展贡献了智慧和力量。

一、坚持以政治引领为首要前提，政协党的建设更加有力

旗帜鲜明讲政治。坚持把党的全面领导作为根本政治原则，严格落实重大事项请示报告制度，确保县委各项决策在政协得到全面贯彻落实。充分发挥党组把方向、管大局、保落实重要作用，认真落实全面从严治党主体责任和意识形态工作责任制，对标对表自治区党委督查贯彻落实中央和自治区党委政协工作会议精神反馈问题，建立整改清单，强化整改措施，全面整改到位。

强化学习夯基础。健全以党组理论学习中心组学习为引领，常委会会议专题研讨、主席会议交流发言、专委会功能型党支部学习座谈、

支部主题党日、干部集中学习、委员培训全覆盖的学习制度体系，组织全体委员和机关干部职工认真学习党的二十大、习近平总书记视察宁夏重要讲话和重要指示批示精神，以及自治区第十三次、中卫市第五次和县第十五次党代会精神，扎实开展"大学习、大讨论、大宣传、大实践"活动，自觉在思想上政治上行动上同以习近平同志为核心的党中央保持高度一致，不断提高政治判断力、政治领悟力、政治执行力。

从严治党重实效。全面贯彻落实新时代党的建设总要求，以党建制度建设为抓手，健全完善党组工作规则、组织生活会等各项制度，扎实推进机关党建"三强九严"工程和"五型"机关建设。推动"党建 + 履职"融合发展，坚持政协党组成员联系非党员常委、党员委员联系党外委员制度，切实推进县政协党的组织对党员委员的全覆盖、党的工作对政协委员的全覆盖。

二、坚持以服务发展为第一要务，建言资政更加精准

围绕中心工作协商议政。在县政协十三届一次会议期间，全体委员紧扣"一府两院"工作报告，围绕构建现代产业体系、加强生态环境建设、统筹城乡发展、增进民生福祉、推进县域治理、深入实施创新驱动发展战略、重视人才队伍建设、创新和改进政协工作等重要事项，展开热烈协商讨论，提出意见建议 150 多条，经整理归并为 36 条。

围绕重大战略资政建言。聚焦加快黄河流域生态保护和高质量发展先行区建设、建设铸牢中华民族共同体意识先行县、"六大提升行动"实施、打造产业转型升级示范县等重大战略，先后就我县移民乡镇巩固脱贫攻坚成果同乡村振兴有效衔接、推进民族工作高质量发展、能耗"双控"行动落实、枸杞市场营销、疾病预防控制体系建设、教育集团化办学等 9 项议题开展了调研协商，提出意见建议 78 条；坚持区市县政协一体联动、密切协同，就"加强医疗教育人才队伍建设，为推动宁夏高质量发展提供人力支撑"开展了三级联动调研。

围绕民生难事参谋助力。始终坚持协商为民、协商惠民的原则，针对红宝西花园小区楼顶漏水、楼栋外墙面砖脱落等居民反应强烈的问题，适时开展"有事好商量"协商，通过现场看、群众提、委员议、集中评，形成协商议事、责任落实"两个清单"，督促有关部门办理。截至目前，7 个问题已整改完成 6 个，1 个问题跨年度整改。

三、坚持以履职为民为使命担当，服务民生更加有为

提案督办助推民生实事办理提速。县政协十三届一次会议共审理提案 54 件，其中重点提案 6 件。坚持落实重点提案领衔督办机制，县委、政府主要领导，县政协主席、副主席亲自督办重点提案，政协班子成员和提案委负责人先后多次现场督查提案办理情况，健全提案"清单式"办理机制，推进提案办理工作，提案办结率 92%，重点提案办结率 100%。

社情民意畅通民情反映渠道。聚力发挥社情民意"小信息""大作用"，鼓励委员通过实地调研、座谈交流等途径，听民意，察民情，聚民智，解民忧。一年来各界委员和政协各参加单位共反映信息 23 条，经过整理共向县委、政府报送《社情民意专送》8 期，其中《关于加强对饭馆餐具消毒监管力度的建议》《关于加强务工农民职业技能培训的建议》等得到及时办理落实。

热忱捐赠倾力促进民生改善。注重发挥委员界别群众的代表、社会生活的精英作用，联系动员宁夏正丰慈善基金会和县政协委员捐资8万元，资助20名品学兼优的应届贫困大学生圆梦大学教育。“9·20”疫情发生之后，县政协一班人积极响应县委疫情捐赠号召，发动政协委员、界别人士、委员企业、机关干部捐款捐物，共捐献资金90.8万元、防疫物资价值286.5万元，款物总值377.3万元。

四、坚持以团结民主为工作主题，凝聚共识更加有效

增进合作共事，汇聚发展合力。将凝聚共识融入各项履职活动之中，精心为各族各界人士参政议政搭建平台，优先安排民主党派人士做大会发言，把民主党派提案作为重点经常督办，注重同民主党派、非公经济、无党派人士和党外知识分子的沟通交流，广泛凝聚共识。

创新载体平台，凝聚发展共识。政协班子成员深入包抓乡镇、企业和界别群众中，宣讲十九届六中全会、党的二十大、自治区第十三次党代会精神，引导各族各界群众强信心筑同心；坚持线上线下结合，全年共举办委员大讲堂4期，邀请自治区党校理论专家就习近平总书记视察宁夏重要讲话精神，面向全体委员进行宣讲；安排4名委员着重就《民法典》贯彻实施、常态化疫情防控、支持枸杞产业发展优惠政策等进行解读；各专委会利用功能型党支部活动时机，及时传达学习全国及区市“两会”精神，观摩学习经济社会发展亮点，组织委员进行座谈讨论，推动党的创新理论和重大决策部署在广大委员中见行见效。

扩大联谊交流，树好中宁形象。紧扣贯彻落实中央及自治区党委政协工作会议精神，组织部分委员和委办负责人赴外学习观摩委员会客室、界别活动室建设情况，学习考察打造全域旅游示范区情况，借鉴经验、精准献策。热情接待了四川等省市县政协考察调研17次500余人次，在对外交往中扩大了中宁影响。

五、坚持以守正创新为重要保障，自身建设更加规范

强化履职能力建设。高度重视委员学习培训，组织班子成员和各专委会主任参加区、市政协理论知识轮训，面向全体委员和机关干部发放《政协委员手册》《政协机关工作人员必备手册》等学习资料。持续深化“书香政协”建设，在《中宁政协》季刊开辟专栏，定期推送荐读优秀理论文章，举办政协委员履职能力提升培训3期400余人次，为全体委员和机关干部办理了图书借阅卡，全力打造学习型政协机关。

强化机关作风建设。扎实开展“改作风，谋发展，争先进”专项行动，查摆履行职责、作风建设中的突出问题，对标“严、细、实、廉、快”要求，狠抓整改措施落实，定期组织集中学习、座谈交流、安排工作、跟进督促，有力推动了政协机关整体作风转变。开展违规收送红包礼金和不当收益及违规借转贷或高额放贷专项整治民主生活会和工程建设政府采购领域突出问题专项治理巡视反馈问题专题民主生活会。

强化政协工作宣传。创新视角、拓宽路径，在《华兴时报》《中卫日报》、政协履职通APP、中宁县融媒体中心公众号等媒体刊登新闻稿件40余篇。紧扣政协时政要事，编辑发行《中宁政协》季刊4期。

各位委员，一年来，我们工作上取得的成效，得益于区市政协关心指导和中宁县委的坚强领导，感恩于人大常委会、政府及社会各界的大力支持，归功于县政协各参加单位、广大政协委员的共同努力。在此，我代表县政协第十三届常委会表示衷心的感谢！

在总结成绩的同时，我们也清醒地认识到，有些工作与肩上的责任、县委的要求、人民的期待还有一定的差距，如贯彻落实中央及区市县党委政协工作会议精神还不够深入；因疫情的影响，两项协商调研简化程序未达到县委、政府以及政协自身预期效果；一些协商成果建言资政质量还有待提高；专委会基础作用还需逐步加强、界别特色还需不断创新、委员主体作用还需持续强化等等。对于这些问题，我们将在今后工作中进一步加强和改进。

2023 年工作思路

2023 年是深入宣传贯彻落实党的二十大精神的开局之年，也是实施"十四五"规划承上启下的关键一年。县政协工作的总体要求是：以习近平新时代中国特色社会主义思想为指导，全面贯彻党的二十大精神，深入贯彻落实习近平总书记关于加强和改进人民政协工作的重要思想、习近平总书记视察宁夏重要讲话和重要指示批示精神，认真落实中共中央《中国共产党政治协商工作条例》及自治区党委《关于加强和改进新时代市县政协工作的实施意见》和区市县党委各项决策部署，全面提升政治协商、民主监督、参政议政水平，更加广泛凝聚共识，为全力打造"六个示范县"贡献政协智慧和力量。

一、敬终如始凝心铸魂，夯实共同思想政治基础

把学习宣传贯彻党的二十大精神作为当前和今后一个时期的首要政治任务，进一步健全完善学习制度，组织广大委员和机关干部持续学、深入学，深刻理解党的二十大的特殊背景和重大意义，准确把握报告阐明的大会主题，特别是"三个务必"，把自觉践行全过程人民民主作为着力重点，真正把思想和行动统一到党的二十大部署要求上来，把智慧和力量凝聚到实现大会确定的目标任务上来。利用各种形式和手段开展宣讲宣传，教育引领县政协各参加单位、各界别、各团体和广大政协委员，深刻领悟"两个确立"的决定性意义，不断增强"四个意识"、坚定"四个自信"、做到"两个维护"，把思想和精力集中到县委第十五届四次全会部署安排上来，切实履行好"凝聚起来"和"贯彻下去"的政治责任。

二、围绕中心服务大局，助推经济社会高质量发展

坚持县委会同政府、政协制定年度协商计划制度，聚焦党政关注、社会关切、群众关心的热点、难点、堵点问题，深入开展协商议政。2023 年，常委会将紧紧围绕"优化营商环境、社区治理能力、农业特色支柱产业培育"等 6 个议题，深入一线调研，围绕提案办理落实情况开展监督视察，助力我县经济社会健康快速发展。聚焦县委 2023 年六个方面的工作部署，紧扣加快构建现代产业体系、打造宜居宜业幸福中宁、推动发展成果共建共享等关键领域和重大事项，综合运用提案办理协商、有事好商量等形式，深度协商互动，形成一批高质量协商成果，培育一批精品提案、打造一批优质社情民意。

三、与时俱进开拓创新，充分发挥政协职能作用

健全完善"委员会客室""界别活动室"等

履职平台，更加灵活、更为经常地开展各种协商议政活动。进一步创新协商形式，探索运用网络信息技术同政协协商有效衔接，充分利用政协履职通APP，积极开展网络议政、远程协商，拓宽协商议政渠道。完善政协委员联系界别群众制度机制，探索建立政协委员按界别联系社会组织制度，指导在乡（镇）、社区建立政协委员联络小组，进一步引导委员反映社情民意、传播凝聚共识。加强与各民主党派人士、工商联和无党派人士的协商交流，支持通过政协提案、社情民意信息等渠道对县委、政府工作提出意见建议。进一步健全完善协商成果采纳、落实和反馈制度，健全政协提案联合督办机制，加大重要协商成果转化“回头看”，推动政协协商成果更好转化落实。

四、深化合作聚同化异，广泛凝聚社会各界共识

进一步健全主席会议成员、党员委员同党外委员谈心谈话制度，通过走访看望委员、深入交流谈心等方式，加强同委员沟通联络。完善委员学习机制，做到各专委会每季度组织界别委员专题学习研讨不少于一次。充分发挥政协委员的桥梁纽带作用，进一步完善政协委员按界别联系社会组织制度，及时把党的主张、党的意志传播出去，转化为社会各界共识，把界别群众的呼声和建议反映上来。创新委员大讲堂形式载体，通过“线上＋线下”结合方式，发挥界别领域委员特长，宣传宣讲党的创新理论、科学文化知识等。有针对性地做好少数民族、宗教界委员团结引导工作，为促进民族团结、宗教和顺，建设铸牢中华民族共同体意识示范县发挥积极作用。

五、驰而不息固本强基，打造高素质“两支队伍”

认真履行管党治党政治责任，持续发力狠抓政协系统党的建设，不断强化专委会功能型党支部作用，探索推进“智慧党建”模式，构建“协商议政＋学习教育”长效机制。强化党员委员党性教育，完善党员委员履职考核制度，以中共党员委员的主动作为、模范实践，引领和带动党外委员踊跃协商、积极参政。常态化坚持委员履职能力提升学习培训，持续深化“书香政协”建设，多层次多形式开展委员读书活动，创新读书方式。采取“走出去＋请进来”方式，精准设计培训内容，增强学习的针对性和实效性。做好履职服务管理，健全激励机制，完善履职档案，扎实开展委员“五个一”履职活动。完善委员履职评价激励和退出机制，每年向县委和委员所在单位通报委员履职情况，对年度履职考核不合格的委员进行提醒谈话，激励委员以更加饱满的状态、更具担当的精神履职尽责。深入贯彻“从严教育，从严要求，从严管理，从严监督”要求，加强“五型”机关建设，着力打造政治过硬、能力过硬、作风过硬的机关干部队伍，更好地把作风之实与履职之能结合起来，狠抓各项工作落实见效，不断提高政协机关服务质量和水平。

各位委员、同志们！盛会指引航向，实干成就梦想。让我们更加紧密地团结在以习近平同志为核心的党中央周围，高举中国特色社会主义伟大旗帜，以党的二十大精神为指引，在县委的坚强领导下，坚定信心，同心同德，踔厉奋发，勇毅前行，不断开创新时代中宁政协事业新局面，为奋力谱写全面建设社会主义现代化美丽新宁夏中宁篇章贡献政协力量！

坚定不移推进全面从严治党
保障党的二十大精神在中宁落地见效

——在中国共产党中宁县第十五届纪律检查委员会第三次全体会议上的工作报告

（2023 年 1 月 30 日）

黄宗浩

同志们：

我代表县纪委常委会向中国共产党中宁县第十五届纪律检查委员会第三次全体会议做工作报告，请予审议。

这次全会的主要任务是：以习近平新时代中国特色社会主义思想为指导，深入贯彻落实党的二十大和自治区第十二次党代会精神，全面落实二十届中央纪委二次全会、自治区纪委十三届二次全会、市纪委五届三次全会部署要求，总结 2022 年工作，部署 2023 年任务。稍后，市人大常委会副主任、县委书记何建勃同志将对推进党的自我革命和全面从严治党，坚持不懈推动党风廉政建设和反腐败斗争向纵深发展提出要求、做出部署，我们要认真学习领会，抓好贯彻落实。

一、2022 年工作回顾

2022 年，在区市纪委监委和县委的坚强领导下，县纪委监委坚持以习近平新时代中国特色社会主义思想为指导，深入学习贯彻党的二十大精神、习近平总书记视察宁夏重要讲话重要指示批示精神和区市县党代会部署要求，坚持以新发展理念为引领，坚守初心使命，忠实履职尽责，更加主动围绕中心、服务大局，更加坚决正风肃纪、惩贪治腐，更加有力改革创新、深化治理，充分发挥监督保障执行、促进完善发展作用，推动纪检监察工作高质量发展取得新成效。我县执纪执法、专项治理、信息化建设等工作均在全区名列前茅。

（一）深入学习贯彻习近平新时代中国特色社会主义思想，坚决扛稳“两个维护”政治责任

在学思践悟中坚定政治方向。县纪委常委会带头加强党的政治建设，综合运用专题辅导、党课宣讲、研讨交流等多种方式，持续巩固拓展党史学习教育成果，深入开展“大学习、大讨论、大宣传、大实践”活动，先后召开 23 次常委会、18 次理论学习中心组学习会、52 次干部集中学习会，深学细悟党的二十大精神、习近平总书记视察宁夏重要讲话重要指示批示精神

以及自治区第十三次党代会精神，深刻领悟“两个确立”的决定性意义，更加忠诚践行“两个维护”，确保纪检监察工作沿着习近平总书记指引的方向坚定前行。

在推动落实中强化政治监督。围绕习近平总书记视察宁夏重要讲话重要指示批示精神和党中央重大决策部署以及区市县党代会确定的目标任务，强化对学习宣传贯彻落实党的二十大精神情况监督检查，督促相关单位立整立改问题16个。紧盯生态保护修复、污染综合治理、区域粮食安全等重点工作强化政治监督，向县委上报督查专报17期，下发通报2期，形成调研报告2份，督查发现问题36个，责任约谈6人次。加强对中央环保督察反馈问题整改情况监督检查、执纪问责，处理处分12人，督促整改问题8类19项、完成生态修复1.4万余亩。对57名党的二十大、自治区第十三次党代会推荐提名代表资格审核，坚决防止“带病提名”。扎实推进自治区党委第二巡视组专项巡视反馈问题整改工作，制定整改措施53项，完成整改52项。强化对一把手和领导班子监督，建立“一口清”写实档案120份，督促一把手与班子成员及下级党组织一把手谈话80余次。落实政治生态分析研判评价办法，指导全县70个单位精准分析研判政治生态。

在服务大局中展现担当作为。围绕把握新发展阶段、贯彻新发展理念、构建新发展格局、推动高质量发展强化监督，着力纠治在打造“六个示范县”、扎实推进“六大提升行动”中存在的突出问题，切实保障推动全县经济社会高质量发展。科学精准稳慎做好“9·20”突发疫情专项监督，建立健全平急转换、区市县三级扁平化督查机制，开展督导检查516次，印发督查通报38期，问责通报5期，形成核查报告12份、督查整改报告3期，督促整改问题813个，处理处分28人，为疫情防控提供坚强纪律保障。16名同志被市纪委评为“一线战‘疫’先锋”，1名县纪检监察干部纳入全县疫情防控“红榜”通报表扬。

（二）坚持一体推进“三不腐”，全面巩固反腐败斗争压倒性胜利

充分释放“惩”的有力震慑。持续保持惩治腐败高压态势，全县各级纪检监察组织共受理各类信访举报303件，处置问题线索262件，立案77件，组织处理147人次，党纪政务处分75人，采取留置措施并移送司法机关1人，收缴违纪违法资金70余万元，严肃查处了北山非法采矿、“8·09”建筑事故中失职失责问题和雷某严重违纪违法案。深化工程建设政府采购、统计、医疗卫生、国有产权和矿业权交易等重点领域突出问题专项治理，查处问题线索126件，党纪政务处分19人，组织处理86人。“大数据监督+专项治理”工作被自治区专治办评为特色亮点工作。

注重发挥“治”的综合效能。严格落实“三会两书两报告”制度，做深做实做细查办案件“后半篇文章”，针对严重违纪违法案件，督促自然资源局、教体局等案发单位召开警示教育大会、民主生活会5次，着力推动以案示警、以案促改、以案正风。发出纪检监察建议书19份，下发典型案例通报9期，督促相关单位整改问题30个、健全完善制度18项。

着力夯实“防”的思想根基。扎实推进廉洁

文化建设“五个一”活动，充分挖掘县域廉洁文化资源，建成廉洁文化广场、走廊及展馆11个，打造廉洁文化示范点141个；持续深化“清廉剧社”品牌效应，演出情景剧、小品等1200余场次；举办廉洁文化展，展出廉洁文化作品20余幅。组织89名领导干部家属赴中卫市全面从严治党教育基地开展“喜迎二十大·清风润万家”家庭助廉警示教育活动；围绕“廉政警示教育周”开展“十个一”系列活动，组织党员领导干部参加党性教育大会、观看警示教育片、参观廉政教育基地、旁听庭审，对54名新任职领导干部开展任前廉政考试、集体廉政谈话，切实筑牢思想防线。

（三）锲而不舍纠“四风”树新风，不断巩固拓展作风建设成效

持之以恒贯彻落实中央八项规定。紧盯重要节点，深挖细查顶风违纪、隐形变异等问题，查处违反中央八项规定精神问题4起，党纪政务处分2人，组织处理2人，通报曝光典型问题10起，严防享乐主义、奢靡之风反弹回潮。利用大数据精准发现领导干部配偶、子女及其配偶违规经商办企业问题2件，组织处理2人，主动向组织报告有关情况3人。

坚决纠治形式主义官僚主义问题。对全县“改作风，谋发展，争先进”专项行动开展监督问效，督促广大党员干部落实“严细实廉快”作风要求，查处在疫情防控中履责不力、服务群众作风不实等形式主义、官僚主义问题12起，处理处分28人。聚焦行政审批梗阻问题和服务窗口办事难等问题开展“体验式”监督，现场提醒65人次，提醒谈话2人次，督促调整退回进驻单位3人。

紧盯作风顽疾开展专项整治。高位推进违规收送红包礼金和不当收益及违规借转贷或高额放贷专项整治，先后召开动员部署会、工作推进会、政策宣讲会50场次，梳理通报全县查处典型案例5起，受理问题线索8件，给予党纪处分3人，组织处理1人，免予处理1人，全县公职人员主动上交红包礼金及不当收益35.9万元，497人主动说明违规借转贷问题。

（四）坚持人民至上政治立场，持续整治群众身边腐败和不正之风

深入开展重点领域专项监督。围绕落实“四个不摘”、推进“百万移民致富提升行动”等重点工作，持续推进巩固拓展脱贫攻坚成果同乡村振兴有效衔接专项监督，向县委上报工作专报3期，下发通报3期、督办函95份，约谈主体责任落实不到位、工作推进缓慢的领导干部2人，查处问题线索20件，党纪政务处分4人，组织处理24人。开展矿山开采治理、水利工程质量等专项监督，监督检查40余次，发现问题130余个，形成监督专报13期。常态化开展“打伞破网”监督执纪问责，组织处理6人。

有效惩治侵害群众利益问题。紧紧围绕教育医疗、自然资源、民生领域等精准监督，加强对惠民惠农补贴资金“一卡通”管理使用监督检查，深入整治农村“三资”腐败问题，严肃查处群众身边腐败和不正之风问题线索43件，党纪政务处分31人，组织处理37人，我县群众身边腐败和不正之风专项整治工作做法在全区推进会上做经验交流。

有力推动基层监督提质增效。持续深化“村廉通”和“提级监督”机制，强化对小微权力运行监督约束。全面推进小微权力“监督一点

通”服务平台建设工作，向 154 个村（社区）发放平台操作指南、宣传彩页 3 万余份，平台日均访问量 2000 余人次，处理举报投诉 181 件，转办平台业务范围外举报投诉 25 件，切实解决群众急难愁盼问题。我县被确定为全区小微权力“监督一点通”推广应用试点县、全区纪检监察机关业务范围外信访事项登记告知和化解工作试点县。

（五）全面贯彻巡视工作方针，巡察监督更加精准高效

强化巡察工作统筹谋划。科学制定十五届县委巡察工作五年规划和年度计划，为全县巡察工作画好“路线图”“施工图”。修订完善巡察与审计监督联动工作办法等 4 项制度，建立健全巡察“组长库”60 人、“人才库”186 人，为巡察工作顺利开展提供有力保障。坚守政治巡察定位，对 6 个乡镇、6 个部门（单位）开展 3 轮常规巡察，延伸巡察 60 个村（社区）党组织，同步开展意识形态工作责任制落实情况专项检查，发现问题 229 个，移交问题线索 8 件。

深化与其他监督贯通融合。推动巡察监督与纪律监督、监察监督、派驻监督统筹衔接，加强与组织、财政、审计监督等协作配合，形成同题共答、常态长效的监督合力。充分发挥“互联网 +”优势，依托“杞乡清风”智慧监督执纪大数据平台，实现“码上巡察”，通过数据对比为巡察组提供负面清单 86 项，受理信访举报 12 件，不断拓宽群众监督渠道。

加强巡察整改和成果运用。严格落实巡察整改情况“双反馈、一抄报、三审核、两公开”机制，压实被巡察党组织整改主体责任、纪检监察机关和组织部门日常监督责任。开展涉粮问题专项巡察“回访督查”，推动全面整改 4 个方面 13 个问题。督促前两轮 6 个被巡察党组织整改反馈问题 212 个，整改率 92.6%。

（六）认真履行监督基本职责，持续营造风清气正良好政治生态

压紧压实“两个责任”。协助县委制发全面从严治党、党风廉政建设和反腐败工作任务分工方案，制发落实全面从严治党“两个责任”工作方案，督促全县各级党组织建立完善全面从严治党“三个清单”57 份，组织 59 名乡镇、部门（单位）一把手向县委述责述廉，压紧压实主体责任和监督责任。

做深做实日常监督。健全完善廉政档案信息管理系统，动态管理并运用好全县 900 余名县管干部和 5700 余名一般干部廉政档案。精准运用监督执纪“四种形态”批评教育帮助和处理 336 人次，第一、第二、第三、第四种形态分别占比 77.7%、17.8%、1.2%、3.3%，监督执纪由“惩治极少数”向“管住大多数”拓展。指导各级党组织落实党内“七种谈话”制度，开展谈心谈话 125 人次、警诫谈话 3 人次、回访谈话 6 人次，切实把咬耳扯袖、红脸出汗做在日常。严把党风廉政意见回复关，审慎回复干部任用、评先选优等党风廉政意见 2440 人次，提出暂缓或否定性意见 8 人次。

坚持激励约束并重。严格落实“三个区分开来”要求，为 1 名受到失实举报干部澄清正名，对 92 名受处理处分干部开展回访教育，对在“9·20”疫情防控期间主动作为但存在轻微工作失误的 8 名干部免予问责，4 名受到处分表现优秀的干部在影响期满后及时向县委推荐予以提拔晋升，切实激发干部干事创业的内生动力。

（七）持续深化纪检监察体制改革，推动健全完善党内监督体系

深化纪检监察体制改革。认真贯彻落实派驻机构工作规则，制定深化派驻机构改革的实施方案，进一步调整优化派驻纪检监察组监督范围，明确监督职责。建立健全“室组地”联动监督、联合办案工作机制，协作区联合查办案件 59 件，党纪政务处分 18 人。首次完成向人大常委会报告专项工作。

推进各类监督统筹衔接。深入推进“四项监督”统筹衔接，加强与人大、司法、审计等部门联系，建立健全信息互通、线索移交、成果共享等工作机制，推动党内监督贯通协同、形成合力。派驻纪检监察组同向发力，联合对县住建局党委物业服务管理开展专项监督，责令整改问题 16 个，督促建立健全制度 5 项。

全面加强信息化建设。深入推进检举举报平台应用，高效规范处置信访举报 303 件。深化运用“杞乡清风”智慧监督执纪大数据平台，精准甄别乡村振兴、养老、医保等 12 个重要民生领域异常数据 8 万余条 3166 人，受理问题线索 53 件，组织处理 53 人，追缴各类违规资金 72 万余元，受理答复群众举报问题线索 189 条，群众满意率 100%。我县“大数据 + 监督”工作获评全区纪检监察机关特色亮点，经验做法被中国纪检监察报 3 次刊登、被中卫市改革办刊载，相关信息被人民网、新华社、宁夏纪检监察网等刊发，浏览、评论量达 200 余万人次。

（八）坚持打铁必须自身硬，打造新时代高素质专业化干部队伍

加强党的政治建设。持续加强纪委常委会自身建设，严格落实《中国共产党纪律检查委员会工作条例》，制定纪委常委会、监委委务会工作规则，推动常委会决策民主化、科学化、规范化。从严从实落实意识形态工作责任制，确保意识形态领域绝对安全。坚持以党建引领纪检监察工作，严格落实“三强九严”工程，以创建“让党中央放心、让人民满意”的模范机关为抓手，着力提升党建工作水平。

全面提升能力素质。以“改作风，谋发展，争先进”专项行动为契机，扎实开展“高素质专业化队伍建设年”活动，召开“解放思想谋发展，争先进位开新局”推进会，开展执纪执法业务培训 6 次，干部综合能力素质加强，案件质量巩固提升，办理的吴某严重违纪违法案被评为全区纪检监察系统优质案件。健全选拔、轮岗交流机制，14 名纪检监察干部被县委提拔使用或职级晋升，8 名干部交流轮岗，1 名干部被中央纪委国家监委嘉奖，1 名干部被自治区巡视办通报表扬。坚持运用“四边”工作法，鼓励干部 “练笔写作”，30 余篇稿件被中国纪检监察报、中央纪委国家监委网站、人民网采用，信息宣传工作位列全区 22 个县（区）第二。

坚持严管厚爱结合。认真落实新时代纪检监察干部监督工作实施意见，制定《纪检监察干部重要情况报告报备制度》《中宁县纪检监察干部“十带头十严禁”行为规范》，进一步严明纪律规矩。深入开展“执纪执法形象”专项整治活动，动态更新纪检监察干部廉政档案，9 名班子成员深入干部家中“廉政家访”，推进“八小时外”监管落地见效。

一年来，全县纪检监察组织围绕中心、服务大局，充分发挥监督保障执行、促进完善发

展作用，以工作实效展现了新作为。我们深刻认识到，做好新时代纪检监察工作，必须坚持把党的政治建设摆在首位，以习近平新时代中国特色社会主义思想作为根本遵循和行动指南，始终胸怀“国之大者”，自觉从政治大局和工作全局的高度思考和谋划工作，确保纪检监察工作政治立场不移、政治方向不偏。必须坚持落实全面从严治党政治要求，深入学习贯彻党的自我革命战略思想和全面从严治党战略方针，主动承担起围绕中心服务大局的职责使命，更加精准有力开展政治监督，坚决做到党中央重大决策部署到哪里，监督检查就跟进到哪里。必须坚持以人民为中心的根本立场，坚决纠正损害群众利益的行为，坚决惩治群众身边腐败和不正之风，做到执纪执法为民、纠风治乱为民。必须坚持系统思维、综合施治，保持严的基调不放松，打通“三不腐”的内在联系，把查办违纪违法案件与深化改革、堵塞漏洞、强化监督、加强教育结合起来，不断提高治理腐败效能。必须坚持敢于斗争、善于斗争，始终保持勇于自我革命的政治品格和顽强意志，以永远在路上的清醒和执着正风肃纪、反腐惩恶。

在肯定成绩的同时，我们也清醒地认识到，我县纪检监察工作、干部队伍建设与高质量发展要求、区市纪委监委和县委要求、人民群众期盼相比，还存在一定差距，具体表现为：政治监督时效性还不够强，在紧盯一把手和领导班子等“关键少数”上动真碰硬还不够；惩治震慑、制度约束、提高觉悟一体发力的效果还不明显，以案促改、以案促治机制建设还不够健全；基层监督、日常监督还存在一定短板；有的纪检监察干部斗争精神还不足，政治业务素质和执纪执法本领还不能完全适应新形势新要求等。这些问题，必须引起高度重视、切实加以解决。

二、2023 年主要工作

2023 年是全面贯彻落实党的二十大精神的开局之年，是开启中国式现代化建设新征程、推动县域经济社会高质量发展的关键之年，做好纪检监察工作意义重大。总体要求是：坚持以习近平新时代中国特色社会主义思想为指导，深入贯彻落实党的二十大和自治区第十三次党代会精神，全面贯彻落实二十届中央纪委二次全会、自治区纪委十三届二次全会、市纪委五届三次全会部署要求，更加深刻领悟“两个确立”的决定性意义，更加自觉地做到“两个维护”，坚定不移推进全面从严治党，坚持以严的基调强化正风肃纪，一体推进“三不腐”，持续深化纪检监察体制改革，建设堪当大任的高素质纪检监察队伍，为谱写中国式现代化发展中宁篇章提供坚强纪律和作风保障。

工作思路是：以深入推进全面从严治党为主线，围绕党的二十大精神落实情况、自治区第十三次党代会精神落实情况、一把手和领导班子履职用权情况进行监督，深入纠治形式主义官僚主义、乡村振兴领域腐败和作风、国有企业“靠企吃企”、教育领域侵害群众利益不正之风、清理整治信访重复举报问题，深化廉洁文化建设、乡镇纪检监察机构建设和纪检监察工作规范化、法治化、正规化建设，推动纪检监察工作高质量发展。

（一）坚定不移强化政治监督，确保党的二十大决策部署落地见效

学深悟透力行习近平新时代中国特色社

会主义思想，深刻领悟“两个确立”的决定性意义，自觉增强“四个意识”，坚定“四个自信”，做到“两个维护”，不断提高政治判断力、政治领悟力、政治执行力，确保在政治立场、政治方向、政治原则、政治道路上同党中央保持高度一致。加强对党章贯彻执行情况、党的二十大重大战略和重点任务落实情况监督检查，督促各级党组织和党员干部完整准确全面把握精神实质，切实把学习贯彻的成效转化为坚定信念、指导实践、推动工作的强大力量。推进政治监督具体化、精准化、常态化，围绕自治区“12345”总体部署、中卫市“五个示范市”目标任务、中宁“六个示范县”创建强化监督、创新监督、跟进监督，确保区市县党委决策部署落地见效。深化运用大数据强化对一把手和领导班子、上级一把手监督下级一把手情况的监督，压紧压实一把手管党治党政治责任。深入开展政治生态分析研判，综合运用平时观察、谈心谈话、检查抽查、信访举报等开展“政治扫描”，构建清朗政治生态。

（二）坚定不移推进全面从严治党，推动健全完善党内监督工作

坚定贯彻党的自我革命战略部署，切实强化协助职责和监督专责，推动党委（党组）统筹推进全面从严治党，督促职能部门严格执行责任清单、约谈提醒、履责报告等制度，着力构建各负其责、各尽其职、统一协调的管党治党责任格局。加强对党内法规制度执行情况的监督，坚决维护党内法规权威性。进一步强化党内监督主导地位，健全党委（党组）全面监督、纪律检查机关专责监督、党的工作部门职能监督、党的基层组织日常监督、党员民主监督的工作格局。充分发挥纪检监察专责监督在各类监督中的穿针引线作用，完善贯通协调和责任落实机制，促进各类监督力量整合、程序契合、工作融合，形成更大监督合力。完善纪检监察机关专责监督体系，促进“四项监督”统筹衔接常态化制度化，加强与审计机关协调整合，深化审计监督成果运用，发挥审计在反腐治乱方面的重要作用。统筹基层监督资源、整合监督力量，加强乡镇纪检监察机构建设，深化“村廉通”和提级监督工作，加强对村监会成员的教育培训，督促村监会发挥职能作用，不断提升基层监督效能。

（三）坚定不移深化政治巡察，有力发挥巡察监督利剑作用

全面贯彻巡视工作方针，牢牢把握政治巡察定位，把“两个维护”作为根本任务，自觉跟进、服务、保障“国之大者”，围绕贯彻落实党的二十大精神、习近平总书记视察宁夏重要讲话重要指示批示精神及区市县党代会工作要求，深入查找和推动解决政治偏差，督促各级党组织履行好党的领导职能责任。对标中央和区市党委巡视巡察工作规划修订县委巡察五年规划，在做好常规巡察的基础上深化专项巡察，全年完成 3 轮对 18 个部门（单位）的巡察任务。发挥巡察综合监督平台作用，推动财政、统计、审计等专业力量深度参与巡察工作，构建系统集成、协同高效的监督格局。强化巡察信息系统运用，提升数据录入和分析能力，提高巡察信息化水平。健全完善巡察整改机制，稳妥推进整改评估工作，用足用好巡察成果，推动职能部门把解决共性问题、突出问题与完善制度、深化改革结合起来，切实加强以巡促改、

以巡促建、以巡促治实效，实现监督、整改、治理有机贯通。

（四）坚定不移加强作风建设，推动纠治“四风”常态化长效化

准确把握新形势下反“四风”的规律特点和工作要求，把落实中央八项规定精神和自治区“八条禁令”作为监督重点，紧盯反复性顽固性问题，对违规收送礼品礼金、违规吃喝、铺张浪费等顽瘴痼疾保持高压惩治态势，对“不吃本级吃下级”“不吃公款吃老板”、变着法子“吃空函”等问题精准发现、严肃查处。深挖细查腐败案件中的享乐主义、奢靡之风，坚决破除特权思想和特权行为。坚持纠“四风”树新风并举，弘扬党的光荣传统和优良作风，教育引导党员干部牢记“三个务必”，践行“三严三实”，推进作风建设常态化长效化。开展形式主义官僚主义问题专项治理，坚决纠治空喊口号、机械执行、冷硬横推、层层加码、搞政绩工程和形象工程等问题，树立真抓实干的鲜明导向。开展乡村振兴领域腐败和作风问题专项治理，坚决纠治在政策和项目落实上弄虚作假、欺上瞒下，在涉及群众利益上贪占挪用、吃拿卡要等问题，严肃查处“三资”管理、产业项目等方面的腐败问题，保障惠民惠农政策真正惠及群众。开展教育领域侵害群众利益不正之风专项治理，坚决纠治招生、入学等方面存在的充当掮客、收受礼品礼金和贿赂等问题，严肃查处项目工程、设备购置等方面以权谋私、利益交换等腐败问题，净化教书育人环境。开展国有企业“靠企吃企”专项治理，坚决纠治国有企业违反中央八项规定精神、违规决策造成国有资产重大损失或风险、违反财经纪律、违规发放薪酬等问题，严肃查处侵吞国有资产、工程建设领域权钱交易、企业经营中失职渎职等问题，推动国有企业健康有序发展。在全县纪检监察系统开展清理整治信访重复举报专项行动，化解信访举报积案，推动业务范围外信访事项登记告知和化解工作，有效解决群众合理诉求。

（五）坚定不移加强党的纪律建设，用铁的纪律管党治党

开展经常性纪律教育，督促推动全县各级党组织把党章党规党纪作为必修课，教育引导党员干部增强纪法意识。坚持党性党风党纪一起抓，把纪律教育和党性初心宗旨教育、优良传统作风教育贯通起来，运用典型案例和身边人身边事开展警示教育，让铁的纪律转化为党员干部的日常习惯和自觉遵循。严格执行党的纪律规定和规章制度，对违反党纪的问题，发现一起坚决查处一起。督促和指导案发单位党委（党组）召开专题民主生活会，举一反三，以案明纪。严肃党内政治生活，加强对民主生活会、组织生活会的监督检查，不断提升党内政治生活政治性、时代性、原则性、战斗性。严明组织纪律，用好领导干部廉政档案，规范审慎回复党风廉政意见，严把政治关、廉洁关，严防“带病提拔”。精准分析研判处置问题线索，精准运用监督执纪“四种形态”，做细做实日常监督，加强对党员干部日常管理和监督，抓早抓小、防微杜渐。坚持“三个区分开来”，加大容错纠错力度，激励干部敢于担当、主动作为。开展打击诬告陷害、澄清正名等工作，常态化做好受处分处理干部跟踪回访激励工作，营造担当尽责的干事创业氛围。

（六）坚定不移正风肃纪反腐，提高一体推进“三不腐”能力和水平

坚持严的基调不动摇，坚持“三不腐”一体推进，把“全周期管理”方式贯穿反腐败斗争全过程，推动“三不腐”同时发力、同向发力、综合发力。坚决查处政治问题和经济问题交织的腐败，坚决惩治新型腐败和隐性腐败，靶向纠治国有企业、金融、政法等权力集中、资金密集、资源富集领域腐败，深挖彻查行业性、系统性腐败。做深做实查办案件“后半篇文章”，持续深化以案为鉴、以案促改、以案促治，强化对政策制定、决策程序、审批管理、执法司法等关键权力的制约和监督，使严厉惩治、规范权力、教育引导紧密结合、协调联动。坚持受贿行贿一起查，运用完善行贿人信息管理系统，强化对行贿人的惩治惩戒。加强对年轻干部教育管理监督，从严查处违纪违法问题，扣好从政路上的“风纪扣”。推进新时代廉洁文化建设，以“1+1+2+3+N”廉洁文化新模式增强廉洁文化渗透力、传播力、感染力，巩固提升“清廉剧社”廉洁文化品牌，充分挖掘宁夏革命先驱张子华典型事迹，利用恩和完小革命传统教育基地、南河子公园烈士纪念碑等教育资源，激励党员干部甘于奉献、清廉自守，不断厚植崇德尚廉的文化土壤。

（七）坚定不移深化纪检监察体制改革，不断推动制度优势转化为治理效能

认真落实党中央和自治区党委、纪委关于深化纪检监察体制改革的决策部署，持续深化纪检监察“三项改革”。深入推进纪检监察工作双重领导具体化程序化制度化，全面落实查办案件以上级纪委监委领导为主的要求，加强县纪委监委在监督检查、审查调查等关键环节上对乡镇纪委的领导。进一步巩固拓展派驻机构改革，优化机构设置和人员配备，深入落实《纪检监察机关派驻机构工作规则》，加强对派驻机构的领导和指导，充分释放“派”的权威和“驻”的优势。构建信访举报、监督检查、审查调查、案件监督管理、案件审理、巡察等统筹联动、协同发力的工作体系，推动完善信息沟通、线索移送、措施配合、成果共享工作机制。健全“组组”协同、“室组”联动、“室组地”联合办案制度机制，发挥协作区优势，推动改革释放更大治理效能。进一步加强纪检监察机关信息化建设，持续深化检举举报平台、基层小微权力“监督一点通”服务平台、“杞乡清风”智慧监督执纪大数据平台应用，促进现代信息技术与纪检监察业务深度融合。

（八）坚定不移加强自身建设，锻造堪当重任的高素质专业化纪检监察干部队伍

深入推进纪委常委会自身建设，扎实开展党中央统一部署的主题教育，持之以恒学懂弄通做实习近平新时代中国特色社会主义思想，践行“三严三实”。认真贯彻纪委常委会工作规则，不折不扣落实常委会议事规则和决策程序，认真贯彻民主集中制，严格执行请示报告制度，及时主动向县委和市纪委监委请示报告重大事项、重大案件、重要工作。严格执行党和国家机关基层组织工作条例，持续开展模范机关创建活动，全面提升机关党建工作质量。巩固深化“高素质专业化队伍建设年”活动成果，扎实开展“纪检监察工作规范化、法治化、正规化建设年”活动，持续深化全员培训，完善派驻机构和干部考核评价体系，

健全“跟班锻炼，以干代训，以案代培”等实战练兵机制，强化对年轻干部的“传帮带”，引导干部在实践实战中加强斗争历练、坚定斗争意志、增强斗争本领。有序完成监察官等级首次确定工作。坚持将一体推进“三不腐”理念贯穿自身建设，健全自身权力运行机制和管理监督体系，开展纪检监察干部队伍教育整顿、“不敢监督，不愿监督”问题专项整改，加强对纪检监察干部“八小时外”监督，以零容忍态度严肃查处执纪违纪、执法违法行为，坚决防止和纠治“灯下黑”。

同志们，蓝图已经绘就，奋进正当其时。让我们更加紧密地团结在以习近平同志为核心的党中央周围，在区市纪委监委和县委的坚强领导下，忠诚履职、担当尽责，踔厉奋发、勇毅前行，以伟大自我革命精神推动全面从严治党向纵深发展，不断开创党风廉政建设和反腐败工作新局面，为全力谱写中国式现代化发展中宁篇章提供坚强纪律和作风保障。

名词解释

1.“四风”：形式主义、官僚主义、享乐主义、奢靡之风。

2. 纪检监察“三项改革”：党的纪检体制改革，国家监察体制改革，纪检监察机构改革。

3.“双反馈、一抄报、三审核、两公开”机制：根据县委及其巡察工作领导小组要求，巡察组向被巡察党组织反馈意见时，邀请包抓乡镇的县处级领导、被巡察单位上任党政负责人参加巡察反馈会，将反馈意见分别向被巡察党组织主要负责人和领导班子反馈，并向县级包抓领导抄报；县纪委监委机关、组织部、巡察机构联合审核被巡察单位报送的整改方案、整改情况报告；被巡察党组织自收到纪检监察机关对集中整改进展情况报告的审核意见之日起1个月内，向党内通报、向社会公开巡察整改情况，自觉接受党员、干部和群众监督。

4.“村廉通”：对全县村级财务设立专户，由乡镇管理，村级资金通过银行电子交易方式进行交易。交易情况即时通过手机信息通知村“两委”和村监会及财务人员，并定期将交易情况进行公示，接受群众监督。

5.“三严三实”：严以修身、严以用权、严以律己，谋事要实、创业要实、做人要实。

6.“1+1+2+3+N”廉洁文化新模式：提升1个廉洁教育品牌，构建1个廉政教育中心，打造2个廉洁教育阵地，培育3个廉洁体验基地，带动N个廉洁宣传阵地。

中宁县 2022 年国民经济和社会发展统计公报

中宁县统计局　中宁县社会经济调查队

（2023 年 4 月 28 日）

2022 年，全县上下坚持以习近平新时代中国特色社会主义思想为指导，深入学习贯彻党的二十大精神，认真贯彻落实区、市、县党委和政府决策部署，以建设黄河流域生态保护和高质量发展先行区为统揽，扎实做好“六稳”工作，全面落实“六保”任务，全县经济运行稳中加固、持续性恢复增长态势延续，高质量发展取得新的成效，经济社会大局保持稳定。

一、综合

初步核算，2022 年全县地区生产总值（GDP）212.8 亿元，按不变价格计算，比上年增长 7.4%。分产业看，第一产业增加值 24.2 亿元，同比增长 3.3%；第二产业增加值 119.6 亿元，同比增长 12.2%；第三产业增加值 69.0 亿元，同比增长 2.9%。三次产业结构比为 11.4∶56.2∶32.4。按常住人口计算，人均 GDP 为 63143 元 / 人，比上年增长 6.8%。

单位：亿元、%

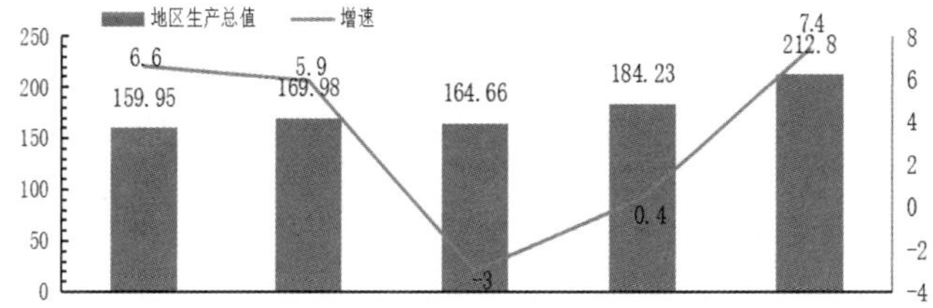

图 1　2018—2022 年全县地区生产总值及增速

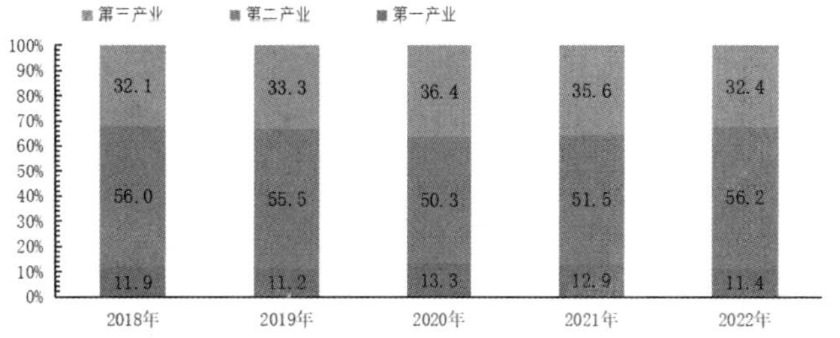

图 2　2018—2022 年三次产业增加值占地区生产总值比重

年末全县户籍总户数 10.82 万户，户籍总人口 34.86 万人。年末，全县常住人口总户数 10.80 万户，常住人口 33.79 万人，比上年末增加 0.19 万人。其中，城镇常住人口 16.99 万人，城镇化率（城镇常住人口占全县常住人口的比重）为 50.28%，比上年末提高 0.28 个百分点。回族常住人口 9.17 万人，汉族常住人口 24.55万人。全年人口出生率为 12.17‰，死亡率为 6.23‰，人口自然增长率为 5.94‰。

单位：%

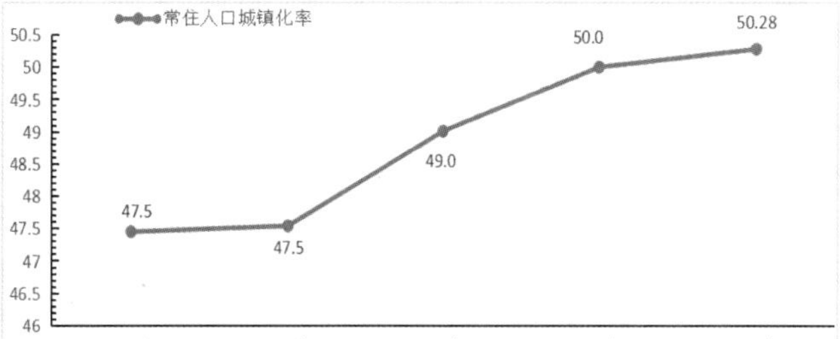

图 3　2018—2022 年全县常住人口城镇化率

全年全县城镇新增就业人员 5110 人，城镇失业人员再就业 2202 人，农村劳动力转移就业 7.2 万人。

全年居民消费价格比上年上涨 2.1%，其中，交通和通信类价格上涨 6.9%，生活用品及服务类上涨 1.6%，食品烟酒类上涨 1.5%，居住类上涨 1.4%，其他用品和服务类上涨 1.4%，教育文化和娱乐类上涨 0.9%，衣着类上涨0.7%，医疗保健类上涨 0.6%。服务项目价格上涨 0.7%。商品零售价格上涨 2.3%。

二、农业

初步统计，2022 年全县农林牧渔业总产值 49.3 亿元，同比增长 3.6%。其中，农业总产值 31.8 亿元，同比下降 1.7%；林业总产值 0.28 亿元，同比增长 60.4%；牧业总产值 15.1 亿元，同比增长 7.8%；渔业总产值 0.48 亿元，同比增长 5.4%；农林牧渔服务业总产值 1.6 亿元，同比增长 4.4%。农业、林业、牧业、渔业、农林牧渔服务业总产值占农林牧渔业的比重分别为 64.5%、0.6%、30.6%、1%、3.3%。

全年粮食总产量 30 万吨，同比下降1.4%。其中，小麦产量 1.4 万吨，同比增长 50.2%；水稻产量 1.5 万吨，同比增长 2.7%；玉米产量 26.6 万吨，同比下降 5.0%；豆类产量 0.5 万吨，同比增长 2950.1%。全年油料产量 114 吨，同比下降 93.1%；蔬菜产量 5.3 万吨，同比增长 23.3%；瓜果类产量 24.8 万吨，同比下降28.1%；枸杞产量 2.5 万吨，同比增长 7.1%；水果产量 7.1 万吨，同比下降 48.7%；苹果产量 3.6 万吨，同比下降 67.6%；红枣产量 3.2 万吨，同比增长 33.3%。

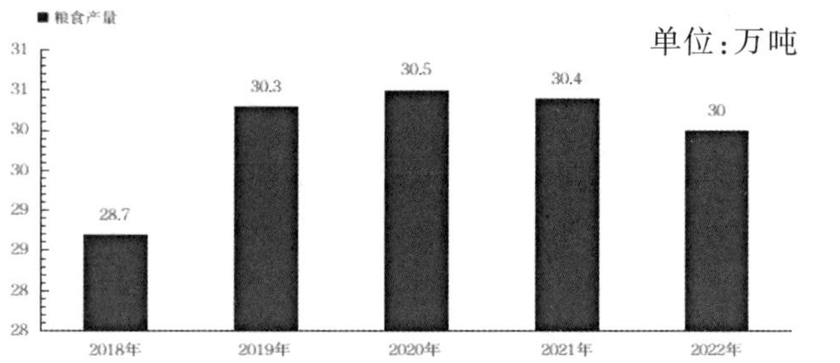

图 4　2018—2022 年全县粮食产量

年末全县猪、牛、羊、家禽存栏分别为 6.4万头、11.2 万头、36.6 万只、54.3 万只，分别较上年下降 33.3%、增长 5.9%、增长 6.2%、增长 72.0%。全年猪、牛、羊、家禽出栏分别为 10.1 万头、2.7万头、26.2 万只、44.3 万只，分别较上年下降 23.4%、增长 20.4%、增长 1.8%、下降 1.9%。

全年肉类总产量 1.8 万吨，同比下降7.5%；禽蛋产量 0.5 万吨，同比下降 1.1%；奶类产量 18.4 万吨，同比增长 9.5%；水产品产量 0.4 万吨，同比增长 2.6%。

三、工业和建筑业

全年全县工业实现增加值 112.9 亿元，同比增长 14.2%。规模以上工业增加值同比增长 22.2%。其中，大中型工业增加值同比增长 32.5%，非公有工业增加值同比增长 24.7%，私营企业增加值同比增长 22.9%，国有控股企业增加值同比下降 10.1%。

全县规模以上工业按轻重工业分，轻工业增加值同比增长 11.4%，重工业增加值同比增长 22.7%。

单位：%

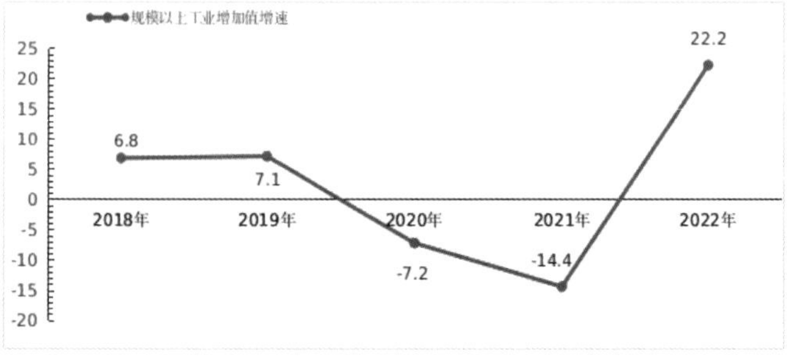

图 5　2018—2022 年全县规模以上工业增加值增长速度

全县规模以上工业按行业分，黑色金属矿采选业增加值同比增长256%，农副食品加工业增加值同比增长12.9%，食品制造业增加值同比增长23.5%，酒、饮料和精制茶制造业增加值同比增长14.3%，造纸和纸制品业增加值同比下降36.7%，化学原料及化学制品制造业增加值同比下降28%，医药制造业增加值同比下降4.3%，非金属矿物制品业增加值同比下降4.2%，黑色金属冶炼和压延加工业增加值同比下降46.8%，有色金属冶炼和压延加工业增加值同比增长21.4%，金属制品业增加值同比下降18.8%，汽车零部件及配件制造业增加值同比下降5.5%，电子元件及电子专用材料制造业增加值同比增长7.1%，电力、热力的生产和供应业增加值同比增长22.6%，水的生产和供应业增加值同比增长6.8%。

表1　2022年全县主要工业产品产量及增长速度

指标	单位	产量	比上年增长(%)
水泥	万吨	176.9	−48.8
铁合金	万吨	24.5	−6.2
电解铝	万吨	24.5	22.5
电石	万吨	19.3	−19.8
石墨及碳素制品	万吨	18.0	19.0
乳制品	吨	1208.3	21.1
饮料酒	千升	2285.0	35.9
单晶硅	万吨	0.76	−3.5
铝材	万吨	14.8	120.8
农用氮、磷、钾化学肥料	万吨	1.6	0.8
纸制品	万吨	0.65	−35.7
硫酸	万吨	18.9	−11.6
自来水生产量	万立方米	3303.0	21.8

全县规模以上工业主要产品产量，水泥同比下降48.8%，铁合金同比下降6.2%，电解铝同比增长22.5%，电石同比下降19.8%，石墨及碳素制品同比增长19.0%，乳制品同比增长21.1%，饮料酒同比增长35.9%，单晶硅同比下降3.5%，铝材同比增长120.8%，农用氮、磷、钾化学肥料同比增长0.8%，纸制品同比下降35.7%，硫酸同比下降11.6%，自来水生产量同比增长21.8%。

全县规模以上工业企业营业收入376.8亿元，比上年增长14.7%；营业成本353.3亿元，同比增长27.3%。规模以上工业企业利润总额由盈转亏32.6亿元，亏损企业亏损46.9亿元，企业亏损面达33.3%，资产负债率64.2%。

全县具有资质的总承包和专业承包建筑企业35家，全年完成建筑业总产值10.6亿元，同比增长15.3%。其中，建筑工程产值9.6亿元，同比增长15.1%；安装工程产值0.6亿元，同比下降9.6%；其他建筑业产值0.4亿元，同比增长89.9%。建筑工程产值占建筑业总产值的90.6%，安装工程产值占建筑业总产值的5.7%，其他建筑业产值占建筑业总产值3.7%。

四、固定资产投资

全年全县固定资产投资施工项目360个，比上年增加69个。全社会固定资产投资(不含农户)同比下降13%，其中，县属固定资产投资同比增长2.9%。基本建设投资同比下降16.9%，房地产开发投资同比下降16.3%。从投资主体看，国有及国有经济控股完成投资同比下降19.8%，民间投资同比下降5.8%。从投资结构看，第一产业投资同比增长201.6%，第二产业投资同比下降29.7%，其中，工业投资同比下降29.7%，第三产业投资同比下降10%。

单位:%

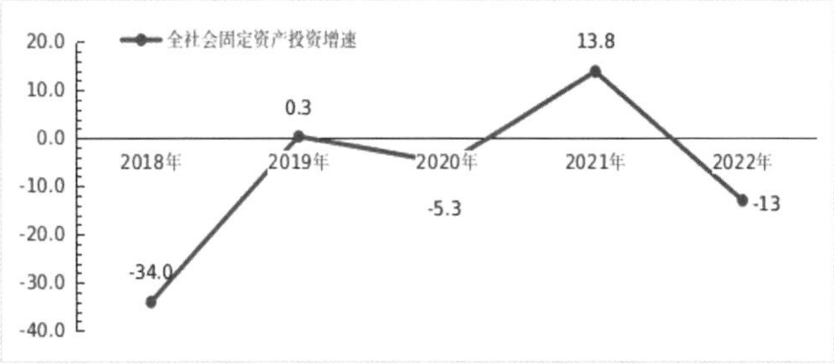

图6 2018—2022年全县全社会固定资产投资增长速度

全年房地产开发投资5.5亿元,同比下降16.3%。其中,住宅投资5亿元,同比下降6.1%。商品房屋销售面积12.5万平方米,同比下降19%。其中,住宅销售面积9.3万平方米,同比下降31.3%。商品房待售面积26.9万平方米,同比下降15.3%。其中,住宅待售面积12.1万平方米,同比增长8.2%。商品房销售额5.6亿元,同比下降19.4%。其中,住宅销售额4.1亿元,同比下降31.1%。

五、国内贸易

全年全县社会消费品零售总额43.6亿元,与上年持平。按经营地统计,城镇消费品零售额32.8亿元,同比增长0.9%;乡村消费品零售额10.8亿元,同比下降2.6%。按行业统计,批发业零售额13亿元,同比下降0.5%;零售业零售额25.9亿元,同比下降0.1%;住宿业零售额0.2亿元,同比下降5.4%;餐饮业零售额4.5亿元,同比增长2.6%。按规模统计,限额以上社会消费品零售额13.5亿元,同比增长3.9%;限额以下社会消费品零售额30.1亿元,同比下降1.7%。按登记注册类型统计,国有经济社会消费品零售额0.2亿元,同比下降1.2%;集体经济社会消费品零售额0.07亿元,同比下降1.7%;私营经济社会消费品零售额7.5亿元,同比下降6.9%;个体经济社会消费品零售额24.6亿元,同比下降0.9%;股份制经济社会消费品零售额9.1亿元,同比增长10.0%;其他经济社会消费品零售额2.2亿元,同比下降1.7%。

全年限额以上单位商品零售额中,粮油、食品类同比增长104.3%,饮料类同比下降14.1%,烟酒类同比增长35.1%,服装、鞋帽、针纺织品类同比下降2.9%,日用品类同比下降61.9%,五金、电料类同比下降58.8%,体育、娱乐用品类同比下降87.0%,书报杂志类同比下降1.7%,家用电器和音响器材类同比下降17.5%,中西药品类同比下降0.7%,文化办公用品类同比下降29.4%。

六、交通、邮电

年末,全县公路通车里程2287.7公里,其中,高速公路通车里程195.5公里。全年公路客运量36.7万人次,公路旅客周转量0.22亿人公里。

全年完成邮政行业业务总量1540.3万元,同比下降4.1%。全年邮政业完成函件业务12.3万件,同比增长18.4倍;邮政包裹业务0.1万件,同比增长2.1倍;快递业务量31.2万件,同比下降34.7%。

年末全县电话用户总数35.26万户,同比下降6.3%。其中,固定电话用户1.52万户,移动电话用户33.74万户。年末因特网用户14.1万户,同比下降0.5%。

七、财政、金融和保险

全年全县完成地方财政收入8.2亿元,同比下降29.9%。其中,一般公共预算收入7亿元,同比下降19.2%。在一般公共预算收入中,完成各项税收收入5亿元,同比下降12.9%。

单位:亿元、%

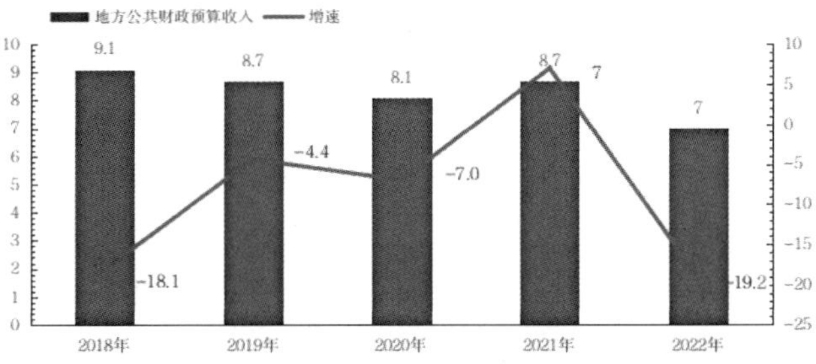

图 7　2018—2022 年全县地方公共财政预算收入及增长速度

全县地方财政支出 54.4 亿元，同比增长 6.5%。其中，一般公共预算支出 52.9 亿元，同比增长 7.3%。

年末，全县金融机构人民币存款余额 221.8 亿元，同比增长 8.5%。其中，住户存款 178.4 亿元，同比增长 12.2%；金融机构人民币各项贷款余额 224.4 亿元，同比增长 1.5%。

全年实现保费收入 6.57 亿元，同比下降 1.75%。其中，人寿险 4.24 亿元，同比下降 5%；财产险 2.33 亿元，同比增长 4.8%。全年支付各项赔款和给付 2.2 亿元，同比增长 8.7%。其中，人寿险 0.7 亿元，同比增长 1.7%；财产险 1.5 亿元，同比增长 14.5%。

八、居民收入消费和社会保障

全县城镇居民人均可支配收入为 33578.0 元，同比增长 4.3%。其中，人均工资性收入 23796.2 元，同比增长 4.8%；经营净收入4421.1 元，同比下降 4.0%；财产净收入 810.3 元，同比增长 3.6%；转移净收入 4550.3 元，同比增长 10.4%。城镇居民人均消费支出 19641.6 元，同比下降 11.2%。

全县农村居民人均可支配收入 16532.2 元，同比增长 5.3%。其中，人均工资性收入 6141.9 元，同比增长 3.1%；经营净收入 7501.2 元，同比增长 3.8%；财产净收入 456.7 元，同比增长 15.9%；转移净收入 2432.3 元，同比增长 14.4%。农村居民人均消费支出 11868.2 元，同比下降 9.4%。

单位:元、%

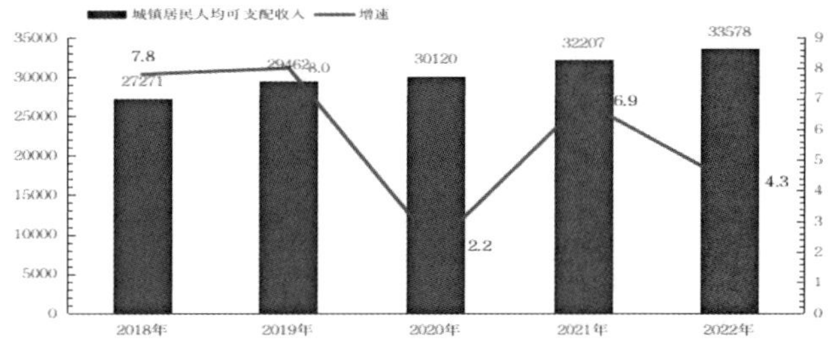

图 8　2018—2022 年全县城镇居民人均可支配收入及增长速度

单位:元、%

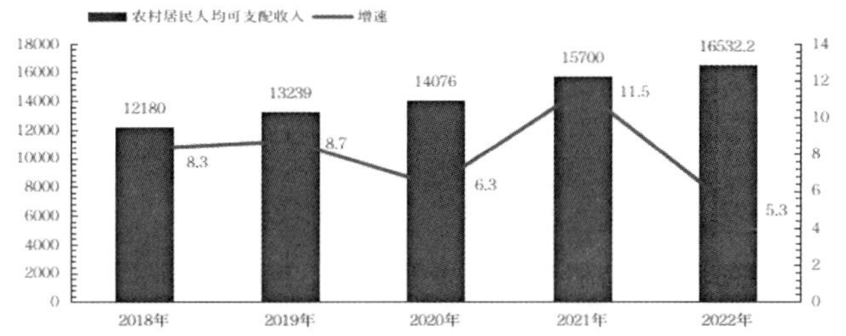

图 9　2018—2022 年全县农村居民人均可支配收入及增长速度

全县城镇职工基本养老保险参保人数为 9.4 万人，其中，职工 7.1 万人，离退休人员 2.3 万人。企业离退休人员养老金社会化发放率保持 100%。年末全县参加城乡居民基本养老保险 12.4 万人。全县参加基本医疗保险人数为 33.2 万人，其中，参加城镇职工医疗保险 4.8万人，参加城乡居民统筹医疗保险 28.4 万人。参加生育保险 4.8 万人，参加工伤保险人数 5.3万人，参加失业保险人数 3.56 万人。

全县共有各类提供住宿的社会工作机构 5 家，共有床位 1440 张，入住老人 240 人。全县城镇居民最低生活保障人数为 1843 人，发放城镇居民最低生活保障金 1409.7 万元；农村居民最低生活保障人数为 14622 人，发放农村最低生活保障金 8132.4 万元。

九、教育和科技

全县共有各级各类学校66所(不含幼儿园和教学点),其中,小学46所,九年制学校9所,普通中学7所,高级中学2所,中等职业学校1所,特殊教育学校1所。共有在校学生52407人,其中,小学28980人,初中13386人,高中7543人,中等专业职业2319人,特殊教育179人。共招生12566人,其中,小学4661人,初中4512人,高中2576人,中等专业职业790人,特殊教育27人。共有毕业生13189人,其中,小学4642人,初中5167人,高中2660人,中等专业职业678人,特殊教育42人。共有专职教师3465人,其中,小学1657人,中学1607人,中等专业职业172人,特殊教育29人。共有幼儿园61所,在园幼儿11627人。

全县共争取上级科技项目96个,争取项目资金3690.44万元。年内全县专利授权量420件,存量有效发明专利97件。

十、文化和卫生

全县共有文化馆1个,文物管理所1个,电影放映场所2个,公共图书馆1 个,公共图书藏书总量23.2万册,其中,纸质图书17.4万册,电子图书5.8万册。全县村级文化活动室133个,社区文化室21个,农家书屋133个。全县图书借阅81399人次、57851册次。全年举行广场文艺演出25场次,放映电影1848场次。全县共有广播发射台8座,电视发射台3座,年末广播综合人口覆盖率为100%,电视综合人口覆盖率为100%。

全县拥有卫生机构226个,其中,医院8个,卫生院14个,卫生监督所1个,疾病预防控制中心1个,妇幼保健和计划生育指导中心1个,社区卫生站6个,村卫生室154个,诊所38个,医康养综合服务中心1个,健康教育所1个,采血机构1个。各类卫生机构拥有床位1263张,其中,乡村医院(所、室)拥有床位235张;有卫生技术人员1967人,其中,执业医师及执业助理医师670人。

十一、资源、环境和应急管理

全县能源消费量401.01万吨标准煤(等价值),比上年下降9.44%,万元GDP能耗2.2592吨标准煤/万元,比上年同期下降15.67%。其中,规模以上工业能源消费总量319.1万吨标准煤,同比下降12.3%,占全社会能源消费量的79.6%;万元工业增加值能耗同比下降28.2%。工业生产电力消费87.3亿度,同比下降9%。

全县完成造林面积6.17万亩,其中,人工造林5.36万亩。全县空气优良天数为285天,实测大气可吸入颗粒物(PM_{10})年均值为72微克/米^3,大气细颗粒物($PM_{2.5}$)年均值为34微克/米^3。年末城市污水处理率100%,城市生活垃圾无害化处理率达到100%。全县城市建成区绿地面积620公顷,建成区绿地率34.7%。人均公园绿地面积11.8平方米。

全县共发生各类安全生产事故5起,同比增加1起;死亡5人,同比减少2人;受伤4人,同比减少1人;直接经济损失591.2万元。其中,道路交通事故1起,死亡1人;建筑施工事故1起,死亡1人;化工事故1起,死亡1人;冶金事故1起,受伤3人;其他事故1起,死亡2人,受伤1人。全年亿元地区生产总值生产安全事故死亡人数为0.0235人/亿元。

注释说明：

[1]本公报中数据均为初步统计数。正式数据以《中宁统计年鉴》为准。部分数据因四舍五入的原因，存在总计与分项合计不等的情况。

[2]地区生产总值、三次产业及相关行业增加值绝对数按现价计算，增长速度按不变价格计算。

[3]第四次全国经济普查后，对地区生产总值、社会消费品零售总额等历史数据进行了修订。

[4]根据第七次全国人口普查结果，对常住人口城镇化率数据进行了修订。

[5]①规模以上工业：年主营业务收入2000万元及以上的工业法人单位。②有资质的建筑业：有总承包、专业承包资质的建筑业法人单位。③限额以上批发和零售业：年主营业务收入2000万元及以上的批发业、年主营业务收入500万元及以上的零售业法人单位。④限额以上住宿和餐饮业：年主营业务收入200万元及以上的住宿和餐饮业法人单位。⑤房地产开发经营业：有开发经营活动的全部房地产开发经营业法人单位。⑥规模以上服务业：年营业收入2000万元及以上服务业法人单位，包括交通运输、仓储和邮政业，信息传输、软件和信息技术服务业，水利、环境和公共设施管理业三个门类和卫生行业大类；年营业收入1000万元及以上服务业法人单位，包括租赁和商务服务业，科学研究和技术服务业，教育3个门类，以及物业管理、房地产中介服务、房地产租赁经营和其他房地产业4个行业小类；年营业收入500万元及以上服务业法人单位，包括，居民服务、修理和其他服务业，文化、体育和娱乐业2个门类，以及社会工作行业大类。

[6]资料来源：本公报中就业、养老保险、失业保险、工伤保险数据来自县人社局；户籍人口数据来自县公安局；专利数据来自县市场监督管理局；交通数据来自县交通运输局；邮政数据来自市邮政管理局；电信数据来自移动、联通、电信公司；保险数据来自县财政局；财政数据来自县财政局；金融数据来自人民银行中卫支行；医疗保险、生育保险数据来自县医保局；社会福利数据来自县民政局；科学技术数据来自县科技局；教育、体育数据来自县教育体育局；文化数据来自县委宣传部、县文广局和县融媒体中心；卫生数据来自县卫生健康局；城市建设数据来自县住建局；环境监测数据来自市生态环境局中宁县分局；气象数据来自县气象局；资源数据来自县自然资源局；生产安全数据来自县应急管理局；其余数据均来自县统计局和中宁县社会经济调查队。

2022年中共中宁县委发文目录

序号	文件标题	发文字号
1	关于印发《中宁县工业用地弹性年期、长期租赁、先租后让、租让结合方式供应改革实施方案》《中宁县产业用地“标准地”出让实施方案》《中宁县建设项目“多评合一”实施方案》《中宁县探索产业融合发展混合用地供应模式实施方案》的通知	中宁党发〔2022〕1号
2	关于印发关于贯彻落实《中共宁夏回族自治区委员会贯彻落实〈中共中央 国务院以铸牢中华民族共同体意识为主线 推进新时代党的民族工作高质量发展的意见〉的实施意见》的实施方案	中宁党发〔2022〕2号
3	关于印发《中共中宁县委员会2022年工作要点》的通知	中宁党发〔2022〕3号
4	关于印发《中共中宁县第十五届委员会常务委员会工作规则》的通知	中宁党发〔2022〕4号
5	关于印发中宁县2022年推进枸杞产业高质量发展扶持政策(试行)的通知	中宁党发〔2022〕5号
6	关于追授冯海军同志“全县优秀共产党员”称号的决定	中宁党发〔2022〕6号
7	关于印发《中共中宁县委“三重一大”事项集体决策实施细则(试行)》《关于进一步加强财政资金管理的实施细则(试行)》的通知	中宁党发〔2022〕7号
8	关于2021年度党(工)委(党组)书记抓基层党建意识形态安全生产述职评议考核暨述责述法会议点评意见和民主测评情况的通报	中宁党发〔2022〕10号
9	关于印发《自治区党委第二巡视组专项巡视中宁县反馈问题整改方案》的通知	中宁党发〔2022〕11号
10	关于印发《中宁县青年发展型县域试点实施方案》的通知	中宁党发〔2022〕13号
11	关于调整县委常委工作分工的通知	中宁党发〔2022〕14号
12	关于对赵建国等19名同志记三等功的决定	中宁党发〔2022〕15号
13	关于2021年度全县机关事业单位工作人员考核结果的通报	中宁党发〔2022〕16号
14	关于深入学习宣传贯彻自治区第十三次党代会精神的通知	中宁党发〔2022〕17号
15	关于转发《自治区党委 人民政府印发〈关于优化生育政策促进人口长期均衡发展的实施意见〉的通知》的通知	中宁党发〔2022〕18号
16	关于印发《中宁县贯彻落实自治区第十三次党代会报告任务分工方案》的通知	中宁党发〔2022〕19号
17	关于印发《广泛开展习近平总书记视察宁夏重要讲话和重要指示批示精神“大学习、大讨论、大宣传、大实践”活动实施方案》的通知	中宁党发〔2022〕20号
18	关于深入打好污染防治攻坚战的实施意见	中宁党发〔2022〕21号
19	关于印发《中宁县金融系统人员挂职村党组织副书记助力乡村振兴试点工作方案》的通知	中宁党发〔2022〕23号
20	印发《关于进一步加强作风建设提升工作质效的实施方案》的通知	中宁党发〔2022〕24号
21	关于学习宣传贯彻党的二十大精神的实施意见	中宁党发〔2022〕25号
22	中共中宁县委员会2023年工作要点	中宁党发〔2022〕28号

2022年中共中宁县委办公室发文目录

序号	文件标题	发文字号
1	关于深入学习宣传贯彻中国共产党中卫市第五次代表大会精神	中宁党办发〔2022〕1号
2	关于印发《中宁县2022年春节慰问活动方案》的通知	中宁党办发〔2022〕2号
3	关于印发中央第四环境保护督察组通报中宁北部山区非法开采有关问题整改方案和中宁县矿产资源开采突出问题排查整治实施方案的通知	中宁党办发〔2022〕3号
4	关于做好222年争项目资金争示范工作的通知	中宁党办发〔2022〕4号
5	关于印发中宁县2022年推进枸杞产业高质量发展安排意见的通知	中宁党办发〔2022〕5号
6	关于印发《中宁县关于推动能源转型发展建设自治区新能源产业综合示范县实施方案》的通知	中宁党办发〔2022〕6号
7	关于印发《中宁县行政中心机关餐厅接待管理制度(试行)》的通知	中宁党办发〔2022〕7号
8	关于印发中宁县银行机构支持地方经济发展考核奖励办法(试行)的通知	中宁党办发〔2022〕8号
9	关于印发《贯彻落实中卫市第五次党代会会议精神的分工方案》的通知	中宁党办发〔2022〕9号
10	关于印发《中宁县全面化解扶贫项目拖欠工程款问题工作实施方案》	中宁党办发〔2022〕10号
11	印发《关于持续深化“四大提升行动”助力全面推进》的通知	中宁党办发〔2022〕11号
12	关于印发《中宁县2022年巩固脱贫攻坚成果同乡村振兴有效衔接和压砂地退出区产业扶持实施方案》的通知	中宁党办发〔2022〕12号
13	关于印发《中宁县“改作风、谋发展、争先进”专项行动实施方案》的通知	中宁党办发〔2022〕14号
14	关于印发《县委常委会党史学习教育专题民主生活会问题整改方案》的通知	中宁党办发〔2022〕15号
15	关于印发中宁县关于中卫市涉粮问题专项巡察反馈问题整改方案的通知	中宁党办发〔2022〕16号
16	关于印发《中宁县争创全区“四权”改革先进县实施方案》的通知	中宁党办发〔2022〕18号
17	关于印发《在宁县村级组织运转经费保障办法》的通知	中宁党办发〔2022〕19号
18	关于印发中宁县低收入群体重点对象住房安全保障工作实施方案 的通知	中宁党办发〔2022〕20号
19	关于印发《中宁县人力资源和社会保障事业发展“十四五”规划》的通知	中宁党办发〔2022〕21号
20	关于印发《中宁县就业促进“十四五”规划》的通知	中宁党办发〔2022〕22号
21	印发《关于2021年县(区)党委和市直部门(单位)党》(工)委书记抓基层党建述职评议考核会上指出主要问题整改方案》的通知	中宁党办发〔2022〕23号
22	关于印发2022年“四大提升行动”实施方案的通知	中宁党办发〔2022〕25号
23	关于印发《中宁县2022年发展壮大村集体经济项目实施方案》的通知	中宁党办发〔2022〕26号
24	关于中宁县政策性农业保险实施方案的通知	中宁党办发〔2022〕27号
25	关于印发《中宁县关于全面加强新时代少先队工作的实施方案》的通知	中宁党办发〔2022〕28号
26	关于印发《2022年中宁县全面从严治党党风廉政建设和反腐败工作主要任务分工方案》的通知	中宁党办发〔2022〕29号
27	关于印发《中宁县“扩大有效投资攻坚年”实施方案》的通知	中宁党办发〔2022〕30号
28	关于印发《中宁县大气污染和节能减排项目绩效跟踪监控管理实施细则》的通知	中宁党办发〔2022〕31号
29	关于印发《第四节枸杞产业博览会中宁县实施方案》和《第五届枸杞产业博览会中宁县云端杞博会实施方案》的通知	中宁党办发〔2022〕33号
30	关于印发《中宁县关于新能源发电项目竞争性推进方案》的通知	中宁党办发〔2022〕34号
31	关于印发《中宁县贯彻落实国务院安委安全生产十五条措施实施方案》的通知	中宁党办发〔2022〕35号
32	关于印发《中宁县安全生产专题民主生活会方案》的通知	中宁党办发〔2022〕36号
33	关于2021年度全县效能目标管理考核结果的通报	中宁党办发〔2022〕38号
34	关于印发《关于打造改革开放示范区的实施方案的通知》	中宁党办发〔2022〕39号
35	关于印发《中宁县事业单位管理岗位职员等级晋升工作实施方案》的通知	中宁党办发〔2022〕40号

续表

序号	文件标题	发文字号
36	关于印发《中宁县完整准确全面贯彻新发展理念做好碳达峰碳中和工作“十四五”行动方案》的通知	中宁党办发〔2022〕41号
37	关于印发《中宁县2022年创建全国文明城市实施方案》的通知	中宁党办发〔2022〕42号
38	关于印发《中宁县恩和镇沙滩村推动组织振兴建设红色美丽村庄实施方案》	中宁党办发〔2022〕43号
39	印发《关于巩固拓展党史学习教育成果推动党史学习教育常态化长效化实施方案》的通知	中宁党办发〔2022〕44号
40	关于印发《2021年度巩固拓展脱贫攻坚成果同乡村振兴有效衔接考核评估反馈问题整改方案》的通知	中宁党办发〔2022〕45号
41	关于印发《进一步深入开展全县矿产资源开采治理整顿工作方案》的通知	中宁党办发〔2022〕46号
42	关于印发《中宁县县属国有企业工资总额管理办法(试行)》的通知	中宁党办发〔2022〕47号
43	关于印发《中宁县推动现代职业教育高质量发展的实施方案》的通知	中宁党办发〔2022〕48号
44	关于印发《关于加强社会主义法治文化建设的实施方案》的通知	中宁党办发〔2022〕49号
45	关于印发《大战场镇巩固拓展脱贫攻坚成果同乡村振兴有效衔接突出问题整改方案》的通知	中宁党办发〔2022〕50号
46	关于印发《中宁县法治政府建设实施方案(2022—2025年)》的通知	中宁党办发〔2022〕51号
47	关于印发《中宁县基层小微权力“监督一点通”服务平台建设实施方案》的通知	中宁党办发〔2022〕52号
48	关于印发《2021年自治区党风廉政建设责任制、意识形态工作责任制检查和领导班子领导干部考核中卫市发现问题中宁县整改方案》的通知	中宁党办发〔2022〕54号
49	关于印发《中宁县生态环境保护“十四五”规划》的通知	中宁党办发〔2022〕55号
50	关于印发《自治区第十三次党代会精神宣讲工作方案》的通知	中宁党办发〔2022〕56号
51	关于印发《中宁县自建房安全专项整治工作实施方案》的通知	中宁党办发〔2022〕57号
52	关于印发《大战场镇创建全区易地搬迁移民致富提升示范镇“补短板、求突破”实施方案》的通知	中宁党办发〔2022〕58号
53	关于印发《太阳梁乡创建全区易地搬迁移民致富提升示范乡“补短板、求突破”实施方案》的通知	中宁党办发〔2022〕59号
54	关于印发中宁县枸杞产业转贷资金运营方案的通知	中宁党办发〔2022〕60号
55	关于印发《中宁县稳经济保增长促发展35条政策措施》的通知	中宁党办发〔2022〕61号
56	关于印发中宁县委和政府及有关部门生态环境保护责任的通知	中宁党办发〔2022〕62号
57	印发《关于进一步强化监督检查推动乡村振兴重点任务落实的工作方案》的通知	中宁党办发〔2022〕63号
58	关于印发《中宁县发展粮食产业经济实施方案》的通知	中宁党办发〔2022〕66号
59	关于转发《自治区党委办公厅 人民政府办公厅印发〈关于进一步加强生物多样性保护的实施意见〉的通知》的通知	中宁党办发〔2022〕67号
60	关于印发《中宁县2022年重点村提升行动工作方案》的通知	中宁党办发〔2022〕69号
61	关于印发《中宁县2022年软弱涣散村党组织整顿工作方案》的通知	中宁党办发〔2022〕70号
62	关于印发《关于加强双龙山(石空寺)石窟文物保护工作方案》的通知	中宁党办发〔2022〕71号
63	关于印发《全县2022年上半年效能目标考核实施方案》的通知	中宁党办发〔2022〕72号
64	关于印发《中宁县重点项目节约集约利用土地管理实施方案》的通知	中宁党办发〔2022〕73号
65	关于印发《中宁县闲置土地清理处置工作方案》的通知	中宁党办发〔2022〕75号
66	关于印发《中宁县城镇低效用地再开发工作实施方案》的通知	中宁党办发〔2022〕76号
67	关于印发《中宁县2022年土地权改革重点工作实施方案》的通知	中宁党办发〔2022〕77号
68	关于印发《关于推进乡村治理中心、农业农村综合服务中心示范点建设的实施方案》的通知	中宁党办发〔2022〕78号
69	关于印发《关于加强新时代廉洁文化建设的实施方案》的通知	中宁党办发〔2022〕80号
70	关于印发《关于服务和融入新发展格局的实施方案》的通知	中宁党办发〔2022〕81号
71	关于印发《中宁县生态环境风险和安全生产隐患起底大排查大整治实施方案》的通知	中宁党办发〔2022〕82号

续表

序号	文件标题	发文字号
72	关于印发《中宁县县乡残联换届工作方案》的通知	中宁党办发〔2022〕83 号
73	关于印发《中宁县现代服务业发展“十四五”规划》的通知	中宁党办发〔2022〕84 号
74	关于印发《关于贯彻落实习近平总书记重要讲话精神　深入推动黄河流域生态保护和高质量发展取得新突破的实施方案》的通知	中宁党办发〔2022〕85 号
75	关于印发《中宁县综合防灾减灾救灾“十四五”规划》的通知	中宁党办发〔2022〕86 号
76	关于印发《中宁县安全生产“十四五”规划》的通知	中宁党办发〔2022〕87 号
77	关于印发《中宁县应急体系建设“十四五”规划》的通知	中宁党办发〔2022〕88 号
78	关于印发《中宁县民爆领域突发事件应急预案》的通知	中宁党办发〔2022〕89 号
79	关于印发《中宁县教育事业发展“十四五”规划》的通知	中宁党办发〔2022〕90 号
80	关于印发《中宁县“十四五”国家重点生态功能区县域生态环境质量监测与评价考核工作实施方案》的通知	中宁党办发〔2022〕91 号
81	关于印发《中宁县贯彻落实自治区第十三次党代会精神推动新时代组织工作高质量发展实施方案》的通知	中宁党办发〔2022〕92 号
82	关于印发《中宁县第一届人才项目大赛决赛实施方案》的通知	中宁党办发〔2022〕93 号
83	关于印发《中宁县文明素养提升行动实施方案》的通知	中宁党办发〔2022〕94 号
84	关于印发《2022 年度中宁县效能目标管理考核实施方案》的通知	中宁党办发〔2022〕95 号
85	《全县党的二十大精神宣讲工作方案》的通知	中宁党办发〔2022〕96 号
86	印发《关于深入开展党的二十大和习近平总书记视察宁夏重要讲话指示批示精神“大学习、大讨论、大宣传、大实践”活动的实施方案》的通知	中宁党办发〔2022〕97 号
87	关于印发《中宁县共青团基层组织改革工作方案》的通知	中宁党办发〔2022〕99 号
88	关于印发《中宁县 2023 年元旦春节期间广泛开展群众文化体育活动实施方案》的通知	中宁党办发〔2022〕100 号
89	关于印发《中宁县组建社区村组小分队开展暖心配送服务工作方案》的通知	中宁党办发〔2022〕101 号

2022 年中共中宁县委办综合发文目录

序号	文件标题	发文字号
1	关于推动全县第一季度扩大有效投资“开门稳”“开门红”的通知	中宁党办综〔2022〕1 号
2	关于做好《中宁年鉴 2022》资料征集工作的通知	中宁党办综〔2022〕2 号
3	关于开展十五届县委第一轮巡察工作的通知	中宁党办综〔2022〕3 号
4	关于印发《中宁县 2022 年重点建设项目(第一批)》的通知	中宁党办综〔2022〕4 号
5	关于全县党政机关及企事业单位“一盔一带”暨文明交通安全守护行动的通知	中宁党办综〔2022〕5 号
6	关于成立中宁县创建国家现代农业产业园工作领导小组的通知	中宁党办综〔2022〕6 号
7	关于印发《2022 年“全县领导干部廉政警示教育周”活动方案》的通知	中宁党办综〔2022〕7 号
8	关于做好中宁县 2022 年春季植绿增绿大会战义务植树活动的通知	中宁党办综〔2022〕8 号
9	关于印发中宁县长城保护整治行动方案的通知	中宁党办综〔2022〕9 号
10	关于成立县委人才工作领导小组、全民国防教育工作领导小组、中宁县中央生态环境保护督察整改工作领导小组及调整中宁县财政金融风险化解领导小组人员的通知	中宁党办综〔2022〕11 号
11	关于调整中宁县应对新冠肺炎疫情工作指挥部组织架构的通知	中宁党办综〔2022〕12 号
12	关于成立宁夏至湖南 ± 800 千伏特高压直流输电工程(中宁段)协调工作领导小组的通知	中宁党办综〔2022〕13 号
13	关于印发《县政协 2022 年协商民主计划》的通知	中宁党办综〔2022〕14 号
14	关于印发《中宁县 2022 年第二批重点建设项目》的通知	中宁党办综〔2022〕15 号
15	关于印发《县委和政府主要负责同志领衔督办县政协十三届一次会议重点提案》的通知	中宁党办综〔2022〕16 号
16	关于成立“4·20”爆破事故处置工作组的通知	中宁党办综〔2022〕17 号
17	关于印发《中宁县防止返贫动态监测帮扶集中排查工作方案》的通知	中宁党办综〔2022〕18 号
18	关于印发《中宁县贯彻落实第二轮中央生态环境保护督察反馈问题整改方案(1-15)》的通知	中宁党办综〔2022〕19 号
19	关于印发《中宁县 2022 年度政党协商计划》的通知	中宁党办综〔2022〕20 号
20	关于成立中宁县物流保通保畅工作机制的通知	中宁党办综〔2022〕21 号
21	关于开展十五届第二轮巡察工作的通知	中宁党办综〔2022〕23 号
22	关于深入学习宣传贯彻习近平总书记在庆祝中国共产主义青年团成立 100 周年大会上的重要讲话精神的通知	中宁党办综〔2022〕24 号
23	关于印发《中宁县 2022 年督查检查考核计划》的通知	中宁党办综〔2022〕25 号
24	关于成立中宁县自建房安全专项整治工作领导小组的通知	中宁党办综〔2022〕26 号
25	关于印发《中宁县贯彻落实自治区党委涉粮问题专项巡视反馈问题整改方案》的通知	中宁党办综〔2022〕27 号
26	关于督办县政协十三届一次会议重点提案的通知	中宁党办综〔2022〕29 号
27	关于印发《中宁县贯彻落实自治区第十三次党代会精神情况督查工作方案》的通知	中宁党办综〔2022〕30 号
28	关于建立干部下沉社区包保机制的通知	中宁党办综〔2022〕31 号
29	关于印发《太阳梁乡兴渠社区人居环境整治百日攻坚专项行动实施方案》的通知	中宁党办综〔2022〕34 号
30	关于成立嘉里物流大宗商品物流交易中心项目推进工作专班的通知	中宁党办综〔2022〕35 号
31	关于印发《中宁县应对“9·20”突发疫情应对处置工作方案》的通知	中宁党办综〔2022〕36 号
32	关于印发《中宁县 2022 年秋冬季植绿增绿实施方案》的通知	中宁党办综〔2022〕37 号
33	关于印发《中宁县爱国卫生攻坚行动实施方案》的通知	中宁党办综〔2022〕38 号
34	关于认真组织学习《习近平关于依规治党论述摘编》的通知	中宁党办综〔2022〕39 号
35	关于做好 2023 年度党报党刊发行工作进一步规范报刊发行秩序的通知	中宁党办综〔2022〕41 号
36	关于做好 2023 年元旦春节期间有关工作的通知	中宁党办综〔2022〕42 号
37	关于成立城市基层党建引领基层治理领导小组及专项工作组的通知	中宁党办综〔2022〕43 号

2022年中宁县政府发文目录

序号	文件名称	发文字号
1	关于保留黄河干流中宁段取水工程(设施)的报告	中宁政发〔2022〕01号
2	关于印发2022年人大议案和民生计划实施方案的通知	中宁政发〔2022〕02号
3	关于2022年安全生产监督检查计划的批复	中宁政发〔2022〕03号
4	关于中宁县2021年水土保持规划实施情况的报告	中宁政发〔2022〕04号
5	关于2021年实施百万移民致富提升行动的工作报告	中宁政发〔2022〕05号
6	关于印发《中宁县人民政府工作规则》《中宁县人民政府常务会议工作规则》《中宁县人民政府专题会议工作规则》的通知	中宁政发〔2022〕06号
7	关于印发中宁县2022年“惠聚杞乡”“嗨购新春”消费促进实施方案的通知	中宁政发〔2022〕07号
8	关于调整县人民政府班子成员工作分工的通知	中宁政发〔2022〕08号
9	关于推荐上报中宁县促进乡村产业振兴和改善农村人居环境等乡村振兴重点工作申报材料的请示	中宁政发〔2022〕09号
10	关于中宁县2022年第一批次集体农用地转为建设用地的请示	中宁政发〔2022〕10号
11	关于省道308线滚泉至白马段公路工程项目建设用地的请示	中宁政发〔2022〕11号
12	关于对中宁县集体建设用地定级与基准地价评估成果批准实施的请示	中宁政发〔2022〕12号
13	关于住宅专项维修资金审计问题的整改报告	中宁政发〔2022〕12号
14	关于解决鸣沙镇人民政府办公场所的请示	中宁政发〔2022〕14号
15	关于宁夏华夏特岗有限公司利用脱硫石膏废渣建设年产80万吨硫酸项目用煤替代和使用方案的请示	中宁政发〔2022〕15号
16	关于中宁县申报国家现代农业(枸杞)产业园的请示	中宁政发〔2022〕16号
17	关于调整中宁县国家级公益林地的请示	中宁政发〔2022〕17号
18	关于国道338线中宁至中卫段公路工程项目建设用地的请示	中宁政发〔2022〕18号
19	关于中宁县余丁乡黄羊村道路工程项目建设用地的请示	中宁政发〔2022〕19号
20	关于中宁县2022年第一批次城镇建设用地的请示	中宁政发〔2022〕20号
21	关于中宁县2021年对接政策项目资金工作情况的报告	中宁政发〔2022〕21号
22	关于大气污染防治和节能减排资金专项审计发现问题的整改报告	中宁政发〔2022〕22号
23	关于实施中宁县棚改区域配套市政供热管网更新改造工程项目计划的请示	中宁政发〔2022〕23号
24	关于印发《宁夏回族自治区中宁县现代产业园总体规划(2021—2025年)》的通知	中宁政发〔2022〕24号
25	关于申请创建国家现代农业产业园的请示	中宁政发〔2022〕25号
26	关于申请建设“数字供销”先行先试示范县的请示	中宁政发〔2022〕26号
27	关于印发中卫市审计局易地扶贫搬迁专项审计反馈问题整改工作方案的通知	中宁政发〔2022〕27号
28	关于中宁县2022年第二批次城镇建设用地涉及工业项目选址情况的报告	中宁政发〔2022〕28号
29	关于中宁县2022年第二批次城镇建设用地的请示	中宁政发〔2022〕29号
30	关于清水河流域城乡供水工程项目实施地点的请示	中宁政发〔2022〕30号
31	关于变更中宁县红柳沟水质改善工程项目实施地点的请示	中宁政发〔2022〕31号
32	关于中宁县2022年第三批次城镇建设用地的请示	中宁政发〔2022〕32号
33	关于增列中卫市公立医院改革与高质量发展示范项目的请示	中宁政发〔2022〕33号
34	关于印发《2022年中宁县“食在杞乡·乐享美味”美食节消费促进实施方案》的通知	中宁政发〔2022〕34号
35	关于印发《中宁县2022年度重大行政决策事项目录》的通知	中宁政发〔2022〕35号
36	关于成立宁夏兴尔泰化工集团有限公司“4·28”事故调查组的通知	中宁政发〔2022〕36号
37	关于协调解决中宁县铝基新材料产业高质量发展存在相关问题的请示	中宁政发〔2022〕37号

续表

序号	文件名称	发文字号
38	关于中宁县2022年第四批次城镇建设用地的请示	中宁政发〔2022〕38号
39	关于改扩建中宁县鸣沙镇人民政府办公楼及附属用房的报告	中宁政发〔2022〕39号
40	关于中宁县违规在建“两高”项目整改工作进展情况的报告	中宁政发〔2022〕40号
41	关于进一步调整优化中宁工业园区规划范围的请示	中宁政发〔2022〕41号
42	关于对宁夏兴尔泰新型材料有限公司年产10万吨氮化硅、50万吨碳化硅及其尾气发电项目回复生产的请示	中宁政发〔2021〕42号
43	关于中宁县鸣沙镇彭家大疙瘩枸杞供求工程(二期)项目建设用地的请示	中宁政发〔2021〕43号
44	关于中宁县2022年上半年对接政策项目资金工作情况的报告	中宁政发〔2022〕44号
45	关于中宁县2022年第五批次城镇建设用地的请示	中宁政发〔2022〕45号
46	关于国家管网集团北方管道有限责任公司大庆输油气分公司惠宁线阀室增设围墙工程项目建设用地的请示	中宁政发〔2022〕46号
47	关于印发《中宁县科技创新“十四五”规划》的通知	中宁政发〔2022〕47号
48	关于推动化解红宝公司非法集资案件有关事宜的请示	中宁政发〔2022〕48号
49	关于中宁县石空消防救援站有关情况的报告	中宁政发〔2022〕49号
50	关于对宁夏兴尔泰化工集团有限公司“4·08”一般其他爆炸的批复	中宁政发〔2022〕50号
51	关于国网宁夏电力有限公司宁夏杞乡750kV开关站新建工程项目建设用地的请示	中宁政发〔2022〕51号
52	关于中宁县2022年第二批次城镇建设用地的请示	中宁政发〔2022〕52号
53	关于中宁县2022年第二批次城镇建设用地涉及工业项目选址情况的报告	中宁政发〔2022〕53号
54	关于对恢复我县民爆物品经营及爆破作业的请示的批复	中宁政发〔2022〕54号
55	关于2022年上半年“三山”生态保护修复工作情况的报告	中宁政发〔2022〕55号
56	关于中宁县2022年第二批次集体农用地转为集体建设用地涉及工业项目选址有关情况的报告	中宁政发〔2022〕56号
57	关于中宁县2022年第二批次集体农用地转为集体建设用地的请示	中宁政发〔2022〕57号
58	关于中宁县疙瘩沟南建筑石料用岩矿项目建设用地的请示	中宁政发〔2022〕58号
59	关于中宁县2022年第五批次城镇建设用地的请示	中宁政发〔2022〕59号
60	关于协调解决宁夏宁创新材料科技有限公司40万吨电解铝产能指标及相关问题的请示	中宁政发〔2022〕60号
61	关于公布中宁县第二批非物质文化遗产代表性项目名录的通知	中宁政发〔2022〕61号
62	关于印发《中宁县徐套乡、喊叫水乡“7·24”暴雨冰雹灾害应对处置实施方案》的通知	中宁政发〔2022〕62号
63	关于进一步调整优化中宁工业园区规划范围的请示	中宁政发〔2022〕63号
64	关于同意中宁县国有资产运营有限公司2宗建筑用砂矿调整采矿权范围的批复	中宁政发〔2022〕64号
65	关于县十八届人大常委会第四次会议对全县全域旅游示范县创建工作审议意见研究办理情况的报告	中宁政发〔2022〕65号
66	关于对合肥水泥研究设计院有限公司宁夏天元项目部“3·04”一般高处坠落事故调查报告的批复	中宁政发〔2022〕66号
67	关于成立中宁县国企改革三年行动高质量发展收官领导专班的通知	中宁政发〔2022〕67号
68	关于2022年中宁县人民政府履行教育职责情况的自评报告	中宁政发〔2022〕68号
69	关于中宁县2022年第六批次城镇建设用地涉及工业项目选址有关情况的报告	中宁政发〔2022〕69号
70	关于中宁县2022年第六批次城镇建设用地的请示	中宁政发〔2022〕70号
71	关于调整县人民政府班子成员工作分工的通知	中宁政发〔2022〕71号
72	关于第二轮中央生态环境保护督察反馈问题延期验收销号的请示	中宁政发〔2022〕72号
73	关于恳请中宁县枸杞交易市场数字哨兵抗疫一体机设备接入“我的宁夏”大数据平台的请示	中宁政发〔2022〕73号
74	关于对宁夏天元建筑有限公司“8·15”一般坍塌事故调查报告的批复	中宁政发〔2022〕74号
75	关于将中宁县红柳沟水质改善工程项目调出中央财政污染防治资金项目库的请示	中宁政发〔2022〕75号

续表

序号	文件名称	发文字号
76	关于对中宁县2022年国家亮点生态功能区县域生态环境质量监测评价与考核工作进行现场考核验收的请示	中宁政发〔2022〕76号
77	关于印发《中宁县工业和信息化“十四五”规划》的通知	中宁政发〔2022〕77号
78	关于申报国家园林城市的请示	中宁政发〔2022〕78号
79	关于公示中宁县城镇2022年度标定地价的批复	中宁政发〔2022〕79号
80	关于报送中宁县农村户厕问题摸排整改“回头看”工作自查报告	中宁政发〔2022〕80号
81	中宁县人民政府 中宁县人民法院关于印发《中宁县预防和化解行政争议府院联席会议制度》《中宁县依法推进行政争议协调化解工作实施方案》的通知	中宁政发〔2022〕81号
82	关于印发《中宁县交通运输体系“十四五”规划》的通知	中宁政发〔2022〕82号
83	关于印发中宁县行政许可事项清单(2022年版)的通知	中宁政发〔2022〕83号
84	关于国道338线中宁至中卫段公路工程项目建设用地的请示	中宁政发〔2022〕84号
85	中宁县人民政府 同心县人民政府关于第四轮县段行政区域界线联合检查工作情况的报告	中宁政发〔2022〕85号
86	关于中宁县2022年第六批次城镇建设用地的请示	中宁政发〔2022〕86号
87	关于印发《中宁县冬季清洁取暖项目实施方案(2022—2024年)》的通知	中宁政发〔2022〕87号
88	关于中宁县列入农村集体经营性建设用地入市试点的请示	中宁政发〔2022〕88号
89	关于中宁县2022年第七批次城镇建设用地的请示	中宁政发〔2022〕89号
90	关于提请研究改扩建鸣沙镇人民政府办公场所的请示	中宁政发〔2022〕90号
91	关于西气东输三线中段(中卫—吉安)项目建设用地的请示	中宁政发〔2022〕91号
92	关于印发中宁县城市更新三年行动实施方案(2022—2024)的通知	中宁政发〔2022〕92号
93	关于协调帮助宁夏天元锰业集团有限公司恢复供电复工复产的请示	中宁政发〔2022〕93号
94	关于邀请市政府领导杨照明同志出席嘉里宁夏陆港项目签约仪式的请示	中宁政发〔2022〕94号
95	关于调整县人民政府班子成员工作分工的通知	中宁政发〔2022〕95号
96	关于宁地(G)〔2022〕-6号国有建设用地使用权公开出让方案的批复	中宁政土批字〔2022〕1号
97	关于宁地(G)〔2022〕-7号国有建设用地使用权公开出让方案的批复	中宁政土批字〔2022〕2号
98	关于宁地(G)〔2022〕-8号国有建设用地使用权公开出让方案的批复	中宁政土批字〔2022〕3号
99	关于玺赞庄园枸杞有限公司承包经营鸣沙镇薛营村小盐池滩土地的批复	中宁政土批字〔2022〕4号
100	关于宁夏建丰房地产开发有限公司转让土地使用权的批复	中宁政土批字〔2022〕5号
101	关于2022年度住宅用地供应计划的批复	中宁政土批字〔2022〕6号
102	关于中宁县2022年度国有建设用地供应计划的批复	中宁政土批字〔2022〕7号
103	关于收回恩和供销社部分土地使用权的批复	中宁政土批字〔2022〕8号
104	关于宁地(G)〔2021〕-53号国有建设用地使用权公开出让方案的批复	中宁政土批字〔2022〕9号
105	关于中宁农村商业银行恩和支行和原北街办公用地划拨变出让补缴土地出让金的批复	中宁政土批字〔2022〕10号
106	关于宁地(G)〔2022〕-1号国有建设用地使用权公开出让方案的批复	中宁政土批字〔2022〕11号
107	关于宁地(G)〔2021〕-67号国有建设用地使用权公开出让方案的批复	中宁政土批字〔2022〕12号
108	关于宁地(G)〔2022〕-2号国有建设用地使用权公开出让方案的批复	中宁政土批字〔2022〕13号
109	关于划拨中宁县鸣沙镇污水处理厂项目国有建设用地使用权的批复	中宁政土批字〔2022〕14号
110	关于划拨中宁县渠口农场污水处理厂项目国有建设用地使用权的批复	中宁政土批字〔2022〕15号
111	关于划拨中宁县大战场村村级组织活动场所建设项目国有建设用地使用权的批复	中宁政土批字〔2022〕16号
112	关于划拨大战场建材市场公共道路项目国有建设用地使用权的批复	中宁政土批字〔2022〕17号
113	关于划拨中宁县热电联产集中供热主线管网接收井项目国有建设用地使用权的批复	中宁政土批字〔2022〕18号
114	关于划拨中宁县热电联产集中供热主线管网始发井项目国有建设用地使用权的批复	中宁政土批字〔2022〕19号
115	关于划拨中宁县余丁乡黄羊村道路工程项目国有建设用地使用权的批复	中宁政土批字〔2022〕20号

续表

序号	文件名称	发文字号
116	关于划拨太阳梁乡德盛村乡村振兴帮扶车间公用基础设施项目国有建设用地使用权的批复	中宁政土批字〔2022〕21 号
117	关于划拨中车中宁喊叫水 200MWp 光伏复合项目国有建设用地使用权的批复	中宁政土批字〔2022〕22 号
118	关于划拨中船重工中宁县 200MWP 光伏复合项目国有建设用地使用权的批复	中宁政土批字〔2022〕23 号
119	关于玺赞庄园枸杞有限公司承包经营鸣沙镇薛营村小盐池滩土地的批复	中宁政土批字〔2022〕24 号
120	关于宁地(G)〔2022〕-15 号国有建设用地使用权公开出让方案的批复	中宁政土批字〔2022〕25 号
121	关于玺赞庄园枸杞有限公司承包经营鸣沙镇薛营村小盐池滩土地的批复	中宁政土批字〔2022〕26 号
122	关于划拨中宁县第十一幼儿园建设项目国有建设用地使用权的批复	中宁政土批字〔2022〕27 号
123	关于划拨宁夏中卫市长城国家文化公园沙坡头胜金关段复合廊道项目建设用地国有建设用地使用权的批复	中宁政土批字〔2022〕28 号
124	关于划拨中宁县烈士陵园改造项目国有建设用地使用权的批复	中宁政土批字〔2022〕29 号
125	关于划拨恩和镇沙滩村红色美丽村庄建设项目(张子华纪念园)国有建设用地使用权的批复	中宁政土批字〔2022〕30 号
126	关于划拨中卫市中宁县枸杞国家农村产业融合发展示范园杞业路项目国有建设用地使用权的批复	中宁政土批字〔2022〕31 号
127	关于收回青铜峡至中卫公路(中宁段)项目石空收费站国有建设用地使用权的批复	中宁政土批字〔2022〕32 号
128	关于变更电信传输局——中宁维护中心项目建设用地使用权人的批复	中宁政土批字〔2022〕33 号
129	关于中宁县 2020 年农民宅基地集体农用地转为建设用地拨用给各乡镇的批复	中宁政土批字〔2022〕34 号
130	关于中宁县 2022 年第一批次集体农用地转为建设用地拨用给村集体的批复	中宁政土批字〔2022〕35 号
131	关于宁地(G)〔2022〕-14 号国有建设用地使用权公开出让方案的批复	中宁政土批字〔2022〕36 号
132	关于划拨省道 308 线滚泉至白马段公路工程项目国有建设用地使用权的批复	中宁政土批字〔2022〕37 号
133	关于划拨中宁县第十小学和振兴社区全民健身中心项目国有建设用地使用权的批复	中宁政土批字〔2022〕38 号
134	关于划拨中宁县第五中学学生公寓楼项目国有建设用地使用权的批复	中宁政土批字〔2022〕39 号
135	关于划拨中宁县 2021 年电厂家园、金帝小区、医药小区等老旧小区配套基础设施改造项目(富民创业街小游园)国有建设用地使用权的批复	中宁政土批字〔2022〕40 号
136	关于划拨中宁县第四小学项目国有建设用地使用权的批复	中宁政土批字〔2022〕41 号
137	关于划拨中宁县第二小学项目国有建设用地使用权的批复	中宁政土批字〔2022〕42 号
138	关于对中宁县集体土地所有权变更调查成果审批和登记发证的批复	中宁政土批字〔2022〕43 号
139	关于宁地(G)〔2022〕-12 号国有建设用地使用权公开出让方案的批复	中宁政土批字〔2022〕44 号
140	关于宁地(G)〔2022〕-22 号国有建设用地使用权公开出让方案的批复	中宁政土批字〔2022〕45 号
141	关于调整中宁县 2022 年度住宅用地供应计划的批复	中宁政土批字〔2022〕46 号
142	关于宁地(G)〔2022〕-9 号国有建设用地使用权公开出让方案的批复	中宁政土批字〔2022〕47 号
143	关于宁地(G)〔2022〕-18 号国有建设用地使用权公开出让方案的批复	中宁政土批字〔2022〕48 号
144	关于宁地(G)〔2022〕-20 号国有建设用地使用权公开出让方案的批复	中宁政土批字〔2022〕49 号
145	关于宁地(G)〔2022〕-23 号国有建设用地使用权公开出让方案的批复	中宁政土批字〔2022〕50 号
146	关于划拨中宁县边角地绿化改造项目国有建设用地使用权的批复	中宁政土批字〔2022〕51 号

2022年中宁县政府办发文目录

序号	文件名称	发文字号
1	关于印发中宁县政府工作部门权责清单管理办法的通知	中宁政办发〔2022〕01号
2	关于印发《非法采矿问题专题民主生活会问题整改方案》的通知	中宁政办发〔2022〕02号
3	关于印发中宁县金融支付巩固脱贫攻坚成果全面推行乡村振兴工作方案的通知	中宁政办发〔2022〕03号
4	关于印发《组建中宁县乡镇农业灌溉服务专业合作社实施方案》的通知	中宁政办发〔2022〕04号
5	解除合同通知书	中宁政办发〔2022〕05号
6	关于成立全面化解扶贫项目"两拖欠"问题工作专班的通知	中宁政办发〔2022〕06号
7	关于印发《中宁县违法违规占用耕地问题整治工作方案》的通知	中宁政办发〔2022〕07号
8	关于启用中宁县社区矫正管理局印章的通知	中宁政办发〔2022〕08号
9	关于印发中宁县2022年粮食安全生产安排意见的通知	中宁政办发〔2022〕09号
10	关于印发《中共中宁县人民政府党组党史学习教育专题民主生活会问题整改方案》的通知	中宁政办发〔2022〕10号
11	关于印发中宁县耕地后备资源调查评价工作方案的通知	中宁政办发〔2022〕11号
12	关于印发《中宁县松材线虫病疫情防控五年攻坚行动实施方案(2021—2025年)》的通知	中宁政办发〔2022〕12号
13	关于印发《2022年衔接推进乡村振兴财政专项补助资金使用计划(第一批)》的通知	中宁政办发〔2022〕13号
14	关于印发《中宁县压砂地退出种植防止规模性返贫致贫工作方案》的通知	中宁政办发〔2022〕14号
15	关于印发中宁县大气污染防治和节能减排资金 专项审计调查发现问题整改方案的通知	中宁政办发〔2022〕15号
16	关于成立中宁县国家现代产业园专家咨询委员会的通知	中宁政办发〔2022〕16号
17	关于认真做好中卫市2022年民生实事、县政协十三届一次会议委员会提案办理工作的通知	中宁政办发〔2022〕17号
18	关于印发《自治区生态环境厅监察专员办公室核查反馈问题整改方案》的通知	中宁政办发〔2022〕18号
19	关于成立中宁县国家现代农业产业园管委会的通知	中宁政办发〔2022〕19号
20	关于印发《中宁县农村土地承包经营纠纷调处机制》的通知	中宁政办发〔2022〕20号
21	关于印发《中宁县促进中小企业发展保障中小企业款项支付工作方案》的通知	中宁政办发〔2022〕21号
22	关于调整完善中宁县语言文字工作委员会的通知	中宁政办发〔2022〕22号
23	关于调整中宁县"互联网＋城乡供水"项目建设领导小组成员单位人员的通知	中宁政办发〔2022〕23号
24	关于印发《2022年中宁县壮大春小麦种植暨推广玉米大豆带状复合种植实施方案》的通知	中宁政办发〔2022〕24号
25	关于《中宁县关于开展国有企业清欠专项行动工作的实施方案》的通知	中宁政办发〔2022〕25号
26	关于印发《中宁县2021年生态环境质量和污染物排放量总量考核奖补资金使用方案》的通知	中宁政办发〔2022〕26号
27	关于印发中宁县2022年大豆玉米带状复合种植机械购置改造补贴实施方案的通知	中宁政办发〔2022〕27号
28	关于印发《中宁县2022年农村人居环境整洁提升行动实施方案》的通知	中宁政办发〔2022〕28号
29	关于成立中宁县冬季清洁取暖工作领导小组的通知	中宁政办发〔2022〕29号
30	关于印发《中宁县争创整县屋顶分布式光伏开发示范县实施方案》的通知	中宁政办发〔2022〕30号
31	关于印发《调整2021年衔接推进乡村振兴财政专项补助资金使用计划(第五批)》的通知	中宁政办发〔2022〕31号
32	关于印发《中宁县原粮储备生产基地建设实施方案》的通知	中宁政办发〔2022〕32号
33	关于印发《2022年中宁县城市管理五大提升行动实施方案》的通知	中宁政办发〔2022〕33号
34	关于印发中宁县2022年春季压砂地禁种包抓工作责任清单的通知	中宁政办发〔2022〕34号
35	关于成立中宁县水系连通及水美乡村建设试点县项目领导小组的通知	中宁政办发〔2022〕35号
36	关于印发《中宁县全面加强药品监督能力建设若干措施》的通知	中宁政办发〔2022〕36号
37	关于进一步加强各部门出台政策文件评估审核的通知	中宁政办发〔2022〕37号
38	关于认真做好中卫市五届人大一次会议代表建议和市政协五届一次会议提案办理工作的通知	中宁政办发〔2022〕38号
39	关于印发《中宁县2022年主要经济指标和重点工作任务分工》的通知	中宁政办发〔2022〕39号
40	关于印发《中宁县农业灌溉用水管理制度(试行)》的通知	中宁政办发〔2022〕40号

续表

序号	文件名称	发文字号
41	关于印发《中宁县2022年农村“厕所革命”提升行动实施方案》的通知	中宁政办发〔2022〕41号
42	关于印发《2022年中宁县肉牛产业高质量发展实施方案》等四个实施方案的通知	中宁政办发〔2022〕42号
43	关于印发《自治区审计厅专项审计困难群众救助补助资金反馈问题整改方案》的通知	中宁政办发〔2022〕43号
44	关于对全县蓄水池进行拉网排查整治的紧急通知	中宁政办发〔2022〕44号
45	关于2022中宁县人民政府履行教育职责情况的自评报告	中宁政办发〔2022〕45号
46	关于印发《关于进一步加强基层火灾防控工作的实施意见》的通知	中宁政办发〔2022〕46号
47	关于启用中宁县发展和改革局新印章的通知	中宁政办发〔2022〕47号
48	关于启用中宁县住房和城乡建设局新印章的通知	中宁政办发〔2022〕48号
49	关于启用乡村振兴局印章的通知	中宁政办发〔2022〕49号
50	关于转发《自治区住建厅关于做好自建房安全专项整治信息采集报送工作的通知》的通知	中宁政办发〔2022〕50号
51	关于成立枸杞产业高新技术园区和枸杞供水工程PPP项目工作专班的通知	中宁政办发〔2022〕51号
52	关于印发《中宁县农业用水权确权成果报告》的通知	中宁政办发〔2022〕52号
53	关于印发中宁县农业外来入侵物种普查工作方案的通知	中宁政办发〔2022〕53号
54	关于印发中宁县2022年政策性农业 机械综合保险实施方案的通知	中宁政办发〔2022〕54号
55	关于成立中宁县创建农业现代化示范区工作领导小组的通知	中宁政办发〔2022〕55号
56	关于印发全县蓄水池安全排查问题整改清单的通知	中宁政办发〔2022〕56号
57	关于争取自治区深化“放管服”改革任务清单的通知	中宁政办发〔2022〕57号
58	关于印发中宁县2022年深化“放管服”改革任务清单的通知	中宁政办发〔2022〕58号
59	关于印发《中宁县2022年政务公开工作要点》的通知	中宁政办发〔2022〕59号
60	关于制定稳经济保增长促发展有关政策措施的通知	中宁政办发〔2022〕60号
61	关于印发《2022年中宁县法治政府建设工作要点》的通知	中宁政办发〔2022〕61号
62	关于《宁夏瑞泰煤业有限公司煤矿复工复产工作方案》的通知	中宁政办发〔2022〕62号
63	关于成立西气东输三线中段（中卫—古安）项目中宁段协调工作领导小组的通知	中宁政办发〔2022〕63号
64	关于印发《中宁县铁路沿线安全环境治理“双段长”制实施方案》的通知	中宁政办发〔2022〕64号
65	关于启用中宁县人民政府行政复议委员会中宁县人民政府行政复议委员会办公室中宁县人民政府行政复议专用章的通知	中宁政办发〔2022〕65号
66	关于转发《中卫市人民政府行政应诉工作办法》的通知	中宁政办发〔2022〕66号
67	关于印发中宁县乡村振兴基金实施方案的通知	中宁政办发〔2022〕67号
68	关于印发《中宁县深入推进减税降费政策工作方案》的通知	中宁政办发〔2022〕68号
69	关于印发《中宁县加强养老服务综合监管实施方案》的通知	中宁政办发〔2022〕69号
70	关于印发中宁县2022年农用残膜回收利用项目实施方案的通知	中宁政办发〔2022〕70号
71	关于印发《中宁县防汛抗旱应急预案》的通知	中宁政办发〔2022〕71号
72	关于印发打好“就业收入扩大增长”的若干措施的通知	中宁政办发〔2022〕72号
73	关于印发《做好基本民生保障工作的方案》	中宁政办发〔2022〕73号
74	关于印发《中宁县保障困难群众基本生活20条措施》的通知	中宁政办发〔2022〕74号
75	关于印发《中宁县维护国家粮食安全及储粮工作实施方案》的通知	中宁政办发〔2022〕75号
76	关于印发《中宁县深入推进优质粮食工程实施方案》的通知	中宁政办发〔2022〕76号
77	关于印发中宁县金融支持“用水权、土地权、排污权、山林权”改革若干措施的通知	中宁政办发〔2022〕77号
78	关于印发《中宁县2009—2019年批而未供土地处置工作方案》的通知	中宁政办发〔2022〕78号
79	关于印发《中宁县依法妥善处置草原征占用审核审批历史遗留问题工作方案》的通知	中宁政办发〔2022〕79号
80	关于印发中宁县妇女和儿童发展规划的通知	中宁政办发〔2022〕80号

续表

序号	文件名称	发文字号
81	关于印发《中宁县贯彻落实〈自治区初级产权保护和运用"十四五"规划实施方案〉》的通知	中宁政办发〔2022〕81 号
82	关于坚决遏制新增乱占耕地建房问题专项整治行动的通知	中宁政办发〔2022〕82 号
83	关于印发中宁县"招商引资顾问"团队组建工作方案的通知	中宁政办发〔2022〕83 号
84	关于印发《2022 年推进农村客运高质量发展实施方案》的通知	中宁政办发〔2022〕84 号
85	关于印发《区政府办公厅关于印发〈宁夏回族自治区重大行政决策事项目录编制指引（试行）〉的通知》的通知	中宁政办发〔2022〕85 号
86	关于印发《中宁县第三轮草原生态保护补助奖励政策实施方案》的通知	中宁政办发〔2022〕86 号
87	关于印发《中宁县困难群众救助补助资金审计发现问题专项治理总体方案》《中宁县儿童福利和社会事务领域困难群众救助补助资金审计发现问题专项治理行动方案》《中宁县养老服务领域困难群众补助资金审计发现问题专项治理行动方案的通知》的通知	中宁政办发〔2022〕87 号
88	关于成立中卫市第二气源项目（中宁段）协调工作领导小组的通知	中宁政办发〔2022〕88 号
89	关于中宁县违规"两高"项目分类处置意见的报告	中宁政办发〔2022〕89 号
90	关于成立宁夏天元建筑有限公司"8·15"一般坍塌事故调查组的通知	中宁政办发〔2022〕90 号
91	关于成立中宁县水系连通及水美乡村建设县项目领导小组的通知	中宁政办发〔2022〕91 号
92	关于印发《中宁县农村产权交易实施方案》的通知	中宁政办发〔2022〕92 号
93	关于印发《中宁县农村土地经营权流转试点工作方案》的通知	中宁政办发〔2022〕93 号
94	关于申报 2023—2024 年水系连通及水美乡村建设县的请示（自治区财政厅）	中宁政办发〔2022〕94 号
95	关于申报 2023—2024 年水系连通及水美乡村建设县的请示（自治区水利厅）	中宁政办发〔2022〕95 号
96	关于认真做好中宁县 2022 年联系走访人大代表建议办理工作的通知	中宁政办发〔2022〕96 号
97	关于印发《中宁县全域创建食品药品安全区中期评估存在问题整改方案》的通知	中宁政办发〔2022〕97 号
98	关于印发《中宁县工业规模化养殖业用水权确权成果报告》的通知	中宁政办发〔2022〕98 号
99	关于印发《中宁县"十四五"农村客运高质量发展实施方案》的通知	中宁政办发〔2022〕99 号
100	关于征集民生工作意见建议的通知	中宁政办发〔2022〕100 号
101	关于政府收储解决蔬菜滞销的通知	中宁政办发〔2022〕101 号
102	关于成立宁夏华夏特钢有限公司"9·26"灼烫事故调查组的通知	中宁政办发〔2022〕102 号
103	关于印发中宁县 2022 年秸秆禁烧通告的通知	中宁政办发〔2022〕103 号
104	关于做好 2023 年度城乡居民基本医疗保险参保征缴工作的通知	中宁政办发〔2022〕104 号
105	关于做好 2022 年度城乡居民基本养老保险参保缴费工作的通知	中宁政办发〔2022〕105 号
106	关于印发中宁县加快推进政务服务标准化规范化便利化的实施方案的通知	中宁政办发〔2022〕106 号
107	关于印发《中宁县关于打好市场主体纾困战工作方案》的通知	中宁政办发〔2022〕107 号
108	关于印发《中宁县 2022 年违法占用耕地专项整治行动工作方案》的通知	中宁政办发〔2022〕108 号
109	关于印发《中宁县各行业领域监管工作问题清单及整改台账》的通知	中宁政办发〔2022〕109 号
110	关于印发进一步规范国有建设用地使用权出让的通知	中宁政办发〔2022〕110 号
111	关于印发《中宁县 2022 年生态环境质量和污染物排放总量考核奖补资金使用方案》的通知	中宁政办发〔2022〕111 号
112	关于印发中宁县落实宁夏回族自治区推动高质量发展标准体系建设方案（2021 年—2025 年）任务清单的通知	中宁政办发〔2022〕112 号
113	关于印发《中宁县贯彻落实全区稳经济保民生政策措施分工方案》的通知	中宁政办发〔2022〕113 号
114	关于印发《中宁县公共安全突发性事件应急指挥部应急预案》《中宁县大型活动社会领域应急预案》《中宁县群体性突发事件应急预案》的通知	中宁政办发〔2022〕114 号
115	关于印发 2022 年中宁县"悦享消费·乐购中宁"消费季活动方案的通知	中宁政办发〔2022〕115 号
116	关于印发中宁县人防专业整组点验工作的通知	中宁政办发〔2022〕116 号

续表

序号	文件名称	发文字号
117	关于成立集中打击整治危害药品安全违法犯罪工作领导小组的通知	中宁政办发〔2022〕117号
118	关于印发《中宁县村(居)民委员会公共卫生委员会工作方案》的通知	中宁政办发〔2022〕118号
119	关于印发《中宁县社会救助网络化管理实施方案》的通知	中宁政办发〔2022〕119号
120	关于印发《中宁县巩固和深化“活人墓”等突出问题整治规范工作实施方案》的通知	中宁政办发〔2022〕120号
121	关于印发《关于解决乡村医生社会保障的实施方案》的通知	中宁政办发〔2022〕121号
122	关于印发中宁县开展推进解决公共闲置资源问题工作方案的通知	中宁政办发〔2022〕122号